金融与财务机器学习

姜富伟　唐国豪　马　甜　编著

刮开封底兑换码，
免费下载数据和代码

机械工业出版社
CHINA MACHINE PRESS

本书是金融与财务机器学习课程的教材。金融和财务领域集中了大量的交易数据和财务数据，为人工智能技术的运用奠定了良好的数据基础。同时，机器学习技术突飞猛进，为行业提供了跨越式发展的机会。在相关专业和方向开设"金融与财务机器学习"课程正当其时。

本书介绍了金融实证分析的主要方法和前沿问题、金融与财务机器学习的主要方法、评估方法和案例等。本书共 12 章，包括：金融与财务领域的机器学习，Python 软件使用简介，金融与财务大数据的处理与分析，因子与因子模型，因子模型的估计、检验与解释，金融资产收益预测，包含惩罚项的线性回归模型，数据降维模型，树形模型与分类模型，神经网络模型，模型评估、训练与可解释性，文本分析。

本书可作为普通高等学校经济学和管理学类专业的高年级本科和研究生教材，也适合对金融和财务领域机器学习感兴趣的读者参考。

图书在版编目（CIP）数据

金融与财务机器学习／姜富伟，唐国豪，马甜编著. —北京：机械工业出版社，2023.9
（2025.1 重印）
ISBN 978-7-111-74114-5

Ⅰ. ①金… Ⅱ. ①姜… ②唐… ③马… Ⅲ. ①机器学习-应用-金融学-教材 Ⅳ. ①F830-39

中国国家版本馆 CIP 数据核字（2023）第 201635 号

机械工业出版社（北京市百万庄大街 22 号　邮政编码 100037）
策划编辑：韩效杰　　　　　　责任编辑：韩效杰　刘　畅
责任校对：韩佳欣　李　杉　　封面设计：张　静
责任印制：常天培
北京机工印刷厂有限公司印刷
2025 年 1 月第 1 版第 2 次印刷
184mm×260mm・27.75 印张・683 千字
标准书号：ISBN 978-7-111-74114-5
定价：89.00 元

电话服务　　　　　　　　网络服务
客服电话：010-88361066　机　工　官　网：www.cmpbook.com
　　　　　010-88379833　机　工　官　博：weibo.com/cmp1952
　　　　　010-68326294　金　书　网：www.golden-book.com
封底无防伪标均为盗版　机工教育服务网：www.cmpedu.com

前　言

随着金融科技的飞速发展，如何将最新的大数据与人工智能技术应用到金融与财务领域成为大家关注的问题。金融与财务机器学习，既是金融与财务研究的前沿领域，也是先进计算机技术的热门应用。它不仅能帮助大家更好地理解公司金融、金融市场定价与资源配置等问题，还有助于进行更科学的投资管理和财务管理，服务于我国经济转型和未来高质量发展。

我国金融市场自改革开放以来取得了长足发展，规模正不断壮大，制度建设也逐渐完善。特别是在股票市场，投资者从20世纪90年代初的充满陌生与好奇，再到近年来的"全民谈股"，投资风格正在逐步趋稳，金融素养也在逐年提高。随着我国经济的快速发展和科学技术的突飞猛进，如何科学地把机器学习等人工智能技术与金融和财务管理相结合成为影响投资者是否愿意将资金投入到金融市场的关键，也是金融市场是否能有效为实体经济输血的关键。

近年来，着眼于中国市场的优秀研究成果如雨后春笋，一批批优秀的国内学者相继涌现。在金融与财务机器学习领域，研究和分析技术国内与国外的差距越来越小。我国不仅有庞大的人才储备，还有丰富的数据资源，不少学者对该领域表现出极大的热情。因此，完成一本专门适用于我国资本市场投资和企业财务管理的机器学习教材不仅是时代所需，也能顺应新的发展潮流。本书基于Python软件，列出了基于我国市场的独特研究案例，详细地向读者介绍了如何在金融与财务领域全方位地应用机器学习方法，开展前沿问题的探索。

本书的结构如下：第一章至第三章介绍了金融与财务领域机器学习的基本概念、Python软件的初步使用，以及金融大数据的范畴；第四章到第六章介绍了金融实证分析的主要方法和前沿问题；第七章到第十一章介绍了金融与财务机器学习的主要方法、评估方法和案例；第十二章着重介绍了针对文本信息提取的金融与财务机器学习方法。

本书在编写过程中广东财经大学的朱琳老师、对外经贸大学的孟令超老师以及许筱颖、熊晨、陈维祥、胡少娴、娄冠宇、王鹏、张云淼、严露、曾兆祥、黄康、文丹煜、陈世程、刘媚、谢裕为同学付出了辛勤劳动，在此表示感谢。同时，感谢先前使用本书讲义的中央财经大学和湖南大学的师生，感谢所有讨论问题或提供勘误信息的读者。

姜富伟感谢国家社科基金重大项目（22&ZD063）"三重压力下双支柱调控的政策效应评估与优化研究"，国家自然科学基金面上项目（72072193）"财务基本面信息与金融风险预测：机器学习与经济理论"，国家自然科学基金面上项目（71872195）"投资Q理论、投资者情绪与资本市场资产定价：大数据的视角"，中国高等教育学会高等教育科学研究规划课题项目（23CJ0409）"数字经济背景下'传统金融+现代技术+实践实验'三位一体的实验案例教学改革"，北京市高等教育学会教改课题面上项目（MS2022075）"高质量党建引领课程思政创新研究——基于金融专业的理论分析与实践探索"，中央财经大学教改课题"以高质量党建引领'思政+金融+技术'三位一体的课程思政建设模式创新研究"，中央财

IV

经大学金融计量学"十四五"一流本科课程建设项目，教育部首批新文科研究与改革实践项目（2021070018）："新文科·中国金融类专业课程教材体系与资源平台建设——以党的创新理论为引领"等课题项目的资助支持。

唐国豪感谢国家自然科学基金青年项目（72003062）"化无形为有形：基于机器学习方法的无形资产测度与定价研究"，湖南大学实践教学研究项目"基于金融人工智能的交互式课程教学模式研究"的资助支持。

马甜感谢国家自然科学基金青年项目（72303271）"基于完善数据的可解释深度学习模型及多市场定价研究"，中央高校基础研究基金（2023QNTS20）"气候变化与民族地区企业表现：基于机器学习的方法"的资助支持。

本书涉及的部分上机实验，欢迎登录基于机器学习的资产定价虚拟仿真实验系统（http://jtxnz.hnu.edu.cn/）尝试应用。

编著者

目　　录

第一章　金融与财务领域的机器学习

章前导读

在金融与财务领域，科技的作用日益显著。在 2021 年中共中央发布的《中华人民共和国国民经济和社会发展第十四个五年规划和 2035 年远景目标纲要》中，"金融科技"被明确列入重要发展对象范围之内；中国人民银行 2019 年发布的《金融科技（FinTech）发展规划（2019—2021 年）》中，也明确指出要基于金融与财务数据的特性，将"金融"与"技术"相结合。近年来，能够基于庞大数据集进行复杂而灵活的预测和决策的技术——机器学习，成为服务于金融与财务分析的"香饽饽"。我国的蚂蚁金服智能投顾系统、美国 BlackRock 公司的 Aladdin 系统等均运用了机器学习。那么，什么是机器学习？为什么机器学习在金融与财务领域被广泛运用？其在金融与财务领域的运用现状如何？这是本章要了解的问题。

学习目标

本章介绍了机器学习方法在金融与财务领域的应用范围和特点，主要从近期机器学习方法的发展历程、方法分类、基本框架、在金融与财务领域的适用性和不适用性，以及其应用现状等多个角度入手。通过本章的学习，可以了解机器学习的基本内容，熟悉机器学习在金融与财务领域的适用原因，熟悉机器学习在金融与财务领域可能会遇上的问题，了解机器学习在金融与财务领域的应用现状，为之后的学习打下基础。

关键词

机器学习　金融数据的高位特性　稀疏性假设　信噪比

第一节　机器学习的基本介绍

什么是机器学习？

近年来，人工智能的强势崛起，特别是 2016 年的 Alpha Go 和韩国九段棋手李世石的人机大战，让我们领略到人工智能技术的巨大潜力。以 2022 年 11 月 30 日发布的以 ChatGPT 为代表的生成式预训练模型在全世界掀起了技术热潮。数据是载体，智能是目标，而机器学习是从数据通往智能的技术途径。因此，机器学习是数据科学的核心，是现代人工智能的本质。

事实上，机器学习（Machine Learning）是人工智能 AI（Artificial Intelligence）的一个分

2

支，并受到统计学的深刻影响。通俗来讲，机器学习指的是将训练数据输入计算机，让计算机通过一段时间进行学习和训练，然后利用训练后的算法进行结果的预测。机器学习很早即被认为是实现人工智能的方法之一。同时，机器学习注重从观察样本中学习规律，因此天然具有概率统计的基因，从统计学研究中借鉴了大量的理论和工具。经过几十年的发展，机器学习已经成长为一门具有鲜明特色的新兴学科，对人工智能的发展产生了深远影响，并直接推动了人工智能的第三次浪潮。

一、机器学习的历史

麻省理工学院工程师亚瑟·塞缪尔（Arthur L Samuel）在 1959 年的"跳棋游戏"论文中最早提出了"机器学习"这一术语。在这篇论文中，塞缪尔提出了一种"会学习"的跳棋程序，即人们只需告诉该程序游戏规则和一些基础知识，经过一定时间的学习后，该程序即可掌握足以战胜程序作者的棋艺。这款程序的产生也宣告着机器学习的诞生。不过，这仅仅只是机器学习应用的极小方面。在过去半个多世纪里，机器学习主要经历了六个发展时期。

（一）萌芽时期：20 世纪 40 年代

在这一时期，心理学家沃伦·麦卡洛克（Warren McCulloch）和数理逻辑学家沃尔特·皮兹（Walter Pitts）引入生物学中的神经元概念（神经网络中的最基本成分），在分析神经元基本特性的基础上，提出"M-P 神经元模型"。在该模型中，每个神经元都能接收到来自其他神经元传递的信号，这些信号往往经过加权处理，再与接受神经元内部的阈值进行比较，经过神经元激活函数产生对应的输出。M-P 神经元模型具有以下特征：①每个神经元都是多输入单输出的信息处理单元；②神经元之间的连接方式包括"兴奋"和"抑制"两种，当某个神经元处于"兴奋"状态时，便会向相连神经元发送信号并改变其"电位"；③每个神经元需要整合所有输入信号并根据阈值决定是否"兴奋"起来，即神经元具有整合特性和阈值特性。当接收信号的神经元"电位"超过自身阈值时，便"兴奋"起来并重复信号发送过程。④激活函数的选取应当视具体应用而定，主要分为连续型和非连续型。M-P 神经元模型是神经网络学习的基础，也是机器学习中出现时间最早、应用时间最长的模型。

（二）热烈时期：20 世纪 50 年代中叶至 60 年代中叶

尽管在萌芽阶段，神经元的运作过程思路清晰，但神经网络学习的高效运作需要依赖相关学习规则。热烈时期的标志正是经典学习规则的提出。早在 1949 年，心理学家唐纳德·赫布（Donald Hebb）便提出与神经网络学习机理相关的"突触修正"假设。其核心思想是当两个神经元同时处于兴奋状态时，两者的连接度将增强，基于该假设定义的权值调整方法被称为"Hebbian 规则"。由于 Hebbian 规则属于无监督学习，故在处理大量有标签分类问题时存在局限。1957 年，美国神经学家弗兰克·罗森布拉特（Frank Rosenblatt）提出了最简单的前向人工神经网络——感知器（Perceptron），开启了有监督学习的先河。感知器的最大特点是能够通过迭代试错解决二元线性分类问题。在感知器被提出的同时，求解算法也相应诞生，包括感知器学习法、梯度下降法和最小二乘法（Delta 学习规则）等。1962 年，纽约大学的 S. P. 诺维科夫教授推导并证明了在样本线性可分的情况下，经过有限次迭代感知器总能收敛，这为感知器学习规则的应用提供了理论基础。在热烈时期，感知器被广泛应用于文字、声音、信号识别、学习记忆等领域。

（三）冷静时期：20 世纪 60 年代中叶至 70 年代中叶

由于感知器结构单一，并且只能处理简单线性可分问题，故如何突破这一局限，成为理论界关注的焦点。在冷静时期，机器学习的发展几乎停滞不前。究其原因，主要在于：①理论匮乏是制约人工神经网络发展的关键因素；②随着现实问题越来越复杂，单层人工神经网络的应用局限越来越多。尽管这一时期，麻省理工学院教授帕特里克·温斯顿（Patrick Winston）的结构学习系统和斯坦福大学研究员弗雷德里克·海斯罗思（Frederick Hayes-Roth）的逻辑归纳学习系统取得了较大的进展，但只能学习单一概念，而且未能实际使用。③计算机有限的内存和缓慢的处理速度使得机器学习算法的应用受到限制。与此同时，这一时期数据库的容量相对较小，数据规模的增大也使得单一机器学习算法效果失真；④麻省理工学院教授马文·闵斯基（Marvin Minsky）和西蒙·派珀特（Seymour Papert）等为代表的一批学者对感知器效果提出了严重质疑。他们通过严密推导并出版著作（如 1969 年出版的《感知器》），来说明感知器应用失败的事实。在此之后，多国停止了对神经网络研究的资助，这进一步加速了以感知器为核心的单层人工神经网络的衰败。

（四）复兴时期：20 世纪 70 年代中叶至 80 年代末

1980 年，美国卡内基梅隆大学举办了首届机器学习国际研讨会，标志着机器学习在世界范围内的复兴。1986 年，机器学习领域的专业期刊 *Machine Learning* 面世，意味着机器学习再次成为理论及业界关注的焦点。在复兴时期，机器学习领域的最大突破是人工神经网络种类的丰富，由此弥补了感知器单一结构的缺陷。1983 年，加州理工学院物理学家约翰·霍普菲尔德（John Hopfield）采用新型的全互连神经网络，很好地解决了旅行商问题。1986 年，加利福尼亚大学圣迭戈分校（UCSD）的大卫·鲁姆哈特（David Rumelhart）与大卫·麦克利兰（David C. McClelland）合著《并行分布式处理：认知微结构的探索》一书，提出了应用于多层神经网络的学习规则——误差反向传播算法（BP 算法），推动了人工神经网络发展的第二次浪潮。除了 BP 算法，包括 SOM（自组织映射）网络、ART（竞争型学习）网络、RBF（径向基函数）网络、CC（级联相关）网络、RNN（递归神经网络）、CNN（卷积神经网络）等在内的多种神经网络也在该时期得到迅猛发展。

（五）多元发展时期：20 世纪 90 年代至 21 世纪初

通过对前面四个阶段的梳理可知，虽然每一阶段都存在明显的区分标志，但几乎都是围绕人工神经网络方法及其学习规则的衍变展开。事实上，除了人工神经网络，机器学习中的其他算法也逐渐崭露头角。例如，1986 年，澳大利亚计算机科学家罗斯·昆兰（Ross Quinlan）在《Machine Learning》上发表了著名的 ID3 算法，带动了机器学习中决策树算法的研究。20 世纪 90 年代，自 1995 年苏联统计学家弗拉基米尔·瓦普尼克（Vladimir Naumovich）在《Machine Learning》上发表 SVM（支持向量机）起，以 SVM 为代表的统计学习便大放异彩，并迅速对符号学习的统治地位发起挑战。与此同时，集成学习与深度学习的提出，成为机器学习的重要延伸。集成学习的核心思想是通过多个基学习器的结合来完成学习任务，最著名的是普林斯顿大学教授罗伯特·沙皮尔（Robert E. Schapire）在 1990 年提出的 Boosting 算法、加州大学圣地亚哥分校教授约阿夫·弗洛因德（Yoav Freund）和沙皮尔（Schapire）在 1995 年提出的 AdaBoost 算法、斯坦福大学教授里奥·布雷曼（Leo Breiman）

在 1996 年提出的 Bagging 算法以及布雷曼（Breiman）在 2001 年提出的随机森林算法。2006 年，多伦多大学杰弗里·辛顿（Geoffrey Hinton）教授提出了深度学习的概念，其核心思想是通过逐层学习的方式解决多隐含层神经网络的初值选择问题，从而提升分类学习效果。这个阶段，机器学习得到了多元且充分的发展。

（六）成熟时期：21 世纪初至今

21 世纪初至今，经过多元发展的机器学习迎来了其成熟阶段。集成学习和深度学习已经成为机器学习中最为热门的研究领域。所谓深度学习，狭义地说就是"很多层"的神经网络。在若干测试和竞赛上，如 Alpha Go 在围棋方面，深度学习可谓"无人能敌"。此外，涉及语音、图像等复杂对象的应用中，深度学习技术也都体现出了其优越的性能。2012 年，杰弗里·辛顿（Geoffrey Hinton）的小组发明了深度卷积神经网络（AlexNet），该网络首先在图像分类问题上取得了成功，随后被用于机器视觉的各种问题上，包括通用目标检测、人脸检测、行人检测、人脸识别、图像分割和图像边缘检测等。以往机器学习技术在应用中要取得好性能，对使用者的要求较高；而深度学习技术涉及的模型虽然复杂度非常高，但只要下功夫调参，性能往往就会比较好。同时，21 世纪"大数据"的到来为深度学习模型提供了大量的参数，深度学习的发展"如虎添翼"。人工智能已经成为当前计算机科学领域最炙手可热的方向，在这一点上深度学习功不可没。

从正式诞生到真正大规模应用，机器学习走了近 80 年的路，但还远不是终点。目前，我们在无监督学习等方向没有大的进展，在很多应用领域机器学习的使用还有待铺开。

专栏 1-1   "深蓝"电脑：第一个战胜人类国际冠军的机器

2016 年和 2017 年 Alpha Go 分别战胜国际围棋冠军李世石和排名世界第一的柯洁的故事想必大家都耳熟能详。但是，其实在 20 多年前，"人机对战"早已上演。Alpha Go 并不是第一个战胜人类冠军的机器——"第一个吃螃蟹"的机器，是 IBM 公司的国际象棋电脑"深蓝"。

1997 年 5 月 11 日，国际象棋世界冠军加里·卡斯帕罗夫（Garry Kasparov）与 IBM 公司的国际象棋电脑"深蓝"的六局对抗赛降下帷幕。在前五局以 2.5 对 2.5 打平的情况下，卡斯帕罗夫在第六盘决胜局中仅走了 19 步就向"深蓝"拱手称臣。整场比赛进行了不到一个小时。"深蓝"赢得了这场具有特殊意义的对抗。

在前五局里，卡斯帕罗夫一直采取专门设计的战略来对付"深蓝"，为了避开与计算力强大的"深蓝"直接角力，他选择了怪异的开局，尽量避免棋子的接触，这种下法让所有的专家们大吃一惊。然而，这并没有取得明显的效果。不管对手使用什么招法，"深蓝"总是默默地，迅速地走出最强的应手。在最后一局中，卡斯帕罗夫显然丧失了耐心，他第一次采取了"正常"的下法。最初的几步棋让观看的棋迷们欢欣鼓舞，以为强大的卡斯帕罗夫恢复了他的本来面目。但很快欢欣就成了沮丧。第七回合，卡斯帕罗夫犯了一个不可挽回的低级错误，局势急转直下，很快卡斯帕罗夫就已毫无希望。在挣扎了几步之后，他放弃了抵抗，草草签了"城下之盟"。

这是"深蓝"创造的又一个新纪录。1988 年，它的上一代"深思"是第一个赢过国际象棋特级大师的电脑。而"深蓝"成了第一个赢了国际象棋世界冠军的电脑。卡斯帕罗夫曾经说过，电脑要想真正在各种赛制规则下战胜世界冠军，需要等到 2010 年。"深蓝"把这个日子整整提前了 13 年。图 1-1 为卡斯帕罗夫（左）与"深蓝"对弈的画面。

图 1-1　卡斯帕罗夫（左）与"深蓝"对弈

二、机器学习的分类

机器学习是一个庞大的科学体系，涉及众多算法，任务和学习方式。不同的机器学习特性不同，应用场景也有所不同。下面，我们根据几种常见的分类标准来和大家介绍机器学习的分类。

（一）线性模型和非线性模型

以变量关系为划分标准，机器学习可以分为线性模型和非线性模型。所谓线性模型，一般是指模型参数与学习目标之间具有线性关系。不具有线性关系的模型称为非线性模型。线性回归模型便是典型的线性模型；Logistic 回归模型虽然不是完全线性模型，但其预测函数取对数后即成为线性模型，因此也称为对数线性模型。机器学习中常见的线性模型有 LASSO，岭回归等。典型的非线性模型包括支持向量机（SVM）和神经网络（NN）等。一般来说，线性模型简单、泛化能力强，但表达能力较弱；非线性模型的表达能力较强，但泛化能力较弱，容易产生过拟合。而且，虽然线性模型的形式较为简洁，但其蕴含着机器学习中一些重要的基本思想，很多非线性模型都是在线性模型的基础上变换而来的，而且在一些特定情境下使用线性模型更方便高效。实践中，非线性模型在执行分类任务时被广泛使用，它具体又可以分为传统学习模型（如决策树等）和深度学习模型（如神经网络等）两种，其中后者目前更为常见。

（二）监督学习和非监督学习

依据训练数据是否需要标注为标准，可以将机器学习模型分为监督学习和非监督学习。其中，监督学习包括有监督学习和半监督学习，非监督学习包括无监督学习、迁移学习和强化学习等。有监督学习是通过对有标签的数据样本进行学习，从而找出输入和输出之间的一般性法则；无监督学习则是指不设定标签，让机器自行发现规律的模型训练方式；迁移学习是指把已经训练好的模型参数迁移到新的模型上以帮助新模型训练；强化学习是一个学习最优策略，可以让本体在特定环境中，根据当前状态做出行动，从而获得最大回报。监督学习和无监督学习在资产定价中都有非常好的应用。资产定价中一个基础的问题是如何基于一系列的预测变量给出期望资产收益的估计，这实际是一个监督学习问题。相似地，在对资产进行估值时采用的现金流估计模型也是监督学习问题。无监督学习方法通常在资产定价应用中扮演着次要的角色。监督学习和非监督学习的分类与应用情况如图 1-2 所示。

机器学习算法（示例）

	非监督类（做辅助）	监督类（主要）
连续型	• 聚类和降维方法 　○SVD（降维） 　○PCA（降维） 　○K-means（大部分聚类用）	• 回归： 　○线性回归 　○多项式回归 • 决策树 • 随机森林
分类型	• 关联性分析（关联规则） 　○Apriori 　○FP-Growth • 隐马尔科夫模型 　（很少用，循环神经网络替代）	• 分类 　○KNN（较少用） 　○树形模型（常用） 　○Logistic回归（常用） 　○朴素贝叶斯（NLP） 　○SVM（中小型数据集表现好）

图 1-2　监督学习和非监督学习的分类与应用情况

（三）参数模型和非参数模型

依模型本身的表示形式，可将模型分为参数模型和非参数模型。参数模型是结构固定，可由一组参数确定的模型。典型的参数模型包括线性回归等。非参数模型没有固定的模型结构，参数量通常和训练数据相关。典型的非参数模型包括 K 近邻算法等。一般来说，参数模型含有较强的模型假设，因此需要的训练数据较少；非参数模型对测试数据的表达依赖训练数据本身，因此需要较多的训练数据以覆盖数据空间。不过，参数模型和非参数模型并没有明确的界限，非参数模型也可能会有参数设置，如狄利克雷过程 DP（Dirichlet Processing）是非参数模型，但该模型中的基础函数（Base Function）和散度因子（Concentration Factor）都是参数。

（四）生成模型和区分性模型

根据任务的完成机制，可以将模型分为生成模型和区分性模型。生成模型建立对数据的描述模型，再基于该描述模型完成目标任务。典型的生成模型包括混合高斯模型（GMM）等。区分性模型不以描述数据作为中间步骤，而是直接对任务进行建模。对于分类任务，该模型直接对分类面建模，对于回归任务，直接对条件概率进行建模。典型的区分性模型包括线性回归模型，Logistic 回归模型、支持向量机（SVM）等。一般来说，生成模型有较强的模型假设，如果数据符合这一假设，则可得到较好的分类模型。反之，如果数据和假设不符，则得到分类模型较差，这时就不如基于区分性模型对任务目标进行直接学习。同时，如果数据量较少，一般选择生成模型，利用模型中的人为假设来减小数据稀疏的影响；数据量较大则一般选择区分性模型。

三、机器学习的思想

了解了机器学习的历史和分类后，我们来看看机器学习的基本思想，以便大家更容易了解其工作原理，将来也可以运用到其他方面。机器学习的基本思想离不开两个关键词："知识"和"经验"。

所谓"知识"，可以理解为人类已经获得的可形式化的某种理性表达。这些表达可以是确定的，也可以是概率的；可以是全局的，也可以是局部的。在很多情况下，这些"知识"

也被称为"先验知识"，即已经得到现实验证的知识。股票的历史价格、历史收益率等均属于"先验知识"。而所谓"经验"，是指机器在运行环境中得到的反馈。这些反馈并不具有条理性，有些是事实，有些是假象，有些是系统的，有些是随机的。不论如何，这些经验里都包含大量有用信息，只是掩盖在复杂的表象之下，很难被直接利用。

"知识"和"经验"是构造机器学习系统时常用的两个基本信息源。基于这两个信息源中的任何一个都可以构造有效的智能系统：基于知识可构造一个基于推理的智能系统；基于经验可以构造一个基于归纳的智能系统。但是，基于单一信息源的系统明显具有缺陷，那么我们可以将两者结合起来，即用先验知识设计一个合理的结构，再用实际经验对这一结构的细节进行修正和优化。这种学习系统具有开放性，可根据新的经验对旧有知识进行更新；也具有更好的抽象能力，可以基于已拥有的知识架构重新抽象出新的知识。这一学习框架实现了知识和经验的融合，即新的经验不断出现，并逐渐被抽象成新的知识，这样既保证了知识框架的稳定性，也保证了知识内容的新颖性。我们认为这种先验知识和实际经验相结合的信息处理方式是现代机器学习的基本特征之一。

图 1-3 给出了基于知识—经验的机器学习框架。该框架将机器学习表达为一个将人类知识和实践经验结合在一起的计算模式，在这一模式里，我们依赖知识设计合理的学习结构，利用实际经验对学习结构进行调整，实现既定学习目标最优化。正如我们进行投资一样，我们会先根据自己掌握的信息进行投资，然后再根据市场的整体情况、资产的收益表现等调整我们的投资决策，争取实现收益最大化。

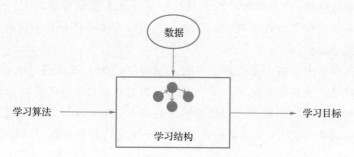

图 1-3　基于知识—经验的机器学习框架

专栏 1-2　机器学习中的"哲学"

我们常说"文理不分家"，大部分理工科的思想都可以从文史学科的角度去理解。在本专栏中，我们就和大家来聊一聊机器学习中两个常见的"哲学"道理。

1. 没有免费的午餐定理（No Free Lunch Theorem）——教条主义的危害

NFL 定理由美国统计学家大卫·沃尔珀特（David Wolpert）在 1996 年提出，其应用领域原本为经济学。"天下没有免费的午餐"，如图 1-4。最早是说，19 世纪初很多欧美酒吧和旅店为了提升销售额向顾客提供免费的三明治，而客人贪图免费的三明治却意外地买了很多杯酒，酒吧从而获利更多了，以此来教育大家不要贪小便宜吃大亏。

和那句家喻户晓的"天下没有免费的午餐"有所不同，NFL 讲的是机器学习模型的评估问题。这个定理对于"盲目的算法崇拜"有毁灭性的打击。简而言之，NFL 的定律指明，如果我们对要解决的问题一无所知并且假设其分布完全随机且平等，那么任何算法的预期性能都是相似的。周志华老师在《机器学习》一书中也简明扼要地总结："NFL 定理最重要的寓意，是让我们清楚地认识到，脱离具体问题，空泛地谈'什么学习算法更好'毫无意义。"

图 1-4　天下没有免费的午餐

2. 集成学习（Ensemble Learning）——三个臭皮匠的智慧

集成学习的哲学思想是"众人拾柴火焰高"，和其他机器学习模型不同，集成学习将多个较弱的机器学习（臭皮匠）模型合并起来集体决策（诸葛亮）。比较常见的方法有多数投票法，即少数服从多数。如果我们有 10 个"子分类器"通过一个人的疾病史来推断他能活多久，其中 8 个说他会活过 100 岁，其中 2 个说他在 100 岁前会死，那么我们相信他可以活过 100 岁。集成学习的思想无处不在，比较著名的有随机森林等。从某种意义上说，神经网络也是一种集成学习，每个单独的神经元都可以看作是某种意义上的学习器。

周志华老师曾这样说："个体学习的准确性和多样性本身就存在冲突，一般的，准确性很高后，要增加多样性就需牺牲准确性。事实上，如何产生并结合好不同的个体学习器，恰是集合学习的研究核心。"

事实上，机器学习中还蕴含着许许多多的"哲学"道理。正所谓"大道至简"，其中蕴含的很多思想和现实人生都是共通的。有人曾这样形容机器学习："在接触机器学习的早期阶段，时间往往都花在了研究算法上。随着学习的深入，相信大家会慢慢发现其实算法思想的精髓是无处不在的妥协。"人生也是如此，很多时候我们都会面临"取舍"问题。

四、机器学习的要素

正如前文所述，机器学习是"知识"和"经验"的不断交互过程，共同影响人们的未来决策行为。用更加专业的表达，机器学习是从有限的观测数据中学习（或"猜测"）出具有一般性的规律，并将总结出来的规律推广应用到未观测样本上。基于此，机器学习方法可以粗略地分为三个基本要素：模型、评估、优化。

（一）模型

对于一个机器学习任务，首先要确定其输入空间和输出空间。输入空间是样本的特征向量，可由人为根据已有数据确定或交由机器进行识别。输出空间是我们通过机器学习算法得到的训练结果。不同机器学习任务的主要区别在于输出空间不同。输入空间和输出空间存在着一定的关系，可能是一个未知的真实映射函数，或可用真实条件概率分布来描述。机器学习的目标就是找到一个模型来近似刻画两者的上述关系。

由于我们不知道真实的映射函数或条件概率分布的具体形式，因此，我们会根据经验来假设一个模型，或说函数的集合，称其为假设空间。然后利用机器学习算法，通过观测其在样本数据（训练集）上的特性，从中选择一个理想的模型。常见的假设空间可以分为线性和非线性两种，对应的模型也分别称为线性模型和非线性模型。

（二）评估

机器学习模型的评估准则很简单，即"找到最优模型"。假设我们的训练集由多个独立同分布的样本组成，那么一个好的模型应该在所有样本的可能取值上都与真实映射函数一致。模型的好坏可以通过期望风险，或称期望错误来衡量。通俗地说，我们在利用机器学习的过程中，以"找到一个模型，其和数据间存在的真实关系的差异是最小的"为准绳。

（三）优化

在确定了训练集、假设空间以及评估准则后，如何找到最优的模型就成了一个最优化问题。机器学习的训练过程其实就是最优化问题的求解过程。求解最优化问题会利用到优化算法，这也是机器学习的第三个基本要素。

五、机器学习的步骤

当我们用机器学习来解决实际任务时，会面对多种多样的数据形式，比如声音、图像、文本等。不同数据的特征构造方式差异很大，例如，文本数据，一般由离散符号组成，并且每个符号在计算机内部都表示为无意义的编码；图像一类的数据则通常被看作是连续的向量。因此，在实际中，传统的机器学习模型一般会包含以下四个步骤：数据预处理、特征提取、特征转换和预测。图 1-5 是机器学习的传统步骤示意图。

（1）数据预处理，即对数据的原始形式进行初步的数据清理，如去掉一些有缺失特征的样本，或去掉一些冗余的数据特征等；或是对数据进行加工，如对数值特征进行缩放和归一化等。经过数据的预处理，可以得到可用于训练机器学习模型的数据集。

（2）特征提取，即从数据的原始特征中提取一些对特定机器学习任务有用的高质量特征，比如在文本分类中去除停用词，图像分类中提取尺度不变的特征变换等。

（3）特征转换，即对特征进行进一步的加工，比如降维和升维。降维包括特征抽取和特征选择两种途径，常用的特征转换方法有主成分分析法等。

（4）预测，也是机器学习的核心部分，即学习一个函数并进行预测。

图 1-5　机器学习的传统步骤示意图

上述流程中，特征处理和预测一般都是分开进行的。传统的机器学习模型主要关注最后一步，即构建预测函数。但是实际操作过程中，不同预测模型的性能相差不多，而前三步中的特征处理对最终系统的准确性有着十分关键的作用。特征处理一般都需要人工干预完成，利用人类的经验来选取好的特征，并最终提高机器学习系统的性能。

专栏1-3　美团图灵平台：大数据处理与机器学习的一站式平台

2019 年 7 月份，美团外卖的日订单量突破了 3000 万单，占有了相对领先的市场份额，形成了全球规模最大的外卖配送平台。如何让配送网络运行效率更高，用户体验更好，是一项非常有难度的挑战，需要解决大量复杂的机器学习和运筹优化等问题，包括 ETA 预测、智能调度、地图优化、动态定价、情景感知、智能运营等多个领域。同时，美团还需要在体验、效率和成本之间达到平衡。

为了提升各部门的研发效率，同时统一业务指标和特征的计算口径，构建标准化的配送体系，美团配送的研发团队组建了一个算法工程小组，专门规整各业务线的机器学习工具集，希望建设一个统一的机器学习平台，提供一站式服务。该平台命名为"图灵（Turing）"，集大数据处理与机器学习于一体，为美团的算法开发提供了良好的支持。具体而言，包括以下五个阶段的服务：①获取数据。支持在线和离线两个层面的处理，分别通过采样、过滤、归一化、标准化等手段生产实时和离线特征，并推送到在线的特征库，供线上服务使用。②模型训练。支持分类、回归、聚类、深度学习等多种模型，并支持自定义损失函数。③模型评估。支持多种评估指标。④模型发布。提供一键部署功能，支持本地和远程两种模式，分别对应将模型部署在业务服务本地和部署在专用的在线预测集群。⑤在线预测。利用模型实验与预测。

图灵平台的诞生与使用为美团的算法开发与业务发展提供了非常大的帮助。目前，美团大部分算法迭代的整个流程无需工程研发人员、测试工程师的参与，且算法迭代周期由天级别降至小时级别，大幅提升了配送算法的迭代效率。图 1-6 为图灵平台示意图。

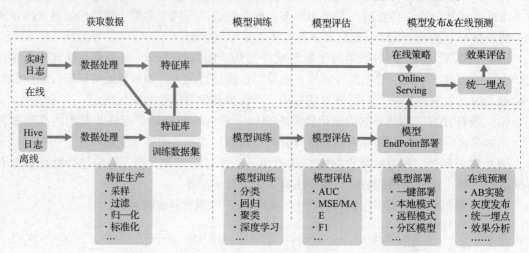

图 1-6　图灵平台示意图

六、机器学习与传统编程

机器学习与传统机器编程在解决问题时存在较大区别。传统意义上的机器编程是以人类逻辑为基础的，人们需要对所用到的数据结构做明确的定义，对所有可能遇到的流程和分支做细致的设定，这种"固化逻辑"有明显局限性。一方面，人类目前并不能完全详尽地知道某些需要完成的任务的内部细节，对这些任务的过程进行清楚定义非常困难；另一方面，即使已经知道了任务的所有细节，也很难探询各种复杂的可能性。特别是当外部环境发生改变的时候，基于旧有经验定义的过程很难被修正。

在机器学习中，特别强调"学习"这一特性。机器学习的一个巨大优势在于，设计者不必定义具体的流程细节，只需告诉机器一些通用的基础知识，定义一些足够灵活的通用结构（如概率关系等）。机器可通过输入的样本数据集进行观察和体验，积累实际经验，对所定义的结构及其参数进行调整、改进，从而获得面向特定任务的处理能力。如此，机器学习不仅可以通过学习得到适合它自身的细节，减轻了人为设计的压力，还可以在环境发生改变时，通过学习对现有知识进行自动更新。如果外部信息足够丰富，机器甚至可以获得比人为设计更丰富的细节。

例如，当面临如何确定一个邮箱地址是否有效的问题时，传统机器编程的思路是提前确定好满足邮箱有效的一组规则条件，如它应该包含一个"@"符号，@后面应该是一个少于254个字符的web地址（如xxx.com），且只由字母、数字、连字符组成等。然后基于该规则编写一系列if/then语句，如果满足所有必要条件，程序返回有效；如果违反了至少一个条件，则返回无效。而机器学习的思路是让计算机使用统计数据来从数据中推断出规则。例如，可以向机器输入大量的有效和无效的Email数据进行学习，在这些数据样本中，机器可能会发现"@"符号是一个重要的区别特征，从而得出自己的规则，如果有足够的数据，机器最终可以找到有用的规则。机器学习的另一种方法也是向机器提供一些用于识别邮箱是否有效的规则，但会让机器对这些规则进行学习改进，这种方法更加结构化，可以帮助引导机器更快、更有效地学习。

进入21世纪以后，互联网的发展积累了大量数据，计算机的性能比以前有了大幅提高，这为以统计学习为特征的机器学习方法提供了广阔的发展空间。今天，机器学习在信号处理、自然语言理解、图像处理、生物与医学等各方面取得了前所未有的成功，远远超出了传统人工智能的研究范畴。

第二节　机器学习在金融与财务领域的应用特性

数据可获得性以及算法算力的提升推动了大数据和机器学习在金融与财务领域的不断发展；此外机器学习在胜任解决金融与财务相关的预测问题时所具备的适用性，也是金融与财务机器学习被学者不断推动发展的重要原因。一方面，金融与财务数据具有其特殊性，例如高维度和低信噪比等；另一方面，机器学习能够有效压缩数据维度和提取信息，也能提供更多元的函数形式进行非线性建模。两者之间存在着"需求"和"供给"的相互匹配性，因此机器学习越来越广泛地运用到了金融与财务领域之中。

但是，金融行业与互联网等机器学习的传统应用领域在数据结构和理论模型假设等方面存在着巨大差异，所以即使机器学习技术早已在其他学科领域中获得巨大的应用成果，但未必一定适用于金融与财务领域的所有任务。如果不仔细审视金融与财务领域具体环境就直接将其应用于投资和财务管理实践，很可能不能取得理想的结果。接下来，就机器学习在金融与财务领域的应用特性作进一步介绍。

一、金融与财务对机器学习的需求性

（一）金融与财务预测问题的高维特性

金融与财务预测是金融与财务理论研究与实践应用的重要内容。例如，为了对资产进行估值定价，财务管理人员必须预测涉及资产基本面的各项财务现金流指标未来表现。资产定价和量化投资从业人员则需要寻找可以预测资产间或时间维度回报率差异的变量。

金融与财务预测普遍存在预测变量的高维特征。在股票收益预测中，大量变量可能是相关的预测因子，比如，会计数据中直接反映的公司财务情况、从公司披露的文本信息中提取的信号指标、总结价格与交易量的历史所获取的变量、媒体报告中的信息以及许多其他变量之间可能存在的相关性。相关的学术研究逐渐积累了惊人的预测指标列表，例如，杜克大学坎尔贝·哈维教授（Campbell R. Harvey）在 2016 年的研究就包含公司财务数据的 316 种预测因子——而这些只是文献研究中提及的用于股票价格预测的一部分，COMPUSTAT 数据库覆盖了每家公司的成千上万个变量，SEC 的 Edgar 数据库则包含了太字节（TB）量级的财务报告数据。但是，公司的财务报告代表的仅仅是投资者潜在能获取到的信息的一小部分。还有大量的关于过去价格和交易历史的数据集，从社交媒体提取的情绪指标，客户和员工的在线评论，以及其他可能包含有价值信息的数据源。

虽然人们可接触到的信息越来越多，但是大量的预测变量也为分析建模带来了巨大的挑战。例如，研究股票横截面的预测时，假设能够观测到收益的股票数量为 N，关于股票截面收益率预测变量数为 J，那么在拥有大量的相关信息时，预测变量数 J 有可能会超过股票数量 N。在这样的情况下，传统的统计方法，如最小二乘估计（OLS）并不适用。因为，当预测变量数（J）多于观察数（N）的时候，OLS 回归无法获得唯一解；即使 $J<N$，但 J 不是远小于 N 的，那么 OLS 估计量也无法给出有用的预测。通常，如果 OLS 回归模型的解释变量的数量太多以至于回归过度拟合，这将导致良好的样本内拟合结果，但样本外预测却很差。除了预测变量数容易接近或超过观察数外，由于预测变量通常是对股票同一维度的不同测度，他们之间也往往具有高度的相关性或共线性，传统的 OLS 预测方法所得出的结果也会出现偏误。这就是目前金融与财务数据很容易碰到的"高维性"。

（二）传统金融模型的稀疏性假设

目前，许多金融和财务学术文献都是通过施加特定的稀疏性假设来处理预测问题的高维性。学者不会同时考虑大量的预测因子，而是经常孤立地考虑少量预测因子数据集。因此，他们通过将研究重点放在低维模型上来避开使用大量预测变量进行预测所带来的高维问题。

例如，有学者研究了海量公司财务数据对股票横截面收益的预测能力，但是在每个单独的研究中则侧重于对少量公司财务数据进行回归分析，他们希望通过包含极少数因子的模型来总结出股票收益横截面中的投资机会。法玛（Fama）和弗伦奇（French）在 1993 年的研究中最开始提出的是三因子模型。这些因子是根据公司财务数据，如公司规模，获利能力，投资或公司账面权益与市场权益之比构建的投资组合而形成的。

上述背景下，关注于较少因子的模型意味着研究人员给这些模型施加了高度的稀疏性假设。这种孤立地考虑少量预测因子数据集的方法可能会导致那些已经在文献中发现的预测因子存在大量冗余。虽然在模型上施加这样极端的稀疏性能够保证常规的统计方法有良好的表现，但是提出这些模型的学者仅针对一小部分可能基于公司层面变量构造的因子来测试其低维的因子模型。而在成百上千乃至更多的潜在因素之中，学者们的这种做法相当于将几乎所有的影响设定为"零"。因此，相对于大量被忽略因子的共同影响，我们无法得知这些模型遗漏了多少解释能力。

值得注意的是，那些被学者们认为充分捕捉股票预期横截面收益所需的"标准因子"的数量随着时间也呈上升趋势。在俄亥俄州立大学侯恪惟教授 2015 年的文章，以及芝加哥大学法玛教授（Fama）和达特茅斯学院弗伦奇教授（French）同年的文章里，其因子模型中除了市场投资组合外，均仅包含三个或四个因子。而后推出了该模型的四因子，五因子甚至是六因子版本。不断增长的因子模型从侧面反映了上述这种被忽略的相关因素的事实。时任美国金融协会主席的约翰尼·科克伦教授（John H. Cochrane）曾用"因子动物园"来形容人们狂热地挖掘出各类因子的现象："We thought 100% of the cross-sectional variation in expected returns come from the CAPM, now we think that's about zero and a zoo of new factors describes the cross section."我们曾经认为预期收益的横截面变量 100% 来自于资本资产定价模型，现在我们认为这个比例接近于零，并且一系列新的因子描述横截面。

二、机器学习的优势

面对金融与财务有待解决的相关需求和难题，机器学习有其特有的优势。在数据高维特性的处理方面，机器学习方法强调变量选择和降维技术减少自由度并压缩预测变量之间的冗余变化，非常适合解决高维情境下的预测问题。在很多机器学习的应用中，特征的数量非常大且常常多于可用于算法训练的观测数量。而机器学习的成功是由于开发了有效的方法去约束估计，使得估计得到的模型能够生成有用的样本外预测，克服了 OLS 回归等传统模型的缺陷。

机器学习对现有金融模型的强稀疏性假设问题也提供了一定的解决方法：机器学习工具箱给我们提供了无须在金融与财务预测问题上施加稀疏性假设的机会。在实证研究中，机器学习工具使得计量经济学家们能够考虑到大量预测因子联合的效应；在理论研究中，投资者可以被建模为现实高维环境中的机器学习者。机器学习为克服金融数据的另一个经典难题提供了解决方案。

此外，机器学习还能够提供更加丰富的函数形式。在考虑预测问题时，我们不免好奇：预测变量以何种函数形式进入到预测模型中？是线性方式还是非线性方式？非线性方式的预测模型是否优于线性模型？如果选择非线性模型，是否必须考虑预测因素之间的交互项？目前这些问题仍存在着极大的讨论空间。例如，芝加哥大学内格尔教授（Nagel）在 2020 年的文章中指出，相对于单个预测因子的非线性相加，协变量之间的相互作用可能是收益预测模型中非线性的一个更合理的来源。但这种相互作用是我们无法通过传统的线性模型直接添加预测因子可以捕捉的。因此，当预测变量与预测目标存在一些非线性关系时，机器学习提供了更多的可能。同时，机器学习种类多样的算法也为更多形式的预测模型带来了可能性。广义线性模型、回归树以及神经网络等机器学习算法都可以对复杂的非线性关系进行近似；另外，它有参数惩罚和模型选择标准，哪怕函数形式非常广泛，也可以避免过拟合偏差和错误发现。

通过上述介绍，我们不难发现，机器学习在金融与财务领域的研究中确实大有作为。随着科技的发展和技术的进步，未来机器学习会继续为研究者提供更丰富的工具，在金融与财务领域大放光彩。

专栏 1-4　中国智能投顾市场分析

智能投顾是利用云计算、智能算法、机器学习等技术，将现代资产组合理论应用到模型中，结合投资者个人财务状况、风险偏好和收益目标，为投资者提供最佳投资组合，可视为传统投顾和人工智能、大数据等技术结合孕育的产物。智能投顾原理示意图如图 1-7 所示。

目前，智能投顾平台用户进行投资的流程大致相同，可以分为风险测评、获得投资方案、连接账户、进行投资、更新方案、完成投资六大步骤。

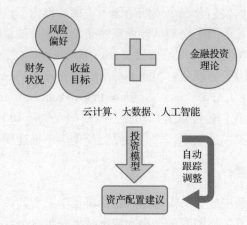

图 1-7 智能投顾原理示意图

    智能投顾最早起源于美国，并且美国市场已较为成熟。虽然我国处于智能投顾的初级阶段，但因中美市场环境差异较大，潜在服务人群也不尽相同，不能完全复制或借鉴美国经验。我国的智能投顾发展历程大致可分为三个阶段，从传统投资顾问到在线理财再到智能投顾，目标客户也随之覆盖到低净值人群，客群范围进一步扩大。我国智能投顾行业的进化历程见表 1-1。

表 1-1　我国智能投顾行业的进化历程

项目	发展阶段		
	传统投资顾问	在线理财	智能投顾
发展层次	投顾 1.0 （20 世纪 90 年代末）	投顾 2.0 （2008 年—2015 年）	投顾 3.0（2015 年—至今）
服务主体	一对一人工服务	人工服务为主	有限或无人工服务
服务内容	全方位财富管理	交易性投资组合管理+有限投资建议	自助资产组合动态管理+投资建议
目标客户	超高净值人群	中等净值人群	中等、低净值人群
特点	理财顾问主观导向性较强	客户可根据自身需求在线进行投资理财	利用计算机程序系统根据客户需求，通过算法和产品搭建数据模型，为客户提供理财建议

    2020 年我国智能投顾平台排行综合评分前十名的主要为传统金融机构和互联网巨头，其中，排名第一的蚂蚁聚宝属于互联网巨头旗下产品，排名第二、第三的中银慧投和工行 AI 投属于传统金融机构旗下产品。我国智能投顾行业虽然起步较晚，但从 2017 年开始展现惊人的发展速度，2017 年我国智能投顾管理的资产达 289 亿美元，其年增长率高达 261%，资产规模在全球仅次于美国。虽然往后增速有所放缓，但 2022 年我国智能投顾管理规模仍有望超 6600 亿美元。

三、机器学习可能面临的挑战

    前两部分我们介绍了机器学习在金融与财务领域中的应用优势，但和大多数工科使用的数据不同，金融与财务数据存在着"小数据"、信噪比低、模型稳定性差等特点。而这些困难使得人们在决定运用机器学习到金融与财务领域的某些研究前，必须经过谨慎的考虑。

（一）"小数据"问题

与日常了解的金融大数据常识不同，资产价格收益预测实际也是一个小数据问题。收益预测模型，表达式为

$$y_t = \sum_k^N \beta_i x_{i,t-1}, \quad t = 1, \cdots, T$$

认为是预测金融资产收益率，右边是预测变量。人们通常提到的如引入新闻文本，卫星图像或者网络交通等大数据进行预测是指模型右侧的预测变量数 N，但模型是否真正拥有丰富预测资源数据则取决于上述模型左侧的变量观察个数 T。如果左侧只有 100 条观察数据，即使模型右侧有更多的预测变量数，也无法通过机器学习提高模型的预测效果。因此从这个角度看，收益预测属于大数据问题还是小数据问题需要由 T 的取值决定。

T 的大小取决于金融资产收益率序列的频率。如果定义为月度频率，对于每一资产，其实只拥有几百条观察值，如果考察资产截面收益率，大概有几十万的观察值，但这相对于机器学习的要求数据量仍然偏少。人们可能会倾向于认为高频数据可以通过将收益周期切分成更精细的间隔以增加观测值的数量。除非资产收益可预测的变量也出现高频率变化，我们能捕捉到一些市场微观结构引起的可预测性，否则在统计能力方面我们不会通过增加测量频率而有所收获。这与麻省理工学院罗伯特·默顿教授（Robert C. Merton）在 1980 年的研究中认为增加计量频率不会对预期收益产生更精确的估计是相似的。因此，无论是哪种方式，我们都必须忍受有限的收益数据。

纽约大学达尔教授（Dhar）在 2015 年的研究中进一步讨论了数据大小在机器学习对金融和财务应用中所扮演的关键角色。他指出，"作为一项指导性原则，在没有足够数据的情况下，我们应该认真考虑是否需要使用机器进行帮助学习。"

专栏 1-5　小数据的大前景

2021 年 9 月，美国网络安全和新兴技术局发布了研究报告《小数据人工智能的巨大潜力》（*Small Data's Big AI Potential*）。报告指明一点：长期被忽略的小数据的人工智能潜力不可估量。

传统观点认为，大量数据支撑起了尖端人工智能的发展。但该研究指出，制定规则时如果将"人工智能依赖巨量数据、数据是必不可少的战略资源、获取数据量决定国家（或公司）的人工智能进展"视为永恒真理，就会"误入歧途"。

小数据方法是一种只需少量数据集就能进行训练的人工智能方法，主要有以下五种：①迁移学习；②数据标记；③人工数据生成；④贝叶斯方法；⑤强化学习。它适用于数据量少或没有标记数据可用的情况，减少对人们收集大量现实数据集的依赖。不过，这里所说的"小数据"并不是明确类别，没有正式和一致认可的定义。学术文章讨论小数据与应用领域相关性时，常与样本大小挂钩。

小数据方法主要有以下几个显著的优点：①缩短大小实体间 AI 能力差距。②减少个人数据的收集。通过减少收集大规模真实数据的需要，让使用机器学习变得更简单，从而减少隐私泄露问题；③促进数据匮乏领域的发展。可用数据的爆炸式增长推动了人工智能的新发

16

展，但可以输入人工智能系统的数据却很少或者根本不存在。比如，预测活火山突然喷发的可能性的相关数据。但小数据方法以提供原则性的方式来处理数据缺失或匮乏，补充缺失的数据。④避免"脏数据"问题。小数据方法可以通过自动生成标签更轻松地处理大量未标记的数据，也可以通过减少需要清理的数据量来显著降低脏数据问题的规模。

目前，美国和中国在小数据方法方面的竞争非常激烈。美国在小数据方法中的强化学习和贝叶斯方法这两个类别中处于优势，而中国在增长最快的迁移学习类别中一马当先，并且差距在逐渐加大。

中国和美国对于人工智能相关的小数据方法的政府资助如图 1-8 所示。

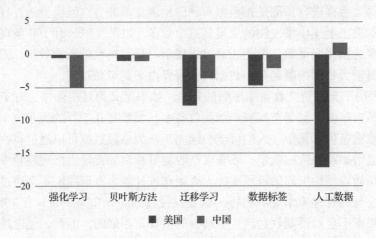

图 1-8　中国和美国对于人工智能相关的小数据方法的政府资助

（二）信噪比问题

金融业与其他行业在应用机器学习时最大的差异来源于数据信噪比。在一些机器学习的典型应用中，通常是将已知真实结果数据输入模型进行训练。例如，在汽车图像分类任务中，我们将使用正确标记为汽车或不是汽车的图像来训练算法，因此，真实分类的图像构成了训练数据集。相反，在金融与财务领域，尤其是金融资产收益率预测应用中，训练数据集只能向机器提供某些资产已实现的收益 r_{t+1}，而预期收益 $E_t[r_{t+1}]$ 是不能观测的。因此，我们所能看到的是已实现收益，它是一个关于预期收益的噪声信号，而 $E_t[r_{t+1}]$ 的变动其实只占已实现收益总方差的一小部分。因此，金融预测通常所使用的数据信噪比很低。

信噪比低的一个主要原因是金融市场极度嘈杂。即使是最理想的股票投资组合，其在任何交易时点都会因为意料之外的消息而经历剧烈波动。金融数据的信噪比低也源于金融市场中存在大量激烈竞争的、追求利润最大化的经济力量。如果交易员有一些可靠的信息可以预测未来价格上涨，这是一个强信号，他们会利用该预测信息进行投机性买入并推高价格。他们不会在价格上涨一部分后就停止，而是会选择继续购买，直到市场价格完全调整到他们的信息预测水平。通过利用信息进行以利润为导向的交易，投资者的套利行为最终会将资产价格的可预测性降到很低。由于市场的可预测性已经体现在价格中，唯一能推动市场的是意料之外的消息——噪音。在有效市场中，回报不一定完全缺乏可预测性。例如，如果需要承担太多风险、面临交易成本，或者像内幕交易那样受到法律限制，投资者可能会停止使用他们的信息。剩下的可预测性应该很小，而且难以把握，因为任何容易获得的利润都会很快被市场上的竞争力量捕捉并利用。

（三）模型稳定性问题

模型的稳定性主要从计算的稳定性和数据的稳定性两方面考虑。

1. 计算的稳定性（Computational Stability）

计算稳定性特指模型运算性能的鲁棒性（Robustness）。例如，如果我们让整数型（int）的变量来储存的一个浮点变量（float），那么我们会损失精度。在机器学习中，往往涉及大量的计算，受限于计算机的运算精度，很多时候我们必须进行凑整（Rounding），将无限小数近似到浮点数。这个过程不可避免的造成了大量的微小误差，随着凑整误差积少成多，最终会导致系统报错或者模型失败。

2. 数据的稳定性（Data Stability）

评估机器学习模型的稳定性（Stability）和评估机器学习的表现（Performance）有本质上的不同，不能简单地通过评估准确率这种指标来说一个机器学习稳定与否。数据的稳定性往往特指时间序列（Time Series）的稳定性。但从根本上说，数据的稳定性主要取决于数据的方差（Variance）。

（四）可解释性问题

机器学习模型的"可解释性"异常重要，已经成为机器学习研究中一个最为优先考虑的问题。然而，虽然机器学习可能会大幅提高资产价格预测能力，但由于其是数据驱动的并没有引入经济金融理论结构，因此机器学习并不能够识别出预测背后所反映的更深层次的经济金融机制。

例如，金融资产管理者有责任去和客户沟通投资组合中的风险，这使得他们特别强调模型的内部工作模式的可解释性，但部分机器学习模型的黑箱特性使得无法满足客户这一需要。另外，理解预测背后的原因在树立信任方面非常重要。作为人类，大多数决策是基于逻辑和推理。因此，依据机器学习做出决策的模式无疑会受到怀疑，如果用户不信任模型或预测，他们将不会使用它。最后，随着时间的推移，由于环境中各种因素造成的模型概念漂移，性能可能会发生变化，了解什么促使模型做出某些决定非常关键。

由于经济体系是人为构建的，所以在经济学、金融学领域中，理论与现象的关联性，远比自然科学理论与现象的关联性大。例如，金融市场微观结构理论提出，资产价格是平衡供求关系的拍卖机制的结果。经济学家不需要一个统计测试来告诉我们价格是非平稳的，而是通过观察市场结构就知道这一事实。物理学家没有经济学家可以直接观察得到结论的优势，因为自然规律和系统不是人类的构造，至少在可观测的现实感知是如此。而这也使得经济学和金融学理论在设定现实假设方面非常重要，即模型的假设和其可解释性非常重要。如果模型都不符合现实观察到的情况，那么又有什么必要运用机器学习等高端的技术去研究它呢？

事实上，并非只有在金融与财务相关的行业对模型的解释性有需求。医生也试图了解机器学习在医学诊断应用背后的解释机制，以避免依赖算法产生不利的意外后果。对机器学习的可解释性需求已经推动学者在这方面开展了进一步地研究。

专栏1-6　西西弗斯范式：金融机器学习失败的重要原因

机器学习这么神奇，那么它在运用的过程中会"失败"吗？答案是肯定的，世界上没有百分百正确的事情。你可能会好奇，什么情况下机器学习会无法发挥出他强大的能力呢？接下来我们通过一个假设场景来和大家说明。

当你全权委托投资组合管理人做投资决策时，会发现大部分投资组合管理人不会遵循一个特别的定律或基本原则进行投资。他们获取原始信息并依赖自己的判断或直觉进行分析。不同的投资组合管理人都会为自己的决策找一个"故事"作为支撑，以获得资金方的信任。因为别人难以完全理解他们投注背后的逻辑，所以一般投资公司会让投资组合管理人各自独立工作，以保证多元化投资。

虽然投资组合管理人的故事可能"五花八门"，甚至听起来像"天方夜谭"，但这并不意味着全权委托投资组合管理人不可能成功。问题在于，他们天然地不能进行团队工作：如果让50名投资组合管理人形成一个团队工作，他们之间的观点会互相影响，最终结果是企业不得不付50个人的工资，而他们完成的却是1个人的工作。因此，让他们独立工作，尽可能减少他们之间的互相影响，是非常合理的。

很多公司采用全权委托投资组合管理人模式去做量化或机器学习的项目，但最终结果都很糟糕。例如，我们雇用50位博士，要求他们每人在6个月内单独制定一套投资策略。这个方法往往事与愿违，因为每位博士都会疯狂地寻找投资机会，结果通常是：①拥有亮丽回测结果的过拟合；②标准的因子投资，一种低夏普比率（SR）的过饱和投资，但至少有理论支撑。这两种结果都会让投资委员会失望，致使项目最终被取消。即使有5位博士发现了有效的投资策略，5个人的收益也无法支付50位博士的费用，因此这5位博士也要另谋高就。

这就是所谓的让每个员工日复一日地搬石头上山的"西西弗斯（Sisyphus）范式"。这种范式的投入产出比极低，也是金融机器学习运用失败的重要原因之一。

第三节　机器学习在金融与财务领域的应用现状

虽然机器学习在金融与财务领域的运用能解决一定的困难，也会面临许多挑战，但得益于数据可获得性越来越高，算法理论的突破和计算能力的提升，近十年来机器学习在诸如资产定价、风险管理等金融与财务领域中开始"大显身手"。

在市场交易中，金融与财务学者对金融信息的分析主要分为两个方向：①基于供求、政策、环境等因素进行预测，称为"基本面分析"；②仅通过价格、交易量等市场信号进行预测，称为"量化分析"。

事实上，基于机器学习，我们不必对金融与财务信号的具体函数形式做过多假设，而可以利用大量数据让机器自动学习市场的变化规律，进而预测出未来走向。大量机器学习模型已经被应用到市场信号预测中，如决策树、支持向量机、神经网络模型等。上述这些方法大多属于有监督学习方法，即为每个训练样本给出明确的训练目标，如价格涨跌、操作头寸等。然而，在实际金融市场操作中要考虑短期震荡、长期趋势、交易费用、不确定性等各种复杂因素，单纯有监督学习方法并不能取得很好的效果。因此，学者们提出了将强化学习和监督学习进行融合的想法。与监督学习不同，强化学习在学习过程中不需要告诉机器每一个交易操作的细节，只需告诉它进行某种操作可能带来的收益或损失即可。经过一段时间的学习，计算机即可掌握获得稳定收益的策略。深度强化学习算法在最近的研究中也逐渐体现出其强大的性能。

此外，厦门大学姜富伟教授及其合作者在2020年梳理了学者们将机器学习算法应用到资产定价和其他金融领域中的具体应用；纽约大学韩玉峰教授（Yu-feng Han）等引入了线性机器学习算法 Lasso 回归算法和弹性网络算法来寻找最优的组合方法，并同时优化了股票收益预测模型，得到了显著优于传统方法的结果；耶鲁大学布莱恩·凯利教授（Bryan Kelly）和芝加哥大学修大成教授（Dacheng Xiu）在 2019 年的文章中使用了自编码（Auto Encoder）神经网络模型将收益和来自协变量的信息合并，提出了一种新的潜在因子条件资产定价模型，并发现其预测表现好于线性模型；另外，上述三位学者也总结了几类机器学习模型并进行了实证分析，包括：普通线性回归、偏最小二乘法、主成分回归、弹性网络、广义线性回归、随机森林、梯度提升回归树以及神经网络模型。文章认为线性模型通过控制过度拟合，特别是基于大数据的多因子模型表现要好于简单几个因子组成的模型。文章同时比较了两类方法，发现非线性模型对于线性模型的提升是显著的。最后文章按股票预测值进行排序构建了投资组合，其市值加权的组合收益最高夏普比率达到了 1.35，显著高于使用 OLS 算法的组合，进一步证实了机器学习结合大数据在收益预测中的可行性。

关于金融信用的研究，也即预测违约方面，学者们也利用机器学习方法得到了不少结果：纽约大学布塔鲁教授（Butaru）等在 2016 年使用决策树和随机森林等机器学习方法预测信用卡拖欠和违约概率。文章深入阐述了"大数据"和机器学习给风险管理者、股东、监管者、消费者以及所有受意外损失和消费信贷成本降低影响的利益相关者带来的潜在好处。麻省理工学院坎达尼教授（Khandani）等在 2020 的文章中使用了分类树和支持向量机，他们认为这些方法适合于消费者信贷风险分析的设置，该分析可以处理大样本规模以及消费者交易和特征之间可能关系的复杂性。伊利诺伊大学贾斯汀·西里尼亚诺教授（Justin A. Sirignano）和斯坦福大学凯·捷塞克教授（Kay Giesecke）在 2018 年的研究中建立了一个关于多期抵押贷款拖欠、止赎和提前还款风险的深度学习模型。文章发现，通过解决非线性问题，贷款和池级风险预测的准确性、抵押贷款交易策略的投资绩效以及抵押贷款支持证券的估值和对冲显著提高。

除了资产定价和违约模型等学术研究领域，机器学习在金融实践领域也取得了快速进展。早在 2010 年，摩根士丹利就组建了由安比卡·苏克拉（Ambika Sukla）带队的"摩根士丹利机器学习实验室"。而在 2018 年，摩根大通、瑞银、巴克莱相继组建了偏策略开发的机器学习团队。近年来，国内券商机构在机器学习领域的投入明显加大，相继布局了一系列如智能化客户运营、精准财富管理等以机器学习技术辅助的金融服务业务。

专栏 1-7　ERNIE：度小满用户的金融风控护航员

随着技术的发展，对于普通消费用户来讲，想在网上借钱变得越来越容易。与此同时，征信体系却成了阻碍金融公司发展的障碍之一，信贷欺诈、骗贷等事件大量涌现。2018 年，央行发布的《第三季度支付体系运行总体情况》显示，我国信用卡逾期半年未偿信贷总额 880.98 亿元，环比增长 16.43%。这意味着金融行业的风控需求异常迫切。而面对更加下沉的客户群体、更加复杂的用户信息，行业既需要保证业务安全合规，也需要把握风控尺度和客户体验之间的平衡。

基于上述背景，度小满金融公司（原百度金融，2018 年 4 月起实现独立运营）将百度自研的持续学习语义理解框架 ERNIE 应用到度小满的用户风控场景中。

ERNIE 是一种预训练语言模型通过建模海量数据中的词、实体以及实体之间的关系，学习真实世界中丰富的语义知识，因而对于中文语义理解相较于传统神经网络更深入。ERNIE 蕴含丰富的语义知识，因而能够将其应用于需要文本语义理解的场景，只需将预训练 ERNIE 在少量的人工标注数据上进行 Fine-tuning，我们就可以得到一个任务定制化的 ERNIE 模型。定制化的 ERNIE 模型不仅学习到特定任务训练数据中的信息，还蕴含其预训练的语言模型信息，因此该模型能够达到非常好的效果。图 1-9 为 ERNIE 模型框架。

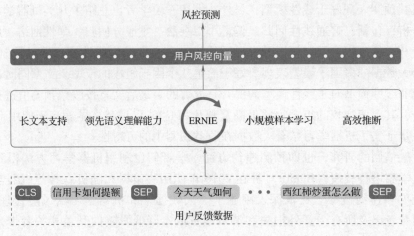

图 1-9　ERNIE 模型框架

在度小满用户风控场景中，平台通过 ERNIE 对用户行为信息进行语义层面深度建模，定制化产出一个用户风控 ERNIE 模型。利用 ERNIE 模型的长文本建模能力和预训练语义知识，结合小规模用户行为文本和用户风控标签的标注数据进行 ERNIE 精细 Fine-tuning，在训练两轮左右的时间内即可完成用户风控模型的收敛，而传统模型动辄需要训练 100 轮才能收敛。模型收敛速度提升 50 倍，由此可见 ERNIE 具有收敛快、拟合强、泛化好等优点。这既克服了传统金融机构应对风控一贯采取的应聘大量金融风控师策略而产生的消耗大量人力、审核标准难以统一、效率低下等问题，又能满足小样本的文本类数据处理需求，能够提取文本重点，尽量避免对用户的理解出现偏差，为我国消费金融的发展提供了良好的助力。

专栏 1-8　机器学习与财务舞弊甄别

财务舞弊甄别是股票市场监管者和参与者以及学术界共同关注的重要问题。长期以来，分析性复核和统计分析方法是识别财务舞弊的主要方法，然而传统方法甄别财务舞弊的能力仍不足以满足资本市场财务信息使用者和监管者的需要。近年来，机器学习在经济生活、管理实践和社会科学中的应用越来越广泛，其中一个重要应用场景就是识别财务舞弊。2020 年，国际权威会计学期刊发表了三篇运用机器学习方法来识别财务舞弊/财务错报的论文，分别用不同的机器学习算法来预测财务舞弊：

1. 上海交通大学杨宝教授在 2020 年的研究中采用集成学习算法（Ensemble Learning）来预测财务舞弊。其提出的预测模型直接使用原始财务数据预测财务舞弊，而传统财务舞弊预测模型多采用财务比率来预测。使用原始财务数据来预测的好处是不需要对原始数据预设数据结构，而且可以更有效地挖掘原始数据中的有用信息。

2. 密歇根大学布朗教授（Brown）在2020年的研究中采用贝叶斯主题模型算法（Latent Dirichlet Allocation，LDA）来同时识别和量化主题内容（topic），利用财务报告中陈述性文字内容的"主题"对财务错报进行预测。与之前的语义分析方法不同，topic不仅刻画经理人员如何披露文字信息，而且刻画经理人员披露什么样的文字信息。其研究发现，topic可以显著增强现有财务错报预测模型的预测能力，其对收入确认以及核心费用错报的预测能力尤其突出。

3. 华盛顿大学杰里米·贝尔托梅教授（Jeremy Bertomeu）等在2020年综合使用会计、资本市场、公司治理和审计数据来预测重大的财务错报。采用Gradient Boosted Regression Tree（GBRT）算法，贝尔托梅发现软资产比例、买卖价差、非审计费用比例、内控报告保留意见、经营性租赁的变化、卖空权益，以及股票价格波动率对财务错报的预测能力最强。贝尔托梅还比较了多种机器学习算法（GBRT、Random Forest、RUSBoost、Backward Logit）对财务舞弊的预测能力，以及不同输入变量（如财务数据、市场数据、审计数据）对财务舞弊的预测能力。

尽管机器学习在经济和社会生活中的应用越来越广泛，其在财务中的应用才刚刚开始，但可以预见，未来机器学习和人工智能将会带来财务行业的深远变革。

本章小结

机器学习的发展主要经历了六个阶段：萌芽时期、热烈时期、冷静时期、复兴时期、多元发展时期和成熟时期。机器学习的两个关键词是"知识"和"经验"，其最主要的思想是"学习"，这也是机器学习和传统编程之间的最大区别。机器学习有三个基本要素（模型、评估和优化）和四个基本步骤（数据预处理，特征提取，特征转换和预测）。根据不同的分类标准，机器学习可以被分为线性模型和非线性模型等。

金融与财务数据的高维特性和理论施加的过强稀疏性假设等问题能够被机器学习很好地解决。但同时，机器学习在金融与财务领域进行运用时也会面临"小数据性"、信噪比低、模型稳定性差等问题。总而言之，多种类型的机器学习方法目前已被广泛运用到金融与财务的各个领域中。

课程思政

机器学习经过了漫长的发展时期，在各个领域应用广泛，我们应该思考如何将机器学习应用到我国的金融创新中，助力经济高质量发展。

复习思考题

1. 阐述机器学习的主要思想和步骤。
2. 阐述机器学习在金融与财务领域适用的主要原因。
3. 阐述机器学习在金融与财务领域不适用的主要原因。

参考答案

22

参考文献

［1］ Khandani A E, Kim A J, Lo A W. Consumer credit-risk models via machine-learning algorithms ［J］. Journal of Banking and Finance, 2010, 34 (11): 2767-2787.

［2］ Aziz S, Dowling M, Hammami H, et al. Machine learning in finance: A topic modeling approach ［J］. European Financial Management, 2019.

［3］ Butaru F, Chen Q, Clark B, et al. Risk and risk management in the credit card industry ［J］. Journal of Banking and Finance, 2016, 72: 218-239.

［4］ Fama E F, French K R. Common risk factors in the returns on stocks and bonds ［J］. Journal of Financial Economics, 1993, 33 (1): 3-56.

［5］ Fama E F, French K R. A five-factor asset pricing model ［J］. Journal of Financial Economics, 2015, 116 (1): 1-22.

［6］ Han Y, He A, Rapach D, et al. What firm characteristics drive us stock returns ［J］. SSRN Working Paper, 2018.

［7］ Harvey C R, Liu Y, Zhu H. … and the cross-section of expected returns ［J］. The Review of Financial Studies, 2016, 29 (1): 5-68.

［8］ Hou K, Xue C, Zhang L. Digesting anomalies: An investment approach ［J］. The Review of Financial Studies, 2015, 28 (3): 650-705.

［9］ Sirignano J, Giesecke K. Risk analysis for large pools of loans ［J］. Management Science, 2019, 65 (1): 107-121.

［10］ Merton R C. On estimating the expected return on the market: An exploratory investigation ［J］. Journal of Financial Economics, 1980, 8 (4): 323-361.

［11］ Nagel S. Machine learning in asset pricing ［M］. Princeton University Press, 2021.

［12］ Gu S, Kelly B, Xiu D. Autoencoder asset pricing models ［J］. Journal of Econometrics, 2021, 222 (1): 429-450.

［13］ Gu S, Kelly B, Xiu D. Empirical asset pricing via machine learning ［J］. The Review of Financial Studies, 2020, 33 (5): 2223-2273.

［14］ Bao Y; B He; B Li, Y J Yu; J Zhang. (2020). Detecting Accounting Fraud in Publicly Traded U. S. Firms Using a Machine Learning Approach. Journal of Accounting Research 58 (1): 199-235.

［15］ Bertomeu, J. 2020. Machine Learning Improves Accounting: Discussion, Implementation and Research Opportunities. Review of Accounting Studies 25: 1135-1155.

［16］ Bertomeu J, E Cheynel, E Floyd; W Pan. 2020. Using Machine Learning to Detect Misstatements. Review of Accounting Studies 26: 468-519.

［17］ Brown N C, R M Crowley, E B Elliott. 2020. What are You Saying? Using topic to Detect Financial Misreporting. Journal of Accounting Research 58 (1): 237-291.

［18］ Cecchini, M. ; H. Aytug; G. J. Koehler; P. Pathak. 2010. Detecting Management Fraud in Public Companies. ? Management Science 56: 1146-1160.

第二章　Python 软件使用简介

章前导读

你在简单重复的机械工作中花费了大量的时间和精力吗？如果你能掌握一种编程语言（比如 Python），便可将"重任"扔给代码和电脑，自己安心"坐享其成"。花费一分钟编写一行代码、花费一秒钟轻点一下运行就可以节省好几个小时的时间。

2021 年 10 月，TIOBE 全球编程语言排行榜中，Python 成功超越了霸榜已久的 C 语言，夺得了榜首的位置。TIBOE 的 CEO 保罗·詹森（Paul Jansen）评价称："20 多年来，我们第一次有了一个新的领导者：Python 编程语言。"Python 在金融与财务领域的应用非常广泛，不论是衍生品定价还是量化交易，Python 都提供了大量解决问题的工具。因此，不少企业在招聘时明确应聘者必须具备 Python 编程能力。如何具备简单的 Python 语言阅读和编写能力？如何使用 Python 完成数据清理和分析工作？如何使用 Python 进行机器学习？这些是本章要回答的问题。

学习目标

本章主要围绕 Python 软件介绍 Python 的安装，进行数据分析时常用的 Python 程序包、机器学习程序包。通过本章的学习，读者可以掌握 Python 基本语言，掌握使用常用第三方程序包进行数据分析工作，掌握机器学习程序包的各类模型和功能的引用方法。

关键词

Python 序列　Numpy 程序包　Pandas 程序包　SymPy 程序包　Statsmodels 程序包　Linearmodels 程序包　机器学习程序包

第一节　Python 入门

一、Python 简介

Python 是由荷兰数学和计算机科学研究学会的吉多·范罗苏姆（Guido van Rossum）在 1989 年开发的计算机编程语言。Python 语言简单易学，它使你能够专注于解决问题而不是去搞明白语言本身，专为轻松编写高易读性代码而设计。Python 有大量标准库和外部包支持，可以帮助你处理各种工作，包括正则表达式、文档生成、单元测试、线程、数据库、网页浏览器和其他与系统有关的操作。在数据科学领域，研究人员可使用 Python 完成存储和操作数据、统计和计量经济学分析、机器学习和深度学习等一些工作。

二、Python 安装

在使用 Python 前，首先检查一下你的系统是否安装了 Python 软件，目前 Python 软件版本已经更新到了 3.10 版本。但相较于直接下载 Python，本书更推荐使用 Anaconda 软件。Anaconda 是 Python 的包管理器和环境管理器。相比其他编译软件，Anaconda 软件附带了一大批常用数据科学包，包括了 Conda、Python 和 150 多个科学包及其依赖项。其次，在数据分析中会用到很多第三方的代码包，Anaconda 可以很好地帮助使用者进行管理操作，包括各类包的安装、卸载和更新。Anaconda 还可以帮助使用者为不同的项目建立不同的运行环境。比如，在不同项目中使用不同的 Pandas 版本时，可以在项目对应的环境中创建对应的 Pandas 版本。图 2-1 为 Anaconda 官网下载页面。

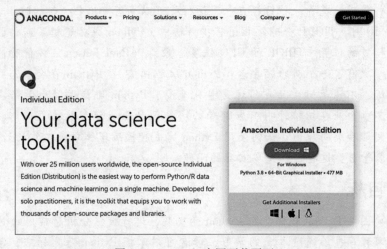

图 2-1　Anaconda 官网下载页面

在 Anaconda 的安装过程中，建议将 Python 的 Anaconda 安装添加到电脑的 PATH 环境变量中，这样的话不需要手动设置 PATH 便可以在"cmd"（命令行）中直接使用"pip""spyder""python"等命令，以节省时间，如图 2-2 所示。

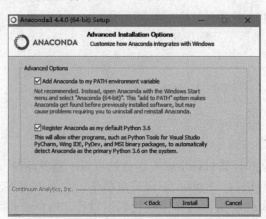

图 2-2　勾选将 Anaconda 添加到 PATH 环境变量中

完成安装后，可以使用内置的 Jupyter Notebook 进行代码查看和编辑工作。

三、Python 使用

本书主要介绍使用 Anaconda 中包含的 Jupyter Notebook 来编写 Python 代码。Jupyter Notebook 是基于网页的用于交互计算的应用程序，可被应用于全过程计算：开发、文档编写、运行代码和展示结果。Jupyter Notebook 的主要特点包括：编程时具有语法高亮、缩进、tab 补全的功能；可直接通过浏览器运行代码，同时在代码块下方展示运行结果；对代码编写说明文档或语句时支持 Markdown 语法，以及支持使用 LaTeX 编写数学性说明。

使用 Jupyter Notebook 的最简单方法是从 Anaconda Navigator 中找到它，也可以在 Windows 系统下运行"cmd"指令打开系统终端，输入指令"jupyter notebook"即可通过默认浏览器打开 Jupyter Notebook 的默认工作目录，如图 2-3 所示。

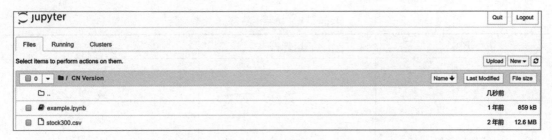

图 2-3　Jupyter Notebook 的默认工作目录

单击"New"按钮选择"Python 3"即可新建一个笔记本，使用菜单栏的"insert"（插入）指令即可添加一个"cell"（单元），每个"cell"可以具有不同的属性，如程序运行单元和注释单元等，在程序单元可以通过点击菜单栏的"运行"或使用快捷键"shift+enter"运行单元程序，对于具有输出属性的程序（如"print"等），运行后将直接在单元下显示结果。

完成代码编辑工作后单击菜单栏保存按钮，会自动生成一个后缀名为 .ipynb 的文件，文件中包含笔记本当前所有内容。图 2-4 为 Jupyter Notebook 主界面。

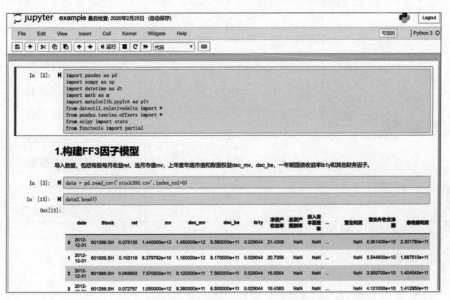

图 2-4　Jupyter Notebook 主界面

四、Python 基础知识

（一）Python 基本数据结构

1. 数字

（1）定义。Python 中用于存储数值的数字类型包括：整型（int）、长整型（long integers）、浮点型（float）、复数（complex）。整型包括正整数和负整数；长整型为无限大小的整数；浮点型由整数部分和小数部分组成；复数由实数部分和虚数部分组成。Python3 中，布尔型（bool）是"int"的子类，布尔型取值只有"True"和"False"，分别对应二进制中的"0"和"1"。

（2）常用运算符，见表 2-1。

表 2-1　常用运算符

类型	运算符	描述
算数运算符	+	加
	−	减
	*	乘
	/	除
	%	取余数
	**	平方
	//	取整除
比较运算符	==	比较对象是否相等
	! =	比较对象是否不等
	>，>=	大于、大于等于
	<，<=	小于、小于等于
赋值运算符	=	简单赋值
	+=	加法赋值
	−=	减法赋值
	* =	乘法赋值
	/=	除法赋值
	%=	取余赋值
	** =	幂赋值
	//=	取整除赋值
逻辑运算符	and	与
	or	或
	not	非

（3）常用数学函数，见表 2-2。

表 2-2　常用数学函数

指令	功能
abs( )	返回绝对值
exp( )	返回 e 的 x 次幂
log( )	返回 x 的自然对数
round( )	返回四舍五入值
sqrt( )	返回 x 的平方根
random( )	随机生成 [0，1) 范围的实数
sin( )，cos( )，tan( )	返回 x 的正弦值，余弦值，正切值

2. 序列

序列是一块可存放多个值的连续的内存空间，这些值按一定的顺序排列，可通过每个值所在位置的编号（称为索引）访问它们。Python 中序列的类型包括字符串、元组、列表、字典和集合。用户可对序列进行通用操作，下面将逐一介绍：

（1）字符串。字符串用于记录文本信息以及任意字节集合，字符串使用引号来界定，引号分为单引号、双引号。需要使用特殊字符时，使用转义字符"＼"，如"＼t"是制表符，"＼n"是换行符，"＼r"是回车符。

"r"表示字符串将被视为原始字符串。当存在'r'或'R'前缀时，反斜杠（＼）后面的字符会原封不动地包含在字符串中，并且所有反斜杠都保留在字符串中。

需要在字符串中插入变量的值时，可在引号前加上"f"，再将要插入的变量放在括号内。这样，当 Python 显示字符串时，将把每个变量都替换为变量的值。

（2）元组。元组是固定长度的 Python 对象序列。元组使用圆括号"( )"来界定，元组中的各元素使用逗号分隔。与元组相联系的函数为 tuple( ) 函数，tuple( ) 函数可以将任意序列转化为元组。

（3）列表。列表是长度可变，内容也可变的 Python 对象序列。列表使用方括号"[ ]"来界定。与列表相联系的函数为 list( ) 函数，list( ) 函数可以将任意序列转化为列表。

代码如下：

```
# 数值与字符
i = 3                    # 整数
f = 5.3                  # 浮点数
s = 'Hello'              # 字符串
print(i)
print(f)
print(s)
print('\n')


# 创建表格和元组
```

```
l  = [1, 2, 3]                      # 列表
l1 = [l,f,s, 10]                    # 复合列表
l2 = [[1,2], [3,4], [5,6]]          # 列表中包含列表
print(l)
print(l1)
print(l2)
print('\n')


# 创建元组
t  = (1,'2','three')                # 元组
print(t)
```

运行结果如下：

```
3
5.3
Hello

[1, 2, 3]
[[1, 2, 3], 5.3, 'Hello', 10]
[[1, 2], [3, 4], [5, 6]]


(1, '2', 'three')
```

（4）字典。字典是一系列键值对集合。键值对是两个相关联的值，可以使用键来访问相关的值。字典用大括号"{}"来界定，字典中键和值之间用冒号分隔，键值对之间用逗号分隔。可使用 dict( ) 函数创建一个字典。

代码如下：

```
# 创建字典
d = {"key1":"value1",
    "key2":"value2",
    "key3":"value3"}


print(d)
```

运行结果如下：

```
{'key1': 'value1', 'key2': 'value2', 'key3': 'value3'}
```

（5）集合。集合是无序、对象可变的 Python 对象序列，支持数学上的集合操作，例如并集、交集、差集等。集合也使用大括号"{}"来界定，可以将集合视为只有键没有值的字典。可使用 set( ) 函数创建一个集合。

3. 序列的操作

（1）序列索引。序列中的每个元素都有自己的索引，Python 中的索引从左往右由 0 开始递增，称为正索引。Python 还支持负索引，负索引为从右向左计数，起始值对应为 −1。

用户可以通过使用方括号"［］"指定元素位置，完成序列元素的访问。字典序列在方括号中指定相应的键，完成与键相关联的值的获取。

用户还可通过方括号"［］"指定元素位置后用等号"＝"指定该位置的新值，完成序列元素的修改。

代码如下：

```
# 创建列表
list  = [1, 2, 3]
# 输出列表第一个值
print(list[0])
# 输出列表最后一个值
print(list[-1])
```

运行结果如下：

```
1
3
```

代码如下：

```
# 定义字典
europe = {'spain':'madrid',
          'france':'paris',
          'germany':'berlin',
          'norway':'oslo'}
print(europe)
# 输出'norway'键对应值
print(europe['norway'])
# 增加新键和新值
europe['italy']='rome'
print(europe)
```

运行结果如下：

```
{'spain': 'madrid', 'france': 'paris', 'germany': 'berlin', 'norway': 'oslo'}
oslo
{'spain': 'madrid', 'france': 'paris', 'germany': 'berlin', 'norway': 'oslo',
'italy': 'rome'}
```

（2）序列切片。切片是获取序列一组连续元素的操作，一个完整的切片表达式为［start_in-dex：end_index：step］，三个参数分别为起始索引 start_index、终止索引 end_index、步长 step。

代码如下：

```
areas = list(range(1,8))
downstairs=areas[0:4:2]
print(areas)
print(downstairs)
```

运行结果如下：

```
[1, 2, 3, 4, 5, 6, 7]
[1, 3]
```

序列切片操作见表2-3。

表2-3　序列切片操作

指令	功能
seq[:]	获取序列所有元素
seq[low:]	获取 low 索引及其之后所有元素
seq[:high]	获取 high 索引（不含）之前所有元素
seq[low:high]	获取从 low 索引（含）至 high 索引（不含）之间元素
seq[low:high:step]	从 low 索引至 high 索引每个隔 step 个数获取元素

（3）序列内置函数，见表2-4。

表2-4　序列内置函数

指令	功能
lower( )，upper( )，title( )	小写转换、大写转换、首字母大写
len( )	返回序列中包含多少个元素
max( )，min( )	找出序列中的最大元素、最小元素
sum( )	计算元素和
range( )	生成指定序列数
sort( )	对元素进行排序
reversed( )	反向序列中的元素
copy( )	备份复制序列
append( )	列表末尾添加单个元素
extend( )	列表末尾添加多个元素
insert( )	列表指定位置插入元素
pop( )	列表指定位置删除元素
Remove( )	列表根据值删除元素

（二）Python 常用语句

1. 条件语句

Python 中使用 if 语句来做条件判断，根据条件值为 True 还是 False 来决定是否执行后续代码。只有判断为 True 时才执行"if"语句后续代码。

if 语句的编写形式为在 if 后指定条件测试语句并以冒号"："结尾，在下一行缩进后输入条件通过后的操作语句。条件测试语句常将变量当前值与特定值比较，即为布尔表达。

需要注意的是 Python 根据缩进来判断代码行与前一代码行之间的关系，在使用时注意避免缩进错误。

（1）最简单的 if 语句只包括一个条件测试语句和一个条件通过后的操作语句。

代码如下：

```
room = "kit"
if room == "kit" :
    print("looking around in the kitchen.")
```

运行结果如下：

```
looking around in the kitchen.
```

（2）当需要同时检查多个条件时，考虑使用前述的逻辑运算符，如使用"and"时要求多条件同时满足，使用"or"时多条件中有一条满足即可。

代码如下：

```
if area>10 and area<15:
    print("nice place")
```

运行结果如下：

```
nice place
```

（3）当判断条件为多个值时，考虑使用"if-elif-else"结构，Python 依次检查每个条件测试，直到遇到通过了的条件测试时执行后续代码，并跳过余下测试。其中"elif"是可选的，可以有任意多个，else 也是可选的，表示不满足上述全部条件时执行该后续代码，else 可省略。

代码如下：

```
area = 14.0
if area > 15 :
    print("big place!")
elif area >10 :
    print("medium size, nice!")
else :
    print("pretty small.")
```

运行结果如下：

```
medium size, nice!
```

2. 循环语句

（1）for 循环。for 循环常用于遍历序列并逐一获取序列的元素。for 循环的语法格式为"for+迭代变量+in+列表、字典等序列+:"，后接缩进处理代码块。迭代变量用于存放从序列类型变量中读取出来的元素，每个缩进代码块都是循环的一部分，for 循环将对序列中的每个元素执行一次缩进代码块指定操作。直至序列所有元素遍历完为止。

for 循环最简单的循环为实现数值循环。

代码如下：

```
for value in range(1,5):
    print(value)

squares=[]
for value in range(1,11,2):
    square=value**2
    squares.append(square)
print(squares)
```

运行结果如下：

```
1
2
3
4
[1, 9, 25, 49, 81]
```

for 循环最常使用的功能为实现列表和字典的遍历。

代码如下：

```
areas = [11.25, 18.0, 20.0, 10.75, 9.50]

for area in areas :
    print(area)
print("Thank you, over!")
```

运行结果如下：

```
11.25
18.0
20.0
10.75
9.5
Thank you, over!
```

代码如下：

```
europe = {'spain':'madrid', 'france':'paris', 'germany':'bonn',
          'norway':'oslo', 'italy':'rome', 'poland':'warsaw', 'australia':
          'vienna'}

for key, value in europe.items() :
    print("the capital of " + key + " is " + value)
```

运行结果如下：

```
the capital of spain is madrid
the capital of france is paris
the capital of germany is bonn
the capital of norway is oslo
the capital of italy is rome
the capital of poland is warsaw
the capital of australia is vienna
```

enumerate（）函数也可实现对象遍历功能，enumerate（）函数在遍历一个序列的同时追踪当前元素的索引。返回（元素索引，元素值）元组序列。

代码如下：

```
areas = [11.25, 18.0, 20.0, 10.75, 9.50]
for x,y in enumerate(areas) :
    print("room "+str(x+1)+": "+str(y))
e = enumerate(areas)
list(e)
```

运行结果如下：

```
room 1: 11.25
room 2: 18.0
room 3: 20.0
room 4: 10.75
room 5: 9.5
[(0, 11.25), (1, 18.0), (2, 20.0), (3, 10.75), (4, 9.5)]
```

（2）列表推导式。列表推导式提供了一种创建列表的简洁方法，它可利用区间（range）、元组、列表、字典和集合等数据类型，快速生成一个满足指定需求的列表。它的语法格式为"［表达式 for 迭代变量 in 可迭代对象［if 条件表达式］］"。通过循环将得到的一系列值组成的一个列表。

代码如下：

```
x1=[x**2 for x in range(3)]
print(x1)

x=[x for x in range(10)  if x %2== 0]
print(x)
```

运行结果如下：

```
[0, 1, 4]
[0, 2, 4, 6, 8]
```

（3）while 循环。for 循环对集合中的每个元素都执行一次代码块，而 while 循环只要表达式为真，就会一直重复执行缩进代码块，直到指定条件不满足为止。while 循环的语法格式为"while+条件表达式+:"，后接缩进代码块。while 循环的执行逻辑为：若判断条件表达式为 True，则执行代码块。执行完毕后重新检查条件表达式，反复循环。直至判断条件表达式为 False 为止。

代码如下：

```
offset = 4

while offset ! = 0 :
    print("correcting...")
    offset -= 1
    print(offset)
```

运行结果如下：

```
correcting...
3
correcting...
2
correcting...
1
correcting...
0
```

3. 定义语句

（1）def 定义。前面我们介绍了诸如 print( )、range( ) 等系列在 Python 中可直接调用的内置函数，Python 还支持用户自定义函数。函数是带名字的实现相关功能的代码块，用户可以一次编写、重复调用。

自定义函数的规则为：第一步函数定义，使用 def 关键词开头，后接函数名称和圆括号 ( )，圆括号内定义函数形参。函数定义以冒号 "：" 结尾。第二步函数功能，在函数定义行后缩进编写功能代码，实现自定义函数功能。第三步函数调用，完成函数定义后，要执行函数定义的特定任务时可调用该函数。

代码如下：

```
def hello(username):
    print(f"Hello,{username.title()}! Welecome to Python!")


hello('peter')
```

运行结果如下：

```
Hello,Peter! Welecome to Python!
```

在该例中，username 为 hello( ) 完成函数定义的形参，'peter' 为 hello('peter') 调用函数时给函数传递信息的实参。函数定义中可包括多个形参和多个实参。也可将形参设为默认值，当该形参指定了实参，则调用时使用指定实参；当未给该形参指定实参时，则调用时使用形参默认值。

除直接输出函数结果外，使用 return 语句仅将所需结果返回到函数调用代码行。

代码如下：

```
def hello(first,last):
    full_name=f"{first} {last}"
    welcome=f"Hello,{full_name.title()}! Welecome to Python!"
    return welecome
hello('li','ming')
```

运行结果如下：

```
'Hello,Li Ming! Welecome to Python! '
```

（2）lambda 定义。lambda 函数或称匿名函数，是使用一行表达式完成函数定义的方法。整个函数只包含一行代码，语句格式为"关键词 lambda+参数+：+表达式"，返回值为表达式的结果。使用匿名函数表达简洁，且不用定义函数名从而有效避免函数名冲突。

代码如下：

```
sqr=lambda x:x**2
sqr(2)
```

运行结果如下：

```
4
```

专栏 2-1　来试试 Python 的几个小彩蛋！

Python 作为一门开源的语言，它的社区为其贡献了一些十分幽默的东西。

1. Python 之禅

代码如下：

```
import this
```

运行结果如下：

```
The Zen of Python, by Tim Peters

Beautiful is better than ugly.
Explicit is better than implicit.
Simple is better than complex.
Complex is better than complicated.
Flat is better than nested.
Sparse is better than dense.
Readability counts.
Special cases aren't special enough to break the rules.
Although practicality beats purity.
Errors should never pass silently.
Unless explicitly silenced.
In the face of ambiguity, refuse the temptation to guess.
```

> There should be one——and preferably only one——obvious way to do it.
> Although that way may not be obvious at first unless you're Dutch.
> Now is better than never.
> Although never is often better than *right* now.
> If the implementation is hard to explain, it's a bad idea.
> If the implementation is easy to explain, it may be a good idea.
> Namespaces are one honking great idea -- let's do more of those!

运行此命令将显示由蒂姆·彼得斯（Tim Peters）编写的"The Zen Of Python（Python之禅）"。这是 Python 中的设计哲学，每个有追求的 Python 程序员都应该谨记于心。或许今后你也是一名 Python 的忠实用户，回头看看这篇 Python 之禅也许能给你不同的感受。

2. "反重力"漫画

代码如下：

```
import antigravity
```

导入 antigravity，浏览器会跳转到一副漫画网页。解释了为什么 import antigravity 会跳到这个"反重力"漫画页面，如图 2-5 所示。

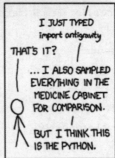

图 2-5 "反重力"漫画

3. 愚人节彩蛋

这是一个隐藏在 Python3 中的彩蛋。在 Python3 中用"！＝"两个字符表示"不等于"，若想要键入"<>"符号表示"不等于"，系统将会报错"SyntaxError：invalid syntax"。

著名的 Python 开发者之一巴里·华沙（Barry Warsaw）认为两个字符分布在键盘两端，键隔距离太远。敲键盘的时候会引起手指疼痛，所以 Barry 希望能恢复 Python2 中的 "<>" 符号来表示" 不等于"。Barry 为了解决这个 "大麻烦" 编写了 barry_as_FLUFL 程序包，导入程序包后你只能使用 "<>" 符号来表示" 不等于"，而使用 "! =" 将无法生效。

代码如下：

```
from __future__ import barry_as_FLUFL
1<>2
```

运行结果如下：

```
True
```

代码如下：

```
1! =2
```

运行结果如下：

```
File "<ipython-input-82-914104b62dca>", line 1
1! =2
  ^
SyntaxError: with Barry as BDFL, use '<>'instead of '! ='
```

还有另外一个有趣的点需要介绍是，barry_as_FLUFL 程序包中 barry 即 Barry Warsaw，而 FLUFL（Friendly Language Uncle For Life 终生友好语言叔）是 Barry Warsaw 的官方头衔。Barry 用自己的两个昵称命名了这个彩蛋。

第二节　Python 数据处理程序包

由于基础的 Python 非常简单，在完成具体工作时需要安装相关的程序模块，本文着重介绍在金融工程及机器学习领域常用的几类程序包，包括数据处理和模型构建等包。

一、多维数组 Numpy

Numpy（Numerical Python）是 Python 的一种开源的数值计算扩展。这种工具可用来存储和处理大型矩阵，比 Python 自身的嵌套列表（nested list structure）结构要高效得多，此外也针对数组运算提供了大量的数学函数库。

Numpy 支持大量的维度数组与矩阵运算，此外也针对数组运算提供了大量的数学函数库。Numpy 中的多维数组对象称为 ndarray，是 Numpy 中最常见的数组对象。基于高效多维数组 ndarray，Numpy 提供了基于数组的便捷算术操作，可对所有数据进行快速矩阵计算。对金融数据进行处理时，我们可以使用 Numpy 的排列、筛选、聚合等功能进行数据处理、清洗、过滤等工作。

（一）Numpy 的安装

Numpy 的安装同一般模块一样，在安装好 Python 的前提下通过 "cmd" 指令打开终端并输入如下代码：

```
pip install numpy
```

在具体编程文件中使用 Numpy 时，首先需要使用导入指令，代码如下：

```
import numpy as np
```

即在程序中以"np"代表 Numpy 进行指令操作，Numpy 包的操作指令众多，模块运行逻辑接近于 Matlab 中的数组和矩阵功能。

（二）数组的创建与变形

1. 数组创建

Numpy 最重要的一个特点是其 N 维数组对象 ndarray，它是一系列同类型数据的集合，以 0 下标为开始进行集合中元素的索引。一般使用 np. array( ) 函数创建数组。

代码如下：

```
import numpy as np
a=np.array([1,2,3,4])
b=np.array(range(5))
c=np.array([[1,2,3,4],[5,6,7,8]])
print(a)
print(b)
print(c)
```

运行结果如下：

```
[1 2 3 4]
[0 1 2 3 4]
[[1 2 3 4]
 [5 6 7 8]]
```

除了 np. array，np. arange( )函数也是一个常用的选择，该函数可以构建一个指定等差数列。默认为从 0 开始以公差 1 构建数组。

若给定长度及形状后，可以使用 np. zeros 一次性创建全 0 数组，使用 np. ones 一次性创建全 1 数组。也可以使用 Numpy 的 random 子模块以各种形式生成随机数。

代码如下：

```
a=np.zeros(5)
b=np.ones((2,3))
c=np.random.rand(2,3) #rand 函数根据给定维度生成[0,1)的数据
d=np.arange(5)
print(a)
print(b)
print(c)
print(d)
```

运行结果如下：

```
[0. 0. 0. 0. 0.]
[[1. 1. 1.]
 [1. 1. 1.]]
```

```
[[0.39735401 0.80219909 0.15262425]
 [0.49698301 0.62757872 0.03750067]]
[0 1 2 3 4]
```

2. 数组变形

np. reshape( )函数在不改变数据内容的情况下，改变一个数组的格式，参数及返回值。常用于 np. arange( )创建数组时改变维度。

代码如下：

```
a=np.arange(9)
b=a.reshape(3,3)
print(a)
print(b)
```

运行结果如下：

```
[0 1 2 3 4 5 6 7 8]
[[0 1 2]
 [3 4 5]
 [6 7 8]]
```

T 或者 transpose( )函数的作用是调换数组行列值的索引值，类似于求矩阵的转置。

代码如下：

```
arr = np.arange(8).reshape((2, 4))
arr1=arr.T
print(arr)
print(arr1)
```

运行结果如下：

```
[[0 1 2 3]
 [4 5 6 7]]
[[0 4]
 [1 5]
 [2 6]
 [3 7]]
```

使用 ndarray 的 shape、size、ndim、dtype 属性可以获取数组形状、元素个数、维度和数据类型。

（三）数组的索引与切片

1. 数组索引

数组索引等同于访问数组元素。我们可以通过方括号引用其索引号来访问数组元素。Numpy 数组中的索引以 0 开头，这意味着第一个元素的索引为 0，第二个元素的索引为 1，以此类推。若使用负索引，则从尾开始访问数组。

代码如下：

```
arr = np.array([1,2,3,4])
arr1 = np.array([[1,2,3,4,5], [6,7,8,9,10]])
arr2 = np.array([[1,2,3,4,5], [6,7,8,9,10]])
print('arr 第三个元素是:',arr[2])
print('arr1 第二维第一个元素是:',arr1[1,0])
print('arr2 第二维最后一个元素是: ', arr2[1, -1])
```

运行结果如下：

```
arr 第三个元素是：3
arr1 第二维第一个元素是：6
arr2 第二维最后一个元素是： 10
```

2. 数组切片

Python 中切片的意思是将元素从一个给定的索引带到另一个给定的索引。通过冒号分隔切片参数 start：stop：step 来进行切片操作。

代码如下：

```
arr = np.array([1, 2, 3, 4, 5, 6, 7])
print(arr[1:5])
print(arr[3:])
```

运行结果如下：

```
[2 3 4 5]
[4 5 6 7]
```

（四）数组的组合与分割

Numpy 程序包有十分丰富的数组组合与分割函数，以下为几种常用的组合与分割函数，见表2-5。

表2-5　数组组合与分割函数

指令	功能
np. hstack	水平堆叠序列中的数组（列方向）
np. vstack	竖直堆叠序列中的数组（行方向）
np. concatenate	连接沿现有轴的数组序列
np. stack	沿着新的轴加入一系列数组。
np. hsplit	将一个数组水平分割为子数组（按列）
np. vsplit	将一个数组垂直分割为子数组（按行）
np. split	将一个数组分割为子数组

数组组合的代码如下：

```
a=np.arange(8).reshape(2,4)
b=np.arange(10).reshape(2,5)
```

```
c=np.arange(12).reshape(3,4)
print('水平堆叠数组 a 和数组 b:')
print('--hstack--')
print(np.hstack([a,b]))
print('--concatenate--')
print(np.concatenate([a,b],axis=1))
print('竖直堆叠数组 a 和数组 c:')
print('--vstack--')
print(np.vstack([a,c]))
print('--concatenate--')
print(np.concatenate([a,c],axis=0))
```

运行结果如下：

```
水平堆叠数组 a 和数组 b:
--hstack--
[[0 1 2 3 0 1 2 3 4]
 [4 5 6 7 5 6 7 8 9]]
--concatenate--
[[0 1 2 3 0 1 2 3 4]
 [4 5 6 7 5 6 7 8 9]]

竖直堆叠数组 a 和数组 c:
--vstack--
[[ 0  1  2  3]
 [ 4  5  6  7]
 [ 0  1  2  3]
 [ 4  5  6  7]
 [ 8  9 10 11]]
--concatenate--
[[ 0  1  2  3]
 [ 4  5  6  7]
 [ 0  1  2  3]
 [ 4  5  6  7]
 [ 8  9 10 11]]
```

数组分割的代码如下：

```
a = np.arange(16).reshape(4, 4)
print('split 沿竖直方向分割:')
c = np.split(a,2,1)
print(c)
print('\n')
print('沿水平方向分割:')
```

```
d= np.hsplit(a,2)
print(d)
print('\n')
print('沿水平方向分割:')
e= np.vsplit(a,2)
print(e)
```

运行结果如下:

```
split 沿竖直方向分割:
[array([[ 0,  1],
        [ 4,  5],
        [ 8,  9],
        [12, 13]]), array([[ 2,  3],
        [ 6,  7],
        [10, 11],
        [14, 15]])]


沿水平方向分割:
[array([[ 0,  1],
        [ 4,  5],
        [ 8,  9],
        [12, 13]]), array([[ 2,  3],
        [ 6,  7],
        [10, 11],
        [14, 15]])]


沿水平方向分割:
[array([[0, 1, 2, 3],
        [4, 5, 6, 7]]), array([[ 8,  9, 10, 11],
        [12, 13, 14, 15]])]
```

二、面板处理 Pandas

Pandas 的名称来自于面板数据（panel data）和 Python 数据分析（data analysis）。作为 Python 的一个数据分析模块，Pandas 最初被作为金融数据分析工具而开发出来，因此，Pandas 为时间序列分析提供了很好的支持。

功能上来看 Pandas 囊括了数据导入、数据清洗、数据提取和保存等一系列操作，基本覆盖各类常见的金融数据处理问题，同时 Pandas 指令与传统的结构化查询指令 SQL 保持了一致，降低了初学者的使用成本。

Pandas 的数据结构和数据处理工具能够帮助我们快捷地进行数据清洗和分析。Pandas 经常和其他数值计算工具共同使用，例如 Numpy 和可视化工具 matplotlib。

Pandas 的安装和导入代码如下:

```
pip install pandas
import pandas as pd
```

（一）数据创建与数据的导入、导出

1. 数据创建

Pandas 中常用的两个数据结构为：Series 和 DataFrame。

（1）Series 是一维的数组对象，与 Numpy 中的一维 array 类似。两者与 Python 基本的数据结构 List 也很相近，其区别是：List 中的元素可以是不同的数据类型，而 Array 和 Series 中只允许存储相同的数据类型，这样可以更有效地使用内存，提高运算效率。Series 的另外一个特点是其包含了数据标签，称为索引（index）。我们可以通过标签对 Series 进行索引和切片选择。

与 Numpy 数组创建类似，我们可以使用 pd.Series() 创建所需的 Series，并传入索引（index）实现自定义 Series 行标签，用标签表示每个数据点。

（2）DataFrame 是二维数据，是一种数据框结构，表示矩阵的数据表。表格中的每一行或每一列都是一个 Series，这些 Series 就组成了 DataFrame。单元格可以存放数值、字符串等，和常用的 excel 表十分类似。DataFrame 中既有行索引也有列索引，竖行称之为 columns，横行称之为 index，可以通过 columns 和 index 来确定一个数据的位置。DataFrame 可以视为一个共享相同索引的 Series 字典。

有多种方式创建 DataFrame，我们主要介绍使用 pd.DataFrame() 函数，列表、字典、数组等均可通过该函数转化为 DataFrame 格式。在 pd.DataFrame() 函数中指定数据、行标签、列标签即可完成 DataFrame 的创建。完成创建后，可以使用 index、column、value、dtypes、info 等属性查看 DataFrame 的行标签、列标签、值、类型以及信息等。

代码如下：

```
s=pd.Series([1,2,3,4,5],index=list('abcde'))
df=pd.DataFrame(np.arange(4).reshape(2,2),index=list('ab'),columns=['one',
'two'])
print('--Series 创建--')
print(s)
print('--DataFrame--')
print(df)
```

运行结果如下：

```
--Series 创建--
a    1
b    2
c    3
d    4
e    5
dtype: int64

--DataFrame--
    one  two
a    0    1
b    2    3
```

2. 数据的导入、导出

除了直接创建 DataFrame 表格，Python 还可以将外部文件读入内存，对于各种类型的面板数据格式，Pandas 均可以使用"read"指令方便地完成导入。在完成处理和分析后，也可以通过函数导出到外部文件中。面板数据导入导出指令见表 2-6。

表 2-6　面板数据导入导出指令

指令	描述
pd. read_csv	读取 csv 文件
pd. read_excel	读取 xls/xlsx 表格文件
pd. read_sas	读取 sas7bdat 文件
df. to_csv	导出为 csv 文件
df. to_excel	导出为 excel 文件

(二) 数据查看

完成导入或新建后，一个完整的面板数据集 DataFrame 包括行索引 (index) 和列索引 (columns)，使用索引可以方便地找到对应位置的元素，索引包括：位置下标索引、标签索引、切片索引和布尔型索引，通过对索引的指定可以完成全面板中的子样本数据块的选取。

1. 使用中括号直接选取

Series 和 DataFrame 均支持位置下标索引，即在中括号中指明索引号获取想要的数据。此外还支持使用标签来进行索引。

DataFrame 支持使用布尔值 DataFrame 索引，布尔值 DataFrame 可以由对标量值进行比较产生。

代码如下：

```
s=pd.Series([1,2,3,4,5],index=list('abcde'))
df=pd.DataFrame(np.arange(9).reshape(3,3),index=list('abc'),columns=['one',
'two','three'])
print(s)
print('\n')
print(s[0])
print(s['a'])
print('\n')
print(df)
print(df[['one','three']])
print(df[df['three']>3])
```

运行结果如下：

```
a    1
b    2
c    3
d    4
```

```
e    5
dtype: int64


1
1

     one   two   three
a    0     1     2
b    3     4     5
c    6     7     8
     one   three
a    0     2
b    3     5
c    6     8
     one   two   three
b    3     4     5
c    6     7     8
```

2. 使用 loc/iloc 属性

loc 通过数据所在行/列的标签进行选取；iloc 通过数据所在行/列的位置进行选取。
代码如下：

```
df=pd.DataFrame(np.arange(9).reshape(3,3),index=list('abc'),columns=['one',
'two','three'])
print(df.loc['a',['one','two']])    #loc 轴标签索引
print(df.iloc[0,[0,1]])             #iloc 整数标签索引
```

运行结果如下：

```
one    0
two    1
Name: a, dtype: int64
one    0
two    1
Name: a, dtype: int64
```

使用 Pandas 模块对子样本数据块选取的常用函数总结见表 2-7。

表 2-7　Pandas 常用函数总结

指令	描述
df[val]	从 DataFrame 选取单列或一组列
df. loc[val]	通过标签，选取单个行或一组行
df. loc[:, val]	通过标签，选取单列或列子集
df. loc[val1, val2]	通过标签，同时选取行和列

（续）

指令	描述
df.iloc[where]	通过整数位置，从 DataFrame 选取单个行或行子集
df.iloc[:, where]	通过整数位置，从 DataFrame 选取单个列或列子集
df.iloc[where_i, where_j]	通过整数位置，同时选取行和列
df.at[1abel_i, label_j]	通过行和列标签，选取单一的标量
df.iat[i,j]	通过行和列的位置（整数），选取单一的标量
reindex	通过标签选取行或列
get_value, set_value	通过行和列标签选取单值

（三）缺失值处理

Python 使用 NaN（Not a Number）来表示缺失值。由于数据采集中的各类约束，如过早的历史数据或短期停盘的股票等，原始导入的数据中经常存在缺失部分（nan），如果不进行处理会影响后续的矩阵运算过程。

面对缺失值一般采用：过滤、填充、不处理三种处理方法，技术人员根据自身数据处理目的来选择相应的缺失值处理方法。

Pandas 中提供了 dropna() 和 fillna() 两个指令来进行数据清理，两类指令的功能如下：

（1）dropna() 指令是一个对过滤缺失值非常有用的方法。当对象是 series 时，dropna 返回 series 中所有非空数据及其索引值；当对象是 DataFrame 时，dropna 默认删除包含缺失值的行，通过设置参数 axis=1，dropna 将删除包含缺失值的列。通过设置参数 thresh，dropna 将删除缺失值超过 n 个的行或列。

代码如下：

```
from numpy import nan as NA
df=pd.DataFrame([[1,2,3],[1,2,NA],[1,NA,NA],[NA,NA,NA]])
print(df)
print('\n')
print(df.dropna())                    #删除包含缺失值的行
print('\n')
print(df.dropna(axis=1,thresh=2))    #删除缺失值超过 2 个的列
```

运行结果如下：

```
     0    1    2
0  1.0  2.0  3.0
1  1.0  2.0  NaN
2  1.0  NaN  NaN
3  NaN  NaN  NaN


     0    1    2
0  1.0  2.0  3.0
```

```
     0    1
0  1.0  2.0
1  1.0  2.0
2  1.0  NaN
3  NaN  NaN
```

缺失数据比较多的情况下，可以选择直接滤除。但缺失数据比较少时，对数据进行填充或许是个更好的办法。

（2）fillna（）指令对缺失数据进行填充。调用 fillna 时，可以使用一个常数替代缺失值，实务中常用每列特征值的均值填充缺失数据。

代码如下：

```
df=pd.DataFrame([[1,2,3],[5,5,NA],[6,NA,NA],[NA,NA,NA]])
print(df)
print('\n')
print(df.fillna(0))
print('\n')
print(df.fillna(df.mean()))
```

运行结果如下：

```
     0    1    2
0  1.0  2.0  3.0
1  5.0  5.0  NaN
2  6.0  NaN  NaN
3  NaN  NaN  NaN


     0    1    2
0  1.0  2.0  3.0
1  5.0  5.0  0.0
2  6.0  0.0  0.0
3  0.0  0.0  0.0


     0    1    2
0  1.0  2.0  3.0
1  5.0  5.0  3.0
2  6.0  3.5  3.0
3  4.0  3.5  3.0
```

（四）数据分组与描述性统计

在日常的数据分析中，经常需要将繁杂庞大的数据划分为不同的群体进行类比分析，例如，将全国的 GDP 根据省份进行划分；对消费数据按照职业进行划分；社交领域中将用户根据性别、年龄等基本特征进行划分，以研究用户的使用情况和偏好等。在 Pandas 中，这些数据处理操作主要运用 groupby（）函数完成。

48

groupby()函数通常会与一些统计函数同时出现，以计算不同组别的描述性统计相关数据。对分组后的数据计算基本的汇总统计指标（如均值、中位数）以及更多有助于后续分析的内容。

代码如下：

```
data=pd.DataFrame({"MV":[1,1,2,4,3,2],"BM":[3,2,1,4,5,4]})
data.groupby(["MV"]).mean()
```

运行结果如下：

```
    BM
MV
1   2.5
2   2.5
3   5.0
4   4.0
```

表 2-8 列出了 Pandas 包中常用的描述性统计函数，需要注意的是 Pandas 对象的所有描述性统计信息默认情况下是排除缺失值的。因此在数据分析时应注意检查有没有缺失的数据，如果有则将其删除或替换为特定的值，以减小对最终数据分析结果的影响。

（五）其他常用指令

Pandas 中常用的指令见表 2-9，包括时间格式转换、排序和自定义函数应用等。

表 2-8　常用的描述性统计函数

指令	描述
df. count	非 NA 值个数
df. describe	获取列汇总统计集合
df. min，df. max	最小值、最大值
df. sum	求和
df. mean	均值
df. qiantile	样本从 0 到 1 的分位数
df. median	中位数
df. std	样本标准差
df. skew	样本偏度
df. corr	相关系数

表 2-9　Pandas 中常用指令

指令	描述
to_datetime()	时间格式转换
sort_index()	按标签对行/列排序
sort_values()	按值进行升降序排序
apply()	将自定义函数应用在各行/列或分组
drop_duplicates()	移除重复行
replace()	将指定值替换为另一个值
str. upper()，str. lower()	字符串大写，小写操作
append()	DataFrame 纵向堆叠
join()	DataFrame 按照索引进行连接合并
concat()	DataFrame 轴向连接
merge()	DataFrame 表格拼接

专栏 2-2　结构化查询语言（Structured Query Language，SQL）

SQL 语言 1974 年由博伊斯（Boyce）和钱伯林（Chamberlin）提出的一种介于关系代数与关系演算之间的结构化查询语言。SQL 首先在 IBM 公司研制的关系数据库系统 SystemR 上实现，由于它具有功能丰富、使用方便灵活、语言简洁易学等突出的优点，深受计算机行业和计算机用户的欢迎。1980 年 10 月，经美国国家标准局（ANSI）的数据库委员会 X3H2 批准，将 SQL 作为关系数据库语言的美国标准，同年公布了标准 SQL。此后不久，国际标准化组织（ISO）也做出了同样的决定。SQL 从功能上可以分为三部分：数据定义、数据操纵和数据控制。SQL 的核心部分相当于关系代数，但又有关系代数所没有的许多特点，如聚集、数据库更新等。它是一个综合的、通用的、功能极强的关系数据库语言。其特点如下：

（1）SQL 语言集数据描述、操纵、控制等功能于一体。

（2）SQL 有两种使用方式：①联机交互使用，这种方式下的 SQL 实际上是作为自含型语言使用的。②嵌入到某种高级程序设计语言（如 C 语言等）中去使用。前一种方式适合于非计算机专业的人员使用，后一种方式适合于专业的计算机人员使用。尽管使用方式不同，但所用语言的语法结构基本上是一致的。

（3）高度非过程化。SQL 是第四代语言（4GL），用户只需要提出"干什么"，无须具体指明"怎么干"，像存取路径选择和具体处理操作等均由系统自动完成。

（4）语言简洁，易学易用。尽管 SQL 的功能很强，但语言十分简洁，核心功能只用了 9 个动词。SQL 的语法接近英语口语，所以，用户很容易学习和使用。

三、科学计算 SymPy

SymPy 是由 Python 语言编写的符号计算库，用一套强大的符号计算体系完成诸如多项式求值、求极限、解方程、求积分、微分方程、级数展开、矩阵运算等计算问题。符号计算是指以符号方式处理数学对象的计算。数学对象将被精确表示，而不是近似表示，未评估变量的数学表达式会以符号形式保留。

SymPy 的下载，代码如下：

```
pip install sympy
```

SymPy 的安装，代码如下：

```
import sympy as sy
```

1. 多项式

（1）定义变量。在使用 SymPy 前，需要使用符号定义变量。SymPy 使用 symbol() 或 symbols() 定义变量。其基本书写形式为：var1 = symbol（'var1'）或 var1, var2, ⋯ = symbols（'var1 var2'）。完成变量定义后，用户可根据需要定义多项表达式，并对多项式进行展开、简化、代数计算等一系列操作。

代码如下：

```
#定义变量
x,y,z=sy.symbols('x y z')
#定义多项表达式
expr1=(x+y)**2+1/2*z
expr1
```

运行结果如下：

$$0.5z + (x + y)^2$$

（2）数值计算。SymPy 中的 subs( ) 和 evalf( ) 函数均可对多项式进行数值计算。subs( ) 函数也称替换函数，可进行符号替换和数值替换，基本语法为 .subs(old,new)，即使用新值替代旧值。需要替换多个值时，可以使用列表形式。subs( ) 函数在不改变原表达式的基础上返回一个修改的表达式。evalf( ) 函数则是直接对多项表达式代入浮点数数值进行计算，基本语法为 .evalf(subs = {var1:num1,var2:num2,…})。

代码如下：

```
#使用 subs 函数
expr1.subs([(x,1),(y,2),(z,4)])
```

运行结果如下：

```
11.0
```

代码如下：

```
#使用 evalf 函数
result=expr1.evalf(subs={x:1,y:2,z:4})
print(result)
```

运行结果如下：

```
11.0000000000000
```

（3）多项表达式。使用 expand( ) 函数可以展开多项表达式，常用该函数消除复杂幂和乘的计算。使用 simplify( ) 函数可以将多项表达式优化为更简单的形式。

代码如下：

```
#表达式展开
sy.expand(expr1)
```

运行结果如下：

$$x^2 + 2xy + y^2 + 0.5z$$

代码如下：

```
#表达式简化
sy.simplify(sy.sin(x)/sy.cos(x))
```

运行结果如下：

```
tan(x)
```

2. 求解方程

SymPy 中提供了 solve( ) 函数和 solveset( ) 函数求解代数方程。

solve( ) 函数假设所有的方程都等于零，其基本语法为：solve(f,symbols)，其中参数 f 是为零的方程表达式，参数 symbols 为指定求解变量。

代码如下：

```
#求解一元方程
x=sy.Symbol('x')
fx=x**2-2*x+1
sy.solve(fx,x)
```

运行结果如下：

```
[1]
```

代码如下：

```
#求解方程组
x=sy.Symbol('x')
y=sy.Symbol('y')
f1=x+y-3
f2=x-y+5
sy.solve([f1,f2],[x,y])
```

运行结果如下：

```
{x: -1, y: 4}
```

SymPy 官方文档中更推荐使用 solveset( )函数，solveset( )函数的基本语法格式同 solve 函数，但在求解方程式时，相较于 solve( )只求出个别解，solveset 的输出更为准确，会以集合的方式返回方程的解，输出类型包括 finiteSet、interval 或 imageSet。当没有解决方案或找不到解决方案时，则返回 emptySet 或 conditionSet。

使用 solveset 求解，代码如下：

```
#使用 solveset 求解
from sympy import ImageSet, S, Lambda,sin
sy.solveset(sin(x) - 1, x, domain=S.Reals)
```

运行结果如下：

$$\{2n\pi+\frac{\pi}{2}\,\|\,n\in Z\}$$

使用 solve 求解，代码如下：

```
#使用 solve 求解
sy.solve(sin(x) -1, x)
```

运行结果如下：

```
[pi/2]
```

SymPy 针对方程类型提出了一系列求解函数，如 linsolve( ) 函数求解线性方程组，nonlinsolve( ) 函数求解非线性方程组，dsolve( ) 求解微分方程。具体使用方法读者可前往 symPy 官方文档查看。

3. 求导数

SymPy 中 diff( ) 函数可对表达式实现一阶求导，多阶求导和求偏导等操作。其基本语法格式为：diff(expr,var,n)，其中参数 expr 指定求导函数；参数 var 指定求导变量；参数 n 指定求导阶数。

diff() 函数求导代码如下：

```
from sympy import sin,diff
x=sy.Symbol('x')
y=sy.Symbol('y')
f1=sin(x)
f2=x**3+2*x*y+y**2
#一阶求导
d1=diff(f1,x)
#二阶求导
d2=diff(f1,x,2)
#求偏导
d3=diff(f2,y)
d4=diff(f2,y,2)
print(d1)
print(d2)
print(d3)
print(d4)
```

运行结果如下：

```
cos(x)
-sin(x)
2*x + 2*y
2
```

4. 求积分

SymPy 中 integrate() 函数可对表达式实现求解不定积分、定积分和多重积分等操作。其基本语法格式为：integrate(expr,(var,min,max))，其中参数 expr 指定被积分函数；参数 var 指定积分变量；参数 min 和 max 指定积分上下限，当求解不定积分时该参数可省略。

integrate() 函数求积分代码如下：

```
from sympy import cos,integrate,pi
x=sy.Symbol('x')
fx=cos(x)
#不定积分
result1=integrate(fx,x)
#定积分
result2=integrate(fx,(x,0,pi/2))
print(result1)
print(result2)
```

运行结果如下：

```
sin(x)
1
```

5. 求极限

SymPy 中 limit( ) 函数可实现极限值的求解。其基本语法格式为：limit(expr, var, doit, "+/-")，其中参数 expr 指定求极限函数；参数 var 指定趋近极限的变量；参数 doit 指定极限值；可在括号中加入"+"或"-"以指定极限方向为右极限还是左极限。

limit( ) 函数求极限代码如下：

```
x = sy.symbols('x')
expr=sin(x)/x
sy.limit(expr,x,0)
```

运行结果如下：

```
1
```

6. 求和

SymPy 中 summation( ) 函数可实现求和操作。其基本语法格式为：summation(expr, (var, start, end))，其中参数 expr 指定求和函数表达式；参数 var 指定变量；参数 start 和 end 指定求和起始值和终止值。summation( ) 函数求和，以求 $\sum\limits_{i=1}^{100} n$ 为例，代码如下：

```
n = sy.symbols('n')
expr=n
sy.summation(expr,(n,1,100))
```

运行结果如下：

```
5050
```

本书仅介绍 SymPy 计算库几个常用的函数和代码操作，而 SymPy 可实现的功能远不止于此，若读者希望深入了解 SymPy 计算库的高阶内容，可前往 SymPy 官方文档学习和了解。SymPy 官方文档网址为"https://docs. sympy. org/latest/index. html"。

四、统计分析 Statsmodels

Statsmodels 是基于 Pandas 开发的一个强大的统计分析库，用于拟合多种统计模型，执行统计测试以及数据探索和可视化。Statsmodels 包含更多的"经典"频率学派统计方法，而贝叶斯方法和机器学习模型可在其他库中找到。Statsmodels 中的一些常见模型有：线性模型和广义线性模型；线性混合效应模型；时间序列过程和状态空间模型等。

Statsmodels 的安装，代码如下：

```
pip install Statsmodels
```

(一) 简单线性回归

简单线性回归可分为一元线性回归模型和多元线性回归模型。以一元线性回归为例，简单线性回归的简单形式和基本思想可表示为

53

$$\hat{Y}_i = \hat{\beta}_1 + \hat{\beta}_2 X_i$$
$$\min \sum e_i^2 = \min \sum (Y_i - \hat{\beta}_1 - \hat{\beta}_2 X_i)^2$$

在金融和经济领域，大多数模型都是线性模型。从投资组合理论的基础到现在流行的 Fama-French 资产定价模型以及多因子模型，我们可以看到到处都在使用线性回归。可以通过 Python 软件 Statsmodels 模块中 OLS 程序包建立简单线性回归模型。

Statsmodels 子模块 api 下的 OLS 函数可以实现简单线性回归功能，其基本书写格式为

```
OLS(endog, exog=None, missing='none'),
```

其中：参数 endog 用于指定因变量，为 k 维列变量。参数 exog 用于指定自变量，为 k 个样本点构成的 $k×n$ 维数组。默认情况下不包含截距项，截距项应由用户添加。参数 missing 可用选项为 'none'、'drop' 和 'raise'，若指定 'none'，则不进行缺失值检查，若指定 'drop' 则删除存在缺失值的观测值，若指定 'raise' 则发现缺失值后系统提示错误。默认为 'none'。

使用数据集构成的 $k×n$ 维数组作为自变量时，第一列并不全是 1，即模型默认情况下不包含截距项。

当需要在线性回归中增加常数项时，使用 statsmodels 库的 add_constant() 函数可将 $k×n$ 维数组左侧加上一列 1，即返回得到 $k×(n+1)$ 维具有截距项的数组。

完成线性回归参数基本设置后使用 fit() 方法对指定数据进行回归拟合。fit() 方法将返回预测模型的参数和模型其他评价数据。调用 summary() 方法即可返回预测详细数据。

本书下述所有模型均可通过 fit() 完成拟合，summary() 返回预测详细数据，后续将不再赘述。

代码如下：

```
import Statsmodels.api as sm
from Statsmodels.sandbox.regression.predstd import wls_prediction_std
X = sm.add_constant(X)
y = np.dot(X, beta) + e
model = sm.OLS(y, X)
results = model.fit()
print(results.summary())
```

（二）自回归模型

自回归模型（Auto Regression Model，AR 模型）指仅用它的过去值及随机扰动项所建立起来的模型。在日常投资中，很多股票的定价都取决于对未来现金流的预测。当认为未来的收益率由过去的收益率来决定时，就可以考虑所谓的自回归模型。一个时间序列的 p 阶自回归模型可表示为

$$Y_t = \varphi_1 Y_{t-1} + \varphi_2 Y_{t-2} + \cdots + \varphi_p Y_{t-p} + \varepsilon_t$$

由 AR(p) 表示。其中 $\varphi_i (i=1,2,\cdots,p)$ 为待估的自回归参数，ε_t 为误差项，是一个白噪声过程。

Statsmodels 子模块 tsa 下的 AutoReg 函数可以实现自回归功能，其基本书写格式为

```
AutoReg(endog, lags, old_names=False)
```

其中：参数 endog 用于指定因变量；参数 lags 用于指定滞后期数，指定滞后期数时可为整数或列表。

代码如下：

```
import matplotlib.pyplot as plt
from Statsmodels.tsa.ar_model import AutoReg
model = AutoReg(X, 3, old_names=False)## 包含 3 阶的自回归
results = model.fit()
print(results.summary())
```

（三）自回归滑动平均模型

在介绍自回归滑动平均模型前，我们需要先介绍 MA 模型，即移动平均模型（Moving Average Model）。时间序列采用其当期和滞后的随机误差项的线性函数表示。一个时间序列的 q 阶滑动平均模型可表示为

$$Y_t = \varepsilon_t + \theta_1\varepsilon_{t-1} + \theta_2\varepsilon_{t-2} + \cdots + \theta_q\varepsilon_{t-q},$$

用 MA(q) 表示。其中，$\theta_1, \theta_2, \cdots, \theta_q$ 为待估的回归参数；ε_t 为误差项，是一个白噪声过程。

自回归滑动平均模型，即 ARMA 模型（Auto-Regressive Moving Average Model）。时间序列采用其滞后项及其当期和滞后的随机误差项表示。一个时间序列的 (p, q) 阶自回归滑动平均模型用 ARMA(p, q) 表示，公式可表示为

$$Y_t = \varphi_1 Y_{t-1} + \varphi_2 Y_{t-2} + \cdots + \varphi_p Y_{t-p} + \varepsilon_t + \theta_1\varepsilon_{t-1} + \theta_2\varepsilon_{t-2} + \cdots + \theta_q\varepsilon_{t-q},$$

其中，$\varphi_p(L)$ 和 $\theta_q(L)$ 分别表示关于 L 的 p，q 阶特征多项式，分别称为自回归算子和滑动平均算子。

ARMA 模型主要用于分析实际金融时间序列变量动态变化的过程。ARMA 模型的预测性建立在时间序列数据的自相关性与序列相关性上。

Statsmodels 子模块 tsa 下的 ARIMA 函数可以实现自回归滑动平均功能，基本书写格式为

```
ARIMA(endog, exog=None, order=(0, 0, 0))
```

其中：参数 endog 用于指定因变量，为时间序列观测值；参数 exog 用于指定自变量，为一系列外生回归量；参数 order 用于指定阶数，通用表达式为 (p, d, q) 分别对应自回归、差分、滑动平均的滞后阶数。

代码如下：

```
from Statsmodels.tsa.arima.model import ARIMA
arma_mod20 = ARIMA(X, order=(2, 0, 0)).fit()
print(arma_mod20.params)
arma_mod30 = ARIMA(X, order=(3, 0, 0)).fit()
print(arma_mod30.params)
```

五、金融计量 Linearmodels

针对传统金融研究中的线性回归问题，Statsmodels 的设计人员开发了基于 Statsmodels 的线性回归包 linearmodels，用以解决金融实证回归估计中涉及的各类问题，如工具变量，面

板数据, 固定效应, 随机效应, 内生性等。

代码如下:

```
pip install linearmodels
```

（一）固定效应/随机效应

面板数据包括在多个时间段内对多个实体（个人、公司、国家）的观测。经济金融与财务领域进行实证分析时, 也有不少数据是面板数据。这时就需要借助面板数据模型。

估计面板数据时通常假定个体的回归方程具有相同的斜率, 但可以有不同的截距项, 以此来捕捉异质性。我们将这种模型称为"个体效应模型", 即

$$y_{it} = \boldsymbol{x}'_{it}\boldsymbol{\beta} + z'_i\boldsymbol{\delta} + u_i + \varepsilon_{it} \quad (i = 1, \cdots, n; t = 1, \cdots, T)$$

式中, z_i 为不随时间而变的个体特征, x_{it} 可以随个体及时间改变。扰动项 $(u_i + \varepsilon_{it})$ 由两部分构成, 其中不可观测的随机变量 u_i 是代表个体异质性的截距项。

如果 u_i 与某个解释变量相关, 则称为"固定效应模型"。如果 u_i 与所有解释变量 (x_{it}, z_i) 均不相关, 则称之为"随机效应模型"。

Python 软件 linearmodels 模块中 PanelOLS 程序包可完成面板数据回归工作。

代码如下:

```
from linearmodels import PanelOLS
mod = PanelOLS(y, x, entity_effects=True)                    #个体固定效应
res = mod.fit(cov_type='clustered', cluster_entity=True)

from linearmodels import RandomEffects
mod = RandomEffects.from_formula('y ~ 1 + x1', panel_data)   #随机效应
res = mod.fit()
```

（二）Fama-MacBeth 回归

Fama-MacBeth 是一种通过回归方法做因子检验, 并且可以剔除残差截面上自相关性的回归方法, 同时为了剔除因子时序上的自相关性, 可以通过 Newey West 对回归的协方差进行调整。Fama-Macbeth 回归分为两步, 第一步是横截面回归, 在截面上用股票收益率对各因子暴露做回归, 得到各因子的收益率在因子上的暴露 β_i; 第二步是对系数 β_i 的时间序列取平均得到作为参数的估计值, 并进行 t 检验, t 检验用到的标准误经过 Newey West 调整。

Python 软件 linearmodels 模块中 FamaMacBeth 函数可完成 Fama-MacBeth 回归。该函数的基本语法格式为:

```
FamaMacBeth(dependent, exog, *, weights=None, check_rank=True),
```

其中: 参数 dependent 指定因变量; 参数 exog 指定自变量; 参数 weights 指定用于估计的权重。

设置基本参数后使用 fit() 方法完成模型拟合, FamaMacBeth. fit() 基本语法格式为:

```
FamaMacBeth.fit(cov_type='unadjusted', debiased=True, bandwidth=None, Kernel=None)
```

其中: 参数 cov_type 指定是否对方差进行调整, 包括: 'unadjusted' 'homoskedastic' 'robust' 'heteroskedastic'，均使用 T 参数估计。参数 debiased 指定是否对协方差进行自由度调整，即分母用 n 还是 n-1。参数 bandwidth 窗宽，在 cov_type 指定为'kernel'时使用。参数 kernel 指定使用核。

代码如下：

```
from linearmodels import FamaMacBeth
mod = FamaMacBeth(y, x)
res = mod.fit(cov_type='kernel', kernel='Parzen')
```

（三）包含工具变量的两阶段最小二乘法

计量经济学中为保证参数估计量具有良好的性质，通常对模型提出若干基本假设。解释变量的严格外生性假设要求任何观测点处的解释变量与任何观测点处的随机干扰项不相关。违背这一基本假设的问题称为内生解释变量问题。为解决这一问题，可寻找一个和解释变量高度相关的，同时和随机扰动项不相关的变量，我们将其称之为工具变量。

两阶段最小二乘法（IV2SLS）将回归分两阶段进行：第一阶段，解释变量对工具变量进行回归，得到解释变量的拟合值（估计值）；第二阶段，得到的解释变量拟合值对被解释变量进行回归，即为 TSLS（2SLS）的回归结果。

Python 软件 linearmodels 模块中 IV2SLS 程序包可完成包含工具变量的两阶段最小二乘法回归。本节主要介绍 IV2SLS.from_formula() 函数，其功能为拟合模型并获取模型参数，其基本语法格式为

```
IV2SLS.from_formula(formula, data, *, weights=None)
```

其中，参数 formula 指定转化为模型的公式，其基本结构为"dependent ~ exog [endog ~ instruments]"，[endog ~ instrument] 用于指示内生解释变量和工具变量，dependent 和 exog 分别指示因变量和自变量。参数 data 指定模型中使用变量的数据，数据结构为 DataFrame。参数 weight 指定估计权重。

代码如下：

```
from linearmodels.datasets import wage
from linearmodels.iv import IV2SLS
data = wage.load()                                     ## 导入案例数据
formula = 'wage ~ 1 + exper +brthord + [educ ~ sibs]'  ## sibs 为 educ 的工具变量
mod = IV2SLS.from_formula(formula, data)
```

（四）线性资产定价模型检验

从 20 世纪 60 年代的资本资产定价模型（Capital Asset Pricing Model，CAMP），再到著名的套利定价理论（Arbitrage Pricing Theory，APT），大量线性多因子定价模型被经济学家们提出。线性资产定价模型，或者称线性多因子定价模型假设资产的预期收益率可以由一系列因子的预期收益率和资产在这些因子的暴露决定。

Python 软件 linearmodels 模块中 LinearFactorModel 程序包通常用于测试一组因子，例如，市场（CAPM）或 Fama-French 三因子（市场、规模和价值）是否可以解释一组测试投资组合中的回报。检验的经济假设是：

$$E[r_{it}]=\lambda_0+\beta_i\lambda$$

其中 β_i 是一组因子载荷；λ 是与这些因子相关的风险溢价；λ_0 是无风险利率。

本节主要介绍 LinearFactorModel. from_formula( ) 函数，其功能为拟合模型并获取模型参数，其基本语法格式为

```
LinearFactorModel.from_formula(formula, data, *, portfolios=None,
                   risk_free=False, sigma=None)
```

其中，参数 formula 指定转化为模型的公式。该公式有两种使用形式：①仅指定因子并使用投资组合中提供的数据作为测试投资组合；②指定投资组合，使用"+"将测试投资组合分开，使用"~"将测试投资组合与因子分开。参数 data 指定模型中使用变量的数据，数据结构为 DataFrame。参数 portfolios 指定要在模型中使用的投资组合。参数 risk_free 指定是否应根据其他风险溢价的回报来估计无风险利率。参数 sigma 指定正定残差协方差。

代码如下：

```
from linearmodels.datasets import french
from linearmodels.asset_pricing import LinearFactorModel
data = french.load()## 导入案例数据
portfolios = data[['S1M1', 'S1M5', 'S3M1', 'S3M5', 'S5M1', 'S5M5']]
formula = 'MktRF + SMB + HML'
mod = LinearFactorModel.from_formula(formula, data, portfolios=portfolios)##
使用三因子模型来检验组合
```

第三节　Python 机器学习程序包

基于 Python 的机器学习框架中，Google 的 TensorFlow 是一个被广泛使用的机器学习和深度学习框架。TensorFlow 开源于 2015 年，并得到了机器学习专家社区的广泛支持，目前已经迅速成长为许多研究机构首选的机器学习框架。此外，PyTorch 是由 Facebook 最近开发的用于训练神经网络的程序包，改编自深度学习库 Torch。PyTorch 是少数可用的深度学习框架之一，它使用基于磁带的自动梯度系统（Tape-based Autograd System），以快速和灵活的方式构建动态神经网络。

独立的 TensorFlow 框架专业且复杂，并且会给深度学习的训练带来困难。为了减少这种复杂性，常使用基于 TensorFlow 引擎的 Keras 封装包来简化深度学习模型的开发和训练过程。此外由于包含 PythonAPI，TensorFlow 也可以用于训练和部署企业级的深度学习模型。

Scikit-learn（Sklearn）的定位是通用机器学习库，是机器学习中常用的第三方模块，易用性及封装度上，Sklearn 比 TensorFlow 更高。Sklearn 主要有几种方式，包括回归（Regression）、降维（Dimensionality Reduction）、分类（Classfication）、聚类（Clustering）等机器方法。此外，Sklearn 同样包括了在进行机器学习训练过程中的各项功能，如数据预处理、交叉验证集划分、网格搜索等诸多工具。

一、机器学习

下文将简单引入 Sklearn 的几种机器学习方法，并重点介绍各类模型参数设置和功能，

模型构建训练和拟合预测见本书后续章节。

（一）线性回归

线性回归（LinearRegression）拟合一个带有系数 $\boldsymbol{w}=(w_1,\cdots,w_p)$ 的线性模型，使得数据集实际观测数据和预测数据（估计值）之间的残差平方和最小。

Sklearn 子模块 linear_model 中 LinearRegression() 可以实现线性回归功能。

代码如下：

```
from sklearn.linear_model import LinearRegression
reg = linear_model.LinearRegression()
reg.fit ()
```

LinearRegression() 的基本书写格式为

```
LinearRegression (*, fit_intercept = True, normalize = 'deprecated',copy_X =
True, n_jobs=None),
```

其中：参数 fit_intercept 指定是否计算模型截距；参数 normalize 指定是否对变量进行归一化，当 fit_intercept 设置为 False 时，将忽略此参数；参数 copy_X 指定是否对 X 复制，默认为 True，否则 X 将被改写；参数 n_jobs 指定使用 CPU 的个数，默认为 1。设定-1 时将使用全部 CPU。

（二）岭回归、LASSO 回归和弹性网络

岭回归（Ridge Regresson）是一种改良的最小二乘法，通过放弃最小二乘法的无偏性，以损失部分信息、降低精度为代价获得回归系数，是一种专用于共线性数据分析的有偏估计回归方法。Ridge 回归在一般回归模型损失函数的基础上加上了正则项（惩罚项），通过对系数的大小施加惩罚来解决普通最小二乘法的缺点。

Lasso 回归是估计稀疏系数的线性模型。它倾向于使用较少的参数值有效地减少依赖变量的数量。Lasso 回归的最大优点是能够把不重要的自变量的回归系数压缩到零，从而起到很好的变量筛选作用。

岭回归在不抛弃任何一个特征的情况下，缩小了回归系数，使得模型相对而言比较稳定，但和 Lasso 回归相比，这会使得模型的特征留得特别多，模型解释性差。Ridge 回归的正则化项是 L_2 范数，而 Lasso 回归的正则化项是 L_1 范数。

弹性网络是一种使用 L_1，L_2 范数作为先验正则项训练的线性回归模型。就像 Lasso 一样，使用这种方法所得到的模型只有少量参数是非零稀疏的模型，但是它仍然保持一些像岭回归的正则性质。弹性网络在很多特征互相联系的情况下是非常有用的。Lasso 很可能只随机考虑这些特征中的一个，而弹性网络更倾向于选择两个。

岭回归结果表明，岭回归虽然在一定程度上可以拟合模型，但容易导致回归结果失真；lasso 回归虽然能刻画模型代表的现实情况，但是模型过于简单，不符合实际；弹性网络结果表明，一方面达到了岭回归对重要特征选择的目的，另一方面又像 Lasso 回归那样，删除了对因变量影响较小的特征，取得了很好的效果。

Sklearn 子模块 linear_model 中 Ridge()，Lasso()，ElasticNet() 可以实现岭回归、LASSO 和弹性网络功能。

代码如下：

```
from sklearn import linear_model
#岭回归
ridge= linear_model.Ridge (alpha = )
ridge.fit()
#Lasso
lasso= linear_model.Lasso(alpha = )
lassp.fit()
#弹性网络
Enet=linear_model.ElasticNet(l1_ratio= ,alpha=)
Enet.fit()
```

岭回归函数 Ridge( ) 和 Lasso 回归函数 Lasso( ) 的基本书写格式为:

```
Ridge(alpha=1.0,fit_intercept=True,normalize='deprecated',copy_X=True,
            max_iter = None, tol = 0.001, solver = 'auto', random_state =
            None),
    Lasso(alpha = 1.0, fit_intercept = True, normalize = 'deprecated', precompute =
False,copy_X=True,max_iter=1000,tol=0.0001,warm_start=False,positive=False,
random_state=None,selection='cyclic'),
```

其中: 参数 alpha 指定正则化强度, alpha 必须为正浮点数, 值越大正则化程度越强; 参数 max_iter 指定共轭梯度求解器最大迭代次数; 参数 tol 指定解的精度; 参数 solver 指定用于计算求解方法; 参数 random_state 指定伪随机数生成器种子, 混洗数据时使用; 参数 precompute 用于指定是否使用预先计算的 Gram 矩阵来加快计算速度; 参数 warm_start 设置为 True 时, 重新使用之前调用 fit 作为初始化的解决方案, 否则, 只需擦除之前的解决方案; 参数 selection 可用选项为 'cyclic''random'。如果设置为 random, 则每次迭代都会更新随机系数, 而不是默认按顺序循环遍历特征。

弹性网络函数 ElasticNet( ) 基本书写格式为:

```
ElasticNet(alpha=1.0, *, l1_ratio=0.5, fit_intercept=True, normalize='dep-
recated', precompute = False, max_iter = 1000, copy_X = True, tol = 0.0001, warm_
start=False, positive=False, random_state=None, selection='cyclic'),
```

其中, 参数 alpha 指定乘以惩罚项的常数。参数 l1_ratio 为弹性网络混合参数, 取值范围在 [0,1]。取 0 时, 惩罚是 L2 惩罚; 取 1 时, 惩罚为 L1 惩罚; 在 (0,1) 之间时, 惩罚是 L1 和 L2 的组合。

(三) 主成分分析和偏最小二乘法

主成分分析 (Principal Components Analysis, PCA) 通过正交变换将一组可能存在相关性的变量转换为一组线性不相关的变量, 转换后的这组变量叫主成分。

偏最小二乘回归 (Partial Least Squares Regression, PLS) 方法在普通多元回归的基础上结合了主成分分析和典型相关分析 CCA (Canonical Correlation Analysis) 的思想, 以解决回归分析中自变量多重共线性的问题。

sklearn 子模块 cross_decomposition 中的 PLSRegression( ) 函数可以完成偏最小二乘回归功能, 其基本书写格式为:

```
PCA(n_components=None, *, copy=True, whiten=False, svd_solver='auto', tol=
0.0, iterated_power='auto', random_state=None),
```

其中：参数 n_components 指定 PCA 算法中所要保留的主成分个数 n；参数 copy 指定在运行算法时，是否复制原始训练集；参数 whiten 指定是否白化，即使得每个特征具有相同的方差。

sklearn 子模块 decomposition 中的 PCA( ) 函数可以完成主成分分析功能，其基本书写格式为：

```
PLSRegression(n_components=2, scale=True, max_iter=500, tol=1e-06, copy=
True),
```

其中：参数 n_components 指定 PCA 算法中所要保留的主成分个数；参数 scale 指定是否归一化，默认为是。

（四）支持向量机

支持向量机 SVM（Support Vector Machine）是一种常用的分类算法，但当标签为连续值时，也可用于拟合回归问题。模型通过寻求结构化风险最小来提高学习机泛化能力，实现经验风险和置信范围的最小化，从而达到在统计样本量较少的情况下，亦能获得良好统计规律的目的。通俗来讲，其基本模型定义为特征空间上的间隔最大的线性分类器，即支持向量机的学习策略是间隔最大化，最终可转化为一个凸二次规划问题的求解。

sklearn 子模块 svm 中的 SVR( ) 函数可以完成支持向量机的算法功能，其基本书写格式为：

```
SVR(*,kernel='rbf',degree=3,gamma='scale',coef0=0.0,tol=0.001,C=1.0,ep-
silon=0.1,shrinking=True,cache_size=200,verbose=False,max_iter=-1)
```

其中，参数 kernel 指定在算法中使用内核类型。可用选项包括' linear'' poly'' rbf'' sigmoid'' precomputed' 或者' callable'。参数 degree 表示当指定 kernel 为'poly'时，选择的多项式的最高次数，默认为三次多项式。该参数只对'poly'有作用。参数 gamma 指定' rbf'，' poly'和' sigmoid' 的核系数。参数 coef0 指定核函数中的常数项。参数 tol 指定误差项达到指定值时停止训练。参数 C 指定误差项惩罚参数。

（五）树形模型

树形模型是一种树形结构，其中每个内部节点表示一个属性上的判断，每个分支代表一个判断结果的输出，最后每个叶节点代表一种分类结果。

sklearn 子模块 ensemble 中 RandomForestRegressor( ) 函数可以完成树形模型的算法功能，其基本书写格式为：

```
RandomForestRegressor(n_estimators=100, criterion='squared_error',max_
depth=None, min_samples_split=2, min_samples_leaf=1, min_weight_fraction_leaf=
0.0, max_features='auto', max_leaf_nodes=None, min_impurity_decrease=0.0, boot-
strap=True, oob_score=False, n_jobs=None, random_state=None, verbose=0, warm_
start=False, ccp_alpha=0.0, max_samples=None),
```

其中，参数 n_estimators 指定弱学习器的最大迭代次数。参数 criterion 指定 CART 树做划分时对特征的评价标准，可用选项为'squared_error''absolute_error''poisson'。默认为"squared_error"。参数 max_depth 指定树的最大深度，默认为 None。参数 min_samples_split 指定根据属性划分节点时，每个划分最少的样本数。参数 min_samples_leaf 指定叶子节点最少的样本数。参数 max_leaf_nodes 指定叶子树的最大样本数，默认为 None。参数 min_weight_fraction_leaf 指定叶子节点所需要的最小权值，默认为 0. 参数 verbose 指定是否显示任务进程。

二、深度学习

Keras 是由 Python 编写的开源人工神经网络库，可以作为 TensorFlow、Microsoft-CNTK 和 Theano 的高阶应用程序接口，进行深度学习模型的设计、调试、评估、应用和可视化。使用 Keras 构建神经网络模型时类似"搭积木"，即按照网络层级依次沿输入层、隐藏层和输出层进行参数设定，最终得到完整的模型结构。

使用 keras 构建包含一层隐藏层（32 节点）的简单神经网络模型代码如下：

```python
#导入模块
from keras.models import Sequential
from keras.layers.core import Dense, Activation
#模型搭建
model = Sequential()
model.add(Dense(units = 32))
model.add(Activation('relu'))
model.add(Dense(1))
#编译
optimizer = SGD(lr=learn_rate, momentum=momentum)
model.compile(loss='mse', optimizer=optimizer, metrics=['mse'])
```

本章小结

本章主要介绍 Python 的使用、常用 Python 程序包以及常用程序包的操作。Numpy 程序包能够储存和处理大型数组，具备强大的科学计算功能。Pandas 程序包基于 Numpy 编写提供数据分析功能，基本数据结构 DataFrame 能够极大简化数据分析，广受数据科学领域工作者欢迎。SymPy 程序包可以完成大多数数学操作。Statsmodels 程序包用于拟合多种统计模型，执行统计测试以及数据探索和可视化。Linearmodels 程序包可以解决金融实证回归估计中涉及诸如固定效应、工具变量、Fama-MacBeth 回归等问题。Scikit-learn（sklearn）程序包是通用的机器学习库，是机器学习中常用的第三方模块。关于机器学习方法的详细内容和代码处理可以参见本书后面章节。

课程思政

目前信息爆炸、数据庞大，Python 可有效地提取信息、处理数据。

探讨：如何将 Python 更好地应用于金融与财务领域，提高信息处理效率？

复习思考题

1. Python 通常如何调用函数?
2. Python 序列包含哪些类型?
3. Python 常用的第三方库有哪些?
4. Python 怎么处理缺失值?
5. Python 常用内置机器学习包有哪些?

参考答案

参考文献

［1］嵩天,礼欣,黄天羽. Python 语言程序设计基础［M］. 2 版. 北京:高等教育出版社,2017

［2］周志华. 机器学习［M］. 北京:清华大学出版社,2016.

［3］Alpaydin E. Introduction to machine learning［M］. Cambridge:MIT Press,2004.

［4］Matthes E. Python crash course:a hands-on, project-based introduction to programming［M］. San Francis-co:No Starch Press. 2019.

［5］Mcklinney W. 利用 Python 进行数据分析［M］. 北京机械工业出版社,2014.

第三章
速览视频

第三章　金融与财务大数据的处理与分析

章前导读

2012 年 2 月，《纽约时报》的一篇专栏中宣布"大数据"时代已经降临。10 多年来，伴随着经济的高速发展，人工智能、云计算、5G、物联网、元宇宙等新技术不断涌现，全球数据量正在急速地扩展和增加，数据类型更加复杂，数据中所蕴含的价值更是以惊人的速度在增长。2021 年哈佛商业评论（*Harvard Business Review*）对 162 位财务经理和高管进行了调查，结果显示 70% 的受访者在很大程度上或相当多地依赖手动流程来收集和利用数据；有 90% 的受访者表示近两年由专业金融团队收集和处理的数据使用量有显著增加；更有 88% 的受访者表示在金融与财务领域培养数据驱动的文化对未来业绩至关重要。随着数据体量的增大，金融与财务数据的重要性日益凸显。如何科学地寻找有效数据，以及如何高效地处理筛选数据或许已经成为当代企业竞争的又一突破口。有哪些窗口可以获得及时且完整的金融市场数据？如何掌握已获得的复杂庞大的金融与财务数据的基础特征？面对异常值该如何进行处理？这些都是本章要回答的问题。

学习目标

本章介绍金融数据获取、数据描述性统计处理和数据预处理方法。通过本章的学习，读者可以了解国内外著名金融数据库的基本内容及常用子数据库，掌握描述性统计常见指标和计算方法，了解描述性统计各工具在资产定价中的实际应用，掌握数据预处理基本方法，了解特征工程的相关原理和内容。

关键词

金融与财务资源库　描述性统计　数据预处理　异常值处理　数据标准化　特征工程　缩尾　截尾

第一节　大数据时代

一、理解大数据

2011 年，美国知名咨询公司麦肯锡发布了一篇名为 *Big data：The next frontier for innovation，competition，and productivity* 研究报告，拉开了大数据研究的序幕。麦肯锡对大数据的定义是：一种规模大到在获取、存储、管理、分析方面大大超出了传统数据库软件工具能力范围的数据集合。国际商业机器公司（IBM）提出大数据的 5V 特点为大量（Volume）、高速（Velocity）、多样（Variety）、低价值密度（Value）、真实（Veracity）。

大数据有多重要？2015 年 8 月 31 日国务院印发了《促进大数据发展行动纲要》，文中明确指出"大数据已经成为推动经济转型发展的新动力，重塑国家竞争优势的新机遇，提升政府治理能力的新途径……坚持创新驱动发展，加快大数据部署，深化大数据应用，已成为稳增长、促改革、调结构、惠民生和推动政府治理能力现代化的内在需要和必然选择。"

二、金融大数据

金融大数据可以理解为人们金融交易行为互动过程中所形成的数据流。大数据的开发和利用，源源不断地释放着数字红利，从生产到生活，从制造到服务，从工业到金融商贸。机构和投资者们借助股票市场、债券市场、期权期货市场每日生成的数据挖掘优质资产，企业借助销售数据和公司财务数据修正发展方向，国家监管部门借助统计调查数据和增长数据定位管控重点。

金融市场数据有其不同于其他数据的特点，金融市场数据有低信噪比的特点，且有复杂网格结构，并伴随着不平稳和黑天鹅事件。

随着云计算、移动支付、电子商务的兴起，未来金融业的核心竞争力开始倾向于从大数据中提取信息和知识的速度与能力，而这种速度和能力，取决于数据分析、挖掘和应用水平。而国家发布的一系列文件，如《新一代人工智能发展规划》《高等学校人工智能创新行动计划》《金融科技（FinTech）发展规划（2019—2021 年）》，都将金融大数据和金融科技纳入了国家产业规划中。

三、本章概览

据国际商业机器公司（IBM）的研究报告估计，大多数企业仅对其所有数据的 1% 进行了分析应用。那么如何将大数据有效地应用到金融领域，如何整合、加工处理杂乱无章的数据，如何将低价值密度的数据转为企业内部价值是当前金融大数据领域所需要解决的主要问题。

本章依照"数据获取—数据特征掌握—数据预处理"的逻辑介绍常用金融数据库的数据获取、描述性统计把握数据基本特征和数据预处理的基本流程。希望读者通过阅读本章能对金融大数据和数据处理流程有个基本的把握。

第二节　金融与财务数据资源

一、国泰安中国经济金融研究数据库

国泰安中国经济金融研究数据库（China Stock Market & Accounting Research Database，CSMAR）是涵盖中国证券、期货、外汇、宏观、行业等经济金融与财务领域的高精准研究型数据库。

在 CSMAR 中国股票市场交易数据出现以前，国内的学者一直没有中国的 CRSP（证券价格研究中心）和 Compustat（财务与价格数据库），使得有关中国股票市场的研究，尤其是实证研究严重滞后，且研究效率低。比如一篇对中国股市做实证研究的博士论文或研究项目，研究人员一般要花数个月的时间对大量原始的股票交易数据与财务数据进行整理，找出所需要的项目，这样往往涉及大量的手工收集及手工数据录入工作，而且得到的数据常常缺乏系统性、准确性与可信性。此外，相当多的研究人员不了解如何对股票价格的前后可比性进行调整。所以，中国股票市场由于缺乏统一与规范的数据库，不仅大大降低了研究效率，增加了研究成本（研究人员的时间是最大的成本），也降低了研究结论的可比性和可信性。

2000 年 9 月希施玛数据科技有限公司成功开发了 CSMAR 数据库的第一部分：交易数据库，2000 年底完成了 CSMAR 财务数据库的开发。CSMAR 数据库的开发严格按照国际标准数据库（CRSP 和 Compustat）的调整技术计算个股收益率，并计算市场日回报率和月回报率。尤其是对历史的原始数据，进行了多种方法的严格查证和确认，以保证原始数据的准确性。

CSMAR 收集了自 1990 年上海证券交易所和深圳证券交易所成立以来中国上市公司的资料、全部交易数据，并且实时跟踪调整和更新。该数据库的开发充分借鉴了 CRSP、Compustat、TAQ 等国际知名数据库系统的专业数据调整技术，并结合中国股票市场自身特点进行校正。

股票交易数据共 6 个部分：基本数据、个股交易数据、各分市场交易数据、综合市场交易数据、指数信息、汇率及利率，共有 19 个文件，254 个字段。其中的基本数据模块可进一步获得公司的基本信息文件、分配文件、股本变动文件和日历文件，主要内容为上市公司的基本情况，如名称、行业、上市日期、发行价格、活动状态、股本变动等。个股交易数据、各分市场交易数据、综合市场交易数据模块以日、周、月的频率提供个股或不同市场的基础行情及市值、回报率等信息。

CSMAR 采用开放式的数据结构，配合希施玛开发的数据专用软件系统，能灵活地以 .dbf、.xls、.xlsx、.txt 等格式输出，可供 SAS、SPSS 等统计软件和 Fortran、C、Pascal 等语言直接调用。数据分类合理清晰，能够方便快捷地检索和获取满足一定条件的研究数据。

CSMAR 数据涉及资产定价的常用数据库介绍如下：

（一）Fama-French 因子数据库

资产定价一直是金融领域的核心议题，Fama-French 三因子模型是继资本资产定价模型（CAPM）后最重要的资产定价模型之一。Fama-French 三因子模型认为投资组合的回报率主要由市场风险、市值规模和市净率三个因子决定。此模型方法在金融、经济等研究领域被广泛应用，对资产定价领域的发展产生了深远的影响。芝加哥大学尤金·法玛教授（Eugene F. Fama）和达特茅斯学院肯尼斯·弗伦奇教授（Kenneth R. French）在 2015 年提出了五因子模型，是对三因子模型的延伸。

CSMAR 团队遵循尤金·法玛（Eugene F. Fama）和肯尼斯·弗伦奇（Kenneth R. French）在 1993 年和 2015 年提出的模型设计理念与方法，设计出基于中国市场的因子模型指标供各界研究者使用。该数据库主要包括 FAMA 三因子模型、五因子模型的日、周及月频率的指标数据，其中三因子模型数据从 1990 年开始记录、五因子模型数据从 1994 年开始记录。模型数据的主要字段包括：股票市场类型编码、交易日期、流通市值和总市值两种加权下的市场风险溢价因子、市值因子、账面市值比因子、盈利能力因子和投资模式因子。

Fama-French 因子数据库所有表均由希施玛股票日交易数据、资产负债表、利润表等相关表衍生计算而来。希施玛股票日交易数据来自上海证券交易所和深圳证券交易所，资产负债表和利润表来自上市公司年度报表。数据来源权威、准确、及时。Fama-French 因子数据库每年进行定期更新以及不定期跟踪增补，以保证其及时性和持续性。

读者也可以根据研究方向寻找到相关系列，并从对应的专题库获取所需数据。获取方式可以通过访问 CSMAR Solution（https://cn.gtadata.com/）网站并登录成功后，在数据中心—单表查询模块根据特定的数据需求，进行数据表的时间、代码和字段设置，即可将需要的数据导出到 Excel、CSV、TXT 等进行研究使用。

（二）中国上市公司财务报表数据库

中国上市公司财务报表数据库主要是以研究为目的设计，按照国际标准数据库［Compustat、PACAP（太平洋地区资本市场）等］的惯例开发。基于 2006 年财政部出台的会计准则，CSMAR 设计了一套全新的财务报表数据结构，新库中除了包含财务年报数据库、财务中报数据库、财务季报数据库、金融财务数据库和 B 股财务数据库外又对报表进行了重新分类，包括（资产负债表、利润表、现金流量表—直接法、现金流量表—间接法、所有者权益变动表）。新结构的设计基本遵循新准则要求的合并报表列报格式，适用于所有行业（包括一般行业、银行、保险和证券业等）。

中国上市公司财务报表数据库收集了 1990 年以来在上海证券交易所和深圳证券交易所上市的一般行业和金融行业的 A 股公司和 B 股公司的季度、中期和年度报告财务数据，该数据库根据上市公司公布的报表类型设立了五个文件：资产负债表文件、利润表文件、现金流量表（直接法）文件和现金流量表（间接法）文件、所有者权益变动表文件。字段覆盖相关文件要求披露的所有会计科目。

中国上市公司财务报表数据库每季度更新，以确保 CSMAR 数据库的持续性和及时性。CSMAR 数据库结构合理、查询方便，能根据用户的需要，方便快捷地检索出一系列指标，并能灵活地以 .dbf、.xls、.xlsx、.txt 等格式输出，可供 SAS、SPSS 等统计软件和 Fortran、C、Pascal 等语言直接调用，这为研究人员从事研究带来了很大方便。

二、万得资讯

万得（Wind）资讯是中国经济金融与财务领域另一主流数据提供商，其数据涵盖股票、基金、债券、指数、贵金属、新闻公告、金融等领域。

在股票领域，万得资讯提供国内上市公司的基本资料、财务报表、股本等信息，同时提供相应的数据分析提取工具，包括多维数据、条件选股等。

在基金领域，万得资讯提供开放式、封闭式基金的净值、财务报表、投资组合等信息。

在债券领域，万得资讯提供沪深交易所和银行间市场自 1990 年以来发行的各债券品种的利率、期限、到期日等基本信息，同时提供相应的数据分析提取工具，包括多维数据、债券分析等。

在指数领域，万得资讯提供沪深交易所和第三方机构发布的各类股票和债券指数、境外各主要金融市场的最具影响力的指数行情，同时提供相应的指数分析工具。

在贵金属领域，万得资讯提供上海黄金交易所的贵金属交易品种的基本资料和收盘行情。

在新闻公告领域，万得资讯每日提供国内上市公司发布的各类公告、国内国际以及港澳台地区的最新财经新闻、国内证券市场成立以来的各类金融证券法规。

在金融领域，万得除前面提到的股票交易和公司财务数据外，其证券衍生品数据比较丰富，用户可以获取包括期货、期权和外汇等资产在内的市场数据。

关于各数据库的详细介绍，读者可参考万得提供的文档说明。

万得数据支持终端、插件和接口三种方式对外传输数据。用户可以通过登录万得金融终端使用其数据浏览器功能对相应资产品种、指标、参数等进行任意设定、自由提取数据，终端可支持 Excel、CSV 和 DBF 三种格式导出。除终端外，万得也可以通过 Excel 插件的方式提供所需数据到 Excel 表簿中，该方式可以实现数据自动更新等需求。另外，也可以通过数据接口获取数据，目前万得数据支持 VBA、MATLAB、R、Python 等多语言。

万得数据与 CSMAR 数据差异主要体现在以下方面：数据内容上，CSMAR 重点展示金融市场的原始数据，时效性高但缺乏对数据的深层加工；万得凭借其高效的采集团队和先进的数据处理方式，保障了数据能在第一时间入库，其数据时效性在同行业中处于领先位置；万得数据向使用者提供诸如统计图表、对比分析、自定义指标计算等多种数据交互方式，因此在金融界被广泛使用。

三、中国研究数据服务平台

中国研究数据服务平台（Chinese Research Data Services，CNRDS）是一个高质量、开放式、平台化的中国经济、金融与商学研究的综合数据平台。CNRDS 通过借鉴 WRDS 等国外一流商学院打造的数据平台，构建中国特色的研究数据资源，促进中国研究数据的规范化、平台化、国际化。CNRDS 平台分为基础库和特色库：基础库参阅各领域重点文献，整合了学术研究过程中可能用到的大部分基础数据；特色库则紧跟学术热点和学术前沿，提供市场尚无或者获取难度较大的特色研究数据。CNRDS 平台提供诸如上市公司股票、财务及治理基础数据、经济研究基础数据等基础库，共计 27 个。还提供 38 个特色库收录了大量涉及上市公司、社交媒体和投资者关系的特色金融文本数据，现将相关的文本信息库介绍如下：

（一）管理层讨论与分析数据库（CMDA）

CMDA 是针对上市公司财务报告中管理层讨论与分析模块而建立的专业数据库，数据库涵盖了从 1999 年至今所有上市公司的年报和半年报中与经营讨论和分析相关的数据资料，并采用人工智能算法对文本内容涉及的正面、负面词汇进行判断识别。CMDA 可以有效地帮助使用者分析上市公司所披露和预期的经营文本数据。

CMDA 具有两大特色：全面的管理层讨论与分析内容、精确的正负面词汇统计。CMDA 包括上市公司发布的半年报和年报中的管理层讨论与分析内容，可以充分满足研究的需求。并基于 Tim Loughran and Bill McDonald 词典，结合中文语境设定的正负面词汇字典，既保证了词性判断的权威性，又符合了中文的特殊语法结构。

CMDA 提供的字段包括：股票代码、公司简称、会计年度、经营分析时间、经营讨论与分析内容、正面词汇数量、负面词汇数量、句子数量和文字数量共 9 个字段。数据起始年份为 1999 年。

（二）上市公司业绩说明会数据库（ECCD）

ECCD 是基于上市公司每年在交易所发布的业绩说明会上的提问与回答内容的文本信息进行整理和分析生成的专业文本分析数据库。ECCD 涵盖了从 2005 年至今的业绩说明会情况，采用计算机技术对提问回复内容涉及的正负面词汇以及语调进行识别、判断。其中，文本内容的正面词汇和负面词汇的判断基础主要是根据 Tim Loughran and Bill McDonald（2011）的英文正负面词典翻译的中文词典结合中文语境进行扩充和完善得到。ECCD 可以有效地帮助使用者分析上市公司披露和预期的经营文本数据。

ECCD 实现精确的正负面词汇统计。ECCD 的词性判断基于 Tim Loughran and Bill McDonald 词典，并结合中文语境设定的正负面词汇字典，既保证了词性判断的权威性，又符合了中文的特殊语法结构。

ECCD 共提供两个项目：业绩说明会概况、业绩说明会问答文本分析。业绩说明会概况项目数据起始年份为 2016 年，包含股票代码、公司简称、会计年度、标题、举办时间、嘉宾姓名、嘉宾职务、嘉宾介绍共 8 个字段。业绩说明会问答文本分析项目数据起始年份为 2005 年，包含股票代码、会计年度、问题序号、提问内容、提问时间、回答人、回答时间、回答内容、正面词汇数量、负面词汇数量、正面词汇数比例、负面词汇数比例、净正面语调共 13 个字段。

（三）中国上市公司股吧评论数据库（GUBA）

GUBA 是基于我国网络股吧论坛中上市公司的帖子评论进行统计研究而建立的专业性财经文本数据库。该数据库主要根据中国股吧论坛网民对上市公司帖子进行文本分析、数量统计等，从中得到维度众多、数量丰富的研究数据。GUBA 包括 2008 年以来至今对所有上市公司股吧帖子的统计。

GUBA 的特点是唯一且全面。GUBA 是目前唯一一个对股吧论坛帖子进行分析统计的数据库，不仅统计了大量的帖子数据，还从不同时间维度进行分析，这可为拓展研究广度和深度提供数据支持。

GUBA 包括股吧文章统计（自然日）和股吧文章统计（交易时间）两张表。股吧文章统计（自然日）根据自然日时间（0:00-24:00）对一天中的发帖总量、阅读总量和评论总量进行统计；股吧文章统计（交易时间）则根据交易时间统计了不同时间段内的发帖情况，这种计算方法可以直接反映交易时间内和非交易时间内投资者情绪对股市的影响。GUBA 采用机器学习方法对每个帖子的正面、负面和中性情感进行判断，并统计当天该上市公司所在股吧的正面、负面和中性帖子总量，这大大丰富了学者的研究维度。

（四）中国上市公司财经新闻数据库（CFND）

CFND 是国内首个采用人工智能算法采集、整理和分析上市公司财经新闻的大数据数据库，其数据来源涵盖 400 多家网络媒体和 600 多家报纸刊物。海量的上市公司财经新闻数据成为该数据库的核心竞争力，以海量数据为基础，通过数据清洗、专家判断等手段，结合人工智能算法为学者提供上市公司财经新闻基本信息、财经新闻量化统计信息以及新闻相似度等。

CFND 包括网络财经新闻和报刊财经新闻两个模块。网络财经新闻包括了来自 400 多家重要网络媒体的新闻报道数据，该模块的新闻数据量囊括从 2002 年开始至今的全部财经新闻，包括个股新闻、宏观经济报道、行业报道等，截至 2019 年年中，累计达 6000 多万条原始新闻，上市公司新闻累计达 830 多万条；报刊财经新闻包括了来自 600 多家重要报纸媒体的新闻数据，该模块的原始新闻数量囊括从 1994 年开始至今 7000 多万条新闻报道，上市公司新闻累计达 260 多万条。

CFND 有两个特点。①新闻报道数量巨大。CFND 不仅涵盖网络上的主流财经网站、国家级网站、地方网站、行业网站，还包括主流财经报刊、国家级报刊等重要报刊新闻，总共 400 多家网络媒体和 600 多家报纸刊物，几千万条新闻数据，可以充分满足研究需要。②新闻情感识别准确。CFND 使用计算机领域成熟的文本情感判断方法，文章正、中、负面语气识别率较高，样本内的准确率高达 85%，可以较好地捕捉上市公司的好、坏消息。

（五）网络搜索指数数据库（WSVI）

WSVI 以各种网络搜索指数为基础，综合新闻舆情等信息，可以反映网民情绪、公司搜索热度等行为，是衡量上市公司关注度及其变化情况的关键指标。WSVI 数据库收集和整理了自 2011 年以来，以我国上市公司的股票代码、公司简称、公司全称为关键字的网络搜索指数数据。

WSVI 的特点是唯一且全面。目前市场上尚无提供网络搜索指数的数据库，WSVI 数据库是该研究领域市场上唯一比较完善的数据库；WSVI 数据库不仅包括全部公司关键字的网络搜索指数加总值，为了研究需要，该数据库还包括以股票代码为关键字的搜索值。

WSVI 提供全国和地区范围的上市公司网络搜索指数。字段内容包括股票代码、行业代码、指数值（股票代码）、指数值（全部）、关键字个数、统计日期。数据覆盖年份自 2011 年起。

（六）中国上市公司社交媒体数据库（CSMD）

CSMD 是基于对上市公司的社交媒体信息调查研究而建立的专业数据库。该数据库涵盖了券商微信公众号推荐信息和财经类微信公众号公司信息。前者主要是指中国主要券商在其公众号上发布的对上市公司的推荐文章信息，后者主要指民间财经类公众号对上市公司的分析等，微信公众号数据主要从 2012 年开始至今。

CSMD 的特点是前沿。微信信息近期成为会计金融学术界研究热点，但目前还没有相应的数据库。CSMD 紧跟学术研究前沿，采用数据挖掘方法对这类信息进行文本分析、数量统计和分类规整等，可以为学术界提供最全面、最准确的财经文本数据。

CSMD 是包括券商微信公众号和财经微信公众号两个模块，提供文章 ID、发布时间、获取时间、来源公众号名称、文章字数等信息，数据覆盖年份自 2012 年起。

读者可以通过访问 CNRDS 平台网址（www.cnrds.com），选择学校登录或者个人账号登录。登录成功后在公司特色库—上市公司文本信息，根据特定的数据需求，进行数据表的时间、代码和字段设置，即可将需要的数据导出到 Excel、CSV、TXT 等进行研究使用。

四、证券价格研究中心（CRSP）

证券价格研究中心（Center for Research of Security Prices，CRSP）由芝加哥大学商学研究生院于 1960 年成立，是学术界及金融界极具权威的数据库之一。该数据库广泛收录了美国上市公司的股票价格和交易数据，提供自 1925 年以来美国上市公司单日、月度、年度的股票价格、收益率、红利、交易信息等数据。

CRSP 包括了纽约证券交易所（NYSE）、美国证券交易所（AMEX）以及纳斯达克（NASDAQ）普通股的价格、成交量及报酬率资料等基本市场指标。CRSP/Compustat 合并数据库则提供 CRSP 的市场和企业操作数据与 Compustat 基础数据的历史匹配功能。其中，CRSP 数据包含了（活跃公司和不活跃公司的）27000 多只股票的安全国家级历史描述性信息和市场数据，这些数据的信息来源为：NYSE、AMEX、NASDAQ 以及 ARCA 交易所。Compustat 数据包含了活跃公司和不活跃公司数以万计的年度及季度收益表、资产负债表、现金流、养老保险、补充和描述性数据项。

CRSP 数据库包括七个子数据库，见表 3-1。

表 3-1　CRSP 数据库的子数据库

子数据库名称	简介
美国股票和指数数据库 （US Stock and Index Database）	包括纽约证券交易所（NYSE）、NYSE 美国证券交易所（NYSE Amex US）、纳斯达克、纽约交易所高增长板块（NYSE ARCA）的相关数据。相关数据有日、月、年度三个频率
CRSP/Compustat 合并数据 （CRSP/Compustat Merged Database，CCM）	将标准普尔（Standard & Poor's）的 Compustat 数据库按照 CRSP 的数据库格式重新编排，并入 CRSP 数据库。包含上千份月度和年度报表
美国共同基金数据库 （Survivor-bias free US mutual fund database）	包括 1962 年—2008 年间公开交易的开放基金数据
CRSP 历史指数数据库 （CRSP 1925 Historical Indexes Database）	提供了多种描述市场表现的指数，包括 CRSP 财政部和通胀指数系列，共 10 种期限的指数。
CRSP 研究指数数据库 （CRSP Research Indexes Database）	包括指数数据和股票数据两类。指数数据采样频率为秒，股票数据为分钟
美国财政部数据库 （US Treasury databases）	包含了美国财政部债券的相关信息。月度数据始于 1961 年，日数据始于 1961 年
CRSP/Ziman 房地产数据库 （CRSP/Ziman Real Estate Data Series）	由 CRSP 与 Richard S. Ziman 房地产中心联合开发。该中心隶属于加州大学洛杉矶分校的安德森管理学院。主要涵盖了在美国三大交易所赏识的美国房地产投资信托公司（REIT）的信息

71

目前获取 CRSP 数据最常见的方式是点击沃顿研究数据服务中心（Wharton Research Data Services，WRDS）的 CRSP 连接，进入后登录账户按条件进行选择下载。由于 CSMAR 数据开发充分借鉴 CRSP 等国际知名数据库的成功经验，因此可以参考 CSMAR 数据的下载方式来获取 CRSP 所需数据。

代码如下：

```
import wrds
import psycopg2
conn=wrds.Connection()
crsp_d = conn.raw_sql("""
            select a.permno, a.permco, a.date, b.shrcd, b.exchcd,
            a.ret, a.retx, a.shrout, a.prc
            from crsp.dsf as a
            left join crsp.dsenames as b
            on a.permno=b.permno
            and b.namedt<=a.date
            and a.date<=b.nameendt
            where a.date between '01/01/2009'and '12/31/2010'
            and b.exchcd between 1 and 3
            """)
```

```
crsp_d[['permco','permno','shrcd','exchcd']]=crsp_d[['permco','permno',
'shrcd','exchcd']].astype(int)
crsp_d = crsp_d[(crsp_d.shrcd==11)|(crsp_d.shrcd==10) ]
crsp_d['date']=pd.to_datetime(crsp_d['date'])
crsp_d.to_csv('crsp.csv')
```

我们对待数据库的态度不应局限在孰优孰劣的主观对比上，更重要的是要借助各数据库提供的优势结合研究的实际需求出发，综合使用相关数据库。比如需用到超高频金融数据或财经新闻数据对资产价格进行研究分析时，Wind 提供的数据资源更有优势，而在需要传统的股价收益率的情况下，CSMAR 显然会有更高的数据准确性。

五、公开数据源

由于数据获取、整理、更新和维护往往伴随着高额成本，因此专业数据库公司常设立一定的费用门槛来维持公司正常运营。用户需要支付一定的费用才能在指定的数据库下获取所需数据。但数据库并不是获取金融数据的唯一途径，接下来本书将介绍几个公开免费可得的数据来源。

（一）国家职能部门官网

1. 证券交易所

上海证券交易所和深圳证券交易所官网均提供数据专栏供用户查看。数据专栏中主要提供股票、债券、期权市场的概览性信息，如日、周、月、年频度的总市场概况、上市公司总数、地区或证券类别下总市值总股本数、行业统计信息和公司排名情况等。另外还提供公司特殊变动的统计信息，如暂停/终止上市公司名单、公司分红送股情况、公司名称变更情况。

上海证券交易所数据专栏如图 3-1 所示，深圳证券交易所数据专栏如图 3-2 所示。

图 3-1　上海证券交易所数据专栏

图 3-2 深圳证券交易所数据专栏

上海证券交易所官网：http://www.sse.com.cn；深圳证券交易所官网：http://www.szse.cn。

2. 中国人民银行

中国人民银行下属调查统计司承担金融信息和有关经济信息的搜集、汇总、分析工作。中国人民银行调查统计司每月按期针对社会融资规模和金融统计数据发布公告，并以社会融资规模、货币统计概览、金融业机构资产负债统计、金融机构信贷收支统计、金融市场统计、企业商品价格指数六个栏目形式提供年度数据。每个栏目提供细分统计数据表格供访问者下载使用。

中国人民银行调查统计司网站如图 3-3 所示。

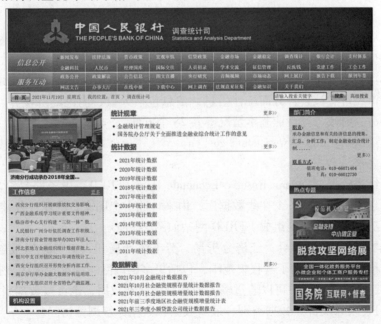

图 3-3 中国人民银行调查统计司网站

中国人民银行网站：http://www.pbc.gov.cn。

3. 国家统计局

国家统计局的职能之一是组织实时统计调查，收集汇总并提供全国性基本统计数据，并对国民经济、社会发展等情况进行统计分析、统计预测和统计监督。国家统计局统计数据专栏如图3-4所示。

图 3-4　国家统计局统计数据专栏

国家统计局网站下统计数据专栏为访问者针对不同数据提供专业数据解读和统计指标的解释，访问者也可进入数据查询页面查询并下载所需数据。

国家统计局每年发布中国统计年鉴，反映本国经济和社会发展情况，收录全国以及省、自治区、直辖市经济、社会各方面统计信息。信息包括人口、国民经济核算、就业和工资、价格、人民生活、财政、各行业基本情况等共28个方面。

国家统计局网站：http://www.stats.gov.cn。

4. 联邦储备经济数据

联邦储备经济数据（Federal Reserve Economic Data，FRED）由圣路易斯联邦储备银行的研究部门创建和维护，是一个在线数据库，由来自数十个国家、国际、公共和私人数据源的数十万个经济数据时间序列组成。FRED网站如图3-5所示。

FRED包含了许多由理事会、经济分析局、劳工统计局和人口普查局报告的相关数据。随着时间的推移，FRED扩大了其收集范围，包括更多的国际、国家和地区数据系列。

进入FRED网站后，用户可以通过输入搜索词来搜索数据，也可按数据来源（产生数据的机构或公司）、发布文件、数据类别、最新数据、数据标签浏览访问。

FRED网址：https://fred.stlouisfed.org。

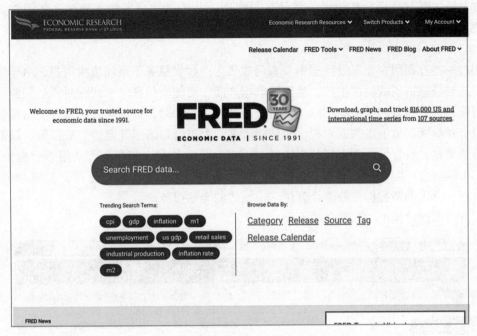

图 3-5　FRED 网站页面

（二）证券数据平台

1. 证券宝

证券宝（www. baostock. com）是一个免费、开源且无须用户注册的证券数据平台，提供大量准确、完整的证券历史行情数据、上市公司财务数据等。通过 Python API 获取证券数据信息，满足量化交易投资者、数量金融爱好者、计量经济从业者数据需求。

证券宝数据覆盖范围包括股票数据、指数数据、季频财务数据和季频公司报告。用户可通过 Python 安装 baostock 第三方库获取历史股票基本信息，下载股票和指数的交易数据及 K 线图，查询复权因子数据和分红数据。

2. JQData

JQData 是聚宽数据团队专门为金融机构、学术团体和量化研究者们提供的本地量化金融数据服务。使用 JQData 可快速查看和计算金融数据，无障碍解决本地、Web、金融终端调用数据的需求。

用户可以通过申请试用账号，在六个月试用期间免费调用 JQData 的全部基础数据，每天可调用 100 万条。JQData 基础数据包含沪深 A 股行情数据、上市公司财务数据、指数数据、场内基金数据、期货数据和宏观经济数据。

Python 中通过安装 jqdatasdk 第三方库即可访问 JQData。

3. 雅虎财经 API

雅虎财经 API 可以通过在 Python 安装 yfinance 第三方库免费获取中国和美国各金融市场、金融产品的历史及实时数据，主要提供常规货币、股票和债券的市场数据、基本面数据、期权数据、市场分析和财经新闻。

雅虎财经 API 面向用户免费，但 Yahoo 在 2017 年已经关闭了其官方 API 通道，因此雅虎财经 API 不再是完全官方的 API，这意味着有时它无法提供所需的所有信息甚至报错。所以雅虎财经 API 比较适合初学者，并且是只想用一些数据快速了解或测试一些想法，或者仅需要访问诸如期权数据等内容的初学者。

（三）互联网企业财经专区

国内一些互联网企业下设数据中心专门收集生产数据服务于市场机构用户，由于成熟的技术以及对金融市场的精准把控，他们的数据产品中可能会包含学术研究所需的资源。比如新浪财经、东方财富网等财经类网站及时更新证券市场动向，提供丰富的财经类新闻供访问者在投资时参考。另下设数据专栏，为访问者展示上市公司诸如开盘价、最高价、最低价等实时股票信息；整合各股票市场公告消息、上市公司财务报表和券商行业报告；提供市场、行业和个股资金流向信息；报告上市公司股东分析数据等。旨在为海量用户提供金融交易、行情查询、资讯浏览数据支持等全方位、一站式的金融服务。

东方财富网数据中心如图 3-6 所示。

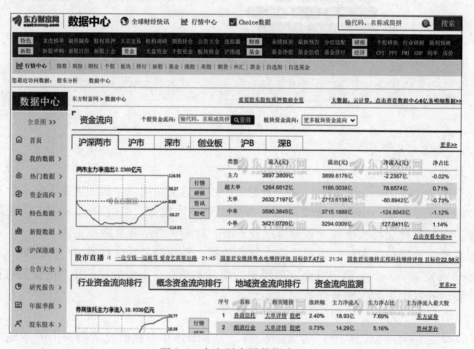

图 3-6 东方财富网数据中心

（四）谷歌数据集

多种多样的数据集分布在不同的国家和不同的互联网站点，研究人员可能需要花费大量时间了解和寻找与研究目的贴合的数据集。谷歌公司通过自身优势推出谷歌数据集（Google Dataset Search）平台，通过在该平台上搜索所需数据集关键词，将会返回与该关键词有关的，存储或发布在任意站点的数据集。Google Dataset Search 支持多种语言搜索，可使用中文进行搜索。

Google Dataset Search 搜索界面，如图 3-7 所示。

当用户需要寻找与收入有关的数据集时，可以直接在搜索栏中输入"收入"，Google Dataset Search 将在页面左侧返回有关数据集名称，右侧显示选定数据的详细信息，包括数据集链接、数据覆盖区域、数据涵盖时间段和数据说明等。

图 3-7　Google Dataset Search 搜索界面

六、文献数据源

研究成果的发表离不开研究数据的支持，有不少研究者们在论文发表后愿意在自己的个人网站或者 Github（软件项目托管平台）中向读者分享自身的研究数据或代码。在尊重知识产权并引用文章的前提下，用户可以免费使用作者的研究数据或代码。

1. 中文金融情感词典

厦门大学姜富伟教授、对外经贸大学孟令超助理教授和湖南大学唐国豪副教授合作撰写的《媒体文本情绪与股票回报预测》一文，综合使用了圣母大学提姆·拉夫兰教授（Tim Loughran）和比尔·麦克唐纳教授（Bill MacDonald）在 2011 年提出的英文金融情感词典（以下简称 LM 词典）、word2vec 算法和人工筛选等方法，构建了一个全新的中文金融文本情感词典，用于探究媒体文本情绪与股票市场资产价格之间的预测关系。

在国外研究中，提姆·拉夫兰教授（Tim Loughran）和比尔·麦克唐纳教授（Bill MacDonald）于 2011 年专门构建的 LM 词典，一经推出便得到了广泛使用，极大地促进了英文金融文本分析的研究。然而当前我国国内缺乏一个类似的、被广泛接受且公开的中文金融情感词典，本书作者正研究尝试填补这一空白。

我们通过将英文的 LM 词典转化为中文版本、从现有的中文通用情感词典中筛选出适合金融语境的词语和利用 word2vec 算法从文本语料中挖掘情感词语等三种方法构建了中文金融情感词典。随后利用多种方法将其与现有情感词典进行对比，证明了所构建的词典具有更强的适用性与优良性。

中文金融情感词典部分词汇如图 3-8 所示。

用户可以通过访问网址"https://github.com/MengLingchao/Chinese_financial_sentiment_dictionary"下载中文金融情感词典。

消极的词汇	积极的词汇
败坏名声	安定
被没收的	安康
变节	帮助
不便	榜样
不适当	饱满
妨碍	保证
腐败	筚路蓝缕
焦头烂额	变得更好
困惑	举手称赞

图 3-8　中文金融情感词典
部分词汇

77

2. 美国公司财务指标因子

宾夕法尼亚州立大学耶利米·格林教授（Jeremiah Green）、北卡罗来纳大学教堂山分校约翰·R. M. 汉德教授（John R. M. Hand）和耶鲁大学张旭东教授（X. Frank Zhang）共同撰写了 *The characteristics that Provide Independent Information about Average U. S. Monthly Stock Returns*。文中在 Fama-MacBeth 回归中加入了 94 个公司财务指标后发现大部分因子难以持续地提供超额收益。

该文作者之一在个人网站"https://sites. google. com/site/jeremiahrgreenacctg/home."中公布了 94 个公司财务指标因子计算的 SAS 代码。用户可通过该代码从 WRDS 中的 Compustat、CRSP 和 IBES 数据库中获取数据并计算出历史和实时的公司财务指标因子值。

3. 美国宏观经济变量

圣路易斯联邦储备银行迈克尔·W. 麦克拉肯教授（Michael W. McCracken）和哥伦比亚大学吴淑娴教授（Serena Ng）合作撰写的 *FRED-MD: A Monthly Database for Macroeconomic Research* 一文中介绍了一组基于 FRED 数据库的 134 个月度宏观经济变量。该数据集开始于 1959 年 1 月。实时更新的数据和代码公布在网址"http://research. stlouisfed. org/econ/mccracken/sel/"供公众免费访问。FRED 的数据专家负责修订和更改数据。

实验 3-1：在证券宝（Baostock）上下载所需股票历史数据及 K 线数据

本次实验主要使用 Baostock 第三方库下的 query_history_k_data_plus 函数通过 API 接口获取 A 股历史交易数据，可以通过参数设置获取日 k 线、周 k 线、月 k 线，以及 5 分钟、15 分钟、30 分钟和 60 分钟 k 线数据，适合搭配均线数据进行选股和分析。query_history_k_data_plus 函数相关参数见表 3-2。

表 3-2　query_history_k_data_plus 函数相关参数

参数	参数名称	参数描述
code	股票代码	sh 或 sz. +6 位数字代码或者指数代码，如：sh.601398。sh：上海；sz：深圳
field	指示简称	填写内容作为返回类型的列；日线与分钟线参数不同
start	开始日期（包含）	格式"YYYY-MM-DD"，为空时取 2015-01-01
end	结束日期（包含）	格式"YYYY-MM-DD"，为空时取最近一个交易日
frequency	数据类型	默认为 d，日 k 线；d=日 k 线、w=周、m=月、5=5 分钟、15=15 分钟、30=30 分钟、60=60 分钟 k 线数据，不区分大小写；指数没有分钟线数据；周线每周最后一个交易日才可以获取，月线每月最后一个交易日才可以获取
adjustflag	复权类型	1：后复权； 2：前复权； 3：默认不复权。 已支持分钟线、日线、周线、月线前后复权

其中，"分钟线"参数与"日线"参数不同，"分钟线"不包含指数。

分钟线指标：date、time、code、open、high、low、close、volume、amount、adjustflag。

周月线指标：date、code、open、high、low、close、volume、amount、adjustflag、turn、pctChg。

返回数据说明见表3-3。

表3-3　返回数据说明

参数	参数描述
date	交易所行情日期
code	证券代码
open	开盘价
high	最高价
low	最低价
close	收盘价
preclose	昨日收盘价
volume	成交量（累计单位：股）
amount	成交额（单位：人民币元）
adjustflag	复权状态（1：后复权，2：前复权，3：不复权）
turn	换手率
tradestatus	交易状态（1：正常交易 0：停牌）
pctChg	涨跌幅（百分比）
peTTM	滚动市盈率
pbMRQ	市净率
psTTM	滚动市销率
pcfNcfTTM	滚动市现率
isST	是否 ST 股，1是，0 否

首先下载并导入 Baostock，登录系统并返回登录信息，代码如下：

```
pip install baostock
import baostock as bs
import pandas as pd

lg = bs.login()
print('login respond error_code:'+lg.error_code)
print('login respond error_msg:'+lg.error_msg)
```

1. 下载沪深 300 指数日频历史数据及生成 K 线数据

（1）登录系统并指定日期和指数参数，代码如下：

```
lg = bs.login()
date_trade = "2021-10-01"
code_index = 'sh.000300'# 沪深 300 指数
```

（2）下载并生成指定指数历史数据，代码如下：

```
print(code_index + " " + date_trade)
rs = bs.query_history_k_data_plus(code_index,
"date, code, open, high, low, close, preclose, volume, amount, adjustflag, turn,
pctChg, tradestatus, isST, peTTM, pcfNcfTTM, pbMRQ, psTTM",
    start_date='2005-01-01', end_date=date_trade,
    frequency="d", adjustflag="3")
print('query_history_k_data_plus respond error_code:'+rs.error_code)
print('query_history_k_data_plus respond  error_msg:'+rs.error_msg)

data_list = []
while (rs.error_code == '0') & rs.next():
    data_list.append(rs.get_row_data())
result = pd.DataFrame(data_list, columns=rs.fields)
print(result)
```

运行结果如下：

```
login success!
sh.000300 2021-10-01
query_history_k_data_plus respond error_code:0
query_history_k_data_plus respond  error_msg:success
```

	date	code	open	high	low	close	...	psTTM
0	2005/1/4	sh.000300	994.77	994.77	980.66	982.794	...	0
1	2005/1/5	sh.000300	981.58	997.32	979.88	992.564	...	0
2	2005/1/6	sh.000300	993.33	993.79	980.33	983.174	...	0
3	2005/1/7	sh.000300	983.05	995.71	979.81	983.958	...	0
4	2005/1/10	sh.000300	983.76	993.96	979.79	993.879	...	0
......								
4066	2021/9/24	sh.000300	4845.638	4897.06	4838.535	4849.428	...	0
4067	2021/9/27	sh.000300	4870.848	4922.563	4852.2	4877.37	...	0
4068	2021/9/28	sh.000300	4869.085	4901.311	4846.631	4883.828	...	0
4069	2021/9/29	sh.000300	4846.021	4868.068	4799.877	4833.928	...	0
4070	2021/9/30	sh.000300	4843.953	4876.073	4843.953	4866.383	...	0

（3）字符串变量转化为数值型变量，代码如下：

```
result[['close','open','high','low','preclose','volume','amount','turn',
'pctChg','peTTM','pcfNcfTTM','pbMRQ','psTTM']] = \
result[['close','open','high','low','preclose','volume','amount','turn',
'pctChg','peTTM','pcfNcfTTM','pbMRQ','psTTM']].apply(pd.to_numeric, args=('co-
erce',))
```

（4）结果集输出到 csv 文件，代码如下：

```
result.to_csv("data_bs/index_hs300_"+date_trade+".csv", index=False)
result.to_excel("data_bs/index_hs300_"+date_trade+".xlsx", sheet_name=date_
trade)
```

（5）画出时间序列 k 线图，代码如下：

```
result.plot(x='date',y=['close'],figsize=(11,5))
```

运行结果如图 3-9 所示。

图 3-9　沪深 300 指数收盘价历史 K 线图（日频）

2. 下载浦发银行股票月频历史数据及生成 K 线数据

示例代码如下：

```
lg = bs.login()
date_trade = "2021-10-01"
code_stock = 'sh.600000'# 浦发银行
rs = bs.query_history_k_data_plus(code_stock,
"date,code,open,high,low,close,volume,amount,adjustflag,turn,pctChg",
    start_date='2005-01-01', end_date=date_trade,
    frequency="m", adjustflag="1")
print('query_history_k_data_plus respond error_code:'+rs.error_code)
print('query_history_k_data_plus respond  error_msg:'+rs.error_msg)


data_list = []
while (rs.error_code == '0') & rs.next():
    # 获取一条记录,将记录合并在一起
    data_list.append(rs.get_row_data())
result = pd.DataFrame(data_list, columns=rs.fields)
```

```
result[['close','open','high','low','volume','amount','turn','pctChg']] =
result[['close','open','high','low','volume','amount','turn','pctChg']].as-
type(float)
print(result.tail())
```

运行结果如下：

```
login success!
query_history_k_data_plus respond error_code:0
query_history_k_data_plus respond  error_msg:success
```

	date	code	open	high	low	close	⋯	pctChg
196	2021/5/31	sh. 600000	102. 812	107. 5555	101. 8839	105. 9056	⋯	2. 1891
197	2021/6/30	sh. 600000	105. 4931	107. 0399	102. 7088	103. 1213	⋯	−2. 629
198	2021/7/30	sh. 600000	103. 2245	105. 2931	97. 6019	97. 81855	⋯	−5. 1423
199	2021/8/31	sh. 600000	97. 81855	101. 7183	96. 62696	98. 0352	⋯	0. 2215
200	2021/9/30	sh. 600000	97. 81855	102. 6932	96. 84361	97. 49357	⋯	−0. 5525

结果集输出到 csv 文件，代码如下：

```
result.to_csv("data_bs/index_hs300m.csv", index=False)
result.to_excel("data_bs/index_hs300m.xlsx", sheet_name='hs300m')
```

画出时间序列 K 线图，代码如下：

```
result.plot(x='date',y=['close'],figsize=(11,5))
```

运行结果如图 3-10 所示。

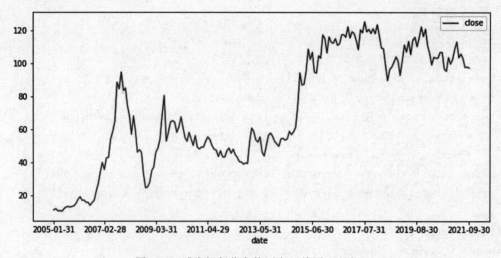

图 3-10　浦发银行收盘价历史 K 线图（月频）

3. 批量下载多只股票及生成历史数据

首先定义 down_bsdata 函数。函数输入值有：股票代码列表（codes）、复权类型（adjust）、结束日期（date）、开始日期（date_start）。函数从 Baostock 中抓取指定股票的历史数据并输出所得数据表格前五条数据。

代码如下：

```python
def down_bsdata(Codes, adjust="3", date='2021-12-31', date_start='2000-01-01'):
    lg = bs.login()
    df = pd.DataFrame()
    for code in Codes:
        print(code)
        rs = bs.query_history_k_data_plus(code,
                    " date, code, open, high, low, close, preclose, volume,
                    amount,adjustflag,turn,pctChg,tradestatus,isST,peTTM,
                    pcfNcfTTM,pbMRQ,psTTM",
                    start_date=date_start, end_date= date,
                    frequency="d", adjustflag= adjust)
        # 不复权 3,前复权 2,后复权 1
        # 前复权:复权后价格=(复权前价格-现金红利)/(1+流通股份变动比例)
        # 后复权:复权后价格=复权前价格×(1+流通股份变动比例)+现金红利
    data_list = []
    while (rs.error_code == '0') & rs.next():
        data_list.append(rs.get_row_data())
    result = pd.DataFrame(data_list, columns=rs.fields)

        df = df.append(result)
    df[['close','open','high','low','preclose','volume','amount','turn','pctChg',
'peTTM','pcfNcfTTM','pbMRQ','psTTM']] = \
    df[['close','open','high','low','preclose','volume','amount','turn','pctChg',
'peTTM','pcfNcfTTM','pbMRQ','psTTM']].apply(pd.to_numeric, args=('coerce',))
    return df
```

指定股票代码并批量下载数据，代码如下：

```python
#300,500 .... 上证,深证,创业板 300.... 基金指数 .... 平安,浦发
Codes = [" sh.000300 "," sh.000905 "," sh.000001 "," sz.399001 "," sz.399012 ","
sh.000011", \
        "sz.000001","sh.600000"]
df = down_bsdata(Codes, date= date_trade)
print(df)
```

运行结果如下：

```
login success!
sh.000300
sh.000905
sh.000001
sz.399001
```

```
sz.399012
sh.000011
sz.000001
sh.600000
```

	date	code	open	high	low	close	...	psTTM
0	2005/1/4	sh.000300	994.77	994.77	980.66	982.794	...	0
1	2005/1/5	sh.000300	981.58	997.32	979.88	992.564	...	0
2	2005/1/6	sh.000300	993.33	993.79	980.33	983.174	...	0
3	2005/1/7	sh.000300	983.05	995.71	979.81	983.958	...	0
4	2005/1/10	sh.000300	983.76	993.96	979.79	993.879	...	0
......								
5266	2021/9/24	sh.600000	9.04	9.08	8.99	9.02	...	1.376488
5267	2021/9/27	sh.600000	9.02	9.05	8.94	9.02	...	1.37648
5268	2021/9/28	sh.600000	8.98	9.09	8.98	9.03	...	1.378014
5269	2021/9/29	sh.600000	9.01	9.09	8.97	9.02	...	1.376488
5270	2021/9/30	sh.600000	9.03	9.05	8.98	9	...	1.373436

结果集输出到 csv 文件，代码如下：

```
df.to_csv("data_bs/index_all_"+date_trade+".csv", index=False)
df.to_excel("data_bs/index_all_"+date_trade+".xlsx", sheet_name=date_trade)
```

画单只股票时间序列 k 线图，代码如下：

```
# 浦发银行
df1 = df.loc[df["code"]=="sh.600000"][['date','code','close']]
df1.plot(x='date',y=['close'],figsize=(11,5))
```

运行结果如图 3-11 所示。

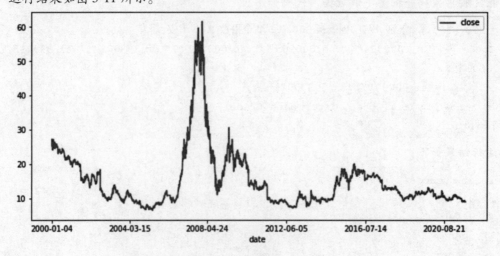

图 3-11　浦发银行收盘价历史 K 线图（日频）

画多只股票时间序列 k 线图，代码如下：

```
df2 = df.pivot_table(index='date', columns='code', values='close').apply
(lambda x:x/x.iloc[2200],axis=0)

# 浦发银行 vs 平安银行
df2.iloc[2200:].loc[:,["sh.600000","sz.000001"]].plot(figsize=(11,4))
# 沪深 300 指数、500、上证、创业板指数
df2.iloc[2200:].loc[:,["sh.000300","sh.000905","sz.399012","sh.000011"]]\
            .plot(figsize=(11,8))
```

运行结果如图 3-12、图 3-13 所示。

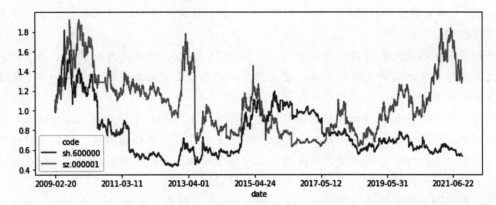

图 3-12　浦发银行及平安银行收盘价历史 K 线图（日频）

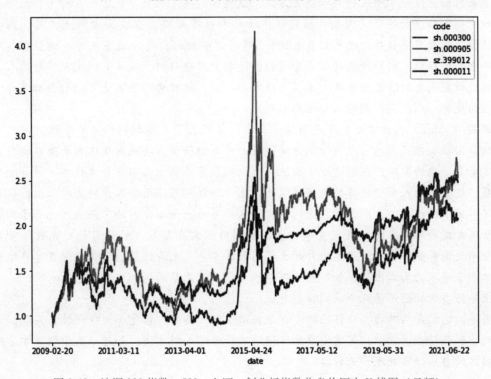

图 3-13　沪深 300 指数、500、上证、创业板指数收盘价历史 K 线图（日频）

专栏 3-1　FinTech 和商业智能中的另类数据

另类数据正在保险、众筹、投资管理流程等方面改变着金融业。大多数资产管理公司，包括对冲基金、共同基金、基金会和养老基金，开始有意识地推动这一数字化转变的复杂力量。不遵循这一重大转变的投资经理正面临被现有以及新的竞争对手超越的巨大风险。了解另类数据创造的价值并参与这一趋势为行业和学术界提供了战略机遇。

大数据通常具有高容量、高速度和多样性的特点，因此，它们通常需要特定的技术和分析工具才能转化为价值。数据存储、云计算和统计工具的最新进展逐渐降低了收集数据的成本，刺激了众多第三方数据聚合商和收集器。这就产生了另类数据。另类数据通常指非传统信息组成的数据或者通过非传统手段获取的数据。虽然另类数据在计算机科学和工程领域（如语音识别和机器翻译）得到了积极探索，但金融和商业经济学的研究人员在过去十年才开始关注它们。

一种另类数据是文本数据和分析，这些数据从 21 世纪初开始就被用于金融和会计。如今的文本分析越来越需要先进的工具。动态词典、词表以及有效地将领域专业知识与从数据中有效提取信息相结合的方法可能会得到广泛应用。

动态替代数据，如视频和音频，通过使用机器学习工具对其进行分析可以为研究人员和从业者提供有价值的信息来源。虽然计算机视觉还没有达到人眼的精确度，但它已被证明是一种可行的自动化方法，可以替代传统的与客户接触的方法。这一独特优势进一步导致了前沿研究的开展，以改进现有应用程序并创建新的应用程序。

另类数据涉及数字足迹（Digital Footprints）。如今，智能互联移动、网络和传感器技术的普遍采用彻底改变了个人行为和决策方式。这些智能技术已经导致了个人行为在数字和物理环境中的细粒度数字化（例如，社交媒体活动和数字口碑、在线搜索和点击流、在线和移动购物、移动应用程序活动和位置轨迹），所有这些我们称之为数字足迹。这些信息可以提供一个新的视角，金融行业的从业者可以通过它更好地监控、理解和优化市场中的人类决策。通过研究人类的这些数字足迹及其与技术的互动，管理者和决策者可以为金融平台设计更有效的战略，以提高盈利能力和经济福利。

物联网（IoT）在技术创新中逐渐变得突出，并代表了另类数据的主要来源。人们普遍认为物联网数据在五年内将成为金融分析的最大另类数据量。物联网被认为是改善消费者生活和零售业效率的突破，在制造业、物流、个性化推荐等商业活动中普遍存在。随着物联网的发展，从分散的人群中收集的数据也随之产生。物联网可以跟踪客户的实时位置，从而更好地了解他们的行为，生成微观层面的信息，从而更好地预测公司的未来业绩。基于物联网为零售商开发的新技术解决方案能够在全球范围内探索真实客户的行为和更高效的营销机会，从而使商家能够在空间距离之外的大范围联系客户。无论这些创新是以改善客户体验还是优化业务流程的形式出现，物联网的可能性都是无穷无尽的。

上述另类数据显示了几个共同特征。

首先，它们是临时的、非标准的，在数据质量方面具有大容量和大分散性。因此，在数据的收集和预处理过程中，还需要更加谨慎地选择新的分析方法，如可以基于机器学习中的神经网络的自然语言处理和云计算。

其次，另类数据通常也是由大量人群共同生成的。因此单独的个人对整体的影响有限。

例如，人们很容易伪造个人电话号码，但移动服务提供商收集的位置数据很难篡改。即使一个人操纵或改变他或她的位置，在一个有数百万次观测的数据集中，它只构成一个数据点，因此几乎不会影响任何聚合分析。

最后，与主流数值数据相比，另类数据更加多样化和可用。这意味着小公司和新进入者可能会利用它们在这个行业发展的初级阶段占据优势。这鼓励了竞争，促进了金融包容。

监管机构如何更好地解决数据隐私问题仍然是个未知数。更一般地说，多方使用数据应在保护隐私的前提下进行。另外本着卢卡斯批判的精神，研究人员更应该关注另类数据和研究结果的使用如何影响数据生成过程本身，以及随后的社会经济影响。

专栏 3-2　脑洞研究：用什么数据来代表投资者情绪?

在行为金融学看来，情绪是股票市场里最重要的角色之一。我们总能在各种各样的事件之后观察到情绪发酵带来的冲击，包括资产价格的剧烈波动和从众的羊群效应。但同时，我们很难用一个具体的指标来描述什么是市场中的情绪，以及情绪究竟是怎样影响市场的。

伦敦商学院亚利克斯·艾德曼斯教授（Alex Edmans）及其合作者在 2021 年的 *Journal of Financial Economics* 上发表了文章 *Music sentiment and stock returns around the world*，将音乐和投资者情绪两个看似不相关的概念联系了起来。

全球领先的在线音乐平台 Spotify 提供了大量的收听数据。截至 2020 年 6 月，该平台每月有 3.65 亿活跃用户，确保在该平台上播放的音乐反映了相当一部分国家人口的情绪。根据 2017 年第四季度的美国数据，74% 的 Spotify 用户年龄在 24 岁以上，超过 30% 的用户年龄在 45 岁以上。因此，Spotify 用户样本中可能会有金融市场参与者。Spotify 根据特定国家的音乐流总数提供每日前 200 首歌曲的统计数据。更为重要的是，Spotify 基于对一部分歌曲的专家评分，对其数据库中的音乐进行了情感评分（Valence）。以上几个特点使得用户可以据此构建不同国家的音乐情绪指标。

个人选择听的歌曲的积极性连续且高频率是一种直接的情绪测量方法，它既不预先指定某些影响情绪的事件，也不假设这些事件对投资者的影响程度。它捕捉了实际情绪，而不是对情绪的冲击。

该文章的作者通过控制季节因素、天气条件等相关因素后发现，音乐情绪对股市未来收益有显著为负的预测能力，音乐情绪与本周股市收益率正相关，与下周收益率负相关，这与情绪导致的暂时性定价错误一致。转化为日分析后结果也同样成立，当对交易设置套利限制时，结果表现更为强劲。音乐情绪还预测了共同基金净流量的增加，绝对情绪先于股市波动性的上升。它与政府债券回报率呈负相关。总的来说，一国公民的实际情绪与资产价格显著相关。

厦门大学陈坚教授、暨南大学姚加权教授、湖南大学唐国豪教授和华盛顿大学周国富教授在 2023 年的 *Journal of Economic Dynamics and Control* 上发表了一篇文章 *Employee Sentiment and Stock Returns*，借助员工在 Glassdoor 发布的对公司的评论，将公司层面的员工情绪汇总为员工情绪总指数。文中指出高员工情绪预测了随后的低市场回报，无论是样本内还是样本外都非常显著。可预测性还可以为均值方差投资者带来可观的经济收益。可预测性的经济驱动力是明显的：员工情绪高涨导致了同期工资高增长，进而导致公司现金流和股票回报率降低。

员工情绪汇总指数具体构建：将公司 A 的月度员工情绪指标定义为在 t 个月内对公司 A 的正面评价（总体评分为 4 星和 5 星的数量）减去 t 个月内对公司 A 的负面评价（总体评分

为 1 星和 2 星的数量），最后除以在 t 个月内对公司 A 的总评论数。

由于员工通常会观察非公共价值相关信息。通过员工总体评分的评论样本构建月度员工情绪变量比基于季度或年度财务披露的经理情绪更能及时反映公司内部的情绪。该文章的作者研究员工情绪在股票市场中的重要作用，发现负回报的可预测性主要是由员工的偏见预期驱动的。员工情绪高涨表明员工对未来公司的现金流过于乐观，进而导致股票市场被高估。此外，由于员工的固定性，员工情绪高涨推高了工资等就业成本。因此，在情绪高涨的时期之后，随后的收益增长趋于下降，高估减少，从而导致股价反转。通过显示员工情绪对难以估值的股票具有更强的预测能力。作者提出的员工情绪指数补充了现有的情绪指标，并可通过未来的研究用于资产定价、公司财务和公司管理等其他方面。

加利福尼亚州立大学的哈立德·奥贝德教授（Khaled Obaid）和密苏里大学的昆塔拉·普克图安通教授（Kuntara Pukthuanthong）则另辟蹊径，聚焦于新闻中的图片。在 *A Picture is Worth a Thousand Words*：*Measuring Investor Sentiment by Combining Machine Learning and Photos from News* 一文中指出，虽然传统新闻主要靠文字，但随着信息时代的快速发展，新闻中越来越多地使用图片，尤其是用来传递情感。这也很符合常理和逻辑。比如，报道大地震的新闻，连篇累牍的文字介绍可能远不如一两幅灾难现场的照片来得便利、震撼。再如，描述股市闪电崩盘，文字也远不如 K 线图有影响。

该文章的作者使用机器学习技术从报纸上的照片中提取信息，并将这些信息转化为每日投资者情绪指数 PhotoPes。其中投资者情绪指数 PhotoPes 为预测情绪为负的图片占比。最终发现投资者情绪指数 PhotoPes 同当期股市收益负相关，而同下一期收益正相关（即负面影响逆转）。其实证结果也的确如此。

第二节　描述性统计

获取数据后，我们可以通过描述性统计这一分析方法获取对数据基本特征的认识。本节介绍描述金融数据的常用统计量并总结各工具在资产定价实际应用中需要注意的地方。考虑到研究方法与数据的类型差异，我们会同时给出时序序列和截面数据的样本统计量。

需要注意的是在资产定价的研究中，我们使用的数据大部分是面板数据。面板数据有时间序列和截面两个维度，每一条面板数据都是时间和个体的组合。金融面板数据横截面维度为各类股票、债券、期权或公司。时间维度上可以取日、周、月、季节和年份。当研究目标是对个体的横截面现象进行研究时，实施描述性统计可分为两步进行。第一步，周期横截面描述性统计，对每个时间段 t，计算横截面数据的均值、标准差、偏度、峰度、最小值、中位数、最大值以及其他分位数。第二步，平均横截面描述性统计，计算样本期内横截面值的时间序列均值。

一、中心趋势性

均值和中位数是描述数据集中趋势最常见的统计量，两者从不同视角刻画数据中心水平。对于时序样本 $\{x_t\}_{t=1}^{T}$，其均值的表达式为

$$\hat{x} = \frac{1}{T} \sum_{t=1}^{T} x_t$$

不同分布特征的数据其均值和中位数均可能呈现巨大的差异，因此在实践中也会综合样

本均值和中位数初步判断数据的分布情况。如果各个数据之间的差异程度较小，用平均值就有较好的代表性；如果数据之间的差异程度较大，特别是有个别的极端值的情况，用中位数或众数有较好的代表性。

需要强调的是，均值分析是实证资产定价研究的基础性方法。尤其在组合构建后需要对其进行描述性统计，这时组合的平均收益率是最为关心的核心变量。在实践中，组合的平均收益率往往通过其个股收益率的简单平均或加权平均形式给出，此时，如果组合中含有 N 只个股，其 $\bar{t}$ 时刻个股收益率 $\{x_{i\bar{t}}\}_{i=1}^{N}$ 是截面数据，组合的加权平均收益率表达式为

$$\hat{x}_{\bar{t}} = \sum_{i=1}^{N} w_i x_{i\bar{t}}$$

式中，w_i 如果为 $\dfrac{1}{N}$ 时，则 $\hat{x}_{\bar{t}}$ 为简单平均收益率。

二、分散性

数据分散程度也是关心的特征，日常研究中会采用最大值、最小值以及标准差等统计量来衡量。对于给定的样本序列 $\{x_t\}_{t=1}^{T}$ 或截面样本 $\{x_{i\bar{t}}\}_{i=1}^{N}$，其标准差表达式为

$$\hat{\sigma}_x = \sqrt{\frac{1}{T-1} \sum_{t=1}^{T} (x_t - \hat{x})^2}, \quad \hat{\sigma}_{x,\bar{t}} = \sqrt{\frac{1}{N-1} \sum_{i=1}^{N} (x_{i\bar{t}} - \hat{x}_{\bar{t}})^2}$$

除了标准差外，分位数也是离散程度的重要分析工具。对于随机变量 $\{X_t\}$，我们定义 p 分位数 Pctl_p，它满足 $P(X < \mathrm{Pctl}_p) = p$，其中 p 对应的 25%，50% 和 75% 分位数又分别被称为第一、第二和第三四分位数（Q_1、Q_2、Q_3）。在实际应用中会用到四分位距（Interquartile Range，IQR），它被定义为（$Q_3 - Q_1$），用来表明中间数据的偏离程度，IQR 也常被用来判断数据的极值，这将在本章后续小节介绍。在实际操作中，我们会将样本进行升序排列：$x_{(1)} < x_{(2)} < \cdots < x_{(T)}$，分位数 $\widehat{\mathrm{Pctl}}_p$ 即为最接近 $p \times T$ 序位的数据点。

在 Python 中可以直接使用 DataFrame.describe( ) 函数获取数据的频数、均值、标准差、最小值、最大值以及 25%、50% 和 75% 分位数。

三、对称性和厚尾性

金融时间序列往往表现出一定的非对称性和厚尾性，一般可由偏度（skewness）和峰度（kurtosis）表示。偏度是统计数据分布的偏斜方向和程度的度量，它被定义为三阶标准化矩，即 $\mathrm{Skew} = E[(X-\mu)^3]/\sigma^3$。而峰度是表征概率密度分布曲线在平均值处峰值高低的特征量，它可表示为随机变量的四阶中心矩与方差平方的比值，即 $\mathrm{Kurt} = E[(X-\mu)^4]/\sigma^4$。

在给定的时序样本 $\{x_t\}_{t=1}^{T}$ 中，样本偏度和峰度表达式为

$$\widehat{\mathrm{skew}}_x = \frac{\frac{1}{T-1} \sum_{t=1}^{T} (x_t - \hat{x})^3}{\hat{\sigma}_x^3}, \quad \widehat{\mathrm{kurt}}_x = \frac{\frac{1}{T-1} \sum_{t=1}^{T} (x_t - \hat{x})^4}{\hat{\sigma}_x^4}$$

类似地，在给定的截面样本 $\{x_{i\bar{t}}\}_{i=1}^{N}$ 中，样本偏度和峰度表达式为

$$\widehat{\mathrm{skew}}_{x,\bar{t}} = \frac{\frac{1}{N-1} \sum_{i=1}^{N} (x_{i,\bar{t}} - \hat{x}_{\bar{t}})^3}{\hat{\sigma}_{x,\bar{t}}^3}, \quad \widehat{\mathrm{kurt}}_{x,\bar{t}} = \frac{\frac{1}{N-1} \sum_{i=1}^{N} (x_{i,\bar{t}} - \hat{x}_{\bar{t}})^4}{\hat{\sigma}_{x,\bar{t}}^4}$$

若数据围绕其均值是对称的，Skew>0 表明数据相对均值是右偏的；若 *Skew*<0，则表明数据相对均值是左偏的。金融时序数据的 Kurt 经常大于 3，表现出"尖峰厚尾"的分布特征。

Python 中的 Pandas 包中的 DataFrame. skew( ) 和 DataFrame. kurt( ) 函数可以便捷地计算出峰度与偏度。

用上述的中心趋势性、分散性、对称性和厚尾性，研究者们便可以获得一个较为完整的描述性统计。研究者们往往把所有的描述性统计变量放到一个表格中来对自身研究样本有个初步了解，对研究中将要使用的变量的横截面性质有个基本的概观。此外将样本的描述性统计与理论进行类比，还可以发现数据中可能存在的问题，对数据的潜在问题进行鉴别和补救。但这种描述性统计只能是研究者们对数据的一个浅显的了解和把握。对数据没有深刻的理解很难做出高质量的研究，因此需要继续使用持续性、相关性等指标来获得更为深入的了解。

四、持续性

在进行描述性统计时我们有时需要关注变量的某些特征是否具备持续性，用来检验问题变量捕获期望特征的能力。一个好的持续性意味着使用历史数据所估计出来的给定变量，元素特征值对元素未来给定特征也是一个很好的估计。

持续性分为时间持续性和横截面持续性。对于平稳的时序序列过程 $\{X_t\}$，我们一般使用自相关系数衡量在时间维度上的持续性，自相关系数被定义为 $\rho_\tau = \text{cov}(X_t, X_{t-j})/\sqrt{\text{var}(X_t)\text{var}(X_{t-\tau})} = \gamma_\tau/\sigma^2$。如果有样本 $\{x_t\}$，其样本自相关系数表达式为

$$\hat{\rho}_\tau = \frac{\frac{1}{T-1}\sum_{t=1}^{T}(x_t - \hat{x})(x_{t-\tau} - \hat{x})_\tau}{\hat{\sigma}_x^2}$$

其中，$\hat{\sigma}_x$ 为时序样本标准差。而对于截面样本 $\{x_{i\bar{t}}\}_{i=1}^{N}$，其时间横截面持续性表达式为

$$\hat{\rho}_\tau = \frac{\frac{1}{N-1}\sum_{i=1}^{N}(x_{i\bar{t}} - \hat{x})(x_{i\bar{t}-\tau} - \hat{x})_\tau}{\hat{\sigma}_{x\bar{t}}\hat{\sigma}_{x\bar{t}-\tau}}$$

其中，$\hat{\sigma}_{x\bar{t}}$ 为截面样本 $\{x_{i\bar{t}}\}_{i=1}^{N}$ 的标准差。

应用持续性分析背后隐含的重要思想是：即使变量持续性再高，持续性也会随着时间而逐渐衰退。因此在实证资产定价中除检验一个样本中给定特征是否具有横截面持续性外，还用于计算给定变量的最优测量时间。最优测量时间问题主要是指对于需要使用历史数据来计算的变量，使用多长的时段来计算。研究者们往往面临的问题是：使用长时段的历史数据计算变量可以提高测量的准确度却无法反映特定时段的特性。而使用持续性分析在一定程度上可以帮助决定由历史数据计算的变量的最佳计算时间。

五、相关性

上述给出的是单变量的描述性工具，对于两种或两种以上的变量，我们重点关心他们的线性相关（依赖性）。对于随机变量 X 和 Y，其协方差可以表明两者相互依赖的方向，而其相关系数则刻画了线性相关的方向和程度。协方差和相关系数的统计量分别定义为

$$\sigma_{X,Y} = E(X - \mu_X)(Y - \mu_Y) \quad 和 \quad \rho_{X,Y} = \sigma_{X,Y} / \sigma_X \sigma_Y。$$

实践中，对于两组可观察的序列值 $\{x_t\}_{t=1}^{T}$ 和 $\{y_t\}_{t=1}^{T}$，它们的样本协方差和相关系数表达式为

$$\hat{\sigma}_{x,y} = \frac{1}{T-1} \sum_{t=1}^{T} (x_t - \hat{x})(y_t - \hat{y}), \quad \hat{\rho}_{x,y} = \frac{\hat{\sigma}_{x,y}}{\hat{\sigma}_x \hat{\sigma}_y}$$

其中，$\hat{\sigma}_x$ 和 $\hat{\sigma}_y$ 是对应的样本标准差，$\hat{\rho}_{x,y}$ 也称为变量 x、y 之间的皮尔逊（Pearson）相关系数，衡量的是变量间的线性相关性。

对于截面样本 $\{x_{it}\}_{i=1}^{N}$ 和 $\{y_{it}\}_{i=1}^{N}$，变量 x、y 的 Pearson 相关系数表达式为

$$\hat{\rho}_{x,y} = \frac{\dfrac{1}{N-1} \sum_{i=1}^{N} (x_{it} - \hat{x})(y_{it} - \hat{y})}{\hat{\sigma}_{y,t} \hat{\sigma}_{y,t}}$$

在使用 Pearson 相关系数时，往往会做以下假设：两个变量分别服从正态分布且两个变量的标准差不为 0。

Pearson 相关系数取值范围为 $[-1,1]$，反映了两个变量的线性相关性的强弱程度，$\hat{\rho}_{x,y}$ 的绝对值越大说明相关性越强。当 $\hat{\rho}_{x,y} > 0$ 时，表明两个变量正相关；当 $\hat{\rho}_{x,y} < 0$ 时，表明两个变量负相关；当 $\hat{\rho}_{x,y} = 0$ 时，表明两个变量不是线性相关的，但应注意的是仅指非线性相关，可能存在其他方式的相关性（比如曲线方式）；当 $\hat{\rho}_{x,y} = 1$ 和 $\hat{\rho}_{x,y} = -1$ 时，意味着两个变量 X 和 Y 的关系可以很好地由直线方程来描述，所有样本点都很好地落在一条直线上。

除了 Pearson 相关系数外，也存在斯皮尔曼（Spearman）等级相关系数。Spearman 等级相关系数衡量了两变量间的单调相关性，且对原始变量的分布不做要求，属于非参数统计方法，适用范围更广，其定义为

$$\hat{\rho}_{x,y}^{s} = 1 - \frac{6 \sum_{i=1}^{N} (rx_{it} - ry_{it})^2}{N(N^2 - 1)}$$

其中，rx_{it} 为 x_{it} 在 $\{x_{it}\}_{i=1}^{N}$ 中按升序排列的位置，ry_{it} 为 y_{it} 在 $\{y_{it}\}_{i=1}^{N}$ 中按升序排列的位置。因此 Spearman 等级相关系数常被称为无参数的等级相关系数，即其值与两个相关变量的具体值无关，而仅仅与其值之间的大小关系有关。

Spearman 等级相关系数表明两变量的相关方向。如果当 X 增加时，Y 趋向于增加，则 Spearman 等级相关系数为正。如果当 X 增加时，Y 趋向于减少，则 Spearman 等级相关系数为负。Spearman 等级相关系数为零表明当 X 增加时 Y 没有任何趋向性。当 X 和 Y 越来越接近完全的单调相关时，Spearman 等级相关系数会在绝对值上增加。当 X 和 Y 完全单调相关时，Spearman 等级相关系数的绝对值为 1。

相较于 Pearson 相关系数，只要 X 和 Y 具有单调的函数关系，那么 X 和 Y 就是完全 Spearman 相关的。而在 Pearson 相关性意义下，只有在变量之间具有线性关系时才是完全相关的。因此在非线性相关的时候使用 Spearman 等级相关系数会更加精确。

关于相关性，需要几点说明。首先两变量如果是同期测量的，高相关性可能意味两变量捕获了相同的特征信息，因此需要避免同时将这两种变量作为对资产价格的定价因子。如果两变量不是同期测量，则高相关性意味着滞后期变量对领先期变量有预测能力。另外，可以通过对 Pearson 相关系数和 Spearman 等级相关系数的对比了解变量 x 和 y 之间更多的分布差

异，例如，如果 Pearson 相关系数显著大于 Spearman 等级相关系数，则表明某变量中可能存在极端值，这时需要对极值进行处理；而如果 Pearson 相关系数显著小于 Spearman 等级相关系数，表明 x 和 y 之间是单调非线性关系，因此做出 y 对 x 的线性回归假设便不合理。

Python 中的 Pandas 包中的 DataFrame. corr( ) 函数可以返回列变量之间的相关系数，在 method 参数中定义' pearson' 或' spearman' ，即可返回指定列之间的 Pearson 相关系数矩阵或 Spearman 等级相关系数矩阵。

专栏3-3　偏度在实证资产定价中的另一角色

不论是在实际投资还是学界研究中，股票或资产组合的收益率都是大家关注的重点。世界范围内股灾的频发，对市场投资者的预期产生了十分巨大的影响。全球化背景下经济不确定性的进一步加强，使得市场隐含波动率曲线由原来的波动率微笑转变为波动率偏斜，也就是说，投资者认为市场发生暴跌的可能性远大于暴涨的可能性。而传统的金融学理论假设资产收益率服从正态分布。但大量的研究和实证表明，股票收益率等时间序列数据具有"尖峰厚尾"的分布特征。因此收益率的高阶矩包含着有用的信息。由此以资本资产定价模型 CAPM 为基础的传统金融定价模型会产生较大的偏差，许多学者为修正模型开始将以偏度为代表的高阶矩引入定价模型中。随后高阶矩在预测收益率以及资产定价方面的重要作用日益体现，对波动率偏斜以及高阶矩的研究也变得热门，甚至高阶矩作为因子被用于量化投资。

研究偏度与股票收益间相关性时，常用的偏度指标为总偏度、协偏度（系统偏度）和特质偏度。总偏度最常见的测量方式是历史已实现股票收益的样本偏度。协偏度或系统偏度是股票超额收益率对市场组合的超额收益率和超额市场收益率的平方进行回归得到的超额市场收益率的平方的斜率系数。特质偏度是 Fama-French 三因子模型回归所得残差的样本偏度。

从经济意义上来说偏度越小，表明股票面临下跌的风险会相应越大，由此投资者所期望的风险溢价会相应的越大，从而两者之间存在显著的负相关。实践中金融资产尖峰厚尾有偏的特征使得将偏度纳入投资组合构建的考虑因素十分必要。乔治城大学图兰·G·巴利教授（Turan G. Bali）等在《实证资产定价》（Empirical Asset Pricing）一书中也详细讨论了由于投资者追求具有正偏度的股票，导致其价格容易被高估，因而预期收益率较低的情况。通过做空偏度大的股票，做多偏度小的股票，能获得显著超额收益。因此偏度与股票收益率显著负相关，是构建投资组合时的重要考虑因素。

厦门大学陈坚教授及其合作者在 2018 年基于厦门大学姜富伟教授 2010 年的中国股票可预测性研究，进一步利用高频股票指数数据构建了中国股票市场的已实现偏度，通过实证检验其对于中国股票市场收益率的预测能力。结果表明，当前偏度能显著预测下月股票市场的收益率，偏度与股票收益率之间存在显著负相关的关系。也就是说，当前较低的已实现偏度可以显著预测下个月中国股票市场较高的超额收益率。这种关系在控制一系列经济变量之后仍然成立，这表明已实现偏度中包含了这些预测变量中所没有的额外预测信息。进而说明了偏度在实际投资组合管理以及资产定价中的重要作用。文章也通过实证从经济意义上指出已实现偏度对股票收益率的预测能力是通过影响股票市场的交易活跃程度，从而传导到股票市场收益率实现的。

厦门大学郑振龙教授在 2013 年的论文从行为金融角度出发，研究当投资者对特质偏度有特殊偏好的情况下，股票特质风险是否被定价。通过 Fama-MacBeth 模型证明预期收益率和预期特质偏度之间存在显著的负相关关系。在控制了流动性因子、协偏度和协峰度等变量的影响之后该结论仍然成立。也就是说，股票正的特质偏度给予了投资者"以小搏大"的机会，投资者愿意通过支付负的风险溢价来承担这种"以小搏大"的风险。

第三节　数据预处理

对于初次采集的原始数据我们常称其为"脏数据"。所谓的"脏"是指数据可能存在以下几种问题：数据缺失、数据噪声、数据冗余、数据重复以及异常值问题。对原始数据进行适当的数据预处理将会有效保证研究的准确性和可靠性。

一、缺失值处理

不论是从专业数据库还是从公开数据源下载的数据，都无法保证收集数据集的完整性。机械的数据收集和保存过程失败、人为的主观失误或者有意隐瞒都将导致缺失值的产生。如果不对缺失值进行处理，将会加大不确定性并影响研究的准确性。对于缺失值一般会进行如下处理：删除缺失值、填充缺失值。

1. 删除缺失值

对包含缺失值对象的所有信息进行删除处理，当删除含缺失值的对象相对于样本总体而言很小时则是有效的。删除缺失值虽然简单，且能保证数据的完整性，但却丢弃了删除数据的隐含价值。在决定直接删除缺失值前，需要提前了解变量的缺失值比例，当缺失比例较高时直接删除缺失值将会失去研究意义。

2. 填充缺失值

（1）常数填充　常数填充是对待缺失值最简单的填充方法，如使用常数 0，1，-1 直接代替缺失值。或若研究者对数据基本属性和情况已经十分了解，也可以根据自身经验对缺失值填充数值使数据偏离最小。

（2）特征值填充　特征值填充的基本原理是以该空值最大概率取值填充。用于填充的特征值包括均值、众数或中位数。均值适用于均匀分散在平均值周围的近似正态分布数据；众数适用于非数值型或类别变量；中位数适用于聚集一侧的偏态分布或离散点数据。第一种填充方法为当缺失数据类型为数值型时，根据其他对象的该属性平均值或中位数进行填充；第二种填充方法为当缺失数据类型为非数值型，则根据其他对象该属性的众数进行填充。第二种填充方法也称作插值填充，即缺失值前后值的平均值填充。

（3）滞后值填充　滞后值填充是将缺失值沿用缺失值对象上期值。适用于时间序列数据或者面板数据。

对于复杂、高维的数据缺失可以使用基于机器学习的填充方法，如 K 最近距离邻法（K-means clustering）、期望值最大化方法（Expectation Maximization，EM）等。也可以根据缺失值的特征与属性使用回归或分类模型对缺失值进行预测。

在 Python 中可使用 isnull 函数判断对象是否为缺失值，也可使用 count 函数统计非空数据个数。dropna 函数通过设定标签、轴和缺失值门槛直接删除缺失值数据。fillna 函数通过参数设定向缺失值中直接插入指定值。

二、异常值处理

因市场波动、采集存储等误差会导致数据极端异常值出现，进而严重影响样本统计值，从而导致有偏的结果产生。这种现象在金融与财务领域经常出现，例如，当某只股票遇到利空的市场信息时会出现暴跌，从而导致其收益率出现异常。因此在进行描述性统计之前，需要对原始数据采取特殊的技术方法进行极值的预处理，以便生成规范的数据进入后续研究。

（一）异常值识别

在进行描述性统计之前，需要对原始数据进行极值处理，但在处理之前，需要有效地甄别出数据中的异常样本点。如果将异常值定义为样本中高于（低于）特定阈值的那部分数据，则异常值的识别问题可以转化为如何判断样本的极端阈值（包括上阈值和下阈值）。具体来说，任何满足 $\{x_\tau \mid x_\tau > \text{threshold}_{up}\}$ 的均属于异常高值点，任何满足的 $\{x_\tau \mid x_\tau < \text{threshold}_{down})\}$ 的均属于该样本异常低值点。

目前确定临界值有三种方法：标准差法、分位数法和中位数绝对偏差法。

1. 标准差法

标准差法也被称为"3σ"方法，在给定的样本 $\{x_t\}_{t=1}^{T}$ 中，那些落在样本均值的 3 倍标准差范围之外的数据点即可被认为是异常点，我们可以定义上（下）阈值为：$\text{threshold}_{up(down)} = \hat{x} + (-)3\hat{\sigma}_x$。其直觉来源于这样的一个统计学性质：服从正态分布的变量，其样本落在距离均值 3 倍标准差范围内的概率约为 99%。

上诉方法依然有缺陷。首先，样本异常值会显著影响阈值水平；其次，样本服从正态分布的前提假设，也与金融数据的经验分布不符，因此在实际处理中经常采用分位数法。

2. 分位数法

分位数法认为那些排序在最低或最高部分的数据均为异常点，其具体做法是，首先将观察值按从小到大进行排序，最小的 $pmin$ 分位数 Pctl_{pmin} 和最大的 $pmax$ 分位数 Pctl_{pmax} 分别被定义为上阈值和下阈值。经验上，$pmin$ 选取为 0.5% 或 1%，对应的 $pmax$ 选取为 99.5% 或 99%。其次，也可以借助于上节提及的四分位间距（IRQ）来确定阈值，$\text{threshold}_{down} = Q_1 - 3IQR$，$\text{threshold}_{up} = Q_3 + 3IRQ$。

3. 中位数绝对偏差法

中位数绝对偏差法也称 MAD 法，其具体处理步骤：①计算所有样本点中位数 Median_f；②计算每个样本点与其中位数的绝对偏差值 $|f_i - \text{Median}_f|$；③定义绝对偏差值中位数：$\text{MAD} = \text{median}(|f_i - \text{Median}_f|)$。得到绝对中位值 MAD 通常会乘以一个参数 $e = 1.4836$，得到 MAD_e。从而确定样本点上下阈值为 $\text{threshold}_{up} = \text{median} + n \times \text{MAD\_e}$，$\text{threshold}_{down} = \text{Xmedian} - n \times \text{MAD\_e}$。确定参数 n，通常 n 取 3，因此也称 3 倍中位数绝对偏差法。超出合理范围的样本点均被认定为异常样本点。

MAD 没有样本必须服从正态分布的假设，对非正态分布数据也同样适用。在投资管理业界更多使用 MAD 法来处理因子异常值。

我们可以使用以下 Python 代码自定义 3 倍中位数法：

```
def MAD(data):
for i in range(len(data.columns)):
#计算绝对中位值 MAD
MAD=median(abs(data.iloc[:,i]-median(data.iloc[:,i])))
#将 MAD 乘以参数 e=1.4826
MAD_e=1.4826*MAD
#设定样本点的合理范围上限值,通常是 3 倍的 mad_e
MAX=median(data.iloc[:,i])+3*MAD_e
#设定样本点的合理范围下限值
MIN=median(data.iloc[:,i])-3*MAD_e
#将处于样本点上下限之外的值调整为上下限值(缩尾处理)
data.iloc[:,i][data.iloc[:,1]>MAX]=MAX
data.iloc[:,i][data.iloc[:,1]<MIN]=MIN
return data
```

(二) 缩截尾处理

识别出极端值后,一般采用截尾法或缩尾法对其进行处理。正如前面提及,极端值的出现可能是由于录入误差导致,因此当这样的异常点出现在样本中时,正常的处理方式是将其剔除,截尾法便反应这一处理思路。具体来说,截尾法将任何大于上阈值或任何小于下阈值的数据点从样本中删除。

缩尾处理方式与上述不同,它是将样本中大于上阈值的数据点直接设置为上阈值,将任何小于下阈值的数据点设置为下阈值。例如,在样本序列 $\{x_t\}$ 中,令 $x_\tau = \text{threshold}_{up} \mid x_\tau > \text{threshold}_{up}$,$x_\tau = \text{threshold}_{down} \mid x_\tau < \text{threshold}_{down}$。

我们以分位数法来说明缩截尾处理,首先将观察值按从小到大进行排序,设立最小的 pmin 分位数对应的 X 值为 Pctl_{pmin} 和最大的 pmax 分位数对应的 X 值为 Pctl_{pmax}。截尾处理是将所有小于 Pctl_{pmin} 或大于 Pctl_{pmax} 的值设定为缺失值或不可利用的值。缩尾处理是将小于 Pctl_{pmin} 的 X 值设定为 Pctl_{pmin},将大于 Pctl_{pmax} 的 X 值设定为 Pctl_{pmax}。

对于金融研究中常用的面板数据而言,截尾处理和缩尾处理有不同的实施方法。若是对全部面板数据进行单个分析,则对所有个体 i 和时段 t 的变量 X 全部值进行缩尾或者截尾处理。若是需要对截面分析的结果再次进行时间序列分析,则对每个时段 t 分别对 X 进行缩尾或者截尾处理。

需要注意的是,无论是采用截尾或缩尾技术,都需要对样本中的异常高值点和异常低值点同时进行处理。代码如下:

```
from scipy.stats.mstats import winsorize    ## 导入 winsorize 模块
x = x.fillna(0)                             ## 填充预测变量缺失值为 0
x = winsorize(x,limits=[0.01,0.01])         ## 取上下限 1% 做缩尾处理
y = y.dropna()                              ## 剔除收益缺失的数据
```

在具体实践中会面临何时采用缩截尾方法以及需要采用哪种处理方式的问题。对于第一个问题的回答主要取决于该极端值出现是否合理,如果是由于误差导致的,则明显需要进行处理,而如果是正常的表现,则可以不进行处理。特别地,在计算变量间的 Spearman 等级

相关系数时，由于其考虑的是变量间的序数相关性，故也不需要对数据进行极值处理。对于第二个问题，如果认为异常点显然是不同于总体分布，则考虑截尾处理，如果认为异常点相对于该变量非常高或非常低但又不属于极端情况时，考虑采用缩尾处理。

另外，在一些面板类型的数据样本中也会出现截尾或缩尾的不同处理方式。例如，在计算股票截面特征时需要用到上市公司历年的财务表现，那么在进行财务指标的极端值处理时，是将所有上市公司在所有时间 t 内的指标作为样本来进行缩尾截尾处理，还是将固定时间 t 内的所有公司指标样本进行缩尾截尾处理？如果是分时间阶段进行分析，则第二种处理方式更合理，如果是一次性对全样本进行分析，则应选择第一种处理方式。

三、标准化处理

多指标评价体系中可能存在各评价指标量级不同的情况，从而导致大量级的指标覆盖了小量级指标的表现或作用，因此为了使结果更可靠性常需要进行数据标准化处理。标准化处理将有量纲数据转化为无量纲数据，保持数据集中度，便于不同数据的比较和回归。常见的标准化方法为 Z 值标准化（Z-Score）和最小最大值标准化（Min-Max Normalization）。

1. Z 值标准化（Z-Score）

Z-Score 处理方法为将观测值（x）减去总体均值（μ）后除以总体标准差（σ），将数据转化为均值为 0 方差为 1 的分布，表达式为

$$Z = \frac{x - \mu}{\sigma}$$

Z 值标准化计算简单，使得不同量级的数据便于比较，是最常用的标准化方法。

Python 中 sklearn. preprocessing. scale（ ）函数可以直接将给定数据进行标准化。

2. 最小最大值标准化（Min-Max Normalization）

最小最大值标准化法是对原始数据进行线性变化，使之映射到指定范围内的方法。通常是把数据 x 按照最小值中心化后，再按极差（最大值-最小值）缩放，将其映射到 $[0,1]$ 范围内，表达式为

$$x = \frac{x - x_{min}}{x_{max} - x_{min}}$$

其中，x_{min} 为样本数据最小值，x_{max} 为样本数据最大值。但当数据发生更新时，可能导致数据最值改变和标准化后结果也发生改变，因此需要重新计算。

Python 中 sklearn. preprocessing. MinMaxScaler（ ）函数可以实现标准化功能。此外 sklearn. preprocessing. MaxAbsScaler（ ）函数也可实现类似功能，只是数据会被标准化到 $[-1,1]$。

需要注意的是，经过 Z 值标准化和最小最大值标准化后得到的数值结果只能用于比较，不再具有实际意义。

以 Z 值标准化为例，小张在中国每个月的工资是 8000 元人民币，小刘在美国每个月的工资是 3500 美元。由于两人工资量纲不同，我们无法直接比较出两人工资水平的高低。假设中国月平均工资为 4000 元，标准差为 1000 元，美国月平均工资为 2000 美元，标准差为 500 美元。则经过 Z 值标准化后，小张的 Z-Score 为 4，小刘的 Z-Score 为 3。那么我们可以得出相较于小刘，小张的工资水平更高。但是 4 和 3 的 Z-Score 不再具有原本工资的实际意义。

第四节　特征工程

一、特征工程简介

何为特征工程？顾名思义，就是对原始数据进行一系列工程处理，将其提炼为特征，作为输入供算法和模型使用。本质上讲，特征工程是一个表示和展现数据的过程；实际工作中，特征工程的目的是去除原始数据中的杂质和冗余，设计更高效的特征以刻画求解的问题与预测模型之间的关系。

特征工程的重要性主要体现在以下几点：首先，特征越好灵活性越强，好的特征的灵活性在于它允许你选择不复杂的模型，同时运行速度也更快，也更容易维护；其次，特征越好构建的模型越简单，好的特征可以在参数不是最优的情况，依然得到很好的性能，减少调参的工作量和时间，也就可以大大降低模型复杂度；最后，特征越好模型的性能越出色，特征工程的目的是为了提升模型的性能。

二、特征选择

通常需要从两个方面考虑来选择特征：①特征是否发散，如果一个特征不发散，例如方差接近于 0，也就是说，样本在这个特征上基本没有差异，这个特征对于样本的区分并没有什么用；②特征与目标的相关性，显然，与目标相关性高的特征，应当优选选择。Python 的 sklearn 包中的 feature_ selection 库可以进行特征选择。

特征选择方法主要有三种：①过滤法（Filter），即按照发散性或者相关性对各个特征进行评分，设定阈值或者待选择阈值的个数，选择特征；②包装法（Wrapper），即根据目标函数（通常是预测效果评分），每次选择若干特征，或者排除若干特征；③嵌入法（Embedded），即先使用某些机器学习的算法和模型进行训练，得到各个特征的权值系数，根据系数从大到小选择特征。该方法类似于 Filter 方法，是通过训练来确定特征的优劣。

（一）过滤法

常见的过滤法有方差选择法、相关系数法、卡方检验和互信息法四种。

（1）方差选择法要计算各个特征的方差，并根据阈值选择方差大于阈值的特征。使用 feature_selection 库的 VarianceThreshold 类来选择特征的代码如下：

```
from sklearn. feature_selection import VarianceThreshold
# 方差选择法,返回值为特征选择后的数据
# 参数 threshold 为方差的阈值
VarianceThreshold(threshold=3).fit_transform(iris.data)
```

（2）相关系数法要计算各个特征对目标值的相关系数以及相关系数的 P 值。用 feature_selection 库的 SelectKBest 类结合相关系数来选择特征的代码如下：

```
from sklearn. feature_selection import SelectKBest
from scipy. stats import pearsonr
# 选择 K 个最好的特征,返回选择特征后的数据
```

```
# 第一个参数为计算评估特征是否好的函数,该函数输入特征矩阵和目标向量,输出二元组(评分,P
值)的数组,数组第 i 项为第 i 个特征的评分和 P 值。在此定义为计算相关系数#参数 k 为选择的特征
个数
SelectKBest(lambda X, Y: array(map(lambda x:pearsonr(x, Y), X.T)).T, k=2).fit_
transform(iris.data, iris.target)
```

（3）经典的卡方检验是检验定性自变量对定性因变量的相关性。假设自变量有 N 种取值，因变量有 M 种取值，考虑自变量等于 i 且因变量等于 j 的样本频数的观察值与期望的差距，构建统计量

$$\chi^2 = \sum_{i=1}^{N} \sum_{j=1}^{M} \frac{(A - E_{ij})^2}{E_{ij}}$$

这个统计量表示的是自变量对因变量的相关性。用 feature_selection 库的 SelectKBest 类结合卡方检验来选择特征的代码如下：

```
from sklearn.feature_selection import SelectKBest
from sklearn.feature_selection import chi2
# 选择 K 个最好的特征,返回选择特征后的数据
SelectKBest(chi2, k=2).fit_transform(iris.data, iris.target)
```

（4）互信息法也可用于评价定性自变量对定性因变量的相关性。互信息的表达式为

$$I(X;Y) = \sum_{x \in X} \sum_{y \in Y} p(x,y) \log \frac{p(x,y)}{p(x)p(y)}$$

为了处理定量数据，最大信息系数法被提出。使用 feature_selection 库的 SelectKBest 类结合最大信息系数法来选择特征的代码如下：

```
from sklearn.feature_selection import SelectKBest
from minepy import MINE
# 由于 MINE 的设计不是函数式的,定义 mic 方法将其改造为函数式的,返回一个二元组,二元组的第
2 项设置成固定的 P 值 0.5
def mic(x, y):
    m = MINE()
    m.compute_score(x, y)
    return (m.mic(), 0.5)
# 选择 K 个最好的特征,返回特征选择后的数据
SelectKBest(lambdaX, Y:array(map(lambda x:mic(x, Y), X.T)).T, k=2).fit_trans-
form(iris.data, iris.target)
```

（二）包装法

最常见的包装法是递归特征消除法，即使用一个基模型来进行多轮训练，每轮训练后，消除若干权值系数的特征，再基于新的特征集进行下一轮训练。使用 feature_selection 库的 RFE 类来选择特征的代码如下：

```
from sklearn.feature_selection import RFE
from sklearn.linear_model import LogisticRegression
# 递归特征消除法,返回特征选择后的数据
```

```
# 参数 estimator 为基模型
# 参数 n_features_to_select 为选择的特征个数
RFE(estimator = LogisticRegression(),n_features_to_select = 2).fit_transform
(iris.data, iris.target)
```

（三）嵌入法

常见的嵌入法有基于惩罚项的特征选择法和基于树模型的特征选择法两种。

使用带惩罚项的基模型可以同时进行特征筛选和降维的工作。使用 feature_selection 库的 SelectFromModel 类结合带 L1 惩罚项的逻辑回归模型，来选择特征的代码如下：

```
from sklearn.feature_selection import SelectFromModel
from sklearn.linear_model import LogisticRegression
# 带 L1 惩罚项的逻辑回归作为基模型的特征选择
SelectFromModel(LogisticRegression(penalty = "l1",C = 0.1)).fit_transform(i-
ris.data, iris.target)
```

树模型中 GBDT 也可用来作为基模型进行特征选择，使用 feature_selection 库的 Select-FromModel 类结合 GBDT 模型，来选择特征的代码如下：

```
from sklearn.feature_selection import SelectFromModel
from sklearn.ensemble import GradientBoostingClassifier
# GBDT 作为基模型的特征选择
SelectFromModel (GradientBoostingClassifier ()).fit_transform (iris.data,
iris.target)
```

专栏 3-4　选择的特征越多越好吗？

测试的基学习器为华泰人工智能系列，研究报告总结得出三种选股效果较好的方法：逻辑回归_6m、XGBoost_6m 和 XGBoost_72m。特征选择流程如图 3-14 所示。

图 3-14　特征选择流程图

特征选择的测试方法步骤如下：

（1）数据获取。①股票池：全 A 股。剔除 ST 股票，剔除每个截面期下一交易日停牌的股票，剔除上市 3 个月内的股票，每只股票视作一个样本。②回测区间：2011 年 1 月 31 日至 2018 年 7 月 2 日。③回测方式：月度滚动回测。

（2）特征和标签提取。每个自然月的最后一个交易日，计算之前报告里的 70 个因子暴露度，作为样本的原始特征；计算下一整个自然月的个股超额收益（以沪深 300 指数为基准），作为样本的标签。

（3）特征预处理。该步骤较为复杂，将在下一小节进行详细说明。

（4）训练集和交叉验证集的合成。在每个月末截面期，选取下个月收益排名前 30% 的股票作为正例（$y=1$），后 30% 的股票作为负例（$y=-1$）。将训练样本合并，随机选取 90% 的样本作为训练集，余 10% 的样本作为交叉验证集。

（5）样本内训练。对每个基学习器，使用 6 个月或 72 个月训练数据对基于原始特征集合和选择后特征子集的训练集进行逐一训练。

（6）交叉验证调整参数。由于本篇报告侧重于探究特征选择对模型的影响，此处直接选取之前报告中基学习器的最优参数作为模型的最优参数。

（7）样本外测试。确定最优参数后，以 T 月月末截面期所有样本预处理后的特征作为模型的输入，得到每个样本的预测值 $f(x)$。将预测值视作合成后的因子，进行单因子分层回测，回测方法和之前的单因子测试报告相同。

（8）模型评价。以分层回测的结果作为模型筛选标准。还将给出测试集的正确率、AUC 等衡量模型性能的指标。

首先要对数据进行预处理，去除中位数的极值，对缺失值进行处理，将因子暴露缺失的地方填充为个股收益平均值，再将行业市值中心化，最后对因子进行标准化处理。

基于初步预处理后的原始特征集合，对每种特征选择方法中的参数进行遍历，选择交叉验证集 AUC（以 2010 年为测试集的对应的验证集的 AUC）最大的参数作为该方法下的最优参数，见表 3-4。

表 3-4　特征选择方法及其参数

特征选择方法	逻辑回归_6m	XGBoost_6m	XGBoost_72m
基于 F 值+K 最优	$K=60$	$K=60$	$K=60$
基于互信息+K 最优	$K=60$	$K=60$	$K=60$
基于 F 值+FPR	$\alpha=0.01$	$\alpha=0.1$	$\alpha=0.2$
基于 F 值+FDR	$\alpha=0.01$	$\alpha=0.1$	$\alpha=0.1$
基于 SVM	$C=0.01$	$C=0.08$	$C=0.003$
基于随机森林	阈值=0.9 倍均值	阈值=0.9 倍均值	阈值=0.92 倍均值

在使用特征选择对基学习器进行改进时，入选的特征个数越多是否模型改进效果越好？经选择保留的特征分属哪些大类风格因子？首先以基于 F 值+FDR 方法对逻辑回归_6m 模型进行特征选择为例，展示模型改进效果与特征个数的关系，如图 3-15 所示。

随着入选特征个数的增加，特征选择方法对模型的改进效果先增加后下降，在特征个数为 50 左右达到峰值。由此可见，

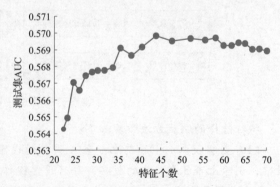

图 3-15　模型改进效果与特征个数之间的关系

特征并非越多越好。对其他以逻辑回归_6m 和 XGBoost_6m 为基学习器的特征选择方法，模型的改进效果与特征个数的关系类似。以 XGBoost_72m 为基学习器的特征选择方法，随着特征个数的增加，对模型的改进效果先增加后持平。

在第三节中，给出了每种特征选择方法下的最优参数。对于每个基学习器，使用原始特

征集合和经上述参数选择的特征子集，分别进行模型的训练和测试，观察不同特征选择方法下的模型改进效果。

三个基学习器（逻辑回归_6m，XGBoost_6m，XGBoost_72m）在不同特征选择方法下的测试集 AUC 见表 3-5。

表 3-5　不同基学习器训练结果展示

基学习器指标	逻辑回归_6m		XGBoost_6m		XGBoost_72m	
	AUC	特征个数	AUC	特征个数	AUC	特征个数
基学习器	0.5690	70.00	0.5680	70.00	0.5967	70.00
基于 F 值+K 最优	0.5688	60.00	0.5687	60.00	0.5967	60.00
基于互信息+K 最优	0.5693	60.00	0.5678	60.00	0.5959	60.00
基于 F 值+FPR	0.5695	45.18	0.5691	53.40	0.5964	66.60
基于 F 值+FDR	0.5698	43.85	0.5699	52.00	0.5964	66.42
基于 SVM	0.5694	38.51	0.5686	63.55	0.5964	47.82
基于随机森林	0.5684	48.38	0.5679	47.90	0.5959	55.02

通过表 3-5 中的结果不难发现，对于逻辑回归_6m 和 XGBoost_6m 基学习器，各种特征选择方法对基学习均有一定提升，可见选择部分特征进行模型训练能够更好地学习特征与标签之间的规律。不同方法的提升效果各异，其中基于 F 值+FDR 的方法对 AUC 的提升效果最好。对于 XGBoost_72m 基学习器，各种特征选择方法的 AUC 相差不大，对基学习器的 AUC 没有明显改进效果，可能是由于 XGBoost_72m 基学习器本身已具备较高的 AUC，提升空间有限。

本章小结

金融与财务领域实证研究和业界处理中常用的金融数据库有国内的中国经济金融研究数据库、万得资讯、中国研究数据服务平台以及获取国外数据的 CRSP 数据库。不同的数据库侧重和覆盖不同的金融研究层面，且有各自的优缺点，读者可根据自身研究目的和使用习惯选择合适的数据库。除从收费数据库中下载数据外，研究者们还可通过国家职能部门官网、公开证券数据平台、谷歌数据集等公开数据源中收集所需数据。另外从相关文献作者的个人网站中获取相关数据处理代码或现成数据也是一个不错的方法。

描述性统计常用的工具包括：均值、方差、中位数、偏峰度、各类相关系数。实施描述性统计的最大目标是让我们能够准确掌握所关心的变量特征。实际研究中到底需要选择哪些统计量展示数据分布特征，是展示数据的时序分布特征还是横截面分布特征，这都需要结合我们研究的具体内容和目的进行有选择性的分析。

数据预处理的基本流程为缺失值处理、异常值识别与标准化处理。缺失值的处理办法包括删除和填充两种办法。异常值的识别问题关键在于判断样本的极端阈值，标准差法、分位数法和中位数绝对偏差法都是设置阈值的主要方法。对于异常值的处理本章主要介绍截尾法和缩尾法。标准化处理常用的方法为 Z 值标准化和最小最大值标准化。

特征工程是处理数据的一种方法，通过提取重要特征来提高求解问题的效率。其提取特征的标准有两个：①特征是否发散，②特征与目标的相关性。常见的特征提取方法有过滤法、包装法和嵌入法。

课程思政

目前信息爆炸、数据庞大，Python 可有效地提取信息、处理数据，如何将 Python 更好地应用于金融与财务领域，提高信息处理效率？

复习思考题

1. 国内常用的金融数据库有哪些？
2. 请列举几个常用的描述性统计工具。
3. 请简要阐述数据预处理的基本流程。
4. 什么是标准差法？该方法的主要用途是什么？
5. 简要阐述截尾法和缩尾法的区别。
6. 什么是 Z 值标准化（Z-Score）法？
7. 常见的特征选择方法有哪些？

参考答案

参考文献

[1] 姜富伟，涂俊，David E. Rapach，Jack K. Strauss，周国富. 中国股票市场可预测性的实证研究 [J]. 金融研究，2011（09）：107-121.

[2] 姜富伟，孟令超，唐国豪. 媒体文本情绪与股票回报预测 [J]. 经济学（季刊），2021，21（04）：1323-1344.

[3] 姜富伟，刘雨旻，孟令超. 大语言模型、文本情绪与金融市场 [J]. 管理世界，2024，40（08）：42-64.

[4] 唐国豪，朱琳，廖存非，等. 基于自编码机器学习的资产定价研究——中国股票市场的金融大数据分析视角 [J]. 管理科学学报，2024，27（09）：82-97.

[5] 马甜，姜富伟，唐国豪. 深度学习与中国股票市场因子投资——基于生成式对抗网络方法 [J]. 经济学（季刊），2022，22（03）：819-842.

[6] Bali T G, Engle R F, Murray S. Empirical asset pricing: The cross section of stock returns [M]. John Wiley & Sons, 2016.

[7] Edmans A, Fernandez-Perez A, Garel A, et al. Music sentiment and stock returns around the world [J]. Journal of Financial Economics, 2021.

[8] Cong L W, Li B, Zhang Q T. Alternative data in fintech and business intelligence [M]. The Palgrave Handbook of FinTech and Blockchain. Palgrave Macmillan, Cham, 2021.

[9] Chen J, Tang G, Yao J, Zhou G. Employee sentiment and stock returns [J]. Journal of Economic Dynamics and Control, 2023, 149: 104636.

[10] Obaid K, Pukthuanthong K. A picture is worth a thousand words: Measuring investor sentiment by combining machine learning and photos from news [J]. Journal of Financial Economics, 2022, 144 (1): 273-297.

[11] Green J, Hand J R M, Zhang X F. The characteristics that provide independent information about average US monthly stock returns [J]. The Review of Financial Studies, 2017, 30 (12): 4389-4436.

第四章　因子与因子模型

章前导读

20世纪60年代，资本资产定价模型的问世拉开了因子模型研究的序幕，而随后诞生的套利定价理论进一步推动了因子模型的相关研究。20年后，法码（Fama）和弗伦克（French）提出的三因子模型正式开启了多因子模型研究的大门。随着理论的发展和技术的进步，因子模型的相关研究开展得如火如荼。人们发现或构建了丰富多彩的因子，也提出了更多与时俱进的因子模型，如Fama-French五因子模型、Hou-Xue-Zhang四因子模型、Stambaugh错误定价因子模型和Liu-Stambaugh-Yuan的CH-3因子模型等。近年来，随着机器学习在金融与财务领域的流行，一系列基于机器学习的因子模型也相继问世。那么，什么是因子模型，如何构造因子模型，因子模型的发展现状如何，因子模型研究领域存在哪些挑战，这是本章要解决的问题。

学习目标

本章首先介绍因子、因子定价模型和资产价格异象的定义以及三者之间的联系，其次介绍学术界主流的因子定价模型和异象因子分类，最后介绍因子定价模型的研究挑战。通过本章的学习，可以了解因子定价模型的由来，掌握因子定价模型的基本内涵，了解主流异象及其分类，熟悉学界应用最多的几大因子模型，了解因子定价模型的发展近况及相关担忧，熟悉因子定价模型的时变性和有效性问题。

关键词

因子　资产价格异象　因子定价模型　资本资产定价模型　（CAPM）Fama-French三因子模型　Fama-French五因子模型　CH-3模型　Fama-Macbeth回归　时变性

第一节　因子与因子模型简介

一、金融与财务因子与因子模型简介

在日常生活中，人们通常会认为"因子"是帮助产生和影响结果的某个事物。实际上，我们对其有更加严谨的定义："因子"是系统性风险的一种定量表现形式，描述了众多资产共同暴露的某种系统性风险。"因子收益率"正是这种系统性风险带来的风险溢价或者风险补偿，它是这些资产的共性收益。由于金融世界中，资产面临的系统性风险是多种多样的，因子的种类也纷繁多样。

研究发现，即使存在着的共性收益，市场上各种不同种类的金融资产的收益也相差很

大。同时，即使是同一种类型的金融资产也可能有着不同的收益。那么，是什么造成了这种区别呢？学者们认为，不同资产面临的风险不同，风险溢价不同，所以在截面上表现出的收益率也具有差异，即所谓的"高风险高回报，低风险低回报"。但是这仅仅是定性的认知。要想定量地衡量资产风险暴露对预期收益率的影响，需要借助因子模型进行分析。

因子模型是一种定量的建模方法，它将资产的预期收益率分解为系统性风险影响部分和定价误差部分，其表达式为

$$E(r_{i,t}) = \beta'_i \lambda + \alpha_i \tag{4.1}$$

式（4.1）中，$E(r_{i,t})$ 是资产的预期超额收益率，λ 是因子的收益率，称为因子溢价，β'_i 是资产 i 在各因子上的风险暴露，称为因子载荷。

上式直观地表明，资产的截面收益率是由因子收益率（λ）与因子载荷（β'_i）所决定，资产对风险暴露的不同程度决定了资产间收益率的差异性。

因子定价模型最主要的贡献是认为因子载荷 β'_i 是导致不同资产收益率在截面上存在差异的最主要原因。资产在某类风险（即前面提及的因子系统性风险）的暴露程度越明显，市场给予其收益补偿便越大。比如，因子模型的早期代表资本资产定价模型就认为资产对市场的敏感度决定着资产的预期收益率；而随后诞生的 Fama-French 三因子模型认为股票在市值、估值水平、市场三因子上的暴露程度能更有效地解释股票的截面收益。

专栏4-1 "因子和资产"与"营养和食物"

洪崇理教授（Andrew Ang）2014 年提到的一个例子有助于理解因子和因子模型，他将因子和资产的关系类比成营养和食物的关系。这个比喻非常精妙。大家可以思考一下，为什么我们对日常生活中的各种食物的选择有所不同？忽略它们带来的味觉享受问题，一个最重要也是最基础的原因是：各种不同的食物能满足我们对各种不同营养物质的需要。而食物对于人类的重要程度和式（4.1）中资产的预期超额收益率 $E(r_{i,t})$ 一样，可以区分为两个部分：①该种食物包含的营养物质的种类以及各种营养物质的多少——因子载荷 β；②该种食物所包含的每种营养物质对人类的重要程度——因子溢价 λ。

资产和食物的相似之处主要包括以下几个方面：①起到关键作用的是因子，而非资产。透过表面的资产类别看透其本质的因子构成，和透过表面的食物种类看透其本质营养成分是一个道理。②食物可以本身就是营养物质，也可以是营养物质的组合；相似的，资产本身就可以视为因子（股票和政府债），但资产也可以包括多种不同因子（如公司债、对冲基金包含不同程度的股票风险、利率风险和违约风险）。③不同的人需要不同的营养物质组合，不同的投资者也偏好不同的投资组合，即不同的风险因子集。

总而言之，人们对于食物的需求，归根结底在于其能满足人类对营养的需要，所以食物可以归结为不同营养成分的组合；相似地，人们对于资产的需求，在于其能满足人类平衡风险和收益的需求，所以资产都可以归结为不同因子的组合。

二、从单因子模型到多因子模型

在上一部分，我们介绍了因子模型的一般形式。因子的数量和种类不同，因子模型也有不同的含义和解释。接下来，为大家介绍两个典型的因子模型：只包含一个因子的资本资产定价模型（CAPM），和包含多个因子的 Fama-French 三因子模型。

资本资产定价模型（CAPM）只考虑了一个风险因子——市场组合因子。CAPM 是基于 Markowitz 的投资组合理论和均值-方差效用理论，其革命性在于提出了"资产的风险并非由资产自身的表现决定，而是由该资产与市场整体的联动决定"的观点。CAPM 的表达式为

$$\mathrm{E}[R_i] - R_f = \beta_i(\mathrm{E}[R_M] - R_f) \tag{4.2}$$

式（4.2）中，R_M 是市场组合的收益率，β_i 反映了资产收益率对市场收益率的敏感程度。

如果市场预期收益率出现下跌，β_i 大的股票其预期收益率会比 β_i 小的股票表现得更差。CAPM 表明资产对市场风险暴露越大，越需要给予该资产更高的风险收益补偿，这是其最大的理论贡献。

虽然 CAPM 第一次为人们展示了具体的因子模型，但其解释效力有限。来自芝加哥大学的法码教授（Fama）和麦克白教授（MecBeth）在 1973 的文章中指出，早期的实证数据证实 CAPM 确实是有效的；但是到了 20 世纪 70 年代后期至 80 年代初期，CAPM 开始逐渐失效。一批又一批的学者开始寻找失效的原因：例如，美国西北大学的班兹教授（Banz）（1981）提出了规模效应，即规模小的公司往往比规模大的公司有更高的股票收益率；在此基础上，宾夕法尼亚大学教授凯姆（Keim）和英格拉姆（Reinganum）1983 年发现了"一月效应"，即许多规模小的公司的超额回报发生在每年一月的前两个星期（这一现象与美国"资本增值税"的税务安排、基金粉饰橱窗、员工的年终花红以及美国年尾的重要假期有莫大关系）等。

既然 CAPM 已经逐渐失效，那么如何构造一个更具有实证价值的因子定价模型呢？美国著名经济学家、美国金融学会主席斯蒂芬·罗斯教授（Steven Rose）（1976）提出的套利定价理论（APT）为拓展 CAPM 奠定了基础。该理论认为，套利行为是现代有效率市场（即市场均衡价格）形成的一个决定因素，如果市场未达到均衡状态就会存在无风险套利机会。并且用多个因素来解释风险资产收益，根据无套利原则，得到风险资产均衡收益与多个因素之间存在线性关系。套利定价理论从理论上提出了多因子定价模型的可能，但是 Rose 并没有提出一系列具体的定价因子，所以未能动摇 CAPM 的根基。

Fama-French 三因子模型的提出从真正意义上敲开了多因子模型的大门。1992 年，法码（Fama）和弗兰奇（French）整合了前人研究中所发现的异象，颠覆了人们对 CAPM 的看法；在 1993 年，两人在 CAMP 的基础上加入了价值因子和规模因子，提出了 Fama-French 三因子模型——这也是多因子模型的开山之作，其表达式为

$$\mathrm{E}(R_i) = \beta_i \mathrm{E}(R_m) + \beta_S \mathrm{E}(R_{SMB}) + \beta_H \mathrm{E}(R_{HML}) + \alpha_i \tag{4.3}$$

式（4.3）中，$\mathrm{E}(R_i)$ 表示股票 i 的预期超额收益率；$\mathrm{E}(R_m)$ 表示市场组合的预期超额收益率；$\mathrm{E}(R_{SMB})$ 表示规模因子的预期超额收益率；$\mathrm{E}(R_{HML})$ 表示价值因子的预期超额收益率；β_i、β_S、β_H 分别表示个股 i 在相应因子上的因子载荷。

CAPM 和 Fama-French 三因子模型是因子模型研究历史上的两座里程碑：CAPM 小而美，在资产定价领域有着坚实的理论基础，在数学上的推导也具有严谨性，具有内在的吸引力。虽然其对收益预测的能力较弱，但仍然是资产定价研究的一个很好的出发点。而 Fama-French 三因子模型在超额收益率方面有更强的预测力，并在实证中得到了验证。受 CAPM 和 Fama-French 三因子模型的启发，因子和因子模型的研究在近三十年来蓬勃发展，人们提出了更多的定价因子和多因子模型。这一部分我们将在第三节和大家做进一步的介绍。

专栏 4-2　Fama-French 三因子模型的构建

法码（Fama）和弗兰奇（French）选择纽交所、纳斯达克和美国证券交易所的上市股票数据作为数据集，从中提取了市值和账面市值比两个指标作为规模因子和价值因子的代理变量，通过双排序的方法进行分组。具体的操作步骤如下：

（1）取纽交所上市公司市值的中位数，将三个市场中市值高于中位数的股票分入 Big（大市值）组，其他分入 Small（小市值）组。

（2）在上述分组的基础上，取每组上市公司账面市值比的上 30 分位数和下 30 分位数，将三个市场中账面市值比高于上 30 分位数的股票分入 BM-H 组，账面市值比低于下 30 分位数的股票分入 BM-L 组，其他股票分入 BM-M 组。

（3）根据以上的双因子排序，得到一共六个组别，即 S/H、S/M、S/L、B/H、B/M 和 B/L 组，见表 4-1。

表 4-1　市值–BM 双排序分组

		BM		
		H 组（30）	M 组（40）	L 组（30）
市值	S 组（50）	S/H	S/M	S/L
	B 组（50）	B/H	B/M	B/L

（4）根据以上分组，规模因子的超额收益等于三个小市值组合（S/H、S/M 和 S/L）的等权平均收益率减去三个大市值组合（B/H、B/M 和 B/L）的等权平均收益率；而价值因子的超额收益等于两个高账面市值比组合（S/H 和 B/H）的等权平均收益减去两个低账面市值比组合（S/L 和 B/L）的等权平均收益。

第二节　Alpha 与市场异象

一、Alpha 收益

在式（4.1）中，α_i 代表实际预期收益率和模型隐含的预期收益率的差值，即资产 i 不能由因子模型所解释的那部分收益（或称为定价误差）。如果市场被理性定价，且资产收益率完全由式（4.1）中给定的因子收益率和风险暴露决定，则 α_i 应为 0。但若这个定价误差存在，则可能有两个原因：①模型的估计误差，即模型本身设定不存在问题，而是来自数据样本仅仅是总体的一部分导致了误差；②模型本身设定存在偏误，比如式（4.1）的右侧遗漏了重要的定价因子，那么应用最小二乘法得到的参数估计量总是有偏的，导致最后估计值也是有偏的。

如今的大数据时代为我们提供了大量的估计样本。根据中心极限定理，在大样本的情况下，样本回归模型总是收敛于总体回归模型。所以，我们一般不考虑上述的第一种原因产生的误差。但第二种原因却需要经过一定的检验，即如果检验结果不能拒绝原假设，即 α_i 并不是显著存在的，那么可以把 α_i 看成是一种随机扰动；但如果检验结果可以拒绝原假设，即 α_i 是显著存在的，则表明市场中出现了套利的机会。这也说明了由于某些原因，比如因子定价模型遗漏了重要的定价因子等，导致该资产上出现了错误的市场定价。最常见的检验方法是 Fama-Macbeth 回归方法，我们将在第五章进行详细介绍。

专栏 4-3　巴菲特与价值投资

在现实中，alpha 是否显著，即错误定价是否存在呢？答案是肯定的。现实中有很多投资者正是通过获得 alpha 收益赚得盆满钵满。这里我们不得不提到一个人：著名的"股神"沃伦·巴菲特（Warren E. Buffett）。在 1976 年到 2011 年执掌伯克希尔哈撒韦公司期间，巴菲特的年化夏普比率（0.76）几乎是市场组合夏普比率的两倍。直观地讲，如果你在 1976 年投资了一美元该公司股票并一直持有，40 年后这笔投资的市场价值将超过 5000 美元，年化收益率接近 24%，这个持续稳定的收益是 CAPM 不能解释的，或者说 CAPM 对巴菲特所构建的投资组合存在错误定价。

那么，为什么巴菲特能够获得 alpha 收益呢？这归功于巴菲特的长期投资理念：他倾向于选择便宜、低风险、高质量的股票。这种稳健的价值投资策略是实体投资思维在股市上的应用，即长期投资稳定发展的公司（蓝筹股公司），以获取该类公司在发展壮大过程中带来的超额股票收益。

当然，要进行价值投资，必须了解股票的定价合理性、风险和质量的判定标准。其中，定价合理性可以通过账面市值比、广告费用和研发费用等来衡量；风险可以通过市场 beta 和异质波动率等来衡量；质量可以通过毛利润资产比、应计利润和净经营性资产等来衡量。

二、资产价格异象

Alpha 收益的显著性表示市场上的确存在着资产价格异象的问题。20 世纪 80 年代，学术界针对该问题展开了一系列研究。实证结果表明，股票收益率在截面和时间维度上常常难以由传统的资产定价模型所解释。截面上，学者们发现某些特征上差异较大的股票，其未来收益之间也存在着很大的差异。但是，这也意味着这些特征可以作为未来收益的预测变量，利用它们可以有效预测股价截面收益率在接下来的表现。表 4-2 列出一些已被学术界广泛认同的经典股价预测变量（特征）。

表 4-2　股票市场主要异象

特征	预测方向	异象名称
过去一个月的股价收益率	−	短期反转
过去六个月的股价收益率	+	动量消息
过去三年的股价收益率	−	长期反转
盈余意外	+	盈余漂移
市值	−	市值效应
财务比率	−	价值效应
系统性波动率	−	Beta 异象
异质波动率	−	波动率之谜
盈利能力	+	盈利效应

表 4-2 中间栏的符号表明对应的股票特征的正面或负面预测能力，如为正，则意味着在

接下来的时期内，那些高特征值股票比低特征值股票拥有更高的收益率表现。例如，威斯康星大学教授德邦特（De Bondt）和康奈尔大学教授塞勒（Thaler）（1985）发现了股价的长期反转现象，即股票过去三到五年的历史收益率能够在截面上负向预测接下来的估计收益率。不过，来自加州大学洛杉矶分校的杰加迪什（Jegadeesh）和蒂特曼（Titman）（1993）却发现了和他们结论相反的动量效应，即股价过去六个月的收益率能显著正向预测接下来的收益表现。以 2015 年的股市为例，在 2015 年年初，由于动量效应，整个上半年股市走势喜人；但长期来看，2015 年 6 月中旬股市出现反转，其后是长达两年多的下行和底部震荡。

除了股票收益率表现出显著的截面特征外，学术界也发现股票收益率在时序上表现出过度波动以及股权溢价等现象。

第三节　多因子模型的新发展

一、因子检验的一般流程

当我们发现一个资产价格异象时，如何检验这个异象因子是否具有构建新的定价因子模型的价值呢？要想得到上述问题的答案，我们要从三个方面进行考虑：①新因子和股票收益率之间的关系；②约束条件对两者之间关系的影响；③新因子的稳健性和边际效用。为了解决这些问题，我们需要综合运用组合和回归的方法。

通常，我们采用单变量组合分析法进行检验。具体而言，单变量组合分析法由以下四步骤组成：①根据股票的因子值进行排序分组；②判断各组的平均收益率之间价差的存在性；③对新因子与股价收益率之间的关系进行稳健性检验。其中，稳健性检验的主要方法有两种：①对新因子和现有的其他定价因子进行双变量组合排序；②采用估计 Fama-MacBeth 第一阶段的因子回归系数来确定因子与股票收益率的关系，获得因子和收益率之间更独立的关系；③探究经济机制解释，常见的有传统的市场套利限制理论和行为金融的理论。图 4-1 总结归纳因子检验的一般性流程。

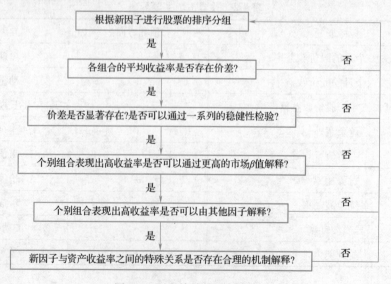

图 4-1　因子检验的一般性流程

接下来，将通过梳理资产定价领域著名的实例，如 Fama-French 五因子模型、Hou-Xue-Zhang 的 q-因子模型、Stamburge-Yuan 的错误定价因子模型以及 Liu-Stambaugh-Yuan 的 CH-3 模型等，为因子模型研究提供思路，也为分析异象因子有效性提供一个参照基准。

二、Fama-French 五因子模型

2015 年，尤金·法码（Eugene F. Fama）和肯尼斯·弗兰奇（Kenneth R. French）从股利贴现模型出发，推导出公司价值是各期净利润和公司账面变动之差的贴现值之和，且发现预期收益率和预期盈利呈正相关，与预期投资呈负相关。于是，他们在 Fama-French 三因子模型的基础上加入了盈利因子和投资因子，提出了新的 Fama-French 五因子模型。该模型的表达式为

$$\mathrm{E}(R_i) = \beta_i \mathrm{E}(R_m) + \beta_S \mathrm{E}(R_{\mathrm{SMB}}) + \beta_H \mathrm{E}(R_{\mathrm{HML}}) + \beta_R \mathrm{E}(R_{\mathrm{RMW}}) + \beta_C \mathrm{E}(R_{\mathrm{CMA}}) + \alpha_i \qquad (4.4)$$

式（4.4）中，$\mathrm{E}(R_i)$ 表示股票 i 的预期超额收益率；$\mathrm{E}(R_m)$ 表示市场组合的预期超额收益率；$\mathrm{E}(R_{\mathrm{SMB}})$ 表示规模因子的预期超额收益率；$\mathrm{E}(R_{\mathrm{HML}})$ 表示价值因子的预期超额收益率；$\mathrm{E}(R_{\mathrm{RMW}})$ 表示盈利因子的预期超额收益率；$\mathrm{E}(R_{\mathrm{CMA}})$ 表示投资因子的预期超额收益率；β_i、β_S、β_H、β_R、β_C 分别表示个股 i 在相应因子上的因子载荷。

和 Fama-French 三因子模型的构建方法类似，Fama 和 French 选择了纽交所、纳斯达克和美国证券交易所的上市股票数据作为数据集，从中提取了权益收益率和总资产变化率两个指标作为盈利因子和投资因子的代理变量，分别与市值一起对股票进行了双因子的排序分组。具体的操作步骤如下：

（1）取纽交所上市公司市值的中位数，将三个市场中市值高于中位数的股票分入 Big（大市值）组，其他分入 Small（小市值）组。

（2）在上述分组的基础上，取每组上市公司权益收益率的上 30 分位数和下 30 分位数，将三个市场中权益收益率高于上 30 分位数的股票分入 ROE-R 组，权益收益率低于下 30 分位数的股票分入 ROE-W 组，其他股票分入 ROE-N 组。

（3）根据以上的双因子排序，一共得到六个组别，即 S/R、S/N、S/W、B/R、B/N 和 B/W 组，见表 4-3。

表 4-3　市值-ROE 双排序分组

市值		ROE		
		R 组（30）	N 组（40）	W 组（30）
市值	S 组（50）	S/R	S/N	S/W
	B 组（50）	B/R	B/N	B/W

（4）计算盈利因子的超额收益，表达式为

$$R_{\mathrm{RMV}} = 1/2(R_{\mathrm{S/R}} + R_{\mathrm{B/R}}) - 1/2(R_{\mathrm{S/W}} + R_{\mathrm{B/W}}) \qquad (4.5)$$

（5）在（1）分组的基础上，取每组上市公司总投资变化率的上 30 分位数和下 30 分位数，将三个市场中总投资变化率高于上 30 分位数的股票分入"总资产变化率-A 组"，总投资变化率低于下 30 分位数的股票分入"总资产变化率-C 组"，其他股票分入"总资产变化率-N 组"。

（6）根据以上的双因子排序，一共得到六个组别，即 S/A、S/N*、S/C、B/A、B/N* 和 B/C 组（*是为了和盈利因子的分组相区别），见表 4-4。

表 4-4　市值–总资产变化率双排序分组

		总资产变化率		
		A 组（30）	N 组（40）	C 组（30）
市值	S 组（50）	S/A	S/N*	S/C
	B 组（50）	B/A	B/N*	B/C

（7）根据以上分组计算投资因子的超额收益，表达式为

$$R_{RMV} = 1/2(R_{S/A} + R_{B/A}) - 1/2(R_{S/C} + R_{B/C}) \tag{4.6}$$

（8）值得注意的是，规模因子的构建是基于其他三个因子的分组排序结果的。在价值因子、盈利因子和投资因子的提取过程中，我们分别用账面市值比、权益收益率和总资产变化率对市值进行了双因子排序，一共得到了 18（3×6）个投资组合。根据以上分组计算规模因子的超额收益，表达式为

$$R_{SMB} = 1/9(R_{S/H} + R_{S/M} + R_{S/L} + R_{S/R} + R_{S/N} + R_{S/W} + R_{S/A} + R_{S/N*} + R_{S/C}) -$$
$$1/9(R_{B/H} + R_{B/M} + R_{B/L} + R_{B/R} + R_{B/N} + R_{B/W} + R_{B/A} + R_{B/N*} + R_{B/C}) \tag{4.7}$$

Fama-French 五因子模型是 Fama-French 三因子模型随市场变化而改进的模型，它在股票的超额收益率方面表现出更强的预测力，一经提出就在资产定价的实证领域得到了广泛运用。但推导过程受到了学界的一定质疑。而接下来要介绍的 Hou-Xue-Zhang 的 q-因子模型，两者的思想几乎一致，但推导过程却大不相同。

三、Hou-Xue-Zhang 的 q-因子模型

美国俄亥俄州立大学教授、上海交通大学特聘教授侯恪惟（Kewei Hou）及其合作者于 2015 年以实体投资经济学理论为基础提出了新的四因子模型，由于实体投资经济学理论又叫 q-理论，所以该模型又被称为 q-因子模型。根据公司金融的净现值原则，公司投资的边际条件是投资边际收益的折现值等于投资边际成本的折现值，这也意味着折现率等于盈利率除以投资成本率。因此，在盈利率给定的条件下，投资越多的公司（意味着边际投资成本率越高）折现率越低，股票的预期收益率也越低。当投资给定时，盈利率越高的公司，折现率越高，股票预期收益率也越高。总而言之，股票收益率和投资呈反比，和盈利率呈正比。在以上理论的基础上，Hou 等人提出了包含市场、规模、投资和盈利的四因子模型，表达式为

$$E(R_i) = \beta_i E(R_m) + \beta_M E(R_{ME}) + \beta_I E(R_{I/A}) + \beta_R E(R_{ROE}) + \alpha_i \tag{4.8}$$

式（4.8）中，$E(R_i)$ 表示股票 i 的预期超额收益率；$E(R_m)$ 表示市场组合的预期超额收益率；$E(R_{ME})$ 表示规模因子的预期超额收益率；$E(R_{I/A})$ 表示投资因子的预期超额收益率；$E(R_{ROE})$ 表示盈利因子的预期超额收益率；β_i、β_M、β_I、β_R 分别表示个股 i 在相应因子上的因子载荷。

侯恪惟教授选择纽交所、纳斯达克和美国证券交易所的上市股票数据作为数据集，从中提取了权益收益率和总资产变化率两个指标作为盈利因子和投资因子的代理变量。取纽交所上市公司市值的中位数，将三个市场中市值高于中位数的股票分入大市值组（Big），低于中

位数的股票分入小市值组（Small），ROE 和总资产变化率按纽交所 30% 和 70% 分位数进行划分。用三排序方法得到一共 18 个投资组合，每个投资组合内的加权方法为市值加权。用 $(X/Y/Z)$ 作为定性变量组来表示三排序分组的结果，其中 X 表示市值，Y 表示 ROE，Z 表示总资产变化率，X 分为大小两组（B 和 S），Y 和 Z 分为高中低三组（L、M 和 S）。例如，S/M/L 表示小市值、中 ROE 和高资产变化率的投资组合。

根据以上分组计算规模因子的超额收益，表达式为

$$R_{ME} = 1/9(R_{SSS}+R_{SSM}+R_{SSL}+R_{SMS}+R_{SMM}+R_{SML}+R_{SLS}+R_{SLM}+R_{SLL}) - \tag{4.9}$$
$$1/9(R_{BSS}+R_{BSM}+R_{BSL}+R_{BMS}+R_{BMM}+R_{BML}+R_{BLS}+R_{BLM}+R_{BLL})$$

计算盈利因子的超额收益，表达式为

$$R_{ROE} = 1/6(R_{SLS}+R_{SLM}+R_{SLL}+R_{BLS}+R_{BLM}+R_{BLL}) - \tag{4.10}$$
$$1/6(R_{SSS}+R_{SSM}+R_{SSL}+R_{BSS}+R_{BSM}+R_{BSL})$$

计算投资因子的超额收益，表达式为

$$R_{I/A} = 1/6(R_{SSL}+R_{SML}+R_{SLL}+R_{BSL}+R_{BLM}+R_{BLL}) - \tag{4.11}$$
$$1/6(R_{SSS}+R_{SMS}+R_{SLS}+R_{BSS}+R_{BMS}+R_{BLS})$$

将 Hou-Xue-Zhang 的 q-因子模型和 Fama-French 五因子模型放在一起比较，可以发现两个模型结构非常相似，主要区别如下：

（1）q-因子模型有更加完善的理论基础，其从实体投资学理论出发，解释了盈利因子和投资因子对预期收益率的影响机制，并提出了一个公司投资决策模型。

（2）q-因子模型没有考虑价值因子的影响。

（3）q-因子模型在构建投资组合时采用的是三排序方法，而五因子模型采用的是其他因子和规模因子之间的双排序方法。

四、Stambaugh-Yuan 错误定价因子模型

宾夕法尼亚大学的罗伯特·斯坦博教授（Robert F. Stambaugh）及其合作者 2017 年从行为金融学的角度出发，根据投资者的有限理性和认知偏差探索了错误定价现象，提出了新的四因子模型。Stambaugh 等在之前研究的基础上，结合了余剑锋教授在错误定价的一系列研究，总结出了 11 个 Fama-French 三因子模型无法解释的市场异象。将这些异象分为管理因子和表现因子，得到了错误定价的四因子模型，表达式为

$$E(R_i) = \beta_i E(R_m) + \beta_S E(R_{SMB}) + \beta_M E(R_{MGMT}) + \beta_P E(R_{PERF}) + \alpha_i \tag{4.12}$$

式（4.12）中，$E(R_i)$ 表示股票 i 的预期超额收益率；$E(R_m)$ 表示市场组合的预期超额收益率；$E(R_{SMB})$ 表示规模因子的预期超额收益率；$E(R_{MGMT})$ 表示管理因子的预期超额收益率；$E(R_{PERF})$ 表示表现因子的预期超额收益率；β_i、β_S、β_M、β_P 分别表示个股 i 在相应因子上的因子载荷。

罗伯特·斯坦博教授选择纽交所、纳斯达克和美国证券交易所的上市股票数据作为数据集，从中提取了股票净发行量、复合股权发行量、应计利润、净营业资产、总资产增长率、投资与总资产之比、财务困境、O-分数、动量、毛利润和总资产回报率，然后构建管理因子和表现因子，分别与市值进行双排序的方法进行分组。具体的操作步骤如下：

（1）根据 11 个指标的相关性分为两组，第一组包括股票净发行量、复合股权发行量、应计利润、净营业资产、总资产增长率和投资与总资产之比六个指标，为管理因子组；第二

组包括财务困境、O-分数、动量、毛利润和总资产回报率五个指标，为表现因子组。

（2）每个月月末，将所有股票按 11 个指标分别进行排序，和预期超额收益率正相关的指标升序排列，和预期超额收益率负相关的指标降序排列。那么每支股票将有 11 个排名，再按照（1）中的分组分别计算两个组的综合排名（算术平均），就得到了管理因子和表现因子。综合排名越大，说明股票价格被高估的可能性越大，其预期收益率也越低。

（3）取纽交所上市公司市值的中位数，将三个市场中市值高于中位数的股票分入 Big（大市值）组，其他分入 Small（小市值）组。

（4）在上述分组的基础上，取每组上市管理因子排名的上 20 分位数和下 20 分位数，将三个市场中管理因子排名大于上 20 分位数的股票分入 MGMT-R 组，管理因子排名小于下 20 分位数的股票分入 MGMT-W 组，其他股票分入 MGMT-N 组。

（5）根据以上的双因子排序，一共得到六个组别，即 S/R、S/N、S/W、B/R、B/N 和 B/W 组，见表 4-5。

表 4-5　市值−管理因子双排序分组

		管理因子		
		R 组（20）	N 组（60）	W 组（20）
市值	S 组（50）	S/R	S/N	S/W
	B 组（50）	B/R	B/N	B/W

（6）根据以上分组，计算管理因子的超额收益。表达式为

$$R_{\mathrm{MGMT}} = 1/2(R_{\mathrm{S/R}}+R_{\mathrm{B/R}})-1/2(R_{\mathrm{S/W}}+R_{\mathrm{B/W}}) \tag{4.13}$$

（7）在（3）分组的基础上，取每组上市公司表现因子排名的上 20 分位数和下 20 分位数，将三个市场中表现因子排名大于上 20 分位数的股票分入 PERF-A 组，表现因子排名小于下 20 分位数的股票分入 PERF-C 组，其他股票分入 PERF-N 组。

（8）根据以上的双因子排序，一共得到六个组别，即 S/A、S/N*、S/C、B/A、B/N* 和 B/C 组（* 是为了和管理因子的分组相区别），见表 4-6。

表 4-6　市值−表现因子双排序分组

		表现因子		
		A 组（20）	N 组（60）	C 组（20）
市值	S 组（50）	S/A	S/N*	S/C
	B 组（50）	B/A	B/N*	B/C

（9）根据以上分组，计算投资因子的超额收益，表达式为

$$R_{\mathrm{PERF}} = 1/2(R_{\mathrm{S/A}}+R_{\mathrm{B/A}})-1/2(R_{\mathrm{S/C}}+R_{\mathrm{B/C}}) \tag{4.14}$$

（10）基于上述结果构建规模因子。在管理因子和表现因子的构建过程中我们根据双变量排序法一共得到了 12（2*6）个投资组合。Stambaugh 等只使用中等组（N 组）的四个投资组合计算规模因子的超额收益，表达式为

$$R_{\mathrm{SMB}} = 1/2(R_{\mathrm{S/N}}+R_{\mathrm{S/N}^*})-1/2(R_{\mathrm{B/N}}+R_{\mathrm{B/N}^*}) \tag{4.15}$$

五、Liu-Stambaugh-Yuan 的 CH-3 模型

Fama-French 三因子模型和上述其他模型都是以美国市场为基础提出的。但是，作为在市场效率、投资者结构等方面具有较大不同的中国市场，简单地套用上述模型的合理性有待商榷。所以，探索和发展一个更加适用于中国市场的资本资产定价模型具有很强的现实意义。为了使模型更加贴合中国实际，我们先来了解一下中国和美国市场在政治制度和市场环境之间的差异，主要体现在以下几点：

（1）中国的股市起源于 20 世纪 90 年代，但最初 10 年的发展不是一帆风顺，股票数量较少，2000 年以后的股票数据更具有研究意义。

（2）中国股市最初上市的股票中有相当大一部分是国有企业改制而来，其价格反映的不完全是市场信息。

（3）中国主要股票交易所实行审批制，市场准入门槛更高，和美国存在着较大的差异。

（4）中国的国际收支账户管理规则中，目前经常项目实现了可自由兑换，资本项目的可自由兑换还在计划试点阶段。

基于上述背景，我们对 Fama-French 三因子模型在中国市场的适用性进行一定的分析：规模效应和价值效应这两个使用最广泛的非市场因素在中国市场同样适用，同时也是许多机构在划分投资风格时最突出的特征。但中国市场和美国市场存在着较大的差异，完全运用 Fama-French 三因子选取的代理指标是不够合理的。所以，罗伯特·斯坦博（Robert F. Stambaugh）、袁宇（Yu Yuan）和刘佳楠（Jiaan Liu）（2019）提出了具有

相较于 Fama-French 三因子模型，CH-3 模型在模型表达式上未做修改，但 Liu 等人在构建规模因子和价值因子时充分考虑了中国市场的特殊性，即在构造规模因子时，删除了市值最小的 30% 的公司。这是因为中国 IPO 市场监管十分严格，私营公司通常采用反向合并，借壳上市的方法；而在反向合并中，那些小公司因为较好收购，成了最有吸引力的"空壳目标"。根据统计数据，中国市场上 83% 的反向并购交易涉及的壳来自这些市值规模位于底部的 30% 的公司。这也意味着，这些小公司的市值反映的不再是其基础业务的价值，而是作为"壳公司"的价值，其股票收益回报和经营基本面的关联度较低，需要剔除。而在构造价值因子时，斯坦博（Stambaugh）等通过应用 Fama-MacBeth 回归，一一探究了市盈率、账面市值比、资产市值比和现金流价格比等备选指标的结果，发现市盈率显著优于其他指标（而 Fama 和 French1992 年发现账面市值比显著优于其他指标），所以选取市盈率来构建价值因子。

具体而言，CH-3 模型的表达式为

$$E(R_i) = \beta_i E(R_m) + \beta_S E(R_{SMB}) + \beta_E E(R_{EP}) + \alpha_i \tag{4.16}$$

式中，$E(R_i)$ 表示股票 i 的预期超额收益率；$E(R_m)$ 表示市场组合的预期超额收益率；$E(R_{SMB})$ 表示规模因子的预期超额收益率；$E(R_{EP})$ 表示价值因子的预期超额收益率；β_i、β_S、β_E 分别表示个股 i 在相应因子上的因子载荷。

刘佳楠等从万得数据库中提取了中国 A 股市场的股票数据（2000 年到 2016 年），并从中提取了市值和账面市值比两个指标作为规模因子和价值因子的代理变量，通过双排序的方法进行分组。具体的操作步骤如下：

（1）按照市值对上市公司进行排序，剔除市值最小的 30% 的股票，形成新的数据集。

（2）取新的数据集中上市公司市值的中位数，将市场中市值高于中位数的股票分入 Big（大市值）组，其他分入 Small（小市值）组。

（3）在上述分组的基础上，取每组上市公司市盈率的上 30 分位数和下 30 分位数，将三个市场中市盈率高于上 30 分位数的股票分入 EP-V 组，市盈率低于下 30 分位数的股票分入 EP-L 组，其他股票分入 EP-G 组。

（4）根据以上的双因子排序，一共得到六个组别，即 S/V、S/M、S/G、B/V、B/M 和 B/G 组，见表 4-7。

表 4-7　市值–EP 双排序结果

		EP		
		V 组（30）	M 组（40）	G 组（30）
市值	S 组（50）	S/V	S/M	S/G
	B 组（50）	B/V	B/M	B/G

根据以上分组，计算规模因子的超额收益，其表达式为

$$R_{SMB} = 1/3(R_{S/V} + R_{S/M} + R_{S/G}) - 1/3(R_{B/V} + R_{B/M} + R_{B/G}) \qquad (4.17)$$

计算价值因子的超额收益，其表达式为

$$R_{EP} = 1/2(R_{S/V} + R_{B/V}) - 1/2(R_{S/G} + R_{B/G}) \qquad (4.18)$$

第四节　因子分类

因子模型提出后，学术界和业界掀起一股因子研究热潮。本节梳理了近年来陆续被发现的因子，并讨论了"因子挖掘热潮"现象。需要注意的是，由于因子经常以指标或变量的方式作为载体，因此本节提及的指标、变量等概念如不做说明则均与因子表达同义。

一、常见的因子分类

侯恪惟教授（Kewei Hou）及其合作者（2020）将目前学术界研究的众多因子进行了归纳并按照因子指代的特征将其分为六大类，即估值和成长类、投资类、盈利类、动量类、交易摩擦类以及无形资产类，具体如下：

（1）估值和成长类。估值和成长类指标是目前市场上使用最广的因子类，同时也具有最深厚的理论基础，比如股利折现理论、现金流折现理论、估值比例定价理论以及杜邦分析法等。估值和成长类指标中的 AM、BM 等指标衡量的是规模效应，成因是小规模公司异象，即小市值股票比大市值股票的收益率往往更高，对于这种异象的解释多种多样：一方面小市值公司往往面临着更大的财务风险，资产的流动性一般较低，因此有着更高的破产风险，根据风险补偿说，这类股票一般要求更高的预期收益率；另一方面，大市值公司往往具有更高的知名度，人们一般认为这类公司会维持较好的经营业绩，所以偏爱这类股票（比如蓝筹股），而小市值公司不得不提供更高的预期收益率来弥补知名度的不足，以此来吸引投资。表 4-8 列出了 10 个常见的估值与成长类指标与其文献出处。

表 4-8　10 个常见的估值与成长类指标与其文献出处

缩写	名称	文献出处
AM	资产市值比（Assets-to-market）	Fama and French（1992）
BM	账面市值比（Book-to-market equity）	Rosenberg，Reid，Lanstein（1985）
CFP	现金流股价比（Cash flow-to-price）	Lakonishok，Shleifer，Vishny（1994）
DER	债务股本比（Debt-to-equity ratio）	Bhandari（1988）
LDME	长期债务对产权的比率（Long term debt-to-market equity）	Bhandari（1988）
DP	红利价格比（Dividend-to-price ratio）	Litzenberger and Ramaswamy（1982）
EP	市盈率（Earnings-to-price）	Basu（1983）
LG	债务增长（Liability growth）	Richardson，Sloan，Soliman，et al（2005）
OCFP	营运现金流价格比（Operating cash flow-to-price）	赵春光（2004）
PY	股息股价比（Payout yield）	Boudoukh，Michaely，Richardson，et al（2007）

（2）投资类。投资类指标主要为一系列和投资相关的增量及增长率指标，其理论基石是公司金融经典的 q-理论。根据公司金融的观点，公司投资行为的目的是为了最大化股东权益，在此基础上衍生出了公司投资行为的判定标准：投资项目的预期现金流入的贴现值大于等于项目投入成本的贴现值（所使用的贴现率是加权平均资本成本而不是无风险利率），或者说投资项目的内在收益率大于等于公司的加权平均资本成本。在公司可供选择的投资项目不变的情况下，公司的总投资增加，将导致投资的内在收益率逐渐降低；为满足公司盈利的要求，公司的加权平均资本成本应相应降低；在公司资本结构不变的条件下，公司的股票期望收益率也应该相应降低。总而言之，投资越高的公司，股票期望收益率往往越低。表 4-9 列出了 10 个常见的投资类指标与其文献出处。

表 4-9　10 个常见的投资类指标与其文献出处

缩写	名称	文献出处
AE	应计收入（Accrued revenue）	Sloan（1996）
PAE	百分比应计收入（Percent Accrued revenue）	Hafzalla，Lundhom，Van Winkle（2011）
CAPXG	资本开销增长率（Capital expenditure growth）	Mcconnell and Muscarella（1985）
SER	股东权益比率（Shareholder equityrate）	Richardson，Sloan，Soliman，et al（2005）
IAR	存货资产比率（Inventory-to-asset ratio）	Lyandres，Sun，Zhang（2008）
IA	投资资产比（Investment-to-assets）	Cooper，Gulen，Schill（2008）
TAGR	总资产增长率（Total assets growth rate）	吴世农，冉孟顺，肖珉，李雅莉（1999）
IVC	存货变化率（Inventory change）	Thomas，Zhang（2002）
IVG	存货增长率（Inventory growth）	Belo，Lin（2011）
NOA	净运营资本（Net operating assets）	Hirshleifer，Hou，Teoh，et al（2004）
REALESTATE	房地产投资量（Real estate holdings）	Tuzel（2010）

（3）盈利类。盈利类指标主要为一系列影响公司盈利能力的指标，其理论基础是股利折现模型、公司金融的内含增长率和可持续增长率相关理论。一方面，公司股票的价格是未来股利的贴现值，未来的股利越多，股票的价格越高，其预期收益率也越高；在公司股利政策保持不变的基础上，公司的股利和公司的税后净利润正相关，所以盈利因子对公司的预期股票收益率有显著的预测能力。另一方面，根据公司金融相关理论，公司的可持续增长率由公司的股利支付率和股东权益收益率决定，而可持续增长率是公司在稳定经营（公司不改变经营杠杆和财务杠杆）条件下税后净利润的稳定增长率，所以也是公司股价的稳定增长率，即股票的预期收益率。而各类盈利类指标考虑了现实的经济环境中各种因素的影响，对股票收益率有着更加显著的预测能力。表4-10列出了10个常见的盈利类指标与其文献出处。

表4-10 10个常见的盈利类指标与其文献出处

缩写	名称	文献出处
ATO	资产换手率（Asset turnover）	Soliman（2008）
CFOA	现金流资产比（Cash flow over assets）	Asness, Frazzini, Pedersen（2017）
CP	现金生产率（Cash productivity）	Chandrashekai, Rao（2009）
CTA	现金资产比（Cash-to-assets）	Palazzo（2012）
CTO	资本换手率（Capital turnover）	Haugen, Baker（1996）
EBIT	息税前收益（Earnings before interests and taxes）	Greenblatt（2006）
EY	企业收益率（Earnings yield）	Greenblatt（2006）
GM	边际毛利（Gross margins）	Novy-Marx（2013）
GP	毛利润率（Gross profitability）	Novy-Marx（2013）；Jiang, Qi, Tang（2018）
NPOP	净股利分配率（Net payout over profits）	Asness, Frazzini, Pedersen（2017）

（4）动量类。动量类指标是一系列的惯性指标。一部分学者认为，在过去表现好的股票在未来仍会保持较高的收益率，而过去表现差的股票在未来也会有较低的收益率，这有些类似物理学中惯性的定义，所以将依据这类现象构建的指标称为惯性指标或动量指标。股票的动量MTM等于当日的收盘价减去N期前的收盘价，然后对动量取M期的移动平均为中心线MTMMA，当动量MTM位于中心线MTMMA之上时，我们认为股票有着向上的趋势；当动量MTM位于中心线MTMMA之下时，我们认为股票有着向下的趋势。根据M、N取值的不同，可以得到不同的动量指标。将收盘价换成交易量，可以得到交易量趋势。将研究标的由个股换成整个行业的投资组合，可以得到行业惯性。动量因子的直观理解为"强者恒强，弱者恒弱"，但其理论基础一直饱受争议。有学者将其动因归于系统性风险敞口，即赢家组合（跑赢大盘的股票组合）和输家组合（跑输大盘的股票组合）的系统性风险暴露不同，且时刻在改变；另一部分学者认为动量因子的成因是投资者的同质性假设不再满足，他们具有行为偏差，比如过度自信、心理账户、外推预期偏差等。实证经验表明，相较于小市值股票，大市值股票的动量效应往往更强。表4-11列出了10个常见的动量类指标与其文献出处。

116

表 4-11　10 个常见的动量类指标与其文献出处

缩写	名称	文献出处
CHMOM	6 个月惯性变化（Change in 6-month momentum）	Gettleman，Marks（2006）
VOLT	交易量趋势（Volume trend）	Haugen，Baker（1996）
INDMOM	行业惯性（Industry momentum）	Moskowitz，Grinblatt（1999）
MOM1M	1 个月惯性（1-month momentum）	Jegadeesh，Titman（1993）
MOM6M	6 个月惯性（6-month momentum）	Jegadeesh，Titman（1993）
MOM12M	12 个月惯性（12-month momentum）	Jegadeesh，Titman（1993）
MOM36M	36 个月惯性（36-month momentum）	Jegadeesh，Titman（1993）
VOLT	交易量趋势（Volume trend）	Haugen，Baker（1996）

（5）交易摩擦类。所谓交易摩擦，指金融资产在交易中存在的难度，可以由交易一定数量某金融资产的最佳占用时间来测定，也可由交易所需要的价格让步来测定。该指标实质上衡量的是股票市场中的流动性是否充沛，所以交易摩擦类指标主要为一系列反映股票流动性的指标。由于最佳占用时间和价格让步一般难以直接观测，所以需要代理变量来度量交易摩擦。早期的理论一般认为换手率和波动率能较好地衡量交易摩擦，低的换手率和高的波动率意味着低的流动性；但纽约大学金融学教授阿米胡德（Amihud）（2002）定义了非流动性指标，即单位成交金额对应的平均收益变化，自此单一的换手率一般不再用来衡量流动性。而投资者往往对流动性低的股票要求额外的流动性溢价补偿，所以其预期收益率一般较高。表 4-12 列出了 10 个常见的交易摩擦类指标与其文献出处。

表 4-12　10 个常见的交易摩擦类指标与其文献出处

缩写	名称	文献出处
B_DIM	蒂姆森系数（The Dimson beta）	Dimson（1979）
B_DN	下行系数（Downside beta）	Ang，Chen，Xing（2006）
BETA	系统性风险系数（Market beta）	Fama，MacBeth（1973）
BETASQ	系统性风险系数方差（Beta squared）	Fama，MacBeth（1973）
B_FF	法马弗伦奇系数（Fama and French（1992）beta）	Fama，French（1992）
B_FP	弗兰兹尼与皮特森系数（Frazzini and Pedersen（2014）beta）	Frazzini，Pedersen（2014）
B_HS	洪与斯拉尔系数（Hong and Sraer（2016）beta）	Hong，Sraer（2016）
IVOL	异质性收益波动率（Idiosyncratic return volatility）	Ali，Hwang，Trombley（2003）
ILLIQ	非流动性（Illiquidity）	Amihud（2002）
MAXRET	最大日收益（Maximum daily returns）	Bali，Cakici，Whitelaw（2011）

（6）无形资产类。无形资产是指没有实物形态的可辨认非货币性资产，主要包括金融

资产、长期股权投资、专利权、商标权、人力资本和商誉等，它们没有物质实体，而是表现为某种法定权利或技术，主要反映的是公司可持续经营和未来发展的软实力，而无形资产类指标正是衡量这类资产的因子。由于计量的便利性与收益的确定性和稳定性，有形资产可以在资产负债表中可靠计量，广泛应用于传统的资产定价，但随着近年来互联网行业和高科技行业的飞速发展，以及知识产权保护法的不断完善，单纯的有形资产已经不能有效地衡量公司的规模和发展潜力，无形资产的识别和计量已经成为资产定价领域的研究热点。资产定价领域的无形资产因子主要集中于研发能力、营运能力、营销能力、人力资源和商誉等方面的衡量。表 4-13 列出了 10 个常见的无形资产类指标与其文献出处。

表 4-13　10 个常见的无形资产类指标与其文献出处

缩写	名称	文献出处
AGE	公司年龄（Firm age）	Jiang，Lee，Zhang（2005）
CFD	现金流负债比（Cash flow-to-debt）	Ou，Penman（1989）
CR	流动比率（Current ratio）	Ou，Penman（1989）
CRG	流动比率增长（Current ratio growth）	Ou，Penman（1989）
QR	速动比率（Quick ratio）	Ou，Penman（1989）
QRG	速动比率增长（Quick ratio growth）	Ou，Penman（1989）
SC	销量现金比（Sales-to-cash）	Ou，Penman（1989）
SI	销量存货比（Sales-to-inventory）	Ou，Penman（1989）
RDM	研发支出与市值比	Chan，Lakonishok，Sougiannis（2001）
RCA	资产加权研发资本市值比	Li（2011）

专栏 4-4　因子大爆炸，因子动物园和因子大战

自从 20 世纪 80 年代规模效应、价值效应、一月效应等 CAPM 不能解释的市场异象相继提出，资产定价领域掀起了寻找异象因子的风潮。在过去四十年里，一个个定价因子如雨后春笋般冒出，尤其是 2000 年以后，进入了一个"因子大爆炸"的时期。

"因子大爆炸"导致的直接结果是目前市场已被发现的异象因子已经超过 200 个。形形色色的异象因子，繁杂如一个"因子动物园（factor zoo）"。可如此多的因子，真的是一件好事吗？发掘因子的目的是为了构建因子定价模型，然后预测资产的预期收益，而一个优秀的因子定价模型应该就超额收益率的驱动（因子）和驱动背后的原因（因子的解释）做出解答。而如今的部分因子模型不再以解决这两个问题为导向，而只是尽可能多地解释市场异象。这种现象又被称为"因子大战"。随着大数据的普及和新的统计方法的提出，新的多因子模型当然能比 Fama-French 三因子模型解释更多的市场异象，但人们往往不会深究因子背后隐藏的经济原理。那么它们真的是更好的模型吗？这个问题值得深思。

二、其他特色因子

从上一小节的因子分类可以看出，因子指标构建所需要的数据绝大部分来源于金融市场和上市公司数据，进而导致因子的过度挖掘。过度挖掘导致因子独立性担忧，也推动学者一方面开始使用多变量构建符合因子的方法来研究资产定价，另一方面促使其使用更加独特的数据集来进行实证研究，这时候就不得不提及金融学的另一个分支，行为金融学。

行为金融学研究的是投资者的非理性行为和资产收益率之间的关系，他们的非理性投资导致资产价格的偏移，即市场中的错误定价的产生。行为金融学中常用于解释错误定价原因的主要有三大理论：预期偏差、风险偏好和投资者情绪。

（1）预期偏差。预期偏差中比较著名的理论是过度外推。价格外推是指人们根据动量效应，总是认为历史表现好的股票在未来一段时间仍然将维持较高的收益率，历史表现差的股票在未来一段时间仍然将维持较低的收益率。一旦投资者的这种错误外推没有在真实世界中得到验证，投资者们就会恐慌，从而平仓甚至进行反向交易，导致长期反转和价值异象。

（2）风险偏好。风险偏好中比较出名的理论是"彩票股"。对于某些收益率分布偏度为正的股票来说，其左尾（意味着极端亏损）发生的概率较低，而右尾（意味着高额的收益）发生的概率较高，这种股票给人的感觉和彩票类似，让人欲罢不能，风险偏好较强的投资者对这类股票的过分追逐，造成了这类股票的定价较高，从而导致其预期收益率往往较低。

（3）投资者情绪。理论上，在市场投资者情绪高涨的时期，投资者对个股以及整个市场的前景都比较乐观，导致了过度的需求，短期内造成股票市场价格的整体过度上涨。长期来看，个股和整个市场都存在均值回归，这往往意味着更低的收益率。相反，在市场投资者情绪低迷的时期，投资者对个股以及整个市场的前景都比较消极，导致了需求的减少，短期内导致股票市场价格的整体过度下跌，而根据均值回归，股票市场在长期上往往具有较高的收益率。现在学术界衡量投资者情绪的指标主要有两类，一类是基于市场交易数据，比如市场资金的净流入量、基于股指期货的隐含波动率计算的恐慌指数（VIX）等，这类投资者情绪指标在业界已经有比较成熟的应用体系；另一类是基于文本数据提取的投资者情绪指标，但如何从卷帙浩繁的叙述性信息中提取出一个可以用于资本资产定价的定量型因子，一直是困扰该领域发展的首要难题。

随着通信技术和互联网技术的飞速发展，文本大数据（比如新闻报道、公司业绩披露、社交媒体等信息）的可获得性大大提高，并引起了学者们的广泛关注。利用多种文本方法提取文本信息研究资产定价问题逐渐成为金融实证研究领域的热点。相对于金融市场交易数据所包含的信息，文本信息涵盖面更广，因此为研究者理解金融资产价格提供了新的角度。目前在衡量文本信息的大多数研究中，经常使用的分析法是"文字包"（Bag of words）技术，即在假设文字顺序并不影响信息传递质量的前提下，将大量的文本内容简化成一个以不同文字为行，文字频数为列的矩阵。此外，研究者还可以通过不同的文本特征，如文本可读性、文本叙述方法等进行文本分析，从而推断文本创作者所持的观点或情绪，并考察相应的市场反应。

专栏 4-5 中国特色因子模型研究实例

中国作为世界上最大的发展中国家和第二大的资本市场，其政策、市场环境和投资者结

119

构等和西方发达国家存在较大的差异。响应国家"将论文写在祖国大地上"的号召,越来越多的中国学者提出了基于中国市场数据的"中国特色因子"。例如,湖南大学唐国豪副教授、中央财经大学张定胜教授和厦门大学姜富伟教授(2016)提出了中国市场文本数据的主要类别(公司业绩披露、媒体新闻报道、社交论坛讨论等),并整理了主要的文本分析方法(词汇分类字典法、文本词汇加权和基于机器学习的朴素贝叶斯法等);中央财经大学李富军和厦门大学姜富伟教授(2019)从行为金融的视角出发,对投资者理性特征影响动量效应的机制和结果进行了分析,发现投资者异质信念加剧了动量效应并延长了其持续时间,处置效应对动量效应的大小和久期具有抑制作用;上海财经大学刘莉亚教授(2019)研究了使用声音情绪识别技术来研究上市公司发布会高管语音对绩效、投资者和分析师判断的影响;刘莉亚教授及其合作者(2019)研究了选择电话交流的分析师类型,并以此为基础讨论了语言情绪是否是分析师自身乐观的有效代理变量,最后分析了乐观情绪的产生机制和影响;姜富伟等(2020)提出了一个全新的市场情绪测度指标——管理层情绪指数,以此反映上市公司管理层对公司未来财务状况做出的过于乐观或悲观的非理性预期,并以此为基础,探讨了公司管理层情绪对公司股价的长期影响;姜富伟、孟令超、唐国豪(2021)在 Loughran and MacDonald 词典的基础上通过人工筛选和 word2vec 算法,扩充了一个更适用于中国市场的金融情感词典,并根据经济金融新闻报道提取新闻文本情绪指数,然后探索了媒体文本情绪对我国整体股票市场的样本内与样本外预测能力和资产配置检验等。中文金融情感词典的构造如图 4-2 所示。

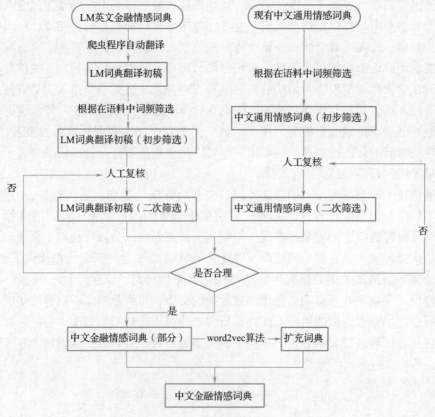

图 4-2 中文金融情感词典的构造

第五节　因子模型的研究挑战

一、因子时变性

前面章节提及的因子大战也引起了对因子时变性的相关讨论。在实证资产价格研究过程中，无论是学者还是投资者均发现因子表现出不同程度的时变性特征，即某些因子在某些时间区间表现良好的预测能力，但却在其他期间失效，而这种时变性特征会影响因子可靠性。

不少实证研究记录了因子在样本外较差的预测表现。哈佛大学教授坎贝尔（Campbell）和耶鲁大学教授希勒（Shiller）（1998）发现低的估值类因子本应预示着 20 世纪 90 年代后期的股市低收益率但实际取而代之的是市场牛市，而市场低收益却直至 21 世纪初才出现。戈亚尔（Goyal）和韦尔奇（Welch）（2008）选取了文献中被证明能够在样本内显著预测股票收益的 12 个经济变量，使用单变量预测回归后却发现预测变量在样本外对股票收益溢价的预测能力不比历史平均收益值更准确。坎贝尔（Campbell）和汤姆森（Thompson）（2008）发现常见预测变量的样本外拟合值 R_{OS}^2 较小，进一步证实了这些变量在样本外表现出较差的预测能力。

在截面收益率预测上，学者也发现了因子在不同期间表现出不同的预测能力。麦克林（Mclean）等（2016）收集了发表在经济金融以及会计类期刊上的 97 个预测股票截面收益率的因子，他们根据因子构建股票多空组合并比较了组合收益率在论文最初研究期、研究期后至正式发表前，以及正式发表后这三段期间的表现，结果显示发表后组合收益率低于研究期的收益率，下降幅度达 58%，这表明因子在公开发表后对股票截面收益率的预测能力显著低于其在研究期的预测能力。弗赖伯格（Freyberger）等（2020）利用十年的数据样本进行估计并发现特征因子对股票期望收益率预测时展现出了丰富的时变性证据，比如在考虑其他特征因子的影响后，动量因子在样本中间期表现出了强烈预测能力，但在样本期最后阶段失去了部分预测力。姜富伟等（2020）对中国 A 股进行回归发现 2005 年股改后市场风险因子和系统性风险方差因子对截面收益预测的显著性逐渐失效。

为何在样本期表现有效，而在样本外的预测能力减弱甚至无效？我们从不同的角度来讨论这个问题。

首先，大部分学者认为因子样本外预测无效的原因可能在于样本期的检验上。在科研动力引导下，近年来学者们掀起了一股因子挖掘热潮，他们往往在发表有显著性结论之前会事先查看数据并进行了大量试验试图找到 $p < 0.05$ 的结果，因此通过这种 P 值操纵（P-hacking）得到的显著性结果仅仅是数据窥视的产物，在实际预测过程中并不能表现出较好的效果。当然，除了检验过程中的 P 值操纵外，也有质疑学术研究中未考虑实际投资中的交易成本以及流动性等问题，因此会高估因子预测的有效性。学者们已经开始重视检验的科学性问题，侯恪惟（Kewei Hou）（2015）认为需要通过考虑多重假设检验以及使用"适当"的模型进行因子有效识别，哈维（Harvey）等（2016）在研究了 316 个因子检验问题后提议将因子显著性的 t 值从 2.0 提高到 3.0。

其次，部分学者的论文中往往具有多个模型，且每个模型中含有多个因子，在这种情况下，学者们需要检验许多个参数假设，如果不控制错误发生率，那么最后论文的结论往往会出现一些问题。例如，如果在 95% 的置信水平下，我们不能拒绝原假设，那么仍有 5% 的可能原假设是错误的，如果我们同时进行 10 个类似相互独立的假设检验，即使在 95% 的置信水平下，每一个假设检验都能通过，仍然有 40.1%（$1-0.95^{10}$）的概率至少有一个原假设是错误的。而在金融大数据时代，因子数量之大，增长之快，使得很多研究中所进行的参数假设检验的数目达到 10 个，而且有些时候研究者并不会追求 95% 的置信水平（一般 90% 的置信水平也是可以勉强接受的），所以这种统计检验的问题时有发生。但是如果在确定模型是否合理时，不仅关注每个异象因子的因子载荷（参数估计值）是否显著异于零，还通过 F-检验或者 Wald 检验来确定整个回归模型是否显著，那么可以部分地解决这个问题。

再次，部分学者从理论视角解释因子时变特征。在理性预期假设下，因子对资产横截面的预测能力来源于市场对因子的风险补偿，因此如果不考虑前面提到的检验科学性问题，因子在样本期和样本外会展现出一致的预测效果。但麦克林（Mclean）等（2016）在考虑统计偏差后发现因子在发表后其预测能力仍下降 26%，因此他们认为因子可测性来源于市场的非理性错价。一旦新的异象因子论文被发表后，只要被证实该因子是可以被复制的，且扣除交易费用和交易摩擦后仍有高于市场的收益率，投资者会迅速学习并构造策略进行套利，市场错价最终会减弱（由于套利限制，可能不会消失），故因子预测能力在发表后出现下降。一个成功的典范是 AQR 基金，作为全球第二大对冲基金，该基金以"学术研究+量化投资"为驱动，汇集了许多学界顶尖的金融学家、经济学家、物理学家、遗传算法学家、计算机学家，同时积极复制学界的高质量论文，从而获得持续稳定的超额收益，其基金规模也一直保持高速增长。

最后，经济数据的修正问题，这个问题广泛存在于各种宏观经济数据中。例如，一个每年度发表的国内生产总值数据，2011 年的国内生产总值为 48.79 万亿元，2013 年对数据进行复核时发现前一年的统计项存在一些遗漏，修正数据后 2011 年的国内生产总值为 49.01 万亿元，在 2014 年进行数据复核时又发现了类似的问题，并最后确定 2011 年的生产总值为 49.15 万亿元。当我们利用历史数据进行因子模型估计时，我们会很自然地以最后修订的正确数值为准，即 2011 年的国内生产总值为 49.15 万亿元，这其实是存在一些问题的。如果站在 2012 年这个时点，其实不知道 2014 年修订的最终的国内生产总值，我们能够使用的只是带有偏误的 48.79 万亿元。这个时候如果重新审视这个选择，便会进退两难：如果选择 48.79 万亿元来进行因子模型估计，这个观测值本身就是不准确的，即其中包含了与模型无关的噪声；如果选择 49.15 万亿元进行因子模型估计，虽然最后的估计结果更加准确，但这就犯了机器学习的一个大忌——"数据前窥"，即用未来的数据估计未来（对于 2012 年这一过去的时点来说，2014 年的数据是一个未来数据），得到的结果在真实世界是无法有效复制的。针对以上情况，目前的解决方法是选用 48.79 万亿元这一带有偏误的观测值，同时会通过一些金融大数据的方法，比如姜富伟等（2021）提出的 sSUFF 方法，来降低其中的噪声，从而得到更具有经济意义的因子模型。

二、因子有效性识别

学术界因子挖掘热潮导致的众多问题（如上节提及的因子时变性等）也引起学者们的警惕。2011 年约翰 H. 科克伦（John H. Cochrane）在美国金融协会主席演讲时提出，哪些因子特征能够提供股票平均收益率的独立性信息？哪些又是可以被其他重要因子所解释？以往的组合排序法和线性回归方法由于维度限制或过于苛刻的线性假设，均无法回答上述疑问，因此针对股价预测因子不断涌现的现实背景，学术界需要提出更合理的方法解决因子有效识别问题。

本节重点介绍冯冠豪（Guanhao Feng）、斯特凡诺·吉格里奥（Stefano Giglio）和修大成（Dacheng Xiu）（2020）提出的二步 LASSO 回归法，从海量的因子库中寻找哪些因子是显著有效的，哪些因子是不显著的。其主要思想是基于随机贴现理论，通过将因子的收益率协方差和收益率进行回归，得到各个因子的 SDF 系数。只有 SDF 系数显著的因子才具有定价能力。回归方程表达式为

$$E(r_t) = l_n\gamma_0 + C_v\lambda_v = l_n\gamma_0 + C_g\lambda_g + C_h\lambda_h$$

式中，r_t 为因子库，它可以划分为 g_t 和 h_t，l_n 为 $n\times 1$ 的向量 $(1,1,1,\cdots)^T$，γ_0 为该向量的系数；C_g 和 C_h 分别是 g_t 和 h_t 关于 r_t 的协方差，λ_g 和 λ_h 对应 g_t 和 h_t 的系数。

上述方法具体分为三步来实现。第一步，将因子库按照某个时间点 t 分为两部分，一部分为新因子部分 g_t，这些因子均是在时间点 t 后才被学术界广泛认同；另一部分是已有因子部分 h_t，即因子库中在时间点 t 前即已经被发现的因子。第二步 LASSO 法，将旧因子作为控制变量，判断新发现的因子是否具有增量信息。在实际划分时，由于时间点 t 取得靠后，故新因子部分较少，旧因子较多，若对它们同时进行回归，会导致多重共线性，从而大多数因子都会变得不显著。第一次 LASSO 回归针对旧因子部分，主要是通过将 h_t 与收益的协方差矩阵与收益率进行回归，从旧因子集中挑出那些与收益率相关性较强的因子 h_t^1，它们对股价的解释能力最强。但是仅选择这些因子与新因子进行回归仍会带来潜在的偏差，因为可能存在一些旧因子，它们虽然与收益率相关性不强，但是却与新因子有关，故回归时还应该考虑这一部分潜在因子；第二次 LASSO 回归就针对第一次 LASSO 回归未被选上的 h_t，将它们的协方差矩阵与 h_t 关于收益率的协方差矩阵进行 LASSO 回归，找出那些对 h_t 有潜在影响力的控制因子 h_t^2。第三步，将第一次 LASSO 回归选出的 h_t^1 和 h_t^2 共同作为控制变量，与 g_t 一起，将它们的协方差矩阵与收益率进行最小二乘回归，得到它们的 SDF 系数，同时判断这些因子中哪些是显著的，哪些是不显著的。

姜富伟等（2020）利用上述二步 LASSO 回归法找到了一个符合中国市场特色的资产定价模型。该模型包含了规模因子、总资产回报率、短期反转因子、自由现金流因子、投资收益因子和经营利润率因子，它们可以很好地解释其余因子的超额收益，相比目前广泛使用的三因子模型和五因子模型，更适合作为未来资产定价研究的基准模型。

三、因子研究的近况与挑战

因子模型的提出激起了包括学术界和业界在内的因子挖掘热潮。学术界关注有经济金融理论支持的并能解释众多资产价格异象的定价因子，而业界则热衷于挖掘能显著带来正向 α 收益的异象因子获得投资收益。如今学术界已经挖掘出 400 多个因子，有关因子定价研究的争论随之增多，目前因子定价的挑战主要集中在以下几个方面：

（1）新因子的边际效能逐渐下降。如果你在十年前的华尔街工作，一旦你发现一个新的异象因子，且能够获得稳定的超额收益，那么你平均能分得两千万美元的奖金，实现财务自由。可如今学术界已经挖掘出 400 多个因子，且每年仍有大量新的因子被挖掘出来（虽然近几年速度有所下降），那么自然导致了一个问题：即使新的因子作为单变量有显著的预测能力，但若将它纳入原有文献所发现的因子集合中时，它几乎无法在收益预测方面提供显著

的效能。下降的边际效能导致了经济收益的下降。

（2）新因子缺乏内部有效性。由于编程错误或者统计错误，许多因子研究即使在相同的数据集上也不能被复制；所用方法和数据的轻微改变，都会导致因子研究结果大相径庭。

（3）新因子缺乏外部有效性。某些研究可以在样本内被复制，一旦放到样本外，其因子效能就会显著下降或者直接变得不显著。一方面，学者们都有强烈的动机去寻找能够预测股票收益率的因子，他们会在成百上千的公司财务数据里去找寻预测量，即使其中有些对股价收益率没有预测能力，但学者们采用的样本的显著性统计也会使得它们看起来具备预测效果。另一方面，一旦新因子被提出，投资者会迅速学习并付诸实践，导致该因子对资产收益率的预测能力逐渐减弱。例如，当有负向预测能力的因子 F 在学术期刊发表后，一些对冲基金便会通过构建买入低 F 值股票并卖出高 F 值股票这一策略来获取高于平均水平的超额收益率，市场如果出现大量的此类对冲操作后，资产价格会恢复合理的水平，那么该因子的预测效力便会减弱。当然，市场的套利限制会阻碍上述对冲操作，导致该因子仍有比较稳健的预测能力。

本章小结

20 世纪 60 年代前后 CAPM 的问世奠定了因子定价模型研究的基石，70 年代的套利定价理论提供了多元线性定价模型的理论可能，90 年代法码（Fama）和弗兰奇（French）综合前人提出的各种市场异象，提出了 Fama-French 三因子模型，拉开了多元线性定价模型研究的大幕。

在 Fama-French 三因子模型的基础上，金融学者们加入了动量因子、盈利因子、投资因子、q-因子、管理因子、长周期因子和短周期因子等，得到了一系列新的因子定价模型，对真实的金融世界具有更强的解释力。

近十年，得益于通信技术和计算机软硬件的飞速发展，机器学习在因子和因子模型的发展中起到了重要作用。其应用主要分为两个方面：一是应用文本提取技术从财务报告、政府文件、媒体文本中提取异象因子，然后用于资产定价；二是应用深度学习的方法，例如树形模型、神经网络等方法，对金融指标进行预测，并形成金融决策建议。

课程思政

因子模型广泛应用于资产定价研究，与国外相比，我国的因子有哪些异同，因子研究还存在哪些挑战？

复习思考题

参考答案

1. 解释因子、资产价格异象和因子定价模型。
2. 阐述 Fama-French 三因子模型的基本结构、所反映的异象、异象的代理变量以及代理变量的构造。
3. 阐述 Fama-French 五因子模型的基本结构、反映的异象、异象的代理变量的构造。

4. 阐述 CH-3 模型的基本结构、反映的异象、异象的代理变量以及代理变量的构造。

5. 总结 Fama-French 五因子模型和 CH-3 模型在 Fama-French 三因子模型上所做的改进及改进的动机。

6. 解释时变性问题及其背后的原因。

参考文献

［1］胡熠，顾明. 巴菲特的阿尔法：来自中国股票市场的实证研究［J］. 管理世界，2018，34（08）：41-54+191.

［2］姜富伟. 投资者须关注上市公司管理层情绪变动［J］. 清华金融评论，2020（05）：97-98.

［3］李富军，姜富伟，杨桦. 投资者理性特征对动量效应的影响——基于中国 A 股市场的证据［J］. 宏观经济研究，2019（11）：112-122.

［4］石川. 因子投资：方法与实践［M］. 北京：电子工业出版社，2020.

［5］Fama E F, French K R. Dissecting anomalies with a five-factor model［J］. The Review of Financial Studies，2016，29（1）：69-103.

［6］Fama E F, French K R. The cross-section of expected stock returns［J］. the Journal of Finance，1992，47（2）：427-465.

［7］Feng G, Giglio S, Xiu D. Taming the factor zoo：A test of new factors［J］. The Journal of Finance，2020，75（3）：1327-1370.

［8］Hou K, et al. Which factors？［J］ Review of Finance，21（1），1-35.

［9］Hou K, Mo H, Xue C, et al. An augmented q-factor model with expected growth［J］. Review of Finance，2021，25（1）：1-41.

［10］Hou K, Xue C, Zhang L. Digesting anomalies：An investment approach［J］. The Review of Financial Studies，2015，28（3）：650-705.

［11］Liu J, Stambaugh R F, Yuan Y. Size and value in China［J］. Journal of Financial Economics，2019，134（1）：48-69.

［12］Stambaugh R F, Yuan Y. Mispricing factors［J］. The Review of Financial Studies，2017，30（4）：1270-1315.

［13］Gu S, Kelly B, Xiu D. Empirical asset pricing via machine learning［J］. The Review of Financial Studies，2020，33（5）：2223-2273.

［14］Jensen T I, Kelly B T, Pedersen L H. Is there a replication crisis in finance？［R］. National Bureau of Economic Research，2021.

第五章　因子模型的估计、检验与解释

章前导读

　　第四章介绍了因子的概念，梳理了目前主流的多因子模型，学者们已经将这些模型应用到大量的研究之中，得到了丰富的实证结果以帮助人们更好地预测资产收益率和理解其背后的经济机制。但是初次接触资产定价您可能会比较"迷茫"：如何去构建一个因子？怎样去检验因子模型是否能带来显著的风险溢价？如何去比较不同因子模型解释股票横截面收益的能力？最后，应该怎样去解读一个因子，其背后的原因又是什么呢？不必担心！解答上述疑惑就是本节的核心目标。

学习目标

　　本章主要围绕如何估计、检验与解释因子模型所展开。通过本章的学习，可以掌握单变量、双变量和三变量的组合分析法，了解因子模拟组合法，熟悉时序回归里 Alpha 和 GRS 的检验方法，掌握 Fama-MacBeth 回归分析以及对应的参数估计方法，了解因子背后的经济理论。

关键名词

　　组合分析法　因子模拟组合法　Alpha/GRS 检验　Fama-Macbeth 回归　风险补偿　错误定价　数据挖掘

第一节　因子模型检验概述

　　实证资产定价领域的相关研究从 20 世纪 70 年代开始蓬勃发展，从最初的资本资产定价模型（CAPM）到 Fama-French 三因子模型、q-因子模型，再到 Fama-French 五因子模型等，时至今日已历经五十多年的发展。

　　由于法码（Fama）在实证资产定价领域里的卓越贡献，很多源于 Fama 的开创性的研究方法被继承了下来，俨然成为学术界研究的标配，以及业界资产管理领域的必读"圣经"。如今所有主流的多因子模型都基于 Fama 独创匠心的投资组合构造因子，并通过时序回归检验模型是否存在定价误差。

　　现有的资产定价模型通常有两种传统的检验方式，即上文所述的以 GRS 检验为中心的时间序列回归方法和以 Fama-MacBeth 回归为主的横截面回归方法。那么，这两种方法有什么不同呢？或者说，孰优孰劣呢？

　　实际上，两种方法只是从两种角度去检验因子模型，时序回归重点检验模型的定价误差，而 Fama-MacBeth 回归则通常估计因子的风险溢价。衡量一个因子模型的好坏时，模型的定价误差和因子的风险溢价并不是分割独立的，当模型的定价误差大时，自然风险溢价就会小，反之亦然。所以，很多时候将两种检验方法联系、结合起来看，是非常重要的。

然而上述方法均是基于传统的方法，虽然这些方法可以用来检验第四章中介绍的许多主流多因子模型，但是层出不穷的异象仍然在不断被发掘，所以并没有很好地解释哪些因子被忽略了、是否正确估计了因子风险溢价等问题。很多学者呼吁相关理论的进展，以缓解学术界对挖掘因子的狂热[⊖]。如果理论仍然停滞不前，纯实证的"因子大战"并不能推动人们对金融经济学的正确认知。

令人惊喜的是越来越多的学者意识到这些问题，最近几年，学术界在实证资产定价理论领域还是有了极大的进展，相关理论的发展呈现百花齐放的局面。一个显著的现象是顶级期刊上的纯实证发掘异象的文章日益减少，而着眼于因子识别以及估计因子风险溢价的理论文章愈发增多。毋庸置疑，后者的增多才会真正帮助人们理解金融市场，解决实证资产定价中的"疑难杂症"。由于篇幅的限制，本书仍基于经典检验方法展开介绍，希望能为读者打开检验因子模型的"一扇窗"。

专栏 5-1　CAPM 的失灵与 Fama-French 因子分析法的诞生

20 世纪 60 年代，CAPM 横空出世，为后续大量的资产定价模型的研究拉开了序幕，早期的时序回归检验与 Fama-MacBeth 回归检验均证明了 CAPM 的有效性。然而在 70 年代后期"风云突变"，越来越多针对 CPAM 的研究出现了异象，比如 CPAM 的风险暴露已经不能很好地解释按行业分组、按公司规模分组以及按照公司价值分组的股票横截面差异了。图 5-1 展示了按公司价值分组（Value）后，CAPM 对股票横截面差异的解释能力。

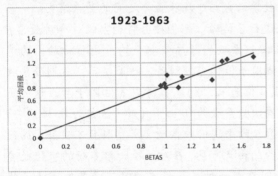 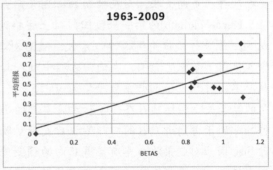

图 5-1　1963 年前（左）与后（右）CAPM 的表现

不难发现，1963 年以前按公司价值分组后的股票仍然可以被 CAPM 的风险暴露所解释，即持有 Beta 越高的组所带来的平均超额收益也越高；而 1963 年后，CAPM 的 Beta 已经不能解释横截面上按公司价值分组后的股票的平均收益率了。

因此法码（Fama）和弗兰奇（French）（1992）为了解决异常收益无法通过 CAPM 解释问题，提出了著名的三因子模型。他们在这篇研究实证定价问题的文章中，使用了将股票排

⊖　约翰 H. 科克伦（John H. Cochrane）教授曾用"因子动物园"一词表达对学术界过度挖掘异象和因子的现象表示担忧。

序组合分析的方法，同 Fama-MacBeth 回归分析结合在一起，给出了如何系统性地检验一个新因子，以及检验新因子能否带来显著的风险溢价的范式。这里选取作者对 β, Size 两因子的分析，重点介绍这篇文章检验因子有效性的实证方法。

作者首先初步分析 Size 因子对股价收益率的影响。如果按照单变量组合的方式进行检验，正常做法是每月将股票提前按 Size 值进行排序分组并计算各组接下来一个月的收益表现，最终根据各组组合的平均时序收益率来判断 Size 与各种收益率之间的关系。作者通过单独对个股 Size 值进行股票分组，发现了与班兹（Banz）（1981）类似的市值效应，即股票的高 Size 值的组合与低 Size 值的组合存在较大的收益差并且 Size 值与收益率之间存在强烈的负向关系。但这并不能说明是 Size 导致了收益差，如果存在其他因子（如 β 因子）与 Size 之间高度相关，那么 Size 值更高的组可能是由于其 β 更大。作者的确发现，高 Size 值的组合的 β 值也较大，因此按 Size 值进行组合分析得到的结论似乎支持 CAPM。但法码（Fama）和弗伦克（French）随后单独按 β 值进行股票分组并发现 β 值最高的组合与 β 值最低的组合的收益率价差相近，他们之间也没有明显的线性关系，因此股票 β 值和截面收益率之间并不存在如 CAPM 预测的那种正向关系。这进一步说明股票市场的市值效应存在，且它不能通过 β 值解释。

为进一步研究 Size 因子与股票收益率的关系，作者使用了双变量组合分析方法，该方法的优势是可以在给定因子分组内考察其他特定因子分组的组间收益差，这样便可以避免因子间的交互干扰。Fama-French 因子分析法使用双变量序贯分组将股票先按 Size 值分成十组，再在每组中按个股的 β 大小继续分成十组并最终得到 100 种投资组合。分组后结果显示，在给定的 Size 组下，各 β 组之间的收益几乎无变动，而在给定 β 组条件下，各 Size 分组的平均收益率展现出与 Size 明显的负向关系。因此，一个合理的推论是：股票的规模与平均收益率之间存在负向关联，而在控制 Size 因子后，股票的 β 与平均收益率之间的关系消失。

Fama-MacBeth 的第一阶段回归对上述推论进行了检验。他们按月将股票收益率对股票 β 或 Size 值进行回归并获取回归系数，随后对各回归系数的时序值取平均并进行检验。为消除其他因子带来的影响，在回归方程中加入其他因子值作为控制项。结果显示，各期股票收益率单独对 Size 值回归系数平均为 -0.15%（其 t 值为 -2.58）。在考虑其他因子后，这种负向的显著关系仍继续存在。单独对股票 β 的平均回归系数为 0.15%（其 t 值仅为 0.46），而将 Size 因子考虑进对 β 的回归方程后发现对股票 β 的平均回归系数变成负数且不显著，而此时 Size 因子对股票收益率有显著正向的预测能力。由此可见，β 对解释股票市场的市值效应失去作用，而股票的 Size 因子与平均收益率之间存在一种显著稳定的且不受其他因素干扰的负向线性关系。关于组合分析法和回归分析法的具体步骤，本章其余小节会进行详细讲解。

第二节　组合分析法

组合分析法是研究股票收益率横截面特征的一种非参数分析方法，该种分析方法不依赖于假设变量间的函数形式。组合分析的出发点是便捷地研究横截面两个及以上变量的相关关系，尤其在研究变量对股票的定价（预测）能力时被广泛应用。另外，组合分析需要围绕某些目标变量，将股票进行分组以形成不同的投资组合。本节将重点介绍单变量、双变量以及三变量的组合分析方法，包括如何对股票进行排序分组，独立分组与序贯分组的联系与差异，以及如何对分组后的组合收益率进行分析。

一、单变量组合分析

组合分析中最简单的分析类型是什么呢？单变量组合分析当仁不让是最基础的方法。什么是单变量组合分析？顾名思义，单变量组合分析即是围绕单一变量进行的组合分析，分析的对象是排序变量与目标变量间的横截面关系。单变量组合分析主要包括股票分组、投资组合调整、投资组合收益率计算以及统计检验四个部分。

（一）股票分组

"好的开端就是成功的一半"，经典的单变量组合分析的首个环节就是股票分组。在股票分组部分，需要按照排序变量 X 分位数确定好各组断点，并根据断点将股票依序定组：具体做法是在每一时期确定好排序变量 X 和断点值后，将排序变量 X 中变量值小于最小断点值的股票分入第一组，将排序变量 X 中变量值介于最小断点值和第二断点值的股票分入第二组，继续遵循上述分组原则，最终按排序变量 X 的排名从低到高将股票分为 G 个组。因此，断点的确定是分组里最核心的部分。

这里假设 $B_{k,t}$ 是时期 t 的第 k 个断点，其常见的表达式为

$$B_{k,t} = \text{Pctl}_{k \times \left[\frac{100}{G}\right]} (\{X_{it-1}\}) \tag{5.1}$$

式中，G 为时期 t 的股票分组组数，其中 $k \in \{1,2,\cdots,G-1\}$，$\{X_{it-1}\}$ 是 t 期进行排序时所要参考的排序变量的变量值。式（5.1）指出，第 t 期第 k 个断点为第 t 期所有股票变量序列值第 $k \times [100/G]$ 分位数点，上述方法有时也被称为均匀分位数法。例如，在实证资产定价领域的研究中，按照惯例一般会将股票分为 10 个组合，此时就可以使用第10、第20、第30、第40、第50、第60、第70、第80、第90百分位数作为分组的断点。当然，为了解变量与收益率的关系在变量为极端值时是否更显著，学者们有时也会采用非均匀分位数方法，如将变量按照第30、70分位点将股票分为三组。

断点确定后，即可用根据股票排序变量的样本值来判断其所属的投资组合的组别。如果 $g_{i,t}$ 表示的是股票 i 在 t 期的分组，则其表达式为

$$g_{i,t} = \begin{cases} 1, x_{i,t-1} \leq B_{1,t} \\ k, x_{i,t-1} \in [B_{k-1,t}, B_{k,t}] \\ G, x_{i,t-1} \geq B_{G-1,t} \end{cases} \tag{5.2}$$

式中，$x_{i,t-1}$ 表示的是股票 i 在时期 $t-1$ 的变量取值。

实践中，分组的核心思想是使用股票在排序变量上的取值去代替股票对于该因子暴露程度的高低。那么分组过程中需要注意两个问题：①股票组合数 G 的确定是根据具体的研究内容和方法的实际需要进行综合判断。如果投资组合的组数太少，则意味着各组在因子暴露上的区分度不高，也就无法识别出因子与股票收益率之间的单调关系，但如果组数太多，分配到每组的股票数据就较少，甚至分配到的股票数量为 0，因此采用组内样本平均收益率来估计组内整体平均收益率的准确度会受到影响。②股票 t 期的分组需要根据股票 $t-1$ 期的变量值。由于要考察的是排序变量 X 对股票预期收益率 $E(Y_t)$ 的影响，因此当以 t 期的股票平均收益率估计股票预期收益率时，分组就应该根据 $t-1$ 期变量值来确定，以避免日期靠后

的变量对日期靠前的变量产生影响。

（二）投资组合调整

由于股票的特征变量并不是固定不变的，而是会随时间而变，因此需要对股票的分组情况进行定期调整，这种按固定频率对股票进行重新分组的方式也被称为组合再平衡（Rebalance）。

参照排序变量的更新频率，学术界常将组合更新频率定为按月、季或年更新（投资管理业界会有 Tick 级、日度级别的投资组合分组）。更新方式同分组一样，即在每更新日 t，按照股票在上一月（季或年）末的变量值确定好分组断点，再根据股票的变量值与断点的关系按照排序顺序将股票重新分组。

前视偏差（Look-Ahead Bias）的意思是用未来的信息确定今天的交易信号，所以为了避免前视偏差，特别需要注意当变量为财务指标时的处理。学者们在处理财务变量数据时常常会遇到两种日期，即会计日期（t_A）和披露日期（t_D）。会计日期指该股票对应的上市公司在会计日期内的财务表现，而披露日期指的是上市公司向市场公开披露该会计日期内财务值的日期。因此，披露日期必然晚于会计日期。记财务变量为 X_{i,t_A,t_D}，表示的是股票 i 所属上市公司在 t_D 期对外公布的其在会计期 t_A 的财务指标 X 的表现。根据 t，$t-1$，t_A 和 t_D 的关系，用于 t 期分组的变量样本序列可定义为 $\{x_{i,t-1}\}$ 表达式为

$$\{x_{i,t_A,t_D} \mid t_D \leq t-1\} \atop \max\limits_{t_A} x_{t_A} \tag{5.3}$$

即根据财务变量 X 的披露日 t_D 获得距 $t-1$ 期最近的会计日期对应的财务值。中国 A 股市场的上市公司，一般会集中在每年的 4 月中下旬披露去年的会计年报，所以在实证资产定价的研究中，学者们为了避免前视偏差而形成错误的投资组合，通常将每年 6 月末视为可以获得上一年上市公司的财务值。

（三）投资组合收益率计算

分完组后需要计算 t 期各组合 g 的平均收益率 $R_{g,t}$，其表达式为

$$R_{g,t} = \sum_{i=1}^{N_g} w_i r_{i,t+H} \tag{5.4}$$

式中，N_g 为组合 g 内的股票数，$r_{i,t+H}$ 是股票 i 在从 t 期开始持有至 $t+H$ 时的收益率，w_i 为加权的系数。

当 $w_i = 1/g_n$ 时称为简单平均，此时上式中的组合平均收益率 $R_{g,t}$ 被称为按等值加权（Equal Weighted）的收益率；而当 $w_i = W_i / \sum_{i=1}^{g_n} W_i$ 时称为加权平均，经常取股票市值作为加权的变量，此时上式中的组合收益率被称为按市值加权（Value Weighted）的收益率。可能看到这里，初学者们会有所疑惑，市值加权与等值加权如何选择是否有所规定呢？在这方面，有学者从交易成本的角度指出，当分析个体是股票时，市值加权是更好的选择。因为，等值加权的分析结果体现的是股票的平均现象，所以在计算组合平均收益时，组合中低市值的股票驱动组合收益的可能性较大，而这些低市值股票流动性不佳，导致这些股票的交易成本会更大，使得计算出的组合平均收益率 $R_{g,t}$ 在实践中并不能真正实现。而市值加权通常会赋予高市值股票更大的权重，高市值股票通常具有更高的流动性，因此在市值加权中计算出的股票组合平均收益率更能被投资者实现。

另外，在计算出 $R_{g,t}$ 后可以在时间序列维度对每一组合平均收益率再取平均，由此得到

各组合的平均截面收益率，表达式为

$$R_g = \frac{1}{T} \sum_{t=1}^{T} R_{g,t} \tag{5.5}$$

根据研究的需要，经常会计算按变量排序最高的组合（High 组）与最低组的股票组合（Low 组）的平均收益率之差，即 $R_{HL,t} = R_{g,t} - R_{1,t}$，$R_{HL,t}$ 也被称为该变量的因子收益率（λ_t）。此外，也会遇到要求计算组合的平均超额收益率。超额收益被定义为扣除无风险收益后的收益率，因此可将组合内各股票的超额收益率进行加权平均获得组合的超额平均收益率，表达式为

$$R_{g,t}^e = \frac{1}{T} \sum_{T=1}^{N_g} w_i r_{i,t+H}^e = \frac{1}{T} \sum_{i=1}^{N_g} w_i l(r_{i,t+H} - F_{t+H}) \tag{5.6}$$

式中，F_{t+H} 代表的是从 t 期开始持有无风险资产至 $t+H$ 期的收益率，实践中常使用一年期存款收益率进行换算得到。

与式（5.5）计算类似，在计算出 $R_{g,t}^e$ 后可以在时间序列维度对每一组合的超额平均收益率再取平均，由此得到各组合的超额平均截面收益率，表达式为

$$R_g^e = \sum_{t=1}^{T} R_{g,t}^e \tag{5.7}$$

（四）统计检验

组合分析主要有两大目标：检验排序变量对收益率是否存在显著影响，并判断这种影响的单调性。第一个目标可通过检验 $R_{g,t}$ 是否显著为 0 的原假设来进行验证，第二个目标则需要用到第二章介绍的 Spearman 等级相关系数来说明，下面分别进行介绍。

如果因子 X 能对股票收益率产生影响，则依据该因子构建的股票多空组合的收益率（即因子收益率）就显著不为 0，这是排序变量与股票收益率时序平均横截面上存在相关关系的直接证据。因此，检验关注的是依据样本数据计算出的因子收益率是否在给定的显著性水平上拒绝原假设，自然而然需要计算每个投资组合和组合差异的标准差、t 值来检验原假设是否为 0。当观察到的因子收益率序列为 $\{R_{g,t}\}$，其样本均值和样本标准差的表达式为

$$\hat{\mu}_R = \frac{1}{T} \sum_{t=1}^{T} R_{g,t} \tag{5.8}$$

$$\hat{\sigma}_R = \sqrt{\frac{1}{T-1} \sum_{t=1}^{T} (R_{HL,t} - \hat{\mu}_R)^2} \tag{5.9}$$

可构造 t 检验值 $\hat{\mu}_R / \hat{\sigma}_R$ 对 $\mu_R = 0$ 进行检验，但标准差需要提前根据文献 Newey and West（1987）中的方法进行调整来规避异方差可能带来的影响，如果调整后的 t 值大于 2 则认为该结果在 0.05 的水平上是显著的。

对于因子影响的单调性，一般研究者可通过柱状图或汇集各组的平均截面收益率并直观比较获得初步的了解。另外，也可以根据每个组的平均截面收益率 R_g 计算出其 Spearman 等级相关系数来揭示组合的收益率如何随因子的变化而变化。如果 Spearman 等级相关系数为较大的正数（趋近于 1），则表明因子越大，其对股票的截面收益率正向影响越大；如果 Spearman 等级相关系数趋近于 -1，说明该因子越大，其对股票的横截面收益率的负向影响越显著。

二、双变量组合分析

上一节解释了组合分析中最简单的单变量组合分析，但是单变量组合分析无法控制其他变量对组合收益产生的影响。例如，变量 X 与变量 Y 高度相关，如按 X 排序构建 HL 对冲组合能产生显著的收益率，其背后的驱动力不排除是变量 Y 带来的，即在做多变量 X 值大的股票、做空变量 X 值小的股票的同时可能也做多了变量 Y 值大的股票、做空了变量 Y 值小的股票。因此，在做组合分析时，需要通过控制可能影响 X 的变量 Y 来说明 X 如何影响收益率，这时就需要进行双变量组合分析。

根据排序方法的差异，双变量组合分析可分为独立排序组合分析（Independent Double Sorting）和序贯排序组合分析（Dependent Double Sorting），两者在执行程序上与单变量组合分析一致，本节将重点介绍在分组和收益率计算时需要关注的细节。

（一）分组

由于经典的 Fama-French 三因子模型采用了独立的排序组合分析，所以学术界习惯使用双变量独立分组去研究两个排序变量对股票收益率的影响。双变量独立分组是指同时对股票按变量 X 和 Y 单独进行单变量分组，再根据股票在 X 和 Y 的组别结果最终确定其所属的股票组。

假设在均匀分位数规则下，可以给出双变量独立分组的断点判断条件，表达式为

$$B_{X,j,t}=\mathrm{Pct}l_{j\times\left[\frac{100}{G_X}\right]}\left(\left\{X_{it-1}\right\}\right) \tag{5.10}$$

$$B_{Y,k,t}=\mathrm{Pct}l_{k\times\left[\frac{100}{G_Y}\right]}\left(\left\{Y_{it-1}\right\}\right) \tag{5.11}$$

式中，G_X 和 G_Y 为按 X 和 Y 分组的组数。

在上述断点规则给定下，股票 i 的分组条件与单变量组合分析法一致。需要"泼一盆冷水"的是，独立分组情景下，因为两个变量"平起平坐"，所以 X 与 Y 之间的相关性会影响组内个股数。如果两者高度相关，意味着股票变量 X 较大时其 Y 也较大，这会导致分到各组的股票数大有不同，诸如"高 X-高 Y"组被"粗暴"地分到了大量股票，而"高 X-低 Y"组的股票数量非常少，甚至可能出现组合内没有股票样本（即股票数为 0）的情形，影响投资组合收益率的估计。因此，在确定 G_X 和 G_Y 时需要考虑这一情形，3×10 或 5×5 都是学术界非常常见的分组方式，但当想把变量当作因子探究其对于股票超额收益的研究时，2×3 分组已经成为一种经典范式，且其中一个变量选择股票市值（Size），实践中需要根据分组后每组股票的数量择优选取最优的分组方式。

接下来介绍双变量序贯分析，它的具体步骤与独立分组非常相似，都是基于两个排序变量进行分组来探究对股票收益率的影响。序贯分组与独立分组的差异在于：双变量序贯分组是先按变量 X 确定股票在 X 维度的组别，再按 Y 进行分组确定其 Y 维度的组别。在双变量序贯分组中，第一个排序变量 X 仅作为控制变量，真正探究的是第二个排序变量 Y 对股票收益率的影响。根据双变量序贯分组的思想，给出其断点判断条件，表达式为

$$B_{X,j,t}=Pctl_{j\times\left[\frac{100}{G_X}\right]}\left(\left\{X_{it-1}\right\}\right) \tag{5.12}$$

$$B_{Y,j,k,t}=Pctl_{k*\left[\frac{100}{G_Y}\right]}\left(\left\{Y_{it-1}\mid B_{X,j-1,t}\leqslant X_{it-1}\leqslant B_{X,j,t}\right\}\right) \tag{5.13}$$

式中，$B_{Y,j,k,t}$ 是指在股票已按 X 分配在第 k 组的条件下，其按变量 Y 再进行分组时所依据的

断点。在上述断点规则下，股票 i 遵循以下规则进行确组，表达式为

$$
g_{i,t} = \begin{cases} g_{X_1Y_1}, x_{i,t-1} \leqslant B_{X,1,t} \cap y_{i,t-1} \leqslant B_{Y,1,1,t} \\ g_{X_jY_k}, x_{i,t-1} \in [B_{X,j-1,t}, B_{X,j,t}] \cap y_{i,t-1} \in [B_{Y,j,k-1,t}, B_{Y,j,k,t}] \\ g_{X_{G_X}Y_{G_Y}}, x_{i,t-1} \geqslant B_{X,G_X,t} \cap y_{i,t-1} \geqslant B_{Y,G_X,G_Y,t} \end{cases} \tag{5.14}
$$

在序贯分组情景下，X 与 Y 之间的相关性不影响组合内的个股数，这是序贯排序相较于独立排序的最大优势。例如，给定 g_{X_i} 组中的股票会重新根据 Y 大小按照均匀分位数规则进行分组，因此，必有固定数量的股票被分配在 $g_{X_iY_j}$ 组。

关于分组有些细节需要注意：如果采用五分组的方法，每个组里的股票数量不一定是精确的总股票数的 20%。其中一个原因是总股票数可能并不能刚好分为五组，另外可能是股票的排序变量值刚好是断点值时，该股票会被放入多个组合中。这些细节对收益率计算的影响不会特别大，但如果组合中的股票数量太少，以至于显著影响了组合平均横截面收益的计算，此时就需要考虑重新设置分组方式以降低该问题对双变量组合分析的影响。

（二）组合收益率的计算

同单变量组合分析相同，分组完成后，下一个步骤是计算双变量组合的平均收益率。双变量组合的收益率计算虽烦琐，对各组合收益率的了解有助于更准确地分析变量对资产收益率的真实影响。

t 期 $g_{X_jY_k}$ 组的平均收益率，表达式为

$$
R_{X_j,Y_k,t} = \sum_{i=1}^{N_{g,X_j,Y_k}} w_i r_{i,t+H} \tag{5.15}
$$

式（5.15）的计算同样可以采用等值加权或者市值加权，其中 N_{g,X_j,Y_k} 为该组内股票数。此外，还可以计算在确定其中一个排序变量的组中，求得另一个排序变量全部组合的股票收益率的平均值，即在控制分组 X_j 的条件下，t 期所有 Y 组组合的平均收益率，表达式为

$$
R_{X_j,\text{avg},t} = \frac{1}{G_Y} \times \sum_{k=1}^{G_Y} R_{X_j,Y_k,t} \tag{5.16}
$$

同时高 Y 组与低 Y 组的组合平均收益率差 $R_{X_j,Y_{HL},t} = R_{X_j,Y_{G_Y},t} - R_{X_j,Y_1,t}$，这两组收益率序列可用于检验在控制 X 情况下，Y 是否显著影响资产收益率。在双变量分组条件下，变量 Y 的因子收益率，表达式为

$$
\lambda_{X,t} = R_{\text{avg},Y_{HL},t} = \frac{1}{G_X} \sum_{j=1}^{G_X} R_{X_j,Y_{HL},t} \tag{5.17}
$$

另外式（5.16）$R_{X_j,\text{avg},t}$ 式中，在控制分组 X_j 条件下，求出了 t 期所有 Y 组组合的平均收益率后，此时也关注所有组合的平均收益率，表达式为

$$
R_{\text{avg},\text{avg},t} = \frac{1}{G_X} \sum_{j=1}^{G_X} R_{X_j,\text{avg},t} \tag{5.18}
$$

同时，也可以求出 X 变量的 HL 组与 Y 变量的 HL 组的收益率差，$R_{X_{HL},Y_{HL},t} = R_{X_{G_X},Y_{HL},t} - R_{X_1,Y_{HL},t}$。

最后，学者在研究实证资产定价时常展现的是各组合平均收益率，而非上述 t 期收益率。如果将各组合收益率序列在时间维度取平均，则可以获得各组合的平均收益率。例如，g_{X_j,Y_k} 组的平均收益率，表达式为

$$R_{X_j,Y_k} = \frac{1}{T} \sum_{t=1}^{T} R_{X_j,Y_k,t} \qquad (5.19)$$

同样双变量组合分析的结果也关注排序变量对股票收益率的影响，那么此处也采用和单变量组合分析相同的统计方法，通常标准差、t 值也是时间序列上各时段组合平均收益率所对应的标准差与 t 值，因此标准的检验也需要经过 Newey-West 调整。

代码如下：

```
## 构建规模因子和价值因子组合
Import pandas as pd
## 每年 6 月设定所有股票的 MV 50%分位点和 BM 30%/70%分位点
data_jun = data [data['month']==6][['Stock','date','mv','bm']]
data_sz = data_jun.groupby(['date'])['mv'].median().reset_index().rename
(columns={'mv':'sizemedn'})
data_bm=data_jun.groupby(['date'])['bm'].describe(percentiles=[0.3, 0.7]).
reset_index()
data_bm=data_bm[['date','30%','70%']].rename(columns={'30%':'bm30', '70%':
'bm70'})
## 按照分位点将个股进行划分为 S/B 和 L/M/H
data_breaks = pd.merge(data_sz, data_bm, how='inner', on=['date'])
data1_jun = pd.merge(data_jun, data_breaks, how='right', on=['date'])
def sz_bucket(row):
    if row['mv']==np.nan:
        value=''
    elif row['mv']<=row['sizemedn']:
        value='S'
    else:
        value='B'
    return value
def bm_bucket(row):
    if 0<=row['bm']<=row['bm30']:
        value = 'L'
    elif row['bm']<=row['bm70']:
        value='M'
    elif row['bm']>row['bm70']:
        value='H'
    else:
        value=''
    return value
data1_jun=data1_jun.dropna()
```

```
data1_jun['szport']=data1_jun.apply(sz_bucket, axis=1)
data1_jun['bmport']=data1_jun.apply(bm_bucket, axis=1)
```

计算 MV 和 BM 的 2 \times3 组合收益

```
june = data1_jun.loc[:,['Stock','date','szport','bmport']]
june['ffyear'] = june['date'].dt.year
june = june.drop(['date'],axis=1)
def wavg(group, avg_name, weight_name):
    d = group[avg_name]
    w = group[weight_name]
    try:
        return (d * w).sum() / w.sum()
    except ZeroDivisionError:
        return np.nan
vwret=data4.groupby(['date','szport','bmport']).apply(wavg,'ret','wt').re-
set_index().rename(columns={0: 'vwret'})
vwret['sbport']=vwret['szport']+vwret['bmport']
ff_factors=vwret.pivot(index='date', columns='sbport', values='vwret').re-
set_index()
```

利用双排序组合构建规模因子 SMB 和价值因子 HML

```
ff_factors['WH']=(ff_factors['BH']+ff_factors['SH'])/2
ff_factors['WL']=(ff_factors['BL']+ff_factors['SL'])/2
ff_factors['HML'] = ff_factors['WH']-ff_factors['WL']

ff_factors['WB']=(ff_factors['BL']+ff_factors['BM']+ff_factors['BH'])/3
ff_factors['WS']=(ff_factors['SL']+ff_factors['SM']+ff_factors['SH'])/3
ff_factors['SMB'] = ff_factors['WS']-ff_factors['WB']
```

三、三变量组合分析

上文介绍了现在实证资产定价领域广泛使用的单变量组合分析以及双变量组合分析，为了尽最大可能剔除其他变量对因子的扰动，近年来有部分学者已经开始采用三变量组合分析（Triple Sorting）来探究三个维度的排序变量与股票收益率之间的关系。三变量组合分析的基本思路与实践步骤与双变量组合分析基本一致，因此不再赘述。一个典型的例子就是侯恪惟（Kewei Hou）教授及其合作者在 2015 的研究中采用了三变量组合分析，使用股票、投资以及盈利指标进行了三重排序以探究投资、盈利变量与股票收益率的关系。

但需要注意的是三变量组合分析中分出的投资组合非常多，如果变量具有显著的相关性且分组采用过多的断点数，那么非常容易导致投资组合中的股票数量稀缺，影响对组合平均收益率的计算，导致研究人员得出具有偏误的结论。不过随着中国 A 股市场上市公司样本量的持续增加，三变量组合分析应用在中国市场这块"沃土"上的研究值得期待。

专栏 5-2　组合分析法 VS Fama-MacBeth 回归

组合分析法可以检验两个变量之间横截面的关系，组合分析的优势主要在于它是一种非参数的方法，这意味着组合分析法不需要对变量间的关系做出任何假设。因为现实生活中很难确定变量间关系的具体形式，所以组合分析这种非参数的方法不失为实证资产定价领域研究的一把"好工具"。

然而，"金无足赤，人无完人"，组合分析法的劣势是它存在"维数诅咒"的问题，在检验变量关系时，它很难对很多个控制变量展开分析。简单地说，就是组合分析法在排序分组的过程中，很难对多个变量（如 2、3、4 等）进行投资组合排序。因此，为了控制大量的其他变量对检验变量的影响，学术界和业界都常用 Fama-MacBeth 回归分析去检验变量间的关系。

弗赖伯格（Freyberger）等（2017）指出当 Fama-MacBeth 回归线性拟合良好时，该种回归方式将给出与组合分析法相同的信息，组合分析法对比 Fama-MacBeth 回归如图 5-2 所示。

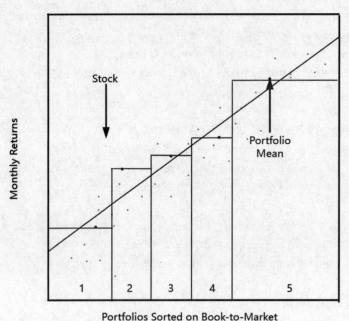

图 5-2　组合分析法对比 Fama-MacBeth 回归

图 5-2 表明了组合分析法与 Fama-MacBeth 回归的相似之处。Fama-MacBeth 的劣势在于假设变量间的关系都是线性的，因此在真实世界里可能会导致研究变量间的关系存在偏差，而组合分析法则因其是非参数分析方法较好地避免了此种问题的发生。关于 Fama-MacBeth 回归的详细介绍将在本章第五节给出。

第三节　因子模拟组合法

组合分析是检验基本面因子模型简单而有效的工具，因为该方法假设研究变量与风险暴露是存在相关关系的，一旦遇到的研究对象是宏观因子（如 GDP、消费、通货膨胀和气候风险等）等独立于股票特征的一类变量，便无法根据变量数值对股票进行排序分组（无法直接使用变量取值代替因子暴露），从而无法直接构建出因子或者因子收益率。一般情况下，这类宏观或者气候风险因子是不可直接在市场上进行交易的（Non-tradable Factor）。因此，针对这类因子模型可以采用因子模拟组合（Factor Mimicking Portfolio）来估计因子收益率。

因子模拟组合也叫特征组合（Characteristic Portfolio），又称作纯因子组合，是一个对某个因子暴露为 1 而对其他因子暴露为 0 的投资组合，即因子模拟组合是一个只接触某一类风险，但不接触任何其他风险因素的投资组合。构建因子模拟组合的目的是将不可交易的风险映射到可交易的资产中，估计出每个资产对该风险的暴露或者在每个时点上的映射权重，进而计算出因子收益率。因此，可以通过构建某个因子的纯因子组合来得到该因子的收益，并将得到的因子收益率用于检验该因子对资产收益率的解释能力或者产生 α 的能力。在因子投资领域中，可以通过因子模拟组合方法构建只包含某些风险的多因子投资组合，使得该投资组合固定住风险敞口，只对某些因子产生暴露，对其他因子保持中性。投资者可以通过交易此类多因子投资组合来承担某类风险并获得相应的收益，或者对冲该风险而不改变其他风险因素的敞口。

一、排序分组法

因子模拟组合的排序分组法建立在第二节组合分析法中单变量组合分析法的基础上。它们的原理是相似的，唯一的区别是因子模拟组合中的特征变量（如宏观变量和气候风险等）并非公司的特有特征（如 BM 和 SIZE）。因此，在单变量分析法之前，因子模拟组合的排序分析法要先将宏观变量等特征变量映射到资产的回报率中，从而估计出每个资产对该特征变量的风险暴露。一般情况下，可以通过时间序列回归的方法来估计出风险暴露。时间序列回归的方法将会在第四节进行详细介绍，此处不展开讨论。可交易基础资产收益率与特征变量的时间序列回归方程为

$$r_t^i = \alpha^i + \beta^i F_t + \mu_t \tag{5.20}$$

式中，r_t^i 是第 i 个资产在第 t 期的超额回报率，F_t 是宏观变量或气候风险等不可交易特征变量在第 t 期的取值，β^i 是第 i 个资产对特征变量的风险暴露。

针对每个资产 i，可以从式（5.20）中得到估计系数 β^i。β^i 即为每个资产在该特征变量上的风险敞口。将该回归系数作为资产的排序变量，对资产进行单变量排序，把资产划分为固定数量的组合，并构建多空组合，计算出因子收益率。排序分组法的优点是相对简单，缺点是易受到很多其他因子的横截面影响。

二、方差最小化法

除了排序分组法外，资产定价领域用于构建因子模拟投资组合的方法还包括 Fama-MacBeth 两阶段回归以及最大相关性投资组合 MCP（Maximum Correlation Portfolio）方法。其中，Fama-MacBeth 两阶段回归包括两个步骤：第一步与组合排序分组法在开始单变量分组之前实施的步骤相同，将基础资产收益率与特征变量进行时间序列回归，估计出每个资产对该特征变量的因子载荷；第二步先对每个资产的收益率取时间序列上的均值，再将每个资产的收益率均值和第一步估计出来的因子载荷进行一次 OLS 横截面回归，估计出因子风险溢价。

137

详细的 Fama-MacBeth 两阶段回归将会在本章的第五节展开讨论。而最大相关性投资组合（MCP）方法是先基于单变量回归估计出不可交易因子的资产载荷，接着以最大化每个因子模拟组合与所要构建的不可交易因子之间的相关性为目标，求解最优化问题，最后得到相应不可交易因子的风险溢价。从上述分析中可知，Fama-MacBeth 两阶段回归和 MCP 方法的第一步都是通过一个因子模型求解出因子载荷，再通过其他方法求解出因子风险溢价。两种方法所依赖的因子模型表达式为

$$R_t = u + BF_{t+h} + \varepsilon_t \tag{5.21}$$

式中，R_t、u 和 ε_t 均为 $N \times 1$ 维向量，N 为基础资产个数，分别表示基础资产收益率、相关的期望收益率以及残差向量；F_{t+h}（$K \times 1$ 维向量）为 K 个宏观变量或气候风险等不可交易特征变量在第 $t+h$ 期的取值；B 为 $N \times K$ 向量，是因子载荷。

式（5.21）的目的是为了估计出因子载荷。

一般来说，因子模拟投资组合的所有因子都可以作为特定最优化投资组合问题的解。因此，在 Fama-MacBeth 两阶段回归和 MCP 方法的基础上，尤尔琴科（Jurczenko）等在 2019 年建立了一个通用的最小方差因子模拟投资组合构建框架，提出了方差最小化法。该框架通过最优化问题求解不可交易因子的风险溢价，具有较好的可拓展性，通过一定的变换或者加入不同的约束可以转化成 Fama-MacBeth 两阶段回归与 MCP 方法。方差最小化法通过以下方程求解，表达式为

$$\text{Min} \quad \frac{1}{2} w_K^{\mathrm{T}} \Omega w_K \tag{5.22}$$

$$\text{s. t.} \quad B^{\mathrm{T}} w_K = \beta_K$$

式中，w_K（$N \times 1$ 维）是基础资产的投资组合权重；Ω（$N \times N$ 维）为基础资产的协方差矩阵；B^{T}（$K \times N$ 维）为根据式（5.21）算出的因子载荷；β_K（$K \times 1$ 维）为所模拟的 K 个因子的风险暴露。

式（5.22）表明，因子模拟投资组合是最大化因子模型（5.21）解释能力的投资组合。通常情况下，模拟投资组合会选择一组多样化程度较高的资产，比如股票，从而能够近似消除特殊误差，捕获不同的风险维度。因此，用于构建投资组合的资产个数 N 一般会远大于所需要构建的因子数量 K，即 $N \gg K$。

式（5.22）中的投资组合权重为

$$W_K^* = \Omega^{-1} B (B^{\mathrm{T}} \Omega^{-1} B)^{-1} B_K \tag{5.23}$$

式中，B_K（$K \times K$ 维）$=(\beta_1, \beta_2, \cdots, \beta_K)$ 是因子投资组合的目标暴露。

当投资组合权重 W_K^*（$N \times K$ 维）给定时，可以计算出因子模拟组合的收益率，表达式为

$$FMP_t = W_K^{*\mathrm{T}} R_t \tag{5.24}$$

式中，FMP_t（$K \times 1$ 维）是第 t 时刻 K 个不同因子的收益率矩阵，即因子模拟投资组合的收益率。

需要注意的是，因子模拟投资组合的因子暴露与目标暴露相等，即 $B^{\mathrm{T}} W_K^* = B_K$；因子模拟投资组合收益率的协方差通常不等于所构造因子之间的协方差，即 $\text{Cov}(W_K^{*\mathrm{T}} R_t) = B_K^{\mathrm{T}} (B^{\mathrm{T}} \Omega^{-1} B)^{-1} B_K \neq \text{Cov}(F_{t+h})$。

式（5.23）是常见因子模拟投资组合方法的通用公式，不同的因子模拟投资组合方法可以看作式（5.23）的特殊情况。在式（5.23）代表的方差最小化方法框架下，可以按照

三种方法将因子模拟投资组合方法进行分类。第一种方法是根据基础资产的协方差矩阵进行划分，当基础资产的协方差矩阵为恒等式时，因子模拟组合方法为在第二步截面回归中采用 OLS 回归的 Fama-MacBeth 两阶段回归法；当矩阵为对角阵时，因子模拟组合方法是采用 WLS 回归的 Fama-MacBeth 两阶段回归法；当矩阵满秩时，因子模拟组合方法是采用 GLS 回归的 Fama-MacBeth 两阶段回归法与所有的 MCP 方法。第二种方法是按照因子模型的类型进行划分，因子模型为单变量时是 MCP 方法；多变量情况下是所有的 Fama-MacBeth 两阶段回归法。第三种方法是按照目标暴露限制矩阵类型来划分，若矩阵类型为恒等式，因子模拟组合方法是所有的 Fama-MacBeth 两阶段回归法；若为一般矩阵则是所有的 MCP 方法。

专栏 5-3　三步回归法（Three-Pass Method）

理论上，式（5.23）提供了因子模拟投资组合的最佳线性无偏估计。因此，学术界和业界广泛使用 Fama-MacBeth 两阶段回归与 MCP 方法来模拟因子的投资组合。随着研究的进一步深入，学者们逐渐发现 Fama-MacBeth 两阶段回归的因子模拟组合方法存在比较严重的测量误差和遗漏变量的问题，通过这些方法估计出来的因子风险敞口并不准确、资产的权重也会存在一定的偏差；而 MCP 方法则存在维数诅咒的问题，它要求资产的横截面很大，即 $N \to \infty$，这可能会导致资产个数 N 超过样本容量 T，从而使得不可交易因子在基础资产收益率上的投影变得不可行。为了缓解这些问题，很多学者在原来方法的基础上加入了如主成分分析等机器学习的方法，形成了更新的因子模拟组合方法。其中，较为典型的是耶鲁大学教授斯特凡诺·吉格里奥（Stefano Giglio）和芝加哥大学教授修大成（Dacheng Xiu）2021 年提出来的三步回归法。该方法分为三个步骤，第一步是 PCA 步骤，通过主成分分析 PCA（Principal Components Analysis）从基础资产回报中提取收益率的前 L 个（$L \le N$）主成分，并将不可交易因子投射到这 L 个主成分上，得到经过基础资产映射之后的因子和相应的因子载荷。第二步是横截面回归步骤，对资产的平均收益和第一步计算得到的因子载荷进行 OLS 横截面回归，估计出因子模拟投资组合的风险溢价。第三步是时间序列回归步骤，将第二步得到的风险溢价与第一步经过映射得到的因子进行时间序列回归，得到因子模拟投资组合的权重，并将该权重与第二步估计出来的投资组合风险溢价相乘，最终得到三步回归法的风险溢价估计值。第三步能够将无法解释的潜在因子的风险溢价转化为经济理论可以预测的因子的风险溢价，并且还解决了标准方法无法缓解的测量误差问题。

第四节　时间序列回归法

采用组合分析法，学者们可以很容易地根据变量特征排序分组，并构建投资组合去计算组合收益率。但是第四章中介绍了多种多因子模型，如何比较、选择呢？如何检验模型中的相关指标呢？检验多因子模型主要有以下两点考虑：①指标的表现是根据历史数据估计或计算的，并不代表未来的真实收益。因此，通常需要检验指标在回归结果中体现出来的良好的历史表现，是因为它的确可以带来持续的超额收益，还是因为它和其他有优异表现的指标之间存在一定的关系，抑或仅仅是在某个特定时期才出现的"幸运现象"；②除了关注指标自身的表现，还需要关注某些指标是否具有普适性，即可以用以解释各类资产或其他指标的表现。这就需要对模型定价误差进行检验。通常学术界会采用时间序列回归分析方法去检验

模型定价误差 α_i，采用 Fama-MacBeth 回归去检验因子风险溢价 λ（表示为一个 K 维因子溢价列向量）。本节将详细讲述时间序列回归以及 Fama-MacBeth 回归方法检验多因子模型。

时间序列回归需要对资产用其超额收益率序列对因子收益率序列进行回归，表达式为

$$R_{it}^e = \alpha_i + \boldsymbol{\beta}_i' \boldsymbol{f}_t + \epsilon_{it} \quad t = 1, \cdots, T \tag{5.25}$$

式中，R_{it}^e 指的是资产 i 在 t 期的超额收益率；f_t 为 t 期的因子收益率（表示为 K 维因子列向量），可以通过已经介绍过的构建股票特征 H-L 组合的方式来获取。

根据式（5.25），利用序列 $\{R_{it}^e\}_{t=1}^T$ 和 $\{f_t\}_{t=1}^T$ 即可估计出因子在资产 i 上的错误定价 α_i 和风险暴露 β_i 的估计值 $\hat{\alpha}_i$ 以及 $\hat{\boldsymbol{\beta}}_i'$。

参数估计出后再代入式（5.25）并在时间序列上对等式两边求期望，因为假设 ϵ_{it} 是满足独立同分布的，因此最终获得资产 i 预期收益率与因子暴露和预期因子收益率三者间关系，表达式为

$$E_T(R_i^e) = \hat{\alpha}_i + \hat{\boldsymbol{\beta}}_i' \hat{\boldsymbol{\lambda}} \tag{5.26}$$

式中，$\hat{\boldsymbol{\lambda}} = E_T(f_t)$ 为因子的预期收益率。

上述回归模型看似简单，但却得到了广泛的使用，主要有以下原因：①模型很容易实现，且和下一节在 Fama-MacBeth 回归分析时用的回归模型第一阶段几乎无异；②模型可以捕获一些收益的可预测性特征，即使真实情况远比现在得到的结果复杂。

在了解时间序列回归的目的及步骤后，本节将重点介绍学术界检验因子模型定价误差的两种主流方法：检验单个资产的 Alpha 检验、联合检验一系列资产的 GRS 检验。

一、Alpha 检验

Alpha 检验既可以用于检验定价模型，也可以用于检验因子（指标）或策略是否有显著的超额收益。以经典的 CAPM 为例，将时间序列回归估计出的 $\hat{\boldsymbol{\beta}}_i'$ 代回式（5.25）中，并对式（5.25）两边在时间维度取平均，表达式为

$$E_T(R_i^e) = \hat{\boldsymbol{\beta}}_i' E_T(f_t) \tag{5.27}$$

仔细对比式（5.25）与式（5.7），因为采用 CAPM，所以只考虑一个市场因子，所以 f_t 不再是向量形式，且此处将市场因子收益率序列的平均值作为对市场因子风险溢价的估计，$\hat{\lambda} = E_T(f_t)$。另外，不难理解模型（5.27）意味着时间序列回归方程（5.25）中的 $\alpha_i = 0$。

针对单一资产，可以直接根据式（5.27）构建 t 统计量来检验 $H_0: \alpha_i = 0$。若不能拒绝原假设，则意味着 CAPM 成立。以往一般按照标准 t 检验，近似采用 $|t| > 2.0$ 作为判断显著性的临界值。但哈维（Harvey）等指出，随着挖掘出的因子越来越多，数据挖掘的风险越来越大，应至少使用 $|t| > 3.0$ 作为判断标准。

类似的，对于多个资产 $i(i = 1, \cdots, N)$，需要检验各资产的定价误差是否联合起来为 0，即检验向量 $\boldsymbol{\alpha} = \boldsymbol{0}$。

从 Alpha 检验的步骤可知，它是主要针对单个指标进行的。但在检验一个定价模型时，不同的股票可能给出不一样的结论，有些显著，有些不显著。因此，一般会对候选股票进行联合检验，其中最经典的一个方法就是 GRS 检验。

二、GRS 检验

GRS 检验是由迈克尔·吉本斯（Michael R. Gibbons）与其合作者在 1989 年的文章中提出。

其思想比较简单，即对一系列股票的 Alpha 进行联合检验，检验在一定的假设条件下，所有候选股票的 Alpha 联合为 0 的原假设是否成立。若不能拒绝该原假设，则认为定价模型是有效的。

此处令 $\hat{\boldsymbol{\Omega}}$, $\hat{\boldsymbol{\Sigma}}$ 分别为式（5.25）中 $\boldsymbol{f}_t$ 和 $\boldsymbol{\epsilon}_{it}$ 的协方差矩阵。进一步，假设 $\boldsymbol{\epsilon}_{it}$ 服从 i.i.d（独立同分布）正态分布，那么可以通过构造 GRS 统计量来检验 $\boldsymbol{\alpha}=\boldsymbol{0}$，表达式为

$$\frac{T-N-K}{N}(1+E(\boldsymbol{f}_t)'\hat{\boldsymbol{\Omega}}^{-1}E(\boldsymbol{f}_t))^{-1}\hat{\boldsymbol{\alpha}}'\hat{\boldsymbol{\Sigma}}^{-1}\hat{\boldsymbol{\alpha}}\sim F_{N,T-N-K} \tag{5.28}$$

其中，$\boldsymbol{\alpha}$ 是 N 维资产定价误差列向量，T 是时间序列的期数，K 和 N 分别为因子和资产的数目。式（5.28）即为吉本斯（Gibbons）等人提出的 GRS 统计量。

GRS 统计量有两个非常突出的优点：①给定样本观测数 T 和股票数 N 后，GRS 检验是高度精确的；②GRS 检验有着非常高的检验效力。但同时，GRS 检验也有着一些潜在的不足：①GRS 统计量的精确性高度依赖于正态分布假定，即待检验股票的残差项服从联合正态分布。这一假定可能过于严格，在现实中很难成立；②GRS 检验可能会较为耗时。其思想虽然简单，但计算过程并不轻松；③GRS 检验有一个非常严重的问题，那就是需要 $T>N$ 成立，也就是样本观测要大于股票数，这与多元回归中的样本数量大于解释变量数以保证模型可估计是类似的。在某些特殊的情况下该条件可能无法成立。但是，GRS 检验依旧是时间序列回归模型中一个非常重要的检验方式，人们也一直沿用至今。

此外，随着计量经济学理论的进步，广义矩估计检验 GMM（Generalized Method of Moments）在近年日益得到广泛的应用。在实证资产定价领域，当式（5.25）中的 $\boldsymbol{\epsilon}_{it}$ 存在相关性或者异方差时，GMM 越来越多地被用来估计股票的风险暴露、特定因子风险溢价以及定价误差。由于其涉及的数理知识较为复杂，考虑到篇幅原因本文不在这里展开。

第五节　Fama-MacBeth 回归法

Fama-MacBeth 横截面回归分析是由法码（Fama）和麦克白（MacBeth）于 1973 年在研究 CAPM 检验问题时提出。Fama-MacBeth 回归根据因子暴露是否具有时变性，可以分为两阶段回归和三阶段回归。简单来说，两种回归的第一阶段是相同的，均是通过时间序列回归求得资产的因子暴露的估计值 $\hat{\boldsymbol{\beta}}_i'$，但两阶段回归是"先求均值，再求回归"，而 Fama-MacBeth 三阶段回归的核心思想是"先求回归，再求均值"，有效防止了截面上 α_{it} 的相关性影响因子收益率的估计值。不过，两种回归的目标却"不谋而合"，学术界大部分时候都是为了检验因子预期收益率 $\hat{\boldsymbol{\lambda}}$，并且在因子暴露 $\boldsymbol{\beta}_i'$ 不具备时变性（即常数）的情况下，两阶段回归和三阶段回归的估计结果是一致的；当因子暴露 $\hat{\boldsymbol{\beta}}_{it}'$ 具备时变性时，Fama-MacBeth 三阶段回归方法相较于两阶段回归对因子预期收益率 $\hat{\boldsymbol{\lambda}}$ 的估计更加准确，因此在金融研究中和投资实践中被广泛应用。

一、Fama-MacBeth 两阶段回归

当因子暴露恒定，即不具备时变性时，Fama-MacBeth 两阶段回归主要步骤如下：

（一）第一阶段回归

Fama-MacBeth 横截面回归的最终目标虽然是为了探究资产预期超额收益率与风险暴露在横截面上的关系，但是横截面回归分析的第一阶段是时间序列回归分析，目的是估计出各

资产对因子的风险暴露。在第一阶段，需要使用资产收益率对因子值做回归，获得各资产对因子的暴露估计值。值得注意的是，这里进行的回归可以是在所有周期中进行一次性回归，对应的回归结果是固定的因子暴露 $\hat{\boldsymbol{\beta}}_i'$。

具体做法是对每一资产 i，用其多周期收益率 R_{it} 对因子 $\boldsymbol{f}_t$（K 维因子向量）进行时间序列回归，回归方程表达式为

$$R_{it}^e = a_i + \boldsymbol{\beta}_i' \boldsymbol{f}_t + \boldsymbol{\epsilon}_{it}, \quad t = 1, \cdots, T \tag{5.29}$$

其中，R_{it}^e 是资产 i 在每一期的超额收益率，$\boldsymbol{f}_t$ 是因子的实际值，由于它并非代表因子收益率，故上述回归方程中的截距项 a_i 并无实际的经济金融解释。

第一阶段回归重点关注的是 R_{it}^e 对 $\boldsymbol{f}_t$ 的回归系数 $\hat{\boldsymbol{\beta}}_i'$，它表示的是资产超额收益率对因子的敏感程度，可以间接反映资产对因子的风险暴露程度，这也是 Fama-MacBeth 横截面回归第一阶段的最重要假设。因此该阶段回归分析最大的目标是采用最小二乘回归获得 $\boldsymbol{\beta}_i'$ 的估计值 $\hat{\boldsymbol{\beta}}_i'$。

另外，由于上述回归模型针对的是单一资产多周期观察值的回归，因此该阶段所需回归的总次数取决于资产的总数目 N。

（二）第二阶段回归

在获得各资产对因子的风险暴露估计值 $\hat{\boldsymbol{\beta}}_i'$ 后便可进行第二阶段回归。该阶段的回归完全是截面回归分析，目标是获得因子定价模型中的因子风险溢价的估计值 $\hat{\boldsymbol{\lambda}}$ 并对其进行检验。具体做法是先计算各资产的平均周期收益率，回归方程表达式为

$$\overline{R}_i^e = \frac{1}{T} \sum_{t=1}^{T} R_{it}, \quad i = 1, \cdots, N \tag{5.30}$$

其中，$\overline{R}_i^e$ 是通过将资产 i 的各周期收益率序列在时间维度取平均而获得，然后对第一阶段求得的风险暴露估计值 $\hat{\boldsymbol{\beta}}_i'$ 进行回归，回归方程表达式为

$$\overline{R}_i^e = \alpha_i + \hat{\boldsymbol{\beta}}_i' \boldsymbol{\lambda}, \quad i = 1, \cdots, N \tag{5.31}$$

由于上述回归模型中的 $\hat{\boldsymbol{\beta}}_i'$ 反映的是资产 i 的因子暴露程度，因此该项的回归系数 $\hat{\boldsymbol{\lambda}}$ 可以被认为是对因子风险溢价的一种衡量；α_i 为因子的定价误差，是资产 i 的收益率无法由因子收益率解释的部分。这一阶段是将全部资产的 $\overline{R}_i^e$ 和 $\hat{\boldsymbol{\beta}}_i'$ 纳入到回归方程，因此只需要进行一次回归即可。

将式（5.29）和式（5.31）进行对比可以发现第二阶段回归方程并没有加入误差项 $\boldsymbol{\epsilon}_{it}$，这是由于因子模型假定资产的截面收益率完全是由因子收益率和因子暴露所决定，因此上述回归方程除新加 α_i 项用于检验模型的定价效果外，没有像第一阶段那样加入误差项。

（三）估计与检验因子溢价

对 $\boldsymbol{\lambda}$ 和 α_i 同时进行参数估计，而回归方程中的 $\boldsymbol{\lambda}$ 项衡量的是因子风险溢价，因此重点关注 $\boldsymbol{\lambda}$ 的检验问题。在估计前，先将第二阶段回归的式（5.31）用向量表示，表达式为

$$\overline{R}^e = \boldsymbol{\alpha} + \hat{\boldsymbol{\beta}} \boldsymbol{\lambda} \tag{5.32}$$

其中，$\hat{\boldsymbol{\beta}} = [\hat{\boldsymbol{\beta}}_1, \hat{\boldsymbol{\beta}}_2, \cdots, \hat{\boldsymbol{\beta}}_N]'$ 是一个 $N \times K$ 的矩阵，$\boldsymbol{\alpha}$ 是一个 N 维定价误差列向量，$\overline{R}^e$ 是一个 N 维资产各周期平均收益率的列向量。

1. OLS 估计

如果用 OLS 方法对方程（5.32）进行估计，很容易根据 OLS 相关性质得到参数的估计

量 $\hat{\boldsymbol{\lambda}}$ 以及 $\hat{\boldsymbol{\lambda}}$ 的协方差，表达式为

$$\hat{\boldsymbol{\lambda}}_{\mathrm{OLS}} = (\hat{\boldsymbol{\beta}}'\hat{\boldsymbol{\beta}})^{-1}\hat{\boldsymbol{\beta}}'\overline{\boldsymbol{R}}^e,\tag{5.33}$$

$$\mathrm{Cov}(\hat{\boldsymbol{\lambda}}_{\mathrm{OLS}}) = \frac{1}{T}((\hat{\boldsymbol{\beta}}'\hat{\boldsymbol{\beta}})^{-1}\hat{\boldsymbol{\beta}}'\boldsymbol{\Sigma}\hat{\boldsymbol{\beta}}(\hat{\boldsymbol{\beta}}'\hat{\boldsymbol{\beta}})^{-1}+\boldsymbol{\Omega})\tag{5.34}$$

其中，$\boldsymbol{\Sigma}$ 为第一阶段回归方程 ϵ_{it} 的方差，$\boldsymbol{\Omega}$ 为第一阶段 f_t 的方差。对于因子溢价检验，首先可以根据式（5.34）求出的 $\hat{\boldsymbol{\lambda}}_{\mathrm{OLS}}$ 协方差矩阵中的对角线上元素开根号即可得出因子溢价的标准误，然后结合式（5.33）求出的 $\hat{\boldsymbol{\lambda}}_{\mathrm{OLS}}$ 计算每个因子收益率的 t 统计量即可完成对因子溢价的检验。

2. GLS 估计

由于 α_i 在截面上可能存在相关性导致 OLS 的参数估计无效（会低估标准误），学术界会使用改进的广义最小二乘方法 GLS（Generalized Least Squares）对上述参数进行估计。GLS 方法下的 $\hat{\boldsymbol{\lambda}}$ 以及 $\mathrm{Cov}(\hat{\boldsymbol{\lambda}}_{\mathrm{GLS}})$ 的表达式为

$$\hat{\boldsymbol{\lambda}}_{\mathrm{GLS}} = (\hat{\boldsymbol{\beta}}'\boldsymbol{\Sigma}^{-1}\hat{\boldsymbol{\beta}})^{-1}\hat{\boldsymbol{\beta}}'\overline{\boldsymbol{R}}^e,\tag{5.35}$$

$$\mathrm{Cov}(\hat{\boldsymbol{\lambda}}_{\mathrm{GLS}}) = \frac{1}{T}((\hat{\boldsymbol{\beta}}'\boldsymbol{\Sigma}^{-1}\hat{\boldsymbol{\beta}})^{-1}+\boldsymbol{\Omega})\tag{5.36}$$

与 OLS 估计方法类似，在因子溢价检验中，首先可以根据式（5.36）求出的 $\mathrm{Cov}(\hat{\boldsymbol{\lambda}}_{\mathrm{GLS}})$ 计算出因子溢价的标准误，并结合式（5.35）求出的 $\hat{\boldsymbol{\lambda}}_{\mathrm{GLS}}$ 构建每个因子的因子预期收益率的 t 统计量即可完成对因子溢价的检验。

3. Shanken 修正

最后需要注意的是，第二阶段截面回归用到的变量 $\hat{\boldsymbol{\beta}}$ 由第一阶段回归方程生成而来，非真实的因子暴露，$\hat{\boldsymbol{\beta}}$ 的出现会导致模型估计偏误。山本（Shanken）（1992）提出了在 $\mathrm{Cov}(\hat{\boldsymbol{\lambda}}_{\mathrm{OLS}})$ 和 $\mathrm{Cov}(\hat{\boldsymbol{\lambda}}_{\mathrm{GLS}})$ 中加入调整因子来解决生成变量 $\hat{\boldsymbol{\beta}}$ 带来的影响，经过 Shanken 修正后，$\mathrm{Cov}(\hat{\boldsymbol{\lambda}})$ 的表达式为

$$\mathrm{Cov}(\hat{\boldsymbol{\lambda}}_{\mathrm{OLS}}) = \frac{1}{T}((\hat{\boldsymbol{\beta}}'\hat{\boldsymbol{\beta}})^{-1}\hat{\boldsymbol{\beta}}'\boldsymbol{\Sigma}\hat{\boldsymbol{\beta}}(\hat{\boldsymbol{\beta}}'\hat{\boldsymbol{\beta}})^{-1}(1+\boldsymbol{\lambda}'_{\mathrm{OLS}}\boldsymbol{\Omega}^{-1}\boldsymbol{\lambda}_{\mathrm{OLS}})+\boldsymbol{\Omega})\tag{5.37}$$

$$\mathrm{Cov}(\hat{\boldsymbol{\lambda}}_{\mathrm{GLS}}) = \frac{1}{T}((\hat{\boldsymbol{\beta}}'\boldsymbol{\Sigma}^{-1}\hat{\boldsymbol{\beta}})^{-1}(1+\boldsymbol{\lambda}'_{\mathrm{GLS}}\boldsymbol{\Omega}^{-1}\boldsymbol{\lambda}_{\mathrm{GLS}})+\boldsymbol{\Omega})\tag{5.38}$$

对于因子溢价的检验，在 OLS 与 GLS 估计中已经详细讲述了如何根据估计出的因子预期收益率和标准误构建 t 统计量，此处不再赘述。

二、Fama-MacBeth 三阶段回归

通常情况下，因子暴露 $\hat{\boldsymbol{\beta}}'_{it}$ 并不是固定的，而是时变的，此时 Fama-MacBeth 回归由两阶段回归变为三阶段回归。

（一）第一阶段回归

和 Fama-MacBeth 两阶段回归相同，在第一阶段，仍然需要使用资产收益率对因子值做回归，获得各资产对因子的暴露估计值。当然，这里进行的回归采取的是滚动回归，对应的是时变因子暴露 $\hat{\boldsymbol{\beta}}'_{it}$。比如，在 t 期，此时的因子暴露应该采用第 1 期至第 t 期的历史数据进行时间序列回归估计得到的 $\hat{\boldsymbol{\beta}}'_{it-1}$。

特别在以股票特征为主的这一类因子模型研究中，由于能够通过构建 High-Low 对冲组合获得因子收益率，因此学者在第一阶段会直接对因子收益率进行回归以获得因子暴露。这一阶段的回归仍然是时间序列回归，且需要回归 N 次。

（二）第二阶段回归

第二阶段是截面回归。但与传统横截面回归第二阶段"先平均，再回归"的思路不同，法码（Fama）和麦克白（MacBeth）在这一阶段提出"先回归，再平均"的思想。因此，Fama-MacBeth 回归的第二阶段回归方程表达式为

$$R_{it}^e = \alpha_{it} + \hat{\boldsymbol{\beta}}_{it-1}' \boldsymbol{\lambda}_t, \quad i = 1, \cdots, N \tag{5.39}$$

式（5.39）回归后的 $\hat{\alpha}_{it}$ 表示的是在 t 期的因子错误定价的估计值，$\hat{\boldsymbol{\lambda}}_t$ 是 t 期的因子收益率的估计值，$\hat{\boldsymbol{\beta}}_{it-1}'$ 由第一阶段滚动回归估计得到。因为第一阶段滚动回归估计出来的因子暴露是时变的，所以该回归方程与 Fama-MacBeth 两阶段回归最大的不同在于回归变量均带有时间下标。具体来讲，在 t 期对全部资产收益率 R_{it}^e 和第一阶段估计出的因子暴露 $\hat{\boldsymbol{\beta}}_{it-1}'$ 进行回归获得 $\hat{\alpha}_{it}$ 和 $\hat{\boldsymbol{\lambda}}_t$。在每一时期 t 均需执行一次截面回归，因此 Fama-MacBeth 回归的第二阶段共需要执行 T 次回归，每一次回归获得的 $\hat{\alpha}_{it}$ 和 $\hat{\boldsymbol{\lambda}}_t$ 估计值构成时间序列 $\{\hat{\alpha}_{it}\}$ 和 $\{\hat{\boldsymbol{\lambda}}_t\}$。

（三）第三阶段回归

Fama-MacBeth 回归的第三阶段是将第二阶段获取的 $\hat{\alpha}_{it}$ 和 $\hat{\boldsymbol{\lambda}}_t$ 估计值序列取平均，最终得到因子定价误差的估计值 $\hat{\alpha}_i$ 和因子预期收益率的估计值 $\hat{\boldsymbol{\lambda}}$，表达式为

$$\hat{\alpha}_i = \frac{1}{T} \sum_{t=1}^{T} \hat{\alpha}_{it} \tag{5.40}$$

$$\hat{\boldsymbol{\lambda}} = \frac{1}{T} \sum_{t=1}^{T} \hat{\boldsymbol{\lambda}}_t \tag{5.41}$$

（四）检验问题

由 $\{\hat{\alpha}_{it}\}$ 和 $\{\hat{\boldsymbol{\lambda}}_t\}$ 可以获得因子预期收益率估计量 $\hat{\boldsymbol{\lambda}}$ 以及资产 i 定价误差 $\hat{\alpha}_i$ 的标准误，表达式为

$$\sigma(\hat{\boldsymbol{\lambda}}) = \left[\frac{\sum_{t=1}^{T} (\hat{\boldsymbol{\lambda}}_t - \hat{\boldsymbol{\lambda}})^2}{T^2} \right]^{\frac{1}{2}} \tag{5.42}$$

$$\sigma(\hat{\alpha}_i) = \left[\frac{\sum_{t=1}^{T} (\hat{\alpha}_{it} - \hat{\alpha}_i)^2}{T^2} \right]^{\frac{1}{2}} \tag{5.43}$$

上述标准误可以用于构造 t 统计量 $\hat{\boldsymbol{\lambda}}/\sigma(\hat{\boldsymbol{\lambda}})$ 和 $\hat{\alpha}_i/\sigma(\hat{\alpha}_i)$ 来检验因子收益率和单个资产定价误差 α_i 的显著性。需要说明的是，对估计值序列进行检验的方式可以避免式（5.39）的 α_{it} 在截面上的相关性和异方差对标准误产生的影响，但无法解决 α_{it} 在时序上的相关性所带来的问题。

Fama-MacBeth 三阶段回归示例代码如下：

```
## Fama MacBeth 三阶段回归示例
from statsmodels.formula.api import ols
import statsmodels.api as sm
```

```
from linearmodels import FamaMacBeth        ## 导入二阶段 FM 算法
## 第一阶段
model = ols('ret~mkt', data).fit()
data[['beta_mkt']]=model.params[1]           ## 回归得到 mkt 的因子暴露
## 第二、三阶段
fm = FamaMacBeth(dependent = data['ret'], exog = sm.add_constant(data[['beta_
mkt']]))
res_fm = fm.fit(debiased=False)
print(res_fm)
```

专栏 5-4　β 系数还是公司财务特征?

　　回顾 Fama-MacBeth 回归，在通常意义上，第一步便是需要通过时间序列回归估计出股票的因子载荷 β，即股票和特定因子收益率在时间序列上回归得到回归系数。这一步是 Fama-MacBeth 回归的基础，但目前学术界对 β 值在资产定价过程中的作用仍持有不同观点。

　　关于股价收益率，学术界共同认识到股票收益率会伴随公司某些特定特征指标变动，但对基于这类特征的股价异象的解释存在争议。因为时间序列回归得到的是 β 的估计，存在一定误差，在后续的步骤中将产生影响，尤金·法码（Eugene F. Fama）等（1973）采用了投资组合的形式降低了此影响。所以，以 Fama 为代表的资产定价理性学派认为按照公司财务数据对股票进行排序分组而获得的收益率溢价是各特征组合在共同定价因子（如 Fama-French 三因子）上的风险暴露差异所致，即特征组合之间的收益价差源自各组合与因子的协方差（即 β）不同而非各组合特征值的不同。因此他们认为，在研究股票截面收益率时更应该关注股票与因子之间的 β 值而非公司财务指标的实际取值。

　　但这一说法并不完全被认可，如投资组合的方式被纳拉西姆汉·杰加迪什（Narasimhan Jegadeesh）等（2019）认为实质上是一种降维处理，并不妥当。Fama-French 三因子模型中 25 个投资组合也被内格尔（Nagel）和山本（Shanken）认为是一种误解。近年来，学者们陆续发现一系列基于公司财务指标构建的股票组合存在价格异象，但这些异象并不能完全由传统的因子 β 所解释。所以，使用有限个投资组合进行检验并不合适。为此，理性资产定价学派通过提出具有更广泛代表性的因子模型，如 Fama-French 五因子模型和 HXZ 的 q-因子模型，来回应异象挑战。

　　资产价格的 β 决定论受到了学术界的质疑。丹尼尔（Daniel）和蒂特曼（Titman）在 1997 的文章中提出了基于特征的资产价格定价模型，他们认为公司财务而非 β 值决定着股票收益率。区别于 β 决定资产价格背后的"风险补偿"理论，公司财务决定资产价格的理论基础是市场错误定价假说，即由于套利限制或者市场参与者行为偏差的存在，某些公司财务特征的股票便能产生持续性的收益溢价，而溢价并非来源于风险补偿。例如，针对股票价格长期反转效应（即过去三年收益率高的股票特征能够负向预测接下来的收益率），"市场错价"理论认为这种异象存在可能仅仅是因为市场投资者喜爱买入并持有那些他们已经盈利的股票组合但并不愿意持有已经亏损的股票。

　　在以上研究的基础上，杰加迪什（Jegadeesh）及其合作者 2019 年在 Fama-MacBeth 回归中加入了公司财务特征指标，发现公司财务特征可以获得显著的风险溢价，原因子变得不再显著。对 Fama-French 五因子模型和 HXZ 的 q-因子模型进行的尝试中，也得到了相似的发现。所以，公司财务特征是不是一个更好的因子载荷呢？

从结果来看，公司财务特征确实是比 β 更好的因子载荷，但是原因尚未可知。密苏里大学教授彭彤（Pukthuanthong）和加州理工学院教授罗尔（Roll）在 2019 年的文章中指出，公司财务特征并不能成为一个很好的因子，但是其可能是某未知因子载荷的有效替代，并且代表了套利机会，所以它成为了一个更好的因子载荷。但是在杰加迪什（Jegadeesh）等人 2019 年的文章中却得出了公司财务特征和未来因子载荷之间的相关性低于 β 的结论。

综上，资产和因子收益率时间序列回归求 β 和直接使用公司财务指标经过标准化后作为 β 来使用两种方法中，使用公司财务指标似乎对于结果更加友好，但却难以解释。所以，对于公司财务特征与 β 的讨论仍将继续。也希望大家对这个问题能有自己的思考和回答。

第六节　解释因子模型

本章已经介绍了检验新因子的方法，在 Fama-French 因子分析法风靡全球后，近几十年里学界和业界已经构建了数百个因子，并且在其研究样本内均能获得主流多因子模型所无法解释的显著超额收益。然而这么多新因子存在的原因是什么呢？学界一直致力于解释新因子背后的原因，这将有助于判断其在样本外是否继续显著。而业界当发掘一个新因子或者构建一个新策略时，也会通过模拟交易的形式检验其在样本外的表现。目前新因子存在的潜在解释主要有以下几点：如果因子确实可以获得超额收益，则可以归因于风险补偿和错误定价；而如果构建的新因子并不是真实存在，而是由于过拟合所带来的巧合，这时就归因于数据挖掘（或数据窥探）。本节就从上述三个角度来解读因子。

一、风险补偿

资产能获取风险溢价是因为其承担了隐含的因子风险，而风险溢价是由因子驱动的。其中一部分因子描述了宏观经济的变量，如经济增长、通货膨胀、波动率、生产率、人口结构风险；另一部分因子则由可交易的变量构成，如市场因子、规模因子和价值因子等。所以在传统金融学框架下，因子背后的经济理论可以从理性角度进行解释，即这些因子的长期投资回报较高是为了补偿其在不景气时的低投资回报。以 CAPM 为例，该模型指出市场行情不好的时候资产面临崩盘等下行风险，因此应该赋予此类资产持有者高风险溢价作为补偿。

综上所述，风险补偿框架下对因子的解释是：资产对因子的风险暴露越高（即 Beta 风险越大），反映了资产事前风险越高，从而会得到更高的风险补偿，因此造成了资产事后回报的差异。

如何判断一个新因子背后的原因是否来自风险补偿的方法主要有以下三种：

（一）常识判断

当一个因子可以解释横截面股票差异时，可以根据常识进行便捷地判断：如果一个因子归因于风险补偿，那么承受更高风险的资产应该比承受更低风险的资产获得更高的收益。以现金流波动率为例，如果一家公司的现金流波动率越高，其承受的风险越大，它能比低现金流波动率的公司获得更高的收益。但这显然与常识不相符，因为在传统的公司金融领域，通常认为投资者会更偏好那些能够获得稳定现金流的企业，这种偏好出于两个方面的原因：

①稳定的现金流意味着企业有稳定的经营能力，这展示了企业受到外部因素冲击的影响较小；②稳定的现金流意味着企业对外部融资的依赖性较低，这样受到资本市场的约束更小。这两点优势使得现金流更稳定的企业往往有更高的预期投资回报。因此，当判断一个因子是否源自风险补偿时，常识判断不失为一种简单有效的检验方法。

（二）宏观经济判断

检验风险补偿的第二种方法是检验在不同宏观经济状态下，因子收益率的时间序列特征是否也会存在差异。如果因子归因于风险补偿，那么在宏观经济较好的时期，其预期收益率也会更高；相反如果宏观经济出现极端风险时（比如金融危机等经济衰退时期），其预期收益率会很低，甚至出现较大的亏损。

（三）定价模型检验

除了常识和宏观经济判断外，第三种检验风险溢价的方法是利用资产定价模型的推论进行检验。按照传统资产定价理论，使用变量构建一个因子投资组合后，资产对该因子的风险暴露应该由资产对该组合的 Beta 值来决定。因此，风险补偿角度下，Beta 值相较于变量本身而言更能预测资产未来收益。但是学术界已经存在大量相反的研究，专栏 5-4 已经介绍了当前学术界对于 Beta 值和变量的争论，因此该种检验的有效性仍然存疑。

二、错误定价

有效市场假说认为，在无摩擦的市场中，市场上的信息都是公开透明的，并且投资者也都是理性的，一切有价值的信息已经及时、准确、充分地反映在股价走势中，其中包括企业当前和未来的价值，除非存在市场操纵，否则投资者不可能通过分析以往价格获得高于市场水平的超额利润。此外，有效市场假说还认为，在强有效市场中，股票的价格有可能会偏离其内在价值，但这种情况只是暂时的，投资者能够很快地发现股价的偏离，并轻易地进行套利活动，抹平股票的价格偏离。然而，在实际中，有效市场假说只是一种理论上的假设，它的假设条件很难满足，现实市场并不是完全有效的，会存在各种不确定的因素导致股票的价格偏离其真实的价值。一方面，投资者并不是完全理性的，会存在行为偏差。现实生活中，投资者是有限理性的，他们可能会存在过度自信和预期偏差等现象而出现行为偏差，做出非理性的决策，从而导致股票的价格偏离其内在价值。另一方面，市场并不是完美的，会存在套利限制。实际的资本市场会存在套利成本和套利风险，部分市场存在卖空限制，套利活动无法正常进行，股票价格的偏离并不能得到及时的纠正。

综上所述，投资者行为偏差以及市场套利限制的存在使得股票价格偏离其内在价值，存在错误定价。此外，学术界越来越多的研究表明，错误定价与股票的收益率存在一定的相关性，能够在一定程度上带来股票的价格异象。于是，继风险补偿理论之后，学术界逐渐开始尝试从错误定价的角度解释定价异象或者因子模型。一般认为，错误定价越高，资产的价格异象越显著，因子的收益率越高。通常可以通过以下四种方法检验价格异象是否来源于错误定价。

（一）业绩公告期

错误定价会导致股票的价格偏离其内在价值，当市场上释放更多有利于发现公司内在价值的信息时，错误定价会得到一定的纠正，股票的收益率会发生改变。因此，如果价格异象来源于错误定价，那么异象的收益率在业绩公告期内的应该高于在其他时间段的，因为企业发布业绩报告的信息后，投资者可以通过业绩报告来纠正自己对股票价格的错误判断。相反，当异象不是来自于错误定价时，异象的收益率在业绩公告期与其他时间应该相差不大。业绩公告期的检验方法可以参照雅各布·英格堡（Jacob Engelberg）等（2018）提出的方法，具体做法是将股票的日度收益率作为被解释变量，将历史异象变量取值，业绩公告日哑变量（若为业绩公告日则取 1，否则取 0）、异象变量和业绩公告日哑变量的交叉项作为解释变量，并以收益率的滞后项等作为控制变量，加入时间的固定效应项进行跨期、跨公司的混合回归。由于回归得到的系数为解释变量的收益率，因此，当异象变量与业绩公告日哑变量的交叉项的系数显著大于异象变量的系数时，说明异象的来源是错误定价。

（二）预测未来基本面

风险补偿理论认为，若异象来源于风险，则股票对风险因子会有较高的风险敞口。然而，在因子模型中通常无法罗列全部的风险因子，因此，即使股票对风险因子的暴露较低也可能说明异象可能来自于其他未能罗列出来的风险。标准化的预期外盈利 SUE（Standardized Unexpected Earnings）是一个非收益率指标，仅仅和公司的基本面相关，能够避免受到风险识别不足的影响，其表达式为

$$SUE_{it} = \frac{Q_{it} - E[Q_{it}]}{\sigma(Q_{it} - E[Q_{it}])} \tag{5.44}$$

式中，Q_{it} 为第 i 个公司在第 t 个季度的盈利。

式（5.44）通常用股票历史 8~20 个季度的数据来计算，其中，分子为实际盈利与预期盈利之间的差异，代表了预期外盈利，分母则是盈利差异的标准差。SUE 表示的是公司实际盈利超出投资者预期的部分。在预期理性框架下，投资者的预期不存在任何偏差，SUE 应该为 0。因此，SUE 越偏离 0 则说明投资者的预期是非理性的，会存在行为偏差。如果要检验的异象能够预测 SUE 则说明该异象与错误定价有关。

（三）有限注意力

行为金融理论认为，人的精力是有限的，投资者大脑对信息的吸收、分析和处理能力都是有限的，在任何时候都无法及时地处理市场上的所有信息，因此，投资者会有选择地去处理并应对最重要的信息，这种在认知上的限制被称为有限注意力。由于无法有效地吸收和处理所有信息，有限注意力下的投资者无法对股票的价格做出全面的评价，会存在行为偏差，导致股票价格出现错误定价。因此，可以推断，如果异象来源于错误定价则说明在投资者关注较低即投资者有限注意力问题更严重的股票中，异象的收益率更高。

因为投资者的有限注意力无法直接度量，所以通常用代理变量来衡量该指标。一般认为，在市值小、成交量低、媒体报道少、机构投资者占比低、分析师覆盖少的公司中，投资者对其关注较少，有限注意力问题更严重。可以用 Fama-MacBeth 截面回归和序贯双变量排序法来检验。在第一种方法中，将股票的下期收益率作为被解释变量，以当期异象变量、当期有限注意力代理变量的哑变量（若公司的投资者关注度低则取 1，否则取 0）以及它们的交叉项作为解释变量，进行 Fama-MacBeth 截面回归。当交叉项的回归系数显著为正时，说明投资者有限关注问题较严重的公司拥有更高的异象收益率，也就是说，异象来源于错误定价中的有限关注。在第二种方法中，先根据投资者有限关注代理变量高低将股票划分为固定数目的组别，接着在每一组内再按照异象变量将股票划分为固定数目的组别，最后计算每个组内的异象收益率，并检验异象收益率的显著性。如果投资者有限关注高的组别表现出更

高、更显著的异象收益率，那么可以说明该异象是来自错误定价中的有限关注。

（四）套利成本

前面的分析已经指出，套利限制是股票错误定价的原因之一。具体而言，套利成本过高会限制投资者的套利活动，股票对内在价值的偏离得不到纠正，从而产生了错误定价。因此，套利成本较高的公司拥有较高的异象收益率。与有限关注相同，套利成本也需要代理变量来衡量。通常认为异质性波动率高、非流动性指标大、交易额小和机构投资者占比低的公司套利限制越大，套利成本更高。同样地，也可以用 Fama-MacBeth 截面回归和序贯双变量排序法来检验异象是否来源于套利成本高。倘若检验的结果表明套利成本高的股票拥有更高的异象收益率则说明异象是来源于错误定价。

三、数据挖掘

每当学术界和业界尝试解释一个新出现的影响股票横截面收益率的因子时，风险补偿与错误定价一直都是最主流的角度。部分长期显著的因子确实可以归因于风险补偿和错误定价。然而现如今新因子犹如雨后春笋般频现，数据挖掘作为一种新的解释也逐渐浮现在人们的脑海。

数据挖掘过度拟合了资产定价模型，学术界许多优秀的学者早就对这种现象提出了质疑。其中尤以两篇经典文献值得揣摩，杜克大学教授坎贝尔（Campbell R. Harvey）2016 年在排除了多重假设检验的影响后，对 316 个新因子进行分析，发现绝大多数因子不能带来显著的超额收益；美国国家经济研究局尤哈尼·林奈因马（Juhani T. Linnainmaa）在 2018 年的文章中检验了美股中源于会计数据的 36 个因子的样本内与样本外表现，结果表明绝大部分因子在样本外不能够获得显著的超额收益，并且该种现象拒绝了来自风险补偿和错误定价的解释，这表明这些因子很可能归因于数据挖掘。

造成因子样本外表现变差的原因通常是样本内数据挖掘的结果，然而如果因子是真实存在的，其样本外失效的原因通常有以下几方面。

（一）交易成本

绝大多数的研究在构建因子多空对冲组合时没有考虑交易费用，因此会导致多空对冲组合收益率的高估。另外在考虑做空限制后，因子收益率也会下降。诺威·马克斯（Novy-Marx）在 2016 的文章中表明，在控制了交易成本后大多数异象消失了。不过他们提出了三种思路有助于降低交易成本：①只使用交易成本低的股票来排序分组，构建多空对冲组合；②减少重构投资组合的次数以减少交易费用；③引入买入/持有价差，对建立仓位的要求比维持仓位的要求更为严格。

（二）机智的套利者

麦克林（McLean）及其合作者于 2016 年研究了 97 个已经公开发表的因子，指出这些因子在样本外的表现比样本内的表现平均下降了 26%。而在因子公开发表之后，较样本内的表现更是下滑了 58%，非常惊人！样本外表现的下降，可以归因于数据挖掘导致的偏差，而余下的 32%，则可归因于公开发表后因子收益率的衰减。作者总结了该种现象背后的逻辑，即因子发表后，机智的套利者会快人一步去大肆交易该因子并削弱错误定价，最后会导致因子收益率大幅下降。

（三）因子拥挤

因子拥挤是指由于某类因子表现较好，使得跟踪或者投资某一因子的资金大量涌入而使得该因子的样本外收益率稳定下降的现象。因为因子拥挤度和因子未来收益率呈负相关，如何定量计算因子拥挤度就显得至关重要。

专栏 5-5 q-理论、错误定价和盈利能力溢价：来自中国的证据

针对新因子背后原因的探索不只局限于美国市场，中国市场也催生了不少精彩的研究。学者们经过各种实证检验，发现盈利能力较高的企业比盈利能力较低的企业获得的未来股票收益率要高得多。

作者进一步证明了基于理性风险的投资 q 理论更可能归因于盈利风险溢价而不是错误定价。错误定价代理指标与盈利因子的双变量分组见表 5-1。

表 5-1　错误定价代理指标与盈利因子的双变量分组

Mispricing	Proxies	Gross profitability			Return on assets			Return on equity		
		L	H	H−L	L	H	H−L	L	H	H−L
Low	IVOL	−0.75	1.03	1.77	−1.24	1.02	2.26	−1.02	1.34	2.36
		[−2.34]	[3.73]	[4.20]	[−3.11]	[4.45]	[4.86]	[−2.47]	[4.69]	[4.70]
High		−1.14	0.54	1.68	−1.44	0.54	1.98	−1.50	0.52	2.02
		[−3.82]	[1.69]	[3.88]	[−5.52]	[1.59]	[4.78]	[−5.78]	[1.71]	[5.31]
Low	TURN	−0.86	1.17	2.03	−1.39	0.99	2.38	−1.30	1.13	2.43
		[−2.29]	[4.76]	[4.17]	[−3.90]	[4.37]	[5.64]	[−3.60]	[5.09]	[5.76]
High		−0.16	1.45	1.61	−0.43	1.77	2.20	−0.42	1.71	2.13
		[−0.57]	[3.02]	[3.08]	[−1.56]	[3.61]	[3.90]	[−1.52]	[3.26]	[3.78]
Low	PRC	−0.74	1.14	1.89	−1.63	0.91	2.59	−1.55	0.94	2.49
		[−1.45]	[4.46]	[3.11]	[−3.91]	[3.59]	[5.35]	[−3.46]	[3.71]	[4.85]
High		−1.11	0.59	1.71	−1.09	0.94	2.03	−1.11	0.54	1.66
		[−4.45]	[1.53]	[3.94]	[−4.06]	[2.27]	[4.33]	[−4.06]	[1.34]	[3.69]
Low	ILLIQ	−0.92	1.05	1.97	−1.61	0.81	2.42	−1.71	0.75	2.46
		[−2.71]	[4.61]	[4.43]	[−4.67]	[3.47]	[5.62]	[−4.89]	[3.57]	[5.85]
High		−0.71	0.38	1.09	−0.82	0.57	1.40	−0.77	1.00	1.77
		[−2.96]	[1.27]	[2.73]	[−3.35]	[1.74]	[3.46]	[−3.02]	[2.71]	[4.11]
Low	RVOL	−1.12	0.99	2.12	−1.72	0.75	2.47	−1.78	0.69	2.47
		[−3.07]	[4.38]	[4.63]	[−5.06]	[3.12]	[5.86]	[−5.34]	[3.19]	[6.15]
High		−0.57	0.58	1.14	−0.61	0.92	1.52	−0.53	0.90	1.43
		[−2.32]	[1.62]	[2.51]	[−2.47]	[2.74]	[3.61]	[−2.09]	[2.61]	[3.35]

从表 5-1 中可以看出，错误定价可能性越低的股票，其盈利能力溢价越高，说明行为偏差和错误定价对中国股市盈利能力溢价的解释作用不大。正投资率下，投资、投资摩擦和盈利能力的三重排序见表 5-2。

表 5-2　正投资率下，投资、投资摩擦和盈利能力的三重排序

I/A	FRIC	Proxies	Gross profitability		Return on assets		Return on equity	
			Ret	FF3 α	Ret	FF3 α	Ret	FF3 α
L	L	DIV	1.35[2.90]	1.98[4.80]	1.22[2.65]	1.94[5.12]	1.04[2.39]	1.77[5.19]
L	H		0.78[1.68]	1.19[2.68]	0.87[1.67]	1.56[3.40]	0.67[1.44]	1.37[3.48]
H	L		1.15[2.89]	1.58[4.23]	1.13[2.79]	1.69[4.80]	0.95[2.22]	1.53[4.05]
H	H		0.77[1.61]	1.21[2.70]	0.44[0.97]	0.83[1.91]	0.65[1.47]	1.32[3.59]
L	L	AT	1.12[2.08]	1.91[4.13]	1.07[1.90]	2.03[4.56]	0.87[1.70]	1.70[4.06]
L	H		0.74[1.82]	1.19[3.28]	0.88[2.18]	1.44[4.08]	0.71[1.63]	1.25[3.14]
H	L		0.89[2.19]	1.32[3.45]	1.20[2.67]	1.96[5.49]	1.07[2.39]	1.58[3.83]
H	H		0.26[0.60]	0.82[2.09]	0.96[1.91]	1.61[3.59]	0.70[1.46]	1.28[2.94]
L	L	SO	0.79[1.77]	1.60[4.75]	0.75[1.44]	1.92[5.56]	0.70[1.38]	1.82[5.47]
L	H		0.64[1.05]	1.50[2.89]	0.71[1.04]	1.72[2.92]	0.21[0.35]	1.22[2.42]
H	L		0.78[1.62]	1.48[3.55]	0.51[1.07]	1.46[3.95]	0.56[1.15]	1.49[3.93]
H	H		1.15[2.25]	1.46[3.01]	0.54[1.36]	1.02[2.82]	0.29[0.69]	0.60[1.47]
L	L	SA Index	1.03[1.94]	1.89[4.35]	1.07[1.97]	2.05[5.08]	0.85[1.77]	1.71[4.74]
L	H		0.66[1.51]	1.10[2.67]	0.73[1.74]	1.28[3.45]	0.79[1.84]	1.29[3.25]
H	L		0.92[2.21]	1.35[3.42]	0.92[2.11]	1.44[3.57]	1.02[2.22]	1.55[3.62]
H	H		0.16[0.45]	0.56[1.67]	1.16[2.38]	1.81[4.16]	0.63[1.60]	1.20[3.47]
L	L	KZ Index	1.08[2.17]	1.85[4.25]	0.53[0.93]	1.73[4.36]	0.24[0.42]	1.26[2.88]
L	H		0.38[0.79]	0.91[2.04]	1.02[1.99]	1.66[3.53]	0.34[0.79]	0.99[2.68]
H	L		0.58[1.16]	1.25[2.72]	1.10[2.26]	1.94[4.92]	0.56[1.04]	1.34[3.00]
H	H		0.65[1.17]	1.26[2.45]	0.65[1.36]	1.34[3.16]	0.60[1.20]	1.28[2.84]
L	L	WW Index	1.14[2.17]	1.87[4.08]	1.08[2.08]	1.95[4.61]	0.70[1.35]	1.51[3.55]
L	H		0.74[1.49]	1.27[2.86]	0.67[1.28]	1.39[3.01]	0.65[1.28]	1.34[3.01]
H	L		1.09[2.55]	1.51[3.73]	1.02[2.28]	1.53[3.70]	0.84[1.76]	1.27[2.75]
H	H		1.34[2.46]	1.88[3.61]	0.50[1.26]	0.57[1.43]	0.79[1.95]	1.09[2.76]

从表 5-2 中可以看出当投资率为正时，投资摩擦较低的公司的盈利能力溢价要高得多，这与 q 理论保持一致。

综上所述，作者发现在错误定价可能性较高的公司中（具体表现为估值不确定性较大或套利限制较高），盈利溢价并不明显。然而，在控制了正投资率后投资摩擦较小的企业，其预期盈利能力与预期收益之间的正相关关系要比投资摩擦较大的企业强得多。在控制了负的投资率之后，情况正好相反。这些研究结果支持了盈利溢价的背后原因可能来自于投资摩擦的 q 理论，而不是来自行为金融中的错误定价理论。

本章小结

本章主要介绍了如何估计、检验并解释因子模型。首先，介绍了因子模型检验传统方法与前沿发展；其次，介绍了组合分析的概念，重点介绍了组合分析中单变量和多变量的分析方法，并阐述了独立排序和序贯排序之间的差别；然后，从宏观不可交易因子的角度讲解了因子模拟组合法；随后，从资产定价模型时序回归角度出发，分别详细讲解了 Alpha 检验与 GRS 检验的原理以及步骤；接着，从 Fama-Macbeth 回归分析出发，讲述了两阶段回归和三阶段回归的步骤及原理，对参数估计检验进行了详细介绍；最后，从风险补偿、错误定价和数据挖掘三方面出发梳理了因子背后的经济解释，并阐述了相关检验方法。

课程思政

因子模型的超额收益可以来源于风险补偿、错误定价和数据挖掘，对我国资本市场的发展有何启示？

复习思考题

参考答案

1. 简单阐述单变量组合分析的具体步骤。
2. 因子模拟组合法包含几种方法？具体阐述它们的流程。
3. 时间序列回归法的 Alpha 检验和 GRS 检验的差别是什么？
4. 比较 Fama-MacBeth 两阶段回归和三阶段回归的异同。
5. 可以从哪些角度解释因子模型？

参考文献

[1] 姜富伟, 薛浩, 周明. 大数据提升了多因子模型定价能力吗？——基于机器学习方法对我国 A 股市场的探究 [J]. 系统工程理论与实践, 2022, 42 (08): 2037-2048.

[2] 姜富伟, 马甜, 张宏伟. 高风险低收益？基于机器学习的动态 CAPM 模型解释 [J]. 管理科学学报, 2021, 24 (01): 109-126.

[3] Bali T G, Engle R F, Murray S. Empirical asset pricing: The cross section of stock returns [M]. John Wiley & Sons, 2016.

[4] Banz R W. The relationship between return and market value of common stocks [J]. Journal of Financial Economics, 1981, 9 (1): 3-18.

[5] Bayraktar M, Doole S, Kassam A, et al. Lost in the Crowd? Identifying and Measuring Crowded Strategies and Trades [J]. MSCI Research Insight, 2015.

[6] Breeden D T, Gibbons M R, Litzenberger R H. Empirical tests of the consumption-oriented CAPM [J]. The Journal of Finance, 1989, 44 (2): 231-262.

[7] Daniel K, Titman S. Evidence on the characteristics of cross sectional variation in stock returns [J]. The Journal of Finance, 1997, 52 (1): 1-33.

［8］ Engelberg J, Mclean R D, Pontiff J. Anomalies and News ［J］. Journal of Finance, 2018, 73 (5), 1971-2001.

［9］ Fama E F, French K R. Comparing cross-section and time-series factor models ［J］. The Review of Financial Studies, 2020, 33 (5): 1891-1926.

［10］ Fama E F, MacBeth J D. Risk, return, and equilibrium: Empirical tests ［J］. Journal of Political Economy, 1973, 81 (3): 607-636.

［11］ Freyberger J, Neuhierl A, Weber M. Dissecting characteristics nonparametrically ［J］. The Review of Financial Studies, 2020, 33 (5): 2326-2377.

［12］ Gibbons M R, Ross S A, Shanken J. A test of the efficiency of a given portfolio ［J］. Econometrica: Journal of the Econometric Society, 1989: 1121-1152.

［13］ Giglio S, Liao Y, Xiu D. Thousands of alpha tests ［J］. The Review of Financial Studies, 2021, 34 (7): 3456-3496.

［14］ Giglio S, Xiu D. Asset pricing with omitted factors. Journal of Political Economy ［J］. 2021, 129 (7): 1947-90.

［15］ Harvey C R, Liu Y, Zhu H. … and the cross-section of expected returns ［J］. The Review of Financial Studies, 2016, 29 (1): 5-68.

［16］ Hou K, Xue C, Zhang L. Digesting anomalies: An investment approach ［J］. The Review of Financial Studies, 2015, 28 (3): 650-705.

［17］ Huberman G, Kandel S, Stambaugh R F. Mimicking portfolios and exact arbitrage pricing ［J］. The Journal of Finance, 1987, 42 (1): 1-9.

［18］ Jegadeesh N, Noh J, Pukthuanthong K, et al. Empirical tests of asset pricing models with individual assets: Resolving the errors-in-variables bias in risk premium estimation ［J］. Journal of Financial Economics, 2019, 133 (2): 273-298.

［19］ Jiang F, Qi X, Tang G. Q-theory, mispricing, and profitability premium: Evidence from China ［J］. Journal of Banking and Finance, 2018, 87: 135-149.

［20］ Jurczenko E, Teiletche J. Macro Factor-Mimicking Portfolios 1 ［J］. Bankers, Markets & Investors, 2023 (3): 44-53.

［21］ Giglio S, Kelly B, Xiu D. Factor models, machine learning, and asset pricing ［J］. Annual Review of Financial Economics, 2022, 14 (1): 337-68.

［22］ Kozak S, Nagel S, Santosh S. Interpreting factor models ［J］. The Journal of Finance, 2018, 73 (3): 1183-1223.

［23］ Lehmann B N, Modest D M. The empirical foundations of the arbitrage pricing theory ［J］. Journal of Financial Economics, 1988, 21 (2): 213-254.

［24］ Linnainmaa J T, Roberts M R. The history of the cross-section of stock returns ［J］. The Review of Financial Studies, 2018, 31 (7): 2606-2649.

［25］ Newey W K, West K D. A simple, positive semi-definite, heteroskedasticity and autocorrelation consistent covariance matrix ［J］. Econometrica 1987, 5 (3): 703-708.

［26］ Novy-Marx R, Velikov M. A taxonomy of anomalies and their trading costs ［J］. The Review of Financial Studies, 2016, 29 (1): 104-147.

［27］ Petersen M A. Estimating standard errors in finance panel data sets: Comparing approaches ［J］. The Review of Financial Studies, 2009, 22 (1): 435-480.

［28］ Pukthuanthong K, Roll R, Subrahmanyam A. A protocol for factor identification ［J］. The Review of Financial Studies, 2019, 32 (4): 1573-1607.

［29］ Shanken J. On the estimation of beta-pricing models ［J］. The Review of Financial Studies, 1992, 5 (1): 1-33.

第六章　金融资产收益预测

章前导读

上一章我们介绍了金融资产在横截面上的定价问题，但数据类型除了横截面数据之外还有时间序列数据。所以本章，我们研究金融时间序列数据与资产定价问题。这也是金融与财务研究的核心问题之一，2011 年美国金融学会会长科克伦（Cochrane）的演讲论文就以此为主题。那么，金融资产的未来收益是否真能预测？如果可以，其可预测的来源是什么？如何对提出的预测模型进行检验和评价？除了传统的回归模型外，还有什么构建预测模型的方法？可以利用什么指标对资产的未来收益进行预测？人们常见的股息水平能否作为预测未来收益的指标？这些都是本章要回答的问题。

学习目标

本章主要从时间序列资产定价分析角度展开，介绍了资产收益预测的意义和重要性、时间序列预测模型的基本框架、评价模型的基本方法、预测指标的选择以及著名的坎贝尔-席勒（Campbell-Shiller）现金流折现率分解。通过本章的学习，可以掌握资产收益率的可预测性在不同时间长度上的差异，掌握样本内预测模型和样本外预测模型的使用，熟悉模型准确性常见的评价方法，了解用于预测收益率的常见指标种类，熟悉在资产收益预测研究中具有重要意义的 Campbell-Shiller 分解。

关键词

资产收益可预测性　　样本内预测　　样本外预测　　Campbell-Shiller 分解

第一节　资产收益的可预测性

资产的价格是否可以预测呢？这个问题十分古老，却又非常核心。如果能够以较高的确定性预测一个资产将比另一种资产增值更快，那就有套利机会。然而在实际中，投资资产会带来风险，可预测性也成了一个统计上的挑战。特定的资产交易策略可能会带来很高的平均回报，但根据有限的历史数据，能不能就此推断它具有超额回报呢？这一节，我们将和大家讨论一下资产收益的可预测性问题——这也是进行时间序列资产定价分析的基础。

一、资产收益可预测性的讨论

尤金·法码（Eugene F. Fama）20 世纪 60 年代提出了一个众所周知的金融假设：有效市场假说（Efficiency Market Hypothesis，EMH）。该假说的核心观点是证券的价格等于其

"基本价值"，即投资者根据同样的信息集（包括价格历史、公共信息和私人信息等）无法获得超额（即经过风险调整）收益。因此，人们普遍认为如果 EMH 是真的，那么资产回报是不可预测的。

但是，这种普遍的观点是不正确的。事实上，只要预测的收益反映了人们对承担风险的补偿，那么收益的可预测性与 EMH 的根本思想是一致的。当然，这并不意味着在文献中发现的收益可预测性必然与 EMH 一致。从本质上说，有不少学者发现了收益可预测性的两种可能的解释：一是与 EMH 一致的合理风险补偿解释；二是由于行为影响和导致市场效率低下的各种类型信息摩擦导致的定价错误。有时很难在这两类中明确地进行经济解释，而收益的可预测性往往同时受到"有效"和"低效"的影响。

用数学表达说明一下我们的观点：从理论上讲，在无摩擦市场的一般条件下，所有投资者都可以获得相同的信息并进行最佳决策，此时资产将以随机折扣因子（Stochastic Discount Factor，SDF）进行均衡定价，表达式为

$$P_t = E_t[M_{t+1}V_{t+1}] \qquad (6.1)$$

式中，E_t 表示期望，P_t 是资产价格，M_{t+1} 是所有资产共有的 SDF，V_{t+1} 是资产的未来支付，表达式为

$$E_t[R_{t+1} - R_t^f] = -\frac{\mathrm{Cov}_t(R_{t+1}, M_{t+1})}{E_t[M_{t+1}]} \qquad (6.2)$$

式中，R_t^f 为总无风险收益，$R_{t+1} = P_t/P_{t+1}$ 为资产总收益。

由式（6.2）可知，任何影响资产收益与无风险收益之间的条件协方差的经济变量都将影响未来资产的预期超额回报（公式左边部分）。换句话说，不断变化的经济状况可能会影响预期的超额回报。

我们首先考虑两个非常接近的时间点。这时，无风险利率接近零。而且对于很短的时间范围，可以假定 M 在各个状态之间变化不大，也即风险不是问题。这些假设无异于假设 M 等于 1。此时，式（6.2）变为

$$P_t = E_t(P_{t+1}) \qquad (6.3)$$

式（6.3）表明，在短期内股价运动是一个鞅过程，即股价符合随机游走的形式。因此，下一时期的价格无法预测，资产的预期超额收益为 0。我们无法，也没有必要对收益进行预测。

但是，随着时间的增长，预期回报到底是不随时间变化，还是以一种可预测的方式变化呢？美国著名经济学者、耶鲁大学经济系教授罗伯特·席勒（Robert Shiller）在债券市场（1979）以及股票市场（1981a）上研究了这个问题。他发现，可以通过比较短期和长期资产回报的方差来检验具有恒定预期回报的简单无套利假设。直到 20 世纪 80 年代初，大多数金融经济学家都认为，关于现金流的消息是推动股市波动的最重要的因素。在 1981 年帮助其获得诺贝尔奖的论文中，席勒质疑了这一观点："股票价格是不是波动得太厉害，以至于无法用后续的股息变化来解释呢？

要理解席勒的观点，我们要回到公式（6.1）。我们知道，未来的资产现金流和 SDF 都是随机的。首先，我们令 $P_{i,t}^*$ 代表股票 i 在 t 时刻实现的基本面价值，也就是从时间 $t+1$ 起的所有未来实现股息的折现和。但是，我们在 t 时刻并不知道这个值。任何未能预见的股票价格变动都必然来自 $P_{i,t}^*$ 的意外变动，要么是由于未来现金流的变动，要么是由于 SDF 变

动。该理论由此得到 $P_{i,t} = E[P_{i,t}^{*}]$。于是，预测误差 $(P_{i,t} - P_{i,t}^{*})$ 必然和今天所有的可用信息均不相关，特别是和当前价格不相关。否则，期望就没有理性地运用所有可用的信息。根据定义 $P_{i,t}^{*} = P_{i,t} + (P_{i,t}^{*} - P_{i,t})$ 可知，价格和预测误差不相关，于是有如下表达式

$$\mathrm{Var}(P_{i,t}^{*}) = \mathrm{Var}(P_{i,t}) + \mathrm{Var}(P_{i,t}^{*} - P_{i,t}) \tag{6.4}$$

式（6.4）表明，在无套利市场上，已实现基本面价值 P 的方差，等于价格 P 的方差与预测误差的方差之和。这就意味着 $\mathrm{Var}(P_{i,t}^{*}) > \mathrm{Var}(P_{i,t})$。换言之，价格的方差必然比已实现的未来股息的折现值的方差要小。

图 6-1 显示了席勒根据纽约证券交易所的股息得出的时间序列以及股票指数本身（时间为 1871 年—1979 年；实线 P 是实际标准普尔综合股票价格指数，虚线 P^{*} 为事后合理价格；两者都除以长期指数增长因子以去除趋势）。两个序列的波动性对比差异大得让人惊讶：与折现率恒定的现值模型得出的结论相反，价格的方差比未来股息的折现和的方差要大得多。这一发现意味着回报是"均值回归"的，也就是说，高于平均水平的收益之后往往出现低于平均水平的收益，反之亦然。这也意味着我们可以根据过去的收益预测未来的收益。

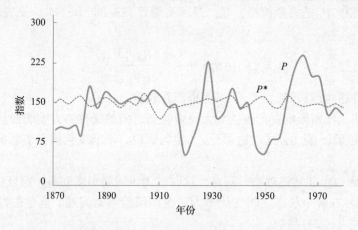

图 6-1　实际标准普尔综合股票价格指数和事后合理价格对比

二、资产收益可预测性的解释

资产的收益是会随着时间变化的，是可以被预测的。那么，这里就诞生了一个有趣的问题：资产收益可预测性的来源是什么？目前，学界主要从以下 4 个角度提出解释：

（1）理性与风险补偿观点：市场是有效的，可预测性反映了时变的风险溢价。较高的风险溢价可能反映了较高的消费风险或宏观风险不确定性；或者投资者是风险厌恶的。另外，也有可能与商业周期或公司的财务周期相关。

（2）行为与错误定价观点：市场效率低下，可预测性反映了与投资者情绪相关的市场错误估值。当人们非理性乐观时，市场繁荣，带来资产价值高估和随后的低回报情况；当人们非理性悲观时，市场低迷、导致资产价值低估和随后的高回报。罗伯特·席勒（Robert Shiller）提出了"行为金融学"的理念，即人们的认知偏差、错误信念等行为会导致资产价格的偏差。

（3）摩擦和制度观点：市场效率低下，可预测性反映了套利的限制。套利风险、交易成本和机构摩擦、中介作用、融资流动性等均会影响资产的价格。例如，当杠杆对冲基金亏

损时，他们会被迫出售资产；如果当时市场的买家不够，价格就会下跌。

（4）统计与投资的观点：回报的可预测性并不真正存在。主要是错误的统计数据（如数据窥探，多重测试等）、模型的不确定性和参数不稳定性等原因导致。

从实际的结果上看，我们通常很难区分这些观点带来的影响。因此，上述观点都有可能为资产价格的可预测性提供理论解释，具体问题具体分析。

专栏 6-1　理性金融与行为金融之争

2013 年，诺贝尔经济学奖颁给了旨在理解资产价格如何确定的实证研究的三位经济学家：尤金·法码（Eugene Fama）、拉尔斯·彼得·汉森（Lars Peter Hansen）和罗伯特·席勒（Robert Shiller）。他们都为资产定价的相关理论做出了卓越的贡献。不过，经济学家之间就像武林门派，派系林立，每个门派都有自己"真经"。其中，理性金融派和行为金融派是有声望的两个门派。

理性金融派因传统金融中的"理性人假设"而得名（代表人是尤金·法码），认为传统金融假设所有市场参与者为理性人，具有风险厌恶、利己、效用最大化、信息完全等特征。他们的投资决策主要建立在预期效用理论的基础上，即在决策过程中，人们会采取可以获取最大效用的行动。行为金融派则打破了理性人的假设，认为市场参与者为正常人，具有损失厌恶、有限理性以及有限信息等特征。关于投资决策过程，行为金融学使用前景理论来替代预期效用理论。与预期效用理论相比，该理论主要有如下几个关键区别：①关注与财富的变化，而非最终的财富值；②使用主观权重代替客观概率。该门派的代表人正是和法码同年获得诺贝尔经济学奖的另一人，罗伯特·席勒。

在对资产价格进行解释的早期探究中，理性金融派提出了三因子模型：除了市场无风险收益率外，他们将股票按照与预期回报相关的两个特征——规模和净值市价比进行归类，得到了两个因子，即市值"小减大"（SMB）和净值市价比"高减低"（HML）。他们认为，HML 和 SMB 捕获了投资者要求补偿的基本面风险因素，表明账面净值市价比高的公司（价值股）的表现优于净值市价比低的公司（成长股）。具体而言，历史上价值股的表现优于成长股，而小公司的表现优于大公司。

与此相反，席勒在他 1984 年题为《股票价格与社会动态》的论文中主要说明了投资者的"潮流"追随心态和对基本面变化的过度反应是股票价格的重要影响因素。这篇文章成了日益增长的"行为金融学"研究文献的起点，其他研究人员也沿着席勒（1984）的思路，将法码（Fama）和弗兰奇（French）提出的 SMB、HML 的意义解释为捕捉市场定价错误和投资者的非理性。例如，有学者认为，高净值市价比的股票（或"价值股"）的超额回报是由于其被投资者低估，而低净值市价比的股票则是高估的"光鲜"股票，其未来表现会弱于市场。

目前，理性金融派和行为金融派的"华山论剑"仍在继续，依旧在资产定价的相关研究中被学者们广泛运用和不断发展。

专栏 6-2　基于行为金融的资产定价解释

这里我们主要介绍罗伯特·席勒（Robert Shiller）在行为金融学中的研究成果。在专栏 6-1 中，我们提到了席勒于 1984 年发表的《股票价格与社会动态》。在这篇论文中，席勒主要提出了以下观点：首先，他认为价格缺乏（风险调整后）可预测性，不能排除存在非理性投资者。这些投资者的交易可能使价格过度波动和嘈杂，这会让偏离随机游走时很难在短期内察觉（尤其是如果理性投资者会消除最明显的定价错误的话）。在随后的工作中，席勒等更正式地指出，短期可预测性检验的功效很可能非常低。

其次，席勒回顾了一些指出个人易产生决定偏见的心理学文献，如2002年诺贝尔经济学奖获得者特沃斯基（Tversky）和卡尼曼（Kahneman）1974年发现人在没有任何统计基础时，会对"表面可信的证据"反应过度。席勒认为，股票价格特别易受心理偏见左右，因为缺乏公认的估值模型，股票的真实价值并不明朗（即投资者面临的是"奈特氏不确定性"而不是风险）。"社会运动"会导致这些心理偏差加剧，因为投资者也受如同辈压力等群体心理动态影响。因此，一个投资者对一只股票的价值的看法很可能会受到别人意见的左右。这导致观点会在人群中扩散，股票价格会以类似于风潮或时尚导致的形式波动。席勒回顾了支持风潮或时尚对过去的市场繁荣和萧条有影响的非正式证据。

最后，为了更正式地阐述他的论点，席勒设定了一个简单的经济模型，模型中有"普通"投资者，他们的需求并不对预期回报做出响应，还有"聪明"的投资者，他们对预期回报做出理性反应，但受到自己财富的局限。在这样的模型下，普通投资者的交易会导致股票价格暂时偏离基本面价值，这些偏离还可能产生对股息消息的过度反应、过度波动和股票价格的均值回归，这和高股息率预示着较低的股票价格的发现一致。

在后续的工作中，席勒等利用来自投资者调查的证据继续强调社会心理学的重要性。他还把风潮和泡沫的分析拓展到住房市场。继席勒之后，许多研究人员转而利用个人行为和偏见的心理学证据，包括过度自信、前景理论、和心理会计。近年来，席勒也继续在大众读物中探索心理因素对金融市场的影响。

第二节 样本内预测

我们先来复习一下样本内预测和样本外预测的概念：样本内预测是指用全部观测值来估计模型，然后用估计得到的模型对其中的一部分观测值进行预测；样本外预测是指将全部观测值分为两部分，部分用来估计模型（这也算是样本内预测，只不过并没有使用全样本的数据），然后用估计得到的模型对另一部分数据进行预测。由此可见，在股票收益的时间序列的分析中，样本内预测是时间序列资产定价的开始。所以本节，我们会先和大家介绍样本内预测的相关知识。

一、方差比检验

在介绍回归模型之前，先来介绍方差比检验。方差比检验（Variance Ratio Test）是由麻省理工学院教授罗闻全（Andrew W. Lo）和沃顿商学院教授麦金利（MacKinlay）在1988年提出，该检验分析了资产收益不可预测的零假设，是判断资产收益可预测性的基础。早期对市场效率的研究主要集中于股票价格的随机游走（带漂移）模型，表达式为

$$p_t = \mu + p_{t-1} + \varepsilon_t, \quad \varepsilon_t \sim N(0, \sigma^2) \tag{6.5}$$

式中，p_t 为资产价格在 t 时刻的对数。

式（6.5）表示，在时间 t 上，资产的对数价格是由 $t-1$ 时刻的对数价格，漂移项 μ 和

一个正态分布的干扰项 ε_t 构成的。这是基于期权定价的布莱克-斯科尔斯公式的对数正态假设。该价格形式又被称为"随机游走假说"。如果式（6.5）中的假设是正确的，那么市场必须是有效的。然而，如果市场是有效的，那么上述的价格模型并不一定是正确的。同时，由式（6.5）也可知，时间序列 (p_t-p_{t-1}) 是独立和同分布的，因此，其均值和方差估计的表达式为

$$\hat{\mu}=\frac{1}{T}\sum_{t=1}^{T}\ (p_t-p_{t-1}) \tag{6.6}$$

$$\hat{\sigma}_a^2=\frac{1}{T}\sum_{t=1}^{T}\ \left[(p_t-p_{t-1})-\hat{\mu}\right]^2 \tag{6.7}$$

式中，T 是样本的大小。

为了检验式（6.5），我们对其做一定的变化，表达式为

$$p_t=2\mu+p_{t-2}+\varepsilon_t+\varepsilon_{t-1} \tag{6.8}$$

因此，$p_t-2\mu-p_{t-2}$ 的样本方差应该为 $2\hat{\sigma}^2$。将其除以 2 可以得到表达式为

$$\hat{\sigma}_b^2=\frac{1}{T}\sum_{k=1}^{T/2}\ (p_{2k}-p_{2k-2}-2\hat{\mu})^2 \tag{6.9}$$

直观地说，如果式（6.5）是真实的，由式（6.7）和式（6.9）分别得到的两个方差的估计量都应该收敛到 σ^2，因此它们的比值

$$J_e=\frac{\hat{\sigma}_b^2}{\hat{\sigma}_a^2}$$

应该收敛到 1。事实上，罗闻全和麦金利（1988）就证明了这一点，表达式为

$$\sqrt{T}J_r\overset{asy}{\approx}\mathrm{N}(1,2) \tag{6.10}$$

这意味着 J_r 所表示方差比除以 $\sqrt{T}$ 后，呈现均值为 1，方差为 2 的渐近正态分布。由于 J_r 是两个方差的比值，所以它被称为"方差比检验"。

如果从实际数据中发现 $\sqrt{T}J_r$ 与根据式（6.9）中计算出的理论数据有显著差异，那么就可以拒绝式（6.5）为真的原假设。罗闻全和麦金利（1988）正是通过对美国股市指数的实证研究拒绝了其价格为随机游走模型的假说，这也为研究股票回报的可预测性打开了大门。

二、样本内预测

通常，与截面分析的两阶段回归不同，时间序列回归中，对一个或几个滞后预测因素上的资产回报进行简单的线性回归是收益预测的最常见的计量经济学方法。为简单起见，单个预测变量 x_t 对收益率 r_{t+1} 的单变量预测回归，表达式为

$$r_{t+1}=\alpha+\beta x_t+\varepsilon_{t+1},\quad t=1,2,\cdots,T-1 \tag{6.11}$$

式中，ε_{t+1} 是一个零均值、不可预测的干扰项。

x_t 的选取可以有很多种，如通货膨胀率、股息收益率等。预测变量的种类我们将在第四节和大家做详细介绍。学者们的研究成果表示，有样本内证据表明股票市场回报可预测。简单预测回归的广泛使用有两个主要原因：①它很容易实现，且和我们在截面分析时用的回归模型几乎没有什么差异；②它可以捕获一些收益的可预测性特征，即使真实情况远比现在得

159

到的结果复杂。

不过,式 (6.11) 中通过 OLS 方法估计出的 β 的值通常存在偏差,这是因为预测变量 x_t 通常具有持久性 (Persistent,如股票分红),且干扰项 ε_{t+1} 与 x_t 之间存在相关性的问题。以单变量回归模型为例进行说明,表达式为

$$R^m_{t+1} = a + \beta x_t + u_{t+1} \tag{6.12}$$

$$x_{t+1} = c + \rho x_t + v_{t+1} \tag{6.13}$$

那么,β 的实际值和估计值为

$$\beta = \frac{\text{Cov}(x_t, R^m_{t+1})}{\text{Var}(x_t)} \tag{6.14}$$

$$\hat{\beta}_{\text{ols}} = \frac{\frac{1}{T}\sum_{t=1}^{T} x_t R^m_{t+1}}{\frac{1}{T}\sum_{t=1}^{T} x_t^2} \tag{6.15}$$

通常情况下,$\hat{\beta}_{\text{ols}}$ 会依概率收敛于 β,但 $E[\hat{\beta}_{\text{ols}}]$ 却和 β 不相等。这个结论由式 (6.16) 即可证明

$$E(\hat{\beta}_{\text{ols}} - \beta) = \frac{\text{Cov}(u_t, v_t)}{\text{Var}(v_t)} E(\hat{\rho}_{\text{ols}} - \rho) \tag{6.16}$$

另外,x_t 的持久性可能会给 β 统计检验带来一些问题。不过幸运的是,科斯塔基斯 (Kostakis) 等学者在 2015 年时提出了一种改进的沃德检验 (Wald Test) 方法,该检验对有持久性的变量也可以实现很好的检验。此外,我们也可以借助计算机的帮助,如采用 Bootstrap 方法来改进。

为了能更好地理解回归预测模型,在本小节的最后,我们将它与一个同期回归模型进行对比,表达式为

$$y_t = \alpha + \beta z_t + \varepsilon_t \tag{6.17}$$

这种同期的回归模型在金融的相关研究中也很常见。例如,资本资产定价模型或市场模型的回归模型均使用当前的市场超额收益来解释个股(或股票组合)的超额收益。虽然这种回归模型的拟合效果通常较好,但这种回归对于预测股票的超额回报几乎没有用处——除非他能够预测市场的超额回报。

专栏 6-3 小样本偏差在生活中的例子

投资者经常会聊到这个问题:买什么资产回报率更高?

如果回顾过去 30 年的历史回报,大家可能会异口同声地说:买房子。在过去 30 年间,世界上几乎没有其他资产的回报能比得上上海和北京的房产。这样的说法并没有错。中国一线城市(北上广)的房价增幅确实非常惊人。但是如果因为这个原因就把投资都集中在一线城市的房地产上,那么投资者可能就犯大错了。

这里,有一个大家很容易犯的错误:从小样本中"总结"出错误的规律和结论。这个错误的发现来自于 1974 年《科学》杂志上的一篇影响力深远的学术论文。特沃斯基 (Tversky) 和卡尼曼 (Kahneman) (1974) 两位学者在论文中分析了一个实验现象,即人们会只看概率的大小,而忽略样本数量的大小。

这个错误在现实的投资中也不罕见：21世纪初，世界上发展中国家的股票市场表现非常好，其每年的平均回报大约为10%。相对而言，发达国家的股票市场回报很差，还不到每年1%。在那10年里，新闻媒体中关于"金砖四国"强势崛起，将对发达国家集团发起强有力的挑战的报道铺天盖地，令广大发展中国家的国民和投资者兴奋不已。但如果就根据这些新闻和大众情绪去规划自己的投资决策，把资金都砸到发展中国家里，那么投资者的回报就会受到非常严重的打击。

例如，从2010年1月1日到2016年12月19日，中美两国的股市回报之间差异明显：标准普尔从2010年年初以来上涨了100%多，而上证综指的变化接近0%。值得一提的是，图6-2比的只是两个指数的当地货币（local currency）回报。在2010年—2016年期间，人民币对于美元先是大幅度升值，从2015年开始又快速贬值。如果算上货币兑换率的变化，上证综指在这期间的美元总回报大概为1%，远不如美国的股票回报，如图6-2所示。

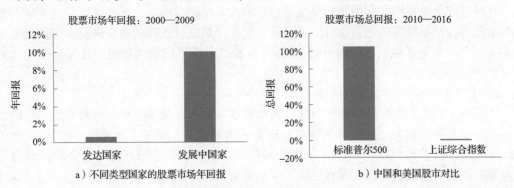

图 6-2　股市对比图

如果我们拉长时间维度，检查更多的历史样本（比如过去100年）就会发现，发达国家的股票回报要比发展中国家的股票回报更好，平均来讲大约每年有1%的超额回报。1990年—2013年发达国家与发展中国家的股市回报如图6-3所示。

图 6-3　1990年—2013年发达国家与发展中国家的股市回报

由此可见，小样本偏差的错误在生活中也是极为常见的。作为一名学习过本教材的学生，大家千万不要在现实生活中犯类似的错误。

161

三、预测模型面临的挑战

在金融与财务预测模型中，难免会遇到一些困难挑战和不尽如人意的地方。接下来，简单介绍四个在时间序列回归预测模型的应用中可能会遇到的困难。

（一）弱预测指标（Weak Predictor）

在收益预测回归中，机构投资者利用大量资源开展市场竞争，以追求更高的回报，这可能会导致非常低的信噪比，进而使得某些预测指标的能力变弱。解决该问题的一种方法是假设回归预测方程中指标的系数接近于 0，即：

$$\beta \propto \frac{b}{\sqrt{T}} \tag{6.18}$$

式中，b 为常数，T 为样本量。

这种近似会使我们在利用回归模型进行预测时忽略很多信息，进而导致即使在样本量较大的情况下，预测模型的能力也有限等问题。此外，从变量选择的角度来看，弱预测指标也带来了一个"灰色区域"，即预测指标的能力被相当大的不确定性包围，且无法被传统的回归模型识别。

（二）非平稳预测指标（Nonstationary Predictor）

许多用于预测股票回报的预测指标，例如股息收益率以及短期利率或利率息差等估值类目标，都是高度自相关、接近非平稳的，也是在短时间内较难有巨大波动的。正如斯坦博（Stambaugh）（1999）指出的那样，回归预测模型中的 β 意味着指标的变化会给股票的未来收益带去影响。假设指标基本没有变化，那么衡量其对股票收益的预测能力无疑是困难的，这会带来一定的预测偏差。

（三）模型的不稳定性

预测模型在某段时间选择的预测指标并不一定适用于其他的时间段。这使得预测模型的形式变得十分复杂，并造成模型不稳定性问题。这是因为，金融资产回报取决于资产价格，而价格本身反映了投资者对未来回报的预期。但很多情况下，投资者对未来回报的预期是会改变的。例如，公司公开发布新的信息时会导致价格预测的变化，如果市场上的反应速度很快，那么几乎会同时影响该公司股票价格的变化。但是，传统的时间序列回归模型通常难以将投资者的"实时"改变纳入考虑范围，进而导致了参数估计的误差，也影响了模型的解释能力。

（四）数据挖掘和过度拟合（Data Snooping）

数据挖掘是一个影响许多预测问题的问题，它和过度拟合问题密切相关。过度拟合通常是因为样本里的噪音数据干扰过大、参数太多、模型复杂度高等。而金融数据的低信噪比等特征更可能导致预测模型的过度拟合。现任南加州大学教授的韦恩·费森（Wayne Ferson）与其合作者在 2003 年的研究中发现，当预测指标具有持续性特征时，数据挖掘的问题可能会加剧，这会导致模型的估计出现偏差，也有可能出现"伪回归"的结果。该问题不仅出现在时间序列回归预测模型中，在横截面的回归模型中也很常见。

四、新的金融预测方法

随着计算机科技的飞速发展，机器学习法在许多领域得到了广泛应用，金融与财务领域亦不例外。在时间序列收益预测中，机器学习法往往能从复杂的数据结构中识别出没有被人们发现或被广泛接受的规律，并能很好地避免数据的过度拟合，拥有较强的样本外预测能力等，能够有效应对我们上述提出的传统预测模型面临的挑战。

简单来讲，机器学习法主要是通过对已知样本的学习来对未来进行预测。比如，给定一段时间内的股票收益与其他相关的金融数据作为训练集，计算机通过学习训练集内的收益与滞后一期其他变量的关系从而形成某种计算规则（函数）。当给计算机提供现期的金融市场数据后，它能根据学习得到的计算规则（函数）来对下一期的股票收益进行预测。

机器学习主要是找到训练集中能够有效预测收益的变量，并进行有效的估计，最终得到相关的预测函数。在这一过程中，需要通过计算机剔除大量的无关变量，常用的剔除方法是最小绝对值收敛和选择算法（Least Absolute Shrinkage and Selection Operator，LASSO）。该方法在不同变量与收益的估计参数前加入了惩罚因子，当无关的收益预测变量使得总体的预测方差与系数绝对值之和较大时，其估计系数会被赋零（或趋于零）。

值得注意的是，除了找到能够显著预测股票收益的算法，研究者们更需要理解背后的市场传导机制，厘清机器学习法在不同市场时期赋予金融市场相关变量不同预测权重的原因。通过人类向机器再"学习"的过程，更深入地理解金融市场收益预测的真正来源。我们也将在后续的章节和大家做进一步详细的介绍。

第三节　样本外预测

如何评估预测模型的存在性和准确程度？传统上会考虑一些统计量，如 R^2 等来衡量。然而，因为投资者不能实时了解所有的样本数据，所以使用所有的数据会导致"前瞻性"的偏差，进而产生一些误导。因此，传统的样本内方法不能最贴合现实中投资者对收益的预测情况。虽然样本内预测模型是收益预测的开端，但目前无论学者还是投资者，更关心的是样本外预测。事实上，样本外预测也可以看作是衡量模型的泛化能力的一种方法，即我们估计出的模型的效力如何，能否真正为投资者带来超额收益。

一、样本外预测的统计量

样本外预测的核心思想是"比较"，即通过比较两个样本外预测的结果来选出最优的预测模型。

第一个样本外预测包含了来自预测指标的信息。以式（6.11）为例，基于预测指标 x_t，对收益 r_{t+1} 的典型预测方程为

$$\hat{r}_{t+1|t} = \hat{\alpha}_t + \hat{\beta}_t x_t \tag{6.19}$$

式中，$\hat{\alpha}_t$ 和 $\hat{\beta}_t$ 分别为 α 和 β 依据时期 t 内的数据得到的 OLS 估计量。

式（6.19）中的预测只使用了时间 t 内可用的信息，从而避免了前瞻性偏差的问题，并实时模拟了现实中投资者的决策情况。

$\hat{\alpha}_t$ 和 $\hat{\beta}_t$ 也可以基于另一个扩展（或滚动）的估计窗口计算得出。两者的差别在于前者使用的是从样本期开始的观测值，因此随着预测结果的增加，估计样本的大小增加；但基于滚动窗口的预测在预测结果增加的同时减少了对早期的样本值的使用，即始终保持估计样本的大小随着时间的推移保持不变。

直观来看，滚动窗口的使用能够更好地适应参数随时间产生的变化——尽管这样做的代价是更少的估计样本以及由此带来的参数估计更不精确的后果。但是，对于样本外预测的结

果来说，滚动窗口的使用通常能够更好地拟合现实的情况。这也是在"准确性"与"效率性"之中的权衡。

第二个样本外预测是我们的比较基准，我们也将其称为历史平均基准模型。它的前提假设是预期收益不可预测，表达式为

$$r_{t+1} = \mu + \varepsilon_{t+1} \tag{6.20}$$

式（6.20）对应的预测值即为 t 期的历史平均值，即

$$\bar{r}_{t+1|t} = \frac{1}{t} \sum_{s=1}^{t} r_s \tag{6.21}$$

为了评估样本外预测的效果，需要借助一些统计量进行比较。这里主要介绍三个广泛使用的统计量：R_{OS}^2 统计量、DM 统计量、经调整的 MSFE 统计量。

（一）R_{OS}^2 统计量

第一个统计量是坎贝尔（Campbell）和汤姆森（Thompson）（2008）提出的 R_{OS}^2 统计量。为了计算 R_{OS}^2 统计量，首先我们要计算基于式（6.19）的样本外均方预测误差（Mean Squared Forecasting Error，MSFE）。我们将其记作 MSFE_1，表达式为

$$\text{MSFE}_1 = \frac{1}{t} \sum_{s=1}^{t} (r_s - \hat{r}_s)^2 \tag{6.22}$$

其次，我们计算基于式（6.20）和式（6.21）的 MSFE_2，表达式为

$$\text{MSFE}_2 = \frac{1}{t} \sum_{s=1}^{t} (r_s - \bar{r}_s)^2 \tag{6.23}$$

如果式（6.19）中的确包含了来自预测指标 x_t 的信息，那么由式（6.22）计算得出的 MSFE_1 应该比基于式（6.23）计算得出的 MSFE_2 小。这样，我们就可以得到收益可预测的样本外证据。

最后。使用坎贝尔（Campbell）和汤姆森（Thompson）2008 年提出的一个经广泛使用的统计量 R_{OS}^2 对上述两个样本外均方预测误差进行比较。R_{OS}^2 又称为样本外拟合值，表达式为

$$R_{OS}^2 = 1 - \frac{\text{MSFE}_1}{\text{MSFE}_2} = 1 - \frac{\sum_{s=1}^{t} (r_s - \hat{r}_s)^2}{\sum_{s=1}^{t} (r_s - \bar{r}_s)^2} \tag{6.24}$$

式（6.24）衡量了基于包含预测指标 x_t 的预测模型计算得出的 MSFE 相对于基于收益不可预测假设的历史平均基准模型计算得出 MSFE 的减小比例，反映了利用预测信息后收益预测准确性的提高情况。R_{OS}^2 统计量的大小位于 $(-\infty, 1]$ 范围内，当 $R_{OS}^2 > 0$ 时，说明测度的指标 x_t 对收益的预测准确性要高于历史平均基准模型的准确性，即 $\hat{r}_{t+1|t}$ 的预测优于 $\bar{r}_{t+1|t}$。不过，因为收益本身包含很多难以预测的信息，因此 R_{OS}^2 的值通常较小。通常，当样本外拟合值 R_{OS}^2 能够显著超过 2% ，则说明预测指标的预测准确度较高。

（二）DM 统计量

第二个常见的统计量是戴博（Diebold）和马里亚诺（Mariano）1995 年提出的 DM 统计量。表达式为

$$\text{DM} = (r_t - \bar{r}_t)^2 - (r_t - \hat{r}_t)^2 \tag{6.25}$$

利用 DM 统计量，我们可以进行 DM 检验，即检验某一预测值的预测均方误差是否与另一预测值相等。这里，我们的原假设是历史平均基准的 MSFE 小于等于预测回归模型得到的

MSFE。DM 统计量能够很好地比较非嵌套模型（即两个互补包容、模型参数间无法互相表示的模型）间的预测能力是否相同，也是使用最广泛和最悠久的统计量。

（三）经调整的 MSFE 统计量

由于在比较 $\bar{r}$ 和 $\hat{r}$ 时，根据原假设，预测回归模型会转化成历史平均基准，所以若要比较预测回归模型得到的预测值与历史平均基准，就要比较嵌套模型（即模型间的一种关系：若 A 模型中包含了 B 模型所有的解释变量，则 A 模型是 B 模型的嵌套模型）。而麦克拉肯（McCracken）（2007）研究表明，当检验嵌套模型时，修正的 DM 检验统计量服从非标准正态分布，并且等于非标准正态分布的自助临界值（即通过自助方法得到的临界值。自助法（Bootstrap）指的是从观测数据的经验分布或拟合分布中抽样以得到统计量的近似分布，并基于该近似分布进行统计推断）。一般的预测性回归模型和历史平均收益预测模型属于嵌套模型。因此，克拉克（Clark）和韦斯特（West）（2007）修正了 DM 统计量，提出了经调整的 MSFE 统计量。使得新的调整后均方预测误差能够更准确地比较嵌套模型间的预测能力，同时服从渐进正态分布，并具有良好的小样本性质（即在有限样本预测中能够更准确地进行比较）。此后许多研究都采用了该统计量。

我们可以采用 CW 检验来比较嵌套模型的预测能力。这一检验的原假设是历史平均基准的 MSFE 小于等于预测回归模型得到的 MSFE，单边备择假设（右单尾检验）是历史平均基准的大于预测回归模型得到的（即 $H_0: R_{OS}^2 \leq 0$，$H_A: R_{OS}^2 > 0$）。Clark 和 West（2007）研究发现，当我们比较嵌套模型不同的预测值时，这一检验趋近于标准正态分布。直观地看，在原假设下根据常数期望收益模型得到的数据基于预测回归模型得到的预测值相比于历史平均基准有更多的噪音——因为前者估计斜率时运用了常数数值。因此，我们期望在原假设下，历史平均基准模型的 MSFE 小于预测回归模型的 MSFE。经 MSFE 调整的统计量能够在原假设下解释历史平均标准的 MSFE 小于预测回归模型的 MSFE 的情况，所以即使 R_{OS}^2 统计量为负，它也能够拒绝原假设。

二、投资价值评估

有时候，一个结果可能具有统计学意义，但可能不具有经济意义。但在实践中，投资者显然对收益可预测性带来的经济价值更感兴趣。因此，对于给定的收益预测模型，我们更关心一个重要的问题是它是否会产生显著的经济价值。这也可以看作是对模型的另一种评价方法，也使我们对资产收益预测进行研究更具现实意义。接下来，我们看看如何具体运用该方法对预测模型的效果进行评价。

首先，我们假设该名投资者可以在某个股市指数和无风险资产（通常为国库券）之间进行资产配置，那么投资者将根据 t 时期的信息进行 $t+1$ 期的资产最优配置，其在股市指数上的配置，表达式为

$$W_{t+1|t} = \left(\frac{1}{\gamma}\right)\left(\frac{\hat{r}_{t+1|t}}{\hat{\sigma}_{t+1|t}^2}\right) \tag{6.26}$$

式中，γ 为投资者对风险的厌恶程度，$\hat{r}_{t+1|t}$ 代表投资者对 $t+1$ 期的预测收益，$\hat{\sigma}_{t+1|t}^2$ 代表对 $t+1$ 期的预测收益方差。

该方差通常使用样本方差和滚动估计窗口进行预测。在实践中，我们通常将 $W_{t+1|t}$ 的范围限制在 -0.5 和 1.5 之间，这不仅施加了和现实更为贴切的组合约束，并根据众所周知的

均值-方差理论给出了最优权重，为收益预测提供了更好的组合权重分配设置。

其次，我们计算投资者已实现的平均效用，或确定性等价回报。基于均值-方差的投资者效用模型，表达式为

$$CER = \bar{r}_p - \frac{1}{2}\gamma\sigma_p^2 \tag{6.27}$$

式中，$\bar{r}_p$ 和 σ_p^2 分别是预测期内投资组合收益的均值和方差。

最后，基于收益率为通过式（6.21）得到的 $\bar{r}_{t+1|t}$ 的假设条件下，我们重新进行资产配置。假设所有的投资者都基于相同的方差进行预测，并用 CER_0 表示投资者在预测期间以 $\bar{r}_{t+1|t}$ 为收益率进行投资获得的收益的确定性等效回报，那么此时投资者从投资收益中获得的平均效用增量（Utility Gain）表达式为

$$Gain = CER - CER_0 \tag{6.28}$$

式（6.28）表示的是投资者假设收益具有可预测性时的风险调整后的平均收益增量。CER 的收益通常是年化的，它可以被解释为，投资者愿意为获取可获得收益增量的预测指标信息，而愿意支付的年度投资管理费。这是衡量收益可预测性经济价值的一个常用标准。

随着对收益预测研究的不断深入，目前研究者们在比较某个预测方法或指标的收益预测准确性时，更倾向于从不同角度进行对比。因此，无论是从预测方程误差出发衡量的关注统计意义的均方预测误差、样本外拟合值，还是从均值-方差出发的关注现实意义的经济价值，都是科学衡量收益预测准确性所必要的指标。将理论意义与现实意义相结合，才能做出更好的研究成果，让研究真正服务于现实发展。

三、其他预测方法

从资本市场的长期变化动态来看，任何预测模型都存在不确定性，模型参数也存在不稳定性，这导致单一的传统预测方法无法长期对收益进行准确预测。因此，使用恰当的计量方法的确能显著提高预测能力。除了一般的回归模型外，还有很多其他经过改进的预测模型。下面我们介绍最常见的三种：加入经济机制约束法、组合预测法和状态转换法。

（一）加入经济机制约束法

第一种提高收益预测准确性的方法是在预测回归中加入经济机制约束。考虑一个简单的二元预测回归模型

$$r_{t+1} = \alpha_i + \beta_i x_{i,t} + \varepsilon_{i,t+1} \tag{6.29}$$

式中，r_{t+1} 是取对数的股票超额收益，$x_{i,t}$ 代表在 t 期第 i 个可能预测股票收益的预测指标（$i = 1, \cdots, K$）。

通过预测回归得到的估计系数以及预期超额收益，表达式为

$$\hat{r}_{i,t+1} = \hat{\alpha}_{i,t} + \hat{\beta}_{i,t} x_{i,t} \tag{6.30}$$

式中，$\hat{\alpha}_{i,t}$ 和 $\hat{\beta}_{i,t}$ 分别由式（6.11）的预测回归方程通过最小二乘法计算得出，$\hat{r}_{i,t+1}$ 代表预测指标 $x_{i,t}$ 所预测的超额收益。

由于预测回归的样本空间有限，使得股票收益依然包含大量不可预测的部分，因此得到的估计系数 $\hat{\beta}_{i,t}$ 并不准确。这也使回归预测的估计收益 $\hat{r}_{i,t+1}$ 与真实收益 r_{t+1} 之间存在较大差异。为解决这一问题，可以考虑在估计系数 $\hat{\beta}_{i,t}$ 和估计收益 $\hat{R}_{i,t+1}$ 中加入经济机制约束：当估计系数 $\hat{\beta}_{i,t}$ 的符号与对应的经济机制模型中所显示的影响收益的方向相反时，将该估计系

数设置为零；当预测的超额收益 $\hat{r}_{i,t+1}$ 小于零时，由于投资者不会为了风险而承担负的收益，故也将此时的预测收益设置为零。加入经济机制约束能降低预测模型参数的不稳定性，提高预测准确性。

（二）组合预测法

第二种方法是组合预测法。组合预测法直接将不同变量、模型的估计进行有效整合。直观上，组合预测法结合了各个模型所包含的不同层面信息，诸如宏观经济形势、公司运营状况、投资者情绪等。另外，由于单变量模型的预测能力会随着时间改变，所以长时间依赖一个模型使投资者只把握了其在特定时期对预测有帮助的信息，但是在其他时期这样的信息却可能只是误导性的预测噪音。在组合预测法中，如果各个单变量模型的相关性较弱，其组合后的预测结果波动则会较小。这样即使不同的预测模型各自包含较高的模型不确定性和参数不稳定性，组合后的结果也要比单变量预测模型更准确，预测风险更低。

组合预测法通常是将不同模型预测进行加权平均得到组合预测收益，表达式为

$$\hat{r}_{t+1} = \sum_{i=1}^{K} w_{i,t} \hat{r}_{i,t+1} \tag{6.31}$$

式中，$w_{i,t}$ 代表在 t 期中对第 i 个估计收益赋予的预测权重，而所有预测权重之和为 1。

最简单的赋权方法是对每个估计收益赋予相同的权重 $1/K$，类似投资组合分析中的等值加权方法，其收益预测表现往往也不错。

另一种组合预测的方法是将所有预测变量同时加入预测方程中进行多元回归。但在单一预测方程中加入过多参数会导致估计量的方差变大，并引起数据的过度拟合，因此可以考虑将那些导致较大预测误差的指标权重降低从而提高总体的预测精度。

（三）状态转换法

第三种常见的提高收益预测准确性的方法是状态转移法。收益数据的生成过程还可以受参数的不稳定性影响，如不同的经济周期预测模型的参数往往发生变化。而状态转换法一般通过马尔可夫状态转移预测模型对未来收益进行估计。预测回归方程的表达式为

$$r_{t+1} = \alpha_{S_{t+1}} + \beta_{S_{t+1}} x_t + \sigma_{S_{t+1}} u_{t+1} \tag{6.32}$$

式中，S_{t+1} 代表 $t+1$ 期的市场状态，且服从一阶马尔可夫状态转换过程，其他的估计系数都是根据不同市场状态计算而得。

由于市场状态往往不能直接被观察，因此需要根据马尔可夫状态转换方法计算不同时期所属的最大可能的市场状态。例如，亨克尔（Henkel）等（2011）构建了一个包括市盈率、短期名义利率、期限利差和违约利差等不同预测指标的，具有两种市场状态（扩张和衰退期）的马尔可夫状态转换模型，并且通过贝叶斯方法估计出的两种市场状态与美国国家经济研究局对于经济扩张期和衰退期的划分十分接近。同时研究结果也显示，使用该方法能够很好地在经济衰退期预测股票收益。

第四节　预测指标的选择

在对时间序列资产定价模型的基本分析框架有了一定了解后，接下来我们将注意力落到预测指标上，即探究什么因素可以预测资产的收益。基于理论模型，金融与财务研究学者们发现了众多变量可以预测资产收益。本节重点关注资本市场，并将近年来被发现的收益预测指标分

为五类，包括宏观经济指标、估值与财务指标、情绪指标、技术面指标，以及波动率指标。

一、宏观经济指标

毫无疑问，宏观经济是影响整体市场收益最重要的因素。投资者可以通过了解宏观经济指标（如 GDP、失业率、原油价格等）对经济的总体健康状况和投资的可能性进行判断。

伊沃·韦尔奇（Ivo Welch）和阿米特·戈亚尔（Amit Goyal）（2008）提出的 14 个股票收益预测指标是现在很多新指标的比较标准。其中有不少和宏观经济相挂钩，如利率、通货膨胀率等。中国市场中也有不少宏观经济指标可以预测股票的未来收益，如姜富伟等（2011）指出股息率、通货膨胀、换手率、货币供给增长率等宏观指标对中国股票市场也有很强的预测能力；陈兼等（2017）通过衡量与经济政策不确定性相关的新闻数量，构造了中国的经济政策不确定性指数，并指出中国宏观经济政策的不确定性与股票市场收益存在反向关系。我们参考姜富伟等的观点，为大家说明中国的宏观经济指标的计算（很多宏观经济指标可以在国家统计局等网站上获得，具体可见本书第二章相关内容）。

（1）通胀率 INF：根据国家统计局的 CPI 指标计算。由于通胀率通常在某个时点的下个月才公布，通常借鉴文献的方法，在回归中采用滞后两个月的通胀率。

（2）投资与资本比率 I/K：投资与资本比率是总（私人非住宅固定）投资与整个经济总资本的比率。

（3）M0 增长率 M0G：根据 M0 数据算出。我国将流通现金 M0 定义为当月流通中的现金总量。

（4）M1 增长率 M1G：当月 M1 增长率与上月 M1 增长率之差，即未预期的 M1 货币冲击，狭义货币 M1 定义为当月 M0 加企事业单位活期存款。

（5）M2 增长率 M2G：利用 M2 数据算出，广义货币 M2 定义为当月 M 加居民的存折储蓄和定期存款。

不少研究也从其他市场的行情出发来预测股票收益，如陈兼等（2017）研究发现，中国股票市场预期收益对美国宏观经济状况和国际波动率风险等跨国、跨市场信息都有显著的影响。

二、估值与财务指标

这里的估值与财务指标指两类数据：市场层面的估值指标和单个公司层面的具体财务指标。

市场层面，常见的估值指标的计算也来源于韦尔奇（Welch）和戈亚尔（Goyal）2008年的文章，如股息价格比、收益价格比等。我们依旧参考姜富伟等（2015）的论文，为大家介绍中国市场上相关指标的计算。

（1）对数形式的股息价格比 D/P：指所有在上交所和深交所上市的 A 股的股息与价格的对数之差，其股息通常用一年的移动总和来衡量。

（2）对数形式的股息率 D/Y：指股息与滞后价格的对数之差，其股息同样用一年的移动总和来衡量。

（3）对数形式的股息支付比率 D/E：指所有在上交所和深交所上市的 A 股股息与收益的对数之差，其股息与收益亦用一年的移动总和来衡量。

（4）对数形式的净值市价比 B/M：指所有在上交所与深交所上市的 A 股的账面价值与

市场价值的对数之差。

（5）对数形式的收益价格比 E/P：指在上交所与深交所上市的所有 A 股的收益与价格之差，其收益用一年的移动总和来衡量。

（6）封闭式基金折现率 CEFD：封闭式股票共同基金市值加权平均的净资产价值与市场价格之间的差值。

（7）上市首日收益率 RIPO：首次公开发行股票第一天交易的收益率取月度平均值。

（8）股息溢价 PDND：股息支付者与非股息支付者之间的对数加权平均账面市值比的差值。

个股层面，常见的财务指标有个体公司盈利、资产的机会成本。中国市场上，姜富伟等（2018）研究发现，包括上市公司的毛利率、资产收益率和股权收益率等多个盈利指标可以显著预测中国股票市场预期收益。这些相关的数据基本可以从公司的财务报告中获得。

三、情绪指标

在金融市场中，情绪往往指对上市公司未来现金流或折现率过于乐观或过于悲观的有偏预期。情绪指标刻画了人们对于市场、商业环境或者公司估值等因素的主观感受，这样的主观感受能够从多种渠道在市场中传导。由于测度投资者情绪的主要难点是它不能够直接被观测到，所以学者们主要通过归纳整合市场中的信息，以间接的方式构建情绪指标。例如，姜富伟教授及其合作者 2018 年构建的经理人情绪指数，能够反向预测未来总体的股票市场收益；姜富伟教授、孟令超、唐国豪（2021）基于自建的中文金融情感词典并计算的我国财经媒体文本情绪指标，对我国股票回报有显著的样本内和样本外预测能力。下面为大家介绍几个相关指标的含义与计算方法。

（1）投资者情绪指数^{BW}，S^{BW}：贝克（Baker）和沃格勒（Wurgler）（2006，2007）运用封闭式基金折现率、上市首日收益率、股息溢价、新发行的股份份额（由月度股份发行量除以月度股份发行量加上债券发行量得到）、份额换手率（用过去五年平均换手率对原始换手率的对数消除趋势，原始换手率由记录的股票交易量除以纽交所市场资料上列明的平均股份数量得到）和每月首次公开发行的股票数量六个指标，通过主成分分析法（PCA）构建的衡量投资者情绪的指标。

（2）投资者情绪指数^{PLS}，S^{PLS}：厦门大学姜富伟教授与新加坡管理大学黄大山教授等在 2015 年的研究中运用 S^{BW} 中使用的六个指标，通过偏最小二乘法（PLS）方法构建的反映投资者情绪的指标。[一]

（3）经理人情绪指标（Manager Sentiment）：基于上市公司年报、季报文本与上市公司电话会议文本，计算文本中积极情感词数量与消极情感词数量之差构建的能够反向预测组合回报的情绪指标。

（4）员工情绪指标（Employee Sentiment）：基于员工对公司评论文本构建，能够对宏观金融和市场平衡中风险溢价起重要作用的情绪指标。

（5）媒体情绪指标：基于 Word2vec 算法和人工筛选构建财经文本情感词典，然后利用

[一] Huang, et al.（2015）在文章中对 S^{BW} 和 S^{PLS} 两个投资者情绪指标进行了详细对比，具体可见［8］Huang D, Jiang F, Tu J, et al & zhou, g. Investor sentiment aligned：A powerful predictor of stock returns［J］. Review of Financial Studies，2015，28（3），791-837.

词袋法计算财经媒体报道文本得出的情绪指数。

（6）货币政策情绪指标：基于财经文本情感词典和词袋法分析央行《货币政策执行报告》得到的文本情绪，可反映经济金融基本面和央行政策指引信息。

四、技术面指标

技术面指标通常依据股票价格的变化趋势而不是其内在价值来预测未来收益。在业界，技术面指标被广泛使用。比较常见的技术面指标有相对强弱指数、移动平均线、平滑异同移动平均线、布林线指标等。

（1）相对强弱指数 RSI：一种动量指标，用它来显示资产是否进入超买状态或超卖状态。它通过对一段时间内价格变化幅度的衡量为投资者提供依据。

（2）移动平均线 MA：通过过滤掉市场噪音和高光趋势方向的方式来对价格变动进行平滑处理。由于它基于过去的价格数据，因此也被当作一种滞后指标。

（3）平滑异同移动平均线 MACD：通过两个移动平均线之间的聚合与分离状况来表征资产动量的一种指标，通过其与价格走势之间的离差值，交易者可以洞悉目前市场趋势的强度。

（4）布林线指标 BB：用来衡量市场的波动幅度，并暗示超买或超卖的信号。它由三条轨线组成，分别是上轨线、中轨线（SMA）以及下轨线。

姜富伟等（2017）检验了 28000 多种技术分析指标对中国股票市场的预测能力，在消除数据挖掘和过度拟合问题的影响后，他们发现仍然有大量的技术指标可以显著预测中国股票市场收益。

五、波动率指标

在传统的理性预测模型框架下，持有资产的风险和所获取的收益是相互联系的，如果一个人承担了更高的风险，那么其期望收益往往更高。同样，更低的风险预示着更低的收益。在金融市场中，风险被定义为资产回报的标准误差，高收益波动往往意味着高风险，也意味着高期望收益。因此，学者们很自然地将市场波动用于预测未来的市场收益。弗兰奇（French）等（1987）研究了股票回报和股票市场波动率之间的关系，研究发现，期望市场风险溢价（股票投资组合的期望收益率减去国债收益率）与未来股票收益间具有显著的正向关系。陈兼等（2017）使用七个国际主要的金融市场数据构造了国际波动率风险指数，并研究发现，国际波动率风险与中国股市隔夜日度收益负相关，但与第二日的中国股市收益正相关。下面为大家介绍几个常见的波动率指标的定义。

（1）波动率指标（VIX）：指数期权隐含波动率加权平均后所得的指数。

（2）期望市场风险溢价：股票投资组合的期望收益率减去国债收益率。

（3）国际波动率风险指数：以七个主要国际市场隐含波动指数为基础构建的可以预测中国股票市场日度回报的波动率指标。

（4）市场时变尾部风险：以横截面股票收益为基础估计出的对于股票市场总体收益具有显著预测能力的指标。

事实上，用来预测收益的指标远远不止这些，也有越来越多的学者根据市场中的现象，或利用机器学习等方法不断提出各种能够预测未来收益的指标，通过样本内和样本外预测进行预测效果评价，并试图找到更多的经济机制解释。

第五节　Campbell-Shiller 现金流折现率分解

在本章第一节关于资产收益可预测性的讨论中，我们曾提到罗伯特·席勒（Robert Shiller）发现的股票价格相对于股息的过度波动问题。因此，人们很自然地就会把当前的股息水平作为预测未来回报的"风向标"。席勒（Shiller）在 1984 年就研究了美国股市追溯到 1870 年的数据。通过将后一年的收益率与当前的股息率进行回归，他发现了两者之间存在正相关关系：相对于价格的高股息可以预测高于正常水平的收益。过了几年，坎贝尔（Campbell）和席勒（Shiller）（1988a）又研究了实际盈利的长期移动平均的预测能力。他们发现，这个变量对于预测未来股息非常有力，而这个盈利变量与当前股票价格的比值可以很好地预测未来的股票回报率。在随后的一项相关工作中，坎贝尔和席勒（1988b）提出了一个可以用于实证研究的分解方法。该方法以线性化的模式，将股息价格比（D/P）的对数分解为未来期望收益对数折现率和对数股息变化的加权和。

一、来源与推导

首先，我们以一期为例，将股票的现价、未来的分红及收益联系在一起，表达式为

$$1 = R_{t+1}^{-1} R_{t+1} = R_{t+1}^{-1} \frac{P_{t+1} + D_{t+1}}{P_t} \tag{6.33}$$

我们将其做一定的变换，得到

$$\frac{P_t}{D_t} = R_{t+1}^{-1} \left(1 + \frac{P_{t+1}}{D_{t+1}}\right) \frac{D_{t+1}}{D_t} \tag{6.34}$$

式（6.34）是非线性形态，较难处理，这也意味着不能使用简单的时间序列方法。不过，我们在 $P/D = e^{p-d}$ 处进行泰勒展开，并进行一定的变换，表达式为

$$p_t - d_t = -r_{t+1} + \Delta d_{t+1} + \ln\left(1 + \frac{P}{D}\right) + \frac{\frac{P}{D}}{1 + \frac{P}{D}} \left[p_{t+1} - d_{t+1} - (p-d)\right] \tag{6.35}$$

$$= -r_{t+1} + \Delta d_{t+1} + k + \rho(p_{t+1} - d_{t+1})$$

式中，

$$k = \ln\left(1 + \frac{P}{D}\right) - \rho(p-d)$$

由于平均股息收益率约为 4%，平均价格/股息比约为 25，ρ 非常接近 1。所以在这里，我们采用 $\rho = 0.96$ 进行计算，表达式为

$$\rho = \frac{\frac{P}{D}}{1 + \frac{P}{D}} = \frac{1}{1 + \frac{D}{P}} \approx 1 - \frac{D}{P} = 0.96 \tag{6.36}$$

接下来，通过一定的变化得到下式

$$r_{t+1} \approx \rho(p_{t+1} - d_{t+1}) + \Delta d_{t+1} - (p_t - d_t) \tag{6.37}$$

171

这是坎贝尔和席勒的现值模型。为了得到对 D/P 的分解公式，我们对式（6.37）做进一步的变换，表达式为

$$p_t - d_t \approx \rho(p_{t+1} - d_{t+1}) + \Delta d_{t+1} - r_{t+1} \tag{6.38}$$

基于现值模型，并将时间推广到多期时，表达式为

$$p_t - d_t \approx \sum_{j=1}^{k} \rho^{j-1} \Delta d_{t+j} - \sum_{j=1}^{k} \rho^{j-1} r_{t+j} + \rho^k (p_{t+k} - d_{t+k}) \tag{6.39}$$

这就是著名的坎贝尔和席勒现金流折现率分解。

式（6.39）的右半部分由三个部分组成：未来股息的折现值 $\sum_{j=1}^{k} \rho^{j-1} \Delta d_{t+j}$，未来收益的折现值 $\sum_{j=1}^{k} \rho^{j-1} r_{t+j}$，以及最后的 $\rho^k (p_{t+k} - d_{t+k})$，我们将其称为"泡沫"，指的是无缘由的价格变动，或叫"价格的过度波动"。

坎贝尔和席勒的现金流折现率分解告诉我们：当股息价格比（D/P）较高时，必然是由于以下三个原因：①未来股息会上升；②未来的股票收益率会变低；③存在着"泡沫"，即价格的过度波动现象。

不过，价格的过度波动现象是真实存在的吗？答案是肯定的。20 世纪 80 年代，学者们在对美国股票市场的研究中发现，在几乎没有任何关于未来收益率和贴现率的重要新闻的情况下，股市的波动却大得令人震惊。例如，一天内 1% 的股本价值变化是常态，而 2%～3% 变化的天数也并不少见。但是，"价格的过度波动"与"收益的可预测性"本质上是一致的，即任何价格"过高"或"太低"的情况都意味着之后价格回归正确的水平时，股票的收益相对它们的正常水平也会过低或过高。

专栏6-4　历史上的"价格泡沫"事件

资产价格泡沫是指资产价格（特别是股票和不动产的价格）逐步向上偏离由产品和劳务的生产、就业、收入水平等实体经济决定的内在价值相应的价格，并往往导致市场价格的迅速回调，使经济增长陷于停顿的经济现象。事实上，历史上的资产价格泡沫事件不在少数，且被人们看作是"不理性人"的存在证明。下面是历史上一些比较著名的价格泡沫事件。

1. 1967 年的郁金香泡沫

郁金香泡沫是有记载的价格泡沫事件的"鼻祖"。1635 年秋，名贵的郁金香品种价格节节攀升，一种郁金香单株的价格卖到了 1615 弗罗林。而当时一头公牛只值 480 弗罗林。1637 年，郁金香的价格已经涨到了骇人听闻的水平。与上一年相比，郁金香总涨幅高达 5900%。就当人们沉浸在郁金香狂热中时，一场噩梦已经近在眼前。由于卖方突然大量抛售，公众开始陷入恐慌，导致郁金香市场在 1637 年 2 月 4 日突然崩盘。一夜之间，郁金香球茎的价格一落千丈。一个星期后，郁金香的价格已平均下跌了 90%，而那些普通的品种甚至不如一颗洋葱的售价。

2. 1720 年的南海股灾

如果说郁金香泡沫还是实物资产的价格泡沫，那么随着公司制的诞生与发展，价格泡沫事件逐渐在虚拟的金融资产上发生。南海股灾事件便是早期最出名的一例。1711 年，英国人成立了一家专与美洲大陆东海岸之间做殖民及贸易的公司。这家公司通过贿赂英国官员以

及政商勾结获得了贸易垄断。1720 年 4 月，南海公司新发行的 300 英镑面值的股票在 1 个月内上升了近一倍，3 个月后的 7 月份涨到了每股 1000 英镑以上，6 个月涨幅高达 700%。但当南海公司高管抛售股票的消息不胫而走时，股民们下意识认为公司在经营上出现问题，于是争先恐后地抛售南海公司的股票，9 月份直跌至每股 175 英镑，12 月份跌为 124 英镑。1720 年年底，政府最终对南海公司资产进行清理，发现其实际资本已所剩无几，股票形同废纸。

3. 20 世纪末至 21 世纪初的互联网泡沫

互联网泡沫是离我们比较近的一次资产价格泡沫事件。1995 年—2001 年，在欧美及亚洲多个国家的股票市场中，与科技及新兴的互联网相关企业股价高速上升。2000 年 3 月 10 日纳斯达克指数到达 5048.62 的最高点。在此期间，西方国家的股票市场看到了其市值在互联网板块及相关领域带动下的快速增长。但是在纳指冲顶以后，股价便开始了雪崩的路程，到 2002 年回到了 1500 点，直到 2001 年，泡沫才消退。大多数网络公司在把风投资金烧光后停止了交易，许多甚至还没有盈利过。当时，上千家互联网公司的股价跌幅 80% 以上，新浪的股价从 60 美元跌至 1 美元，网易的股价在泡沫破裂期间甚至一度跌到 13 美分，亚马逊股价跌幅超过 99.5%。

其实，正如泡沫总是会被戳破一样，短期内资产价格的异常在时间的考验中终究无法长存，最终都会回归正常水平。正如马克思所言，"价格始终会绕着价值上下波动"。这正是长期资产价格变动的最好写照。

173

二、进一步讨论

了解坎贝尔和席勒的现金流折现率分解后，我们可以对其做进一步的讨论。先考虑长期收益和股息增长率对股息价格比的回归，表达式为

$$\sum_{j=1}^{k} \rho^{j-1} r_{t+j} = \alpha_r + b_r^{(k)}(d_t - p_t) + \varepsilon_{t+k}^r \tag{6.40}$$

$$\sum_{j=1}^{k} \rho^{j-1} \Delta d_{t+k} = \alpha_d + b_d^{(k)}(d_t - p_t) + \varepsilon_{t+k}^d \tag{6.41}$$

$$d_{t+1k} - p_{t+k} = \alpha_{d-p} + b_{d-p}^{(k)}(d_t - p_t) + \varepsilon_{t+k}^{d-p} \tag{6.42}$$

而对坎贝尔和席勒的现值模型两边进行求导可得

$$1 \approx b_r^{(k)} + b_d^{(k)} + b_{d-p}^{(k)} \tag{6.43}$$

式（6.39）和式（6.43）告诉我们一个重要的结论：如果股息价格比保持不变，那么金融领域未来的收益和股息都不会发生变化。但这明显不符合现实的状况，股息价格比的不同意味着未来的股息，或未来的收益一定是可预测的。

式（6.43）中的回归系数可以解读为每个因素对股息价格比变化的影响程度。为了更清楚地了解各因素的重要性，我们将式（6.34）两边同时乘以 $(d_t - p_t) - E(d_t - p_t)$，并取期望得

$$\text{Var}(d_t - p_t) = \text{Cov}\left(d_t - p_t, \sum_{j=1}^{\infty} \rho^{j-1} r_{t+j}\right) - \text{Cov}\left(d_t - p_t, \sum_{j=1}^{\infty} \rho^{j-1} \Delta d_{t+j}\right) + \tag{6.44}$$
$$\rho^k \text{Cov}(d_{t+k} - p_{t+k}, d_t - p_t)$$

那么在实际中，式（6.44）的效果如何呢？科克伦（Cochrane）（2008）曾根据该式对 1947 年—2009 年的年度 CRSP 指数进行分解，并利用三种不同的方式得到如下结果，如图 6-4 所示。

方法和范围	相关系数		
	$b_r^{(k)}$	$b_{\Delta d}^{(k)}$	$\rho^k b_{\mathrm{dp}}^{(k)}$
直接法，$k=15$	1.01	−0.11	−0.11
VAR 法，$k=15$	1.05	0.27	0.22
VAR 法，$k=\infty$	1.35	0.35	0.00

图 6-4 1947 年—2009 年年度 CRSP 指数分解结果

由此可以看出，"直接法"的构成因素是前 15 年的股票收益、股息增长和股息价格比；"VAR 法"则是根据短期的相关系数推断出的长期相关系数[⊖]。

图 6-4 中，长期回报的系数都略大于 1.0；其余两列的数值则都很小，统计意义上也不显著（未在该图中列出）。基于该结果，我们可以得出结论：股息价格比的波动几乎都来自于预期收益的变化，预期股息增长或"泡沫"的存在对其几乎没有影响。

在后续的研究中，坎贝尔（Campbell）和席勒（Shiller）根据利率和消费增长计算了折现率，估计了一个向量自回归方程组。他们发现股息价格比受到未来股息增长率的正向影响。不过，这些不同的折现率计算方法都无助于解释股息价格比的收益，且股息价格比的变动也几乎没有得到解释。坎贝尔和席勒现金流折现率分解的影响十分深远，它不但为资产的收益预测提供了理论支持，还提出了相应的分析方法。他们的方法塑造了该领域的后续研究方向，其成果在学术和实践上都产生了巨大的影响。

专栏 6-5   市盈率能作为预测收益率的指标吗？

市盈率 PE（PE＝P/E）也称"股价收益比率"或"市价盈利比率（市盈率）"，由股价除以每股收益计算得出。理解该指标很简单：对于一个公司的股票，投资者购买的成本是当前的价格，得到的收益是之后每年的分红。若不考虑货币的时间价值并假定每年分红不变，P/E 比率就是投资人能收回成本的年限。所以，P/E 通常也是衡量公司股票价值是否合理的重要指标之一。那么，P/E 可以作为预测收益率的指标吗？

对市盈率的研究始于 20 世纪 70 年代。尼科尔森（Nicholson）（1960）和巴苏（Basu）（1977）发现，不论是否剔除风险因素，低 P/E 的股票收益率均明显高于高 P/E 的股票。在格雷厄姆（Graham）*Security Analysis* 等书籍中，学者们都通过实证数据验证了低市盈率的股票会在未来带来较高收益率的结论。当然，有的研究也得到了不同结果，主要是因为其选取的股票池和时间段不同。例如，法码（Fama）和弗兰奇（French）在 1992 年提出了著名的三因子模型的同一篇论文中，用很长篇幅对 P/E、P/B 等因子进行了各种测试，并且发现，当使用 1963 年 1990 年美国股票数据时，收益率与 P/E 有一个 U 型的关系，先下降后上升，即高 P/E 值股票在这个时段也可以获得超额收益。

从理论层面来说，高 P/E 股票产生较高回报有两种可能：一种是行业本身的 P/E 值较高，公司未来利润增长潜力大，比如高科技板块股票市盈率接近 100 倍；另一种是在牛市的大趋势下，市场非理性交易的情绪严重，投资者们笃定股票将背离其内在价值而不断上涨，这时买入高 P/E 的股票也有可能带来额外回报。总体来说，学术界的主流观点是 P/E 在大

⊖ 具体方法见 COCHRANE J H, et al. Presidential address：Discount rates ［J］. Journal of Finance（John Wiley & Sons, Inc.），66（4），1047-1108.

多数情况下与收益率呈负相关关系，只有在特定的时间段和股票池中才会产生特殊情况，比如 U 形关系。

大多数研究支持收益率与 P/E 的负相关关系，那么，这种负相关关系存在的原因是什么呢？一般认为，股票价格应围绕其价值上下波动，每股收益 EPS 反映公司盈利能力，表现其投资价值，所以如果 P/E 值较低，说明相对于 EPS 来说价格较低，则其盈利能力相对于价格来说被低估。从长期来看，市场应该为其较高的盈利能力"买账"，所以未来价格会上升。不过，富勒（Fuller）等（1993）在一篇实证文章中一一否定了上述三个猜想，但他提出了另外一个假设，即当期的 EPS 与下一期的 EPS 是不相关的，每期的 EPS 都服从相同的分布，所以当期 P/E 较低的股票相对来说 P 较低。如果此时买入，就是用较低的价格买入了一个具有相同分布的 EPS，期待未来价格会反转，获得收益。正文部分着重介绍的坎贝尔和席勒（1998）的研究在一定程度上证实了这一假设。每股股利 D 与每股收益 EPS 呈正相关关系，故该研究的 D/P 也可以在很大程度上反映 P/E 的情况。他们对股票当年的 D/P 与之后一年的 D/P 进行回归，发现相关系数很低，这与上一篇文章发现的各期 EPS 间相关系数较低的结论一致；但使用当期 D/P 对下一年价格变动进行回归，发现当期 D/P 有较强的预测能力。文章结论指出，D/P 的变动是由 P 带动而回归均值的，可以猜想 P/E 的情况也类似。所以，P/E 作为收益率预测指标的背后逻辑，大概率也在于价格的均值回归。

由此可见，和 D/P 类似，单独通过市盈率指标进行选股可能会遗漏一些信息，这就要求我们将市盈率指标与其他指标结合使用。

本章小结

时间序列层面的资产定价问题是金融领域最关心的问题之一。本章介绍了相关的经济理论和计量研究方法，并从理性与风险补偿、行为与错误定价、摩擦和制度、统计与投资等四种角度给出了经济解释。

方差比检验为研究股票回报的可预测性打开了大门。样本内预测是对一个或几个滞后预测因素上的资产收益进行简单的线性回归，这很容易实现，且能捕捉到基本信息。不过实践表明，预测模型会面临一系列的困难。机器学习为解决这些难题提供了很好的方法。

样本外预测是通过"比较"的方式评估预测模型是否存在和是否准确的方式。其可以通过统计检验和模拟实际操作检验进一步验证预测模型的特性。也可以采用其他的预测方法进行研究和说明。另外，预测指标的选择也是丰富多样的，人们直接或间接地运用信息对资产收益进行预测。

坎贝尔-席勒现金流折现率分解在收益可预测性的相关研究中影响深远。该公式将股息价格比的对数分解为未来期望对数折现率和对数股息变化的线性加权和，从理论和实践上为后续研究提供了支持。

课程思政

相关研究表明，金融资产收益存在一定程度的可预测性，我们应如何将其运用到金融市场，推动金融市场的有序发展？

参考答案

复习思考题

1. 阐述资产收益率短期不可预测性的原因。
2. 阐述样本内预测模型和样本外预测模型的联系与区别。
3. 阐述主要的模型评价方法。
4. 阐述坎贝尔-席勒现金流折现率分解的基本思想。

参考文献

［1］张春玲，姜富伟，唐国豪. 资本市场收益可预测性研究进展［J］. 经济学动态，2019（02）：133-148.

［2］姜富伟，郭鹏，郭豫媚. 美联储货币政策对我国资产价格的影响［J］. 金融研究，2019，（05）：37-55.

［3］Welch I, Goyal A. A comprehensive look at the empirical performance of equity premium prediction［J］. The Review of Financial Studies, 2008, 21（4）：1455-1508.

［4］Shiller R J. The volatility of long-term interest rates and expectations models of the term structure［J］. Journal of Political Economy, 1979, 87（6）：1190-1219.

［5］Shiller R J. The use of volatility measures in assessing market efficiency［J］. Journal of Finance, 1981, 36（2），291-304.

［6］Shiller R J. Do stock prices move too much to be justified by subsequent changes in dividends?［J］. American Economic Review, 1981a, 71, 421-436.

［7］Jiang F, Lee J, Martin X, et al. Manager sentiment and stock returns［J］. Journal of Financial Economics, 2019, 132（1）：126-149.

［8］Huang D, Jiang F, Tu J, et al. Investor sentiment aligned: A powerful predictor of stock returns［J］. The Review of Financial Studies, 2015, 28（3）：791-837.

［9］French K R, Schwert G W, Stambaugh R F. Expected stock returns and volatility［J］. Journal of Financial Economics, 1987, 19（1）：3-29.

［10］De Long J B, Shleifer A, Summers L H, et al. Noise trader risk in financial markets［J］. Journal of Political Economy, 1990, 98（4）：703-738.

［11］Cochrane J H. Presidential address: Discount rates［J］. The Journal of Finance, 2011, 66（4）：1047-1108.

［12］Chen J, Tang G, Yao J, et al. Investor attention and stock returns［J］. Journal of Financial and Quantitative Analysis, 2022, 57（2）：455-484.

［13］Chen J, Jiang F, Liu Y, et al. International volatility risk and Chinese stock return predictability［J］. Journal of International Money and Finance, 2017, 70：183-203.

［14］Baker M, Wurgler J. Investor sentiment and the cross - section of stock returns［J］. The Journal of Finance, 2006, 61（4）：1645-1680.

第七章　包含惩罚项的线性回归模型

章前导读

　　线性回归是一类最简单的有监督学习方法，也是做定量预测的重要工具。实践中，普遍采用普通最小二乘法（OLS）来拟合线性回归。OLS 是一种根据单一或多个预测变量 X 来预测定量响应变量 Y 的方法，被广泛地应用于经济金融与财务领域。然而，当预测变量个数较多时，普通最小二乘法不再适用于估计线性回归模型。一方面，较多的预测变量 X 可能会包含与响应变量 Y 呈现非线性关系甚至不存在任何关系的变量，这会复杂化模型，但却不会增加模型的解释力。另一方面，过多的预测变量可能会带来过拟合问题，并降低模型的预测准确率。因此，在预测变量较多的线性回归模型中，通常不能直接对数据进行 OLS 回归，因此，可以采用机器学习的方法对待估系数施加惩罚项进行限制和缩减，甚至把系数压缩为 0，进而对变量进行选择，从而达到增加模型解释力和增强模型预测准确率的目的。依据惩罚项的不同，可以将模型分为套索模型（LASSO）、岭回归模型（Ridge Regression）和弹性网络模型（Elastic Net）。那么，如何理解线性回归模型与施加惩罚项线性回归模型的基本原理？如何运用施加惩罚项的模型来解决线性回归中预测变量较多导致的模型复杂化与过拟合问题？这是本章要解决的问题。

学习目标

　　本章介绍了 OLS 在时间序列回归、横截面回归分析中的应用，并引出了其在面对高维数据样本时出现的过拟合等问题，进而介绍了套索模型（LASSO）、岭回归模型（Ridge Regression）和弹性网络模型（Elastic Net）这三种添加惩罚项的线性回归模型，并给出了各类模型的相应运算代码。通过本章的学习，可以理解线性回归模型的基本原理，熟练掌握 OLS 在回归分析中的应用，了解 OLS 在高维数据回归中出现的过拟合问题，了解 LASSO 变量选择、Ridge 变量压缩与弹性网络变量选择变量压缩的原理和应用。

关键词

　　线性回归　参数估计　高维数据　岭回归 LASSO 模型　弹性网络

第一节　最小二乘法线性回归模型

一、线性回归

线性回归是一种比较简单的根据自变量 x 来预测因变量 y 的方法，它假定 x 与 y 之间的关系是线性的。因此，在数学上，对于给定的自变量 $\boldsymbol{x}=(x_1,x_2,\cdots,x_n)$ 和因变量 y，典型的线性方程，表达式为

$$y=b_1x_1+b_2x_2+\cdots+b_nx_n+a \tag{7.1}$$

将式（7.1）改写为向量形式，则线性方程的表达式为

$$y=\boldsymbol{b}^{\mathrm{T}}\boldsymbol{x}+a \tag{7.2}$$

式中，$\boldsymbol{x}$ 的分量 x_j 代表第 j 个自变量，$\boldsymbol{b}=(b_1;b_2;\cdots;b_n)$，$b_j$ 代表了第 j 个自变量和因变量之间的关联，可解释为在其他自变量保持不变的情况下，x_j 增加一个单位对 y 产生的平均效果；b 和 a 是未知的常量，是我们需要获取的模型参数。

在金融学中，x 和 y 为各类经济变量，通过对参数 b 和 a 进行显著性或者重要性分析，可以对所研究的经济规律进行样本内解释，进而利用得到的线性模型对所研究的对象进行样本外预测。此外，本书后续介绍的非线性模型（Non-linear Model）均以线性模型为基础并引入层级结构或高维映射改进而来。

二、OLS 模型的基本原理[一]

（一）线性模型的估计准则

在实践中，模型参数 b 和 a 都是未知的。一般来说，可以采用多种线性模型来对数据集进行拟合，测算出模型参数 b 和 a，得到回归模型。然而，并不存在任何一种方法是所有数据集的最优模型，不同的数据集适用于不同的线性回归方法，回归方法的差异也会带来模型在拟合效果与预测精度上的差异。在线性回归中，我们希望找到能使线性模型尽可能拟合真实数据的模型参数 b 和 a。因此，针对每一个数据集，均需要通过一定的方法来衡量不同模型的拟合效果，以期找到更优的模型。测量模型拟合程度的方法有很多，最常用的方法是均方误差 MSE（Mean-square Error）最小化准则，本章就采取该方法来测量模型的拟合程度。

均方误差衡量了预测值和真实值之间接近的程度，能够测量模型对数据集的精确度。要得到均方误差，首先要计算残差平方和 RSS（Residual Sum of Squares）。采用样本内的数据来估计模型的参数 b 和 a，表达式为

$$\hat{y}=\hat{b}x+\hat{a} \tag{7.3}$$

式中，$\hat{y}$ 表示当自变量为 x 时，对 y 的估计值。

若 x 取第 i 个值，则取 $\hat{y}_i=\hat{b}_ix+\hat{a}_i$ 来估计 y_i。真实值 y_i 与拟合值 $\hat{y}_i$ 之间的差距可表示为 $e_i=y_i-\hat{y}_i$，代表了第 i 个残差。因此，残差平方和 RSS 的表达式为

$$\mathrm{RSS}=e_1^2+e_2^2+\cdots+e_m^2=\sum_{i=1}^m(y_i-\hat{y}_i)^2 \tag{7.4}$$

普通最小二乘法通过对模型参数 b 和 a 进行选择，从而使得残差平方和 RSS 最小。进一步地，对 RSS 取期望值或者取平均值可得到均方误差 MSE，表达式为

$$\mathrm{MSE}=\frac{1}{m}RSS=\frac{1}{m}\sum_{i=1}^m(y_i-\hat{y}_i)^2 \tag{7.5}$$

式中，m 为样本的个数。

均方误差能够评测真实值 y_i 与拟合值 $\hat{y}_i$ 之间的一致性。当真实值 y_i 与拟合值 $\hat{y}_i$ 的结果

[一] OLS 为 Ordinary Least Squares（普通最小二乘法）的缩写。

较为一致，即它们之间的差距较小时，均方误差的值较小；当真实值 y_i 与拟合值 $\hat{y}_i$ 的结果非常不一致，即它们之间存在较大差异时，均方误差的值会非常大。均方误差越小则代表模型的拟合效果越好。在实践中，通常选择均方误差最小的模型或者通过最小化均方误差来得到最优模型。

（二）模型参数估计

从上面的分析中可知，为求解式（7.2），可让公式右边计算得到的拟合值 $\hat{y}$ 与真实值 y 之间的均方误差最小。为简单起见，此处假设自变量 x 为一维，可得到目标函数，表达式为

$$(b^*, a^*) = \arg\min \sum_{i=1}^{m} (y_i - bx_i - a)^2 \tag{7.6}$$

以上基于均方误差最小化进行模型求解的方法即为大众所熟知的"普通最小二乘法" OLS（Ordinary Least Square）。将 $\sum_{i=1}^{m} (y_i - bx_i - a)^2$ 分别对 b 和 a 求导并联立方程组可得到一元线性回归模型参数 b 和 a 的最优解为

$$b^* = \frac{\sum_{i=1}^{m} y_i(x_i - \bar{x})}{\sum_{i=1}^{m} x_i^2 - \frac{1}{m}\left(\sum_{i=1}^{m} x_i\right)^2} \tag{7.7}$$

$$a^* = \frac{1}{m} \sum_{i=1}^{m} (y_i - b^* x_i) \tag{7.8}$$

通过式（7.6）最小化均方误差，求得模型参数 b 和 a，从而得到式（7.7）和式（7.8）的过程，称为线性回归模型的普通最小二乘"参数估计"。

只包含一个自变量的线性回归是一种最简单的线性模型，称为简单线性回归 SLR（Simple Linear Regression）。然而，实际情况中我们关注的变量不止一个。例如，在 Fama-French 三因子和五因子模型中，前者关注包括市场资产组合（R_m-R_f）、市值因子（SMB）以及账面市值比因子（HML）在内的三个自变量，后者在此基础上增加了盈利因子（RMW）和投资因子（CMA）在内的五个自变量。采用两个及以上的自变量进行线性回归分析的过程，称为"多元线性回归" MLR（Multiple Linear Regression）。多元线性回归模型中每个因变量 y_i 对应着一个 p 维的自变量向量 $\boldsymbol{x}_i = (x_1, x_2, \cdots, x_p)_i$，模型的目标函数及参数解的表达式为

$$b^* = \arg\min \sum_{i=1}^{m} \left(y_i - \sum_{j=1}^{n} b_j x_{i,j} - a\right)^2 \tag{7.9}$$

$$b^* = (\boldsymbol{X}^{\mathrm{T}}\boldsymbol{X})^{-1}\boldsymbol{X}^{\mathrm{T}}\boldsymbol{y} \text{ 其中 } \boldsymbol{X} = \begin{pmatrix} x_{1,1} & \cdots & x_{1,n} & 1 \\ \vdots & \ddots & \vdots & 1 \\ x_{m,1} & \cdots & x_{m,n} & 1 \end{pmatrix} \tag{7.10}$$

当模型中数据矩阵 $\boldsymbol{X}^{\mathrm{T}}\boldsymbol{X}$ 满秩时，可以得到唯一的最优参数解。当变量数超过样本数，即出现 $\boldsymbol{X}$ 列数多于行数时，模型参数解变得不唯一，这时可以通过增加样本数来解决。

三、OLS 模型的应用

OLS 是比较简单、易于理解的模型，运用它估计的模型参数具有一定的经济学意义，便于分析自变量与因变量之间的关系。鉴于上述优良特性，OLS 被广泛应用于金融与财务研究

领域，如时间序列回归、横截面回归等样本内解释以及样本外预测模型。接下来，本小节将详细介绍 OLS 在时间序列回归以及横截面回归上的运用。

（一）时间序列回归

在金融中，运用线性回归模型对资产的收益和风险进行分析时，常常需要在 t 时刻预测其 $t+1$ 时刻的趋势，表达式为

$$y_t = b_{1,t-1}x_{1,t-1} + b_{2,t-1}x_{2,t-1} + \cdots + b_{n,t-1}x_{n,t-1} + a \qquad (7.11)$$

式（7.11）利用时间序列数据，采用线性回归模型对资产进行收益和风险预测，称为 OLS 在资产定价时间序列回归上的运用。一类典型的时间序列回归为自回归模型 AR（Autoregressive Model）。AR 是用自身做回归变量的过程，即方程中自变量包含有滞后期的因变量，表达式为

$$y_t = b_1 y_{t-1} + b_2 y_{t-2} + \cdots + b_n y_{t-n} + a \qquad (7.12)$$

AR 用来研究具有自相关性的经济变量，这类变量受到自身历史值的影响比较大。典型的具有自相关性的经济变量包括矿产开采量和工业产值等，它们的历史表现能够显著地影响未来的表现；此外，学术界有许多的研究表明，历史不同时期的市场波动性之间同样存在较大的相关性，市场波动率也是一类具有较大自相关性的经济变量。例如，厦门大学姜富伟教授及其合作者在 2016 年研究美国经济指标对中国股市波动的影响时使用了包含两项滞后项自回归模型，表达式为

$$LVOL_t = bX_{t-1} + \rho_1 LVOL_{t-1} + \rho_2 LVOL_{t-2} + \varphi_n LVOL_{t-1}^{US} + a \qquad (7.13)$$

式中，$LVOL_t$ 为 t 期的中国股市对数波动率，$LVOL_{t-1}^{US}$ 为 $t-1$ 期的美国股市对数波动率，X_{t-1} 为 $t-1$ 期的 17 项美国经济指标数据。

在控制上述滞后期波动率后，该文章发现部分美国的经济指标依旧对中国股市的波动具有显著的预测能力，并且文章得到的结果通过了样本外和分行业的稳健性检验。

在 AR 的基础上，学者们扩展出了许多其他模型，包括自回归滑动平均模型 ARMA（Autoregressive Moving Average Model），自回归条件异方差模型 ARCH（Autoregressive Conditional Heteroskedasticity Model），以及广义自回归条件异方差模型 GARCH（Generalized Auto Regressive Conditional Heteroskedasticity）等，并将这些模型广泛地应用于金融的时间序列研究中。篇幅有限，本书不对这些模型进行展开讨论。郑挺国和尚玉皇（2014）、夏婷和闻岳春（2018）等将这些模型应用到了国内的经济金融与财务领域，读者可查阅他们的文章详细了解相关模型。

（二）横截面回归

横截面回归用于考察造成不同资产之间存在风险和收益等特征差异的原因，比如资本资产定价模型 CAPM 和 Fama-French 因子模型等。其中，CAPM 的回归方程，表达式为

$$r_i = r_f + \beta_i(r_m - r_f) \qquad (7.14)$$

式中，r_i 表示第 i 个资产的收益率，r_f 为无风险收益率，β_i 是 beta 系数，即资产 i 的系统性风险。截面回归 CAPM 通过资产系统性风险 β_i 将个股的收益率与市场整体的超额收益（$r_m - r_f$）联系起来，认为在投资者理性的条件下资产的风险越高对应的收益率就越高，即资产的收益来源于风险的补偿。除了市场的整体风险外，实际上收益率还会受到很多其他因素的影响。因此，在 CAPM 的基础上，Fama-French 因子模型补充了其他未体现的风险，引入了股票市值、账面市值比等因子来解释不同股票回报率之间的差异，表达式为

$$r_i = r_f + \beta_i(r_m - r_f) + s_i \text{SMB} + h_i \text{HML} \qquad (7.15)$$

Fama-French 模型是基于美国股票市场提出的，因此，该模型在中国市场的有效性受到了诸多学者的研究和质疑。李志冰等（2017）考察了 Fama-French 五因子模型及动量效应在中国股票市场的实证应用，文章使用了 1994 年 7 月至 2015 年 8 月 A 股上市公司为样本进行研究，结果发现全样本下规模、账面市值比效应显著，经三因子模型调整后盈利能力及投资风格效应仍显著，但不存在显著的动量或反转效应。而胡杏等（2019）发现中国股票市场中传统的账面市值比并不适合作为价值因子，其原因在于中国市场在发展过程中的结构性变化。此外对于因子模型中风险因子的挖掘和选择在近年来的文献中也层出不穷。侯恪惟等（2015）使用了近 400 个股票特征来解释不同投资水平和不同盈利能力的企业如何因为面临不同的投资摩擦而产生不同的股票预期收益。对于中国市场，厦门大学姜富伟教授在 2018 年的研究中首次使用多种计量方法从 75 个公司特征中提取能够预测资产收益的因子，并发现显著的横截面预测结果。

```
from sklearn.linear_model import LinearRegression   ## 导入线性回归模块
y= np.matrix(y).reshape(-1,1)                        ## 重构因变量为单列矩阵
x = np.matrix(x).reshape(-1,np.size(x,1))            ## 重构自变量为 N 列矩阵,其中 N
                                                        为变量数

model = LinearRegression()
reg = model.fit(x,y)                                 ## 使用 fit 指令进行回归,并将回
                                                        归后的参数存储于 reg 变量中;
```

专栏 7-1　OLS 模型的缺陷

OLS 模型被称为线性回归的基础模型，它是最简单的线性回归模型，能够衡量自变量与因变量之间的线性关系，被广泛地应用于医疗和金融等研究领域。然而，在计量经济学中，OLS 模型要求数据满足比较严格的基本假定条件，包括自变量与因变量之间存在线性关系、自变量之间的独立性与外生性以及随机干扰项之间的同方差性等。当自变量个数较少时，上述 OLS 模型的假定条件比较容易满足。然而，在实际金融问题中，部分自变量会与因变量呈现非线性关系，而且很多数据集的自变量个数往往比较多，也容易出现与因变量无关的自变量。在这种情况下，采用 OLS 回归容易出现欠拟合或者过拟合等问题，需要采用其他方法来对数据进行估计。

一方面，在 OLS 回归中，与因变量呈现非线性关系的自变量可能并不会增加模型的解释力，反而可能会带来欠拟合的问题。若响应变量和预测变量之间的真实关系接近线性，那么采用 OLS 回归得到的偏差较低，解释力度较强。然而在实际的多元线性回归模型中，常常会出现一个或多个自变量与因变量之间的关系并非线性的情况，这些变量会复杂化模型，但却不会增加模型的解释力，甚至还会使得模型出现欠拟合的问题。另一方面，过多的预测变量可能会降低模型的预测准确率。若观测个数 m 远大于预测变量个数 n 时，OLS 的方差较低。然而，不满足 m 远远大于 n 的情况下，OLS 回归得到的结果可能会出现过拟合的情况，此时模型在测试集上的表现较差。倘若 $n>m$，使用 OLS 模型将会得到多个系数估计结果，方差也变得无穷大，此时 OLS 的方法不再适用。

OLS 模型通常无法解决自变量个数较多带来的模型解释力和预测精度下降的问题，一般

需要采用其他方法来对线性回归模型进行修正。归根结底，自变量数量较多的问题最终影响的是自变量前面的模型参数，使得参数估计值不准确。可以通过对系数进行约束或者加以惩罚的方式来对自变量个数较多的模型进行拟合，从而降低参数估计的方差，提高参数估计的准确率，增强模型的拟合效果。根据惩罚项的不同，可以将模型分为套索模型（LASSO）、岭回归模型（Ridge Kegression）和弹性网络模型（Elastic Net），本节之后将会对它们进行详细介绍。

第二节　岭回归

一、岭回归的提出

信息技术的快速发展带来了高维大数据。然而，数据仅是信息的来源，并不完全等同于信息，学者们更关注的是如何从较多的数据中剔除掉一些无用的噪音，并挖掘出对研究有用的信息。如何解决高维数据中的多重共线性与过拟合等问题？如何在高维数据中寻找对因变量最具有影响力的自变量？因此，在高维数据的建模中，变量选择和数据降维是十分重要的步骤。

在这样的背景下，1962 年，霍尔（Hoerl）首先提出了可以缓解"高维问题"的岭回归（Ridge Regression）分析方法。1970 年，霍尔又和卡纳德（kennard）合作，对岭回归做了进一步地讨论与发展，提出了更完善的岭回归分析方法。自那以后，关于岭回归的研究与应用得到了广泛的关注。截至目前，基于岭回归的岭估计（Ridge Estimate）已经是目前极具影响力的一种参数估计方法。由于岭回归模型的解与其正则化参数 λ 之间的图像如同一条条脊梁，岭回归又被称为脊回归。

岭回归是在 OLS 回归的基础上做出了一定改进的线性回归模型，它权衡了模型参数的偏差（Bias）和方差（Variance），在增加一点偏差的情况下降低了模型的方差，提高了模型的拟合效果。其中，偏差指的是模型的预测值与真实值之间的差距，方差则为预测值的离散程度，偏差、方差和随机误差（Error）共同构成了均方误差。偏差越大说明模型的预测值越偏离其真实值，而方差越大则越容易出现过拟合的情况。岭回归牺牲偏差，损失部分信息的做法表明，岭回归是一种有偏的估计方法，回归方程得出来的 R^2 值低于普通最小二乘法的值，但模型拥有较低的方差，能够有效地缓解过拟合问题。因此，相比于普通的 OLS 模型，岭回归得到的样本外预测结果更稳定、可靠，也更能够解决模型中自变量个数较多带来的过拟合问题。

二、岭回归的基本原理

回归方法在最小二乘法的基础上，对模型的参数估计加入了一个惩罚项或约束，缓解了过拟合问题。具体地说，在多元线性回归模型的目标函数式（7.6）中引入惩罚项，可得到：

$$b^* = \operatorname{argmin} \sum_{i=1}^{m} \left(y_i - \sum_{j=1}^{n} b_j x_{i,j} \right)^2 + \lambda \rho \sum_{j=1}^{n} |b_j| + \lambda (1-\rho) \sum_{j=1}^{n} b_j^2 \qquad (7.16)$$

式中，λ 为惩罚因子，用来控制惩罚项的占比。$\lambda \rho \sum_{j=1}^{n} |b_j|$ 是 L_1 范数的惩罚项，$\lambda (1-\rho) \sum_{j=1}^{n} b_j^2$

部分是 L_2 范数的惩罚项。

（一）岭回归的基本形式

在岭回归中，式（7.16）中的 $\rho = 0$。因此，岭回归的目标函数是在多元线性回归模型的目标函数式（7.6）中引入了 L_2 范数的惩罚项 S，表达式为

$$b^* = \operatorname*{argmin} \sum_{i=1}^{m} \left(y_i - a - \sum_{j=1}^{n} b_j x_{i,j} \right)^2 + \lambda \qquad (7.17)$$

式中，调节参数 $\lambda \geqslant 0$。式（7.17）称为岭回归，通过该方程得到的模型参数 b^* 称为岭回归系数。

式（7.17）可以拆分为两项，分别衡量两个不同的标准。第一项称为损失函数，内容与最小二乘法相同，均为针对每一个样本，通过最小化真实值与模型拟合值之间的差距来估计模型的回归系数。第二项为 $\lambda \sum_{j=1}^{n} b_j^2$，称为惩罚项或者惩罚函数，它可以将模型的回归系数 b 往 0 的方向进行压缩，提高模型的拟合效果。通过调节模型参数 λ 的大小达到压缩模型参数估计值 b 的目的，故 b 与 λ 密切相关。如果调节参数足够大，模型的回归系数会往 0 的方向收缩，过拟合的问题得到缓解。而当调节参数为 0 时，式（7.17）的第二项等于 0，岭回归等同于最小二乘估计。因此，调节参数 λ 的选择非常重要，它关乎岭回归对系数的压缩效果，通常通过交叉验证等方法来对 λ 进行选择，后续将会对此展开讨论。此外，从上述分析中亦可知，岭回归模型并不是直接，而是通过变换调节参数 λ 来间接缓解多元线性方程中自变量过多带来的多重共线性与过拟合问题的。

仔细观察可发现，岭回归只是对 b_1，b_2，$\cdots$，b_n 进行了压缩，并未对常数项 a 进行压缩惩罚。线性回归模型中的常数项表示的是，当所有自变量 x 都取 0 的情况下，因变量 y 所取到的均值，故岭回归无须对常数项 a 进行压缩，只需对所有与因变量相关的自变量系数进行惩罚约束即可。

（二）岭回归的其他形式

分别对自变量和因变量的数据进行中心化和标准化，可以得到 $\sum_{i=1}^{m} y_i = 0$，$\sum_{i=1}^{m} x_{ij} = 0$，$\sum_{i=1}^{m} x_{ij}^2 = 1$，$j = 1, 2, \cdots, n$。通过数学上的变换，式（7.17）的岭回归系数估计等价于求解以下问题

$$\min_{b} \left\{ \sum_{i=1}^{m} \left(y_i - \alpha - \sum_{j=1}^{n} b_j x_{ij} \right)^2 \right\}, \quad \sum_{j=1}^{n} b_j^2 \leqslant s \qquad (7.18)$$

式中，$s \geqslant 0$ 是一个惩罚参数（Penalized Parameter）。

式（7.18）表示的是，在服从 $\sum_{j=1}^{n} b_j^2 \leqslant s$ 的条件下，尽可能地寻找使残差平方和 RSS（Residual Sum of Squares）最小的参数估计值。令 $s_0 = \sum_{j=1}^{n} b_j^2$，如果 $s \geqslant s_0$，OLS 的回归结果会落入岭回归的结果中，那么岭回归估计得到的系数与最小二乘法相同，即式（7.18）得到的模型参数为最小二乘的最优解；如果 $s < s_0$，则式（7.18）要求 s_0 必须足够小，因而部分自变量的回归系数估计值会变小或趋向于 0，从而缓解多重共线性或者过拟合的问题。

183

根据式（7.17）和式（7.18）计算得出的岭回归系数估计结果是相同的，它们之间只存在数学形式上的表达差异。针对式（7.17）中的每一个调节参数 λ，均存在对应的惩罚参数 s 使得它们能够得到相同的岭回归参数估计结果。对于所有的 $\lambda \geqslant 0$ 与 $s \geqslant 0$ 的值，式（7.17）与式（7.18）均能算出岭回归的解。变换 λ 与 s 的值可以得到所有岭回归的解。

三、岭回归的变量选择特征

在变量选择特征上，岭回归只能将系数估计值往 0 的方向进行压缩，无法将系数完全压缩至 0，从而完全剔除掉某个变量。可以考虑一种简单情形来对岭回归的变量选择特征进行解释。在式（7.18）中，假设自变量个数 $n=2$ 时，式（7.18）表示在 $b_1^2+b_2^2 \leqslant s$ 包含的坐标轴圆形区域内，运用岭回归模型进行参数估计所能得到的最小残差平方和 RSS。图 7-1 刻画了自变量只取两个的情况下，岭回归得到的结果。图中，每一个坐标轴代表一个系数估计值的岭回归解，$\hat{b}$ 表示 OLS 回归的最优解，$\hat{b}$ 周围的每个空心椭圆均表示一个相应的 RSS 值，椭圆越大则表示 RSS 的取值越大，坐标轴上的实心圆形区域表示式（7.18）的限制条件 $b_1^2+b_2^2 \leqslant s$。上面已经提到过，式（7.18）表示满足限制条件 $b_1^2+b_2^2 \leqslant s$ 情况下，尽可能地选择能够取到最小的 RSS 值的系数估计值。因此，岭回归的解即为红色椭圆第一次与实心圆相交的交点。当 s 足够大时，实心圆有可能会包含最小二乘回归的

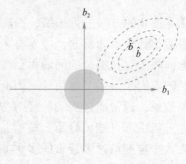

图 7-1　岭回归示意图

解 $\hat{b}$，此时岭回归的系数估计结果与最小二乘的相同，该种情形对应式（7.17）中的 $\lambda=0$。一般情况下选择的 s 都不会很大，最小二乘的系数估计结果 $\hat{b}$ 会落在实心圆形区域之外，此时岭回归结果取到的 RSS 值将大于最小二乘的结果，说明岭回归结果的估计是有偏的。因为岭回归的限制条件是一个圆形，并不存在任何尖点，所以代表 RSS 值的椭圆形区域不可能会与该圆形区域相交于坐标轴，只能落在象限内。也就是说，岭回归的系数估计值无法取到 0，岭回归只能实现"变量压缩"，无法做到"变量筛选"。

上述情形是在自变量个数 $n=2$ 的情况下发生的，如果将 n 扩大到 3 及 3 以上时，得到的结论依旧相同，岭回归仍旧无法将系数完全压缩至 0。当 $n=3$ 时，在坐标轴上岭回归的限制区域将变成一个球体，RSS 的取值则变成一个椭圆体；当 $n>3$ 时，坐标轴上的岭回归限制区域将变成超球体，RSS 的取值则变成一个超椭圆体。无论限制区域是球体还是超球体，它们的边界都不存在任何尖点，在与代表 RSS 值的椭圆体和椭球体第一次相交时，交点均不会出现在坐标轴上，岭回归的系数均不会取到 0，无法实现"变量选择"。

四、岭回归的调节参数选择

岭回归对系数估计值的压缩效果取决于调节参数 λ 或者惩罚参数 s 的大小，因此，如何确定调节参数 λ 或者惩罚参数 s 的取值是一个非常重要的问题。选择不同的参数将会得到不同的模型，因此，选择参数的过程也被视为是在选择合适的模型。通常情况下，可以采取信息准则判断或交叉验证的方法来选择岭回归的最佳正则化参数。其中，信息准则的模型选择方法包括赤池信息准则 AIC（Akaike Information Criterion）和贝叶斯信息准则 BIC（Bayesian

Information Criterion)，交叉验证的模型选择方法则包括交叉验证法和广义交叉验证法。由于本书已经将模型的判断和选择单独列为一章，此处在介绍这些方法时相对比较简略，详细的讨论将在本书的第十一章展开。

（一）AIC 准则

AIC 是评估模型对数据拟合效果的一种准则，由日本统计学家赤池弘次于 1974 年提出，因此，AIC 准则又称为赤池信息准则。它建立在信息熵的概念基础上，提供了一个能够衡量统计模型的复杂度与拟合度优良性的评价标准。一般情况下，AIC 准则的表达式为

$$AIC = 2N - 2\ln(L) \tag{7.19}$$

式中，N 为模型的自变量个数，L 表示似然函数。

式（7.19）的第一项代表模型的复杂度，该值越大代表模型的复杂度越高；第二项代表了模型的特性，该值越大则代表模型的拟合效果越好。对模型选取不同参数进行估计时，会得到不同的 AIC，通常要选择 AIC 较低的岭回归模型。当模型之间的差异不是很大时，AIC 的差异主要体现在模型的第一项复杂度上，复杂度越低说明模型越容易解释，因此要选择 AIC 低的岭回归模型；当模型之间的差异较大时，模型之间的差异主要体现在第二项的似然函数上，似然函数越大说明岭回归模型的效果越好，因此仍旧要选择 AIC 较小的岭回归模型。此外，模型包含的变量个数 N 与似然函数之间会相互影响。当 N 增大时，似然函数也会变大，AIC 会变小；当 N 过大时，似然函数增大的速度会放缓，AIC 会上升。因此，可以将 AIC 的第一项理解为一个在自变量个数上的惩罚，当模型包含的变量个数过多时，岭回归模型将会变得过于复杂，拟合效果较差。在实践中，应该选择自变量包含个数较少的岭回归模型。当所估计模型的误差服从正态分布时，令 M 为样本的观测个数，RSS 为残差平方和，那么 AIC 的方程形式变为

$$AIC = 2N - M\ln\left(\frac{RSS}{M}\right) \tag{7.20}$$

式（7.20）的第一项仍为模型参数的惩罚，代表了模型的复杂度，第二项则为样本个数与残差平方和的综合，代表了模型的拟合效果。此处，仍旧要选择 AIC 值较小的岭回归模型。与前面不同的是，式（7.20）的第二项中包含了样本个数与残差平方和，当样本数量越大时，AIC 的值越小，岭回归模型的拟合效果越好。

（二）BIC 准则

与 AIC 相同，BIC 也是用来进行模型选择的准则，1978 年由施瓦兹（Schwarz）创立和发展的，又称为贝叶斯信息准则，属于主观贝叶斯派归纳理论的重要组成部分。BIC 在信息不完全的情况下，首先采用主观概率对未知部分的状态进行估计，接着利用贝叶斯公式对发生概率进行估计，最后通过期望值和修正的概率来得到最优决策。BIC 的表达式为

$$BIC = N\ln(M) - 2\ln(L) \tag{7.21}$$

式中，N 为模型选择的自变量个数，M 为样本容量，L 为似然函数。

与 AIC 相同，BIC 的第一项是惩罚项，表示模型的复杂程度，第二项是似然函数，表示模型的拟合效果。不同的惩罚参数和调节参数会得到不同的 BIC 值。一般情况下，应该选择 BIC 值最小的岭回归模型。BIC 的表达式与 AIC 的第一个表达式不同的是，BIC 在惩罚项中综合考虑了样本的个数，能够在自变量个数较多但样本个数较少的情况下降低数据的维度，避免出现"维数灾难"的问题。因此，相对来说，BIC 是从拟合角度出发来选择最优模型

的，而 AIC 则是从预测角度来选择最优模型。

（三）交叉验证法

交叉验证法又称为循环估计（Rotation Estimation），是一种把数据集划分成较小子集的模型选择方法。交叉验证法的理论是由西摩·盖塞尔（Seymour Geisser）等提出的，主要用于解决由于模型的测试集较小而带来的模型泛化误差不能被准确估计的问题。在估计模型的过程中，交叉验证法会将数据随机地划分为两个子集，一个为训练集，另一个为测试集。采用不同惩罚参数和调节参数的岭回归估计得出的模型会先在训练集上回归，然后用拟合得到的模型在测试集上预测自变量对应的因变量，算出岭回归模型的错误率，即均方误差或者预测误差。比较不同模型的错误率，选择值最小的岭回归模型。

根据训练集和测试集数据的不同，交叉验证法又可以分为留一交叉验证法和 K 折交叉验证法。留一交叉验证法会将数据集分成两个部分，分别是单独挑出来的样本观测值 (x_1, y_1) 以及剩余的观测值 $(x_2, y_2), (x_3, y_3), \cdots, (x_m, y_m)$，第一个观测值为测试集，剩余观测值作为训练集。接下来的步骤和上面的相同，先将岭回归模型放进训练集中拟合，再将得到的模型用于预测测试集上的因变量，计算错误率，从而选择错误率最小的岭回归模型。K 折交叉验证法是留一交叉验证法的一种替代。它将数据集随机分为 K 个数量大致相同的组别，第一个组别作为测试集，剩余 $K-1$ 个组别作为训练集，接下来在训练集拟合得到岭回归模型，再用该模型预测测试集，得到均方误差。重复该步骤 K 次，得到 K 个测试集的均方误差，对这些均方误差求均值，选择值最小的岭回归模型。

专栏 7-2　运用 OLS 和岭回归在中国股市上择股

随着机器学习的迅速发展，人工智能应用于金融与财务领域的情况越来越常见。这里采用了线性回归和岭回归模型在中国股市进行了智能选股，通过年化收益率、年化波动率以及夏普比率等指标对三种方法进行了比较。选股策略的构建如下：

（1）回溯区间：2007-01-31 至 2017-05-31。

（2）股票池：全部 A 股，剔除上市三个月以内的股票，剔除 ST 股票，剔除每个截面期下一个交易日停牌的股票。

（3）特征和标签提取：每个自然月的最后一个交易日，计算之前报告里的 70 个因子暴露度，作为样本的原始特征；计算下一整个自然月的个股超额收益（以沪深 300 指数为基准），作为样本的标签。

（4）特征预处理：中位数去极值、以平均值填补缺失值、行业市值中性化、因子暴露标准化、对标准化后的因子暴露做主成分分析。

（5）训练集合成：以 T 月月末为例，$T-12$ 至 $T-1$ 月的特征和标签作为训练样本。而对于线性回归和岭回归模型，直接将 12 个月的样本合并成为训练集。

（6）模型滚动训练：分别使用线性回归和岭回归模型拟合训练集。

（7）合成单因子：模型拟合完成后，以 T 月月末截面期所有样本预处理后的特征作为模型的输入，得到每个样本的预测值 $\hat{y}$，将预测值视作合成后的因子。

（8）单因子回测：使用合成后的因子进行单因子分层回测。

（9）模型评价标准：IC 值。

针对岭回归，这里对惩罚系数 λ 从 1e-06 至 1e-04 以 10 倍为间隔进行遍历，选取测试集 IC 值最高的 λ 作为最终选定的参数。

线性回归和岭回归模型回测结果如图 7-2 所示。

正则化方法	行业中性基准	每个行业入选个股数目	年化收益率	年化波动率	夏普比率	最大回撤	年化超额收益率	年化跟踪误差	超额收益最大回撤	信息比率	Calmar比率	相对基准月胜率	月均双边换手率	训练集平均IC值	测试集平均IC值
无	沪深300	2	35.6%	31.7%	1.12	66.8%	30.1%	14.7%	20.2%	2.05	1.49	72.6%	140.5%	0.149	0.099
无	沪深300	5	27.7%	31.5%	0.88	70.0%	22.7%	13.2%	21.2%	1.71	1.07	67.7%	124.6%		
无	沪深300	10	26.8%	31.6%	0.85	69.3%	21.9%	12.6%	20.1%	1.74	1.09	65.3%	107.5%		
无	沪深300	15	25.8%	31.7%	0.81	69.9%	21.1%	12.5%	22.7%	1.69	0.93	66.9%	93.9%		
无	沪深300	20	24.5%	31.9%	0.77	70.1%	19.9%	12.4%	22.8%	1.60	0.87	66.1%	83.9%		
无	中证500	2	36.9%	33.1%	1.12	69.5%	23.3%	9.3%	9.7%	2.50	2.39	75.8%	149.1%		
无	中证500	5	31.5%	33.0%	0.95	70.4%	18.6%	7.2%	8.2%	2.59	2.25	78.2%	134.3%		
无	中证500	10	30.6%	32.9%	0.93	69.0%	17.7%	6.0%	7.0%	2.97	2.53	77.4%	117.6%		
无	中证500	15	30.3%	32.9%	0.92	69.0%	17.5%	5.4%	5.7%	3.25	3.06	77.4%	105.6%		
无	中证500	20	29.1%	32.9%	0.89	69.0%	16.5%	5.1%	5.8%	3.22	2.82	79.0%	95.1%		
岭回归	沪深300	2	34.2%	32.1%	1.06	67.7%	28.9%	14.6%	19.6%	1.98	1.47	72.6%	139.0%	0.144	0.108
岭回归	沪深300	5	30.6%	31.8%	0.96	68.1%	25.6%	13.3%	21.1%	1.92	1.21	68.5%	122.2%		
岭回归	沪深300	10	28.6%	31.6%	0.90	68.3%	23.6%	12.6%	23.2%	1.87	1.02	67.7%	103.7%		
岭回归	沪深300	15	26.5%	31.7%	0.84	68.3%	21.7%	12.4%	24.4%	1.75	0.89	67.7%	90.4%		
岭回归	沪深300	20	25.7%	31.7%	0.81	68.5%	21.0%	12.3%	24.5%	1.70	0.86	66.1%	80.6%		
岭回归	中证500	2	37.7%	34.0%	1.11	68.6%	24.4%	9.2%	9.4%	2.65	2.59	75.8%	148.3%		
岭回归	中证500	5	33.9%	33.4%	1.01	68.5%	20.8%	7.2%	8.3%	2.89	2.51	78.2%	131.0%		
岭回归	中证500	10	32.3%	32.8%	0.98	66.9%	19.2%	6.1%	7.9%	3.13	2.43	79.0%	113.2%		
岭回归	中证500	15	30.6%	32.8%	0.93	68.0%	17.8%	5.6%	6.9%	3.15	2.59	79.8%	101.0%		
岭回归	中证500	20	30.0%	32.8%	0.92	67.9%	17.2%	5.3%	5.7%	3.24	3.01	80.6%	90.6%		

图 7-2   不同正则化方法详细指标比较

总体来看，对模型施加岭回归模型正则化后，得到的年化收益率、年化波动率、夏普比率和最大回撤的表现和不带正则化的线性回归模型的表现不相上下，因此，不引入正则化和引入正则化的选股效果相差不大。

代码如下：

```
from sklearn import linear_model        ## 导入线性模块
ridge=linear_model.Ridge(alpha=0.1)     ## 设定参数,alpha 为式(7.17)中的 λ,
y= np.matrix(y).reshape(-1,1)           ## 重构因变量为单列矩阵,
x = np.matrix(x).reshape(-1,np.size(x,1)) ## 重构自变量为 N 列矩阵,其中 N 为变量数
ridge.fit(x,y)
y_prediction = ridge.predict(x_{t+1})
```

第三节　LASSO 模型

一、LASSO 模型的提出

LASSO（Least Absolute Shrinkage and Selection Operator，也称套索模型）的早期想法来源于布莱曼（Brightman）在 1993 年提出的一个提议，他在普通最小二乘法的基础上，提出了非负 "garotte" 最小化准则，通过总和被限制的非负因素来对系数估计值进行压缩，从而缓解高维数据问题。相比岭回归，"garotte" 的预测误差相对更低，更具有竞争力。然而，"garotte" 的一个比较大的缺陷是，它对系数的压缩会受到 OLS 估计量的影响。当数据集中的过拟合问题或者多重共线性问题较为严重时，OLS 得到的系数估计值准确率较低，"garotte" 的表现将会变得很差。

在此背景下，著名统计学家罗伯特·蒂伯沙拉尼（Robert Tibshirani）在 1996 年首次提出了一种与 "garotte" 模型类似，但有很大改进的模型，即 LASSO 模型。与岭回归类似，LASSO 模型也是一种变量收缩的有偏估计方法，它通过在线性回归模型中增加系数的约束或惩罚项来压缩系数的估计值，从而缓解过拟合和多重共线性等问题。然而，岭回归只能把系数往 0 的方向进行压缩，不能剔除掉部分变量，实现变量的选择。岭回归这种压缩估计的方法虽然不会影响模型的预测准确率，但是通过这种方法得到的模型比较复杂，不便于实际问题的分析。与岭回归不同的是，LASSO 回归可以通过限制回归系数的绝对值小于某一特定值的约束，把系数估计值压缩至 0，从而剔除掉相关性不高的部分变量，减少无关信息和冗余噪音，得到一个精练的模型。因此，在实际金融研究中，相比岭回归，LASSO 回归的应用更广泛，更受人们喜爱。

二、LASSO 模型的基本原理

（一）LASSO 的基本形式

当 $\rho = 1$ 时，式（7.16）变成了 LASSO 回归，因此，LASSO 回归引入的惩罚项是 L_1 范数，其表达式为

$$b^* = \arg\min \sum_{i=1}^{m} \left(y_i - \sum_{j=1}^{n} b_j x_{i,j} \right)^2 + \lambda \sum_{j=1}^{n} |b_j| \tag{7.22}$$

式（7.22）称为 LASSO 回归。与岭回归相同，LASSO 回归的第一项是损失函数，内容与普通最小二乘法（OLS）相同，表示回归模型对数据的拟合效果；第二项是惩罚项，可以将系数估计值往 0 的方向进行压缩，当调节参数 λ 的值为 0 时，LASSO 回归的估计结果与 OLS 的结果相同。然而，与岭回归不同，当调节参数 λ 的值选得很大时，惩罚项 $\lambda \sum_{j=1}^{n} |b_j|$ 可以将系数的估计值压缩至 0，实现变量的筛选。因此，在 LASSO 回归中，调节参数 λ 的选择也十分重要，具体的选择方法与前文岭回归的方法相同，这里不再赘述。

（二）LASSO 的其他形式

在 LASSO 回归中，分别对自变量和因变量的数据进行中心化和标准化，可以得到 $\sum_{i=1}^{m} y_i = 0$，$\sum_{i=1}^{m} x_{ij} = 0$，$\sum_{i=1}^{m} x_{ij}^2 = 1$，$j = 1, 2, \cdots, n$。通过数学上的变换，式（7.22）的 LASSO

系数估计等价于求解以下问题

$$\min_b\Big\{\sum_{i=1}^{m}\Big(y_i-\alpha-\sum_{j=1}^{n}b_jx_{ij}\Big)^2\Big\},\quad \sum_{j=1}^{n}|b_j|\leqslant s \tag{7.23}$$

式中，$s\geqslant0$ 是一个惩罚参数。

　　式（7.23）代表在控制 $\sum_{j=1}^{n}|b_j|\leqslant s$ 的情况下，尽可能地寻找能够使得残差平方和最小的参数估计值。式（7.22）中的参数 λ 与式（7.23）中的 s 存在相同的性质，都是惩罚参数，而且它们的大小也是一一对应的。对于每一个 λ，均存在一个对应的 s 使得式（7.22）的系数估计结果与式（7.23）的结果相同。当 s 的值足够大时，LASSO 回归的系数估计结果与最小二乘相同；当 s 的值很小时，则要求 $\sum_{j=1}^{n}|b_j|$ 很小，因而可以压缩系数估计值。此外，对于所有的 $s\geqslant0$ 的数，均可以通过式（7.23）得到一个 LASSO 回归的解，变换 s 的值可以得到所有 LASSO 回归的解。

三、LASSO 模型的变量选择特征

　　LASSO 回归可以实现变量的选择，因此 LASSO 也被称为"变量选择"模型。此外，能够做变量选择的特征也让 LASSO 回归得到了稀疏模型（Spare Model）。稀疏模型指的是在原有数据集的基础上，剔除掉冗余的自变量，只保留与因变量相关性最高的自变量，从而得到一个相对简化的模型。也就是说，稀疏模型的自变量是原有数据集中所有自变量的一个子集。稀疏模型可以将不重要的特征剔除，保留了数据集中最重要的特征，能够有效地解决高维数据中的过拟合和多重共线性等问题。因此，相对来说，LASSO 回归得到的模型在分析各类金融问题中具有较高的解释性。

　　类似地，考虑一种简单情形来直观地分析和理解 LASSO 回归的变量选择特征。当自变量的个数 $n=2$ 的情况下，式（7.23）表示满足 $|b_1|+|b_2|\leqslant s$ 的菱形区域内，采用 LASSO 回归模型进行参数估计得到的最小残差平方和。图 7-3 刻画了自变量个数 $n=2$ 的情况下参数的取值条件。图中每一个坐标轴代表一个系数估计值的 LASSO 回归解，$\hat{b}$ 表示 OLS 回归的最优解，$\hat{b}$ 周围的每个虚线椭圆均表示一个相应的 RSS 值，椭圆越大则表示 RSS 的取值越大，坐标轴上的菱形区域表示式（7.23）的限制条件 $|b_1|+|b_2|\leqslant s$。式（7.23）的含义表明，LASSO 回归的解即为空心椭圆形第一次与菱形区域相交的交点。当 s 的取值足够大时，菱形区域将包含最小二乘回归的解 $\hat{b}$，此时 LASSO 回归的系数估计结果与最小二乘的系数相同，该种情形对应式（7.23）中的 $\lambda=0$。通常

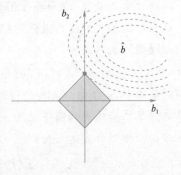

图 7-3　LASSO 回归示意图

情况下，选择的 s 值相对比较小，最小二乘系数 $\hat{b}$ 会落在菱形区域之外，这说明 LASSO 取到的 RSS 值也是大于最小二乘估计取到的 RSS 值的，即 LASSO 也是一种有偏估计。LASSO 回归的限制条件 $|b_1|+|b_2|\leqslant s$ 是一个尖点落在坐标轴的菱形区域，因此代表 RSS 取值的椭圆形在逼近菱形区域的过程中一般会先与顶点相交，即它们的第一个交点总是交于坐标轴上，这表明 LASSO 回归的部分系数估计值为 0，能够剔除掉相关性不大的部分变量，其结果

属于稀疏模型。虚线椭圆在逼近菱形的过程中先与顶点相交，此时 $b_2 = 0$，即剔除了变量 x_2，新的模型为以 x_1 为自变量的一元回归模型。

一般地，当自变量个数 n 取到 3 个及以上时，LASSO 回归的限制条件将变成多面体，RSS 的取值则变成一个椭圆体。然而，由于多面体的边界存在尖角，LASSO 的限制区域与椭圆体在第一次相交时仍旧交于坐标轴上，有系数的估计值取到 0，LASSO 实现了"变量选择"。

专栏 7-3 三步 LASSO 模型在筛选股票定价因子上的应用

在现实生活中，股价受到宏观经济和公司内部层面等多方面因素的影响。为了找到能够对股价产生较大影响的因素并构建一个合理的股价预测模型，学者们往往会挖掘大量与宏观经济、公司内部相关的变量来对股价进行预测。截至目前，业界和学术界已经发掘了成百上千种能够对股票价格产生显著影响的变量，并发现了上百种股票异象和定价因子。然而，这些定价因子并不一定都适用于中国的股票市场，定价的有效性亟待检验。这里基于 LASSO 被广泛地应用于股票价格预测模型中的变量选择与参数估计的背景，参考了芝加哥大学修大成教授和其合作者在 2017 年提出的三步 LASSO 回归，从业界和学术界已经发掘的因子池中，尝试筛选对中国股票市场具有边际定价能力的因子。

首先，这里先介绍三步 LASSO 模型的方程式。理论上，只有随机贴现因子系数显著的因子才具有定价能力。因此，三步 LASSO 回归基于随机贴现理论，通过将因子的收益率协方差和收益率进行回归，得到各个因子的 SDF 系数。其估计模型的表达式为

$$E(r_t) = l_n \gamma_0 + C_v \lambda_v = l_n \gamma_0 + C_g \lambda_g + C_h \lambda_h$$

式中，E 表示对变量取期望，r_t 是股票的回报率，C_v 是 r_t 的协方差矩阵，λ 为超参数。

三步 LASSO 回归分为三步。第一步回归模型的表达式为

$$E(r_{it}) = \gamma + \lambda \widehat{\text{Cov}}(h_t, r_{it})$$

式中，λ 为要估计的系数向量。

通过交叉验证（Cross-Validation）方法来确定，h_t 为第一步中加入的因子。该步骤可以先选出对股票定价能力最强的经典因子，如 Fama 三因子，动量因子，反转因子等。第二步回归模型的表达式为

$$\widehat{\text{Cov}}(h_{jt}, r_{it}) = \delta_j + \chi_j \widehat{\text{Cov}}(v_t, r_{it}), j = 1, 2, \cdots, d$$

采用 LASSO 回归进行的模型参数估计结果是有偏的，因此第一步选出的因子可能会有遗漏。第二步选出的因子记为 g_t，这部分因子与第一步选出的显著因子存在一定的关系。第三步回归模型的表达式为

$$E(r_{it}) = \gamma + \lambda_g \widehat{\text{Cov}}(g_t, r_{it}) + \lambda_h \widehat{\text{Cov}}(h_t, r_{it})$$

式中，h 为 SDF 因子载荷。

这样逐步加入因子进行回归，可以有效地应对大数据给机器学习带来的维数灾难等问题，并具有明确的经济学含义。

其次，给出变量筛选与策略构建的过程：

（1）样本区间：2000 年 1 月到 2017 年 12 月；

（2）因子个数：95 个；

（3）数据来源：国泰安数据库；

（4）样本数据：剔除 ST、PT 股票之后的中国股票市场 A 股；

（5）投资组合的构造：采用五分位数法划分投资组合，在每个月，每个因子按照相应指标将所有股票划分为五个组，做多最高组的股票，同时做空最低组的股票，得到的收益率即为对应因子每个月的收益率，95 个因子共构造了 475 个投资组合。

最后，展示三步 LASSO 回归对定价因子的筛选结果。

（1）使用三步 LASSO 回归筛选出的因子以及对于它们的 SDF 载荷估计情况，见表 7-1。

表 7-1　三步 LASSO 回归筛选出的因子

变量名	回归系数（bp）	t 值
REA	0.17	[0.07]
VAHU	3.49***	[7.66]
EBIT	13.89***	[5.28]
CHMOM	1.82	[1.38]
B_DN	1.24	[1.14]
IVOL	10.00***	[8.78]
TOR	4.80	[1.36]
VOLT	1.62	[1.38]
MOM1M	1.45	[1.22]
MOM6M	3.51***	[2.69]
REV1	8.63***	[4.93]
BETASQ	187.38***	[6.06]
PRC	8.65***	[4.72]
BETA	180.00***	[5.80]
ROO	0.45*	[1.77]
VOLM	10.51***	[6.35]
SIZE	11.18***	[4.87]
MARKET	6.00***	[19.74]

（2）基于三步 LASSO 回归最终选出来的 5 因子、7 因子模型，表达式为

$$R_{i,t}-R_t^f=\beta_{1,i}\mathrm{MARKET}_t+\beta_{2,i}\mathrm{BETA}_t+\beta_{3,i}\mathrm{SIZE}_t+\beta_{4,i}\mathrm{EBIT}_t+\beta_{5,i}\mathrm{ROO}_t+\varepsilon_i$$

$$R_{i,t}-R_t^f=\beta_{1,i}\mathrm{MARKET}_t+\beta_{2,i}\mathrm{BETA}_t+\beta_{3,i}\mathrm{SIZE}_t+\beta_{4,i}\mathrm{EBIT}_t+\beta_{5,i}\mathrm{ROO}_t+\beta_{6,i}\mathrm{VAHU}_t+\beta_{7,i}\mathrm{VOLM}_t+\varepsilon_i$$

式中，MARKET 及 BETA 对应市场因子；SIZE 对应流动类因子；EBIT 及 ROO 对应利润类因子；VAHU 对应无形资产类因子；VOLM 对应惯性类因子。

（3）基于三步 LASSO 回归筛选出的多因子模型在截面上的解释力。

此处采用 Fama-MacBeth 两步截面回归法估计各因子的风险溢价和 SDF 因子载荷。第一步通过时间序列回归估计出每个投资组合对于各因子的因子暴露系数。第二步是利用第一步估计出的因子暴露系数在每个时间点 t 关于投资组合收益率进行截面回归。表 7-2 为 Fama 五因子的横截面回归检验结果，表 7-3 和表 7-4 分别展示了通过 LASSO 回归筛选出来的五因子模型、七因子模型的截面回归情况。可以看到三个表格在截面回归上的表现比较相似，J 统计量均在 1.7~2 之间，同时均达到 90% 以上，这说明三个模型均可以较好地解释截面的

期望收益。

表 7-2　Panel A：Fama 五因子模型

FF5	market	size	dbe	bm	roe
$\lambda(bp)$	1.01	1.71 **	0.28	0.16	0.24
t-values	[1.38]	[2.57]	[0.87]	[0.36]	[0.54]
b	2.32 ***	9.71 ***	3.78 ***	5.51 ***	12.11 ***
t-values	[24.35]	[6.32]	[10.61]	[5.49]	[13.41]
J 统计量	1.74		R^2	0.93	

表 7-3　Panel B：五因子模型

model-5	market	beta	size	ebit	roo
$\lambda(bp)$	1.01	0.03	1.71 **	0.46	1.05
t-values	[1.38]	[0.05]	[2.57]	[0.88]	[1.18]
b	3.41 ***	6.48 ***	15.24 ***	11.87 ***	0.40 ***
t-values	[25.54]	[14.20]	[11.78]	[5.14]	[2.70]
J 统计量	2.00		R^2	0.92	

表 7-4　Panel C：七因子模型

Model-7	market	vahu	volm	size	roo	ebit	beta
$\lambda(bp)$	1.01	1.09	1.32 ***	1.71 **	1.05	0.46	0.03
t-values	[1.38]	[1.34]	[2.57]	[2.57]	[1.18]	[0.88]	[0.05]
b	3.18 ***	3.63 ***	3.97 ***	16.65 ***	0.33 ***	15.31 ***	7.60 ***
t-values	[29.86]	[12.06]	[10.65]	[14.01]	[3.27]	[9.04]	[19.17]
J 统计量	1.77		R^2	0.92			

四、LASSO 模型的扩展

（一）Adaptive LASSO 模型

LASSO 模型的结果具有较强的可解释性和稳定性，但在一般情况下，LASSO 模型的系数估计结果是有偏的，挑选出来的自变量也有可能与因变量无关。为改进 LASSO 模型存在的上述缺陷，邹辉在 2006 年调整了惩罚项的参数，提出了自适应 LASSO（Adaptive LASSO）方法。具体而言，经典 LASSO 回归中惩罚项各参数均为等权重，而邹辉提出的自适应 LASSO 则对不同的参数赋予了不同的权重，表达式为

$$b^* = \operatorname{argmin} \sum_{i=1}^{m} \left(y_i - \sum_{j=1}^{n} b_j x_{i,j} \right)^2 + \lambda \sum_{j=1}^{n} w_j |b_j| \qquad (7.24)$$

式中，w_j 为不同参数的差异权重。

192

式（7.24）即为自适应 LASSO。从中可以看出，自适应 LASSO 惩罚项的参数并不是一个常数，它会根据自变量的不同而不同。当自变量的值比较大时，自适应 LASSO 会赋予较小的权重来惩罚该变量；相反，当自变量的值比较小时，自适应 LASSO 会赋予较大的权重来惩罚该变量。因此，自适应 LASSO 在根本上改进了 LASSO 的变量选择方法，更具有先进性和一般性。

此外，自适应 LASSO 还具有 Oracle 性质，即变量选择的相合性（Consistency）与渐进正态性。第一个 Oracle 性质指的是自适应 LASSO 能够在自变量个数较多的模型中剔除与因变量无关的变量，保证能挑选出不包含无关变量的真实模型；第二个 Oracle 性质指的是自适应 LASSO 模型的系数估计具有大样本性质，当样本容量 n 趋向于无穷大时，未知参数的极限分布是正态分布。凭借这些良好的特性，自适应 LASSO 模型在参数估计时拥有比 LASSO 模型更高的拟合优度，具有更良好的统计性质与更广泛的应用前景。

（二）Group LASSO 模型

不同变量之间可以分为不同的组或者不同的类别，不同组或不同类别的数据对因变量产生的影响会存在一定的从差异。因此，对自变量进行分组，根据不同组的特征来对变量进行筛选具有现实意义。然而，LASSO 回归只会在同一层面同时对所有变量进行特征选择，无法实现以组为单位来筛选变量。袁明在 2006 年时对 LASSO 回归进行了扩展，将 LASSO 方法应用到组（Group）层面，克服了 LASSO 无法以组为单位筛选变量的缺点，提出了组 LASSO（Group LASSO），即特征分组后的 LASSO。相比 LASSO 模型，组 LASSO 模型的惩罚项变为

$$\lambda \sum_{l=1}^{L} \left(\sum_{k=1}^{K} j_{l,k} \right)^{1/2} \tag{7.25}$$

式中，$\lambda \geq 0$ 依旧为惩罚参数，L 为变量按特征分组的个数，l 的取值为 $1,2,\cdots,L$，K 则为组别内的被分到的变量个数，K 的取值为 $1,2,\cdots,k$，$j_{l,k}$ 即为第 l 组变量的第 k 个参数。

显然，当特征组的个数等于 1 时，组 LASSO 模型即为原始的 LASSO 模型。一般情况下，在变量个数较多的模型中，按特征划分的组别个数大于 1，但在模型优化过程中，会尽量选择较少的特征组个数。调节惩罚参数 λ 的大小可以在组别层面来压缩变量的系数大小，当惩罚参数 λ 足够大时，组内的变量将会被整体压缩至 0，即组别的系数 $\left(\sum_{k=1}^{K} j_{l,k} \right)^{1/2}$ 将会等于 0，组内变量将会同时被剔除。

在变量选择特征上，组 LASSO 可以在所有变量分好组的情况下，以组为单位对变量施加约束或惩罚，从而实现从组的层面来选择变量。在组 LASSO 中，一组变量即被视为一个变量，当组内所有变量的系数是 0 时，组内所有变量会被剔除；当组内所有变量的系数均不为 0 时，组内所有变量的特征将会被保留下来。从组别层面出发筛选变量会使得模型更简化，也更具有解释力。因此，相比 LASSO 模型，组 LASSO 模型更具有稀疏性。

五、LASSO 模型的应用

LASSO 的变量选择特性使其在资产定价领域受到了广泛的应用，拉帕赫（Rapach）等（2015）利用 LASSO 模型对行业股票组合进行了预测研究；亚历克斯·钦科（Alex Chinco）等（2019）使用历史收益结合 LASSO 来预测高频收益；周国富教授和其合作者在 2019 年使用 LASSO 来提升模型预测能力并试图寻找显著影响股票收益的特征变量。国内研究中，王

国长等（2019）针对时间序列模型提出了一种改进的自适应 LASSO 方法来预测中证 100 指数；李政等以 2011 年—2017 年我国上市金融机构为研究对象，使用 LASSO 分位数回归构建金融系统的极端风险网络，并在此基础上提出了传染性和脆弱性指数测度金融机构的传染性风险水平。

代码如下：

```
from sklearn import linear_model              ## 导入线性模块
LASSO=linear_model.LASSO(alpha=0.1)           ## 设定参数,alpha 为式(7.22)中的λ
y= np.matrix(y).reshape(-1,1)                 ## 重构因变量为单列矩阵
x = np.matrix(x).reshape(-1,np.size(x,1))     ## 重构自变量为 N 列矩阵,其中 N 为变量数
LASSO.fit(x,y)
y_prediction = LASSO.predict(x_{t+1})
```

第四节 弹性网络

一、弹性网络的提出

岭回归是对线性回归的目标函数施加了 L_2 范数的惩罚项，使得参数估计的过程具有变量压缩的功能，但无法对变量进行选择，回归的结果可能会出现失真的问题。LASSO 回归则是在回归系数中加入 L_1 范数的惩罚项，在线性回归的系数估计过程中可以对变量进行选择。然而 LASSO 模型具有凸优化性质，在回归过程中仍旧有可能存在过拟合问题。此外，当对高维变量进行回归时，LASSO 模型可能将相关性较低的变量剔除，而这些"独立"变量对于解释经济行为和后续模型预测具有重要作用。总体来说，对惩罚项施加了不同范数的岭回归和 LASSO 回归模型各自存在优点，但也都存在一定的缺陷，而它们各自的缺点恰好可以通过对方的优点来进行克服。于是，邹辉（Hui Zou）和特雷弗·黑斯蒂（Trevor Hastie）在 2005 年提出了弹性网络 EN（Elastic Net）模型，该线性回归模型同时对参数的估计值施加了 L_1 范数和 L_2 范数的惩罚，结合了岭回归和 LASSO 回归的优点。

二、弹性网络的基本原理

当 ρ 的取值为 $0<\rho<1$ 时，同时引入 L_1 范数和 L_2 范数，式（7.16）变成了弹性网络模型。此时，弹性网络的最小化目标函数为

$$b^* = \text{argmin} \sum_{i=1}^{m} \left(y_i - \sum_{j=1}^{n} b_j x_{i,j} \right)^2 + \lambda \sum_{j=1}^{n} \left(\rho \mid b_j \mid + (1-\rho) \sum_{j=1}^{n} b_j^2 \right) \tag{7.26}$$

式中，$\lambda \geq 0$ 仍旧为惩罚参数。

式（7.26）称为弹性网络。与岭回归、LASSO 回归相同，弹性网络的第一项仍旧为最小二乘解。不同的是，弹性网络的惩罚项变为了 $\lambda \sum_{j=1}^{n} \left(\rho \mid b_j \mid + (1-\rho) \sum_{j=1}^{n} b_j^2 \right)$，恰好为岭回归和 LASSO 回归惩罚项的一个凸线性组合。当 $\rho<0.5$ 时，弹性网络偏向岭回归，而当 ρ 取值为 0 时，弹性网络变成了岭回归；当 $\rho>0.5$ 时，弹性网络偏向于 LASSO 回归，而当 ρ 取值为 1 时，弹性网络则完全变成了 LASSO 回归。在实际中，弹性网络更倾向于删除无关变

194

量，获得一个准确且精练的结果。因此，弹性网络 ρ 的取值为大于 0.5、偏向于 LASSO 回归模型的情况更常见。同样地，惩罚参数 λ 是影响弹性网络模型参数估计结果好坏的重要来源，故 λ 的取值大小依旧非常重要，具体的选择方法与前文岭回归的方法相同，这里不再赘述。

三、弹性网络的变量选择特征

弹性网络回归模型同时使用了 L_1 范数和 L_2 范数的正则化，是岭回归和 LASSO 回归的综合，结合了两者的优点，具有较多的良好特性。在多元线性回归问题中，弹性网络模型兼具 "变量选择" 和 "变量压缩" 的功能；在解决变量过多带来的多重共线性问题中，弹性网络对变量的选择更具合理性；在参数估计中，弹性网络模型得到的解更有效，收敛速度更快。

（1）弹性网络回归模型结合了岭回归和 LASSO 回归的优点，能够在线性回归中同时对变量进行选择和压缩。在多元线性回归模型的目标函数中，弹性网络同时使用了 L_1 范数和 L_2 范数的惩罚项，这种凸组合使得弹性网络模型不仅能够压缩模型的系数估计值，还能够将部分变量的系数直接压缩至 0。压缩系数估计值的特性使得弹性网络回归能够获得像岭回归那样的正则性质，而筛选变量的功能则会让弹性网络得到一个只有少量参数非零的稀疏模型。因此，弹性网络回归，一方面能够像岭回归那样达到变量选择特征的目的，另一方面又能像 LASSO 回归那样删除特征重要性较低的变量，具有较好的模型拟合效果。

（2）在解决变量间的特征具有一定相关性的问题中，弹性网络的方法非常有用。当所研究问题的自变量个数较多时，部分变量之间总会存在一定的相关性，完全保留这些变量可能会导致模型出现多重共线性的问题，如果只保留一群相关变量中的一个变量则有可能会丧失部分与因变量关联较大的信息。因此，如何做好多重共线性问题中的变量选择至关重要。LASSO 回归和弹性网络均可以对存在相关性的变量进行筛选，然而 LASSO 很可能只是随机地保留存在相互联系变量中的某一个变量，将剩余的其他变量均设置为 0；与 LASSO 回归不同，弹性网络在筛选高度相关变量时鼓励群体效应，不会简单地只保留一个变量，而是通常考虑保留两个变量。

（3）相比岭回归和 LASSO 回归，结合两者优点的弹性网络在参数估计中更可能得出有效解。因为弹性网络并不会产生交叉的路径，所以该模型产生的解准确率和解释性比较高。为了更好地理解弹性网络的性质，此处举例说明。数学领域中存在非常多的经典问题，其中一个是旅行推销员问题 TSP（Travelling Salesman Problem），该问题给定一系列的城市和每对城市之间的距离，要求解出拜访每一座城市一次并且最后回到原来出发城市的最短路径。1987 年，德宾（Durbin）和威尔萧（Willshaw）在《自然》月刊中对该问题进行了求解，他们设定的城市个数为 50 个，但所写论文却仅有两页，采用的方法非常简单，被人们称为解决旅行推销员问题最具竞争力的演算法之一。利用弹性网络模型来解决旅行推销员问题所得到的解也只比德宾和威尔萧的解长 2%，由此可见弹性网络模型求解参数的有效性与结果的准确性。

（4）对于弹性网络模型来说，它吸引人的地方还在于收敛速度。很多学者都尝试着去改进弹性网络的收敛速度，结果都很不错。例如，一个最佳化的弹性网络的速度会比林-克尼根推演的算法（Lin-Kernighan）快两倍。柏尔（Burr）针对旅行推销员问题提出了一个改良版的解，这个方法可以使旅行推销员问题的收敛迭代次数从 1250 大幅下降到 30 次。

总体而言，结合了岭回归和 LASSO 回归的弹性网络模型既能压缩变量的系数估计值，又能根据变量的特征来合理地筛选变量，从而得出有效、收敛速度又快的解。可以说，弹性网络是近年来所开发的用于解决过拟合问题的模型中极具特色、效果也十分合理的正则化算法。

专栏 7-4　运用 OLS、LASSO 和弹性网络寻找影响美国股市回报的公司财务特征

前面已经提到过，金融市场上被学者们发现的因子已经有成百上千种。很多研究表明，已发现的因子中包含公司财务特征信息的那类因子对股票更具有定价能力。但是，代表公司财务特征的因子也有上百种，这些因子并不一定都是有效的。此外，随着机器学习的迅速发展，研究人员可以较为容易地利用机器学习方法来对比大量的定价因子。因此，为了找到美国股市上的有效公司财务特征因子，周国富教授和其合作者在 2019 年分别利用了 OLS、LASSO 和弹性网络的机器学习方法 HAN Y, HE A, RAPACH D, et al. What Firm Characteristics Drive US Stock Returns? [C]. American Finance Association Annual Meeting. 2019.，从 94 个公司财务特征异象中筛选出了对美国股市有效的因子。

首先，该研究采用了 OLS 的方法进行了估计。由于简单地采用多元线性回归可能会存在多重共线性和预测能力不足的问题，所以研究引入了 FC（forecast combination）的方法，在 t 月末，对每个公司特征拟合一个截面一元回归模型，表达式为

$$r_{i,t} = a_{j,t} + b_{j,t} z_{i,j,t-1} + \varepsilon_{i,t} \tag{7.27}$$

式中，$r_{i,t}$ 为第 t 期期末、第 i 只股票的收益，$z_{i,j,t-1}$ 为第 $t-1$ 期期末、第 i 只股票的第 j 个特征。对式（7.27）带入第 t 期的公司特征，可得到股票第 $t+1$ 期收益率的预测值，表达式为

$$\hat{r}_{i,j,t+1|t} = \hat{a}_{j,t} + \hat{b}_{j,t} z_{i,j,t}$$

针对不同特征算出来的股票预期收益取均值即为最后的股市收益率预测值，表达式为

$$\hat{r}_{i,t+1|t}^{\text{Mean}} = \frac{1}{J_t} \sum_{j=1}^{J_t} \hat{r}_{i,j,t+1|t}^j$$

式中，J_t 为第 t 期期末的公司特征数量。上述是直接对所得到的全部预测值求取平均值的办法。除此之外，该研究还采取了另外一种方法来计算平均预测值，他们剔除预测值中排名前 5% 和后 5% 的数值，再利用剩余的值求取平均预测值。

其次，该研究 Han 等将上述的 OLS 估计方法分别替换成 LASSO 和 EN 的线性回归模型，得到股票的最终预测值，表达式为

$$r_{i,t+1|t} = a_{j,t}^{\text{GR}} + \sum_{j=1}^{J_{t-1}} b_{j,t}^{\text{GR}} \hat{r}_{i,j,t+1|t}^j$$

最后，展示回归结果。

结果表明，两种方法选出来的因子个数相差不大，都约为 31 个。由于耶利米·格林（Jeremiah Green）等在 2017 年利用多元线性回归模型、采用相同的数据做了因子的筛选工作，Han 等将自己采用 FC 方法的结果与其进行了对比，结果见表 7-5。表 7-5 给出了通过线性回归和正则化方法得到的预测收益对股票真实未来收益的解释力。当系数小于 1 时，说明股票的预测收益大于真实收益；而当系数大于 1 时，说明股票的预测收益小于真实收益。因此，从结果中可知，Han 等采用 FC 方法，使用 OLS、LASSO 和弹性网络的参数估计方法得到的预测结果比用传统多元线性回归方法的结果要好。

表 7-5　组合横截面回报预测的 FM 回归结果对比

(1)	(2)	(3)	(4)	(5)	(6)	(7)	(8)	(9)	(10)
Method	Value Weighted			Equal Weighted excl. Microcap			Equal Weighted		
	Coefficient	t-statistic	R^2	Coefficient	t-statistic	R^2	Coefficient	t-statistic	R^2
Panel A：Full out-of-sample period（1990：01－2017：12）									
Conventional	0.31	3.10***	1.67%	0.35	3.65***	1.02%	0.67	11.99***	0.77%
Mean	1.56	2.43***	5.37%	2.89	4.08***	4.40%	4.04	5.61***	2.35%
Trimmed mean	2.23	2.44***	5.35%	4.26	4.00***	4.35%	5.88	5.61***	2.28%
LASSO	1.64	3.96***	4.14%	1.61	4.21***	3.11%	2.61	7.47***	1.83%
ENet	1.66	3.95***	4.14%	1.68	4.38***	3.11%	2.61	7.66***	1.84%
Panel B：Pre-2003 out-of-sample period（1990：01－2002：12）									
Conventional	0.63	4.14***	2.11%	0.72	7.41***	1.45%	0.90	25.42***	1.05%
Mean	1.47	1.47*	6.13%	3.15	2.51***	5.85%	5.99	5.92***	2.98%
Trimmed mean	1.97	1.36*	6.24%	4.33	2.28**	5.83%	8.65	5.76***	2.89%
LASSO	1.73	2.72***	4.51%	2.33	4.52***	3.82%	3.39	6.45***	2.25%
ENet	1.76	2.69***	4.54%	2.43	4.76***	3.81%	3.34	6.59***	2.26%
Panel C：Post-2003 out-of-sample period（2004：01－2017：12）									
Conventional	0.05	0.58	1.24%	0.04	0.35	0.64%	0.48	6.73***	0.52%
Mean	1.94	2.40***	4.74%	2.80	3.53***	3.14%	1.91	2.82***	1.77%
Trimmed mean	2.92	2.62***	4.60%	4.24	3.54***	3.08%	2.86	2.97***	1.71%
LASSO	1.55	2.70***	3.89%	1.04	1.98**	2.49%	1.79	4.69***	1.43%
ENet	1.58	2.74***	3.89%	1.08	2.06**	2.49%	1.82	4.76***	1.43%

代码如下：

```
from sklearn import linear_model          ## 导入线性模块
EN=linear_model. ElasticNet (l1_ratio = 0.5, ## 设定参数, l1_ratio 为式(7.26)中的 ρ
alpha=0.1)
y= np.matrix(y).reshape(-1,1)             ## 重构因变量为单列矩阵
x = np.matrix(x).reshape(-1,np.size(x,1))  ## 重构自变量为 N 列矩阵, 其中 N 为变量数
EN.fit(x,y)
y_prediction = EN.predict(x_{t+1})
```

第五节　金融应用与 Python 实现

一、问题与数据描述

本节在中国股票市场上，采用 OLS 回归、岭回归、LASSO 和弹性网络模型，使用公司财务数据对股票收益进行预测。数据样本为 2010 年 1 月至 2018 年 12 月中国 A 股市场所有上市公司。

查看 65 个公司财务数据的描述性统计，代码如下：

```
import pandas as pd
data = pd. read_csv('CHN_sample_data.csv')
factors_tolog = ['EBIT','Z','mv','size']
for f in factors_tolog:
    data [f] = np. log(data [f])
data. describe().T
```

运行结果见表7-6：

表7-6 数据描述性统计结果

	数量	均值	标准差	最小值	25%	中位数	75%	最大值
ACC	279725	0.00	0.12	−0.33	−0.07	−0.01	0.04	0.57
PACC	292117	0.05	3.66	−26.03	−0.60	0.28	1.09	18.89
age	296180	9.89	7.33	0.00	3.00	8.00	16.00	27.00
ATO	279710	0.64	0.41	0.06	0.36	0.55	0.81	2.64
BM	292117	0.67	0.49	0.01	0.32	0.53	0.87	2.98
CAPXG	279511	0.21	0.54	−0.59	−0.03	0.06	0.25	5.15
OCFP	292103	0.05	0.11	−0.38	0.00	0.03	0.08	0.61
CFOA	279717	0.07	0.14	−0.52	0.00	0.07	0.14	0.52
CFP	292103	0.05	0.11	−0.38	0.00	0.03	0.08	0.61
CR	292108	2.39	2.32	0.26	1.12	1.64	2.69	18.07
CRG	279698	0.01	0.36	−0.72	−0.17	−0.03	0.12	2.54
CTA	279713	0.19	0.13	0.01	0.09	0.15	0.25	0.71
CTO	279608	0.71	0.50	0.06	0.38	0.59	0.89	3.68
Log（EBIT）	269413	19.13	1.44	8.26	18.18	19.06	20.06	23.22
EP	292107	0.04	0.07	−0.34	0.01	0.04	0.07	0.32
EY	291081	0.03	0.03	−0.12	0.01	0.03	0.04	0.11
GM	291953	0.28	0.17	−0.01	0.16	0.25	0.37	0.83
GP	291962	0.14	0.09	0.00	0.08	0.12	0.19	0.52
IVC	277574	0.02	0.05	−0.14	0.00	0.01	0.03	0.28
IA	279703	0.17	0.31	−0.34	0.02	0.10	0.22	3.14
DER	292107	0.51	0.70	0.01	0.10	0.24	0.61	4.72
DLME	158175	−3.33	1.90	−9.43	−4.45	−3.19	−1.98	0.60
NOA	292117	0.06	0.20	−0.54	−0.07	0.06	0.18	0.56
dPIA	277557	0.05	0.11	−0.22	−0.01	0.03	0.09	0.77
PY	279719	−0.02	0.11	−0.90	−0.01	0.00	0.02	0.16
QR	290347	1.88	2.12	0.16	0.71	1.18	2.09	16.58
QRG	277560	0.04	0.46	−0.76	−0.21	−0.04	0.15	3.37
RNA	292112	0.14	0.67	−4.60	0.03	0.12	0.26	5.31
ROA	279704	0.05	0.06	−0.23	0.02	0.04	0.08	0.32

（续）

	数量	均值	标准差	最小值	25%	中位数	75%	最大值
ROE	279702	0.08	0.13	−0.69	0.03	0.08	0.13	0.63
ROIC	291084	0.14	0.24	−1.77	0.07	0.12	0.20	1.74
SP	292009	0.82	0.97	0.02	0.25	0.49	0.99	7.51
SG	279701	0.16	0.39	−0.72	0.02	0.07	0.16	3.59
TG	279635	0.31	1.93	−10.32	−0.34	0.06	0.59	17.88
TBI	291093	1.22	0.24	0.38	1.12	1.18	1.30	3.08
Z	261569	21.62	1.25	11.69	20.84	21.55	22.37	25.28
CHTX	262980	0.01	0.01	−0.01	0.00	0.00	0.01	0.04
CINVEST	292103	0.11	0.07	0.00	0.06	0.09	0.14	0.44
DA	294738	0.08	0.13	0.00	0.00	0.00	0.11	0.66
EPS	292114	0.37	0.48	−1.41	0.10	0.29	0.57	2.71
CEPS	291929	1.25	1.12	−0.02	0.51	0.93	1.62	7.22
NCF	292109	0.02	0.08	−0.31	−0.02	0.01	0.04	0.44
Log（mv）	292098	15.17	1.00	12.97	14.47	15.11	15.80	18.18
rev1	183495	1.01	1.46	−0.65	0.00	0.59	1.54	8.28
volt	196358	0.02	0.02	0.00	0.01	0.02	0.03	0.10
prc	292121	2.47	0.68	0.94	1.97	2.44	2.93	4.33
B_Dim	289351	1.17	0.73	−1.08	0.73	1.14	1.58	3.77
B_Dn	290848	1.19	0.44	0.02	0.91	1.18	1.45	2.71
B_FF	289351	1.24	0.74	−0.94	0.78	1.22	1.67	3.75
B_HS	289867	1.28	0.79	−1.05	0.80	1.25	1.73	4.30
mom6m	286202	0.03	0.27	−0.46	−0.16	−0.02	0.16	1.23
mom12m	274545	0.09	0.45	−0.58	−0.23	−0.02	0.28	2.20
mom36m	230595	0.35	0.86	−0.68	−0.27	0.10	0.69	4.64
mom1m	292098	0.01	0.12	−0.31	−0.07	0.00	0.07	0.45
dolvol	292098	20.97	1.11	18.40	20.17	20.94	21.74	23.85
chmom	274545	−0.01	0.42	−1.58	−0.24	0.00	0.24	1.24
maxret	292121	0.05	0.03	0.01	0.03	0.05	0.07	0.10
std_dolvol	291819	0.47	0.15	0.23	0.37	0.44	0.54	1.23
retvol	291819	0.03	0.01	0.01	0.02	0.02	0.03	0.07
beta	269966	1.01	0.24	0.33	0.86	1.02	1.16	1.82
betasq	269966	1.08	0.49	0.11	0.75	1.04	1.35	3.32
pricedelay	269966	0.08	0.20	−0.28	−0.02	0.01	0.08	0.93
idiovol	269966	0.05	0.01	0.02	0.04	0.05	0.06	0.10
B_FP	289829	1.19	0.46	−0.10	0.91	1.20	1.47	2.71
Log（size）	292098	15.17	1.00	12.97	14.47	15.11	15.80	18.18

接下来，查看不同时间截点的公司数量，代码如下：

```
plt.figure(figsize=(20,10))
axes.bar([str(idx.year* 100 + idx.month) for idx in stk_count_chn.index] ,list
(stk_count_chn.values))
ct=0
for l in axes.get_xticklabels():
    if ct % 12 ! = 0:
        l.set_visible(False)
    ct+=1
plt.xticks(rotation=70)
plt.show()
```

运行结果如图 7-4 所示。

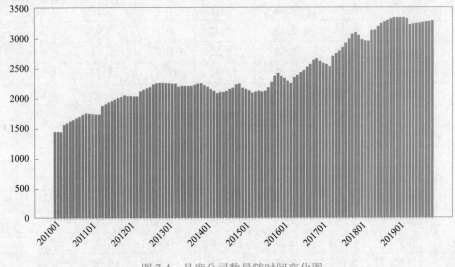

图 7-4　月度公司数量随时间变化图

总体来看，月度公司数量随时间的递增呈现上升趋势，由 2010 年 1 月的 1445 家公司增加到 2019 年 12 月的 3301 家。

二、实验 7-1　OLS 回归

本实验采用 OLS 的方法在样本内对公司财务数据与股票收益率数据进行拟合，并在样本外对股票回报率进行预测。

先在样本内选取账面市值比 BM、股票市值对数 size 和净资产收益率 ROE 这 3 个公司财务数据，与股票的收益率进行拟合。

首先定义 OLS 函数，代码如下：

```
def Norm(in_df,no_Norm):
    op_df = in_df.copy()
    for col in op_df.columns:
```

```
        if col in no_Norm:
            continue
        else:
            col_max = max(op_df[col])
            col_min = min(op_df[col])
            op_df[col] = (op_df[col] - col_min) / (col_max - col_min)
    return op_df
```

选取三个公司财务数据（BM、size 和 ROE）进行样本内的 OLS 估计，得到输出结果，代码如下：

```
in_sample_result = model_plot.OLS(whole_data[['BM','size','ROE']],
                                  whole_data['y'],
                                  whole_data[['BM','size','ROE']],
                                  whole_data)
```

计算总体的均方预测误差，代码如下：

```
all_pred = in_sample_result[0]
all_coef = in_sample_result[-1]
msfe_monthly = all_pred.groupby('Dates').apply(lambda x: np.sum((x['yhat']-x
['y'])**2) / len(x))
msfe = np.sum((all_pred['yhat']-all_pred['y'])**2) / len(all_pred)
print('MSFE: ', msfe)
```

运行结果如下：

```
MSFE: 0.023516536017490743。
```

选取一个月（2011 年 5 月）的数据，展示此月所有股票的预测值与真实值，观察预测值与真实值的差距，如图 7-5、图 7-6 所示。输出三个自变量（BM、size 和 ROE）对股票收益率的影响结果如图 7-7 所示。

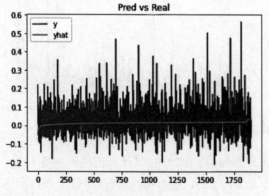

图 7-5 2011 年 5 月股票预测值与真实值对比图

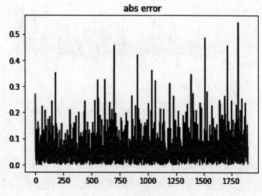

图 7-6 预测误差图

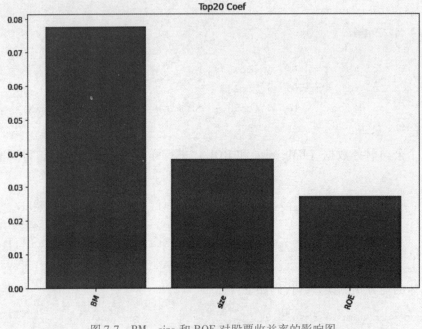

图 7-7　BM、size 和 ROE 对股票收益率的影响图

从以上输出结果可知，选取三个自变量的情况下，OLS 估计在 2011 年 5 月得到的绝对预测误差最大值在 0.5 左右，对股票收益率影响最大的是账面市值比 BM，其次是股票市值的对数 size，影响最小的是净资产收益率 ROE。

接下来，将全部 65 个公司的财务数据作为自变量，对股票收益率数据进行样本内的 OLS 估计。选取 2019 年 7 月来展示该月份下，OLS 估计得到的预测值与真实值之间的差距，如图 7-8、图 7-9 所示，并输出对因变量影响最大的前 20 个变量，如图 7-10 所示。

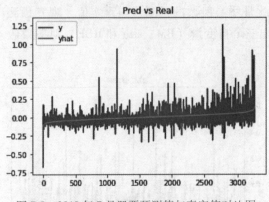

图 7-8　2019 年 7 月股票预测值与真实值对比图

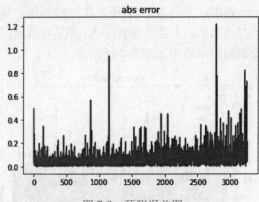

图 7-9　预测误差图

从上述输出结果可知，将全部自变量放入 OLS 回归时，预测值和真实值之间差距较大；绝对预测误差的最大值在 2019 年 7 月达到了 1.2，远高于只有 3 个自变量进行回归在 2011 年 5 月得到的结果；前 20 个影响最大的自变量分别为 CFP、OCFP、mv 和 size。综上所述，采用所有公司财务数据对股票收益率进行 OLS 估计和预测得到的拟合效果不是很好，容易出现过拟合问题。因此，需要采用加了惩罚项的线性回归模型对较多的自变量进行压缩或者选择。

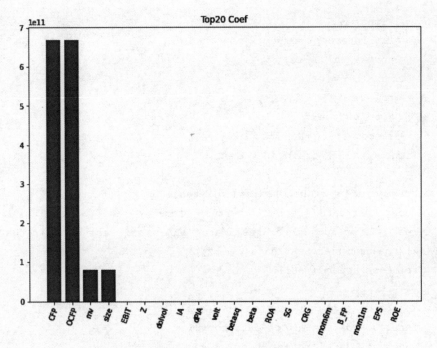

图 7-10　对股票收益率影响最大的前 20 个变量示意图

三、实验 7-2　岭回归

本实验考虑采用岭回归模型对公司财务特征变量进行压缩，并对股票的收益率进行预测。

首先，定义 Ridge 函数。函数的输入值有：训练集的输入变量（in_X_train）、训练集的目标值（in_y_train）、测试集的输入变量（in_X_test）、测试集的目标值（in_y_test）、样本外数据的输入变量（in_X_oos）、测试集（in_test_data）以及样本外测试集（in_oos_data）。在该函数中，岭回归模型将使用给定的七个 alpha 参数进行训练和预测。最终输出结果如下：每个参数的样本外预测结果（pd. concat（ret_oos））、在测试集中表现最好的参数下的样本外预测结果（data_ridge），以及每个参数的模型权重值（coef_ser）。

代码如下：

```
from sklearn.linear_model import Ridge

def Ridge_method(in_X_train,in_y_train,in_X_test,in_y_test,in_X_oos, in_test
_data, in_oos_data):
    inner_test_data = in_test_data.copy()
    alphas = [1e-4, 1e-3, 1e-2, 1e-1, 1e-0, 1e1, 1e2]
    ret_test = []
    ret_oos = []
    coef_ser = {}
    for a in alphas:
        ridge = Ridge(
```

203

```
                alpha=a,
                fit_intercept=True,
                normalize=False,
                max_iter=1e4,
                tol=1e-4,
                copy_X=True,
                random_state=None)
        ridge.fit(in_X_train,in_y_train)

        Ytest_ridge = ridge.predict(in_X_test)
        inner_test_data['rethat'] = Ytest_ridge
        res1 = 1- np.sum((inner_test_data['y']-inner_test_data['rethat'])**
        2)/np.sum(inner_test_data['y']** 2)
        ret_test.append(res1)

        Yoos_ridge = ridge.predict(in_X_oos)
        inner_oos_data = in_oos_data.copy()
        inner_oos_data['rethat'] = Yoos_ridge

        data_ridge = inner_oos_data[['Dates','y','rethat']]
        data_ridge.columns = ['Dates','y','yhat']
        data_ridge['model'] = 'ridge'
        data_ridge['AlphaValue'] = a

        coef_ser[a] = pd.Series(ridge.coef_ , index = in_X_train.columns)
        ret_oos.append(data_ridge)

loc_max = ret_test.index(max(ret_test))
a_max = alphas[loc_max]
ridge_best = Ridge(
            alpha=a_max,
            fit_intercept=True,
            normalize=False,
            max_iter=1e4,
            tol=1e-4,
            copy_X=True,
            random_state=None)
ridge_best.fit(in_X_train,in_y_train)
yhat = ridge_best.predict(in_X_oos)

inner_oos_data = in_oos_data.copy()
inner_oos_data['rethat'] = yhat
```

```
    data_ridge = inner_oos_data[['Dates','y','rethat']]
    data_ridge.columns = ['Dates','y','yhat']
    return pd.concat(ret_oos), data_ridge, coef_ser
```

使用循环生成岭回归方法所需要的输入数据，并将数据传入岭回归方法，得到岭回归的输出结果，代码如下：

```
ridge_op = []
all_month_list
train_month_n + test_month_n + oos_month_n

for i in range(len(all_month_list)):
    if i < train_month_n + test_month_n + oos_month_n - 1:
        continue
    else:
        train_monthes = all_month_list[i-test_month_n-train_month_n:i-test_
        month_n]
        test_monthes = all_month_list[i-test_month_n:i]
        oos_month = all_month_list[i]
        print(oos_month)

        train_data = whole_data[whole_data['Dates'].apply(lambda x: True if x
        in train_monthes else False)]
        test_data = whole_data[whole_data['Dates'].apply(lambda x: True if x
        in test_monthes else False)]
        oos_data = whole_data[whole_data['Dates'] == oos_month]

        X_train = train_data.drop(columns = Xtodrop)
        y_train = train_data['y']
        X_test = test_data.drop(columns = Xtodrop)
        y_test = test_data['y']
        X_oos = oos_data.drop(columns = Xtodrop)
        y_oos = oos_data['y']

        ridge_result = model_plot.Ridge_method(X_train, y_train, X_test, y_
        test, X_oos, test_data, oos_data)
        ridge_op.append(ridge_result)
```

计算总体的均方预测误差，代码如下：

```
alpha_pred = all_pred.loc[alpha_v]
pred_toplot = alpha_pred.copy().reset_index()
msfe = np.sum((alpha_pred['yhat']-alpha_pred['y'])** 2) / len(alpha_pred)
print('MSFE: ', msfe)
```

运行结果如下：

```
MSFE: 0.05879981772564947。
```

选取一个月（2016 年 12 月）的数据，在参数为 0.0001 时，相同月份下，展示此月所有股票的预测值与真实值，观察预测值与真实值的差距。

运行代码如下：

```
m_pred = pred_toplot[pred_toplot['Dates'] == m]
m_pred = m_pred.sort_values('yhat')
m_pred['y'].reset_index(drop = True).plot()
m_pred['yhat'].reset_index(drop = True).plot(title = 'Pred vs Real')
plt.legend()
plt.show()
abs(m_pred['y'] - m_pred['yhat']).reset_index(drop = True).plot(title = 'abs
error')
plt.show()
```

运行结果如图 7-11、图 7-12 所示。

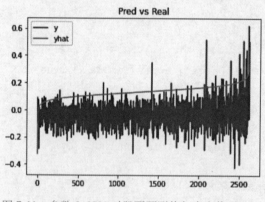

图 7-11　参数 0.0001 时股票预测值与真实值对比图

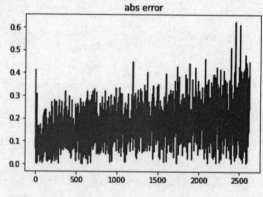

图 7-12　预测误差图

探究各公司财务特征指标的权重，输出权重前 20 的变量，代码如下：

```
alphas = [1e-4, 1e-3, 1e-2, 1e-1, 1e-0, 1e1, 1e2]
alpha_coef = all_coef.loc[alpha_v]
plt.figure(figsize = (10,7))
abs_coef = abs(alpha_coef).mean()
toplot_coef = abs_coef.sort_values(ascending = False).head(20)
plt.bar(x = list(toplot_coef.index), height = toplot_coef.values)
plt.xticks(rotation=70)
plt.title('Top20 Coef(Alpha = %s)'%alpha_v)
plt.show()
```

运行结果如图 7-13 所示。

图 7-13 展示的是参数为 0.0001 的结果，接下来展示参数为 0.001 时，相同月份（2016 年 12 月）下的预测值与真实值的差距，如图 7-14、图 7-15 所示。

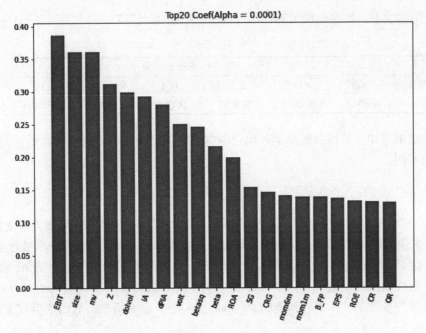

图 7-13 权重前 20 的财务特征指标

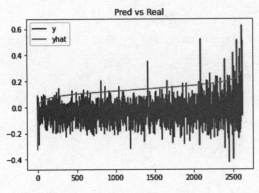

图 7-14 参数 0.001 时股票预测值与真实值对比图

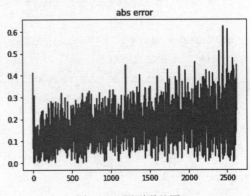

图 7-15 预测误差图

参数为 0.01 情况下，截点 2016 年 12 月下的预测值与真实值的差距，如图 7-16、图 7-17 所示。

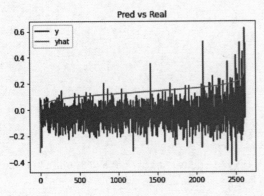

图 7-16 参数 0.01 时股票预测值与真实值对比图

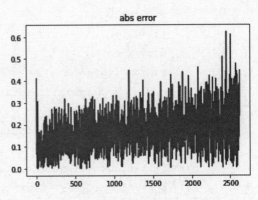

图 7-17 预测误差图

7 个不同参数下，岭回归模型的样本外 MSFE 结果见表 7-7。

表 7-7   不同参数下岭回归模型的样本外 MSFE 结果

名称	MSFE 结果						
惩罚参数	0.0001	0.001	0.01	0.1	1	10	100
MSFE	0.0588	0.0588	0.0588	0.0585	0.0562	0.0465	0.0330

从上述结果可知，岭回归的样本外拟合值与真实值之间有一定的预测误差，并随惩罚参数的不同而不同。

四、实验 7-3   LASSO 回归

实验 7-2 的模型只能对变量的系数进行压缩，无法将变量压缩至 0，从而实现变量的筛选。本实验考虑采用 LASSO 模型对公司财务特征变量进行选择，并对股票的收益率进行预测。

首先，定义 LASSO 函数。在该函数中，LASSO 模型将使用给定的七个 alpha 参数进行训练和预测。最终输出结果如下：每个参数的样本外预测结果（pd. concat（ret_oos））、在测试集中表现最好的参数下的样本外预测结果（data_lasso），以及每个参数的模型权重值（coef_ser）。代码如下：

```python
from sklearn.linear_model import Ridge

def Lasso_method(in_X_train,in_y_train,in_X_test,in_y_test,in_X_oos, in_test_data, in_oos_data):
    inner_test_data = in_test_data.copy()
    alphas = [1e-4, 1e-3, 1e-2, 1e-1, 1e-0, 1e1, 1e2]
    ret_test = []
    ret_oos = []
    coef_ser = {}
    for a in alphas:
        lasso = Lasso(
            alpha=a,
            fit_intercept=True,
            normalize=False,
            max_iter=1e4,
            tol=1e-4,
            copy_X=True,
            random_state=None)
        lasso.fit(in_X_train,in_y_train)

        Ytest_lasso = lasso.predict(in_X_test)
        inner_test_data['rethat'] = Ytest_lasso
        res1 = 1-np.sum((inner_test_data['y']-inner_test_data['rethat'])**
        2)/ np.sum(inner_test_data['y']**2)
        ret_test.append(res1)
```

```
            Yoos_lasso = lasso.predict(in_X_oos)
            inner_oos_data = in_oos_data.copy()
            inner_oos_data['rethat'] = Yoos_lasso

            data_lasso = inner_oos_data[['Dates','y','rethat']]
            data_lasso.columns = ['Dates','y','yhat']
            data_lasso['model'] = 'lasso'
            data_lasso['AlphaValue'] = a

            coef_ser[a] = pd.Series(lasso.coef_ , index = in_X_train.columns)
            ret_oos.append(data_lasso)

    loc_max = ret_test.index(max(ret_test))
    a_max = alphas[loc_max]
    lasso_best = Lasso(
            alpha=a_max,
            fit_intercept=True,
            normalize=False,
            max_iter=1e4,
            tol=1e-4,
            copy_X=True,
            random_state=None)
    lasso_best.fit(in_X_train,in_y_train)
    yhat = lasso_best.predict(in_X_oos)

    inner_oos_data = in_oos_data.copy()
    inner_oos_data['rethat'] = yhat

    data_lasso = inner_oos_data[['Dates','y','rethat']]
    data_lasso.columns = ['Dates','y','yhat']
    return pd.concat(ret_oos), data_lasso, coef_ser
```

使用循环生成输入数据，并将数据传入，可得到 LASSO 的输出结果，代码如下。

```
lasso_op = []
all_month_list
train_month_n + test_month_n + oos_month_n(LASSO 处没找到)

for i in range(len(all_month_list)):
    if i < train_month_n + test_month_n + oos_month_n - 1:
        continue
    else:
        train_monthes = all_month_list[i-test_month_n-train_month_n:i-test_
        month_n]
```

```
          test_monthes = all_month_list[i-test_month_n:i]
          oos_month = all_month_list[i]
          print(oos_month)

          train_data = whole_data[whole_data['Dates'].apply(lambda x: True if x
          in train_monthes else False)]
          test_data = whole_data[whole_data['Dates'].apply(lambda x: True if x
          in test_monthes else False)]
          oos_data = whole_data[whole_data['Dates'] == oos_month]

          X_train = train_data.drop(columns = Xtodrop)
          y_train = train_data['y']

          X_test = test_data.drop(columns = Xtodrop)
          y_test = test_data['y']

          X_oos = oos_data.drop(columns = Xtodrop)
          y_oos = oos_data['y']

          lasso_result = model_plot.Lasso_method(X_train, y_train, X_test, y_
          test, X_oos, test_data, oos_data)
          lasso_op.append(lasso_result)
```

计算总体的均方预测误差，代码如下：

```
alpha_pred = all_pred.loc[alpha_v]
msfe = np.sum((alpha_pred['yhat']-alpha_pred['y'])**2) / len(alpha_pred)(少一行)
print('MSFE: ', msfe)
```

运行结果如下：

```
MSFE:  0.03928733824503327。
```

选取一个月（2016 年 12 月）的数据，在参数为 0.0001 时，相同月份下，展示此月所有股票的预测值与真实值，观察预测值与真实值的差距，代码如下：

```
m_pred = pred_toplot[pred_toplot['Dates'] == m]
m_pred = m_pred.sort_values('yhat')
m_pred['y'].reset_index(drop = True).plot()
m_pred['yhat'].reset_index(drop = True).plot(title = 'Pred vs Real')
plt.legend()
plt.show()
abs(m_pred['y'] -m_pred['yhat']).reset_index(drop = True).plot(title = 'abs
error')
plt.show()
```

运行结果如图 7-18、图 7-19 所示。

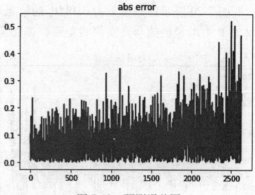

图 7-18　参数为 0.0001 时股票预测值与真实值对比图　　　　图 7-19　预测误差图

探究各公司财务特征指标的权重，输出权重前 20 的变量，代码如下：

```
alphas = [1e-4, 1e-3, 1e-2, 1e-1, 1e-0, 1e1, 1e2]
for alpha_v in alphas:
alpha_coef = all_coef.loc[alpha_v]
plt.figure(figsize = (10,7))
abs_coef = abs(alpha_coef).mean()
toplot_coef = abs_coef.sort_values(ascending = False).head(20)
plt.bar(x = list(toplot_coef.index), height = toplot_coef.values)
plt.xticks(rotation=70)
plt.title('Top20 Coef(Alpha = % s)'% alpha_v)
plt.show()
```

运行结果如图 7-20 所示。

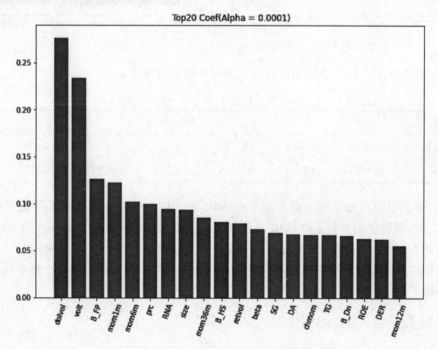

图 7-20　权重前 20 的财务特征指标

图 7-20 展示的是参数为 0.0001 的结果。当参数为 0.001 时,再观察相同月份(2016 年 12 月)下的预测值与真实值的差距,如图 7-21、图 7-22 所示。

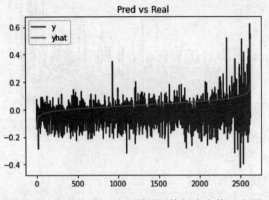
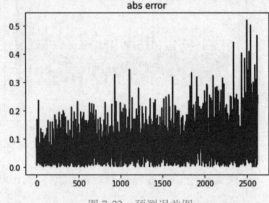

图 7-21　参数 0.001 时股票预测值与真实值对比图　　　　图 7-22　预测误差图

参数为 0.01 时,2016 年 12 月的预测值与真实值的差距,如图 7-23、图 7-24 所示。

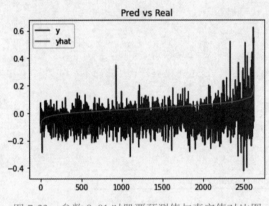
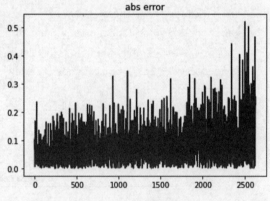

图 7-23　参数 0.01 时股票预测值与真实值对比图　　　　图 7-24　预测误差图

7 个不同参数下,LASSO 模型的样本外 MSFE 结果见表 7-8。

表 7-8　不同参数下 LASSO 模型的样本外 MSFE 结果

名称	MSFE 结果						
惩罚参数	0.0001	0.001	0.01	0.1	1	10	100
MSFE	0.0393	0.0291	0.0286	0.0273	0.0273	0.0273	0.0273

从表 7-8 的结果可知,当惩罚参数为 0.0001 时,样本外均方预测误差是最高的,达到了 0.0393;而随着惩罚参数从 0.0001 上升为 0.1,样本外均方误差下降到了 0.0273;当惩罚参数从 0.1 变化到 100,样本外均方误差保持不变,数值为 0.0273。这说明惩罚参数较低时,样本外均方误差会随着惩罚误差的变化而变化,而当惩罚误差较高时,样本外均方误差已经下降到了一定的程度,不会再随着惩罚参数的变化而变化。

五、实验 7-4　弹性网络

此处结合前两个实验中模型的优点,考虑采用弹性网络模型对公司财务特征变量进行压缩和筛选，并将所得到的模型用于预测股票的收益率。

首先，定义弹性网络函数，代码如下：

```python
from sklearn.linear_model import ElasticNet

def EN(in_X_train,in_y_train,in_X_test,in_y_test,in_X_oos, in_test_data, in_oos_data):
    inner_test_data = in_test_data.copy()
    alphas = [1e-4, 1e-3, 1e-2, 1e-1, 1e-0, 1e1, 1e2]
    ret_test = []
    ret_oos = []
    coef_ser = {}
    for a in alphas:
        elasticnet = ElasticNet(
        l1_ratio = 0.5,
        alpha=a,
        fit_intercept=True,
        normalize=False,
        max_iter=1e4,
        tol=1e-4,
        copy_X=True,
        random_state=123,
        selection='cyclic')
    elasticnet.fit(in_X_train,in_y_train)

    Ytest_en = elasticnet.predict(in_X_test)
    inner_test_data['rethat'] = Ytest_en
    res1 = 1-np.sum((inner_test_data['y']-inner_test_data['rethat'])**2)/np.sum(inner_test_data['y']**2)
    ret_test.append(res1)

    Yoos_en = elasticnet.predict(in_X_oos)
    inner_oos_data = in_oos_data.copy()
    inner_oos_data['rethat'] = Yoos_en

    dataen = inner_oos_data[['Dates','y','rethat']]
    dataen.columns = ['Dates','y','yhat']
    dataen['model'] = 'EN'
    dataen['AlphaValue'] = a
    coef_ser[a] = pd.Series(elasticnet.coef_, index = in_X_train.columns)
    ret_oos.append(dataen)

loc_max = ret_test.index(max(ret_test))
a_max = alphas[loc_max]
```

```
elasticnet_best = ElasticNet(l1_ratio = 0.5,
                    alpha=a_max,
                    fit_intercept=True,
                    normalize=False,
                    max_iter=1e4,
                    tol=1e-4,
                    copy_X=True,
                    random_state=123,
                    selection='cyclic')
    elasticnet_best.fit(in_X_train,in_y_train)
    yhat = elasticnet_best.predict(in_X_oos)

    inner_oos_data = in_oos_data.copy()
    inner_oos_data['rethat'] = yhat

    dataen = inner_oos_data[['Dates','y','rethat']]
    dataen.columns = ['Dates','y','yhat']
    return pd.concat(ret_oos), dataen, coef_ser
```

接下来，使用循环生成弹性网络的输入数据，并将数据传入，得到弹性网络的输出结果，代码如下：

```
en_op = []
all_month_list
train_month_n + test_month_n + oos_month_n

for i in range(len(all_month_list)):
    if i < train_month_n + test_month_n + oos_month_n - 1:
        continue
    else:
        train_monthes = all_month_list[i-test_month_n-train_month_n:i-test_
        month_n]
        test_monthes = all_month_list[i-test_month_n:i]
        oos_month = all_month_list[i]
        print(oos_month)

        train_data = whole_data[whole_data['Dates'].apply(lambda x: True if x
        in train_monthes else False)]
        test_data = whole_data[whole_data['Dates'].apply(lambda x: True if x
        in test_monthes else False)]
        oos_data = whole_data[whole_data['Dates'] == oos_month]

        X_train = train_data.drop(columns = Xtodrop)
        y_train = train_data['y']
        X_test = test_data.drop(columns = Xtodrop)
```

```
y_test = test_data['y']
X_oos = oos_data.drop(columns = Xtodrop)
y_oos = oos_data['y']

en_result = model_plot.EN(X_train,y_train,X_test,y_test,X_oos, test_
data, oos_data)
en_op.append(en_result)
```

计算总体的均方预测误差，代码如下：

```
alpha_pred = all_pred.loc[alpha_v]
pred_toplot = alpha_pred.copy().reset_index()
msfe_monthly = alpha_pred.groupby('Dates').apply(lambda x: np.sum((x['yhat']-x
['y'])**2) / len(x) )
msfe = np.sum((alpha_pred['yhat']-alpha_pred['y'])** 2) / len(alpha_pred)
print('MSFE: ', msfe)
```

运行结果如下：

```
MSFE:  0.05849894061136813
```

选取一个月（2017年1月）的数据，在参数为 0.000001 时，相同月份下，展示此月所有股票的预测值与真实值，观察预测值与真实值的差距，代码如下：

```
m_pred = pred_toplot[pred_toplot['Dates'] == m]
m_pred = m_pred.sort_values('yhat')
m_pred['y'].reset_index(drop = True).plot()
m_pred['yhat'].reset_index(drop = True).plot(title = 'Pred vs Real')
plt.legend()
plt.show()
abs(m_pred['y'] -m_pred['yhat']).reset_index(drop = True).plot(title = 'abs
error')
plt.show()
```

运行结果如图 7-25、图 7-26 所示。

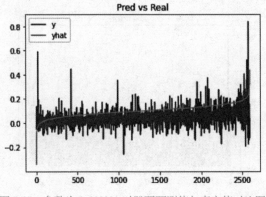

图 7-25　参数为 0.000001 时股票预测值与真实值对比图

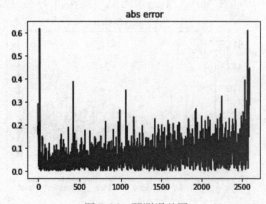

图 7-26　预测误差图

215

探究各公司财务特征指标的权重，输出权重前 20 的变量，代码如下：

```
alphas = [1e-6,1e-5,1e-4, 1e-3, 1e-2]
for alpha_v in alphas:
alpha_coef = all_coef.loc[alpha_v]
plt.figure(figsize = (10,7))
abs_coef = abs(alpha_coef).mean()
toplot_coef = abs_coef.sort_values(ascending = False).head(20)
plt.bar(x = list(toplot_coef.index), height = toplot_coef.values)
plt.xticks(rotation=70)
plt.title('Top20 Coef(Alpha = % s)'%alpha_v)
plt.show()
```

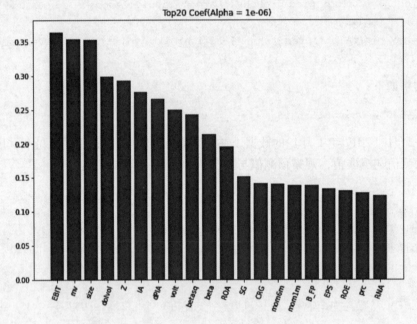

图 7-27　权重前 20 的财务特征指标

图 7-27 展示的是参数为 0.000001 的结果。当参数为 0.00001 时，再观察相同月份（2017 年 1 月）下的预测值与真实值的差距，如图 7-28、图 7-29 所示。

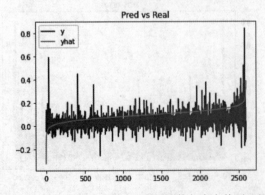

图 7-28　参数 0.00001 时股票预测值与真实值对比图

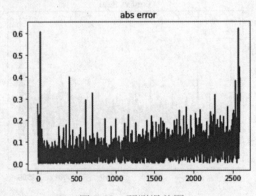

图 7-29　预测误差图

参数为 0.0001 时，2017 年 1 月的预测值与真实值的差距，如图 7-30、图 7-31 所示。

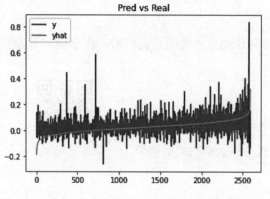

图 7-30　参数 0.0001 时股票预测值与真实值对比图

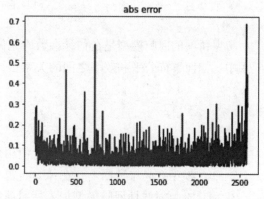

图 7-31　预测误差图

5 个不同参数下，弹性网络模型的样本外 MSFE 结果见表 7-9。

表 7-9　5 个不同参数下，弹性网络模型的样本外 MSFE 结果

名称	MSFE 结果				
惩罚参数	0.000001	0.00001	0.0001	0.001	0.01
MSFE	0.0585	0.0561	0.0431	0.0286	0.0287

观察表 7-9 的结果可知，随着惩罚参数从 0.000001 以 10 倍的大小递增到 0.01 时，样本外均方误差的大小呈现先递减后递增的变化。具体而言，当惩罚参数为 0.000001 时，样本外均方误差为 0.0585；当惩罚参数分别为 0.00001、0.0001 和 0.001 时，样本外均方误差分别为 0.0561、0.0431、0.0286；然而，当惩罚参数上升到 0.01 时，样本外均方误差没有再继续下降，反而上升到了 0.0287。这说明，惩罚参数为 0.001 时，得到的弹性网络模型拟合效果好，样本外预测能力强。

本章小结

本章主要介绍了简单的线性回归模型以及包含惩罚项的线性回归模型。在简单的线性回归模型中，首先，介绍了 OLS 模型的基本形式、拟合效果检验以及参数估计方法；其次，介绍了 OLS 模型在资产定价领域中的应用，包括时间序列回归和横截面回归；最后，讨论了 OLS 模型在高维数据中出现的"维数灾难"问题。在包含惩罚项的线性回归模型中，首先，对能够做到变量压缩的岭回归模型进行了详细介绍，包括岭回归模型的提出、基本原理、变量选择特征、参数调节选择；其次，介绍了能够筛选变量的 LASSO 模型，阐述了该模型发展历史、基本原理以及变量选择特征，并对自适应 LASSO 和 Group LASSO 这两种 LASSO 模型的扩展进行了介绍；最后，在岭回归模型和 LASSO 模型的基础上，进一步引出了能够同时做到变量压缩和变量选择的弹性网络模型，对其基本原理、变量选择特征的内容进行了详细介绍。

课程思政

带惩罚项的回归模型是在估计参数的无偏性与预测效率之间进行权衡，在金融和财务的应用中，如何看待公平和效率之间的关系？

复习思考题

参考答案

1. 阐述在时间序列和横截面数据上使用普通最小二乘法时的差异。
2. OLS 模型在高维数据下存在什么问题？
3. 为什么要对线性回归模型加入惩罚项？
4. 对比 LASSO、岭回归和弹性网络在几何模型上的差别，并阐述其在大数据变量挑选时的不同。
5. 哪些施加惩罚项的线性回归模型能够压缩变量？哪些能够选择变量？
6. 调节参数或惩罚参数的选择标准有哪些？如何判断哪些模型是较优的？

参考文献

[1] 加雷斯. 詹姆斯、丹妮拉·威滕、特雷弗·哈斯帖. 统计学习导论——基于 R 应用 [M]. 王星，译. 北京：机械工业出版社，2015：1-290.

[2] 李志冰，杨光艺，冯永昌，景亮. Fama-French 五因子模型在中国股票市场的实证检验 [J]. 金融研究，2017（6）：191-206.

[3] 唐国豪，朱琳，廖存非，等. 基于自编码机器学习的资产定价研究——中国股票市场的金融大数据分析视角 [J]. 管理科学学报，2024，27（09）：82-97.

[4] 王国长，梁焙婷，王金枝. 改进的自适应 LASSO 方法在股票市场中的应用 [J]. 数理统计与管理，2019，38（4）：750-760.

[5] 夏婷，闻岳春. 经济不确定性是股市波动的因子吗？——基于 GARCH-MIDAS 模型的分析 [J]. 中国管理科学，2018，26（12）：1-11.

[6] 郑挺国，尚玉皇. 基于宏观基本面的股市波动度量与预测 [J]. 世界经济，2014，37（12）：118-139.

[7] Chen J, Jiang F, Li H, et al. Chinese stock market volatility and the role of U. S. economic variables [J]. Pacific-Basin Finance Journal, 2016, 39：70-83.

[8] Chinco A, Clark-Joseph A D, Ye M. Sparse signals in the cross-section of returns [J]. The Journal of Finance, 2019, 74（1）：449-492.

[9] Feng G, Giglio S, Xiu D. Taming the factor zoo：A test of new factors [J]. The Journal of Finance, 2020, 75（3）：1327-1370.

[10] Green J, Hand J R M, Zhang X F. The characteristics that provide independent information about average US monthly stock returns [J]. The Review of Financial Studies, 2017, 30（12）：4389-4436.

[11] Han Y, He A, Rapach D, et al. What firm characteristics drive us stock returns [J]. SSRN Working Paper, 2018.

[12] Hu G X, Chen C, Shao Y, et al. Fama-French in China：Size and value factors in Chinese stock returns [J].

International Review of Finance, 2019, 19 (1): 3-44.

[13] Green J, Hand J R M, Zhang X F. The characteristics that provide independent information about average US monthly stock returns [J]. The Review of Financial Studies, 2017, 30 (12): 4389-4436.

[14] Jiang F, Tang G, Zhou G. Firm characteristics and Chinese stocks [J]. Journal of Management Science and Engineering, 2018, 3 (4): 259-283.

[15] Kewei H, Chen X, Lu Z. Editor′s Choice Digesting Anomalies: An Investment Approach [J]. Review of Financial Studies, 2015 (3): 650-705.

[16] Rapach D, Strauss J, Tu J, et al. Industry Interdependencies and Cross-Industry Return Predictability [J]. SSRN Working Paper, 2015.

[17] Tibshirani R. Regression shrinkage and selection via the LASSO [J]. Journal of the Royal Statistical Society: Series B (Methodological), 1996, 58 (1): 267-288.

[18] Yuan M, Lin Y. Model selection and estimation in regression with grouped variables [J]. Journal of the Royal Statistical Society: Series B (Statistical Methodology), 2006, 68 (1): 49-67.

[19] Zou H. The Adaptive LASSO and Its Oracle Properties [J]. Journal of the American Statistical Association, 2006, 101 (476): 1418-1429.

[20] Zou H, Hastie T. Regularization and variable selection via the elastic net [J]. Journal of the Royal Statistical Society: Series B (Statistical Methodology), 2005, 67 (2): 301-320.

第八章　数据降维模型

章前导读

　　假设你拥有 20 张人脸照片并想要通过提取特征的方式绘制出他们的画像，而每张照片上可以提取 2914 个维度的特征，你会怎么做？使用 2914 个特征固然可以，但是变量个数过多，计算过于繁杂，所以，我们可以采用"降维"的方式来节省我们的计算时间。具体来说，就是我们可以将 2914 个维度降低到 120 个维度，并且尽量使人脸具有辨识度。事实上，许多机器学习的方法都涉及高维的计算，而高维的计算不仅会耗费大量时间，也会导致我们难以把握重点信息。如何降低高维数据维度同时尽可能保持其特征信息？面对不同的数据，如何选择降维方法？这些都是本章要回答的问题。

学习目标

　　本章介绍常用的高维金融与财务数据降维方法，包括主成分分析及其改进方法，偏最小二乘法，聚类方法，自编码模型等。通过本章的学习，可以了解数据降维的基本原理，熟悉各种降维方法的原理与代码，熟练运用主成分分析法，偏最小二乘法，聚类方法，自编码模型等，熟悉各种模型的优缺点与评估指标，了解各种模型的具体应用情景。

关键词

　　降维　特征提取　主成分分析　偏最小二乘法　自编码模型　聚类分析　K-means

第一节　如何处理高维数据

一、维数灾难问题

　　理查德·贝尔曼（Richard E. Bellman）于 1961 年研究了"维数灾难"（Curse of Dimensionality）问题，提出在涉及向量的计算问题中，随着维数增加，计算量呈指数倍增长的这一种现象。而现在一般指高维数据随着维度增长，数据在高维空间分布的稀疏性增强，或数据空间中所谓的空间现象。

　　这里有一个重要的定理：N 个点在 p 维单位球内随机分布，则随着 p 的增大，这些点会越来越远离单位球的中心，转而往外缘分散。这个定理源于各点距单位球中心距离的中间值计算公式

$$d(p,N)=\left(1-\frac{1}{2}^{\frac{1}{N}}\right)^{\frac{1}{p}}$$

当 $p\rightarrow\infty$ 时，$d(p,N)\rightarrow1$。

很显然，当 N 变大时，这个距离趋近于 0。直观的理解就是，想象我们有一堆气体分子，p 变大使得空间变大，所以这些分子开始远离彼此；而 N 变大意味着有更多气体分子进来，所以两两之间难免更挤一些。

总之，当维数增大时，空间数据会变得更稀疏，这将导致偏差（Bias）和方差（Variance）的增加，最后影响模型的预测效果。

专栏 8-1　维数灾难的实例

想象下我们有一系列图片，每张图描述的不是猫就是狗。现在我们想利用这些图片来做一个可以判断猫狗的分类器。首先，我们需要找到一些猫狗的特征，利用这些特征，分类器能够识别猫狗。比如可以通过颜色来区分它们，一种分类方法是将红、绿、蓝三种颜色作为识别特征。以简单的线性分类器为例，将这三种特征结合起来的分类算法为：

```
If 0.5* red + 0.3* green + 0.2* blue > 0.6 : return cat;
else return dog;
```

然而，将这三种颜色作为特征来区分猫狗明显是不够的。为此，我们决定增加一些特征，比如 x、y 轴方向上的梯度 dx、dy，那么现在就有五个特征了。为了得到更精确的分类器，可以基于颜色、纹理、统计动差等，我们还需要更多的特征。通过将特征增加到好几百，我们能得到一个完美的分类器吗？回答可能会出乎你们的意料：不能！事实上，过了某个临界点，如果还持续的增加特征，那么分类器的性能会下降。图 8-1 就是我们经常说的"维度灾难"。

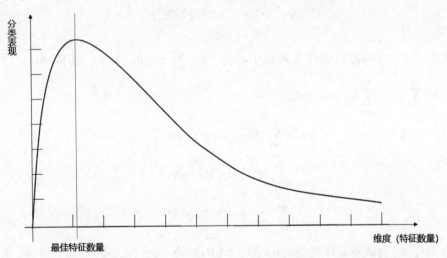

图 8-1　分类精确度随维度增长的变化

二、降维方法简介

缓解维数灾难的一个重要途径是降维（Dimension Reduction）亦称"维数约简"，即通过某种数学变换将原始高维数据空间转变为一个低维子空间，在这子空间中样本密度大幅提高。为什么能进行降维？这是因为在很多时候，人们观测或收集到的数据样本虽是高维的，但与学习任务密切相关的也许仅是某个低维分布，即高维空间中一个低维"嵌入"。原始高维的样本点，在这个低维嵌入子空间中更容易进行学习。对于金融数据而言，降维一方面可以剔除噪音，提高数据的信噪比，另一方面可以增强模型的解释力。而将降维后的重要相关特征导入机器学习模型，可以同步减轻模型训练压力，提升模型预测性能。

若要求原始空间中样本之间的距离在低维空间中得以保持，如图 8-2 所示，即得到"多维缩放"（Multiple Dimensional Scaling，简称 MDS）这样经典的降维方法。

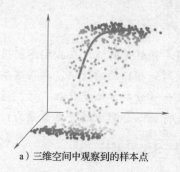　　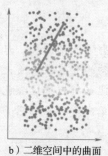

a）三维空间中观察到的样本点　　　　　　　b）二维空间中的曲面

图 8-2　低维"嵌入"

下面我们对其做一个简单的介绍：

假定 m 个样本在原始空间的距离矩阵为 $\boldsymbol{D} \in \mathbf{R}^{m \times m}$，其第 i 行第 j 列的元素 dist_{ij} 为样本 x_i 到 x_j 的距离，我们的目标是获得样本在 d' 维空间的表示 $\boldsymbol{Z} \in \mathbf{R}^{d' \times m}$，$d' \leqslant d$，且任意两个样本在 d' 维空间中的欧氏距离等于原始空间中的距离，即 $\|z_i - z_j\| = \mathrm{dist}_{ij}$。

令 $\boldsymbol{B} = \boldsymbol{Z}^{\mathrm{T}} \boldsymbol{Z} \in \mathbf{R}^{m \times m}$，其中 $\boldsymbol{B}$ 为降维之后的样本内积矩阵，$b_{ij} = z_i^{\mathrm{T}} z_j$，有

$$\begin{aligned} \mathrm{dist}_{ij}^2 &= \|z_i\|^2 + \|z_j\|^2 - 2z_i^{\mathrm{T}} z_j \\ &= b_{ii} + b_{jj} - 2b_{ij} \end{aligned} \tag{8.1}$$

为便于讨论，令降维后的样本 $\boldsymbol{Z}$ 被中心化，即 $\sum_i z_i = \boldsymbol{0}$。显然，矩阵 $\boldsymbol{B}$ 的行与列之和均为零，即 $\sum_{i=1}^m b_{ij} = \sum_{j=1}^m b_{ij} = 0$。可知

$$\sum_{i=1}^m \mathrm{dist}_{ij}^2 = \mathrm{tr}(\boldsymbol{B}) + m b_{jj}$$

$$\sum_{j=1}^m \mathrm{dist}_{ij}^2 = \mathrm{tr}(\boldsymbol{B}) + m b_{ii},$$

$$\sum_{i=1}^m \sum_{j=1}^m \mathrm{dist}_{ij}^2 = 2m \, \mathrm{tr}(\boldsymbol{B}) \tag{8.2}$$

式（8.2）中，$\mathrm{tr}(\cdot)$ 表示矩阵的迹（trace），$\mathrm{tr}(\boldsymbol{B}) = \sum_{i=1}^m \|z_i\|^2$，令

$$\mathrm{dist}_{i\cdot}^2 = \frac{1}{m} \sum_{j=1}^m \mathrm{dist}_{ij}^2$$

$$\mathrm{dist}_{\cdot j}^2 = \frac{1}{m} \sum_{i=1}^m \mathrm{dist}_{ij}^2$$

$$\mathrm{dist}_{\cdot\cdot}^2 = \frac{1}{m^2} \sum_{i=1}^m \sum_{j=1}^m \mathrm{dist}_{ij}^2 \tag{8.3}$$

由式（8.2）-式（8.3）可得

$$b_{ij} = -\frac{1}{2}(\,\text{dist}_{ij}^2 - \text{dist}_{i.}^2 - \text{dist}_{.j}^2 + \text{dist}_{..}^2\,) \tag{8.4}$$

由此即可通过降维前后保持不变的距离矩阵 $\boldsymbol{D}$ 求取内积矩阵 $\boldsymbol{B}$。

对矩阵 $\boldsymbol{B}$ 做特征值分解（Eigenvalue Decomposition），$\boldsymbol{B} = \boldsymbol{V}\boldsymbol{\Lambda}\boldsymbol{V}^{\mathrm{T}}$，其中 $\boldsymbol{\Lambda} = \text{diag}(\lambda_1, \lambda_2, \cdots, \lambda_d)$ 为特征值构成的对角矩阵，$\lambda_1 \geq \lambda_2 \geq \cdots \geq \lambda_d$，$\boldsymbol{V}$ 为特征向量矩阵。假定其中有 d^* 个非零特征值，它们构成对角矩阵 $\boldsymbol{\Lambda}_* = \text{diag}(\lambda_1, \lambda_2, \cdots, \lambda_{d^*})$，令 $\boldsymbol{V}_*$ 表示相应的特征向量矩阵，则 $\boldsymbol{Z}$ 可表达为

$$\boldsymbol{Z} = \boldsymbol{\Lambda}_*^{\frac{1}{2}} \boldsymbol{V}_*^{\mathrm{T}} \in \mathbf{R}^{d^* \times m} \tag{8.5}$$

在现实应用中为了有效降维，往往仅需降维后的距离与原始空间中的距离尽可能地接近而不必严格相等。此时可取 $d' \ll d$ 个最大特征值构成对角矩阵 $\widetilde{\boldsymbol{\Lambda}} = \text{diag}(\lambda_1, \lambda_2, \cdots, \lambda_{d'})$ 表示相应的特征向量短阵，则 $\boldsymbol{Z}$ 可表达为

$$\boldsymbol{Z} = \widetilde{\boldsymbol{\Lambda}}^{\frac{1}{2}} \widetilde{\boldsymbol{V}}^{\mathrm{T}} \in \mathbf{R}^{d' \times m} \tag{8.6}$$

表 8-1 给出了 MDS 的算法描述。

表 8-1　MDS 算法描述

输入：距离矩阵 $\boldsymbol{D} \in \mathbf{R}^{m \times m}$，其元素 dist_{ij} 为样本 x_i 到 x_j 的距离；低维空间维数 d'
过程：
1. 根据式（8.3）-式（8.4）计算 $\text{dist}_{i.}^2$，$\text{dist}_{.j}^2$，$\text{dist}_{..}^2$；
2. 根据式（8.5）-式（8.6）计算矩阵 $\boldsymbol{B}$；
3. 对矩阵 $\boldsymbol{B}$ 作特征值分解；
4. 取 $\widetilde{\boldsymbol{\Lambda}}$ 为 d' 个最大特征值所构成的对角矩阵，$\widetilde{\boldsymbol{V}}$ 为相应的特征向量矩阵
输出：矩阵 $\widetilde{\boldsymbol{V}} \widetilde{\boldsymbol{\Lambda}}^{1/2} \in \mathbf{R}^{m \times d'}$，每行是一个样本的低维坐标

223

三、降维方法的分类

数据降维本质是将原始高维空间向低维空间投影，我们所使用的特征不仅少了，而且不再是原来的特征，而是原来特征的线性（或者非线性）组合。

对数据进行降维处理时主要分为两种方式：一类为对已有的可观测因子进行筛选，按照特定判据选择对于模型最有效的变量，如 LASSO 回归等；另一类模型关注于整体数据中的公共信息，并利用坐标轴重构等方式提取可量化的潜在因子，如本章将介绍的主成分分析、偏最小二乘法等。此外，随着非线性算法的发展，利用神经网络来完成降维相比线性方法可以进一步挖掘数据信息，典型的例子如自编码模型（Autoencoder）等。

本章提及的方法如图 8-3 所示，其中，要求着重掌握的是特征提取部分的方法应用及代码。

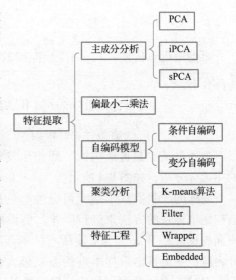

图 8-3　数据降维处理方法分类

第二节　主成分分析

一、主成分分析的原理

主成分分析（Principal Component Analysis，PCA）是考察多个变量间相关性的一种多元统计方法，研究如何通过少数几个主成分来揭示多个变量间的内部结构，即从原始变量中导出少数几个主成分，使它们尽可能多地保留原始变量的信息，且彼此间互不相关。

在介绍 PCA 方法的步骤和算法前，先来介绍一下其原理。我们考虑这样一个问题：如何使用一个超平面对正交空间中的所有样本进行恰当的表达？由于超平面有最近重构性和最大可分性，所以样本点到这个超平面距离足够近，且在这个超平面的投影可以尽可能地分开。无论是从"最近重构性"还是"最大可分性"出发，我们都可以推导出主成分分析方法的原理。

如果从"最近重构性"的思想出发，我们对于二维数据集 (x_i, y_i) 在原坐标系下进行降维，即只保留 x_i 或 y_i 单列数据信息时，直接降维并不是最有效的方法。但是，通过重新构建坐标系，可以使投影到新坐标轴 y_2 的数据最为分散，那么这时新生成的投影数据包含有最多比例的原始信息。新坐标轴的构建即为上述提到的特征向量的求解过程。其具体步骤如下：

假定样本数据进行了中心化，即 $\sum_i x_i = 0$，且投影变换后得到的新坐标系为 $\{w_1, w_2, \cdots, w_d\}$（其中，$w_i$ 为标准正交基向量 $\|w_i\|_2 = 1$，$w_i^{\mathrm{T}} w_j = 0 (i \neq j)$）。若我们进一步降低维度到 $d'(d' < d)$，则样本点 x_i 在低维坐标系下的投影为 $z_i = (z_{i1}, z_{i2}, \cdots, z_{id'})$，其中 $z_{ij} = w_j^{\mathrm{T}} x_i$ 是 x_i 在低维坐标系下第 j 维的坐标，若基于 z_i 来重构 x_i，则 $\hat{x}_i = \sum_{j=1}^{d'} z_{ij} w_j$。考虑整个训练集，原样本点 x_i 与基于投影重构的样本点 $\hat{x}_i$ 之间的距离为

$$\sum_{i=1}^{m} \left\| \sum_{j=1}^{d'} z_{ij} w_j - x_i \right\|_2^2 = \sum_{i=1}^{m} z_i^{\mathrm{T}} z_i - 2 \sum_{i=1}^{m} z_i^{\mathrm{T}} W^{\mathrm{T}} x_i + \text{const} \propto -$$
$$\text{tr}\left(W^{\mathrm{T}} \left(\sum_{i=1}^{m} x_i x_i^{\mathrm{T}} \right) W \right) \tag{8.7}$$

根据最近重构性，式（8.7）应被最小化。考虑到 w_j 是标准正交基，$\sum_{i=1}^{m} x_i x_i^{\mathrm{T}}$ 是协方差矩阵，有

$$目标函数：\min_{W} -\text{tr}(W^{\mathrm{T}} X X^{\mathrm{T}} W) \tag{8.8}$$

$$约束条件：W^{\mathrm{T}} W = I$$

这就是从"最近重构性"思想出发得到的二维数据集的主成分分析，如图 8-4 所示。

同样的，我们从"最大可分性"的思想出发，通过重新构建坐标系的方法来进行降维。假设样本点在新空间超平面的投影是 $W^{\mathrm{T}} x_i$，为了使所有样本点的投影尽可能地分开，应该使得投影后样本点的方差最大化，投影后样本方差为 $W^{\mathrm{T}} X X^{\mathrm{T}} W$，此时，优化的目标可以写为

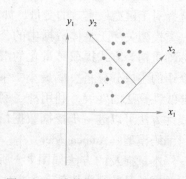

图 8-4　二维数据集的主成分分析

$$目标函数:\min_{W} -\mathrm{tr}(\boldsymbol{W}^{\mathrm{T}}\boldsymbol{X}\boldsymbol{X}^{\mathrm{T}}\boldsymbol{W}) \tag{8.9}$$

$$约束条件:\boldsymbol{W}^{\mathrm{T}}\boldsymbol{W}=\boldsymbol{I}$$

显然，式（8.8）与式（8.9）等价，即我们从超平面的"最近重构性"和"最大可分性"思想出发时，得到的主成分分析的优化目标都是一致的。这也是主成分分析的原理。

那么，对我们的优化目标使用拉格朗日乘数算法可得

$$\boldsymbol{X}\boldsymbol{X}^{\mathrm{T}}\boldsymbol{W}=\lambda\boldsymbol{W} \tag{8.10}$$

于是，只需要对协方差矩阵 $\boldsymbol{X}\boldsymbol{X}^{\mathrm{T}}$ 进行特征值分解，将求得的特征值排序：$\lambda_1 \geqslant \lambda_2 \geqslant \cdots \geqslant \lambda_d$，再取前 d' 个特征值对应的特征向量构成 $\boldsymbol{W}=(\boldsymbol{w}_1,\boldsymbol{w}_2,\cdots,\boldsymbol{w}_{d'})$，这就是主成分分析的解。

二、主成分分析的算法和步骤

接下来我们来了解一下主成分分析（PCA）的算法和步骤。其主要由五个步骤组成，如图 8-5 所示。

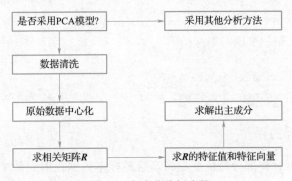

图 8-5 主成分分析步骤

首先，采集 p 维随机向量 $\boldsymbol{X}=(x_1,x_2,\cdots,x_p)'$ 的 n 个样品 $\boldsymbol{x}_i=(x_{i1},x_{i2},\cdots,x_{ip})'$。

其次，对原始样本进行中心化，即

$$x_{ij}^* = \frac{x_{ij}-\bar{x}_j}{\sqrt{\mathrm{var}(x_j)}}, \quad i=1,2,\cdots,n; j=1,2,\cdots,p$$

其中，$\bar{x}_j$ 和 $\mathrm{var}(x_j)$ 分别是第 j 个变量的平均值和标准差。

将所得数据标准化，得标准化矩阵 $\boldsymbol{Z}=\begin{pmatrix} z_1' \\ z_2' \\ \vdots \\ z_n' \end{pmatrix} = \begin{pmatrix} z_{11} & z_{12} & \cdots & z_{1p} \\ z_{21} & z_{22} & \cdots & z_{2p} \\ \vdots & \vdots & & \vdots \\ z_{21} & z_{22} & \cdots & z_{2p} \end{pmatrix}$。

第三，计算上述样本的相关系数矩阵

$$\boldsymbol{R}=(r_t)_{p\times p}=\frac{\boldsymbol{Z}'\boldsymbol{Z}}{n-1}$$

第四，解相关系数矩阵 $\boldsymbol{R}$ 的特征方程，得到 p 个特征值。

最后，得出主成分 $\boldsymbol{Y}_i=\boldsymbol{u}_i'\boldsymbol{X}$，$i=1,2,\cdots,p$。

其中，$U = \begin{pmatrix} \boldsymbol{u}_1' \\ \boldsymbol{u}_2' \\ \vdots \\ \boldsymbol{u}_n' \end{pmatrix} = \begin{pmatrix} u_{11} & \cdots & u_{1m} \\ \vdots & & \vdots \\ u_{n1} & \cdots & u_{nm} \end{pmatrix}$，$u_{il} = \boldsymbol{z}_i' \boldsymbol{b}_J^0$，$\boldsymbol{b}_l^0$ 是特征单位特征向量。

代码如下：

```
from sklearn.linear_model import LinearRegression    ## 导入线性回归模块
from sklearn.decomposition import PCA                ## 导入 PCA 模块
pca = PCA(n_components=k)                             ## 确定主成分为 k 维
pca.fit(x)                                           ## 进行降维，并将参数存储于
                                                        pca 空间中

x_pca = pca.transform(x)                             ## 将原数据集降维为 x_pca
y = np.matrix(y).reshape(-1,1)                       ## 重构因变量为单列矩阵
x_pca = np.matrix(x_pca).reshape(-1,np.size(x_pca,1))
                                                     ## 重构降维后自变量为 k 列矩阵

model = LinearRegression()
lin_reg = model.fit(x_pca,y)                         ## 将降维后的自变量与因变量进
                                                        行线性回归

xtest_pca = pca.transform(xtest)
xtest_pca = lin_reg.predict(xtest_pca)               ## 在测试集进行预测
```

三、主成分分析的评价

主成分分析法通过舍弃部分特征变量将高维的样本数据投射到低维空间中，大大节省了计算的时间和空间，提高了计算效率。此外，采用该方法还有以下优点。首先，可用数据集增多：降维舍弃的信息使得样本的采样密度增大，大大降低了高维空间的稀疏性问题，使得可用的数据集变多。其次，去除噪声：金融数据存在着很多噪声，降维舍弃的部分往往是数据中的噪声，将它们舍弃可以起到去噪的效果。最后，无参数限制：主成分分析法不需要我们做大量的调参工作，对于新手而言好操作。

但是，主成分分析法也具有一定的缺点。首先，我们得出的主成分不一定可以找到相应的经济解释，主成分是几个因变量的线性组合，本身并没有实际意义；其次，主成分分析法存在着一定的局限性，比如变换的矩阵必须是方阵，在非高斯分布情况下，PCA 法得出的主元可能并不是最优解等；最后，在主成分分析过程中，如果用户对观测对象有一定的先验知识，掌握了数据的一些特征，则无法通过参数化等方法对处理过程进行干预，可能会得不到预期的效果，效率也不高。

四、主成分分析的发展：工具变量主成分分析

在金融相关研究中，我们可以利用主成分分析（PCA）进行收益预测，通过线性回归主成分因子与收益得到拟合参数。这一过程中，因子载荷是静态的，预测信息完全来自于成分因子。耶鲁大学布莱恩·凯利教授及其合作者在 2019 年的研究中对 PCA 进行改进，引入了动态的风险补偿，即时变 β 来提升模型对于收益的解释能力，并将该方法定义为"增量

式主成分分析（Incremental PCA，IPCA）模型"。IPCA 重新将特征变量和预期收益通过因子载荷这一桥梁结合起来，提升了因子模型的定价能力。具体而言，IPCA 模型的原理如下：

由于系统风险依赖于可观察的特征因子，所以假设其与潜在成分因子 f_{t+1} 之间的映射为 Γ_β

$$r_{i,t+1} = a_{i,t} + \beta_{i,t} f_{t+1} + \varepsilon_{i,t+1} \tag{8.11}$$

$$a_{i,t} = x'_{i,t} \Gamma_a + v_{a,t}, \beta_{i,t} = x'_{i,t} \Gamma_\beta + v_{\beta,t} \tag{8.12}$$

在对 $\beta_{i,t}$ 和潜在因子 f_{t+1} 进行估计时分为两类情况：$\Gamma_a = 0$ 和 $\Gamma_a \neq 0$。当特征变量不包含异象截距信息时，$\Gamma_a = 0$；而当使用的特征数据不仅包含系统风险信息，同时通过非系统风险影响资产收益时，$\Gamma_a \neq 0$。

当 $\Gamma_a = 0$ 时，式（8.11）变为

$$r_{i,t+1} = x'_{i,t} \Gamma_\beta f_{t+1} + \varepsilon_{i,t+1} \tag{8.13}$$

其中，$\varepsilon^*_{i,t+1} = \varepsilon_{i,t+1} + v_{a,t} + v_{\beta,t} f_{t+1}$。转换为向量表达为

$$\boldsymbol{r}_{t+1} = \boldsymbol{X}_t \Gamma_\beta \boldsymbol{f}_{t+1} + \boldsymbol{\varepsilon}_{t+1} \tag{8.14}$$

等式估计的目标函数即为

$$\min_{\Gamma_\beta, F} \sum_{t=1}^{T-1} (\boldsymbol{r}_{t+1} - \boldsymbol{X}_t \Gamma_\beta \boldsymbol{f}_{t+1})^T (\boldsymbol{r}_{t+1} - \boldsymbol{X}_t \Gamma_\beta \boldsymbol{f}_{t+1}) \tag{8.15}$$

则 f_{t+1} 和 Γ_β 满足一阶条件

$$\hat{\boldsymbol{f}}_{t+1} = (\hat{\Gamma}'_\beta \boldsymbol{X}'_t \boldsymbol{X}_t \hat{\Gamma}_\beta)^{-1} \hat{\Gamma}'_\beta \boldsymbol{X}'_t r_{t+1} \tag{8.16}$$

$$\text{vec}(\hat{\Gamma}'_\beta) = \left(\sum_{t=1}^{T-1} \boldsymbol{X}'_t \boldsymbol{X}_t \otimes \hat{\boldsymbol{f}}_{t+1} \hat{\boldsymbol{f}}'_{t+1} \right)^{-1} \left(\sum_{t=1}^{T-1} [\boldsymbol{X}_t \otimes \hat{\boldsymbol{f}}_{t+1}]' \boldsymbol{r}_{t+1} \right) \tag{8.17}$$

当 $\Gamma_a \neq 0$ 时，式（8.11）可改写为

$$\boldsymbol{r}_{i,t+1} = x'_{i,t} \widetilde{\Gamma} \widetilde{\boldsymbol{f}}_{t+1} + \varepsilon^*_{i,t+1} \tag{8.18}$$

其中，$\widetilde{\Gamma} = (\Gamma_a, \Gamma_b)$，$\widetilde{\boldsymbol{f}}_{t+1} = (1, \hat{\boldsymbol{f}}'_{t+1})'$，即在因子特征矩阵中引入常数项 1。

此时，f_{t+1} 满足一阶条件

$$\hat{\boldsymbol{f}}_{t+1} = (\hat{\Gamma}'_\beta \boldsymbol{X}'_t \boldsymbol{X}_t \hat{\Gamma}_\beta)^{-1} \hat{\Gamma}'_\beta \boldsymbol{X}'_t (\boldsymbol{r}_{t+1} - \boldsymbol{X}_t \Gamma_a) \tag{8.19}$$

为保证因子项 f_{t+1} 对于收益均值的最大解释，我们假定 $\Gamma'_a \Gamma_b = 0$。这也意味着我们无法将系统风险项传导的特征信息归入截距项中。

凯利等在 2021 年使用美国股市数据进行了 IPCA 实证分析，发现在提供较小的定价误差方面，基于 IPCA 的因子模型在样本内和样本外均优于传统因子模型，如 Fama-French 五因子模型。与其他模型相比，IPCA 具有更高水平的样本外夏普比率。此外文章发现，只有小部分股票特征是有效信息，而 70% 的特征在统计上与预期收益无关，且有效特征信息主要体现在显著的动态载荷表现，而非通过截距项（alpha）来体现。

五、主成分分析的发展：调整主成分分析

（一）PCA 的缺陷

新加坡管理大学黄大山教授和厦门大学姜富伟教授等在 2022 年从预测角度出发，提出了一种 PCA 的改进模型，是一种全新的数据降维算法"缩放主成分分析（Scaled PCA）"。传统 PCA 模型在处理预测因子集时只考虑数据内部的信噪比，并没有考虑数据集与被预测项的关系，金融数据中各类噪声带来的影响会大大降低模型的预测精度，而 PCA 最终提取

227

的低维特征并不是有效的定价因子。

假设有 N 个预测因子，用 $X_{i,t}=(X_{1,t},\cdots,X_{N,t})'$ 表示，$i=1,\cdots,N$ 和 $t=1,2,\cdots,t$ 表示，其中 t 为观测数。我们感兴趣的是使用这些预测因子来预测一个目标变量 y_{t+h}，预测范围为 h。每个 $X_{i,t}$ 都是目标的一个相关但不完美的预测器。然而，在传统的多元回归中包含所有的预测因素都存在维数诅咒，这往往导致样本内过拟合和样本外性能差。为了解决这个问题，一种常见的方法是对预测因子强加因子结构，并以降维数提取潜在因子。

具体来说，我们在本章考虑了一个关于 N 个预测因子 X_t 和目标 y_{t+h} 的联合动力学的部分相关的潜在因子模型

$$X_{i,t}=\mu_i+\lambda'_i f_t+e_{i,t}=\mu_i+\phi'_i g_t+\psi'_i h_t+e_{i,t}$$
$$y_{t+h}=\alpha+\beta' g_t+\varepsilon_{t+h} \tag{8.20}$$

式中，$f_t=(g'_t,h'_t)$ 是 r 维未观察到的因子，g'_t 是与目标相关的 r_1 维相关因子，y_{t+h} 是 $(r-r_1)$ 维不相关因子，$i=1,2,\cdots,N$，$\lambda_i=(\varphi'_i,\psi'_i)$ 是 f_t 上的载荷。

通常我们会使用主成分分析法进行计算。然而，当模型由式（8.20）指定时，主成分分析会忽略目标信息点；特别是当因素较强时，主成分分析不能区分目标相关和不相关的潜在因素，也不能保证第一个 r_1 主成分能最好地预测目标。而当这些因素较弱时，主成分分析法可能无法从大量的噪声中提取信号，即使使用所有这些因素，也会导致有偏的预测。为了克服这些缺陷，Scaled PCA 在因子提取过程中纳入了目标信息来修改 PCA。这样我们就可以用 Scaled PCA 分两个步骤来预测目标。

（二）Scaled PCA 的基本原理

Scaled PCA 强调单一数据中包含两类信息，一类为模型预测所需要的，而另一类为其他无关的噪声信息，因此在进行降维前给予信息多的数据更高权重而降低信息少、噪音多的数据的权重，新构建的数据集将具有更高的预测能力。具体来说，N 维预测集 $X_{i,t}$ 可以表示为

$$X_{i,t}=u_i+\lambda'_i f_t+e_{i,t}=u_i+\phi'_i g_t+\psi'_i h_t+e_{i,t} \tag{8.21}$$

式中，f_t 为预测集的 r 维成分因子，g_t 为其中与预测相关的因子集，h_t 为无关因子集，$f_t=(g'_t,h'_t)'$。在进行收益预测时，真正有效的因子为 g_t，即

$$y_{t+h}=\alpha+\beta' g_t+\varepsilon_{t+h} \tag{8.22}$$

f_t 可通过主成分分析得到，而 g_t 需要考虑特征与目标信息的关联性，无法直接由 PCA 计算获得。因此当 h_t 在 f_t 中占比上升时会严重影响模型预测性能。为了克服这一问题，Scaled PCA 引入了目标信息来进行修正，模型分为构建有效预测集和提取成分因子两步。

首先是构建有效预测集。考虑预测集与目标信息（收益）的相关性，对于每个预测变量估计其与资产收益的回归系数 γ_i

$$y_{t+h}=v_i+\hat{\gamma}_i X_{i,t}+u_{i,t+h}, \quad i=1,2,\cdots,N \tag{8.23}$$

式中，$\hat{\gamma}_i X_{i,t}$ 为 $X_{i,t}$ 的有效预测信息，则有效预测集为 $(\hat{\gamma}_1 X_{1,t},\cdots,\hat{\gamma}_N X_{1,N})$。

其次是使用主成分分析提取上述得到的预测集的成分因子，并进行收益预测。

上述分析中，$\hat{\gamma}_1 X_{i,t}$ 代表了第 i 个因子对于收益的预测能力，具有更高预测性的因子权重 $\hat{\gamma}_1$ 更高，因此，基于 $\hat{\gamma}_1 X_{i,t}$ 构建的潜在主成分因子相比 PCA 表现出更好的定价能力。在实证部分，文章应用 Scaled PCA 结合美国市场 123 个宏观预测变量对通货膨胀进行了样本内和样本外预测，在股市收益预测方面使用了 100 个 Fama-French 投资组合的账面市值比因子。结果发现 Scaled PCA 在样本内和样本外都表现良好，其性能优于主成分分析法，并且

在某些情况下优于偏最小二乘法。

六、在金融中的应用

作为较早诞生的一类经典算法，主成分分析在学术界有着广泛应用。在资产定价领域，耶鲁大学斯特凡诺·基格里奥（Stefano Giglio）和芝加哥大学修大成教授 2021 年的文章在构建因子定价模型时使用了 PCA 提取代表系统风险的潜在因子；马丁·莱陶（Martin Lettau）等（2020）基于带惩罚项的主成分分析构建无套利模型，并发现其可以提高条件信息的信噪比；马库斯·佩尔格（Markus Pelger）（2019）应用主成分分析来捕获高频数据的因子结构；姜富伟等（2018）使用公司财务特征结合 PCA 针对中国 A 股市场进行了收益预测研究。不过，目前单独使用主成分分析的算法研究文献较少，大多是结合其他算法进行的对比分析。

专栏 8-2　利用主成分分析对收益率曲线进行建模

在穆迪分析（Moody's Analytics）的研报中，使用了主成分分析对收益率曲线进行了建模，首先对数据进行了均值中心化处理，在自变量具有不同数量级的情况下，均值中心化处理特别有用。本案例采用对数中心化变换，为了防止负利率的出现，一些名义收益率曲线模型，如 Black-Karasinski 双因子模型和 LMM 模型，在使用 PCA 方法建模之前，对原始收益率曲线进行对数变换。

以下示例说明了使用变换的一些好处。考虑在 PCA 期间在同一组收益率曲线上使用对数变换和均值居中，转换后的收益率曲线更平坦且更对称，因此与 Black-Karasinski 双因子模型相关的对数正态分布不太相似。与未变换的 PCA 相比，对数变换对于前两个主成分影响最大；现在，虽然仅使用一个主成分的简化模型只能获得大约 71% 的可解释性，但是，第三个主成分的重要性已经从 0.31% 下降到 0.017%。这意味着可以通过两个主成分的简化模型来解释收益率曲线中超过 99.9% 的变异性。

在对原始数据进行处理后，接下来要考虑这样一个问题：应该选择几个主成分？我们继续以收益率曲线为例，表 8-2 表示了在普通 PCA 模型与调整后 PCA 模型中，前四个主成分中每一个主成分对于收益率的贡献，以及累计方差贡献率。我们可以发现：在普通的主成分分析中，前三个主成分对于方差的贡献率为 99.93%，而在调整后的主成分分析中，前两个主成分对于方差的贡献率为 99.98%，表现较好。

表 8-2　普通 PCA 模型与调整后 PCA 模型对于方差的贡献率

PC#	普通主成分分析		调整后的主成分分析	
	方差贡献率	累计方差贡献率	方差贡献率	累计方差贡献率
1	91.36%	91.36%	71.26%	71.26%
2	8.25%	99.61%	28.72%	99.98%
3	0.31%	99.93%	0.017%	99.998%
4	0.0659%	99.996%	0.00146%	99.9998%

专栏 8-3　SPCA 在宏观经济预测中的应用

黄大山和姜富伟的文章考虑了从 1960 年 1 月到 2019 年 12 月 FRED-MD 数据库中的 123 个宏观变量。

首先，表8-3按照降序报告了PCA和Scaled PCA前15个因子及其对变异的解释程度。具体来说，第一个PCA因子解释了大约总变异的15%，而第一个Scaled PCA因子解释了总变异的19%～37%，这取决于要预测的目标。第二和第三个Scaled PCA因子对应的特征值也远远大于PCA因子对应的特征值。这一结果表明，Scaled PCA根据其预测能力来衡量每个预测变量，并根据它们的预测能力对因子进行了重新排序。

表8-3　PCA 与 Scaled PCA 结果比较分析

	PCA	Scaled PCA			
		Inflation	IP	Unemployment Rate	Stock Market Volatility
1st	0.15	0.19	0.33	0.37	0.22
2nd	0.07	0.14	0.10	0.11	0.10
3rd	0.07	0.13	0.07	0.07	0.08
4th	0.05	0.08	0.07	0.06	0.08
5th	0.04	0.06	0.06	0.04	0.06
6th	0.03	0.03	0.03	0.03	0.04
7th	0.03	0.03	0.03	0.03	0.03
8th	0.02	0.03	0.02	0.02	0.03
9th	0.02	0.02	0.02	0.02	0.03
10th	0.02	0.02	0.02	0.02	0.02
11th	0.02	0.02	0.02	0.02	0.02
12th	0.02	0.02	0.02	0.02	0.02
13th	0.02	0.01	0.01	0.01	0.02
14th	0.02	0.01	0.01	0.01	0.02
15th	0.02	0.01	0.01	0.01	0.02

230

其次，报告了前八个主成分对于失业率（Unemployment Rate）与股票市场波动（Stock Market Volatility）之间的关系。图8-6为PCA因子载荷图，从中可以看出，第一个PCA因素与实际经济状况相关，主要影响产出（Output）、劳动力（Labor）和住房（Housing）相关变量。第二和第三个PCA因素是名义因素，主要影响利率（Interest Rates）和价格（Prices）相关变量。第四和第五个主成分因素对住房和利率相关变量负载较大，而第七个主成分因素对价格相关变量负载较大。

相比之下，图8-7显示，Scaled PCA因子的负载更多地集中在几个关键变量内。具体来说，为了预测通货膨胀（Inflation），第一个Scaled PCA因子负载在利率相关变量，第二个Scaled PCA因子负载在价格相关变量。为了预测工业生产（Industry Production，IP）的增长，第一个Scaled PCA因子主要负载在输出和劳动相关变量上，类似于第一个PCA因子，而第三个Scaled PCA因子仅负载在利率相关变量上。为了预测失业率，第一个Scaled PCA因子主要负载在产出和劳动力相关变量上。最后，为了预测标准普尔500指数的波动性，第一个Scaled PCA因子对劳动力和住房相关变量的载荷较大，第二个因子对利率和价格相关变量的载荷较大，第四个因素对利率和货币（Money）相关变量的载荷较大。第三，比较了Scaled PCA和PCA的样本内预测性能。

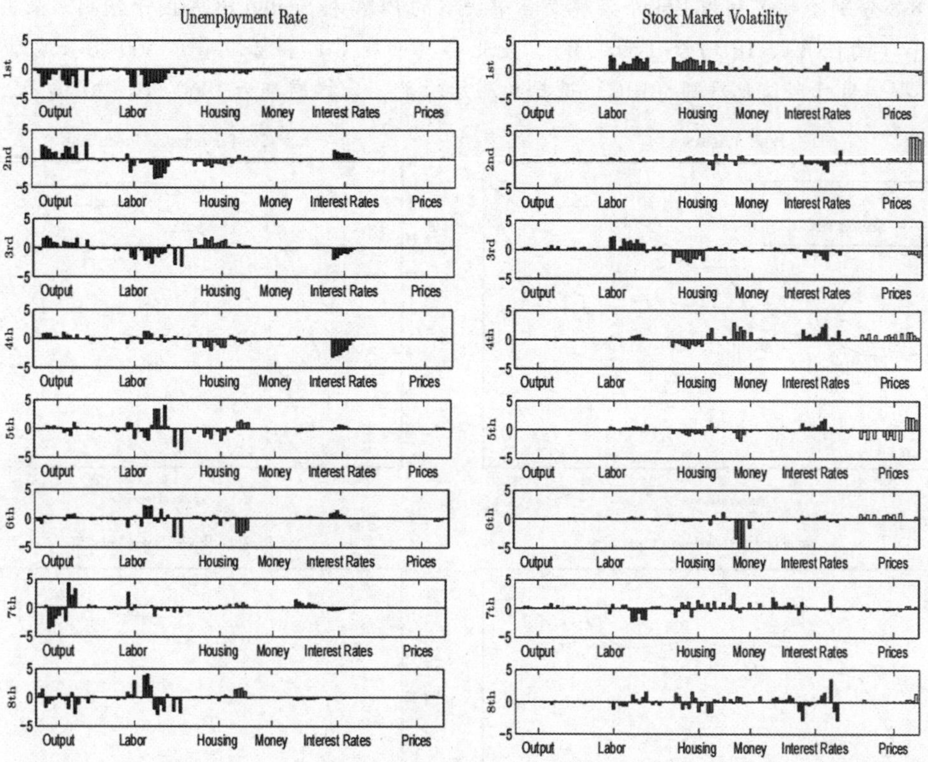

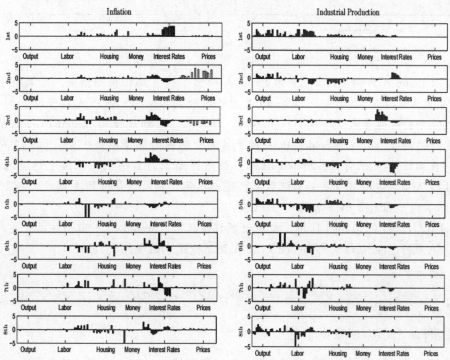

图 8-6　PCA 因子载荷图

图 8-7　Scaled PCA 因子载荷图

231

图 8-8 分别绘制了利用 123 个宏观变量中提取的 PCA 和 Scaled PCA 因子预测未来 1 个月通货膨胀率（面板 A）、IP 增长（面板 B）、失业率（面板 C）和标准普尔 500 指数波动率（面板 D）。控制贝叶斯信息准则（BIC）选择的滞后次数，采样周期为 1960：01−2019：12。

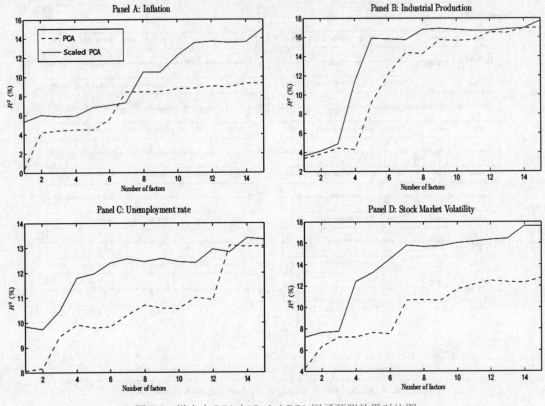

图 8-8　样本内 PCA 与 Scaled PCA 因子预测效果对比图

我们以 Panel A 为例：图 8-7 中的 Panel A 给出了通货膨胀预测结果。结果表明，第一个 PCA 因子产生的 R^2 小于 1%，7 个 PCA 因子增加到 8%，15 个 PCA 因子增加到 9%。因此，主成分分析对通货膨胀的预测作用不大。相比之下，通过使用 Scaled PCA 来预测通货膨胀有更好的效果，第一个 Scaled PCA 因子对通货膨胀的解释率为 5.5%，前 15 个因子约为 15%。在面板 A 中很明显，Scaled PCA 有效地提高了通货膨胀相关因子对应的特征值，使 Scaled PCA 因子包含了主要的预测信息，这自然优于相同数量的 PCA 因子，在 15 个因子（15%vs9%）下，Scaled PCA 始终优于 PCA。

Panel B、Panel C、Panel D 中，在绝大多数情况下，Scaled PCA 因子对因变量的解释力都大于 PCA 因子，故可以认为 Scaled PCA 在预测精度方面要优于 PCA。

第三节　偏最小二乘法

一、偏最小二乘回归的原理

在普通多元线性回归中，如果因变量 y 和解释变量 $x_1, x_2, \cdots, x_p$ 符合高斯马尔柯夫条件，那么根据最小二乘法可知：最小二乘法的无偏估计量由于要对矩阵 X 求逆，当中的变量满足多重共线性关系。当解释变量的个数和样本点的个数相比偏多时，可能会导致矩阵 X 不可逆，估计量就会无效，而且还会导致许多应用方面的困难。为此，偏最小二乘回归模型运用了有监督因子数据降维的方法，具体步骤如下：

记因变量为 y，p 个解释变量为 $x_1, x_2, \cdots, x_p$ 并有 n 个观测样本点。为了探讨因变量 y 与解释变量 X 之间的关系，偏最小二乘模型是在解释变量 X 中提取一个综合变量记为 t_1，即 t_1 是 $x_1, x_2, \cdots, x_p$ 的一个线性组合。为了能建立回归模型，提取的成分应满足以下两点要求：①t_1 应携带数据表中尽可能多的变异信息；②t_1 与 y 的相关系数取得最大。

这两点要求说明，成分不仅要能很好地反映数据表中的信息，而且对因变量 y 的解释力还必须很强。当成分 t_1 提取出来之后，偏最小二乘回归模型所要做的是对 X 关于 t_1 做回归以及对 y 关于 t_1 做回归。倘若回归方程实现了所要求的精度，则成分提取完毕；反之，继续用 X 对成分 t_1 做回归后的残余信息，y 对成分 t_1 做回归后的残余信息进行新一轮的成分提取。依此下去，直到实现了所要求的精度为止。假如对 X 共提取了 m 个成分 $t_1, t_2, \cdots, t_m$，则偏最小二乘回归模型就对 y 关于这 m 个成分 $t_1, t_2, \cdots, t_m$ 做回归，再转化成 y 关于 x_1，$x_2, \cdots, x_m$ 的回归方程。

二、偏最小二乘法的算法和步骤

偏最小二乘法（Partial Least Square，PLS）与主成分分析类似，同样为一种因子数据降维方法。在选择特征向量矩阵 $\boldsymbol{\Omega}_K$ 时 PLS 的目标公式为

$$目标函数：w_{j,t} = \arg\max Cov^2(R_{i,t}, Z_{i,t-1}R_{m,t}) \tag{8.24}$$

$$约束条件：w'_t w_t = 1, \ Cov(Z_{i,t-1}R_{m,t}w_t, (Z_{i,t-1}R_{m,t})w_{t,l}) = 0, \quad l = 1, 2, \cdots, j-1$$

其中，$R_{m,t}$ 为股票收益，由式（8.24）可以看出相比 PCA 只考虑变量内部的相关关系（方差），PLS 将研究目标——股票收益引入，考察变量与收益间的相关性（协方差），并按照与收益最相关的维度进行坐标系重构和降维。

具体来说，基于目标信息的 PLS 成分分析过程如下：

首先，将 $t+h$ 期收益初始化为 $z_{t,0} = y_{t+h}$；其次，对于第 k 个主成分，按 $k = l, \cdots, r$ 顺序计算。

对于资产 i 的特征变量 X_{it}，与 $z_{t,k-1}$ 做时序回归得到系数估计 $\hat{A}_i$

$$X_{it} = \alpha_i + z'_{t,k-1}A_i + \nu^*_{i,t} \tag{8.25}$$

对于 t 时间的资产特征与 $\hat{A}_i$ 做横截面回归，得到系数 $\hat{B}_i$

$$X_{it} = \hat{A}'_i B_t + \nu^*_{i,t} \tag{8.26}$$

对于收益 y_{t+h} 与 $\hat{B}_i$ 做回归，得到截距和回归系数

$$y_{t+h} = \alpha + \hat{B}'_t \beta + \varepsilon_{t+h} \tag{8.27}$$

式中，残差 $\hat{\varepsilon}^{(k)}_{t+h} = y_{t+h} - \hat{\alpha} + \hat{B}'_t \hat{\beta}$。

接下来进行重复迭代，使 $k = k+1$，$z_{t,k} = (z_{t,k-1}, \hat{\varepsilon}^{(k)}_{t+h})$。直到求出第 r 个主成分。

代码如下：

```
from sklearn.cross_decomposition import PLSRegression   ## 导入 PLS 模块
pls = PLSRegression(n_components=k, scale=False, copy=True)
                                   ## 确定主成分为 k 维
pls_train = pls.fit(x,y)           ## 进行降维，并将参数存储于 pls_train 空间中
ytest_pls = pls_train.predict(xtest) ## 在测试集进行预测
```

三、偏最小二乘回归的评价

作为一种广泛使用的数据降维方法，偏最小二乘法有其特定的优势和劣势：首先，偏最小二乘法可以同时进行多个变量与自变量的回归，当样本为小样本时同样适用，并且能得到精确的回归方程，但是其得到的系数很难解释；其次，偏最小二乘回归不适于变量过少的情况。当变量个数过少时，有可能产生全部变量的累计贡献率不满足要求的情况；最后，偏最小二乘回归可以确定因变量与自变量之间的定量表达式，并且可以根据显著性检验的结果来判断回归方程系数是否显著，能更有效地进行控制与预测。

四、在金融中的应用

布莱恩·凯利（Bryan T. Kelly）等（2013）将偏最小二乘法应用到收益预测研究中并发现相比预测变量间的关系，其与预测值之间的协方差显得更为重要，文章提出一些有效预测变量在 PCA 算法中可能因为方差较小而被忽略，而 PLS 通过提高这类变量的权重使得预测更为有效；黄大山和姜富伟 2015 年的文章同样出于上述考量，将 PLS 算法引入到测度投资者情绪的计量方法中，使用股票收益变动作为工具变量，提取投资者情绪。对投资者情绪敏感、股票收益预测能力强的代理变量给予较高的权重，反之给予较小的权重，据此构造一个全新的投资者情绪指数，并基于 PLS 方法构建投资者情绪指数有效地提取代理变量中对股票收益预测有用的投资者情绪信息，并去除公共或个体噪音的不利影响；王镇等（2014）采用 PLS 重新构建投资者情绪综合指数，并与主成分分析法构建的综合指数进行比较，结果发现采用 PLS 构建的投资者情绪指数的效果要优于主成分分析法构建的投资者情绪指数；孟雪井等（2016）运用文本挖掘技术对中国知网 CSSCI 期刊与新浪微博话题信息进行文本分析并构建了反映我国投资者行为的关键词词库，之后同样利用 PLS 构建了具有领先性的沪市投资者情绪指数；周亮（2020）利用 PLS 生成的投资者情绪指数检验了情绪对传统的动量效应及经 CAPM 模型调整的残差动量效应的影响并得到了显著的结果。

专栏 8-4　利用 PLS 构建投资者情绪指数

超额的股票市场总回报是标准普尔 500 指数（包括股息）的连续复合对数回报减去无风险利率。6 个投资者情绪指标为：

（1）封闭式基金贴现率（CEFD）：封闭式股票共同基金份额的资产净值与其市场价格之间的价值加权平均差。

（2）股票换手率，（TURN）：根据过去 5 年平均值去除趋势的原始换手率的对数，其中原始换手率是报告的股票交易量与 NYSE Fact Book 中列出的股票的平均比率。

（3）IPO 数量（NIPO）：每月首次公开募股的数量。

（4）首次公开募股的首日回报（RIPO）：首次公开募股的月平均首日回报。

（5）股息溢价（PDND）：股息支付者和非支付者的价值加权平均市净率的对数差异。

（6）新发行的股票份额（S）：每月股票发行总额除以每月股票总额加上债务发行。这些数据可从杰弗里·沃格勒（Jeffrey Wurgler）的网站上获得，BAKER M, WURGLER J. Investor sentiment and the cross-section of stock returns［J］. The journal of Finance, 2006, 61（4）: 1645-1680.

数据跨度从 1965 年 7 月到 2010 年 12 月（546 个月），由 PLS 估计的用于预测股市回报的一致投资者情绪指数 ISPLS 是 6 个指标的线性组合。

$$IS^{PLS} = -0.44CEFD - 0.16TURN - 0.32NIPO + 0.57RIPO - 0.26PDND + 0.62S$$

其中每个单独的指标都被标准化并回归，工业生产的增长、耐用消费的增长、非耐用消费的增长、服务消费的增长、就业的增长，以及一个 NBER 日期的衰退虚拟变量——为了消除商业周期变化的影响。股票换手率、首次公开募股的平均首日回报和股息溢价相对于其他三项指标滞后 12 个月，以考虑到某些变量需要更长的时间才能揭示相同情绪的事实。继贝克和沃勒 2006 年的文章之后，IS^{PLS} 被标准化为在整个样本期间具有零均值和单位方差。有趣的是，IS^{PLS} 中 TURN 和 NIPO 的迹象与贝克和沃格勒文章中的投资者情绪指标 IS^{BW} 中的相反。新的迹象表明它们在减少对齐指数中的噪音方面最大限度地发挥了对冲作用。

图 8-9 为投资者情绪指标，实线部分为贝克和沃格勒 2006 年的文章基于六大个人情绪指标使用主成分分析得到的投资者情绪综合指标 S^{BW}，个人情绪指标包括封闭式基金折价率、股票周转率、IPO 数量、IPO 首日平均回报率、股息溢价和新股发行中的股票份额。虚线部分为黄大山、姜富伟、涂俊、周国富教授在 2015 年的文章中使用 PLS 重新构建的情绪指标 S^{PLS}，阴影部分为 NBER 定义的市场衰退期。可以看出 S^{PLS} 相比 S^{BW} 对市场情绪的捕获更为精准。

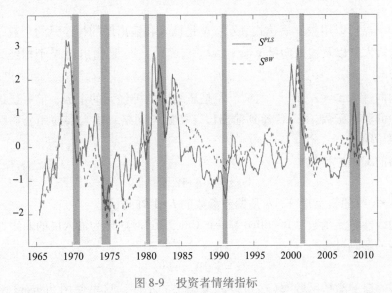

图 8-9　投资者情绪指标

第四节　自编码模型

一、自编码模型的原理

金融市场存在大量的噪声和高度相关的预测因子，虽然我们可以通过 PCA、IPCA 或者 Scaled PCA 等方法获得少量因子来解释和预测横截面收益，但是传统的主成分分析或者偏最小二乘分析只能获得静态线性因子，但越来越多的研究发现资产收益和指标之间还存在着非线性关系。而当存在非线性关系时，线性近似会导致预测估计的巨大误差。因此，在提取多指标的公共信息时，我们需要构造非线性动态模型来进行非线性降维变换，从而更好地提取融数据中的非线性信息。

作为无监督学习的一种,自编码网络模型(AutoEncoder,AE)通过输入层引入多维信息集,利用隐藏层进行降维处理得到样本隐变量,在输出层重新"解码"为具有原始维度的新信息集合,数据主成分为模型在隐藏层的输出。相比 PCA 等线性降维模型,AE 使用神经网络模型考虑了非线性的影响,构建的信息集具有更高的信噪比[⊖]。标准的自编码模型如图 8-10 所示。

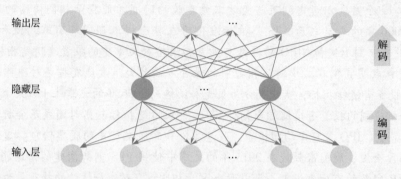

图 8-10 标准的自编码模型

标准自编码器可以用数学表达式表示:N 是输入和输出层的神经元的个数,x_k 是输入层 N 个神经元的输入,以及输入向量 $\boldsymbol{x} = (x_1, x_2, \cdots, x_N)^{\mathrm{T}}$。$\widetilde{x}_k$ 是输出层 N 个神经元的输出,以及输出向量 $\widetilde{\boldsymbol{x}} = (\widetilde{x}_1, \widetilde{x}_2, \cdots, \widetilde{x}_N)^{\mathrm{T}}$。

压缩层的向量为 $\boldsymbol{z} = (z_1, z_2, \cdots, z_K)^{\mathrm{T}}$,$K$ 是压缩层的神经元的个数,前一层的输入向量经过一个非线性的激活函数 $g(\cdot)$ 传递到输出层。初始化网络,输入层使用公司财务特征的横截面数据为原始输入 $\boldsymbol{x} = (x_1, x_2, \cdots, x_N)^{\mathrm{T}}$。

自编码器的编码过程为

$$z = g(\boldsymbol{b} + \boldsymbol{W}_x) \tag{8.28}$$

式中,$\boldsymbol{W}$ 是 $K \times N$ 维的权重矩阵,$\boldsymbol{b}$ 是偏差参数的 $K \times 1$ 维向量。

本文使用线性整流函数(Rectified Linear Unit,ReLU)作为输入层的非线性激活函数。

自编码器的解码过程为

$$\widetilde{\boldsymbol{x}} = \widetilde{g}(\boldsymbol{W}^{\mathrm{T}} \boldsymbol{z} + \boldsymbol{b}^{\mathrm{T}}) \tag{8.29}$$

其中,解码层的激活函数 $\widetilde{g}(\cdot)$ 可以和编码层的不同,这里使用 Sigmoid 函数。Sigmoid 函数是一种常见的 S 型函数,可以把变量映射到 $[0,1]$ 之间。

二、条件变分自编码模型

耶鲁大学布莱恩凯利教授与芝加哥大学修大成教授在 2021 年的文章中提出了基于因子暴露的资产定价模型。模型考虑了潜在因子和因子暴露,并将因子暴露建模为协变量的灵活非线性函数,提供了非线性的因子和载荷估计。与 IPCA 模型在处理因子和动态风险补偿时使用的线性模型不同,CAE 将其替换为非线性的神经网络模型。其中,因子构建使用了自编码模型,而基于特征变量的动态载荷则使用了多层感知器(Muti-Layer Perception,MLP)。

⊖ 由于自编码模型基于神经网络构建,模型的具体描述可参照本书第十章。

三、变分自编码模型

变分自编码器（Variational Auto-Encoder，VAE）是一类重要的生成模型，由迪德里克·金马（Diederik P. Kingma）和迈克斯·韦林（Max Welling）在2013年时提出 KINGMA D P, WELLING M. Auto-encoding variational bayes[J]. arXiv preprint arXiv：1312. 6114, 2013. 。图8-11是VAE的示意图。能观测到的数据是 x，由隐变量 z 产生；$z \to x$ 的过程是生成模型，一般用 $p_\theta(x \mid z)$ 表示，我们可将其看作解码器；而由 $x \to z$ 是识别模型，一般用 $q_\phi(z \mid x)$ 表示，可将其看作自编码器的编码器。

作为无监督的生成模型，VAE的应用条件非常宽松，只要有无标注的训练数据，再为隐变量设定一个先验概率分布，就可以进行训练了。训练完成后，我们能得到的结果也是两个：①对训练数据的模拟，即作为生成模型，VAE能生成与训练数据同分布的结果；②隐变量本身，即VAE能为数据集中每个数据生成一个隐变量 z，并通过对隐变量分布情况的分析得到一些关于数据分布情况的结论。

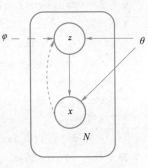

图 8-11　VAE 示意图

不同于AE模型生成具体的隐变量，VAE试图使用概率分布函数来表示样本潜在的特征，因而VAE模型具有学习原始样本生成新样本的能力。考虑到资本市场的多变性，VAE可以更好地生成新的市场环境，且具有更好地模拟显示金融环境的能力。

代码如下（简单的变分自编码模型）：

```python
from scipy. stats import norm
from keras. layers import Input, Dense, Lambda
from keras. models import Model
from keras import backend as K
from keras import metrics
from keras. datasets import mnist
from keras. utils import to_categorical
## 参数设置
early_stopping = EarlyStopping(monitor='val_loss', patience=20, verbose=2)
batch_size = 250
original_dim = 70
latent_dim = 2 # 隐变量取 2 维
intermediate_dim = 32
epochs = 200
epsilon_std = 1.0
num_classes = 10
## 建模
x = Input(shape=(original_dim,))
h = Dense(intermediate_dim, activation=gelu)(x)
z_mean = Dense(latent_dim)(h)
z_log_var = Dense(latent_dim)(h)
```

237

```
def sampling(args):
    z_mean, z_log_var = args
    epsilon=K.random_normal(shape=(K.shape(z_mean)[0],
                                 latent_dim),mean=0,stddev=epsilon_std)
    return z_mean + K.exp(z_log_var / 2) *epsilon
# 重参数层
z = Lambda(sampling, output_shape=(latent_dim,))([z_mean, z_log_var])
# 解码层
decoder_h = Dense(intermediate_dim, activation=gelu)
decoder_mean = Dense(original_dim)
h_decoded = decoder_h(z)
x_decoded_mean = decoder_mean(h_decoded)
# 生成模型
vae = Model(x, x_decoded_mean)
vae.compile(optimizer='rmsprop')
vae.summary()
## 拟合
vae.fit(X_train,
        shuffle=True,
        epochs=epochs,
        batch_size=batch_size,
        validation_data=(X_test, None),verbose=0,callbacks=[early_stop-
        ping])
## 使用 VAE 降维 X 样本集
x = vae.predict(x)
encoder = Model(x, z_mean)
x_vae = encoder.predict(x, batch_size=batch_size)
```

第五节　聚类分析

一、聚类分析简介

在数据结构分析中，除了采用上述提到的各类降维方法外，还可以通过聚类（Clustering）分析法来进行样本分类。聚类是按照一定的要求和规律对事物进行区分和分类的过程，以高的"簇内相似度"（Intra-cluster Similarity）和低的"簇间相似度"（Inter-cluster Similarity）为划分标准，将样本数据划分为若干个不相交的子集并进行特征定义。在这个过程中，我们没有任何关于分类的先验知识，仅靠事物间的相似性作为划分属类的准则，因此聚类分析是无监督分类的一种。

聚类算法种类繁多，具体使用的算法取决于数据类型、聚类的应用和使用目的。常用的聚类算法大致分为划分聚类算法（Partitioning-based Method）、层次聚类算法（Hierarchical Method）、基于密度的聚类算法（Density-Based Method）、基于网格的聚类算法（Grid-based

Method）和基于模型的聚类算法（Model-Based Method）5 种。其中，最常见的是划分聚类算法中的 K-means 算法。

二、K-means 算法

K-means 算法是经典的一类聚类算法，由詹姆斯·麦昆（James Macqueen）于 1967 年首先提出。K-means 算法中的 K 代表簇个数，means 代表簇内数据的均值（这种均值是一种对簇中心的描述），因此，K-means 算法又称为 K-均值算法。K-means 算法是一种基于划分的聚类算法，以距离作为数据间相似性度量的标准，即数据间的距离越小，它们的相似性越高，则它们越有可能在同一个簇类。假设有两个点，点 P 和点 Q，对应坐标分别为 $P=(x_1,x_2,\cdots,x_n)\in \mathbf{R}^n$，$Q=(y_1,y_2,\cdots,y_n)\in \mathbf{R}^n$，那么点 P 和点 Q 之间的距离可以定义为

$$d(P,Q) = \left(\sum_{i=1}^{n}(x_i-y_i)^p\right)^{\frac{1}{p}} \tag{8.30}$$

其中 $p \geqslant 1$，$p=1$ 为曼哈顿距离（Manhattan Distance），$p=2$ 为欧氏距离（Euclidean Distance），K-means 算法通常使用欧氏距离计算数据对象间的距离。

图 8-12 给出了一个通过 4 次迭代质心 c_i 位置并聚类得到 3 个簇的例子。

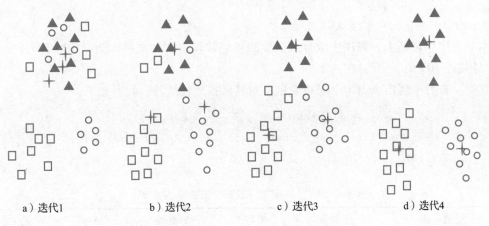

a）迭代1　　　　b）迭代2　　　　c）迭代3　　　　d）迭代4

图 8-12　K-means 聚类迭代过程

K-means 算法具体步骤如下：首先，输入簇的数目 k 和包含 n 个对象的数据库；其次，随机选择 k 个对象，每个对象代表一个簇的初始均值或者中心；第三，对剩余的每个对象，根据它与簇均值的距离，将其指派到最相近的簇；第四，计算每个簇的新均值；最后，进行循环，直到其值不再发生变化。最终输出的 n 个簇应符合平方误差（SSE）最小的条件。

K-means 算法可以看作是高斯混合聚类在混合方差相等，且每个样本仅指派给一个混合成分时的特例。当结果簇密集，且簇之间的区别明显时，它的效果较好。另外，由于 K-means 算法复杂度低，且通常终止于局部最优解，所以其对于大数据集的处理是相对可伸缩和高效的。但是 K-means 算法也有一定的缺点：例如，K-means 只有当簇均值有定义的情况下才可以使用；不适合发现非凸面形状的簇，或者大小差别很大的簇；对噪声和独立点数据敏感，少量的该类数据即可对平衡值产生较大影响等。

综合来看，聚类方法在金融与财务领域中还是得到了较为广泛的运用。一方面是因为金融数据天然具有"标签"属性，例如，股票是不同行业或不同区域的，方便进行聚类分析；

另一方面是因为特征因子构建过程中会包含企业的不同维度信息，而通过聚类，在后续对股价进行分析时可以寻找与其最接近的簇并将簇内样本收益均值作为预测值进行输出，有利于提高预测能力。

代码如下：

```
import numpy as np
from sklearn.cluster import KMeans
from matplotlib import pyplot
clf = KMeans(n_clusters=2)        # 将数据点分为两组
clf.fit(X)                        # 分组
centers = clf.cluster_centers_    # 两组数据点的中心点
labels = clf.labels_              # 每个数据点所属分组
```

第六节　金融应用与 Python 实现

一、问题与数据描述

数据集1　中国宏观经济数据

本节在中国市场上，采用主成分分析预测市场波动率，数据样本为 2010 年 1 月至 2019 年 12 月共计 103 个。

首先，查看中国市场 103 个宏观变量，对其做描述性统计，代码如下：

```
whole_data = pd.read_csv('CHN_Macro_sample.csv')
whole_data.drop(columns = ['Dates','Vol','y']).describe().T
```

运行结果见表 8-4。

表 8-4　103 个中国市场宏观变量的描述性统计

变量名称	数量	平均值	标准差	最小值	最大值
RealGDP	120	4604.68	922.92	3082.17	6259.53
NomInvestment	120	4011.68	1212.81	1740.47	7103.94
NomConsumption	120	2354.39	707.16	1182.06	3471.90
M2	120	128268.52	40051.97	64722.78	199888.69
NomImports	120	981.79	132.12	700.18	1298.82
NomExports	120	1179.90	170.96	789.76	1619.63
Repo7Day	120	0.03	0.01	0.01	0.07
DepositRate1YBench	120	0.02	0.01	0.02	0.04
NomGDP	120	5706.88	1495.80	3177.56	8472.97
GDPDeflator	120	1.22	0.08	1.03	1.36
CPI	120	1.31	0.09	1.14	1.48
InvestmentPrice	120	1.38	0.08	1.24	1.54

（续）

变量名称	数量	平均值	标准差	最小值	最大值
RealSOEVAYoY	110	6.29	3.90	−2.00	20.70
RealPrivVAYoY	110	11.13	5.00	3.70	24.00
PPI_M_NSAbvar	120	116.99	4.50	106.64	124.46
RPI_M_NSAbvar	120	123.26	4.99	111.57	134.28
RetailPriceIndex	120	1.16	0.05	1.05	1.26
FAIPriceIndex	120	1.02	0.06	0.92	1.15
GFCFPriceIndex	120	1.02	0.05	0.92	1.13
NominalRetailGoodsC	120	6993.29	2172.77	3357.86	10477.24
NominalFAI	120	11961.63	3606.40	5131.48	17093.76
NominalFAIGovt	120	1186.72	394.33	540.59	1711.10
NominalFAIPriv	120	4395.39	1735.09	1443.00	6583.91
NominalFAISOEexGovt	120	1723.01	312.83	1046.75	2132.55
NominalFAINonSOE	120	4958.65	1502.05	2101.14	6876.29
NominalNetExports	120	354.33	126.24	84.18	693.64
NominalExportsGoods	120	3502630.11	489108.30	2293049.63	4403818.92
NominalImportsGoods	120	2923901.56	385788.56	2019493.75	3707795.80
NominalHHC	120	6294.49	1929.58	3195.57	9830.53
NominalGovtC	120	2710.95	812.38	1363.61	4231.38
NominalGCF	120	7490.67	1786.23	4319.11	11135.38
NominalInvty	120	218.65	268.86	−755.77	1771.92
NominalGFCF	120	7272.02	1885.59	4037.67	11041.10
NominalGovtGFCF	120	1018.44	486.90	512.79	2119.29
NominalPrivGFCF	120	2006.18	703.28	902.62	2978.84
NominalHHGFCF	120	1668.13	598.85	827.84	3046.54
NominalSOEGFCF	120	1346.47	229.29	992.91	1685.22
NominalSOEexGovtGFCF	120	413.98	118.81	223.25	551.60
NominalNonSOEGFCF	120	2287.61	584.22	1314.30	3069.88
NominalBusGFCF	120	5640.27	1501.13	3209.83	7733.94
NominalNarOutput	120	11776.11	3186.81	6405.40	16083.72
RatioGFCFPrice2CPI	120	1.04	0.03	0.97	1.09
LaborIncome	120	7593.86	1532.66	4343.90	8775.88
LaborIncomeShare	120	0.51	0.03	0.45	0.54
LaborCompSumProvinces	120	6899.90	1040.86	4262.14	7601.23
DPI	120	9022.20	1560.68	5316.03	10199.44
AvgNominalWage	120	35347.45	10042.58	19507.28	55216.36

（续）

变量名称	数量	平均值	标准差	最小值	最大值
ReserveMoney	120	19196. 83	3884. 09	9399. 10	23214. 35
M0	120	5951. 78	1089. 30	3739. 23	7684. 73
RRR	120	0. 17	0. 03	0. 10	0. 21
ARR	120	0. 19	0. 03	0. 12	0. 23
ERR	120	0. 02	0. 00	0. 01	0. 03
R3mDeposit	120	0. 02	0. 01	0. 01	0. 03
R1dRepo	120	0. 03	0. 01	0. 01	0. 04
BankLoansMLT	120	51666. 54	21014. 14	22502. 70	97419. 57
NewBankLoansNFEST	120	454. 89	258. 41	−12. 43	961. 96
NewBankLoansNFESTBF	120	574. 06	409. 01	−504. 80	1151. 08
NewBankLoansNFEMLT	120	991. 45	436. 13	270. 23	1803. 73
logrealHHC	120	8. 72	0. 25	8. 24	9. 10
logrealBusI	120	8. 59	0. 24	8. 16	8. 89
logrealHHC_nipa	120	8. 57	0. 25	8. 12	8. 95
logrealBusI_nipa	120	8. 48	0. 21	8. 12	8. 75
logrealNarrowY_nipa	120	9. 21	0. 22	8. 81	9. 48
logrealGDP_nipa	120	9. 57	0. 21	9. 17	9. 90
logrealGDP_va	120	9. 56	0. 21	9. 18	9. 89
logrealLaborIncome	120	8. 80	0. 18	8. 42	8. 94
logrealDPI	120	8. 98	0. 15	8. 62	9. 09
logM2	120	11. 69	0. 33	11. 05	12. 20
ratioNewLoansNFEST2GDP	120	0. 03	0. 02	0. 00	0. 07
ratioNewLoansNFESTBF2GDP	120	0. 04	0. 03	−0. 05	0. 09
ratioNewLoansNFEMLT2GDP	120	0. 06	0. 03	0. 02	0. 13
LendingRatePBC1year	120	0. 05	0. 01	0. 04	0. 07
DepositRatePBC1year	120	0. 02	0. 01	0. 02	0. 04
Employment	120	761. 35	2. 12	754. 91	763. 50
NVA_InpOut_Heavy	120	8813. 86	1427. 14	5345. 28	9951. 83
NVA_InpOut_Light	120	6331. 47	1198. 43	3747. 34	7376. 71
NHeavyFAI	120	8272. 20	2339. 84	3684. 79	10990. 24
NLightFAI	120	3991. 56	1576. 02	1446. 69	6103. 52
PPI	120	1. 31	0. 05	1. 20	1. 39
LandPrice	120	4. 80	1. 37	2. 71	6. 47
FAInvPrice	120	147. 50	8. 08	131. 27	164. 34
NominalGDPva	120	16821. 33	4461. 47	9261. 18	25214. 41

（续）

变量名称	数量	平均值	标准差	最小值	最大值
RealGDPva	120	14541.26	2937.73	9698.54	19734.73
R7dRepo	120	0.03	0.01	0.01	0.05
BankLoansTotal	120	86526.56	32269.73	39693.60	152885.69
BankLoansST	120	30086.21	9119.97	14582.67	44975.35
NGDPva_Heavy	120	8247.58	1266.82	5145.02	9270.21
NGDPva_Light	120	6955.83	1321.51	4116.15	8107.47
EntrustedLoans	120	8680.19	3884.66	2526.42	13954.13
TrustedLoans	120	4889.46	2437.73	1114.38	8540.50
BankAccts	120	5111.95	1408.47	1792.48	7516.42
ShowdowBanking	120	18681.59	6292.47	5433.28	27021.94
AggFinancing	120	135539.50	60166.39	50897.78	250606.10
RealEstateDomesticLoanFAI	120	490.57	116.49	307.83	673.33
HeavyIndustryDomesticLoanFAI	120	1144.22	133.64	869.59	1345.44
LightIndustryDomesticLoanFAI	120	264.10	35.36	196.28	295.76
pop	120	1373.40	23.53	1333.71	1409.58
CPriceExHousing	120	2.99	0.27	2.45	3.58
NonFinBusinessLoans	120	61710.38	19534.81	31905.20	98995.84
ResidentialInvestment	120	1668.13	598.85	827.84	3046.54
GFCFPrice	120	1.59	0.08	1.44	1.77
NonConstrEmp	120	681.29	6.18	672.43	693.07
ConstrEmp	120	80.06	6.38	64.84	86.94
NonConstrWage	120	62317.33	17776.79	34475.03	96834.05
ConstrWage	120	45960.62	11803.14	25269.17	67280.21
InvRETotal	120	2267.90	639.12	970.38	3351.46
FAIRETotal	120	2801.85	734.00	1153.03	3612.85
FAIRETotalBack	120	2801.85	734.00	1153.03	3612.85
NSTRGFCF	120	1629.72	272.55	908.63	1953.04
NRESSTRGFCF	120	1121.14	177.68	659.18	1341.02

数据集 2　美国宏观经济数据（FRED-MD）

美国宏观经济数据集来源于 FRED-MD 数据库，我们对 2010 年 1 月到 2019 年 12 月共计 94 个美国宏观变量进行描述性统计，代码如下：

```
monthly_data = pd.read_csv('USA_Marco.csv',index_col=0)
monthly_data.drop(columns = ['Dates','Vol','y']).describe().T
```

运行结果见表 8-5。

表 8-5　94 个美国宏观变量的描述性统计

变量名称	数量	平均值	标准差	最小值	最大值
RPI	120	14942.66	1230.62	12852.30	17008.96
W875RX1	120	12381.46	1076.18	10437.50	14152.50
DPCERA3M086SBEA	120	107.31	7.98	95.29	121.39
CMRMTSPLx	120	1363939.60	100433.40	1159614.00	1525606.00
RETAILx	120	438902.72	48641.93	345959.00	523862.00
INDPRO	120	99.04	3.59	89.27	104.17
IPFPNSS	120	99.60	1.87	93.76	102.88
IPFINAL	120	100.01	1.80	94.32	103.34
IPCONGD	120	99.36	1.32	96.54	102.14
IPDCONGD	120	93.44	8.23	76.98	106.27
IPNCONGD	120	101.13	1.41	98.31	104.71
IPBUSEQ	120	98.46	5.40	82.59	105.20
IPMAT	120	98.62	5.49	84.29	106.14
IPDMAT	120	98.00	5.38	79.59	105.02
IPNMAT	120	100.06	1.64	95.34	102.92
IPMANSICS	120	98.92	2.33	90.80	101.98
IPB51222S	120	103.46	5.51	86.77	117.72
IPFUELS	120	94.65	4.33	83.00	101.78
CUMFNS	120	74.94	1.99	67.79	78.17
HWI	120	5088.96	1443.50	2666.00	7574.00
HWIURATIO	120	0.62	0.35	0.18	1.24
CLF16OV	120	157605.43	3350.48	153214.00	164579.00
CE16OV	120	147860.73	6277.04	138438.00	158735.00
UNRATE	120	6.22	2.06	3.50	9.90
UEMPMEAN	120	30.82	6.40	19.70	40.70
UEMPLT5	120	2442.33	247.17	1846.00	2933.00
UEMP5TO14	120	2449.73	485.77	1654.00	3534.00
UEMP15OV	120	4852.10	2370.69	1997.00	9130.00
UEMP15T26	120	1479.90	504.21	747.00	2793.00
UEMP27OV	120	3372.18	1878.77	1146.00	6800.00
CLAIMSx	120	311593.33	79577.76	211800.00	485750.00

（续）

变量名称	数量	平均值	标准差	最小值	最大值
PAYEMS	120	140421.76	6908.01	129698.00	151919.00
USGOOD	120	19335.34	1056.21	17627.00	21071.00
CES1021000001	120	719.75	79.43	593.30	851.00
USCONS	120	6363.44	703.54	5427.00	7557.00
MANEMP	120	12201.64	391.45	11453.00	12830.00
DMANEMP	120	7622.90	284.40	6985.00	8062.00
NDMANEMP	120	4578.74	121.15	4434.00	4795.00
SRVPRD	120	121086.42	5859.68	112071.00	130859.00
USTPU	120	26373.22	1089.61	24461.00	27828.00
USWTRADE	120	5696.56	158.13	5375.00	5899.10
USTRADE	120	15310.20	494.20	14397.10	15920.00
USFIRE	120	8123.86	365.03	7676.00	8832.00
USGOVT	120	22189.56	277.02	21814.00	22996.00
CES0600000007	120	41.12	0.36	39.60	41.70
AWOTMAN	120	4.26	0.22	3.40	4.80
AWHMAN	120	41.73	0.32	40.50	42.30
HOUST	120	993.79	257.57	517.00	1547.00
HOUSTNE	120	101.43	30.20	46.00	219.00
HOUSTMW	120	149.13	38.44	60.00	243.00
HOUSTS	120	502.70	134.04	265.00	781.00
HOUSTW	120	240.53	81.07	90.00	398.00
PERMIT	120	1047.77	275.14	542.00	1509.00
PERMITNE	120	111.30	35.88	58.00	287.00
PERMITMW	120	157.98	35.57	89.00	245.00
PERMITS	120	524.63	137.70	257.00	790.00
PERMITW	120	253.86	83.29	97.00	397.00
ACOGNO	120	194876.03	12003.64	165716.00	214158.00
AMDMNOx	120	224201.04	18327.02	180450.00	304221.00
ANDENOx	120	74640.78	10521.39	56916.00	144012.00
AMDMUOx	120	1103515.23	135888.37	827911.00	1285367.00
BUSINVx	120	1751268.62	194204.85	1333698.00	2054491.00
ISRATIOx	120	1.34	0.06	1.24	1.44

（续）

变量名称	数量	平均值	标准差	最小值	最大值
M1SL	120	2875.17	686.82	1674.70	4011.20
M2SL	120	11752.08	2017.56	8458.50	15329.10
M2REAL	120	4922.62	628.48	3883.30	5922.80
BOGMBASE	120	3283740.00	661996.23	1961200.00	4075000.00
TOTRESNS	120	2003.76	523.01	1038.60	2842.00
NONBORRES	120	1994218.33	537955.83	970200.00	2841800.00
BUSLOANS	120	1761.01	391.73	1184.91	2366.78
REALLN	120	3871.15	358.40	3489.04	4622.04
NONREVSL	120	2379.96	435.36	1627.69	3100.59
CONSPI	120	0.15	0.01	0.13	0.16
S&P500	120	1962.20	590.15	1079.80	3176.75
S&P：indust	120	2619.04	802.89	1391.77	4294.39
S&P div yield	120	1.99	0.11	1.76	2.30
S&P PE ratio	120	21.92	6.98	14.42	67.79
FEDFUNDS	120	0.61	0.76	0.07	2.42
CP3Mx	120	0.74	0.80	0.11	2.69
TB3MS	120	0.57	0.78	0.01	2.40
TB6MS	120	0.64	0.79	0.04	2.48
GS1	120	0.74	0.81	0.10	2.70
GS5	120	1.65	0.59	0.62	3.00
GS10	120	2.41	0.55	1.50	3.85
AAA	120	4.03	0.54	2.98	5.35
BAA	120	4.99	0.58	3.87	6.34
COMPAPFFx	120	0.13	0.12	−0.18	0.57
TB3SMFFM	120	−0.05	0.07	−0.30	0.19
TB6SMFFM	120	0.03	0.11	−0.37	0.36
T1YFFM	120	0.13	0.18	−0.44	0.61
T5YFFM	120	1.04	0.61	−0.63	2.38
T10YFFM	120	1.79	0.91	−0.49	3.65
AAAFFM	120	3.41	1.10	0.86	5.22
BAAFFM	120	4.38	1.15	1.75	6.21
TWEXAFEGSMTHx	120	99.03	10.16	82.68	114.01

（续）

变量名称	数量	平均值	标准差	最小值	最大值
EXSZUSx	120	0.96	0.05	0.78	1.13
EXJPUSx	120	101.21	14.07	76.64	123.72
EXUSUKx	120	1.47	0.14	1.22	1.71
EXCAUSx	120	1.17	0.14	0.96	1.42
WPSFD49207	120	195.55	7.25	177.70	207.50
WPSFD49502	120	207.41	8.36	186.40	219.90
WPSID61	120	194.67	7.76	178.90	204.70
WPSID62	120	213.84	29.44	162.10	263.70
OILPRICEx	120	72.45	21.94	30.32	110.04
PPICMM	120	200.79	23.19	157.10	260.70
CPIAUCSL	120	237.11	11.07	217.20	258.20
CPIAPPSL	120	125.02	2.55	118.92	128.58
CPITRNSL	120	207.24	9.31	188.78	223.27
CPIMEDSL	120	443.29	35.41	382.74	510.61
CUSR0000SAC	120	183.36	4.25	172.93	189.88
CUSR0000SAD	120	108.98	3.19	103.89	113.31
CUSR0000SAS	120	290.29	20.92	259.83	329.10
CPIULFSL	120	236.39	11.03	216.89	257.84
CUSR0000SA0L2	120	223.75	7.00	207.48	236.15
CUSR0000SA0L5	120	227.14	10.01	208.82	246.10
PCEPI	120	102.92	4.21	95.35	110.75
DDURRG3M086SBEA	120	94.43	5.56	85.37	103.55
DNDGRG3M086SBEA	120	97.95	2.52	91.26	101.39
DSERRG3M086SBEA	120	106.13	7.01	95.29	119.07
CES0600000008	120	22.11	1.42	20.09	25.08
CES2000000008	120	25.38	1.73	23.03	28.90
CES3000000008	120	20.04	1.13	18.43	22.44
UMCSENTx	120	85.50	11.27	55.80	101.40
MZMSL	120	12980.53	2202.16	9422.60	17020.50
DTCOLNVHFNM	120	299701.22	24310.26	218553.65	343472.98
DTCTHFNM	120	781625.95	66062.61	642123.82	896866.51
INVEST	120	2972.59	426.98	2294.19	3824.32
VXOCLSx	120	16.29	5.50	8.02	37.30

二、实验 8-1 利用 PCA 对中国市场波动率建模

对中国市场波动率进行描述,代码如下:

```
import pandas as pd
Ys_table = pd.read_csv('CHN_Marco_predictors.csv')
vol = Ys_table['Vol']
matplotlib inline
from scipy import stats, integrate
import seaborn as sns
import matplotlib.pyplot as plt
sns.distplot(vol)
```

运行结果如图 8-13 所示。

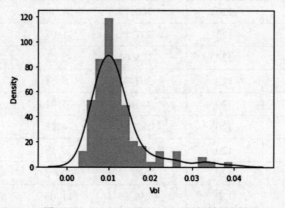

图 8-13 sns.distplot(vol)运行结果图

由于输入数据的量级不同,要求对所有变量进行标准化处理。定义标准化函数,代码如下:

```
def Norm(in_df,no_Norm):
    op_df = in_df.copy()
    for col in op_df.columns:
        if col in no_Norm:
            continue
        else:
            col_max = max(op_df[col])
            col_min = min(op_df[col])
            if col_max == col_min:
                continue
            op_df[col] = (op_df[col] - col_min) / (col_max - col_min)
    return op_df
```

首先,定义 PCA 函数。函数的输入值有:训练集的输入变量(in_X_train)、训练集的目标值(in_y_train)、测试集的输入变量(in_X_test)、测试集的目标值(in_y_test)、样本

外数据的输入变量（in_X_oos）、测试集（in_test_data）以及样本外测试集（in_oos_data）。在该函数中，我们选取方差贡献率最大的前十个成分进行训练和预测。最终输出为在测试集中表现最好的参数下的样本外预测结果（datapca），代码如下：

```python
import pandas as pd
import numpy as np
from sklearn.model_selection import KFold, cross_val_score, Randomized-SearchCV


def PCA_method(in_X_train,in_y_train,in_X_test,in_y_test,in_X_oos, in_test_data, in_oos_data):
    from sklearn.decomposition import PCA
    from sklearn.linear_model import LinearRegression

    kf_10 = KFold(n_splits=5, shuffle=True, random_state=123)
    mse = []
    for i in range(1,10):
        pca = PCA(n_components=i)
        pca.fit(in_X_train)
        X_pca = pca.transform(in_X_train)
        Y = np.matrix(in_y_train).reshape(-1,1)
        X_pca = np.matrix(X_pca).reshape(-1,np.size(X_pca,1))
        reg = LinearRegression()
        score = -1*cross_val_score(reg, X_pca, Y, cv=kf_10, scoring= 'neg_mean
        _squared_error',verbose=0).mean()
        mse.append(score)

    optimal_comp = mse.index(min(mse))+1
    pca_best = PCA(n_components=optimal_comp)
    pca_best.fit(in_X_train)

    X_pca = pca_best.transform(in_X_train)
    Y = np.matrix(in_y_train).reshape(-1,1)
    X_pca = np.matrix(X_pca).reshape(-1,np.size(X_pca,1))

    model1 = LinearRegression()
    lin_reg = model1.fit(X_pca,Y)
    Xoos_pca = pca_best.transform(in_X_oos)
    Xoos_pca = np.matrix(Xoos_pca).reshape(-1,np.size(Xoos_pca,1))
    yhat = lin_reg.predict(Xoos_pca)
    inner_oos_data = in_oos_data.copy()
    inner_oos_data['rethat'] = yhat
```

```
        datapca = inner_oos_data[['Dates','y','pca']]

        return datapca
```

在这一步中，使用循环生成 PCA 所需要的输入数据，并将数据传入 PCA 中，得到 PCA 的输出结果，代码如下：

```
all_month_list = list(whole_data['Dates'].values)
train_month_n = 24
test_month_n = 12
oos_month_n = 1
pca_op = []

for i in range(len(all_month_list)):
    if i < train_month_n + test_month_n + oos_month_n - 1:
        continue
    else:

        train_monthes = all_month_list[i-test_month_n-train_month_n:i-test_
        month_n]
        test_monthes = all_month_list[i-test_month_n:i]
        oos_month = all_month_list[i]
        print(oos_month)

        train_data = whole_data[whole_data['Dates'].apply(lambda x: True if x
        in train_monthes else False)]
        test_data = whole_data[whole_data['Dates'].apply(lambda x: True if x
        in test_monthes else False)]
        oos_data = whole_data[whole_data['Dates'] == oos_month]

        X_train = train_data.drop(columns = Xtodrop)
        y_train = train_data['y']

        X_test = test_data.drop(columns = Xtodrop)
        y_test = test_data['y']

        X_oos = oos_data.drop(columns = Xtodrop)
        y_oos = oos_data['y']
        to_Norm = pd.concat([train_data,test_data,oos_data])
        normed_data = Norm(to_Norm,Xtodrop)
        train_data_normed = normed_data[normed_data['Dates'].apply(lambda x:
        True if x in train_monthes else False)]
```

```
test_data_normed = normed_data[normed_data['Dates'].apply(lambda x:
True if x in test_monthes else False)]
oos_data_normed = normed_data[normed_data['Dates'] == oos_month]
X_train_normed = train_data_normed.drop(columns = Xtodrop)
y_train = train_data['y']

X_test_normed = test_data_normed.drop(columns = Xtodrop)
y_test = test_data['y']

X_oos_normed = oos_data_normed.drop(columns = Xtodrop)
y_oos = oos_data['y']

pca_result = model_plot.PCA_method(X_train_normed, y_train, X_test_
normed, y_test, X_oos_normed, test_data_normed, oos_data_normed)

pca_op.append(pca_result)
```

输出模型结果，代码如下：

```
# deal with PCA
all_pred = []
all_best = []
all_importance = {}
all_exp_ratio = {}

for i in range(len(all_month_list)):
    if i < train_month_n + test_month_n + oos_month_n - 1:
        continue
    else:
        result_idx = i - (train_month_n + test_month_n + oos_month_n - 1)
        oos_month = all_month_list[i]

        temp_tuning = pca_op[result_idx][0]
        temp_best = pca_op[result_idx][1]
        temp_importance = pca_op[result_idx][2]

        temp_exp_ratio = pca_op[result_idx][3]

        all_best.append(temp_best)
        all_pred.append(temp_tuning)
        all_importance[oos_month] = temp_importance
        all_exp_ratio[oos_month] = pd.concat(temp_exp_ratio, axis = 1)
```

```
all_pred = pd.concat(all_pred)
all_pred['Dates'] = [datetime.datetime(year = int(x//100),
                                        month = int(x%100),day = 28) for x in
all_pred['Dates']]
all_pred = all_pred.sort_values(['n','Dates'])
all_pred = all_pred.set_index(['n','Dates'])
```

调整参数 n，设置主成分的数量为 5~10 个，计算总体均方误差。输出结果以主成分个数 5 为例，代码如下：

```
for n in range(5,11):
    n_pred = all_pred.loc[n]
    msfe = np.sum((n_pred['yhat']-n_pred['y'])**2) / len(n_pred)
    print('MSFE: ', msfe)
```

运行结果如下：

MSFE：0.0002780173363258616。

展示 2013 年—2020 年内所有股票的预测值与真实值，观察预测值与真实值差距，代码如下：

```
n_pred[['y','yhat']].plot(figsize = (10,7),title = 'PCA (n = %s)'% n)
plt.show()
abs(n_pred['y']- n_pred['yhat']).plot(figsize = (10,7),
    title = 'PCA abs error (n = %s)'% n)
    plt.show()
```

运行结果如图 8-14、图 8-15 所示。

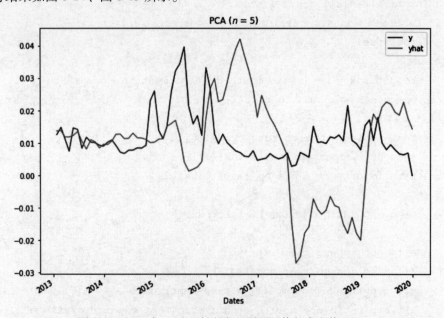

图 8-14　2013 年—2020 年所有股票预测值与真实值差距

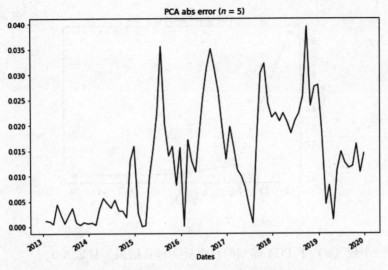

图 8-15　2013 年—2020 年所有股票预测误差图

输出方差解释率图与每个因子的贡献率图，代码如下：

```
print('方差解释率:')
pd.Series(toplot_expratio[n]).cumsum().plot(figsize = (10,7),
title = 'PCA explained variance ratio (n = % s)'% n)
plt.show()


plt.scatter(range(1,len(toplot_importance[n])+1),toplot_importance[n])
plt.plot(range(1,len(toplot_importance[n])+1),toplot_importance[n])
plt.xlabel('Factors')
plt.ylabel('Eigenvalue')
plt.title('PCA importance (n = % s)'% n)
```

运行结果如图 8-16、图 8-17 所示。

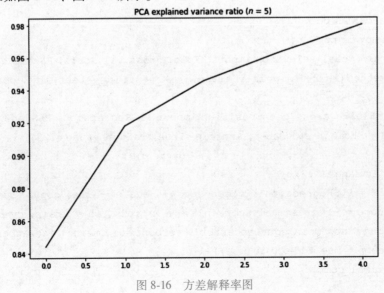

图 8-16　方差解释率图

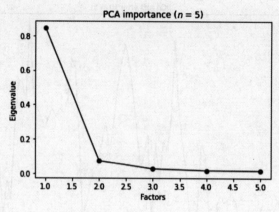

图 8-17　每个因子的贡献率图

不同主成分个数（n）下 PCA 模型的样本外 MSFE 结果，见表 8-6。

表 8-6　不同主成分个数（n）下 PCA 模型的样本外 MSFE 结果

n	5	6	7	8	9	10
MSFE	0.000278	0.000385	0.000448	0.000621	0.001083	0.000714

三、实验 8-2　利用 PLS 对美国市场波动率建模

首先，定义 PLS 函数。函数的输入值有：训练集的输入变量（in_X_train）、训练集的目标值（in_y_train）、测试集的输入变量（in_X_test）、测试集的目标值（in_y_test）、样本外数据的输入变量（in_X_oos）、测试集（in_test_data）以及样本外测试集（in_oos_data）。在该函数中，我们选取方差贡献率最大的前十个成分进行训练和预测。最终输出为在测试集中表现最好的参数下的样本外预测结果（datapls）以及每个参数的模型权重值（coef_ser），代码如下：

```
import pandas as pd
import numpy as np
from sklearn.model_selection import KFold, cross_val_score, RandomizedSearchCV
def PLS_method(in_X_train,in_y_train,in_X_test,in_y_test,in_X_oos, in_test_
data, in_oos_data):
    from sklearn.cross_decomposition import PLSRegression, PLSCanonical
    kf_10 = KFold(n_splits=5, shuffle=True, random_state=123)
    mse = []
    for k in range(1,2):
        pls = PLSRegression(n_components=k, scale=False, copy=True)
        score = -1*cross_val_score(pls, in_X_train, in_y_train, cv=kf_10, sco-
        ring='neg_mean_squared_error', verbose=0). mean() mse. append(score)
optimal_comp = mse. index(min(mse))+1
print(optimal_comp)
```

```
pls_best = PLSRegression(n_components=optimal_comp, scale=False, copy=True)
pls_best.fit(in_X_train, in_y_train)
yhat = pls_best.predict(in_X_oos)


inner_oos_data = in_oos_data.copy()
inner_oos_data['rethat'] = yhat


datapls = inner_oos_data[['Dates','y','rethat']]
datapls.columns = ['Dates','y','pls']
return datapca
```

在这一步中，使用循环生成 PLS 所需要的输入数据，并将数据传入 PLS 中，得到 PLS 的输出结果，代码如下：

```
all_month_list = list(whole_data['Dates'].values)
train_month_n = 24
test_month_n = 12
oos_month_n = 1
pls_op = []


for i in range(len(all_month_list)):
    if i < train_month_n + test_month_n + oos_month_n - 1:
        continue
    else:

        train_monthes = all_month_list[i-test_month_n-train_month_n:i-test_
        month_n]
        test_monthes = all_month_list[i-test_month_n:i]
        oos_month = all_month_list[i]
        print(oos_month)


        train_data = whole_data[whole_data['Dates'].apply(lambda x: True if x
        in train_monthes else False)]
        test_data = whole_data[whole_data['Dates'].apply(lambda x: True if x
        in test_monthes else False)]
        oos_data = whole_data[whole_data['Dates'] == oos_month]


        X_train = train_data.drop(columns = Xtodrop)
        y_train = train_data['y']


        X_test = test_data.drop(columns = Xtodrop)
        y_test = test_data['y']
```

```
X_oos = oos_data.drop(columns = Xtodrop)
y_oos = oos_data['y']

pls_result = model_plot.PLS_method(X_train,y_train,X_test,y_test,X_
oos, test_data, oos_data)

pls_op.append(pls_result)
```

输出模型结果，代码如下：

```
# deal with PLS
all_pred = []
all_best = []
all_coef = []
for i in range(len(all_month_list)):
    if i < train_month_n + test_month_n + oos_month_n - 1:
        continue
    else:
        result_idx = i - (train_month_n + test_month_n + oos_month_n - 1)
        oos_month = all_month_list[i]

        temp_tuning = pls_op[result_idx][0]
        temp_best = pls_op[result_idx][1]
        temp_coef = pls_op[result_idx][2]

        all_best.append(temp_best)

        temp_coef = pd.DataFrame(temp_coef).T
        temp_coef['n'] = temp_coef.index
        temp_coef['Dates'] = oos_month
        all_coef.append(temp_coef)
        all_pred.append(temp_tuning)
```

探究各宏观变量指标的权重，输出权重前 20 的变量，代码如下：

```
all_pred = pd.concat(all_pred)
all_pred['Dates'] = [datetime.datetime(year = int(x//100),month = int(x%
100),day = 28) for x in all_pred['Dates']]
all_pred = all_pred.sort_values(['n','Dates'])
all_pred = all_pred.set_index(['n','Dates'])

all_coef = pd.concat(all_coef)
all_coef = all_coef.sort_values(['n','Dates'])
```

```
all_coef = all_coef.set_index(['n','Dates'])

for n in range(1,9):
    alpha_coef = all_coef.loc[n]
    plt.figure(figsize = (10,7))
    abs_coef = abs(alpha_coef).mean()
    toplot_coef = abs_coef.sort_values(ascending = False).head(20)
    plt.bar(x = list(toplot_coef.index), height = toplot_coef.values)
    plt.xticks(rotation=70)
    plt.title('Top20 Coef(Alpha = % s)'% n)
    plt.show()
```

运行结果如图 8-18 所示。

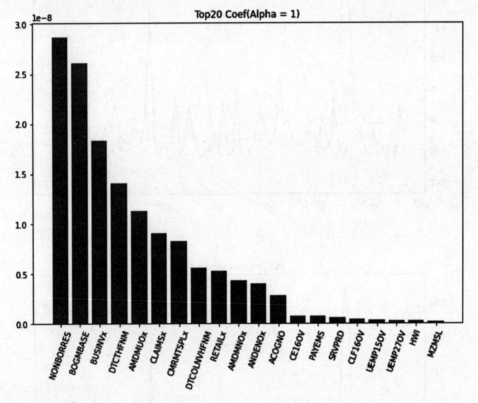

图 8-18　权重前 20 的宏观变量

计算总体的均方预测误差，代码如下：

```
    alpha_pred = all_pred.loc[n]

msfe = np.sum((alpha_pred['yhat']-alpha_pred['y'])**2) / len(alpha_pred)
    print('MSFE: ', msfe)
```

运行结果如下：
MSFE：0.005048965195601305。

计算 2013 年—2020 年预测值与真实值的差距，代码如下：

```
alpha_pred[['y','yhat']].plot(figsize = (10,7),title = 'PLS (Alpha = % s)'% n)
    plt.show()

    abs(alpha_pred['y']- alpha_pred['yhat']).plot(figsize = (10,7),title =
    'PLS abs error (Alpha = % s)'% n)
plt.show()
```

运行结果如图 8-19、图 8-20 所示。

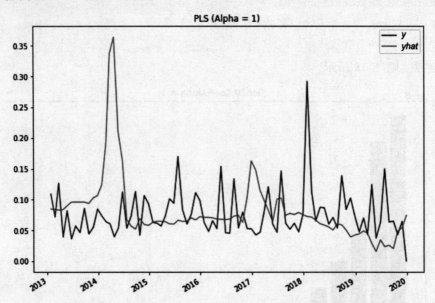

图 8-19　2013 年—2020 年预测值与真实值的差距

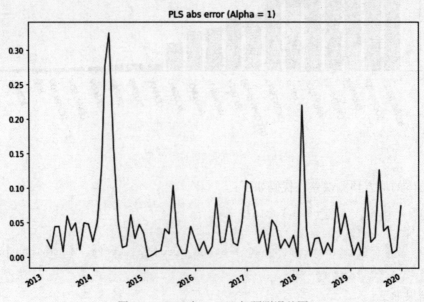

图 8-20　2013 年—2020 年预测误差图

不同参数下 PLS 模型的样本外 MSFE，结果见表 8-7。

表 8-7　不同参数下 PLS 模型的样本外 MSFE 结果

n	1	2	3	4	5	6	7	8
MSFE	0.00504	0.00474	0.00683	0.01296	0.02377	0.03490	0.05038	0.04791

从上述结果可知，整体而言，PLS 的样本外拟合值与真实值之间有一定的预测误差，其随参数的不同而不同。

四、实验 8-3　利用 PCA 与 PLS 对中国 GDP 数据建模

对于 PCA 与 PLS 函数的定义在实验 8-1 与 8-2 中已给出，在此不做赘述，接下来分别对中国 GDP 数据进行 PCA 与 PLS 建模分析。

使用循环生成 PCA 所需要的输入数据，并将数据传入 PCA 中，得到 PCA 的输出结果，代码如下：

```
all_month_list = list(whole_data['Dates'].values)
train_month_n = 24
test_month_n = 12
oos_month_n = 1
pca_op = []

for i in range(len(all_month_list)):
    if i < train_month_n + test_month_n + oos_month_n - 1:
        continue
    else:

        train_monthes = all_month_list[i-test_month_n-train_month_n:i-test_
        month_n]
        test_monthes = all_month_list[i-test_month_n:i]
        oos_month = all_month_list[i]
        print(oos_month)

        train_data = whole_data[whole_data['Dates'].apply(lambda x: True if x
        in train_monthes else False)]
        test_data = whole_data[whole_data['Dates'].apply(lambda x: True if x
        in test_monthes else False)]
        oos_data = whole_data[whole_data['Dates'] == oos_month]

        X_train = train_data.drop(columns = Xtodrop)
        y_train = train_data['y']
```

```
        X_test = test_data.drop(columns = Xtodrop)
        y_test = test_data['y']

        X_oos = oos_data.drop(columns = Xtodrop)
        y_oos = oos_data['y']

        to_Norm = pd.concat([train_data,test_data,oos_data])
        normed_data = Norm(to_Norm,Xtodrop)
        train_data_normed = normed_data[normed_data['Dates'].apply(lambda x:
        True if x in train_monthes else False)]
        test_data_normed = normed_data[normed_data['Dates'].apply(lambda x:
        True if x in test_monthes else False)]
        oos_data_normed = normed_data[normed_data['Dates'] == oos_month]

        X_train_normed = train_data_normed.drop(columns = Xtodrop)
        y_train = train_data['y']

        X_test_normed = test_data_normed.drop(columns = Xtodrop)
        y_test = test_data['y']

        X_oos_normed = oos_data_normed.drop(columns = Xtodrop)
        y_oos = oos_data['y']

        pca_result = model_plot.PCA_method(X_train_normed,y_train,X_test_
        normed,y_test,X_oos_normed, test_data_normed, oos_data_normed)
        pca_op.append(pca_result)
```

输出模型结果，代码如下：

```
# deal with PCA
all_pred = []
all_best = []
all_importance = {}
all_exp_ratio = {}

for i in range(len(all_month_list)):
    if i < train_month_n + test_month_n + oos_month_n - 1:
        continue
    else:
        result_idx = i - (train_month_n + test_month_n + oos_month_n - 1)
        oos_month = all_month_list[i]
```

```
        temp_tuning = pca_op[result_idx][0]
        temp_best = pca_op[result_idx][1]
        temp_importance = pca_op[result_idx][2]

        temp_exp_ratio = pca_op[result_idx][3]

        all_best.append(temp_best)

        all_pred.append(temp_tuning)
        all_importance[oos_month] = temp_importance
        all_exp_ratio[oos_month] = pd.concat(temp_exp_ratio,axis = 1)

all_pred = pd.concat(all_pred)
all_pred['Dates'] = [datetime.datetime(year = int(x//100),month = int(x%
100),day = 28) for x in all_pred['Dates']]
all_pred = all_pred.sort_values(['n','Dates'])
all_pred = all_pred.set_index(['n','Dates'])

toplot_importance = all_importance[201812]
toplot_expratio = all_importance[201812]

for n in range(5,11):
    n_pred = all_pred.loc[n]
    msfe = np.sum((n_pred['yhat']-n_pred['y'])**2) / len(n_pred)
    print('MSFE: ', msfe)

    r2 = 1-np.sum((n_pred['yhat']-n_pred['y'])**2)/np.sum(n_pred['y']**2)
    print('R2: (n = % s)'% n, r2)

    n_pred[['y','yhat']].plot(figsize = (10,7),title = 'PCA (n = % s)'% n)
    plt.show()

    abs(n_pred['y']- n_pred['yhat']).plot(figsize = (10,7),title = 'PCA abs
    error (n = % s)'% n)
    plt.show()

    print('方差解释率:')
    pd.Series(toplot_expratio[n]).cumsum().plot(figsize = (10,7),title =
    'PCA explained variance ratio (n = % s)'% n)
    plt.show()
    plt.scatter(range(1,len(toplot_importance[n])+1),toplot_importance[n])
```

261

```
plt.plot(range(1,len(toplot_importance[n])+1),toplot_importance[n])
plt.xlabel('Factors')
plt.ylabel('Eigenvalue')
plt.title('PCA importance (n = % s)'% n)
```

计算 MSFE，代码如下：

```
for n in range(5,11):
    n_pred = all_pred.loc[n]
    msfe = np.sum((n_pred['yhat']-n_pred['y'])**2) / len(n_pred)
    print('MSFE: ', msfe)
```

运行结果如下：

MSFE：8.054696622805428e-05。

输出预测值与真实值差距图，代码如下：

```
n_pred[['y','yhat']].plot(figsize = (10,7),title = 'PCA (n = % s)'% n)
    plt.show()

    abs(n_pred['y']- n_pred['yhat']).plot(figsize = (10,7),title = 'PCA abs
    error (n = % s)'% n)
    plt.show()
```

运行结果如图 8-21、图 8-22 所示。

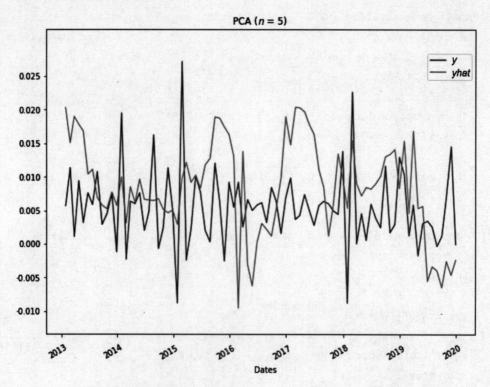

图 8-21 　中国 GDP 数据 2013 年—2020 年预测值与真实值差距图

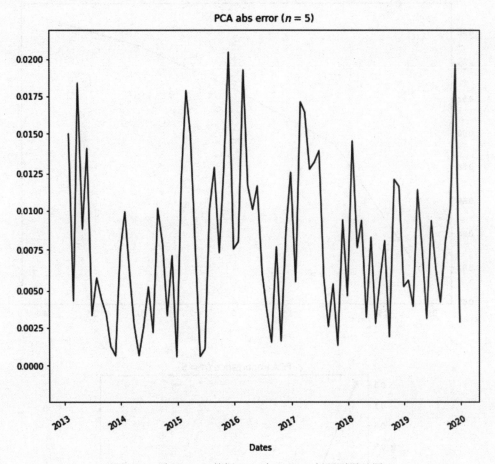

图 8-22　中国 GDP 数据 2013 年—2020 年预测误差图

输出方差解释率等一系列图，代码如下：

```
print('方差解释率:')
    pd.Series(toplot_expratio[n]).cumsum().plot(figsize = (10,7),title =
    'PCA explained variance ratio (n = % s)'% n)
    plt.show()


    plt.scatter(range(1,len(toplot_importance[n])+1),toplot_importance[n])
    plt.plot(range(1,len(toplot_importance[n])+1),toplot_importance[n])
    plt.xlabel('Factors')
    plt.ylabel('Eigenvalue')
    plt.title('PCA importance (n = % s)'% n)
```

运行结果如图 8-23 所示。

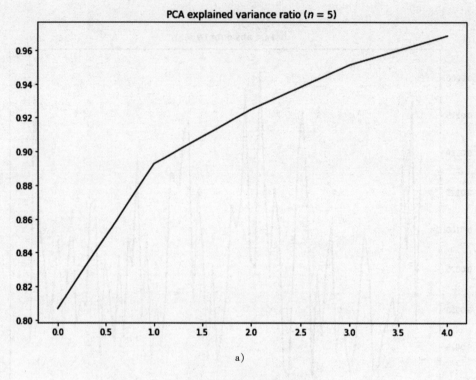

a)

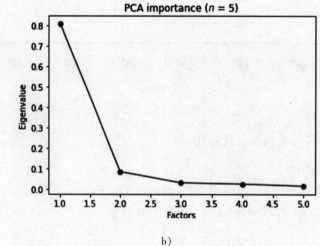

b)

图 8-23　方差解释率运行系列图

不同参数下的 MSFE 结果见表 8-8。

表 8-8　不同参数下的 MSFE 结果

n	5	6	7	8	9	10
MSFE	8.0547e-05	9.0035e-05	0.000103	0.0001543	0.00022	0.000345

使用 PLS 对其进行建模：

在这一步，使用循环生成 PLS 所需要的输入数据，并将数据传入 PLS 中，得到 PLS 的输出结果，代码如下：

```
all_month_list = list(whole_data['Dates'].values)
train_month_n = 24
test_month_n = 12
oos_month_n = 1
pls_op = []

for i in range(len(all_month_list)):
    if i < train_month_n + test_month_n + oos_month_n - 1:
        continue
    else:

        train_monthes = all_month_list[i-test_month_n-train_month_n:i-test_month_n]
        test_monthes = all_month_list[i-test_month_n:i]
        oos_month = all_month_list[i]
        print(oos_month)

        train_data = whole_data[whole_data['Dates'].apply(lambda x: True if x in train_monthes else False)]
        test_data = whole_data[whole_data['Dates'].apply(lambda x: True if x in test_monthes else False)]
        oos_data = whole_data[whole_data['Dates'] == oos_month]

        X_train = train_data.drop(columns = Xtodrop)
        y_train = train_data['y']

        X_test = test_data.drop(columns = Xtodrop)
        y_test = test_data['y']

        X_oos = oos_data.drop(columns = Xtodrop)
        y_oos = oos_data['y']

        pls_result = model_plot.PLS_method(X_train, y_train, X_test, y_test, X_oos, test_data, oos_data)
        pls_result = model_plot.PLS_method(X_train, y_train, X_test, y_test, X_oos, test_data, oos_data)

        pls_op.append(pls_result)
```

输出模型结果，代码如下：

```
# deal with PLS
all_pred = []
```

265

```
all_best = []
all_coef = []
for i in range(len(all_month_list)):
    if i < train_month_n + test_month_n + oos_month_n - 1:
        continue
    else:
        result_idx = i - (train_month_n + test_month_n + oos_month_n - 1)
        oos_month = all_month_list[i]

        temp_tuning = pls_op[result_idx][0]
        temp_best = pls_op[result_idx][1]
        temp_coef = pls_op[result_idx][2]

        all_best.append(temp_best)

        temp_coef = pd.DataFrame(temp_coef).T
        temp_coef['n'] = temp_coef.index
        temp_coef['Dates'] = oos_month
        all_coef.append(temp_coef)
        all_pred.append(temp_tuning)

all_pred = pd.concat(all_pred)
all_pred['Dates'] = [datetime.datetime(year = int(x//100), month = int(x%
100), day = 28) for x in all_pred['Dates']]
all_pred = all_pred.sort_values(['n','Dates'])
all_pred = all_pred.set_index(['n','Dates'])

all_coef = pd.concat(all_coef)
all_coef = all_coef.sort_values(['n','Dates'])
all_coef = all_coef.set_index(['n','Dates'])
```

输出权重最大的前 20 个影响因子，代码如下：

```
for n in range(1,9):
    alpha_coef = all_coef.loc[n]
    plt.figure(figsize = (10,7))
    abs_coef = abs(alpha_coef).mean()
    toplot_coef = abs_coef.sort_values(ascending = False).head(20)
    plt.bar(x = list(toplot_coef.index), height = toplot_coef.values)
    plt.xticks(rotation=70)
    plt.title('Top20 Coef(Alpha = % s)'% n)
    plt.show()

    alpha_pred = all_pred.loc[n]
```

运行结果如图 8-24 所示。

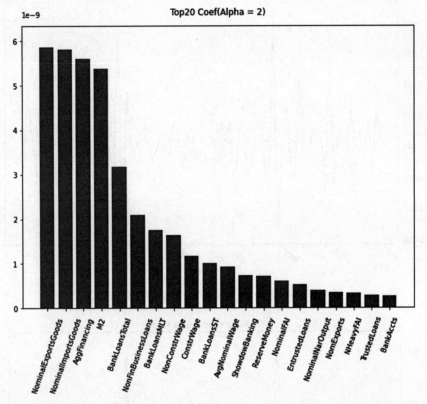

图 8-24　权重最大的前 20 个影响因子图

计算 MSFE，代码如下：

```
msfe = np.sum((alpha_pred['yhat']-alpha_pred['y'])**2) / len(alpha_pred)
    print('MSFE: ', msfe)
```

运行结果如下：

MSFE：3.973629637877649e-05。

输出预测值与原值差异以及预测误差，代码如下：

```
    alpha_pred[['y','yhat']].plot(figsize = (10,7),title = 'PLS (Alpha = % s)
    '% n)
        plt.show()


  abs(alpha_pred['y']- alpha_pred['yhat']).plot(figsize = (10,7),title = 'PLS
abs error (Alpha = % s)'% n)
    plt.show()
```

运行结果如图 8-25、图 8-26 所示。

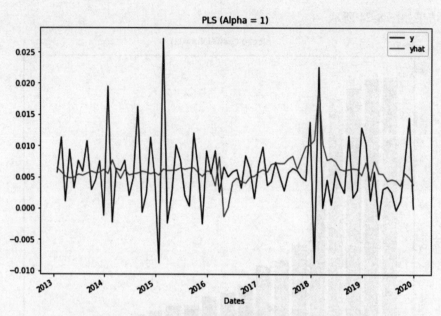

图 8-25　2013 年—2020 年预测值与真实值差距图

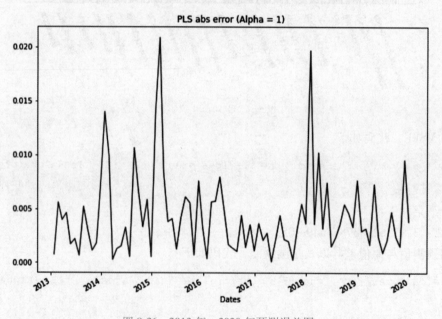

图 8-26　2013 年—2020 年预测误差图

不同参数下的 MSFE 结果见表 8-9。

表 8-9　不同参数下的 MSFE 结果

n	1	2	3	4	9	10
MSFE	3.3502e-05	3.9736e-05	6.6511e-05	0.0001759	0.0002213	0.0005734

由此可见，PCA 与 PLS 随着参数的变化，均方误差也在发生变化，均方误差随着参数的增大而变大。

本章小结

　　本章介绍几类在金融分析中常用的数据降维模型。降维是大数据分析中最有代表性的一类方法。通过降维，可以完成对海量信息中有效数据的提取，优化预测结果，提升对数据逻辑的认知。

　　本章首先介绍了主成分分析 PCA 这一传统降维工具，作为无监督学习算法，PCA 主要用于特征工程等数据预处理。而通过对 PCA 构造过程的改良，进一步介绍了 IPCA、偏最小二乘法 PLS、Scaled PCA 等降维模型，新模型在预测性和解释性方面均有较大提升。相比上述几类线性降维模型，本章还引入了基于神经网络的自编码模型 AE，由于具有非线性特征，AE 在特定领域的表现要显著优于线性降维模型。最后，本章还介绍了另外一大类降维模型—聚类分析。

课程思政

　　降维模型可以将大量的数据降维成少数指标，这对金融市场的数据管理和数据资源的维护有什么启发?

复习思考题

　　1. 阐述"降维"这一概念背后的现实逻辑。
　　2. 对比主成分分析与其他几类线性降维模型之间的差异。
　　3. 对比线性降维模型与非线性降维模型之间的差异。

参考答案

269

参考文献

[1] 孟雪井, 杨亚飞, 赵新泉. 财经新闻与股市投资策略研究——基于财经网站的文本挖掘 [J]. 投资研究, 2016, 35 (08): 29-37.

[2] 王镇, 郝刚. 投资者情绪指数的构建研究——基于偏最小二乘法 [J]. 金融理论与实践, 2014 (07): 1-6.

[3] 周亮. 投资者情绪与动量效应——基于 PLS 方法与残差动量的比较 [J]. 金融理论与实践, 2020 (11): 10-21.

[4] 周志华. 机器学习 [M]. 北京: 清华大学出版社, 2016.

[5] Giglio S, Xiu D. Asset pricing with omitted factors [J]. Journal of Political Economy, 2021, 129 (7): 1947-1990.

[6] Gu S, Kelly B, Xiu D. Autoencoder asset pricing models [J]. Journal of Econometrics, 2021, 222 (1): 429-450.

[7] Huang D, Jiang F, Tu J, et al. Investor sentiment aligned: A powerful predictor of stock returns [J]. The Review of Financial Studies, 2015, 28 (3): 791-837.

[8] Huang D, Jiang F, Li K, et al. Scaled PCA: A new approach to dimension reduction [J]. Management Science, 2022, 68 (3): 1678-1695.

［9］ Kelly B T, Pruitt S, Su Y. Characteristics are covariances：A unified model of risk and return ［J］. Journal of Financial Economics，2019，134（3）：501-524.

［10］ Kelly B, Pruitt S. Market expectations in the cross-section of present values ［J］. The Journal of Finance，2013，68（5）：1721-1756.

［11］ Kelly B, Palhares D, Pruitt S. Modeling corporate bond returns ［J］. The Journal of Finance, 2023，78（4）：1967-2008.

［12］ Kingma D P, Welling M. Auto-encoding variational bayes ［J］. ArXiv preprint arXiv, 2013.

［13］ Lettau M, Pelger M. Estimating latent asset-pricing factors ［J］. Journal of Econometrics, 2020，218（1）：1-31.

［14］ Pelger M. Large-dimensional factor modeling based on high-frequency observations ［J］. Journal of Econometrics，2019，208（1）：23-42.

第九章　树形模型与分类模型

章前导读

机器学习在蓬勃发展的过程中吸引了不少统计学家加入。如果说哪位统计学家对机器学习的贡献最大，里奥·布雷曼（Leo Breiman）当之无愧。里奥·布雷曼被认为是现代机器学习和数据挖掘领域的奠基人之一，而谈及他对机器学习最重要的贡献，即是发明了具有划时代意义的分类回归树（CART）模型，后又提出 Bagging 算法和随机森林（RF）模型。近年来，随机森林模型作为树形模型的代表被广泛应用于金融财务领域。那么，随机森林模型的理论基础是什么呢？一棵棵"树"又是怎样发展成"森林"的呢？树形模型中除了随机森林模型还有什么模型值得学习和探讨？在金融与财务领域中有哪些运用树形模型的实例？这些是本章要回答的问题。

学习目标

本章首先介绍分类模型中逻辑回归的概念和应用，再引出机器学习中的树形模型，然后从树形模型的发展历史开始，介绍树形模型的基本概念、度量指标和剪枝操作，并对 CART 模型进行详细介绍。由于单一树性能有限，本章引入集成学习的方法对其进行强化，分为 Boosting 和 Bagging 两类，并介绍了对应的典型算法自适应增强（AdaBoost）模型、梯度下降树（GBDT）模型、极端梯度提升（XGBoost）模型和随机森林（RF）模型等。通过本章的学习，可以掌握分类模型和树形模型的基本原理，熟悉集成学习中 Boosting 算法和 Bagging 算法的概念，了解不同算法下典型模型的原理和应用，熟悉树形模型在集成学习框架下不断更新优化的过程，以及分类模型在金融与财务领域的应用。

关键词

逻辑回归　　树形模型　　决策树　　集成学习　　Boosting 算法　　Bagging 算法

第一节　逻辑回归

在机器学习中，"回归"除了能够对数据间的相关关系进行探究外，还能根据训练数据和分类边界线方程得到最佳拟合参数集，对数据进行分类。最常见的回归模型是"线性模型"，包括狭义线性模型（Linear Model，LM）和广义线性模型（Generalized Linear Model，GLM）。其中，狭义线性模型通常指自变量和因变量之间按比例成直线的关系；而广义线性模型是狭义线性模型的扩展，主要通过联结函数使预测值落在响应变量的变幅内。在广义线性模型中，我们最常见的是逻辑回归。

一、逻辑回归简介

逻辑回归（Logistic Regression，LR）是一种广义的线性回归分析模型，主要用于解决二分类问题，即分类结果只有两种情况的问题。逻辑回归本质上是线性回归，只是在特征到结果的映射中加入了一层激活函数，使得输出结果只有两种可能：0 或者 1。这个函数的加入使得逻辑回归能够很好地对离散型的数据进行分类，拓宽了机器学习在分类问题上的适用范围。那么，这个起到关键作用的激活函数是什么呢？

通常，我们使用 Sigmoid 函数作为这个关键的"中间人"。Sigmoid 函数也叫 Logistic 函数，它可以将一个实数映射到（0,1）区间，进而实现二分类的效果。Sigmoid 函数具体的计算公式如下

$$\sigma(x)=\frac{1}{1+e^{-x}}$$

其基本图形如图 9-1 所示。

当 $x=0$ 时，$\mathrm{Sigmoid}(0)=0.5$。当结果大于 0.5 时，该样本被归为 1 类；当结果小于 0.5 时，该样本归为 0 类。这样我们就实现了 Logistic 的二分类。所以，Logistic 回归也是一种概率估计，即样本有多大的概率被划分为某一类。

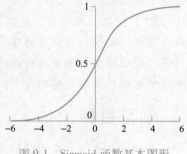

图 9-1　Sigmoid 函数基本图形

二、逻辑回归的步骤

事实上，要完成完整的逻辑分类，一般需要四个步骤：线性求和、函数映射、计算误差以及修正参数。其中，前两步用于判断，后两步用于修正。具体的操作如下：

第一步，线性求和。假设一个 n 维的输入列向量 $\boldsymbol{x}$ 和一个 n 维的参数列向量 $\boldsymbol{h}$，以及一个偏置量 b（类似于二维的直线方程 $y=ax+b$ 中的 b），那么通过线性求和可得

$$z=\boldsymbol{h}^{\mathrm{T}}\boldsymbol{x}+b$$

式中，z 的值域为（$-\infty$,$+\infty$），此时无法根据 z 来判断 x 到底是属于 0 类还是 1 类。

第二步，利用激活函数进行函数映射。我们以 Sigmoid 函数为例，让 z 的值映射到 $[0,1]$ 之间，即

$$y=\sigma(z)=\sigma(\boldsymbol{h}^{\mathrm{T}}\boldsymbol{x}+b)$$

式中，y 的值域为 $[0,1]$，对 $\boldsymbol{x}$ 的类型进行判断：当 $y>0.5$ 时，$\boldsymbol{x}$ 属于 1 类；否则属于 0 类。

第三步，计算误差，并进行参数的修正。由于这两步的关系十分密切，所以对它们进行联合说明：前两个步骤中，我们用到了参数向量 $\boldsymbol{h}$ 和偏置量 b，而它们的值直接关系到逻辑分类判断的准确性。那么这两组参数是如何获得的呢？这就涉及参数的修正。在最开始的时候，$\boldsymbol{h}$ 是随机的，而 b 的值是 0。我们的目的是使 $\boldsymbol{h}$ 和 b 能够尽可能地达到一个较优的值。

假设期望输入 $\boldsymbol{x}$ 的判定值是 u，而实际得到的判定值是 y，为了使 u 尽可能接近 y，我们会先计算；随后，通过迭代计算修正 $\boldsymbol{h}$ 和 b 的值。如果我们将损失函数 $C(u,y)$ 定义为用来描述 u 和 y 之间差距的损失函数，那么我们的目的使 $C(u,y)$ 最小化。可见，寻找到最贴合实际的 $\boldsymbol{h}$ 和 b 实际是一个优化问题。

在凸优化问题中，可以通过求解下式直接算出 h 和 b 的最优解

$$\begin{cases} \dfrac{\partial C}{\partial h}=0 \\[2mm] \dfrac{\partial C}{\partial b}=0 \end{cases}$$

但在数据规模很大的情况下，或非凸优化的问题中，我们需要用迭代的方法来得到局部最优解，即：

$$h=h-\gamma\frac{\partial C}{\partial h}$$

$$b=b-\gamma\frac{\partial C}{\partial b}$$

上述两式中，γ 表示学习率。通过不断迭代，我们能够计算得出 h 和 b 的最优解，进而确定最优模型，得到最好的分类结果。

三、在金融中的应用

逻辑回归模型广泛用于各个领域，包括医学、统计、金融等。逻辑回归不仅可以用于估计某个事件发生的可能性，也可以分析某个问题的影响因素有哪些。例如，在医学研究中，逻辑回归常用于疾病的危险因素分析。在金融与财务领域中逻辑回归的运用并不罕见，如银行在风险管理的过程中常运用逻辑回归来分析客户的违约风险，即对"好客户"和"坏客户"进行分类；或者预测客户违约的概率，金融机构以此来决定是否贷款给客户。

近年来，人们也将逻辑回归和其他机器学习算法结合到一起用于研究。例如，贺兰等（2021）采用了和 LASSO 结合的 LASSO-Logistic 算法，解决了股票预测中存在的股票异象因子构建不全面问题、"维度灾难"问题和特征变量之间高相关性带来的预测不稳定问题等。

专栏 9-1　基于逻辑回归的股票"高送转"预测模型

"高送转"指的是上市公司进行高比例的送股转股，如每10股送8股等。"高送转"只是单纯的股数增加，使得股价变小，其实质是股东权益的内部结构调整，对净资产收益率没有影响，对公司的盈利能力也并没有任何实质性影响。每年三季报披露结束后至年报披露前，A股市场都有一波围绕年报"高送转"主题的炒作热潮。

基于上述背景，可以采用逻辑回归方法，根据当年三季报的财务指标和交易数据估计公司年度实施"高送转"的概率，构建股票未来的"高送转"预测模型。其具体步骤如下：

（1）样本区间：2005年1月至2016年10月，样本数据包括公司基本信息、分红数据、业绩预告、财务指标、平均股价（即10月份的平均股价）和总股本等七个指标；

（2）对样本数据"高送转"行为进行量化，引入虚拟变量D，其具体取值规则是：如果公司实施了"高送转"，D=1；否则，D=0；

（3）根据理论分析，选择并计算相关的影响因素；

（4）确定并估计逻辑回归模型，其具体结构如下

$$\ln\left(\frac{p_i}{1-p_i}\right)=\beta_0+\beta_1 X_{1i}+\cdots+\beta_7 X_{7i}+\varepsilon_i$$

273

式中，p_i 指的是第 i 个样本实施"高送转"的概率；$\beta_1,\cdots,\beta_7$ 为回归系数；β_0 和 ε_i 分别为常数项随机扰动项。采用最大似然法进行估计。

（5）将最新的样本数据代入模型，即可计算上市公司在实施"高送转"的概率。其中，预测概率超过 50% 的公司形成预测标的。

表 9-1 是基于逻辑回归的股票"高送转"预测模型的估计结果。从事后分配方案的披露情况看，90 家被预测会进行"高送转"的公司中有 40 家公司公布并实施了"高送转"方案，样本外预测准确率为 44.4%。

表 9-1　基于逻辑回归的股票"高送转"预测模型的估计结果

变量	估计值	标准误差	Wald-χ^2	P 值
常数项	0.683	0.688	0.985	0.321
每股资本公积金与留存收益之和	0.012	0.042	0.085	0.770
归属净利润同比增长率	0.008	0.004	4.836	0.028**
年度业绩是否预增	-0.149	0.287	0.271	0.602
平均股价	0.006	0.006	0.745	0.388
总股本	-0.133	0.069	3.703	0.054*
是否次新股	0.142	0.408	0.121	0.728
上市时间	-0.250	0.285	0.766	0.382

注：** 和 * 分别表示在 5% 和 10% 水平上统计显著。

第二节　树形模型的发展历史

随着机器学习的发展，分类模型逐渐从线性关系走向非线性关系，而非线性分类模型的代表就是树形模型。HUNT E B, MARIN J, Stone P J. Experiments in induction[J]. 1966.，该论文提出了机器学习的任务之一是区分事物共有属性并正确分类，为树形模型的建立提供了最原始的思路。而让树形模型成为机器学习主流算法是罗斯·昆兰（Ross Quinlan）在 1975 年将克劳德·艾尔伍德·香农（Claude Elwood Shannon）的信息论引入树形模型中，提出了著名的 ID3 算法，此后的树形模型都是在 ID3 算法的基础上改进和发展。

1984 年，著名的统计学家里奥·布雷曼（Leo Breiman）提出了具有划时代意义的 CART 算法将树形模型的应用领域拓展到回归问题上，将树形模型的应用推向了高潮。随后，里奥·布雷曼基于同时独立训练多个模型再取平均的思想提出了一种集成学习算法 Bagging 算法，并于 2001 年在 Bagging 算法中引入随机的因素提出了随机森林模型。随机森林模型也在理论和经验上证明了对模型过拟合问题的抵抗性。

1990 年，罗伯特·谢勒（Robert E. Schapire）针对基于强学习算法能否与弱学习算法等价这个问题提出了另一种集成学习算法 Boosting 算法。Boosting 算法是仿造"串联"模型的思想将多个弱学习算法进行组合构成的强学习框架。但是早期的 Boosting 算法必须指定弱学习算法的下限，很难在实际问题中应用。随后，夏皮雷等人又提出了自适应增强（Ada-

274

Boost）算法，因为其不需要受弱学习器的限制，AdaBoost 算法很快被应用于各个领域。

回顾树形模型的发展历程，也间接反映了机器学习领域的发展历程，是树形模型从低级到高级，从简单到复杂不断改进和优化的结果。正是依靠几代学者们的智慧结晶促使树形模型家族不断地发展和壮大。目前树形模型已经被广泛应用于工程学、金融学、生物学、医学以及信息技术等多个领域，为各领域的大数据难题做出了重大贡献。

专栏 9-2　统计学习和机器学习的文化碰撞——浅谈里奥·布雷曼（Leo Breiman）传奇人生

在统计建模领域，有两种截然不同的文化，第一种认为数据的生成过程是已知的，例如线性回归和逻辑回归模型，研究人员以直觉和主观决策为指导产生自变量和因变量关系的黑匣子，系数用作变量重要性的度量，这种方式被称为数据建模。而另一种是假设数据的生成过程是复杂和未知的。该种文化认为不应该考虑模型生成数据的基础机制，而只集中精力构建具有最佳性能的模型。令人匪夷所思的是，第二种文化不是诞生于统计学，而是从机器学习领域诞生的。

支持第一种文化的统计学家占到了 98%。作为第二种文化领路人的著名统计学家里奥·布雷曼感到非常失望，因为他知道数据建模无法解决科技发展带来的大数据问题，当前统计学的学术研究由于不断拒绝新的工具而开始走向边缘化。正是里奥·布雷曼为统计学领域打开了算法建模的大门。

里奥·布雷曼（Leo Breiman），1928 年 1 月 28 日生于纽约，从小在洛杉矶的犹太人聚居贫民区长大。学生时期，里奥·布雷曼在科学和数学领域就表现出远超常人的天赋。博士毕业后，里奥·布雷曼去了加州大学洛杉矶分校（UCLA）数学系任职，主要教授概率论，同时专注于研究概率论的证明及内在原理。在 UCLA 待了七年之后，里奥·布雷曼认为自己不适合做抽象数学，于是，他离开了 UCLA。

从 UCLA 辞职之后，里奥·布雷曼开启了自己的咨询顾问生涯，先于 Rand 旗下的 SDC 公司从事高速公路交通研究咨询工作，后又到 TSC 的环保部门当咨询顾问，针对由美国环保署资助的空气污染研究、水污染研究和其他各种各样诸如此类进行研究工作。里奥·布雷曼在做环保顾问时遇到的很多问题都涉及大量的数据，比如在一个重要项目里有七年每天每小时的空气污染数据，涉及 450 个和空气污染相关的变量，遇到的大多数都是回归预测和分类样本问题。咨询的工作让里奥·布雷曼对统计学有了更加深刻的认识，也使他知道了学界和业界统计学之间的巨大鸿沟。

后经朋友的邀请，里奥·布雷曼回到了自己的母校加州大学伯克利分校担任统计系教授，但是当他的学生问到人生建议时，他却说："学术界把统计学搞得迷失了。从咨询界回到伯克利，我发现相比于工业界和政府使用数据的方法，学术界把统计搞成了抽象数学。统计应该是关于预测、解释和处理数据的学问。"因为这种对当代统计学的无奈，他与从事机器学习和神经网络研究的学者走得更近，他佩服那些学者为一些复杂的、困难的预测问题做非常重要的应用工作，以数据为方向进行研究，然而，这些学者几乎全都不是受过训练的统计学家！他认为在机器学习领域，最值得统计学家学习和思考的有三点，即模型的多样性、模型的可解释性和准确性之间的矛盾，以及解决维度灾难问题。

正是业界和学界不断交替的经历，里奥·布雷曼开始致力于将机器学习算法运用于统计模型，基于前人在决策树模型和 SVM 模型等机器学习领域的研究，发明了具有划时代意义

275

的分类回归树（CART）模型，后又提出 Bagging 算法和随机森林（RF）模型，得到了各领域广泛的应用。里奥·布雷曼将统计学思维融入机器学习算法中，又将机器学习算法加入统计模型，成为统计机器学习领域的主要奠基人，也成为 20 世纪最杰出的统计学家之一。

第三节 决策树

一、树形模型的基本概念

对于树形模型的认知可以从"二叉树期权定价"模型（Binomial tree）开始。典型的二项期权定价模型假设股价波动只有向上和向下两个方向，且概率和幅度不变，通过模拟出股票在整个存续期内所有可能的发展路径，对每一路径上的每一节点计算权证行权收益和用贴现法计算出权证价格。

由上述描述可知，分叉是树形模型最重要的结构，通过分叉可以将股价的未来波动分为上升和下降两类，而在机器学习中，分叉将具有不同特征的样本进行分类，类比人类在面对问题时自然的决策机制，定义为"决策树"模型。一颗典型的决策树包含一个初始根节点，若干个延展出的内部节点和包含最终决策结果的叶节点，而具体节点数取决于模型初始设定的参数。使用决策树决策的过程即从根节点开始，选择一个特征作为当前节点的分裂标准，自上而下生成子节点，直到到达叶子节点得出分类决策的结果。

相比前文介绍的线性模型，树形结构通过分支引入了"非线性"的概念，而将金融数据间的非线性关联加入模型可以有效提升预测精度，近年来涌现出大量基于树型结构的资产定价研究，均取得了不错的效果。

（一）简单树

首先来看一个例子，利用规模因子和价值因子对股票进行分类。首先按照企业规模对数据进行一次划分，高于 0.5 的归为类别 3，低于 0.5 的再次按照账面市值比进行划分；低于 0.3 的归入类别 1；高于 0.3 的归入类别 2，三类数据集分别对应着"小盘成长股""小盘价值股"和"大盘股"，而后续新加入的股票在按照标准进行分类后其预测收益为组内历史股票的平均收益。

图 9-2 构造了一个简单的分类决策树，从图中可以看出，将企业规模特征作为该决策树根节点的分裂标准，自上而下生成下一个子节点，每一个节点相当于对数据集进行了一次划分，当中间非叶节点越多的时候，数据就会被划分的越细，直到到达叶子节点得出分类决策的结果。而从根节点到每个叶子节点的整套路径就对应了一系列的判定框架。而决策树生长过程中特征从上到下的顺序，就是各个特征对结果的重要程度的排序，因此决策树的生长

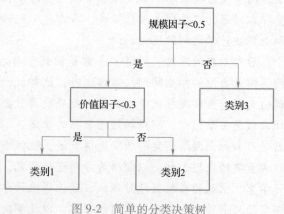

图 9-2　简单的分类决策树

过程中还可以得到每个特征的重要性得分，有利于判定各个特征对结果的重要性。

（二）树形模型的分类

决策树算法是一种常见的用于分类和回归的非参数监督学习方法，通过从数据特性中推导出简单的决策规则来得到预测的结果。根据决策树预测输出结果类型的不同，决策树可以分为分类决策树和回归决策树。当预测结果为类别时，决策树被称为分类决策树（Classification Tree）；当预测结果为实数时，决策树为回归决策树（Regression Tree）。

对于分类树，根据树形模型的原理可知，决策树模型有天然的分类功能。而分类树是一种对问题属性进行分类的树形结构。在使用分类树进行分类时，从根结点开始，对数据集的某一特征进行测试，根据测试结果，将划分后的数据分配到其子结点。这时，每一个子结点对应着该特征的一个取值。如此递归地对实例进行测试并分配，直至最后一层叶子结点得到需要的分类标签。

回归树就是可以用来解决回归问题的树形模型，回归树的每一片叶子都输出一个预测值。与分类树不同的是，回归树对输入空间的划分采用一种启发式的方法，会遍历所有输入变量，找到最优的切分变量和最优的切分点，然后重复这个操作。一个回归树表示对数据集特征空间的一个划分以及在划分单元上输出预测值，一般为该片叶子所含训练数据输出的均值。回归树在金融与财务领域更为常见，如股票市场的股价预测问题，由于历史股价数据为连续变量且多用来进行未来收益预测，因此需要用到"回归树"模型来进行处理。

二、树形模型的度量指标

通过上文对决策树模型的介绍，我们了解到选择最优划分属性是决策树构建的重点，抉择过程中有两个问题需要考虑，即划分点的选择和使用的属性数目的确定，选择最优的划分点可以得到最好的分支效果，而控制使用的划分属性数目可以降低过拟合的发生。

生成决策树就是在使用某特征对数据集合进行划分后，使得不确定性较划分前降低，即利用特征进行划分后的数据集纯度更高。对于不同类别的样本，我们当然希望其在训练过程中的"纯度"（Purity）越来越高，而度量样本集合纯度的指标有"信息熵"（Information Entropy）和"基尼系数"（Gini Index）等。

（一）信息熵

熵的概念是由德国物理学家克劳修斯于1854年所提出的。在热力学中，熵泛指物质系统状态的度量，本质表示一个孤立系统的混乱程度，系统越混乱，熵越大。1948年，克劳德·香农（Claude Elwood Shannon）将热力学的熵引入到信息论中，用信息熵表示信源的不确定程度。

信息熵很容易与信息量的概念混淆，信息量是事件包含信息的度量，而信息熵则表示事件所有可能结果的信息量的期望，即对事件结果不确定程度的度量。比如，投掷骰子前，骰子哪一面朝上是不知道的，因为六个面朝上的概率均为1/6，此时该事件的不确定性程度最大。从信息熵的角度，此时信息熵达到最大。若已经投掷完成，"骰子五点的面朝上"已经成为事实，此时信息熵即为0，因为事件的结果已经确定。

在树形模型中，信息熵是最常用的度量纯度的指标。假设样本集合 D 中第 i 类样本占比为 p_i，则样本 D 的信息熵定义为

$$\text{Ent}(D) = -\sum_{i=1}^{m} p_i \log_2 p_i$$

$\text{Ent}(D)$ 值越小，D 的纯度越高。决策树的生成便是使用某特征对数据集进行划分，从而使得划分后各数据子集的纯度比划分前的数据集纯度高，这种划分前后纯度的差值称为信息增益（Information Gain）。使用属性 X_i 对样本进行划分后得到的信息增益可表示为

$$\text{Gain}(D, X_i) = \text{Ent}(D) - \sum_{v=1}^{V} \frac{|D^v|}{|D|} \text{Ent}(D^v)$$

式中，v 为属性 X_i 设定的划分点，D^v 为在分支 v 上的样本数，$\dfrac{|D^v|}{|D|}$ 为不同分支点上的样本数权重。

信息增益越大，则表明新构建的分支对于数据集纯度的提升越大，以此作为目标函数即可对决策树进行优化训练。

此外，对于划分点的选择同样可以使用信息增益模型来决定，可表示为

$$\text{Gain}(D, X_i) = \max_{t \in T_i} \text{Ent}(D) - \sum \frac{|D_t^\lambda|}{|D|} \text{Ent}(D_t^\lambda)$$

式中，t 为属性 X_i 中的划分点，D_t^λ 为按照划分点分类后的分支样本数。

在构建决策树的每一个中间节点之前，先计算所有可能属性的信息增益，选择信息增益最大的属性对数据集进行划分，然后由该特征的不同取值建立子节点，再对子节点进行重复的递归，就可以构建完整的决策树。

专栏 9-3 信息熵与信息增益的应用实例

股票市场的投资者通过一定的投资策略进行选股投资。我们构建了影响投资者选股投资策略的四个影响因子，分别是市值（MV）、总资产净利率（ROA）、资产负债率（LEV）、股票波动率（VIX）。假定通过影响因子建立的决策树确定投资者是否投资，见表9-2。

表 9-2　选股投资策略样本集合

序号 （ID）	市值 （MV）	总资产净利率 （ROA）	资产负债率 （LEV）	股票波动率 （VIX）	是否投资 （Y or N）
1	高	高	适中	大	是
2	高	高	较低	小	是
3	高	低	较低	小	否
4	高	高	适中	小	是
5	高	低	适中	大	否
6	中	高	较高	大	是
7	中	低	较低	小	是
8	中	低	适中	大	是
9	中	高	较高	小	是
10	低	高	较高	大	否
11	低	低	较高	大	否

（续）

序号 （ID）	市值 （MV）	总资产净利率 （ROA）	资产负债率 （LEV）	股票波动率 （VIX）	是否投资 （Y or N）
12	低	高	适中	大	否
13	低	高	较低	小	是
14	低	低	适中	小	是

上面的数据集共有 14 个样本数据。我们假设投资该公司为 Y，不投资该公司为 N，则 Y 的样本数为 9，N 的样本数为 5，此原始数据集的信息熵为

$$\text{Ent}(D) = -\frac{9}{14}\log_2\left(\frac{9}{14}\right) - \frac{5}{14}\log_2\left(\frac{5}{14}\right) = 0.94$$

如果以市值（MV）特征作为划分的依据，MV_1、MV_2、MV_3 分别表示市值较高、市值适中和市值较低，则可以得到以市值特征划分后数据集的信息熵为

$$\begin{aligned}
\text{Ent}(D \mid MV) &= \text{Ent}(D \mid MV_1, MV_2, MV_3) \\
&= P_{MV_1} \times \text{Ent}(D \mid MV_1) + P_{MV_2} \times \text{Ent}(D \mid MV_2) + P_{MV_3} \times \text{Ent}(D \mid MV_3) \\
&= 0.694
\end{aligned}$$

同理可得，$\text{Ent}(D \mid ROA) = 0.911$，$\text{Ent}(D \mid LEV) = 0.789$，$\text{Ent}(D \mid VIX) = 0.892$

然后就可以计算各特征的信息增益

$$\text{Gain}(D, MV) = \max\text{Ent}(D) - \text{Ent}(D \mid MV) = 0.94 - 0.694 = 0.246\text{bit}$$

$$\text{Gain}(D, ROA) = \max\text{Ent}(D) - \text{Ent}(D \mid ROA) = 0.94 - 0.911 = 0.029\text{bit}$$

$$\text{Gain}(D, LEV) = \max\text{Ent}(D) - \text{Ent}(D \mid LEV) = 0.94 - 0.789 = 0.151\text{bit}$$

$$\text{Gain}(D, VIX) = \max\text{Ent}(D) - \text{Ent}(D \mid VIX) = 0.94 - 0.892 = 0.048\text{bit}$$

因此，选取市值作为第一个树形模型的节点进行决策分类。然后再以市值高为内部节点进行下次分叉，构建下一轮叶节点。

当市值高作为内部节点时，根据市值属性的划分更新见表 9-3。

表 9-3　基于市值划分后选股投资策略样本集合

序号（ID）	总资产净利率（ROA）	资产负债率（LEV）	股票波动率（VIX）	是否投资（Y or N）
1	高	适中	大	是
2	高	较低	小	是
3	低	较低	小	否
4	高	适中	小	是
5	低	适中	大	否

此时的数据集共有 5 个数据，Y 的样本数为 3，N 的样本数为 2，根据信息熵的公式为

$$\text{Ent}(DMV) = -\frac{3}{5}\log_2\left(\frac{3}{5}\right) - \frac{2}{5}\log_2\left(\frac{2}{5}\right) = 0.971$$

分别以总资产净利率（ROA）、资产负债率（LEV）和股票波动率（VIX）特征对数据集进行划分得

$$\text{Ent}(\text{DMV} \mid \text{ROA}) = 0.16$$
$$\text{Ent}(D \mid \text{LEV}) = 0$$
$$\text{Ent}(D \mid \text{VIX}) = 0.918$$

分别计算信息增益得

$$\text{Gain}(\text{DMV}, \text{ROA}) = \max\text{Ent}(\text{DMV}) - \text{Ent}(\text{DMV} \mid \text{ROA}) = 0.811\text{bit}$$
$$\text{Gain}(\text{DMV}, \text{LEV}) = \max\text{Ent}(\text{DMV}) - \text{Ent}(\text{DMV} \mid \text{LEV}) = 0.971\text{bit}$$
$$\text{Gain}(\text{DMV}, \text{VIX}) = \max\text{Ent}(\text{DMV}) - \text{Ent}(\text{DMV} \mid \text{VIX}) = 0.053\text{bit}$$

因此，在这一轮决策树的生成中资产负债率的信息增益最大，将其作为下一轮分叉的划分属性，以此步骤进行递归来选择特征。

（二）信息增益率

实际上，信息增益准则的缺点是对取值较多的属性有所偏好。如在上述专栏 9-3 的案例中，如果我们将第一列中的 ID 作为特征进行选择，ID 特征将数据集分成 14 份，也就是有 14 个结点，每个结点只有一个序号值，那每个结点的熵就为 0，则所有分支结点的总熵也为 0，那么这个特征的信息增益就一定是最大的。因此如果此时用信息增益准则作为属性划分的依据，最后根节点必然都是 ID 特征划分的结果，但是显然这是不对的。

为了消除信息增益准则对取值较多的属性的偏好，罗斯·昆兰（Ross Quinlan）在信息增益准则基础上提出了信息增益率（Gain Ratio）指标。信息增益率的定义为

$$\text{GainRatio}(D, X_i) = \frac{\text{Gain}(D, X_i)}{\text{Ent}(X_i)}$$

$$\text{Ent}(X_i) = -\sum \frac{\mid D_t^\lambda \mid}{\mid D \mid} \log_2 \frac{\mid D_t^\lambda \mid}{\mid D \mid}$$

式中，$\text{Gain}(D, X_i)$ 代表使用 X_i 特征划分数据集产生的信息增益，$\text{Ent}(X_i)$ 为 X_i 特征的信息熵。

信息增益率的本质就是在信息增益指标的基础上增加一个惩罚参数，该惩罚参数即为所选特征信息熵的倒数。当特征的取值个数较多时，惩罚参数较小，避免了对取值较多的属性偏好的问题。

（三）基尼系数

数据纯度的另外一种度量为基尼系数，基尼系数表示在训练集中随机选中一个样本，此样本被分类错误的概率。设定 p_i 代表第 i 类样本占总样本的比例，则基尼（Gini）系数可表示为

$$\text{Gini}(D) = -\sum_{i=1}^{m} \sum_{i' \neq i} p_i p_{i'} = 1 - \sum_{i=1}^{m} p_i^2$$

基尼系数越高，则被选中的样本被分类错误的概率越大，数据纯度越低，若样本中所有数据为同一类即 $p_i = 1$，则 $\text{Gini} = 0$，此时样本纯度最高。对于基尼系数，可以直接地理解为，从数据集中随机抽取两个样本，如果子样本纯度越高，则取到不同样本的概率越小，这个概率反映的就是基尼系数。而树形模型的目的就是将混合程度较大的数据集不断划分促使同一类别的数据分类到一起，所以，树形模型中基尼系数最小的属性就是我们需要的最优属性。

与信息熵相比，基尼系数不存在大量的对数计算，在简化模型运算的同时又保留了信息熵的特性。信息熵和基尼系数之间的最大区别在于，信息熵达到最大值的过程相比基尼系数更慢，因此，信息熵对于系统混乱程度的判定要更重一些。

280

三、树形模型的剪枝处理

将信息熵或基尼系数作为模型优化的目标函数，即可进行最优属性选择和分支等操作。在分支过程中面临的问题在于当使用的属性过多，模型训练得"过好"则会出现过拟合的情况。此时，需要主动删除决策树模型的一些分支，来降低"过拟合"的风险。因此需要通过剪枝处理来降低过拟合，其基本策略包括"预剪枝"和"后剪枝"两种策略。

（一）预剪枝

预剪枝的原理是设定一些规则极早地停止树的扩散，这些规则包括但不限于：对树的深度设置一个阈值、设置每个叶片节点中所包含样本的最小值、不纯度指标单次下降幅度的下限等。目前应用最广泛的方法是给树的深度设置一个阈值，此方法的核心问题是如何事先设定树的最大深度的阈值。如果阈值设置得过大，过拟合的问题就不能得到解决；如果阈值设置得过小，则会过度限制树的扩散，模型的分类和预测效果就达不到预期。除了设置树的深度的阈值之外，另外一个方法是限制每个叶片节点中所包含样本的最小值，如果叶节点的样本数量已经小于事先指定的最小允许值，那么停止该结点后续的分叉，并将该结点变为叶子结点。此外，还可以设定节点信息熵的阈值等。

预剪枝的一般操作主要是对每个结点划分前先进行估计，若当前结点的划分不能带来决策树的泛化性能的提升，则停止划分，并标记为叶结点。预剪枝使得决策树的很多分支都没有"展开"，这不仅降低了过拟合的风险，还显著缩短了决策树的训练和测试的时间。

（二）后剪枝

后剪枝的操作与预剪枝相反，在决策树模型构建完成后进行剪枝处理，通过删除节点的分支来剪去中间节点或者叶节点达到后剪枝的目的。最常用的后剪枝的方法有最小误差剪枝法（Reduced-Error Pruning，REP）、悲观剪枝法（Pessimistic Error Pruning，PEP）和代价复杂性剪枝法（Cost-Complexity Pruning，CCP）。

最小误差剪枝法是先将决策树模型上的每个节点都作为候选节点，剪去以此结点为根的后续子树，然后使用验证数据遍历该叶节点，当修剪后的决策树模型不影响测试数据的泛化性能，则真正删除该结点。最小误差剪枝法从叶节点自下而上进行剪枝，直到修剪到删去节点后会减低测试数据的精度为止。

悲观剪枝法是一种完全使用训练数据来进行剪枝的方法，而且采用自上而下的剪枝策略。由于会使用相同的训练数据集进行剪枝操作，那么对于每个节点剪枝后的误差率一定会上升，因此，需要添加一个0.5的惩罚因子到误差率中。针对具有 T 个节点的决策树的误差率为

$$E(T) = \sum_{t \in T} \frac{e(t) + \frac{1}{2}}{N(t)}$$

式中，$N(t)$ 表示叶节点 T 中的样本总数，$e(t)$ 表示节点 T 中误判的样本个数。

悲观剪枝法为了提高对测试集的预测可靠性，对误差估计增加了连续性校正的环境，在实际应用中一直表现出较好的效果。但是悲观剪枝法使用自上而下的剪枝策略，这种策略会导致与预剪枝出现同样的过度剪枝或者剪枝失败的情况。

代价复杂度在决策树中定义了代价和复杂度两个概念，代价指在剪枝过程中因子树被叶

节点替代而增加的错分样本，复杂度表示剪枝后子树减少的叶结点数。一颗决策树的好坏用下式衡量

$$R_\alpha(T) = R(T) + \alpha C(T)$$

式中，$R(T)$ 代表该决策树的误差，$C(T)$ 表示决策树的大小，α 表示剪枝后树的复杂度降低程度与代价间的关系，即用决策树的终端节点个数表示。

代价复杂度法的一般操作是先找到完整树的子树序列 $T_0, T_1, T_2, \cdots, T_n$，其中 T_{i+1} 是从 T_i 中产生的，T_n 为最后的根节点。然后分别计算各自的 $R_\alpha(T_i)$，选择最小的 $R_\alpha(T_i)$ 所代表的树进行剪枝操作。

通过对上文中"预剪枝"和"后剪枝"两种策略的介绍，剪枝策略往往可以得到更优的泛化性能和解释能力。但后剪枝策略中，最小误差剪枝方法和代价复杂度法等方法从生成决策树自下而上进行剪枝处理，需要遍历决策树中所有的中间节点，因此后剪枝策略相较于预剪枝策略更加复杂和耗时。

四、CART 模型

分类与回归树（Classification And Regression Tree，CART）决策树模型是里奥·布雷曼（Leo Breiman）等人在 1984 年提出的，是目前决策树算法中最为成熟的一类算法，应用范围比较广泛。CART 模型采用二分递归分类的法，是一种二叉树模型，每次对特征进行划分后只会产生两个子节点。当 CART 作为分类树的时候，采用基尼系数作为分裂节点的依据；当 CART 作为回归树的时候，使用样本的最小方差作为分裂节点的依据。

（一）CART 分类树

CART 分类树采用基尼系数选择最优特征，同时决定该特征的最优二值切分点。构建 CART 分类树模型的一般操作是从根节点开始，对节点计算现有特征的基尼系数。例如，针对数据集中的特征 X_i，根据样本节点对 $X_i = a$ 的结果按"是"与"否"划分为两个部分，利用下式进行划分

$$\text{Gini}(D, X_i) = \frac{|D_1|}{|D|}\text{Gini}(D_1) + \frac{|D_2|}{|D|}\text{Gini}(D_2)$$

在所有可能的特征 X_i 以及该特征所有的可能取值 a 中，选择基尼系数最小的特征及其对应的取值作为最优特征和最优切分点。然后根据最优特征和最优切分点，对数据集针对此特征进行二分叉，从而生成两个子节点。再对子节点采用上述的构建方式进行递归操作，直至节点中的样本个数小于阈值，或者样本集的基尼系数小于阈值，或者没有更多特征后停止。

（二）CART 回归树与模型树

回归树的概念上文已经提及，此处不再赘述。CART 回归树是一种二分递归分割技术，即把当前样本划分为两个子样本，使得生成的每个非叶子结点都有两个分支。CART 算法主要包括回归树和模型树。但无论是回归树还是模型树，其适用场景都是数据类型取值为连续的场景，只是数据的类别之间有明显不同。将连续复杂的训练数据划分成一个个类别，再进行求解就是回归树的原理。

在构建回归树时，首先对特征空间进行划分，遍历所有的变量，选择最优切分变量 s 和切分点 t，选择使误差达到最小的变量 s 和 t，公式如下：

282

$$\min_{s,t}\left[\min_{c_1}\sum_{x_i\in R_1}(s,t)(y_i-c_1)^2+\min_{c_2}\sum_{x_i\in R_2}(s,t)(y_i-c_2)^2\right]$$

式中，c_1 是 R_1 数据集的样本均值，c_2 是 R_2 数据集的样本均值。然后利用 s 和 t 对输入空间进行划分，取划分空间内 y 的平均值作为其输出值，公式如下

$$R_1(s,t)=\{x\mid x^{(s)}\leqslant t\}$$

$$R_2(s,t)=\{x\mid x^{(s)}>t\}$$

继续对两个子空间调用上述步骤直到满足相应的停止生长条件，将输入空间划分为 N 个区域 $R_1,R_2,R_3,\cdots,R_n$，最终生成 CART 回归树，公式如下

$$f(x)=\sum_{n=1}^{N}c_n I(x\in R_n)$$

其中，回归树的停止生长条件一般为节点中的样本个数小于阈值，或者样本集的基尼系数小于阈值，或者没有更多特征后停止。

模型树的生长相比回归树最大的区别是对每棵子树先用线性模型进行拟合，然后计算真实值和模型预测值之间的差距。最后求这些差值的平方和作为所需的误差，也就是在数值的基础上加上了模型拟合的概念。

（三）CART 模型的剪枝策略

无论是分类树还是回归树，CART 决策树模型都需要进行剪枝操作。CART 模型的剪枝主要采用代价复杂度方法，因为希望剪枝前后误差最小，所以需要寻找最小 α 值对应的节点进行剪枝操作，此时可以生成第一个子树。重复上述过程，继续剪枝直到只剩下根节点，即为最后一个子树。然后，需要用验证数据对所有子树的误差进行计算，可以通过计算每个子树的基尼系数或者平方误差，取基尼系数或者平方误差最小的子树，就可以得到剪枝后的结果。

代码如下：

```
from sklearn.tree import DecisionTreeClassifier        ## 导入分类树模块
clf = DecisionTreeClassifier(criterion='gini')          ## 创建 CART 分类树
clf = clf.fit(train_features, train_labels)             ## 拟合构造 CART 分类树
test_predict = clf.predict(test_features)               ## 用 CART 分类树做分类


from sklearn.tree import DecisionTreeRegressor          ## 导入回归树模块
dtr=DecisionTreeRegressor()                             ## 创建 CART 回归树
dtr.fit(train_features, train_price)                    ## 拟合构造 CART 回归树
predict_price = dtr.predict(test_features)              ## 用 CART 回归树做预测
```

283

五、在金融中的应用

决策树在样本分类方面有突出表现，斯韦特兰娜·布列兹加洛娃（Svetlana Bryzgalova）等（2019）使用企业特征为分支节点在横截面上构建决策树，并以每个节点分类得到的资产构造多个投资组合，并基于均值-方差有效前沿（Mean-Variance Efficiency）从中挑选出最能代表股票收益率截面差异的若干个资产组合来形成随机折现因子（SDF），并定义为资产定价树（AP-tree）。与以往关注模型回归预测的"后端"研究不同，AP-tree 在资产组合端做出贡献。

通过引入更多的因子形成更多的决策树和投资组合，文章基于大量的组合结果进行剪枝（Pruning）操作来避免过度拟合问题，并获得最优的定价组合，这一过程使用惩罚项来进行筛选

$$\min \frac{1}{2}\boldsymbol{\omega}^{\mathrm{T}}\boldsymbol{\Sigma}\boldsymbol{\omega} + \lambda_1 \sum_{i=1}^{N} |\omega_i| + \lambda_2 \sum_{i=1}^{N} \omega_i^2$$

式中，$\boldsymbol{\omega}$ 为使用节点组合构建有效前沿时的组合权重。

相比 Fama French 按照固定分位点构建因子的方法，AP-tree 模型能够更好地捕捉收益与特征间的非线性关系并具有如下特点：①定价组合不受做空约束影响，对于一些特定市场更为有效；②对于收益的解释更为精确，实证中的样本外夏普比率更高。

第四节　Boosting 算法

一、集成学习的基本概念

实际中，单一的树型模型在面对大数据时拟合结果是非常差的，因此人们使用了集成学习的方法，也就是导读中"森林"的概念。集成学习也是当前机器学习领域非常普遍的方法，但其本质不是一种算法，而是通过构建并结合多个基础机器学习器来完成任务目标，增强问题处理效果的方法，也就是生活中我们常说的"三个臭皮匠，赛过诸葛亮"。集成学习方法在机器学习中的分类问题、回归问题和特征选择问题等领域都有很好的效果。

在运用集成学习方法之前，我们一般先得到解决相同目标任务的一组基础模型，这些基础模型通常称为"弱学习器"。当集成方法中的弱学习器都是同种类型时，这样的集成模型是"同质的"，组成同质集成模型的基础学习器一般称为"基学习器"。集成方法中也可以包含不同类型的弱学习器，这样的集成模型是"异质的"，这时的基础模型就没有"基学习器"的概念，一般被称为"组件学习器"。

现如今，集成学习方法可以根据弱学习器相互依赖程度分为两类：①基础学习器间存在很强依赖关系，必须通过串行方式进行集成的方法，代表的算法是 Boosting 算法。②基础学习器间不存在强依赖关系，可以各自并行的方法，代表是 Bagging 算法。

二、Boosting 算法基本原理

Boosting 算法是基于"串联"模型的思想来提高弱学习器准确度的集成方法。Boosting 算法的基本原理可以用图 9-3 表示，先使用带初始权重 $D(1)$ 的采样数据集训练出一个基学习器，根据基学习器的学习误差率 e_1 的表现对样本分布重新进行调整权重 $D(2)$，并使弱学习器 1 学习误差率高的训练样本点的权重受到更多的关注，接着基于调整后的数据再训练下一个基学习器；循环上述过程以达到规定的迭代次数或者预期的误差率，最终模型输出为 N 个学习器的强学习器。

Boosting 算法在每次训练时需要结合已得到的所有基学习器，即第 N 步训练需要已训练好的 $N-1$ 个学习器和一个新生成的学习器来共同完成。并且 Boosting 算法通过改变训练样本分布，对容易错分的样本赋予更高的权重，致使错分数据在下一轮的迭代中起到更大的作用，来降低模型整体错误的概率，通过这样的组合策略构建起最终的强学习框架。

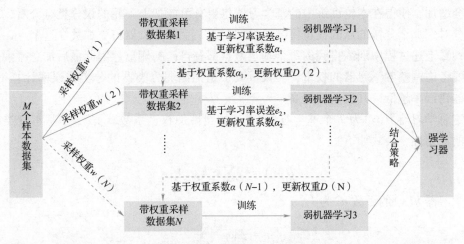

图 9-3 Boosting 算法基本原理

三、AdaBoost 模型

约亚夫·弗罗因德（Yoav Freund）和罗伯特·埃利亚斯·沙皮尔（Robert Elias Schapire）在 1997 年提出了经典的自适应增强（Adaptive Boosting，AdaBoost）模型，Adaboost 算法已成为 Boosting 算法家族最典型的代表之一。其算法原理是通过调整样本权重和弱分类器权值，从通过训练数据得到的基学习器中筛选出权值系数最小的弱学习器组合成一个最终的强分类器。在每一次迭代时，提高那些被前几轮弱学习器错误分类的样本的权值，促使后面训练数据的关注点集中在比较难分的训练样本上。并使用加权投票策略代替平均策略，从而使识别准确率较高的弱分类器具有较大的权重，使其在表决中起较大的作用。

AdaBoost 训练结构如图 9-4 所示。

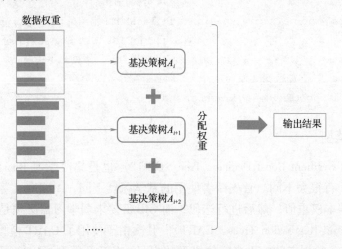

图 9-4 AdaBoost 训练结构

AdaBoost 的每一个基学习器为只包含一个特征的单层决策树，模型在训练中不断修正数据和各基学习器的权重来最小化误差，具体来说，分为数据权重和基学习器权重：①初始数据权重设定为等权重，在训练完一个基学习器后就会调整权重，上一轮训练中被误分类的点的权重会增加，使得在本轮训练中的基学习器将更有可能把上一轮的误分类点分对，如果还是没有分对，那么分错的点的权重将继续增加，下一个弱分类器将更加关注这个点，尽量将其分对；②上述过程中训练得到的每个基学习器都有自己的侧重，因此最后加总得到强分类器时需要考虑调整各学习器的权重，而权重大小是根据弱分类器的分类错误率计算得出的，弱分类器错误率越低，其权重就越高。

设定总学习器 $H(x)$ 为 T 个基学习器 $h(x)$ 的线性加权，系数 a_t 表示了基本分类器对总学习器的重要性，公式如下

$$H(x) = -\sum_{t=1}^{T} a_t h_t(x)$$

基学习器 $h(x)$ 的系数 a_i 为

$$a_i = \frac{1}{2}\log\frac{1-e_t}{e_t}$$

式中，e_t 为基学习器 $h(x)$ 的分类错误率。

理论上任意机器学习基础模型都可以用于 Adaboost 模型的基学习器，但目前使用最广泛的 Adaboost 模型的基学习器是决策树和神经网络。在树形模型中，一般而言 Adaboost 模型用于分类问题时使用的是 CART 分类树，而 Adaboost 模型解决回归问题时使用 CART 回归树。Adaboost 模型作为 Boosting 算法的代表模型，因其分类精度很高，结构简单便于理解和不容易出现过拟合问题等优点，在机器学习领域被广泛应用。

代码如下：

```
def adaboost(dataSet,maxLoop=100):    ## 基于单层决策树的 Adaboost 分类器
    adaboostTree=[]                   ## 基于单层决策树的 ada 训练
    aggClassEst += alpha.getA()[0][0]*bestClasEst
                                      ## 分类估计累计值
    aggErrors = np.multiply(np.sign(aggClassEst) != np.mat(y),np.ones((m,1)))
                                      ## aggClassEst 每个元素的符号代表分类结果，
                                         如果与 y 不等则表示错误
    errorRate = aggErrors.sum()/m     ## 平均分类误差
    return adaboostTree,aggClassEst
```

四、GBDT 模型

梯度下降树（Gradient Boost Decision Tree，GBDT）也是集成学习 Boosting 家族的成员，但是却和 Adaboost 有很大不同。首先两者使用的基学习器不同，AdaBoost 算法利用单层决策树的误差来更新样本权重值，然后进行迭代；而 GBDT 要求弱学习器必须是分类与回归树模型（Classification and Regression Trees，CART）。其次由于使用了 CART 模型，因此相比 AdaBoost 通过提升错分数据点的权重来定位模型的不足，GBDT 模型可以使用更多种类的目标函数，通过计算目标函数的梯度，使用梯度下降的方式来减少训练误差。因此 GBDT 常用在处理连续数据的回归问题中，此时目标函数可以为均方误差等。

GBDT 同样按前后顺序逐棵进行模型训练。假设前一次得到的强学习器 $f_{t-1}(x)$，损失函数为 $L(v,f_{t-1}(x))$，需要通过不断训练决策树来使其达到最小值。每一棵决策树都以上一棵

决策树的拟合残差作为预测目标进行训练，使模型逐渐向理想化的模型靠拢，不断提升预测精度。最终的预测结果是所有基学习器预测结果的总和，即

$$\hat{v}^{(t)}(x) = \sum_{k=1}^{t} f_k(x) = \hat{v}^{(t-1)}(x) + f_t(x)$$

式中，$f_k(x)$ 表示第 k 棵决策树，$\hat{v}^{(t)}$ 表示共有 t 棵树时所得的预测值。

这样，问题也就演化成了对残差 r 的拟合。然而对于大多数损失函数而言，获得模型的残差并非易事。针对这一问题，米尔顿·弗里德曼等（Milton Friedman）在 2001 年的研究中提出了梯度提升树算法，即利用损失函数的负梯度作为提升树算法中的残差的近似值。

当损失函数为一般损失函数时，首先要进行 $f_0(x)$ 的初始化，即

$$f_0(x) = \arg \min_c \sum_{i=1}^{N} L(v_i, c)$$

当进行第 t 次迭代时，通过损失函数负梯度与模型残差之间的近似关系，计算出当前拟合的残差值，即

$$r_{ti} = -\left[\frac{\partial L(v, f(x_i))}{\partial f(x_i)} \right]_{f(x) = f_{t-1}(x)}$$

以 r_{ti} 为目标进行下一棵树的拟合，通过最小化当前损失函数，来求得每个叶子节点中的输出值 c_{ti}，j 为第 j 个叶子节点，即

$$c_{ti} = \arg \min_c \sum_{x_j \in R_{tj}} L(v_i, f_{t-1}(x_i + c))$$

在不断迭代的过程中，当获得满足要求的预测效果时，即可得到最终模型 $\hat{v}^{(t)}(x)$，即

$$\hat{v}^{(t)}(x) = \sum_{t=1}^{T} \sum_{j=1}^{J} c_{ti} I(x \in R_{tj})$$

在 GBDT 模型中，我们需要将目标函数对前 $k-1$ 个 CART 树组成的模型求偏导，进而基于梯度得到第 k 棵 CART 树，即每一棵决策树都以上一棵决策树的拟合残差作为预测目标进行训练，这是 GBDT 模型的关键所在，这样的做法使模型不断优化，提升了模型的预测效果。

代码如下：

```
import CART_regression_tree        ## 导入 CART 回归树模块
class GBDT_RT(object):              ## 设定 GBDT 回归算法类
    def fit(self, X, Y, n_estimates, learn_rate, min_sample, min_err):## 训练模型
    def GBDT_predict(self, X_test):  ## 使用训练完成的模型在测试集进行预测
```

五、XGboost 模型

极端梯度提升模型（Extreme Gradient Boosting，XGBoost）是在 GBDT 基础上改进而来。两者之间差异主要为：①GBDT 的基分类器只支持 CART 树，而 XGBoost 支持线性分类器；②GBDT 在优化时只使用了一阶导数，而 XGBoost 对目标函数进行二阶泰勒展开；③XGBoost 在训练之前，对数据预先进行排序并保存为 block，后续迭代中重复使用，并最终实现对基回归树的并行构建。

同 GBDT 一样，XGBoost 也是一个由数个基学习器组成的加法模型，最终的预测结果是所有基学习器预测结果的总和。即

$$\hat{v}^{(t)}(x) = \sum_{k=1}^{t} f_k(x) = \hat{v}^{(t-1)}(x) + f_t(x)$$

但与 GBDT 不同的是，在构建目标函数时，XGBoost 不仅使用了损失函数，还加入了代表所有决策树复杂程度的正则化项来防止过拟合，尽可能地保证模型的泛化能力。因此 XG-Boost 的目标函数为

$$\text{Obj}^{(t)} = \sum_{i=1}^{n} \left[v_i - (\hat{v}_i^{(t-1)} + f_t(x_i)) \right]^2 + \sum_{i=1}^{t} \Omega(f_i)$$

由于前 $t-1$ 棵树都是已知的，因此目标函数只和第 t 棵树的损失与复杂程度有关，即

$$\text{Obj}^{(t)} = \sum_{i=1}^{n} \left[2(\hat{v}_i^{(t-1)} - v_i)f_t(x_i) + f_t(x_i)^2 \right] + \Omega(f_t) + C$$

式中，C 即为前 $t-1$ 棵树所确定的损失与复杂度形成的常数，上式中，

$$\Omega(f_t) = \gamma T + \frac{1}{2} \lambda \sum_{j=1}^{T} w_j^2$$

T 表示叶子节点个数，w 表示节点数值。其中 γ 和 λ 为超参数，需要人为设定，两者的值越大，代表对复杂程度的惩罚越大。

XGBoost 算法的步骤和 GBDT 基本相同，在目标函数上，GBDT 是根据一阶导数 r，XG-Boost 是根据一阶导数 g 和二阶导数 h，迭代生成基学习器，加上更新学习器。由于每个叶子节点是相互独立的，因此只要每个叶子节点的公式求得最值，整个目标函数就可以达到最值点，求出每个叶子节点的最值并代入目标函数得

$$\text{Obj} = -\frac{1}{2} \sum_{j=1}^{T} \frac{G_j^2}{H_j + \lambda} + \gamma T$$

在训练决策树时，XGBoost 和 GBDT 采用的方法也不同，XGBoost 采用了贪心算法，对每个叶子节点枚举所有的可用特征，并针对每个特征，把属于该节点的训练样本根据该特征值进行升序排列，通过线性扫描的方式来决定该特征的最佳分裂点，分裂出左右两个新节点，直到满足特定条件为止。分裂收益的公式如下

$$G = \frac{1}{2} \left(\frac{G_{左}^2}{H_{左} + \lambda} + \frac{G_{右}^2}{H_{右} + \lambda} - \frac{(G_{左} + G_{右})^2}{H_{左} + H_{右} + \lambda} \right) - \gamma$$

综上所述，XGBoost 模型在 GDBT 模型的基础上考虑了基学习器中树的复杂度，并利用迭代过程中损失函数的二阶导数进行泰勒展开，这样的优化促使 XGBoost 模型的预测效果更好，迭代次数更少。而且虽然 XGBoost 与 GDBT 都通过逐次迭代来提高模型性能，但是 XG-Boost 在选取最佳切分点时多线程同时进行，大大提高了运行速度。

XGBoost 在处理标准的面板数据时有着优异表现，同时还拥有一些深度神经网络所没有的特性（如：模型的可解释性、输入数据的不变性、更易于调参等），这些特性使得它屡次在计算机比赛中斩获大奖。

代码如下：

```
from xgboost import XGBRegressor as XGBR    ## 导入 XGBoost 模块
xgb = XGBR(max_depth=nn, n_estimators=ne)
## 设定模型参数,其中 nn 为单个回归树最大深度, ne 为基回归树的总数目
xgb.fit(x,y)                              ## 训练模型
xgb.predict(xtest)                         ## 使用训练完成的模型在测试集进行预测
```

六、在金融中的应用

目前包含 Boosting 的算法研究中大多采用 XGBoost 作为基准模型。在金融市场研究中，加莫纳（Carmona）在2019 年则使用 XGBoost 基于 30 个财务因子来预测银行倒闭的概率，模型整体表现优秀。王燕和郭元凯（2019）通过网格搜索算法对 XGBoost 模型进行参数优化构建 GS-XGBoost 的金融预测模型，并将该模型运用于股票短期预测，构建股票收益预测模型及投资组合。李斌，邵新月和李玥阳（2019）利用 GBDT 模型和 XGBoost 模型等多种机器学习算法构建股票收益预测模型及投资组合，发现机器学习算法得到的投资策略能够获得比传统线性算法和所有单因子更好的投资绩效。

专栏 9-4　XGBoost 分类模型分层回测分析

对于投资管理领域，资本市场受宏观经济层面、市场情绪、外生冲击等因素影响，其波动规律涉及很多变量且未必具有必然的因果关系，传统的方法如多元线性回归模型等研究的影响因子数量是有限的，而机器学习可以很好地解决这个问题。由于其高效的性能及能在分布式环境下部署，XGBoost 在各类数据科学问题中大获异彩。

Boosting 集成学习分类器，最终在每个月月底可以产生对全部个股下月上涨或下跌的预测值；而 Boosting 集成学习回归模型，在每个月月底可以产生对全部个股下月收益的预测值。因此可以将两者都看作一个因子合成模型，即在每个月月底将因子池中所有因子合成为一个"因子"。接下来，我们对该模型合成的"因子"（即个股下期收益预测值）进行分层回测，从各方面考察该模型的效果。分层回测模型构建方法如下：

（1）股票池：全 A 股，剔除 ST 股票，剔除每个截面期下一交易日停牌的股票，剔除上市三个月以内的股票。

（2）回测区间：2011-01-31 至 2017-07-31（按年度分为七个子区间）。

（3）换仓期：在每个自然月最后一个交易日核算因子值，在下个自然月首个交易日按当日收盘价换仓。

（4）数据处理方法：将 Boosting 集成学习模型的预测值视作单因子，因子值为空的股票不参与分层。

（5）分层方法：在每个一级行业内部对所有个股按因子大小进行排序，每个行业内均分成 N 个分层组合。图 9-5 为单因子分层测试法示意图，其中，深色方块代表各行业内个股初始权重，可以相等也可以不等（我们直接取相等权重进行测试），分层具体操作方法为 N 等分行业内个股权重累加值，例如图 9-5 中行业 1 的五只个股初始权重相等（不妨设每只个股权重为 0.2），

假设我们欲分成三层，则分层组合 1 在权重累加值1/3 处截断，即分层组合 1 包含个股 1 和个股 2，它们的权重配比为 0.2：（1/3-0.2）= 3：2；同样推理，分层组合 2 包含个股 2、3、4，配比为（0.4-1/3）：0.2：（2/3-0.6）= 1：3：1；分层组合 3 包含个股 4、5，配比为 2：3。以上方法是用来计算各个一级行业内部个股权重配比的，行业间权重配比与基准组合（我们使用沪深 300）相同，也即行业中性。

（6）评价方法：回测年化收益率、夏普比率、信息比率、最大回撤、胜率等。

这里我们将展示 XGBoost 分类模型（subsample = 0.95；max_depth = 3）的分层测试结

289

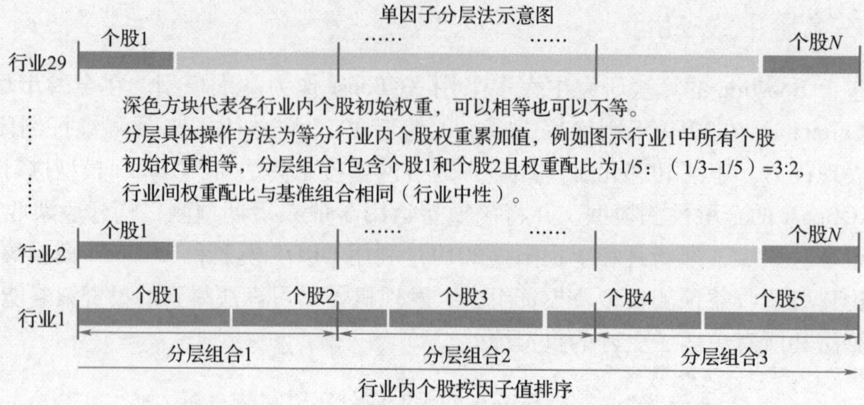

图 9-5　单因子分层测试法示意图

果。表 9-4 是分类模型分层组合绩效分析表（20110131~20170731）。其中组合 1~组合 5 为按该因子从小到大排序构造的行业中性的分层组合。基准组合为行业中性的等权组合，具体来说就是将组合 1~组合 5 合并，一级行业内部个股等权配置，行业权重按当期沪深 300 行业权重配置。多空组合是在假设所有个股可以卖空的基础上，每月调仓时买入组合 1，卖空组合 5。回测模型在每个自然月最后一个交易日核算因子值，在下个自然月首个交易日按当日收盘价调仓。

表 9-4　XGBoost 分类模型分层组合绩效分析表（20110131~20170731）

投资组合	年化收益率	年化波动率	夏普比率	最大回撤	年化超额收益率	超额收益年化波动率	信息比率	相对基准月胜率	超额收益最大回撤
组合 1	26.71%	27.57%	0.97	46.81%	14.00%	3.43%	4.08	80.77%	3.99%
组合 2	14.52%	27.17%	0.53	46.74%	3.03%	2.88%	1.05	56.41%	5.73%
组合 3	8.24%	26.82%	0.31	49.51%	−2.62%	2.62%	−1.00	32.05%	17.72%
组合 4	0.47%	26.71%	0.02	51.78%	−9.61%	2.83%	−3.40	15.38%	47.70%
组合 5	−7.82%	27.90%	−0.28	61.72%	−17.07%	4.29%	−3.98	10.26%	69.64%
基准组合	11.15%	27.06%	0.41	49.05%	–	–	–	–	–
多空组合	37.46%	6.71%	5.59	7.87%	–	–	–	–	–

第五节　Bagging 算法

一、Bagging 算法基本原理

作为集成学习的另外一种思路，Bagging 通过并行的方式同步生成多个基学习器，最终通过集合所有学习器的结果来得到训练结果。不同于 Boosting，Bagging 生成的基学习器之间并没有"依附"关系，每个模型通过随机设定样本集和特征数来得到。其中样本集的采样使用了自助采样模型（Bootstrap Sampling）得到 T 个子样本，这里的子样本为原样本的部分采样结果，这样的抽样方式是有放回的随机抽样，因此可能存在子样本重复的情况。然后针对每一个子样本建立基学习器，每个基学习器与子样本一一对应。接下来，将测试数据集放到每一个基学习器中，再把学习器计算得出来的结果进行平均或者投票。当需要解决的问题是分类问题时，一般通过投票产生分类的最终结果；当需要解决的问题是回归问题时，由 k 个模型预测结果的均值作为最后预测的结果。

图 9-6 为 Bagging 算法基本原理。

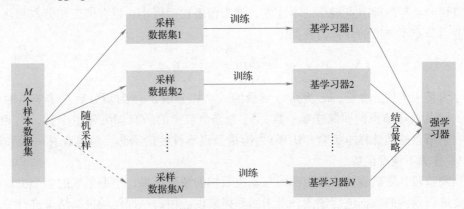

图 9-6　Bagging 算法基本原理

Bagging 算法生成样本集时采用有放回抽样，存在有些样本被抽到多次，而有些样本一次也抽不到的情况。没有被纳入子样本的数据集可以作为新的验证集，称为"包外估计"（out of bag estimate）。

通过随机化样本，一方面可以使得训练出的学习器之间更为"独立"，另一方面在提高模型泛化能力的同时可以使用子样本外的数据进行"包外估计"来降低过拟合。

二、随机森林模型

随机森林（Random Forest，RF）作为典型的 Bagging 类算法，是由美国科学家里奥·布雷曼（Leo Breiman）于 2001 年发表的一种机器学习算法。

随机森林模型进一步在基学习器训练中引入了随机属性，传统树模型在进行分支时考虑在当前节点的属性集合选择一个最优、损失率最低的属性。而在 RF 模型中，基学习器的属性集合为总集合的一个子集，即在子集中选择最优属性来进行划分，而子集大小一般设定为 $k=\log_2 d$，这里的 d 指的是全部属性集。随机森林模型的构建主要分为训练阶段和预测阶段两个阶段。

在训练阶段，随机森林将一个原始数据集随机抽样成多个新的数据集，从而使用多个不同的子训练集来训练多棵决策树。这种方法的好处是，由于随机森林采集的子集互不相同，所以可以训练出多个不同的决策树，从而增加整个模型的稳定性和准确性，即使出现了个别畸形数据，对整个模型的稳定性也不会造成明显影响。而且通过平均每棵决策树的结果，可以有效降低过拟合的风险。此外，采用决策树作为弱模型，可以比较容易挖掘出数据中各变量的内在联系。

随机森林中每棵决策树按照如下规则生成：假设训练集大小为 N，对于每棵树而言，随机且有放回地从训练集中抽取 N 个训练样本，作为该树的训练集，这种采样方式称为 Bootstrap Sample 方法；如果每个样本的特征维度为 M，指定一个常数 m 远小于 M，随机地从 M 个特征中选取 m 个特征子集，每次树进行分裂时，从这 m 个特征中选择最优的；每棵树均按照此方式分裂下去，直到该节点的所有训练样本均属于同一类。而且在每颗决策树的生长过程中不需要剪枝处理。

在训练基决策树时，随机森林采用穷举法，遍历每个特征和每个特征的所有取值，以切分后节点的不纯度为标准，来选择最好的切分变量和切分点。对每个取值都进行切分，比较每个取值切分点与当前节点最小的不纯度，如果前者比后者小，则存储该切分点和切分的特征。切分后节点不纯度的计算公式如下

$$G(x_i, v_{ij}) = \frac{n_{左}}{N_s} H(X_{左}) + \frac{n_{右}}{N_s} H(X_{右})$$

式中，x_i 为某一个切分变量，v_{ij} 为切分变量的一个切分值，$n_{左}$ 为切分后左子节点的训练样本个数，$n_{右}$ 为右子节点的训练样本个数，N_s 为当前节点的所有训练样本个数，$X_{左}$ 和 $X_{右}$ 分别为左右子节点的训练样本集合，$H(X)$ 为衡量节点不纯度的函数，随机森林一般采用 MSE 或者 MAE 作为不纯度函数。

在预测阶段，随机森林获取内部所有基决策树的预测结果，根据生成的多个决策树分类器对需要进行预测的数据进行预测，对于回归树来说，根据每棵树的投票结果进行平均，得到最终的预测结果。

针对抽取的子样本集，从决策树的根节点开始进行是否为叶子节点的判断，如果是则返回该叶子节点的预测值，即为该叶子中目标变量的平均值。如果不是叶子节点，则将样本中对应变量的值与节点切分值进行对比。如果前者小于后者，则继续访问该节点的左子节点；若前者大于后者，则选择右子节点。持续进行以上步骤直到继续到叶子节点为止，然后返回叶子节点的预测值。

图 9-7 为基于 Bagging 的随机森林。

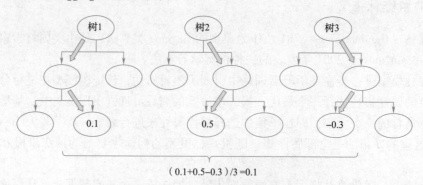

图 9-7　基于 Bagging 的随机森林

随机森林中的"随机"就是指上述过程中的样本随机性和属性随机性。两个随机性的引入对随机森林的分类性能至关重要。由于它们的引入，使得随机森林不容易陷入过拟合，并且具有很好的抗噪能力。

与传统 Bagging 中基学习器的"多样性"通过样本扰动来实现不同，随机森林模型的多样性不仅来自于样本，同时也来自属性扰动。更多的随机特性使得随机森林的泛化能力大大提高，模型在很多现实任务中表现出强大的性能。

随机森林对噪声和异常值有较好的容忍性，能够在不需要降维的条件下处理具有高维特征的输入样本，具有良好的可扩展性和并行性，而且能够评估各个特征在分类问题上的重要性，这使得随机森林模型成为树形模型中最受欢迎的模型之一。

代码如下：

```
from sklearn.ensemble import RandomForestRegressor   ## 导入随机森林模块
rf = RandomForestRegressor(max_depth=nn, max_features=nf, n_estimators=ne)
## 设定模型参数,其中 nn 为单个回归树最大深度,nf 为每次抽取的子特征数目,ne 为基回归树的总
数目
rf.fit(x,y)          ## 训练模型
rf.predict(xtest) ## 使用训练完成的模型在测试集进行预测
```

三、在金融中的应用

针对 Bagging 算法，巴林（Ballings）等（2015）使用欧洲企业数据比较了集成式模型与单一模型的预测能力，结果发现集成式模型中的随机森林模型表现最好，且高于 AdaBoost等其他树型模型；克劳斯（Krauss）等（2017）在使用技术指标进行股价预测时比较了四类模型，同样发现随机森林表现高于支持向量机、神经网络和朴素贝叶斯模型。

国内研究中，王磊，范超和解明明（2014）基于分类决策树模型和随机森林模型构建了可适用于小企业主信用评分模型的 12 种数据挖掘模型，检验了随机森林等模型的综合信用评分能力，发现基于决策树的树形模型在小企业主信用评分领域表现优秀。姜富伟，马甜和张宏伟（2021）利用多种经典机器学习算法开发了基于大数据和机器学习的智能动态CAPM 模型，发现随机森林方法构建的动态模型能更好地解释我国股市低风险定价异象。

专栏 9-5　可指定优先分裂的因子的随机森林模型构建选股策略

金融市场本身的交易行为和内外部环境的变化都将持续影响信号的有效性，使得对于收益率的预测问题是非平稳的（non-stationary）。机器学习的优势在于学习稳定且可以推广至未来的规律，而在非平稳的环境中，机器学习容易对噪声出现过拟合的问题。

以因子投资为例，图 9-8 为中证 800 成分股内各大类风格因子的累积 RankIC（RankIC是指某时点某因子在全部股票暴露值排名与其下期回报排名的截面相关系数），可知风格因子的表现有很大的不稳定性。市值因子在 2017 年前后的表现截然相反，从小市值风格变为大市值风格。估值因子在 2019 年前长期有效，2019 年出现持续回撤。2017 年后，动量反转、波动率、换手率因子的有效性相比之前大幅减弱。近两年表现较好的成长和财务质量因子在更早的时间则有一些波动。总体来看，风格因子的表现并不稳定。

将基于随机森林模型，从源代码层面进行改进，使投资者可以指定当前需要重配的因子，使得模型中的决策树可在顶端的若干层根据指定的因子进行分裂，人为增大这些因子的重要性。在随机森林模型原有参数的基础上新增了优先分裂的因子和在决策树顶部使用优先因子分裂的层数两个参数，得到各参数的估计量，分别学习中证 800 成分股从 2011 年 1 月31 日至 2021 年 2 月 26 日的日频收益率序列。选取八个价值类因子 EP、EPcut、BP、SP、NCFP、OCFP、DP、G/PE 为优先分裂因子。随机森林的参数设置如下，测试两种情况：在决策树顶部使用优先因子分裂的层数=3 和在决策树顶部使用优先因子分裂的层数=4。模型

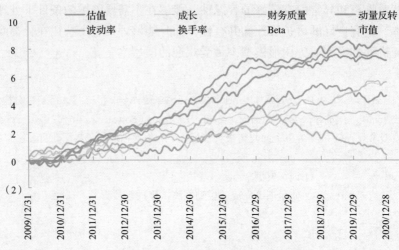

图 9-8　中证 800 成分股内各大类风格因子的累积 RankIC

训练后的特征重要性分析如下，可知排名前八的因子都是价值类因子，改进后随机森林模型中的特征重要性见表 9-5。

表 9-5　改进后随机森林模型中的特征重要性

	因子名称	特征重要性
决策树顶部使用 优先因子分裂的层数 = 3	NCFP	0.0835
	BP	0.0718
	EP	0.0685
	EPcut	0.0610
	G/PE	0.0566
	SP	0.0405
	OCFP	0.0345
	DP	0.0339
决策树顶部使用 优先因子分裂的层数 = 4	NCFP	0.1164
	BP	0.1203
	EP	0.0912
	EPcut	0.0854
	G/PE	0.0820
	SP	0.0577
	OCFP	0.0556
	DP	0.0503

回测以后发现，在决策树顶部使用优先因子分裂的层数 = 4 时，价值类因子的特征重要性更高。在决策树顶部使用优先因子分裂的层数 = 4 的情况下，观察模型中某棵决策树的结构，可知决策树的前四层都使用价值因子来分裂，只有到第五层才使用其他因子（rsi, ln_price, CON_NP_REL, std_3m）。也就是说，模型的选股逻辑由价值因子主导，使用价值因子做了四层判断之后，其他因子对于选股的决策才会起到作用。优先根据价值类因子分裂的随机森林模型决策树结构如图 9-9 所示。

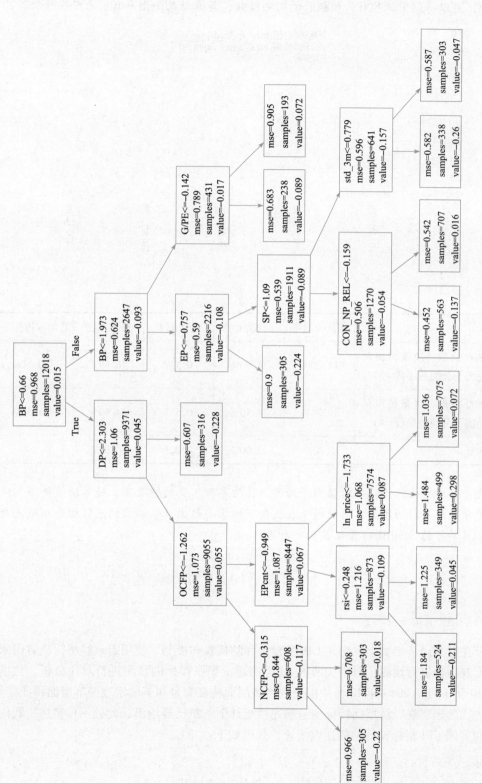

图9-9　优先根据价值类因子分裂的随机森林模型决策树结构

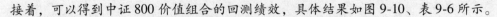

接着，可以得到中证800价值组合的回测绩效，具体结果如图9-10、表9-6所示。

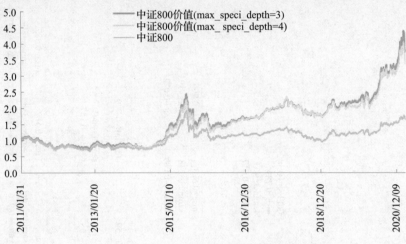

图 9-10　中证 800 价值组合回测净值

表 9-6　中证 800 价值组合回测指标

	年化收益率	年化波动率	夏普比率	最大回撤	月均双边换手率
中证 800 价值（决策树顶部使用优先因子分裂的层数＝3）	14.40%	24.90%	0.577	46.60%	97.80%
中证 800 价值（决策树顶部使用优先因子分裂的层数＝4）	13.20%	24.80%	0.533	44.80%	91.50%
中证 800	5.20%	23.00%	0.225	50.90%	

因此，可以得出结论，以价值因子为例，其他参数不变的情况下，随着决策树顶部使用优先因子分裂的层数的增大，价值因子在模型里的重要性上升。本文的选股组合测试能为构建结合机器学习的 SmartBeta 策略提供一种思路。

296

第六节　金融应用与 Python 实现

一、问题与数据描述

本节在宏观经济层面上，构建 GBDT 模型和随机森林模型，使用宏观经济特征对国家通货膨胀宏观指标进行预测，对中美两国 10 年的通货膨胀指标的预测进行对比分析。数据样本为 2010 年 1 月至 2019 年 12 月中国宏观经济层面特征变量和美国宏观经济层面特征变量。

首先，两国宏观经济层面特征变量描述性统计上一章已经给出，此处不再赘述。我们查看中国和美国 CPI 指标特征的描述性统计，代码如下：

```
import pandas as pd
CHNYdata = pd.read_csv('CHN_Marco_predictors.csv')
CHNYdata.CPIgrowth.describe().T
```

```
import pandas as pd
USYdata = pd. read_csv('CHN_Marco_predictors.csv')
USYdata. CPIAUCSLgrowth. describe(). T
```

结果见表 9-7。

表 9-7　CPI 指标特征描述性统计结果

变量名称	数量	均值	标准差	最小值	25%	中位数	75%	最大值
CPIgrowth	120	0.0022	0.0025	-0.0037	-0.0007	0.0021	0.0035	0.0118
CPIAUCSLgrowth	120	0.0014	0.0019	-0.0064	0.0002	0.0016	0.0026	0.0058

再查看预测变量 CPIgrowth 和 CPIAUCSLgrowth 即两国通货膨胀变量的分布图，代码如下：

```
import seaborn as sns
CHNYdata = pd. read_csv('CHN_Marco_predictors.csv')
CPIgrowth = CHNYdata ['CPIgrowth']
sns. distplot(CHNYdata. CPIgrowth)
USYdata = pd. read_csv('US_Marco_predictors.csv')
CPIgrowth = Y_table['CPIAUCSLgrowth']
sns. distplot(USYdata. CPIAUCSLgrowth)
```

运行结果如图 9-11 所示。

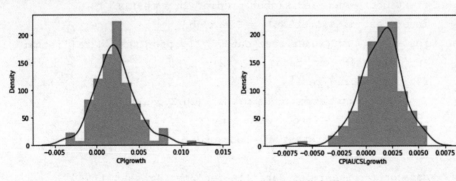

图 9-11　中美两国通货膨胀变量的分布图

总体来看，美国月度 CPI 数据均值相比中国月度 CPI 数据的均值较低，CPI 的波动也比中国 CPI 数据波动较小，但中国月度 CPI 数据相比美国月度 CPI 数据均值在相同时间段内更趋近于正态分布。

二、实验 9-1　GBDT 模型预测中国宏观变量通货膨胀

本小节考虑采用 GBDT 模型对中国市场中特征变量进行训练，并对中国通货膨胀指标进行预测。

首先定义 GBDT 函数。函数的输入值有：训练集的输入变量（in_X_train）、训练集的目标值（in_y_train）、测试集的输入变量（in_X_test）、测试集的目标值（in_y_test）、样本外数据的输入变量（in_X_oos）、测试集（in_test_data）以及样本外测试集（in_oos_data）。在

该函数中，GBDT 模型将使用给定的七个 alpha 参数进行训练和预测。最终输出如下结果：每个参数的样本外预测结果（pd. concat（all_pred））、在测试集中表现最好的参数下的样本外预测结果（temp_best），代码如下：

```python
import pandas as pd
import numpy as np
from sklearn.model_selection import KFold, cross_val_score, RandomizedSearchCV

def GBDT_method(in_X_train,in_y_train,in_X_test,in_y_test,in_X_oos, in_test_data, in_oos_data):
    from sklearn.ensemble import GradientBoostingRegressor
    inner_test_data = in_test_data.copy()

    n_es = [2,3,4,5,6]
    ret_test = []
    ret_oos = []
    coef_ser = {}
    for n in n_es:
        gbdt = GradientBoostingRegressor(n_estimators=n)
        gbdt.fit(in_X_train,in_y_train)

        Ytest_gbdt = np.matrix(gbdt.predict(in_X_test)).T
        inner_test_data['rethat'] = Ytest_gbdt
        res1=1-np.sum((inner_test_data['y']-inner_test_data['rethat'])**2)
        /np.sum(inner_test_data['y']**2)
        ret_test.append(res1)
        Yoos_gbdt = np.matrix(gbdt.predict(in_X_oos)).T
        inner_oos_data = in_oos_data.copy()
        inner_oos_data['rethat'] = Yoos_gbdt

        data_gbdt = inner_oos_data[['Dates','y','rethat']]
        data_gbdt.columns = ['Dates','y','yhat']
        data_gbdt['model'] = 'gbdt'
        data_gbdt['n_estimators'] = n
        ret_oos.append(data_gbdt)

    loc_max = ret_test.index(max(ret_test))
    ne_max = n_es[loc_max]
    gbdt_best = GradientBoostingRegressor(n_estimators=ne_max)
    gbdt_best.fit(in_X_train,in_y_train)
    yhat = gbdt_best.predict(in_X_oos)
    inner_oos_data = in_oos_data.copy()
    inner_oos_data['rethat'] = yhat
```

```
data_gbdt = inner_oos_data[['Dates','y','rethat']]
data_gbdt.columns = ['Dates','y','yhat']
return pd.concat(ret_oos), data_gbdt, coef_ser
```

　　输入所需要的宏观经济指标数据，设置 GBDT 模型中树的数目。n_estimatorsn 指标从 2 到 6 遍历，并将数据传入 GBDT 模型，代码如下：

```
all_month_list = list(whole_data['Dates'].values)
train_month_n = 24
test_month_n = 12
oos_month_n = 1
rf_op = []
gbdt_op = []

for i in range(len(all_month_list)):
    if i < train_month_n + test_month_n + oos_month_n - 1:
        continue
    else:

        train_monthes = all_month_list[i-test_month_n-train_month_n:i-test_
        month_n]
        test_monthes = all_month_list[i-test_month_n:i]
        oos_month = all_month_list[i]
        print(oos_month)

        train_data = whole_data[whole_data['Dates'].apply(lambda x: True if x
        in train_monthes else False)]
        test_data = whole_data[whole_data['Dates'].apply(lambda x: True if x
        in test_monthes else False)]
        oos_data = whole_data[whole_data['Dates'] == oos_month]

        X_train = train_data.drop(columns = Xtodrop)
        y_train = train_data['y']
        X_test = test_data.drop(columns = Xtodrop)
        y_test = test_data['y']
        X_oos = oos_data.drop(columns = Xtodrop)
        y_oos = oos_data['y']

        to_Norm = pd.concat([train_data,test_data,oos_data])
        normed_data = Norm(to_Norm,Xtodrop)
        train_data_normed = normed_data[normed_data['Dates'].apply(lambda x:
        True if x in train_monthes else False)]
```

299

```
test_data_normed = normed_data[normed_data['Dates']. apply(lambda x:
True if x in test_monthes else False)]
oos_data_normed = normed_data[normed_data['Dates'] == oos_month]


X_train_normed = train_data_normed. drop(columns = Xtodrop)
y_train = train_data['y']
X_test_normed = test_data_normed. drop(columns = Xtodrop)
y_test = test_data['y']
X_oos_normed = oos_data_normed. drop(columns = Xtodrop)
y_oos = oos_data['y']


gbdt_result = model_plot. GBDT_method(X_train, y_train, X_test, y_test, X_
oos, test_data, oos_data)
gbdt_op. append(gbdt_result)
```

输出 GBDT 模型的预测结果，比较预测值和实际值的差距，并计算预测误差，代码
如下：

```
all_pred = []
all_best = []
all_coef = []
for i in range(len(all_month_list)):
    if i < train_month_n + test_month_n + oos_month_n - 1:
        continue
    else:
        result_idx = i - (train_month_n + test_month_n + oos_month_n - 1)
        oos_month = all_month_list[i]
        temp_tuning = gbdt_op[result_idx][0]
        temp_best = gbdt_op[result_idx][1]
        temp_coef = gbdt_op[result_idx][2]
        all_best. append(temp_best)


all_pred = pd. concat(all_pred)
all_pred['Dates'] = [datetime. datetime(year = int(x//100), month = int(x%
100), day = 28) for x in all_pred['Dates']]
all_pred = all_pred. sort_values(['n_estimators', 'Dates'])
all_pred = all_pred. set_index(['n_estimators', 'Dates'])


n_es = [2, 3, 4, 5, 6]
for n in n_es:
    alpha_pred[['y', 'yhat']]. plot(figsize = (10, 7), title = 'GBDT (n_estima-
    tors = % s)'% n)
    plt. show()
```

```
abs(alpha_pred['y']- alpha_pred['yhat']).plot(figsize = (10,7),title =
'GBDT abs error (n_estimators = % s)'% n)
plt.show()
```

当 n_estimators=2 时，运行结果如图 9-12 所示。

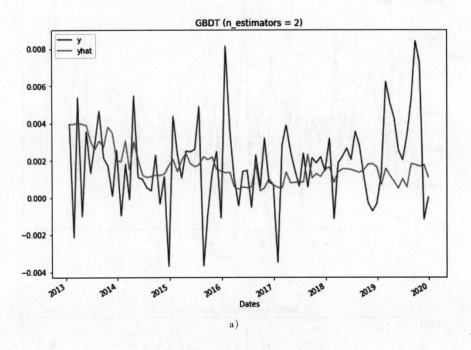

a)

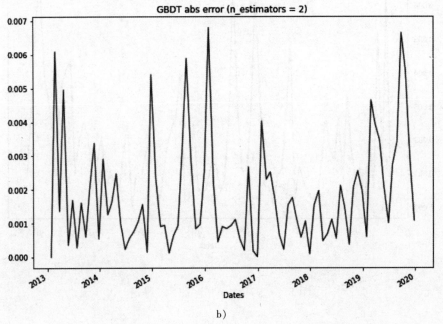

b)

图 9-12　n_estimators=2 时的运行结果

当 n_estimators＝3 时，运行结果如图 9-13 所示。

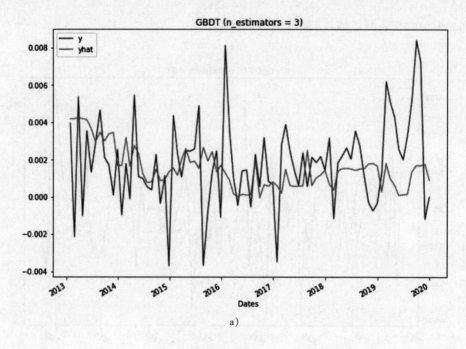

a)

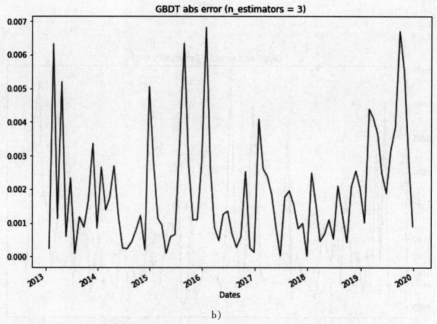

b)

图 9-13　n_estimators＝3 时的运行结果

当 n_estimators = 4 时，运行结果如图 9-14 所示。

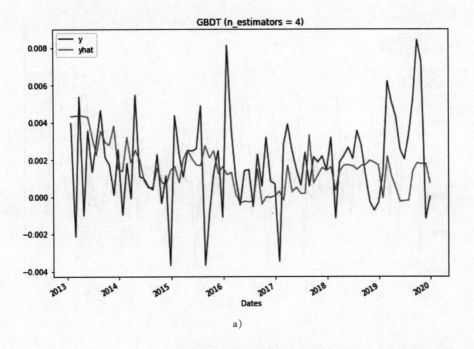

a）

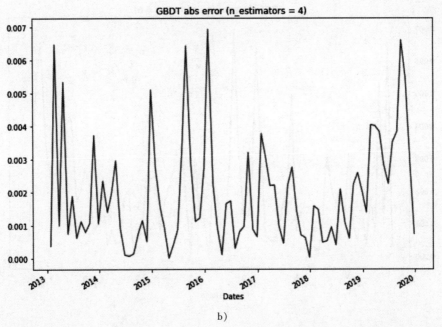

b）

图 9-14   n_estimators = 4 时的运行结果

当 n_estimators＝5 时，运行结果如图 9-15 所示。

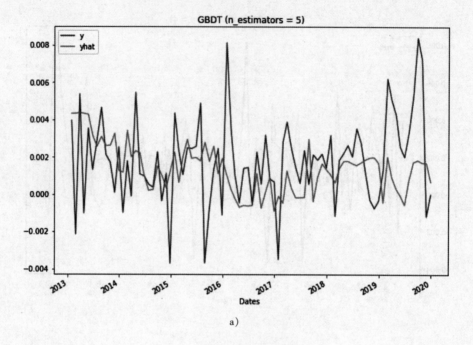

a)

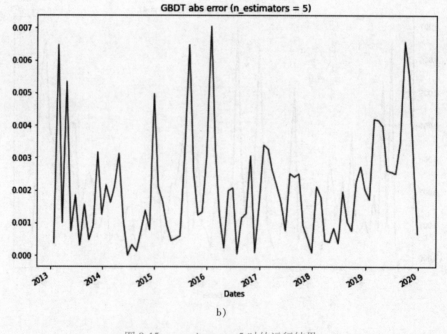

b)

图 9-15　n_estimators＝5 时的运行结果

当 n_estimators＝6 时，运行结果如图 9-16 所示。

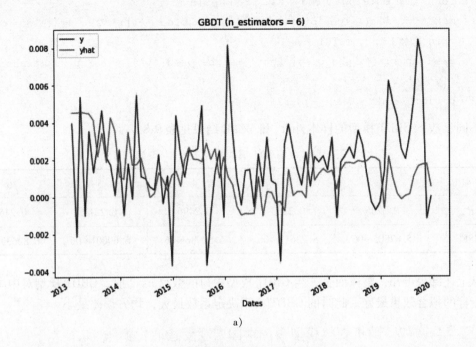

a）

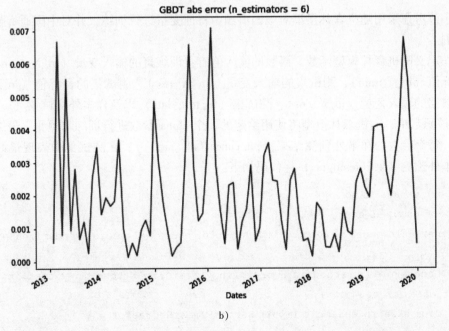

b）

图 9-16　n_estimators＝6 时的运行结果

计算总体的决定系数 R^2 和均方预测误差，代码如下：

```
n_es = [2,3,4,5,6]
    for n in n_es:alpha_pred = all_pred.loc[n]
    msfe = np.sum((alpha_pred['yhat']-alpha_pred['y'])**2) / len(alpha_pred)
    print('MSFE: ', msfe)
    r2=1-np.sum((alpha_pred['yhat']-alpha_pred['y'])**2)/np.sum(alpha_pred
    ['y']**2)
    print('R2: (n = % s)'% n, r2)
```

不同参数下 GBDT 模型的样本外 R^2 和 MSFE 结果见表 9-8。

表 9-8 不同参数下 GBDT 模型的样本外 R^2 和 MSFE 结果

n	2	3	4	5	6
R^2	0.3245	0.2833	0.2496	0.2311	0.2155
MSFE	5.87805e-06	6.23613e-06	6.52986e-06	6.69001e-06	6.82639e-06

从上述结果可知，整体而言，当 GBDT 模型中树的数目 $n=2$ 时，GBDT 模型对中国通货膨胀指标的拟合效果最好，此时的 GBDT 模型决定系数最大，均方误差最小。

三、实验 9-2 随机森林模型预测中国宏观变量通货膨胀

本小节考虑采用随机森林模型对中国市场中特征变量进行训练，并对中国通货膨胀指标进行预测。

首先定义随机森林模型函数。函数的输入值有：训练集的输入变量（in_X_train）、训练集的目标值（in_y_train）、测试集的输入变量（in_X_test）、测试集的目标值（in_y_test）、样本外数据的输入变量（in_X_oos）、测试集（in_test_data）以及样本外测试集（in_oos_data）。在该函数中，随机森林模型将使用给定的七个 alpha 参数进行训练和预测。最终输出如下结果：每个参数的样本外预测结果（pd.concat(all_pred)）、在测试集中表现最好的参数下的样本外预测结果（temp_best），代码如下：

```
import pandas as pd
import numpy as np
from sklearn.model_selection import KFold, cross_val_score, RandomizedSearchCV

def RandomForest_method(in_X_train,in_y_train,in_X_test,in_y_test,in_X_oos,
in_test_data, in_oos_data):
    from sklearn.ensemble import RandomForestRegressor
    inner_test_data = in_test_data.copy()
    n_es = [2,3,4,5,6]
    ret_test = []
```

```
ret_oos = []
coef_ser = {}
for n in n_es:
    rf = RandomForestRegressor(n_estimators=n)
    rf.fit(in_X_train,in_y_train)

    Ytest_rf = np.matrix(rf.predict(in_X_test)).T
    inner_test_data['rethat'] = Ytest_rf
    res1=1-np.sum((inner_test_data['y']-inner_test_data['rethat'])**2)
    /np.sum(inner_test_data['y']**2)
    ret_test.append(res1)
    Yoos_rf = np.matrix(rf.predict(in_X_oos)).T
    inner_oos_data = in_oos_data.copy()
    inner_oos_data['rethat'] = Yoos_rf

    data_rf = inner_oos_data[['Dates','y','rethat']]
    data_rf.columns = ['Dates','y','yhat']
    data_rf['model'] = 'rf'
    data_rf['n_estimators'] = n
    ret_oos.append(data_rf)

loc_max = ret_test.index(max(ret_test))
ne_max = n_es[loc_max]
rf_best = RandomForestRegressor(n_estimators=ne_max)
rf_best.fit(in_X_train,in_y_train)
yhat = rf_best.predict(in_X_oos)
inner_oos_data = in_oos_data.copy()
inner_oos_data['rethat'] = yhat
data_rf = inner_oos_data[['Dates','y','rethat']]
data_rf.columns = ['Dates','y','yhat']
return pd.concat(ret_oos), data_rf, coef_ser
```

输入所需要的宏观经济指标数据，设置随机森林模型中树的数目。n_estimators 指标从 2 到 6 遍历，并将数据传入随机森林模型，代码如下：

```
all_month_list = list(whole_data['Dates'].values)
train_month_n = 24
test_month_n = 12
oos_month_n = 1
rf_op = []
gbdt_op = []
```

```
for i in range(len(all_month_list)):
    if i < train_month_n + test_month_n + oos_month_n - 1:
        continue
    else:
        train_monthes = all_month_list[i-test_month_n-train_month_n:i-test_
        month_n]
        test_monthes = all_month_list[i-test_month_n:i]
        oos_month = all_month_list[i]
        print(oos_month)

        train_data = whole_data[whole_data['Dates'].apply(lambda x: True if x
        in train_monthes else False)]
        test_data = whole_data[whole_data['Dates'].apply(lambda x: True if x
        in test_monthes else False)]
        oos_data = whole_data[whole_data['Dates'] == oos_month]

        X_train = train_data.drop(columns = Xtodrop)
        y_train = train_data['y']
        X_test = test_data.drop(columns = Xtodrop)
        y_test = test_data['y']
        X_oos = oos_data.drop(columns = Xtodrop)
        y_oos = oos_data['y']

        to_Norm = pd.concat([train_data,test_data,oos_data])
        normed_data = Norm(to_Norm,Xtodrop)
        train_data_normed = normed_data[normed_data['Dates'].apply(lambda x:
        True if x in train_monthes else False)]
        test_data_normed = normed_data[normed_data['Dates'].apply(lambda x:
        True if x in test_monthes else False)]
        oos_data_normed = normed_data[normed_data['Dates'] == oos_month]

        X_train_normed = train_data_normed.drop(columns = Xtodrop)
        y_train = train_data['y']
        X_test_normed = test_data_normed.drop(columns = Xtodrop)
        y_test = test_data['y']
        X_oos_normed = oos_data_normed.drop(columns = Xtodrop)
        y_oos = oos_data['y']
```

```
        rf_result=model_plot.RandomForest_method(X_train,y_train,X_test,y_
        test,
X_oos, test_data, oos_data)
        rf_op.append(rf_result)
```

输出随机森林模型的预测结果，比较预测值和实际值的差距，并计算预测误差，代码如下：

```
all_pred = []
all_best = []
all_coef = []
for i in range(len(all_month_list)):
    if i < train_month_n + test_month_n + oos_month_n - 1:
        continue
    else:
        result_idx = i - (train_month_n + test_month_n + oos_month_n - 1)
        oos_month = all_month_list[i]
        temp_tuning = gbdt_op[result_idx][0]
        temp_best = gbdt_op[result_idx][1]
        temp_coef = gbdt_op[result_idx][2]
        all_best.append(temp_best)

all_pred = pd.concat(all_pred)
all_pred['Dates'] = [datetime.datetime(year = int(x//100),month = int(x%
100),day = 28) for x in all_pred['Dates']]
all_pred = all_pred.sort_values(['n_estimators','Dates'])
all_pred = all_pred.set_index(['n_estimators','Dates'])

n_es = [2,3,4,5,6]
for n in n_es:

    alpha_pred[['y','yhat']].plot(figsize = (10,7),title = 'RandomForest (n_
    estimators = % s)'% n)
    plt.show()

    abs(alpha_pred['y']- alpha_pred['yhat']).plot(figsize = (10,7),title =
    'GBDT abs error (n_estimators = % s)'% n)
    plt.show()
```

当 n_estimators=2 时，运行结果如图 9-17 所示。

309

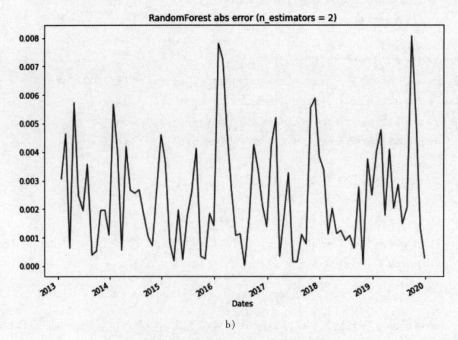

a)

b)

图 9-17　n_estimators＝2 时的运行结果

当 n_estimators＝3 时，运行结果如图 9-18 所示。

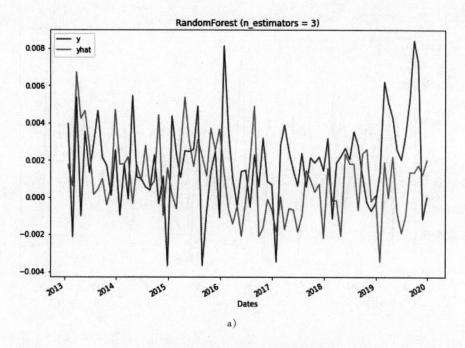

a）

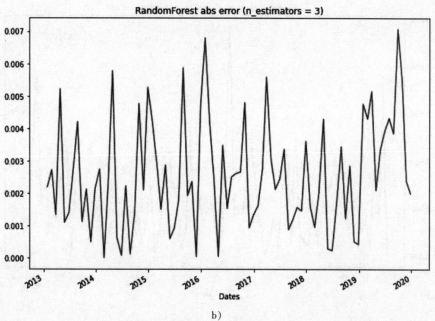

b）

图 9-18　n_estimators＝3 时的运行结果

当 n_estimators = 4 时，运行结果如图 9-19 所示。

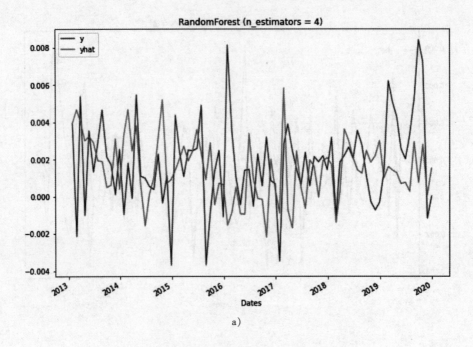

a）

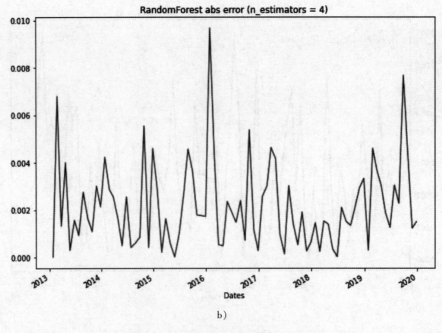

b）

图 9-19　n_estimators = 4 时的运行结果

当 n_estimators＝5 时，运行结果如图 9-20 所示。

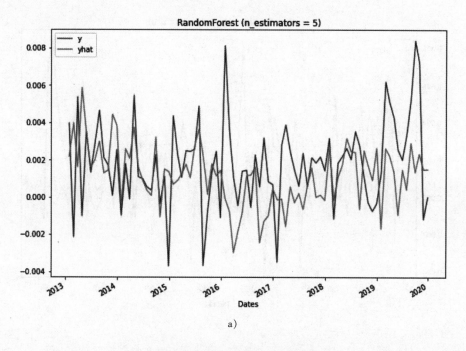

a)

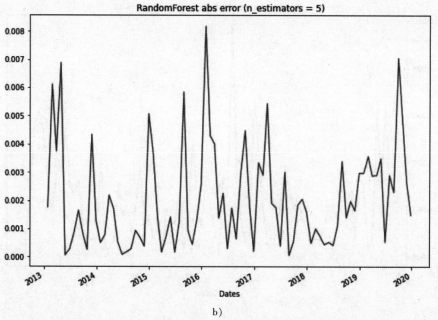

b)

图 9-20　n_estimators＝5 时的运行结果

313

当 n_estimators = 6 时，运行结果如图 9-21 所示。

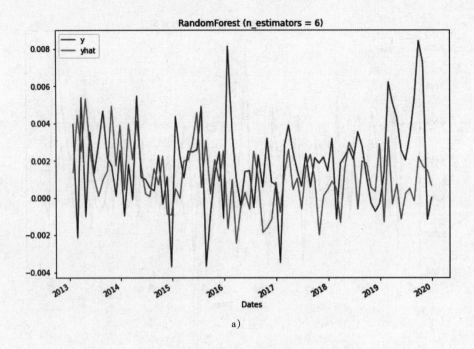

a）

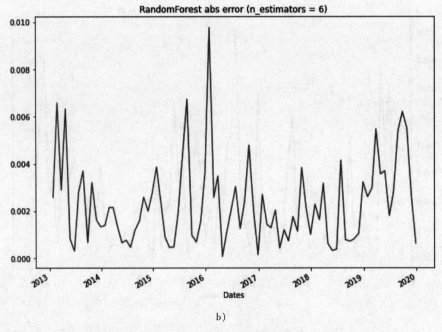

b）

图 9-21　n_estimators = 6 时的运行结果

计算总体的决定系数 R^2 和均方预测误差，代码如下：

```
n_es = [2,3,4,5,6]
    for n in n_es:alpha_pred = all_pred.loc[n]
    msfe = np.sum((alpha_pred['yhat']-alpha_pred['y'])**2) / len(alpha_pred)
    print('MSFE: ', msfe)
    r2=1-np.sum((alpha_pred['yhat']-alpha_pred['y'])**2)/np.sum(alpha_pred
    ['y']**2)
    print('R2: (n = % s)'% n, r2)
```

不同参数下随机森林模型的样本外 R^2 和 MSFE 结果见表 9-9。

表 9-9　不同参数下随机森林模型的样本外 R^2 和 MSFE 结果

n	2	3	4	5	6
R^2	−0.1109	−0.0889	0.0847	0.1430	0.0109
MSFE	9.66613e-06	9.497491e-06	7.96445e-06	7.45729e-06	8.60639e-06

从上述结果可知，整体而言，当随机森林模型中树的数目 $n=5$ 时，随机森林模型对中国通货膨胀指标的拟合效果最好，此时的随机森林模型决定系数最大，均方误差最小，而且从结果可以看出，森林中树的树目不是越大越好，太大容易产生过拟合问题，$n=5$ 时预测效果最优。

四、实验 9-3　GBDT 模型预测美国宏观变量通货膨胀

本小节考虑采用同样的 GBDT 模型对美国经济市场中特征变量进行训练，并对美国通货膨胀指标进行预测。

GBDT 函数的输入与输出指标在实验 9-1 中已经写明，此处不再赘述。在 GBDT 函数中输入所需要的宏观经济指标训练数据，构建 GBDT 模型，代码如下：

```
import pandas as pd
import numpy as np
from sklearn.model_selection import KFold, cross_val_score, RandomizedSearchCV

def GBDT_method(in_X_train,in_y_train,in_X_test,in_y_test,in_X_oos, in_test_
data, in_oos_data):
    from sklearn.ensemble import GradientBoostingRegressor
    inner_test_data = in_test_data.copy()

    n_es = [2,3,4,5,6]
    ret_test = []
    ret_oos = []
    coef_ser = {}
    for n in n_es:
        gbdt = GradientBoostingRegressor( n_estimators=n)
        gbdt.fit(in_X_train,in_y_train)
```

```
        Ytest_gbdt = np.matrix(gbdt.predict(in_X_test)).T
        inner_test_data['rethat'] = Ytest_gbdt
        res1=1-np.sum((inner_test_data['y']-inner_test_data['rethat'])**2)
        /np.sum(inner_test_data['y']**2)
        ret_test.append(res1)
        Yoos_gbdt = np.matrix(gbdt.predict(in_X_oos)).T
        inner_oos_data = in_oos_data.copy()
        inner_oos_data['rethat'] = Yoos_gbdt
        data_gbdt = inner_oos_data[['Dates','y','rethat']]
        data_gbdt.columns = ['Dates','y','yhat']
        data_gbdt['model'] = 'gbdt'
        data_gbdt['n_estimators'] = n
        ret_oos.append(data_gbdt)

    loc_max = ret_test.index(max(ret_test))
    ne_max = n_es[loc_max]
    gbdt_best = GradientBoostingRegressor(n_estimators=ne_max)
    gbdt_best.fit(in_X_train,in_y_train)
    yhat = gbdt_best.predict(in_X_oos)
    inner_oos_data = in_oos_data.copy()
    inner_oos_data['rethat'] = yhat
    data_gbdt = inner_oos_data[['Dates','y','rethat']]
    data_gbdt.columns = ['Dates','y','yhat']
    return pd.concat(ret_oos), data_gbdt, coef_ser
```

输入所需要的宏观经济指标数据，设置 GBDT 模型中树的数目。n_estimatorsn 指标从 2 到 6 遍历，并将数据传入 GBDT 模型，代码如下：

```
all_month_list = list(whole_data['Dates'].values)
train_month_n = 24
test_month_n = 12
oos_month_n = 1
rf_op = []
gbdt_op = []

for i in range(len(all_month_list)):
    if i < train_month_n + test_month_n + oos_month_n - 1:
        continue
    else:
        train_monthes = all_month_list[i-test_month_n-train_month_n:i-test_
        month_n]
        test_monthes = all_month_list[i-test_month_n:i]
        oos_month = all_month_list[i]
```

```
print(oos_month)

train_data = whole_data[whole_data['Dates'].apply(lambda x: True if x
in train_monthes else False)]
test_data = whole_data[whole_data['Dates'].apply(lambda x: True if x
in test_monthes else False)]
oos_data = whole_data[whole_data['Dates'] == oos_month]

X_train = train_data.drop(columns = Xtodrop)
y_train = train_data['y']
X_test = test_data.drop(columns = Xtodrop)
y_test = test_data['y']
X_oos = oos_data.drop(columns = Xtodrop)
y_oos = oos_data['y']

to_Norm = pd.concat([train_data,test_data,oos_data])
normed_data = Norm(to_Norm,Xtodrop)
train_data_normed = normed_data[normed_data['Dates'].apply(lambda x:
True if x in train_monthes else False)]
test_data_normed = normed_data[normed_data['Dates'].apply(lambda x:
True if x in test_monthes else False)]
oos_data_normed = normed_data[normed_data['Dates'] == oos_month]

X_train_normed = train_data_normed.drop(columns = Xtodrop)
y_train = train_data['y']
X_test_normed = test_data_normed.drop(columns = Xtodrop)
y_test = test_data['y']
X_oos_normed = oos_data_normed.drop(columns = Xtodrop)
y_oos = oos_data['y']

gbdt_result = model_plot.GBDT_method(X_train,y_train,X_test,y_test,X_
oos, test_data, oos_data)
gbdt_op.append(gbdt_result)
```

输出 GBDT 模型的预测结果，比较预测值和实际值的差距，并计算预测误差，代码
如下：

```
all_pred = []
all_best = []
all_coef = []
for i in range(len(all_month_list)):
    if i < train_month_n + test_month_n + oos_month_n - 1:
        continue
```

```
    else:
        result_idx = i - (train_month_n + test_month_n + oos_month_n - 1)
        oos_month = all_month_list[i]
        temp_tuning = gbdt_op[result_idx][0]
        temp_best = gbdt_op[result_idx][1]
        temp_coef = gbdt_op[result_idx][2]
        all_best. append(temp_best)

all_pred = pd. concat(all_pred)
all_pred['Dates'] = [datetime. datetime(year = int(x//100),month = int(x%
100),day = 28) for x in all_pred['Dates']]
all_pred = all_pred. sort_values(['n_estimators','Dates'])
all_pred = all_pred. set_index(['n_estimators','Dates'])

n_es = [2,3,4,5,6]
for n in n_es:

    alpha_pred[['y','yhat']]. plot(figsize = (10,7),title = 'GBDT (n_estima-
    tors = % s)'% n)
    plt. show()

    abs(alpha_pred['y']- alpha_pred['yhat']). plot(figsize = (10,7),title =
    'GBDT abs error (n_estimators = % s)'% n)
    plt. show()
```

当 n_estimators=2 时，运行结果如图 9-22 所示。

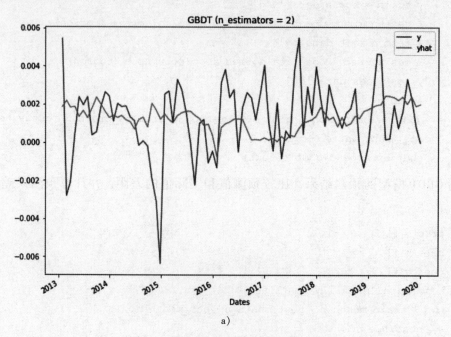

a)

图 9-22　n_estimators=2 时的运行结果

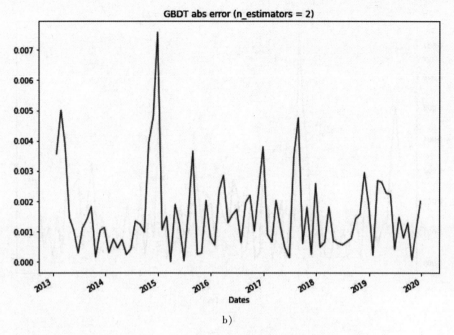

b）

图 9-22　n_estimators＝2 时的运行结果（续）

当 n_estimators＝3 时，运行结果如图 9-23 所示。

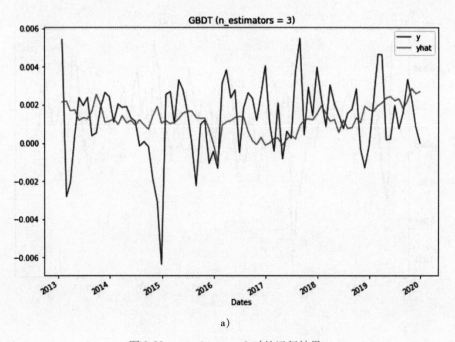

a）

图 9-23　n_estimators＝3 时的运行结果

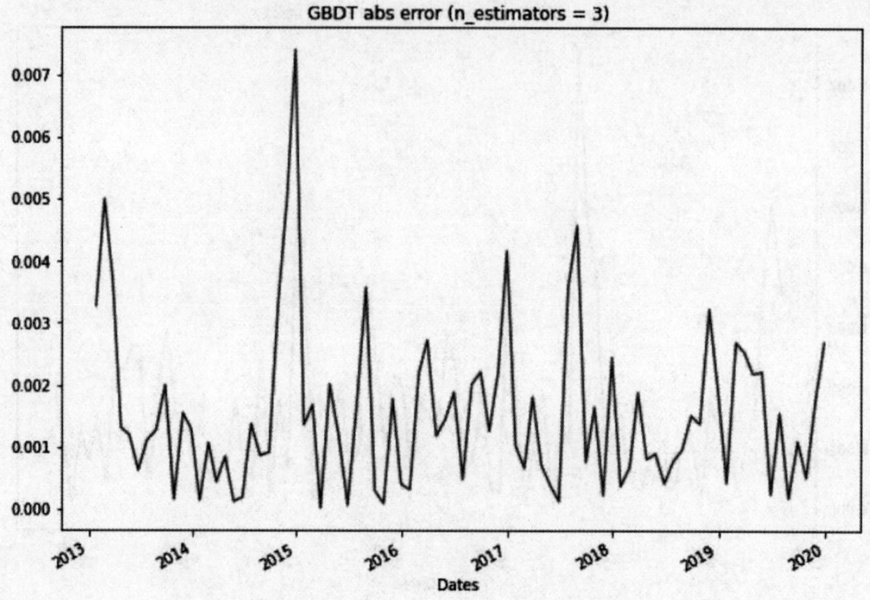

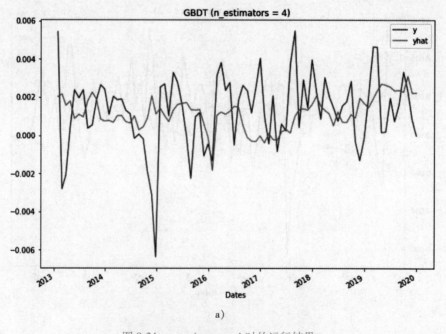

b)

图 9-23   n_estimators＝3 时的运行结果（续）

当 n_estimators＝4 时，运行结果如图 9-24 所示。

a)

图 9-24   n_estimators＝4 时的运行结果

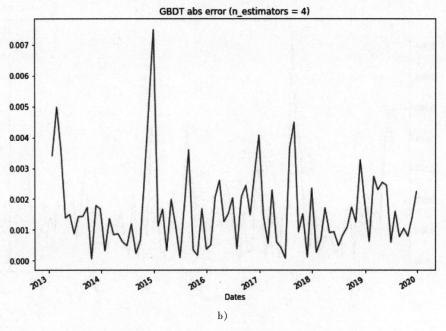

b)

图 9-24 n_estimators = 4 时的运行结果（续）

当 n_estimators = 5 时，运行结果如图 9-25 所示。

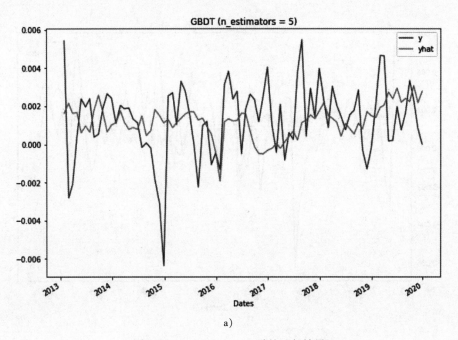

321

a)

图 9-25 n_estimators = 5 时的运行结果

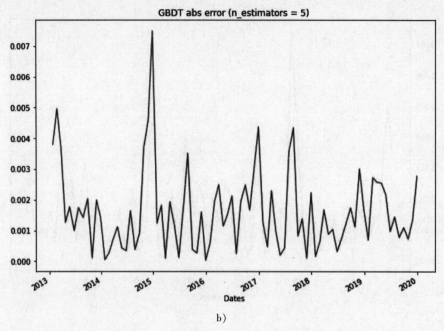

b)

图 9-25　n_estimators＝5 时的运行结果（续）

当 n_estimators＝6 时，运行结果如图 9-26 所示。

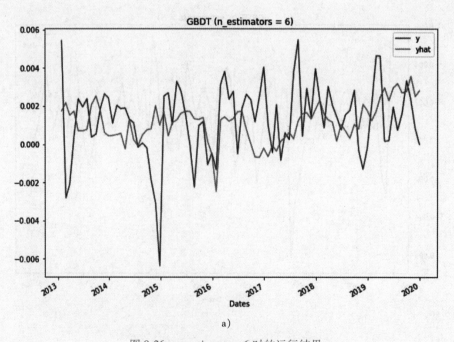

a)

图 9-26　n_estimators＝6 时的运行结果

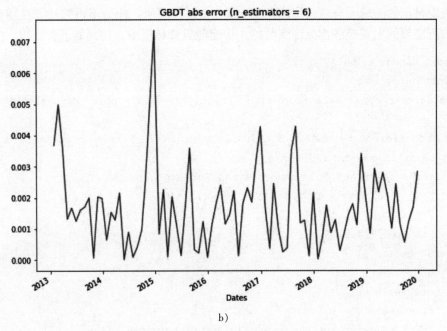

b)

图 9-26　n_estimators = 6 时的运行结果（续）

计算总体的决定系数 R^2 和均方预测误差，代码如下：

```
n_es = [2,3,4,5,6]
    for n in n_es:alpha_pred = all_pred. loc[n]
    msfe = np. sum((alpha_pred['yhat']-alpha_pred['y'])**2) / len(alpha_pred)
    print('MSFE: ', msfe)
    r2=1-np. sum((alpha_pred['yhat']-alpha_pred['y'])**2)/np. sum(alpha_pred
    ['y']**2)
    print('R2: (n = % s)'% n, r2)
```

不同参数下 GBDT 模型的样本外 R^2 和 MSFE 结果，见表 9-10。

表 9-10　不同参数下 GBDT 模型的样本外 R^2 和 MSFE 结果

n	2	3	4	5	6
R^2	0. 2144	0. 2186	0. 2021	0. 1864	0. 1526
MSFE	4. 25541e-06	4. 23294e-06	4. 32212e-06	4. 40728e-06	4. 59052e-06

从上述结果可知，整体而言，当 GBDT 模型中树的数目 $n = 3$ 时，GBDT 模型对美国通货膨胀指标的拟合效果最好，此时的 GBDT 模型决定系数最大，均方误差最小。

五、实验 9-4　随机森林模型预测美国宏观变量通货膨胀

本小节考虑采用随机森林模型对美国经济市场中的特征变量进行训练，并对美国通货膨胀指标进行预测。

随机森林函数的输入与输出指标在实验 9-2 中已经写明，此处不再赘述。在随机森林函数中输入所需要的宏观经济指标训练数据，构建随机森林模型，代码如下：

```python
import pandas as pd
import numpy as np
from sklearn.model_selection import KFold, cross_val_score, RandomizedSearchCV

def RandomForest_method(in_X_train,in_y_train,in_X_test,in_y_test,in_X_oos,
in_test_data, in_oos_data):
    from sklearn.ensemble import RandomForestRegressor
    inner_test_data = in_test_data.copy()

    n_es = [2,3,4,5,6]
    ret_test = []
    ret_oos = []
    coef_ser = {}
    for n in n_es:
        rf = RandomForestRegressor(n_estimators=n)
        rf.fit(in_X_train,in_y_train)

        Ytest_rf = np.matrix(rf.predict(in_X_test)).T
        inner_test_data['rethat'] = Ytest_rf
        res1=1-np.sum((inner_test_data['y']-inner_test_data['rethat'])**2)
        /np.sum(inner_test_data['y']**2)
        ret_test.append(res1)
        Yoos_rf = np.matrix(rf.predict(in_X_oos)).T
        inner_oos_data = in_oos_data.copy()
        inner_oos_data['rethat'] = Yoos_rf

        data_rf = inner_oos_data[['Dates','y','rethat']]
        data_rf.columns = ['Dates','y','yhat']
        data_rf['model'] = 'rf'
        data_rf['n_estimators'] = n
        ret_oos.append(data_rf)

    loc_max = ret_test.index(max(ret_test))
    ne_max = n_es[loc_max]
    rf_best = RandomForestRegressor(n_estimators=ne_max)
    rf_best.fit(in_X_train,in_y_train)
    yhat = rf_best.predict(in_X_oos)
    inner_oos_data = in_oos_data.copy()
    inner_oos_data['rethat'] = yhat
```

```
    data_rf = inner_oos_data[['Dates','y','rethat']]
    data_rf.columns = ['Dates','y','yhat']
    return pd.concat(ret_oos), data_rf, coef_ser
```

　　输入所需要的宏观经济指标数据，设置随机森林模型中树的数目 n_estimatorsn 指标从 2 到 6 遍历，并将数据传入随机森林模型，代码如下：

```
all_month_list = list(whole_data['Dates'].values)
train_month_n = 24
test_month_n = 12
oos_month_n = 1
rf_op = []
gbdt_op = []


for i in range(len(all_month_list)):
    if i < train_month_n + test_month_n + oos_month_n - 1:
        continue
    else:

        train_monthes = all_month_list[i-test_month_n-train_month_n:i-test_
        month_n]
        test_monthes = all_month_list[i-test_month_n:i]
        oos_month = all_month_list[i]
        print(oos_month)

        train_data = whole_data[whole_data['Dates'].apply(lambda x: True if x
        in train_monthes else False)]
        test_data = whole_data[whole_data['Dates'].apply(lambda x: True if x
        in test_monthes else False)]
        oos_data = whole_data[whole_data['Dates'] == oos_month]

        X_train = train_data.drop(columns = Xtodrop)
        y_train = train_data['y']
        X_test = test_data.drop(columns = Xtodrop)
        y_test = test_data['y']
        X_oos = oos_data.drop(columns = Xtodrop)
        y_oos = oos_data['y']

        to_Norm = pd.concat([train_data,test_data,oos_data])
        normed_data = Norm(to_Norm,Xtodrop)
        train_data_normed = normed_data[normed_data['Dates'].apply(lambda x:
        True if x in train_monthes else False)]
```

```
        test_data_normed = normed_data[normed_data['Dates'].apply(lambda x:
        True if x in test_monthes else False)]
        oos_data_normed = normed_data[normed_data['Dates'] == oos_month]

        X_train_normed = train_data_normed.drop(columns = Xtodrop)
        y_train = train_data['y']
        X_test_normed = test_data_normed.drop(columns = Xtodrop)
        y_test = test_data['y']
        X_oos_normed = oos_data_normed.drop(columns = Xtodrop)
        y_oos = oos_data['y']

        rf_result=model_plot.RandomForest_method(X_train,y_train,X_test,y_test,
X_oos, test_data, oos_data)
        rf_op.append(rf_result)
```

输出随机森林模型的预测结果，比较预测值和实际值的差距，并计算预测误差，代码如下：

```
all_pred = []
all_best = []
all_coef = []
for i in range(len(all_month_list)):
    if i < train_month_n + test_month_n + oos_month_n - 1:
        continue
    else:
        result_idx = i - (train_month_n + test_month_n + oos_month_n - 1)
        oos_month = all_month_list[i]

        temp_tuning = gbdt_op[result_idx][0]
        temp_best = gbdt_op[result_idx][1]
        temp_coef = gbdt_op[result_idx][2]

        all_best.append(temp_best)

all_pred = pd.concat(all_pred)
all_pred['Dates'] = [datetime.datetime(year = int(x//100),month = int(x%
100),day = 28) for x in all_pred['Dates']]
all_pred = all_pred.sort_values(['n_estimators','Dates'])
all_pred = all_pred.set_index(['n_estimators','Dates'])

n_es = [2,3,4,5,6]
for n in n_es:

    alpha_pred[['y','yhat']].plot(figsize = (10,7),title = 'RandomForest (n_
    estimators = % s)'% n)
```

```
plt.show()

abs(alpha_pred['y']- alpha_pred['yhat']).plot(figsize = (10,7),title =
'GBDT abs error (n_estimators = % s)'% n)
plt.show()
```

当 n_estimators＝2 时，运行结果如图 9-27 所示。

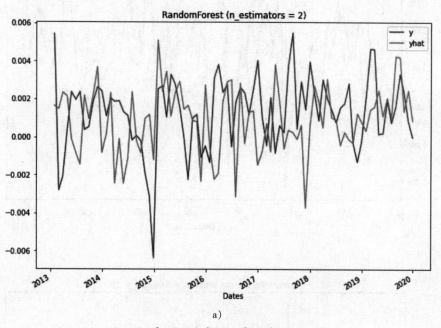

a)

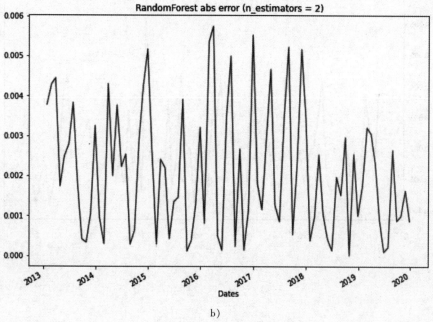

b)

图 9-27 n_estimators＝2 时的运行结果

当 n_estimators = 3 时，运行结果如图 9-28 所示。

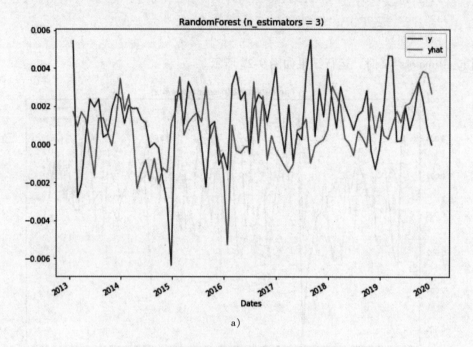

a)

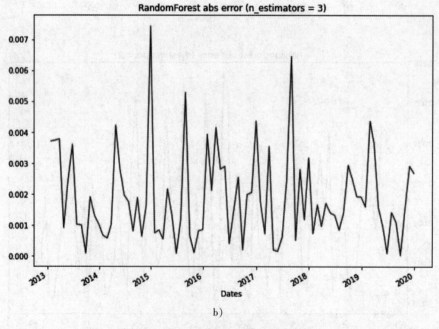

b)

图 9-28　n_estimators = 3 时的运行结果

当 n_estimators＝4 时，运行结果如图 9-29 所示。

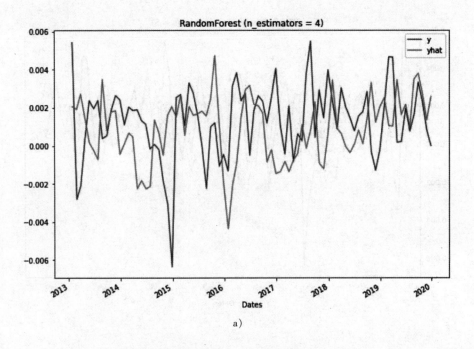

a)

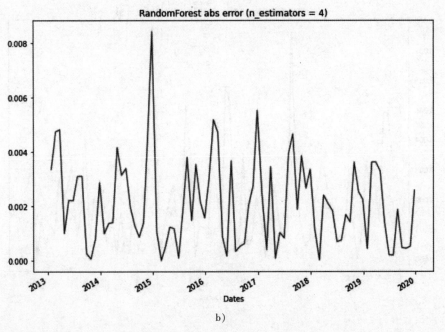

b)

图 9-29　n_estimators＝4 时的运行结果

329

当 n_estimators＝5 时，运行结果如图 9-30 所示。

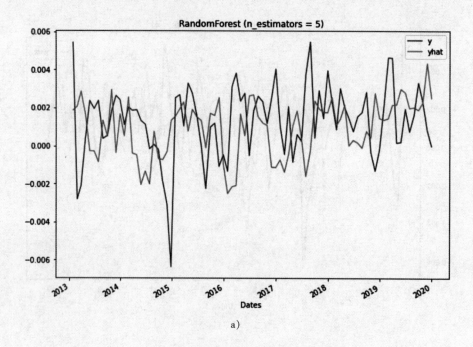

a)

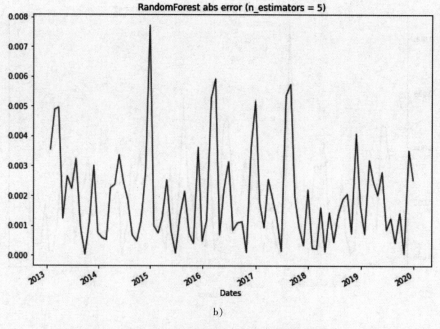

b)

图 9-30　n_estimators＝5 时的运行结果

当 n_estimators＝6 时，运行结果如图 9-31 所示。

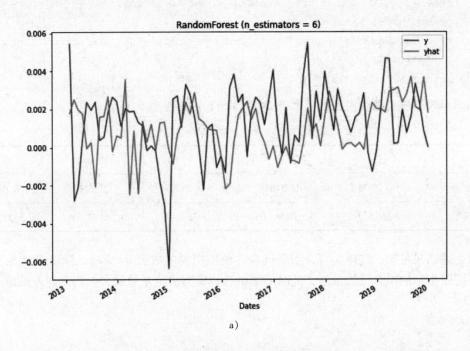

a)

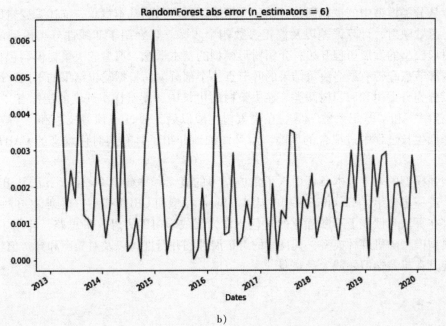

b)

图 9-31　n_estimators＝6 时的运行结果

计算总体的决定系数 R^2 和均方预测误差，代码如下：

```
n_es = [2,3,4,5,6]
    for n in n_es:alpha_pred = all_pred.loc[n]
    msfe = np.sum((alpha_pred['yhat']-alpha_pred['y'])**2) / len(alpha_pred)
    print('MSFE: ', msfe)
    r2=1-np.sum((alpha_pred['yhat']-alpha_pred['y'])**2)/np.sum(alpha_pred
    ['y']**2)
    print('R2: (n = % s)'% n, r2)
```

不同参数下随机森林模型的样本外 R^2 和 MSFE 结果见表 9-11。

表 9-11　不同参数下随机森林模型的样本外 R^2 和 MSFE 结果

n	2	3	4	5	6
R^2	−0. 2803	−0. 0483	−0. 2929	−0. 1560	−0. 0324
MSFE	6. 93527e-06	5. 67829e-06	7. 00367e-06	6. 26183e-06	5. 59255e-06

从上述结果可知，整体而言，当随机森林模型中树的数目 $n=3$ 时，随机森林模型对美国通货膨胀指标的拟合效果最好，此时的随机森林模型决定系数最大，均方误差最小。

本章小结

本章从分类模型中的逻辑回归开始，介绍了逻辑回归的基本概念，描述了逻辑回归中线性求和、函数映射、计算误差以及修正参数四个步骤。再介绍了非线性分类模型的树形模型，从树形模型的发展历程开始，介绍树形模型的基本概念。典型的决策树模型包含初始根节点，内部节点和带有最终决策结果的叶节点三个部分。而根据输出结果的不同，决策树模型又可以分为分类树和回归树两类。在决策树的生长中，度量样本纯度的指标有"信息熵""信息增益率"和"基尼系数"等。在决策树生成以后，通过"预剪枝"和"后剪枝"两种策略降低生长过程中过拟合的风险。后又详细地介绍了具有划时代意义的 CART 决策树模型。

为增强模型的效果，本章还引入了集成学习的概念，并分为 Boosting 算法和 Bagging 算法两类。进一步介绍了 Boosting 家族中从 AdaBoost 模型和 GBDT 模型，再到 XGBoost 模型等树形模型在算法和性能上不断优化的过程。作为集成学习的另外一种思路，介绍了 Bagging 算法的典型模型随机森林模型，其良好的可扩展性和并行性，以及对噪声和异常值较好的容忍性，使其在机器学习领域大受欢迎。

课程思政

树模型和分类模型分别适用于不同情景，请列举上述方法在我国经济发展新阶段如何进行金融和财务管理应用？

参考答案

复习思考题

1. 阐述逻辑回归的步骤。
2. 阐述树形模型非线性特征的来源。
3. 阐述树形模型的度量指标，并试析信息增益作为划分标准的缺陷。
4. 阐述对树形模型进行剪枝的原因并比较不同剪枝方法的差异。
5. 说明 Boosting 和 Bagging 两类集成算法的差异。
6. 试析 AdaBoost 模型和 GBDT 模型的异同。
7. 阐述 XGBoost 模型在 GBDT 算法基础上做了哪些方面的优化。
8. 阐述随机森林模型为何能成为机器学习方法最受欢迎的模型之一。

参考文献

[1] 贺平，兰伟，丁月. 我国股票市场可以预测吗？——基于组合 LASSO-logistic 方法的视角 [J]. 统计研究，2021，38（05）：82-96.

[2] 李斌，邵新月，李玥阳. 机器学习驱动的基本面量化投资研究 [J]. 中国工业经济，2019（08）：61-79.

[3] 欧阳红兵，刘晓东. 基于网络分析的金融机构系统重要性研究 [J]. 管理世界，2014（08）：171-172.

[4] 王磊，范超，解明明. 数据挖掘模型在小企业主信用评分领域的应用 [J]. 统计研究，2014，31（10）：89-98.

[5] 王燕，郭元凯. 改进的 XGBoost 模型在股票预测中的应用 [J]. 计算机工程与应用，2019，55（20）：202-207.

[6] Breiman L. Statistical Modeling：The Two Cultures（with comments and a rejoinder by the author）[J]. Statistical Science，2001，16（3）：199-215.

[7] Bryzgalova, Svetlana, Markus Pelger, and Jason Zhu. Forest Through the Trees：Building Cross-Sections of Stock Returns [J]. SSRN Working Paper, 2020.

[8] Ballings M, Van den Poel D, Hespeels N, et al. Evaluating multiple classifiers for stock price direction prediction [J]. Expert Systems with Applications, 2015, 42（20）：7046-7056.

[9] Coqueret G, Guida T. Training trees on tails with applications to portfolio choice [J]. Annals of Operations Research, 2020, 288（1）：181-221.

[10] Krauss C, Do X A, Huck N. Deep neural networks, gradient-boosted trees, random forests：Statistical arbitrage on the S&P 500 [J]. European Journal of Operational Research, 2017, 259（2）：689-702.

第十章　神经网络模型

章前导读

　　作为人工智能的重要分支，以神经网络为代表的深度学习模型在20世纪90年代后获得了飞速发展，并在众多领域成绩卓然。神经网络是一种大规模的并行分布式算法，天然具有存储并使用经验知识的能力。人工神经网络和生物学中的大脑有着类似的工作方法：①通过学习来获取信息或知识；②内部神经元的连接用于储存获取的信息和知识。那么，这种从自然界拓展到科技界的模型究竟是如何诞生的？神经网络模型由什么组成，主要有哪些分类？如何运用神经网络模型，它又有哪些不足和发展？在金融与财务领域中有哪些运用神经网络模型的实例？这些是本章要回答的问题。

学习目标

　　本章主要介绍神经网络模型的发展历史、基本单元和基本模型、模型训练算法以及卷积神经网络、循环神经网络、生成式对抗网络等在内的一系列成功的深度学习模型。通过本章的学习，可以了解神经网络模型的由来，掌握神经网络模型的基本内涵，了解神经网络的分类，熟悉神经网络的梯度下降法和BP训练算法，了解模型参数设定的优化算法，熟悉神经网络模型的发展和神经网络在金融与财务领域的应用。

关键词

　　神经网络　　多层感知器　　生成式对抗网络　　循环神经网络　　深度强化学习

第一节　神经网络的发展历史

　　作为一个"年轻的老同志"，神经网络诞生已久，但是人们早期并没有对其建立严格的数学符号和形式化的表示。而且，神经网络从一开始就不是独立的学科，它是生理学、心理学、物理、数学、工程的交叉领域。

　　现代神经网络的研究起源于19世纪末和20世纪初，也即多学科交叉发展的黄金时代。人们对于人体神经系统的具体结构众说纷纭：神经细胞之间是相互独立的还是相互融合的？当时的学界主要有两种意见：①神经细胞之间是相互独立的，但无法得知细胞之间是以何种形式传递信号的。②神经细胞之间是相互融合的。这意味着整个神经系统是一个巨大的网络，而神经细胞胞体将只负责提供支持和营养，大脑则作为一个整体来实现它的功能。上述两种意见拥有各自的支持者。然而在当时，第二种意见，也被称为"网状理论"还是占据了主流。现代的人工神经网络从字面上看更接近网状理论。

　　1872 年，在意大利一家厨房里发生了神经科学中的一次重大进展。帕维亚大学年轻的医学研究生卡米洛·高尔基（Camillo Golgi）由于对大脑的强烈兴趣而建立了一个简易实验室，在此他偶然地发现脑块在显微镜下呈现出一种网状夹杂着黑点的图案。这是人类第一次在显微镜下清晰地看到构成大脑的神经细胞的模样。

　　高尔基的发现使他更加坚定地支持网状理论。高尔基认为，大脑拥有类似于循环系统那样相互连通的网状结构，这些细胞的网状结构作为一个整体来完成大脑的基本功能。圣地亚哥·拉蒙-卡哈尔（Santiago Ramón y Cajal）研究并改进了高尔基染色法，即换用了更高浓度的其他液体并且延长了浸泡时间，从而获得了更清晰可靠的染色样本。卡哈尔确定了若干个重要的规律，并且在研究中始终贯彻：①神经系统由神经元这样的基本单位构成，但在研究功能时，需要整体考虑各个结构之间的相互作用；②神经信号的传导大多是单向的；③神经元之间是生理结构上不连续的，神经信号可以跨过这种不连续的结构而传递下去。虽然当时卡哈尔并没有办法证明他的这些规律，但后人在更先进的技术以及更精密的仪器支持下，证明了卡哈尔结论的正确性。

　　现在的人工神经网络的很多研究者把神经网络看作是一个函数逼近器，从宏观上看这是把网络看成了一个整体，有点类似网状理论；而在一类模型中，一种借鉴视觉特性提出的模型则利用了视觉神经元独立性的特点。

　　那么神经元到底是什么？神经元（Neuron）就是一种细胞，神经元理论认为神经系统由大量的神经元构成，是神经系统的基本结构和功能单位之一，卡哈尔的"神经元学说"提出神经细胞由细胞体、树突和轴突三部分组成，它是神经系统的基本单位。图 10-1 为人的神经元示意图。

　　神经元具有感受刺激和传导兴奋的功能，通过接受、整合、传导和输出信息实现信息交换。从信息转换角度来看，神经元可以被认为是一个基本的编码单元。人工神经网络的诞生正是受到人脑神经系统

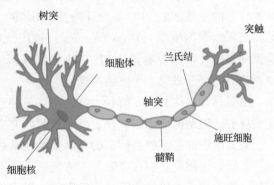

图 10-1　人的神经元示意图

相关理论的启发。简单地说，人类神经系统对信息的处理基于同质单元的复杂连接，每个神经元的结构基本相同；而通过神经元之间的复杂连接，人类的神经系统可以实现各种复杂的记忆、推理等功能。将上述理念运用到人工智能层面，便产生了人工神经网络。人工神经网络是模拟人脑神经网络而设计的一种计算模型，它从结构、实现机理和功能上模拟人脑神经网络。

　　人工神经网络的发展历程，可谓"一波三折"。其主要经历了三个时期：①第一个时期：模型的提出。沃伦·麦卡洛克（Warren McCulloc）和沃尔特·皮茨（Walter Pitts）于 1943 年首次建立了神经网络模型，又被称为 MP 模型；1948 年，艾伦·麦席森·图灵（Alan Mathison Turing）提出了可以基于 Hebbian 法则来进行学习的"B 型图灵机"理念，将"权重"引入了机器学习的过程中；1951 年，马文·明斯基（Marvin Minsky）建造了第一台神经网络机 SNARC，提出了一种可以模拟人类感知能力的神经网络模型，称为"感知器"，并提出了一种可以进行迭代和试错，更加接近人类学习过程的学习算法。在这一时期，神经

网络在自动控制、模式识别等许多实际应用领域中取得了显著的成效，但由于运算资源以及模型训练算法的限制，神经网络并未应用到实际研究中。②第二个时期：反向传播算法引起的复兴。1969 年，马文·明斯基在《感知器》一书中指出了神经网络的两个关键缺陷：一是感知器无法处理"异或"回路问题；二是当时的计算机无法支持处理大数据。这也导致神经网络模型的发展一度陷入低谷期。这个低谷期持续到了 20 世纪 80 年代中期，直到大卫·E. 鲁姆哈特（David E. Rumelhart）等（1986）将重新改进的反向传播算法引入神经网络进行模型优化和参数选择，神经网络模型才重新崭露头角。随后，杨立昆（Yann LeCun）等（1989）将反向传播算法引入了卷积神经网络，并在手写体数字识别等问题的应用上取得了很大的成功。而霍尼克（Hornik）等（1989）提出的万能近似定理（Universal Approximation Theorem）则极大地提升了神经网络的适用范围。在这个阶段，神经网络再一次激起人们研究的热情。此外，于尔根·施密德胡伯（Jürgen Schmidhuber）（1992）也基于反向传播算法，提出了解决梯度消失问题（Vanishing Gradient Problem，即随着学习层数的增加，学习的准确率下降）的"两步训练法"。纵观神经网络的发展史，反向传播算法可以算神经网络中重要的一个算法。③第三个时期：虽然反向传播算法和"两步训练法"大获成功，但在 20 世纪 90 年代中期，和在这个阶段兴起的统计学习理论，以及以支持向量机为代表的机器学习模型相比，神经网络存在着理论基础不清晰、优化较为困难、可解释性差等缺点。因此，在 20 世纪 90 年代中到 21 世纪初，神经网络的研究又一次陷入低潮。但是，随着大数据技术的发展加之 GPU 等硬件的并行处理能力高速提升，神经网络重新崛起。神经网络，尤其是深度学习模型（Deep Learning）被广泛应用在图像识别、自然语言处理等场景（人脸识别支付、智能音响等），并在特定领域衍生出卷积神经网络、循环神经网络等专有模型。神经网络迎来第三个发展时期。

由于具有结构复杂、解释力低的特点，神经网络对于金融经济研究的贡献主要在于其实证表现上，模型的应用集中在定价和预测研究中。

需要注意的是，神经网络的可解释性在某些领域并非必需的，如现实中产品的分类和识别等工程应用问题。但在金融与财务领域，对于数据和模型的认知是必不可少的。一方面在于金融类问题需要构建严密的逻辑回路，以求做到"自圆其说"；另一方面，在资产定价领域，对于预测模型的理解可以方便后续模型的调整和重新构建。上述文献研究给出了部分经济学分析，如经济重要度和因子特征重要度等，但更深入的解释性研究仍然是未来重要的探索方向。

第二节 神经网络的基本单元和模型

一、基本单元

人工神经元（Artificial Neuron），简称神经元（Neuron），是构成神经网络的基本单元。与生物神经元类似，一个简单的神经元包含输入、输出与计算模块，通过将输入进行加权求和得到线性输出，再经过激活函数作用后得到最终的输出。神经网络的训练即通过加权求和和激活函数的计算使得输入权重调整到最佳，以使得整个网络的预测效果达到最好。图 10-2 给出了一个简单神经元结构的示例，包含了三个输入端和一个输出端：

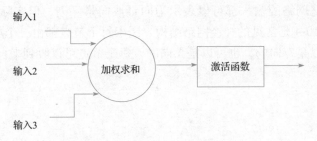

图 10-2 简单神经元结构示例

该模型的最终输出函数为

$$y = g(w_1 a_1 + w_2 a_2 + w_3 a_3)$$ (10.1)

式中，a_i 为输入项，w_1 为输入权重，g 为激活函数。

神经元中使用激活函数的主要目的是通过引入非线性因素，拓展神经网络的运用范围。倘若不使用激活函数，每一层输出都是上层输入的线性函数。那么无论神经网络有多少层，输出都是输入的线性组合。而激活函数的运用可以使神经网络任意逼近任何非线性函数，进而可以利用到更多的非线性模型。激活函数主要具有以下特点：①非线性；②连续并可导（允许少数点上不可导）；③激活函数及其导函数要尽可能简单、方便地提高计算效率；④其导函数的值域要在一个合适的区间内，否则会影响训练的效率和稳定性。常用的激活函数有修正线性单元（Rectified Linear Unit，ReLU），如图 10-3 所示，以及 Sigmoid 函数等。其中，ReLU 的解析式为

$$ReLU(a_i) = \max(a_i, 0)$$ (10.2)

即对于正数按原值输出，对于负数统一为 0 进行输出。

Sigmoid 函数是指一类 S 型曲线函数，最常用的一种是 Logistic 函数，在第九章第一节中已有介绍。

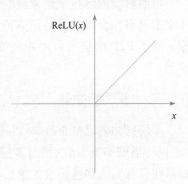

图 10-3 激活函数 ReLU

二、基本模型

正如人脑的神经元一般，单一的神经元无法完成复杂的功能，需要很多神经元通过一定的连接方式或信息传递方式进行协作。多个神经元组织在一起，便形成了神经网络。到目前为止，研究者已经发明了各种各样的神经网络结构。目前常用的神经网络结构有以下三种：前馈网络，记忆网络和图网络。

首先是前馈网络。前馈网络中的信息统一朝一个方向传播，各个神经元按接收信息的先后分为不同的组，每一组可以看作一个神经层；每一层中的神经元接收前一层神经元的输出，并输出到下一层神经元。前馈网络是最基础的人工神经网络模型，其可以看作一个函数，通过简单非线性函数的多次复合，实现输入到输出的复杂映射。

其次是记忆网络，也称作"反馈网络"。记忆网络中的信息可以单向或双向传递，各个神经元不但可以接收其他神经元的信息，也可以接收自己的历史信息。记忆网络中的神经元具有记忆功能，在不同的时刻具有不同的状态。

最后是图网络。图网络是定义在图结构数据（如知识图谱、社交网络等）上的神经网

络。前馈网络和记忆网络的输入都可以表示为向量或向量序列，但实际应用中很多数据是图结构的数据。图 10-4 是常见的神经网络结构，图中每个节点都由一个或一组神经元构成，节点之间的连接可以是有向的，也可以是无向的，每个节点可以收到来自相邻节点或自身的信息。

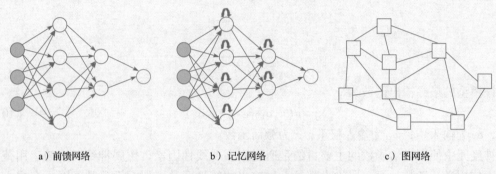

a）前馈网络   b）记忆网络   c）图网络

图 10-4 常见的神经网络结构

目前前馈网络在金融领域的应用最多，记忆网络其次，而图网络的应用最少。不过，近年来图网络在金融相关运用方面也有所突破，例如，李思迪等（2018）引入图神经网络模型，基于 P2P 借贷平台用户间交易形成的历史借贷记录建立了较为新颖的个人征信评估模型。

三、多层感知器

多层感知器（Multilayer Perceptron，MLP）是"前馈网络"最常见的一种，又被称作"正向传播网络"，指的是由多层结构的感知器递阶组成的输入值向前传播的网络。多层感知器在只有输入和输出层的单层神经网络上引入了隐藏层，形成了多层的结构：最底层是输入层，中间是隐藏层，最后是输出层。输入层（Input Layer）即为众多神经元（Neuron）接受大量非线性输入信息的层，其输入的信息称为输入向量。输出层（Output Layer）是信息在神经元链接中传输、分析、权衡，形成输出结果的层，输出的信息称为输出向量；隐藏层（Hidden layer）简称"隐层"，是输入层和输出层之间众多神经元和链接组成的各个层面。如果有多个隐藏层，则意味着多个激活函数。多层感知器的每一层都可能由单个或多个神经元组成，每一层通过指定的激活函数作用得到的输出将会作为下一层的输入数据。同时，层和层之间是全连接的结构，但同一层的神经元之间没有连接。用数学公式来表达上述过程如下：

首先设定每层网络需要的神经元数为 K，除输入层外，每层输入为上层输出；除输出层外，每层输出为使用非线性激励函数 g 对汇总信息进行转换后得到，即对于输入集合 $x^{(0)} = (x_1, \cdots, x_N)'$，第一层每个节点输出为

$$x_K^{(l)} = g\left(b^{l-1} + x^{(l-1)'} w^{(l-1)}\right) \tag{10.3}$$

不考虑激活函数的最终输出层输出的结果为

$$G(x, b, w) = b^{L-1} + x^{(L-1)'} w^{(L-1)} \tag{10.4}$$

式中，w 和 b 代表每层输入的权重参数和偏差参数。图 10-5 展示了包含三层隐藏层的神经网络模型。

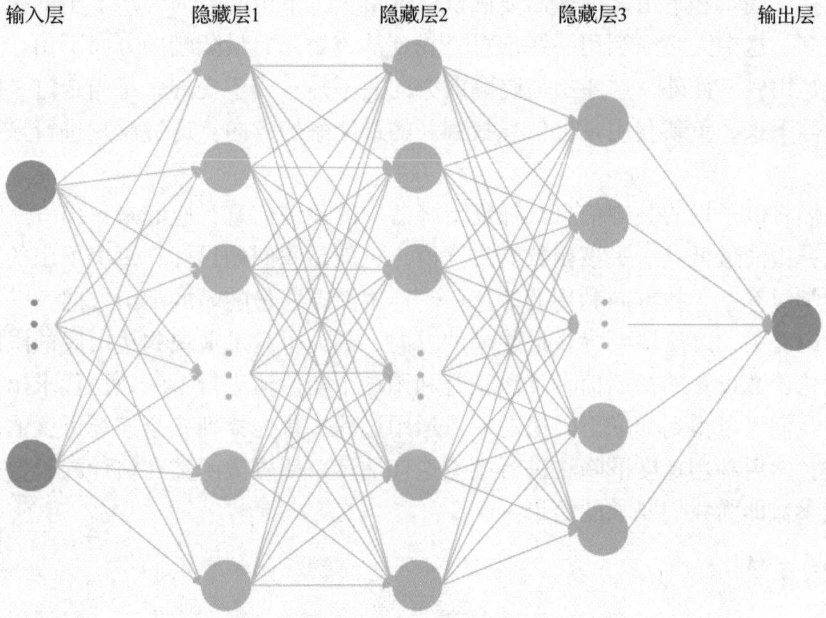

输入层　　　　隐藏层1　　　　隐藏层2　　　　隐藏层3　　　　输出层

图 10-5　包含三层隐藏层的神经网络模型

目前，多层感知器在金融与财务领域已得到较为广泛的运用。例如，孙柏和谢赤（2009）利用 MLP 构建了金融危机背景下的人民币汇率预测模型；张成虎等（2014）引入 MLP 的方法对我国沪深股市的星期效应进行了研究，发现我国沪市存在显著的周一、周二和周四效应，我国深市存在显著的周一效应。不过，随着技术的进步和设备的发展，目前人们已经可以将效果更加精准的神经网络模型运用到金融研究中。这一点将在后续的介绍中体现。

第三节　神经网络的模型训练

一个完整的机器学习过程通常可以分为三个步骤：①确定模型；②训练模型；③使用模型。"模型"可以简单地理解为函数。"确定模型"指的是通过数据的特征来判断使用的具体函数；"训练模型"指的是利用已有的数据，通过一些方法确定函数的参数，参数确定后的函数就是训练的结果；"使用模型"指的是把新的数据代入函数求值。

其中，训练模型是非常重要的一步，通过不同的模型训练方法或算法，我们才能得到精度高、解释性强的权重参数，以输出符合预期的结果。那么如何确定神经网络每层的权重参数呢？为了解决这个问题，人们根据需要提出了不同的模型训练方法或算法，最常见的两种是梯度下降法和误差逆传播算法。下面，我们将对这两种算法进行介绍。

一、梯度下降法

梯度下降法（Gradient Descent，GD）是一种常用的求解无约束最优化问题的方法，在机器学习和统计学等领域均有着广泛的应用。

我们先用一个简单的例子来理解梯度下降法的思想：假设一个人需要从山的某处开始下

山，尽快到达山底。在下山之前他需要确认两件事：①下山的方向；②下山的距离。因为下山的路有很多，这个人必须利用一些信息，找到从该处开始最陡峭的方向下山，这样可以保证他尽快到达山底。此外，这座山最陡峭的方向并不是一成不变的，每当走过一段规定的距离，他必须停下来，重新利用现有信息找到新的最陡峭的方向。通过反复进行该过程，最终抵达山底。

下面我们将例子里的关键信息与梯度下降法中的关键信息对应起来：山——需要优化的函数表达式；山的最低点——该函数的最优值，也就是我们的目标；每次下山的距离——后面要解释的学习率；寻找方向利用的信息——样本数据；最陡峭的下山方向——与函数表达式梯度的方向有关，之所以要寻找最陡峭的方向，是为了满足最快到达山底的限制条件；某处——给优化函数设置的初始值，算法正是利用这个初始值进行不断地迭代求出最优解。

由此，我们可以得到梯度下降法的一般运用过程：首先找到一个连续可微的函数作为待优化的函数；然后利用梯度下降法进行参数迭代估计，使可微函数在估计的参数处最优值达到最小；该参数即为我们要求的结果。

二、BP 算法

虽然梯度下降法能很好地用于求解最优化问题，但有一定的缺陷：梯度下降法需要计算损失函数对参数的偏导数，而如果通过链式法则逐一对每个参数求偏导，效率较为低下。因此，在神经网络的训练中，我们经常使用误差逆传播（Error Back Propagation，BP）算法来高效地计算梯度。BP 算法也是迄今为止最成功和最常见的神经网络学习算法。

BP 算法的学习过程由信号的正向传播与误差的反向传播两个过程组成。正向传播时，输入样本从输入层传入，经过各隐藏层逐层处理后，传向输出层；若输出层的实际输出与期望输出不符，则转入误差的反向传播阶段。误差反向传播是将输出误差以某种形式通过隐藏层向输入层逐层反传，并将误差分摊给各层的所有单元，从而获得各层的误差信号，进而根据误差信号修正单元的权重参数。这种信号正向传播与误差反向传播的各层权值调整过程周而复始地进行，权重不断调整的过程，也就是网络学习训练的过程，此过程一直进行到网络输出的误差减少到可接受的程度，或进行到预先设定的学习次数为止。

下面，我们用公式来表示 BP 算法从隐藏层到输出层的权重调整规则的推导过程：

首先设定模型的损失函数

$$L = \frac{1}{2} \sum_{i=1}^{N} (y_i - \hat{y}_i)^2 \tag{10.5}$$

式中，y_i 为真实收益，$\hat{y}_i$ 为模型输出的预测收益。

基于梯度下降策略，BP 算法通过计算损失函数对于参数的负梯度来进行参数更新，考虑模型中某一参数 w_i，其更新过程为

$$w_i \leftarrow w_i - \Delta w_i \tag{10.6}$$

每一步更新值为 $\Delta w_i = \eta \cdot \frac{\partial L}{\partial w_i}$，步长参数（或称学习率）为 η。当 η 设置较大时，参数可能在最优点附近不断跳动而无法收敛，当 η 设置过小时则会影响计算效率。所以步长参数的选择对于模型的使用效率非常重要。对于具有多层结构的神经网络，BP 算法首先计算输出层的误差，再按照公式逆向反推各隐藏层和输入层的参数值，在达到规定的训练次数或

模型误差减少到一定范围时停止训练。在反推过程中同样需要考虑激活函数的梯度，这里不再赘述。

三、梯度下降法的种类

在本节的最开始，我们对梯度下降法进行了简要的介绍。接下来，我们将对梯度下降法的常见种类进行讲解。利用梯度下降来获取最佳参数的过程时，主要有三类相关算法：批量梯度下降（Batch Gradient Descent，BGD）算法、随机梯度下降（Stochastic Gradient Descent，SGD）算法、小批量梯度下降（Mini-batch Gradient Descent，MBGD）算法。

（1）批量梯度下降算法（BGD算法）。这是梯度下降的最原始形式，即在更新每一个参数时使用所有的样本数据来计算梯度，若损失函数为凸函数，能收敛到全局最优值；若为非凸函数，能收敛到局部最优值。算法缺点也显而易见即训练速度受到样本量影响，当样本数量巨大时，算法迭代过程将会很慢。

（2）随机梯度下降算法（SGD算法）。该算法在每次迭代时只使用一个样本。当样本个数很大时，SGD迭代一次的速度要远高于BGD。两者的关系可以这样理解：随机梯度下降算法以损失一部分精确度和增加一定数量的迭代次数为代价，换取了总体优化效率的提升。增加的迭代次数远远小于样本的数量。但由此带来的影响是模型可能收敛至局部最优。

（3）小批量梯度下降算法（MBGD算法）。在上述两个方法中取折中，即每次从所有训练数据中取一个子集（Mini-batch）用于计算梯度，并可以选择对每个子集的梯度进行累加，或者取平均值。取平均值可以减少梯度的方差。MBGD克服了上面两种方法的缺点，又同时兼顾两种方法的优点，是如今深度学习领域最常见的实现方式。

近年来，人们针对梯度下降算法（GD算法）的缺点又提出了不少改进方法。例如，针对GD算法更新方向完全依赖于当前子集计算出的梯度，导致结果十分不稳定的缺点，人们提出了动量梯度下降（Gradient Descent with Momentum，GDM）算法。该算法借用了物理中的动量概念，在更新时一定程度上保留了之前更新的方向，同时利用当前子集的梯度微调最终的更新方向，即公式（10.6）中的梯度变为

$$\Delta w_{i,t} = \gamma \cdot \Delta w_{i,t-1} + \eta \cdot \frac{\partial L}{\partial w_{i,t}} \tag{10.7}$$

GDM算法会观察历史梯度 $\Delta w_{i,t-1}$，若当前梯度的方向与历史梯度一致，说明当前样本不太可能为异常点，则会增强这个方向的梯度，若当前梯度与历史梯方向不一致，则梯度会衰减。

但是，GDM算法中参数训练使用的学习率 η 是不变的，因此仍有较大的局限性。基于此，人们提出了自适应学习率优化算法，又称作"Adagrad算法"。Adagrad算法能够在训练中自动对 η 进行调整，对于出现频率较低的参数采用较大的 η 更新；相反，对于出现频率较高的参数采用较小的 η 更新。因此，Adagrad算法非常适合处理稀疏数据。其在每轮训练中对每个参数的学习率进行更新的公式如下

$$\Delta w_t = \frac{\eta}{\sqrt{G_{t,ii} + \varepsilon}} \cdot \frac{\partial L}{\partial w_t} \tag{10.8}$$

式中，$G_{t,ii}$ 为对角矩阵，每个对角线位置 ii 为对应参数 w_i 在第1到 t 轮迭代梯度的平方和，ε 为平滑项，一般取 10^{-8}。随着迭代轮数的增长，学习率在逐步下降并最终结束训练。

而作为 Adagrad 算法的改进，自适应学习率（Root Mean Square Prop，RMSprop）算法和自适应矩估计（Adaptive Moment Estimation，Adam）算法提出了新的学习率变化模型。其中，RMSprop 计算迭代梯度平方和的均值作为 $G_{t,ii}$，可缓解 Adagrad 算法学习率下降较快的问题；Adam 是另一种自适应学习率的方法，它利用梯度的一阶矩估计和二阶矩估计动态调整每个参数的学习率。Adam 算法的优点主要在于经过偏置校正后，每一次迭代学习率都有个确定范围，使得参数比较平稳。具体表示如下

$$设定 \ g_t = \frac{\partial L}{\partial w_t}$$

$$m_t = \beta_1 m_{t-1} + (1 - \beta_1) g_t \tag{10.9}$$

$$v_t = \beta_2 v_{t-1} + (1 - \beta_2) g_t^2 \tag{10.10}$$

$$\hat{m}_t = \frac{m_t}{1 - \beta_1^t} \tag{10.11}$$

$$\hat{v}_t = \frac{v_t}{1 - \beta_2^t} \tag{10.12}$$

则新的 $\Delta w_t = \frac{\eta}{\sqrt{\hat{v}_t} + \varepsilon} \cdot \hat{m}_t$。在实际应用中，Adam 算法为最常用的方法，可以较快地得到预估结果。

四、模型训练中的常见问题

目前，优化神经网络的方法都基于 BP 算法，即根据损失函数计算的误差通过梯度反向传播的方式，指导深度网络权值的更新优化。由前述内容可知，误差逆传播算法，将误差从末层往前传递的过程需要链式法则（Chain Rule）的帮助，因此，误差逆传播算法可以说是梯度下降在链式法则中的应用。但是，在多层神经网络下，人们常常会碰到两个问题：梯度消失问题和梯度爆炸问题。

梯度消失问题和梯度爆炸问题一般随着网络层数的增加会变得越来越明显。其根本原因在于，链式法则是一个连乘的形式，所以当层数越深的时候，梯度将以指数形式传播。在根据损失函数计算的误差通过梯度反向传播的方式对深度网络权值进行更新时，得到的梯度值接近 0 或特别大，也就是梯度消失或爆炸。在神经网络模型的运用中，我们通常可以考虑更改激活函数或是更改网络模型的结构设计来改善上述问题。

五、模型参数的设定

在设定模型时，我们还需要考虑一系列的超参数，即在开始学习过程之前设置值的参数。超参数的设定会显著影响最终的模型表现。此外，模型的泛化能力，即模型的适用能力通常使用模型在验证集上的表现来评估。一般情况下，我们希望随着网络优化模型在训练集上的误差降低的同时，其在验证集上的误差表现不会变差。但通常情况下，当模型出现过拟合时，训练集上表现很好但验证集上表现逐渐变差。过拟合是具有大量参数的深度神经网络中的严重问题。解决过拟合问题有两个方向：①降低参数空间的维度，②降低每个维度上的有效规模。降低参数数量的方法包括剪枝和权重共享等，而降低每个参数维度的有效规模的方法主要是正则化，如随机失活（Dropout）法、批量正则化（Batch Normalization，BN）、

早停（Early Stopping，ES）法等。下面，我们主要对降低参数维度的有效规模的三种方法进行介绍。

（一）随机失活法（Dropout 法）

随机失活法是指在每次训练时以一定比例随机丢弃神经网络各层的神经元，以增强模型的泛化能力，节约计算时间，且可以显著降低过拟合的方法。其主要有 3 个步骤：①遍历神经网络的每一层节点，设置节点保留概率；②删除神经网络的节点，并删除网络与移除节点之间的连接；③输入样本，使用简化后的网络进行训练，并重复上述步骤。

运用数学公式表达如下：设定 r_j 服从伯努利离散分布，那么对于一层在随机丢弃节点后的新输出为

$$\widetilde{x}^{(l-1)} = r_j \times x^{(l-1)} \tag{10.13}$$

$$x_K^{(l)} = g(b^{l-1} + \widetilde{x}^{(l-1)'} W^{(l-1)}) \tag{10.14}$$

使用随机失活法通常有以下结果：①使得部分节点失活，简化神经网络结构，进而起到正则化的作用；②因为该方法是使得神经网络的节点随机失活，这会让神经网络在训练的时候不会使得某一个节点权重过大；③最终会产生收缩权重的平方范数的效果来压缩权重，进而得到类似正则化的效果。不过，对于不同的模型，随机失活的使用略有差异。例如，类似于多层感知器的一般神经网络模型在随机失活时将输出归零，进而只能得到稀疏矩阵。

（二）批量正则化（Batch Normalization，BN）

传统的神经网络在训练时，随着参数的不算更新，中间每一层输入的数据分布往往会和参数更新之前有较大的差异，导致网络要去不断地适应新的数据分布，进而使得训练变得异常困难，而且这个中间层的深度越大，这种现象就越明显。为了解决这个问题，文献谢尔盖·约夫（Sergey Ioffe）和克里斯蒂安·塞格迪（Christian Szegedy）（2015）提出了"批量正则化（Batch Normalization，BN）"的概念，即对于每一隐藏层的输入均做标准化处理，从而避免内部协变量偏移的问题。对于 $L-1$ 层的输出 $x_K^{(l-1)}$ 其标准化后的 L 层输入为 $\dfrac{(x_K^{(l-1)} - \mu)}{\sigma}$，$\mu$ 和 σ 分别为数据均值和标准差。BN 方法不仅可以有效避免模型收敛过程中的梯度消失和梯度爆炸问题，还能加快训练速度，提高模型的泛化能力，在实际中广泛应用。

（三）早停法（Early Stopping，ES 法）

早停法是一种被广泛使用的方法，基本含义是在训练中同步计算更新后的模型在验证集上的表现，当模型在验证集上的表现开始下降时，停止训练，这样就能避免继续训练导致过拟合的问题。其主要有四个步骤：①将原始的训练数据集划分成训练集和验证集；②在训练集上进行训练，并每隔一个周期计算模型在验证集上的误差；③当模型在验证集上的误差比上一次训练结果差时，停止训练；④使用上一次迭代结果中的参数作为模型的最终参数。

代码如下：

```
from keras.models import Sequential        ## 导入模块
from keras.layers.core import Dense,Dropout,Activation
from keras import regularizers
from keras.layers import BatchNormalization
from keras.optimizers import SGD
### 分层构建模型
```

```
model1 = Sequential()
model1.add(Dense(units = 32,
input_dim=np.size(x,1),
        kernel_initializer = 'random_normal'))      ### 构建输入层和隐藏层
model1.add(BatchNormalization())                     ### 添加批正则化
model1.add(Activation('relu'))                       ### 添加激活函数 ReLU
model1.add(Dropout(0.2))                             ### 添加 Dropout
model1.add(Dense(1))                                 ### 输出层
### 设定训练参数
optimizer = SGD(lr=learn_rate, momentum=momentum)
model1.compile(loss='mse', optimizer=optimizer, metrics=['mse'])
from keras.callbacks import EarlyStopping
early_stopping = EarlyStopping(monitor='val_loss', patience=20,verbose=1,
mode='min')                                          ### 添加早停模型
### 训练模型
train_history = model1.fit(x=x,y = y,validation_data=(xtest, xtest),
epochs=200,batch_size=32,verbose=0,
callbacks=[early_stopping])
    ### 预测
model1.predict(xoos)
```

第四节　神经网络的发展1：卷积神经网络和循环神经网络

针对不同的领域和学习任务，神经网络衍生出诸多变形，如最早应用于图像处理，如今已广泛应用于时序数据处理的卷积神经网络（Convolutional Neural Network，CNN）和循环神经网络（Recurrent Neural Network，RNN）等。下面，我们对这两种神经网络模型进行介绍。

一、卷积神经网络（Convolutional Neural Network，CNN）

卷积神经网络是一种具有局部连接、权重共享等特性的深层前馈神经网络。目前的卷积神经网络一般是由卷积层、汇聚层和全连接层交叉堆叠而成的，全连接层一般在卷积网络的最顶层。卷积神经网络有三个结构上的特性：局部连接、权重共享以及汇聚。这些特性使得卷积神经网络和普通的前馈神经网络相比，需要求解的参数更少。

卷积神经网络主要使用在图像和视频分析的各种任务（比如图像分类、人脸识别、物体识别、图像分割等）上，准确率较高。近年来卷积神经网络也广泛地应用到和金融研究相关的自然语言处理等领域。例如，肖毅、熊凯伦、张希等引入 CNN 模型构建企业财务风险预警模型，有效地考虑了影响企业财务危机的各项财务因素和非财务因素，提高了企业未来财务困境的预测效果；陶天一、王清钦、付聿炜等结合金融业知识图谱，引入基于知识的 CNN 得到新闻文本的特征表示，并学习用户复杂行为数据特征。在数据形式多元化的今天，我们有理由相信未来 CNN 的运用会在金融与财务领域得到进一步推广。

二、循环神经网络（Recurrent Neural Network，RNN）

在前馈神经网络中，信息的传递是单向的。虽然这种限制使得网络变得更容易学习，但在一定程度上也减弱了神经网络模型的能力。虽然前馈神经网络可以看作一个复杂的函数，但其每次输入都是独立的，即网络的输出只依赖于当前的输入。但是在很多现实任务中，神经网络的输出不仅和当前时刻的输入相关，也和其过去一段时间的输出相关。此外，前馈网络难以处理时序数据，比如视频、语音、文本等。时序数据的长度一般是不固定的，而前馈神经网络要求输入和输出的维数都是固定的，不能任意改变。为了改善该问题，人们提出了一种新的神经网络模型：循环神经网络（RNN）。

RNN 是一类具有短期记忆能力的神经网络。在循环神经网络中，神经元不但可以接受其他神经元的信息，也可以接受自身的信息，形成具有环路的网络结构。RNN 可以近似理解为一种非线性自回归过程：考虑 $x_t = I_t$ 作为 t 时期输入信息集，则模型隐藏层由当期信息 x_t 和上期存留信息 h_{t-1} 共同生成，其中 g 为激励函数

$$h_t = g(w_h^{(c)} h_{t-1} + w_X^{(c)} x_t + \omega_0^{(c)}) \tag{10.15}$$

相比多层响应器，RNN 加入了上期的数据信息作为部分输入，使得最终输出具有序列相关性。但是，循环神经网络在学习过程中很容易碰上梯度消失或梯度爆炸问题，很难建模时间间隔较长的模型。该问题又被称为"长程依赖问题"（Long-Term Dependencies Problem）。

为了改善循环神经网络的长程依赖问题，塞普·霍克雷特（Sepp Hochreiter）等（1997）提出了长短期记忆网络模型（Long Short-Term Memory，LSTM）。LSTM 模型是循环神经网络（RNN）的一类分支，目前已广泛应用于自然语言处理（Natural Language Processing，NLP）等具有时序特征的数据挖掘及分析中。LSTM 在 RNN 模型基础上加入了判定有效信息的记忆模块，弥补了 RNN 模型在处理时序数据时"短时记忆"的问题。典型的记忆模块包含三个单元，即输入门、遗忘门和输出门。输入门用来控制进入模块的新信息流，遗忘门选择有效信息并留存在模块中，输出门对接模型输出层进行训练计算。考虑 t 时期输入信息集 x_t，模型新创建的记忆模块包含当期信息和上期存留信息 h_{t-1}

$$\widetilde{c}_t = \tanh(w_h^{(c)} h_{t-1} + w_X^{(c)} x_t + \omega_0^{(c)}) \tag{10.16}$$

输入门和遗忘门控制记忆模块所保留的信息集，输出门控制当期隐藏层的信息集，各个门控使用 Sigmod 激活函数即下式中 g 来将不同权重下的 h_{t-1} 和 x_t 线性输出转换为 0 到 1 的连续数值，其中 0 代表完全不允许数据通过，1 为完全允许数据通过

$$\text{input}_t = g(w_h^{(i)} h_{t-1} + w_X^{(i)} x_t + \omega_0^{(i)}) \tag{10.17}$$

$$\text{forget}_t = g(w_h^{(f)} h_{t-1} + w_X^{(f)} x_t + \omega_0^{(f)}) \tag{10.18}$$

$$\text{out}_t = g(w_h^{(o)} h_{t-1} + w_X^{(o)} x_t + \omega_0^{(o)}) \tag{10.19}$$

设定 $\odot$ 为矩阵点积，则最终构建的记忆模块和隐藏层为

$$c_t = \text{forget}_t \odot c_{t-1} + \text{input}_t \odot \widetilde{c}_t \tag{10.20}$$

$$h_t \text{out}_t = \tanh \odot (c_t) \tag{10.21}$$

LSTM 模型迭代主要分为三个阶段：第一阶段为忘记阶段，对于输入的长期记忆 c_{t-1}，遗忘门通过式（10.18）控制有效信息通过并截断无效信息；第二阶段为选择记忆阶段，通过计算上期信息 h_{t-1} 和本期新信息 x_t 来确定输入门控（式（10.17））和输入信息（式（10.16）），

两者点乘并与第一步已通过遗忘门的信息相加得到 c_t；第三阶段为输出阶段，即基于上述计算得到模型本次迭代最终输出 c_t（式（10.20））和 h_t（式（10.21）），其中 c_t 作为长期记忆将应用到下次迭代过程，h_t 则为本期预测结果。

三、在金融中的应用

基于金融数据的特性，目前在相关研究中人们更多采用 RNN 模型，尤其是 LSTM：费道闻（Thomas Fischer）和克里斯托弗·克劳斯（Christopher Krauss）（2018）使用标普 500 的股票数据进行研究发现，LSTM 的预测能力高于其他神经网络模型。2020 年有学者使用了 LSTM 结合英国市场构建了预测模型，发现其表现不仅高于支持向量机和随机森林，同时也好于多层感知器。此外在市场波动研究中，2016 年有学者构建了长短期记忆模型 LSTM 来预测标普 500 指数的波动性，相比 GARCH 模型的 31% 的预测误差，新模型在使用了 Google 国内趋势数据后的预测误差减少到了 24.2%。

使用 LSTM 处理宏观周期数据如图 10-6 所示。

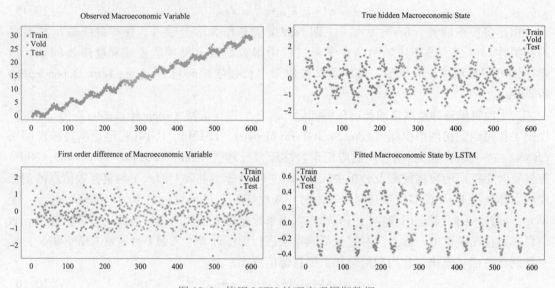

图 10-6　使用 LSTM 处理宏观周期数据

常见的宏观指标具有如下特征：①宏观经济过程是非平稳的；②这个过程是一个周期性的动态结构，即它受商业周期的影响。有学者使用 LSTM 方法提取宏观数据的隐藏平稳态，相比常见的一阶差分的方法，基于 LSTM 提取的平稳态指标更为清晰。

代码：

```
from keras.models import Sequential    ## 导入模块
from keras.layers.core import Dense,Dropout,Activation
from keras.layers import LSTM
from keras import regularizers
from keras.layers import BatchNormalization
from keras.optimizers import SGD
### 分层构建 LSTM
```

```
model2 = Sequential()
model2.add(LSTM(units = d1,activation=active,
input_shape = (x_lstm.shape[1], x_lstm.shape[2]),
return_sequences=True,kernel_regularizer=regularizers.l2(l2)))
model2.add(BatchNormalization())
model2.add(Dropout(dropout_value))
model2.add(LSTM(units = 1,return_sequences=True))
### 设定训练参数
optimizer = SGD(lr=0.001, momentum=0.4)
regressor.compile(loss='mse', optimizer=optimizer, metrics=['mse'])
from keras.callbacks import EarlyStopping
early_stopping = EarlyStopping(monitor='val_loss', patience=20,
verbose=1,mode='min')
train_history = model2.fit(x=x_lstm, y = x_lstm,
validation_data=(xtest_lstm, xtest_lstm),
epochs=200,batch_size=32,
verbose=0,callbacks=[early_stopping])
### 预测
model2.predict(xoos_lstm).reshape(-1)
```

专栏 10-1　循环神经网络在选股上的应用

　　当我们对新事物进行思考时，并不都是从零开始，过往的经验总会给我们一些启发。对于一段连续的语音、一篇连续的文章，我们可以根据句子的开头去猜测结尾，但传统的神经网络却很难做到这一点。循环神经网络（RNN）正是处理这一系列问题的专家。RNN 的前身是 1982 年由约翰·霍普菲尔德（John Hopfield）提出的 Hopfield 模型，由于实现困难外加没有合适的应用领域，一直没有得到学界的重视。近年来，由于自然语言处理的需求，RNN得以深度发展。

　　我们比较了传统的三种模型 RNN、LSTM、GRU（Gated Recurrent Units，门控循环单元。该模型是 LSTM 模型的一类常见变种），并设置统一对照组：7 阶段线性回归模型。我们构建了全 A 选股策略并进行回测，各项指标详见图 10-7。选股策略分为两类：一类是行业中性策略，策略组合的行业配置与基准（沪深 300、中证 500、中证全指）保持一致，各一级行业中选 N 个股票等权配置（N=2,5,10,15,20）；另一类是个股等权策略，直接在票池内不区分行业选 N 个股票等权配置（N=20,50,100,150,200），比较基准取为 300 等权、500等权、中证全指指数。三类策略均为月频调仓，个股入选顺序为它们在被测模型中当月的预测值顺序。

　　从图 10-8 中可以看出，对于行业中性和个股等权的全 A 选股，LSTM 模型和 GRU 模型在年化超额收益率、信息比率上整体上优于其他模型，但是最大回撤要大于线性回归模型。我们没有构建沪深 300 和中证 500 成分内选股策略，这是因为神经网络模型适合于数据量较大的场景，而沪深 300 和中证 500 成分股组成的月频多因子数据偏少，不适合应用在神经网络模型中。

347

模型选择 | 每个行业入选个股数目（从左至右：2，5，10，15，20）

年化超额收益率（行业中性）

模型	全A选股，基准为沪深300					全A选股，基准为中证500					全A选股，基准为中证全指				
LSTM	19.71%	19.57%	17.92%	16.39%	14.81%	25.05%	24.63%	23.30%	21.64%	20.36%	22.10%	21.61%	20.02%	18.42%	16.91%
GRU	18.83%	19.43%	17.68%	15.85%	14.65%	26.27%	24.47%	22.31%	20.50%	19.77%	21.63%	21.36%	19.29%	17.38%	16.42%
传统RNN	16.28%	17.55%	16.69%	14.47%	13.77%	21.28%	20.24%	19.12%	17.96%	17.51%	18.20%	18.44%	17.44%	15.52%	14.95%
统一对照组	18.31%	15.45%	14.34%	13.14%	12.49%	17.15%	15.98%	15.83%	15.27%	15.12%	17.34%	15.23%	14.42%	13.63%	13.12%

超额收益最大回撤（行业中性）

模型	沪深300					中证500					中证全指				
LSTM	22.99%	23.46%	21.05%	20.63%	20.91%	15.54%	16.84%	14.71%	13.96%	13.13%	15.39%	14.62%	12.96%	11.60%	11.01%
GRU	23.64%	24.56%	24.10%	21.93%	22.10%	15.07%	16.05%	14.91%	14.05%	13.24%	13.72%	15.01%	14.19%	12.20%	11.67%
传统RNN	24.14%	21.04%	21.23%	21.17%	21.14%	17.37%	16.00%	16.62%	14.93%	13.88%	16.68%	14.26%	13.87%	12.55%	11.91%
统一对照组	16.74%	15.87%	16.34%	18.46%	18.99%	12.83%	13.24%	10.98%	11.50%	11.27%	11.05%	9.60%	9.09%	9.57%	9.87%

信息比率（行业中性）

模型	沪深300					中证500					中证全指				
LSTM	1.75	1.91	1.84	1.72	1.58	2.95	3.57	3.78	3.81	3.76	2.65	3.06	3.10	3.02	2.88
GRU	1.73	1.96	1.88	1.72	1.61	3.19	3.51	3.70	3.58	3.69	2.70	3.06	3.08	2.92	2.89
传统RNN	1.50	1.72	1.73	1.54	1.48	2.67	3.01	3.18	3.23	3.26	2.31	2.66	2.79	2.64	2.62
统一对照组	1.88	1.69	1.64	1.52	1.45	2.20	2.55	2.88	3.00	3.09	2.42	2.48	2.60	2.57	2.52

Calmar比率（行业中性）

模型	沪深300					中证500					中证全指				
LSTM	0.86	0.83	0.85	0.79	0.71	1.61	1.46	1.58	1.55	1.55	1.44	1.48	1.54	1.59	1.54
GRU	0.80	0.79	0.73	0.72	0.66	1.74	1.52	1.50	1.46	1.49	1.58	1.42	1.36	1.42	1.41
传统RNN	0.67	0.83	0.79	0.68	0.65	1.23	1.27	1.15	1.20	1.26	1.09	1.29	1.26	1.24	1.26
统一对照组	1.09	0.97	0.88	0.71	0.66	1.34	1.21	1.44	1.33	1.34	1.57	1.59	1.59	1.43	1.33

模型选择 | 组合总入选个股数目（从左至右：20，50，100，150，200）

年化超额收益率（个股等权）

模型	组合1					组合2					组合3				
LSTM	27.78%	26.70%	27.98%	26.15%	26.00%	26.36%	25.40%	26.75%	24.89%	24.75%	26.77%	25.77%	27.08%	25.24%	25.09%
GRU	29.48%	30.00%	29.30%	26.00%	24.77%	28.18%	28.77%	28.00%	24.73%	23.46%	28.54%	29.10%	28.37%	25.08%	23.82%
传统RNN	22.36%	24.55%	23.65%	22.63%	22.04%	21.16%	23.29%	22.42%	21.36%	20.76%	21.51%	23.65%	22.76%	21.72%	21.13%
统一对照组	26.56%	24.47%	21.25%	20.03%	20.28%	25.18%	23.05%	19.86%	18.67%	18.92%	25.61%	23.48%	20.27%	19.08%	19.32%

超额收益最大回撤（个股等权）

模型	组合1					组合2					组合3				
LSTM	30.78%	31.05%	32.51%	33.23%	33.14%	18.20%	19.60%	13.56%	14.73%	15.30%	19.66%	20.71%	18.80%	19.67%	19.42%
GRU	33.31%	32.62%	30.84%	31.46%	31.41%	21.46%	16.29%	14.65%	13.68%	14.94%	18.86%	16.88%	17.36%	17.30%	
传统RNN	35.84%	33.22%	31.70%	31.57%	31.50%	23.82%	19.12%	16.82%	17.32%	17.24%	24.74%	20.16%	18.83%	18.75%	18.44%
统一对照组	30.71%	31.49%	30.71%	30.54%	30.41%	14.31%	11.15%	9.22%	9.90%	9.59%	16.39%	17.07%	16.12%	15.91%	15.76%

信息比率（个股等权）

模型	组合1					组合2					组合3				
LSTM	1.51	1.48	1.57	1.50	1.50	2.60	3.00	3.63	3.63	3.78	2.19	2.30	2.53	2.47	2.50
GRU	1.55	1.63	1.66	1.49	1.45	2.81	3.49	3.86	3.65	3.64	2.27	2.56	2.72	2.48	2.45
传统RNN	1.18	1.36	1.34	1.32	1.29	2.18	2.85	3.13	3.23	3.27	1.75	2.15	2.19	2.20	2.19
统一对照组	1.43	1.45	1.29	1.22	1.24	2.46	3.11	3.12	3.09	3.29	2.10	2.37	2.20	2.12	2.17

Calmar比率（个股等权）

模型	组合1					组合2					组合3				
LSTM	0.90	0.86	0.86	0.79	0.78	1.45	1.30	1.97	1.69	1.62	1.36	1.24	1.44	1.28	1.29
GRU	0.88	0.92	0.95	0.83	0.79	1.31	1.77	1.91	1.81	1.57	1.25	1.54	1.69	1.44	1.38
传统RNN	0.62	0.74	0.75	0.72	0.70	0.89	1.22	1.33	1.23	1.20	0.87	1.17	1.21	1.16	1.15
统一对照组	0.86	0.78	0.69	0.66	0.67	1.76	2.07	2.15	1.89	1.97	1.56	1.38	1.26	1.20	1.23

图 10-7　各种循环神经网络模型回测重要指标对比（全 A 选股）

　　我们对策略组合的详细回测情况加以展示。因为篇幅有限，根据上面的测试结果，选择展示 LSTM 模型选股策略。图 10-8 展示了全 A 选股（基准：中证 500）策略的各种详细评价指标。观察图 10-9 可知，对于 LSTM 模型的行业中性策略来说，随着每个行业入选个股数目增多，年化收益率在下降、信息比率和 Calmar 比率先升后降，每个行业最优入选个股数目在 14 个左右。

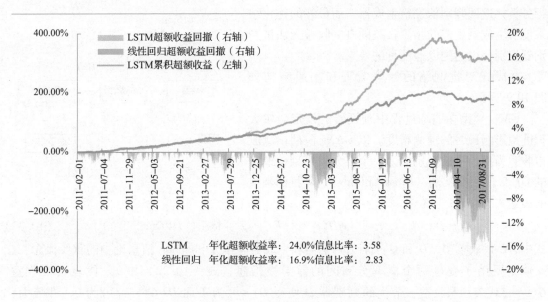

图 10-8 LSTM 模型和线性回归模型全 A 中性选股策略表现

第五节 神经网络的发展 2：生成式对抗网络

随着计算能力的提高和各行业数据量的剧增，人工智能取得了快速发展。学术界普遍认为人工智能的发展分为两个阶段：一是感知阶段，二是认知阶段。从感知到认知便是机器学习的质的飞跃。在认知阶段，机器能够对世界的本质有一定的理解。但是，"理解"是一个抽象的概念，无法直接测量，只能间接从其他方面推测。如何衡量人工智能的理解程度？这个问题在 21 世纪引起了人们的思考。同时，神经网络研究的第三波高潮推动了人们对集人工智能与机器学习于一体的算法的深度研究，生成式对抗网络应运而生。

一、基本概念与框架

在介绍生成式对抗网络之前，先介绍一下生成模型（Generative Model）与判别模型（Discriminative Model）的概念：生成模型是指对联合概率进行建模，从统计的角度表示数据的分布情况，刻画数据是如何生成的模型，例如，朴素贝叶斯方法等；判别模型是指对条件概率 $P(Y|X)$ 进行建模，主要是寻找不同类别之间的最优分类面，而不关心如何生成数据，例如，逻辑回归算法等。

判别模型在深度学习乃至机器学习领域取得了巨大成功，而生成模型由于需要大量的先验知识对真实世界进行建模，且受先验分布选择的影响大，因此，人们更多地关注于判别模型方法。直到 2014 年，生成式对抗网络（Generative Adversarial Networks，GANs）的提出，才引起了业内人士的广泛关注与研究。

GANs 是无监督学习方法的一种，近年来广泛应用于人工智能的各个领域。一个典型的 GANs 主要包含两个独立的神经网络：生成器（Generator）和判别器（Discriminator）。GANs 的特点在于"对抗"，即由生成器得到预测数据分布后，判别模块对真实数据和预测数据进

349

行分类并返回判别信息给生成器，而最终的优化结果使得生成器生成的预测收益同真实收益无法被判别器识别，以达到以假乱真的效果。

生成式对抗网络的计算流程和一般结构如图 10-9 所示。

GANs 模型在训练过程中判别器的设定会较大程度地影响最终的预测精度。以 GANs 模型预测股市收益为例，考虑判别器为一个二分类模型，最初的 GANs 使用交叉熵（Cross Entropy），其目标函数的表达式为

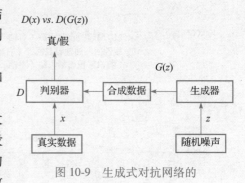

图 10-9 生成式对抗网络的计算流程和一般结构

$$J(D)=E_{x\sim p_{\text{data}}(r_{i,t})}\big[\log D(r_{i,t})\big]+E_{z\sim p_z(z_{i,t-1})}\big[\log(1-D(G(z_{i,t-1})))\big] \quad (10.22)$$

式中，E 代表期望，D 和 G 分别为判别器和生成器。作为 Shannon 信息论中的重要概念，交叉熵主要用于度量两个概率分布间的差异性信息，式（10.22）中 $r_{i,t}$ 代表真实收益、$G(z_{i,t-1})$ 代表预测收益，最优的判别器 D 使得 $D(r_{i,t})$ 为 1 而 $D(G(z_{i,t-1}))$ 为 0，即最大化 $J(D)$，而由于 G 和 D 是二元零和博弈，即生成器最优结果使得 $D(G(z_{i,t-1}))$ 为 1，因此生成器的目标函数 $J(G)=-J(D)$，最终 GANs 的迭代问题可表示为在判别器最大化信息差异即交叉熵的前提下生成器通过迭代更新参数来最小化预测值和真实值的差别，即

$$\min_G\max_D V(D,G)=E_{x\sim p_{\text{data}}(r_{i,t})}\big[\log D(r_{i,t})\big]+$$
$$E_{z\sim p_z(z_{i,t-1})}\big[\log(1-D(G(z_{i,t-1})))\big]$$

考虑到在优化上述函数过程中会出现梯度消失和模型崩溃问题，马丁·阿尔约夫斯克（Martin Arjosvky）等（2011）提出改良的 Wasserstein 距离来替换原目标函数

$$L=E_{x\sim p_{\text{data}}(r_{i,t})}\big[f_w(r_{i,t})\big]-E_{z\sim p_z(z_{i,t-1})}\big[f_w(G(z_{i,t-1}))\big] \quad (10.23)$$

式中，f_w 为新的判别器如卷积神经网络模型，L 代表了估计值与真实值之间的差异，即生成器模型优化使得 L 达到最小的估计收益 $\hat{r}_{i,t,G}$ 为最终模型输出值。

二、在金融中的应用

在前文的叙述中，我们提到过"过拟合"问题。该问题是我们试图将机器学习技术应用于金融时间序列时遇到的问题之一，其诞生的根源是因为采用所知道的唯一时间序列路径，即已实现的历史数据来训练我们的模型。但是，并非所有市场机制或事件都能在已实现的历史数据中得到很好的体现，如在市场出现异常高波动的时期等。GANs 的使用能很好地解决这个问题。利用生成式对抗网络，我们可以生成特殊市场状况下的数据来扩充训练集，从而建立包含更多情况的市场模型，使其更加贴近真实的金融市场情况。

例如，陈路扬等利用 GANs 结合美国市场宏观经济和公司财务数据构建了一个非线性资产定价模型。模型通过估计随机贴现因子（SDF）来解释无套利约束下的各类资产价格。具体来说，模型中的生成器用来生成 SDF 投资组合，判别器生成条件环境来使得 SDF 组合收益最差，而最终迭代得到的 SDF 保证了在最差投资环境下组合的显著收益。从实证表现上看，GANs 模型优于其他基准方法：最优投资组合的年夏普比率为 2.1，同时解释了 8% 的单个股票收益率变化。

图 10-10 为使用 GANs 估计 SDF 框架、图 10-11 为包含不同宏观经济变量的各类模型表现、图 10-12 为不同模型下 SDF 因子的累积超额回报。

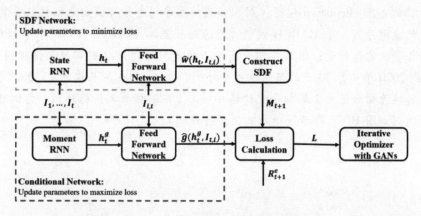

图 10-10 使用 GANs 估计 SDF 框架

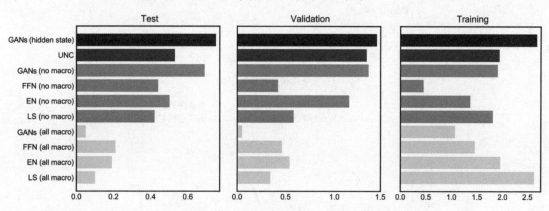

图 10-11 包含不同宏观经济变量的各类模型表现

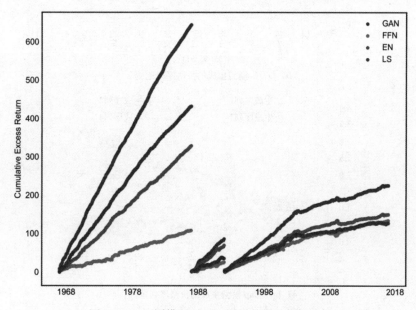

图 10-12 不同模型下 SDF 因子的累积超额回报

专栏10-2　生成式对抗网络与其他模型在金融时间序列生成上的比较

　　采用 GANs 模型、Bootstrap 模型（对原始收益率序列进行有放回地抽样，重复 T 次，得到长度为 T 的虚假序列）和 GARCH 模型（对原始收益率序列拟合含均值的 GARCH（1,1）模型，得到各参数的估计量；随后模拟长度为 T 的虚假序列）分别学习上证综指从 2004 年 12 月 31 日到 2020 年 4 月 30 日的日频收益率序列，生成 1000 条长度为 2520 日的虚假收益率序列，并转换为初始值为 1 的归一化价格序列。上证综指真实价格序列和各训练模型生成的价格序列范例如图 10-13 所示（选取四条进行说明）。

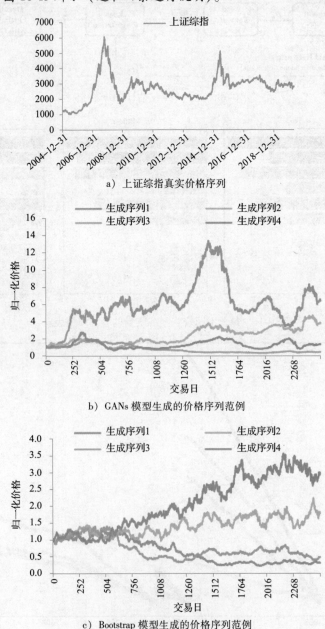

a）上证综指真实价格序列

b）GANs 模型生成的价格序列范例

c）Bootstrap 模型生成的价格序列范例

图 10-13　上证综指真实价格序列和各训练模型生成的价格序列范例

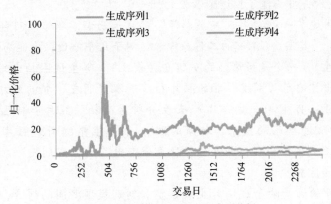

d）GARCH 模型生成的价格序列范例

图 10-13　上证综指真实价格序列和各训练模型生成的价格序列范例（续）

参考高桥嘉夫（Yoshio Takahashi）等（2019）文献，考察自相关性、厚尾分布等六项评价指标来比较真实序列和生成的虚假序列是否存在差异。具体结果如图 10-14 所示。

评价指标	统计量	真实序列	GAN	Bootstrap	GARCH
自相关性	前10阶自相关系数均值	0.11	0.1 1	0.10	0.10
厚尾分布	拟合幂律衰减系数 α	4.22	4.52	4.26	4.60
波动率聚集	拟合幂律衰减系数β	0.16	0.32	0.58	0.17
杠杆效应	前10阶相关系数均值	−7.02	−4.65	−0.05	0.02
粗细波动率相关	滞后±1阶相关系数之差	−0.02	−0.03	0.00	0.00
盈亏不对称性	盈亏±θ所需天数分布峰值之差	4.00	7 .45	2.26	0.89

图 10-14　真实序列与三种生成方法的六项评价指标对比

由结果可知，GANs 模型生成的序列在六项指标上均接近真实序列，复现效果良好，优于 Bootstrap 模型和 GARCH 模型。

专栏 10-3　生成式对抗网络（GANs）在其他场景的应用

如正文所言，GANs 最早运用于和图像相关的机器学习领域。因此其在金融与财务领域外还有非常丰富的应用场景。在这里，我们先从一个富有生活气息的例子入手，然后和大家简要介绍五个生成式对抗网络的应用场景。

某天，一位男生在给女朋友拍照，他们发生了如下对话：

男："哎，你看我给你拍的照片好不好？"

女："不行不行，显得比真人丑好多……你学学 XXX 的构图方式吧？"

男："好。"

……

男："这次你看我拍的照片行不行？"

女："你看这次的采光，完全看不见我的脸呀！你学学 YYY 的采光吧！"

男："好。"

……

男："这次怎么样？"

女："真棒！我拿去当头像了！谢谢亲爱的！"

上面这段对话讲述了一位"男朋友摄影师"的成长历程。很多人可能会问：这个故事和 GANs 有什么关系？其实，GANs 的工作原理和该例子几乎一致：上述场景中有两个主体，一个是摄影师（男生），一个是摄影师的女朋友（女生）。男生试图拍出好照片，而女生一直以挑剔的眼光找出"自己男朋友"拍的照片和"别人男朋友"拍的照片的区别。于是两者的交流过程类似：男生拍一些照片->女生分辨男生拍的照片和自己喜欢的照片的区别->男生根据反馈改进自己的技术，拍新的照片->女生根据新的照片继续提出改进意见->……这个过程直到均衡出现：即女生不能再分辨出"自己男朋友"拍的照片和"别人男朋友"拍的照片的区别。

如果我们把刚才的场景映射成图片生成模型和判别模型之间的博弈，就变成了如下模式：生成模型生成一些图片->判别模型学习区分生成的图片和真实图片->生成模型根据判别模型改进自己，生成新的图片->……这个场景直至生成模型与判别模型无法提高自己——即判别模型无法判断一张图片是生成出来的还是真实的而结束，此时生成模型就会成为一个完美的模型。这种相互学习的过程听起来是不是很有趣？

我们继续来介绍三个生成式对抗网络在图片方面的运用，这些也是生成式对抗网络最广泛运用的场景：

（1）生成图像数据集：GANs 可为手写数字数据集、小件图片数据集、人像数据集生成新案例，也即"凭空造图"。也有学者将其运用在生成卧室图片、人脸图片、动漫图片等多类型图片的新案例中。

（2）图片转表情：GANs 可以实现跨领域转化图像的应用。比如，将街区数字转化为手写数字，或将名人照片转化为 Emoji 或动画表情。我们在 QQ 中使用的"拍摄自己的表情包"功能便运用了 GANs 算法。

（3）图像转换：GANs 在这方面几乎无所不能。例如，GANs 可以将语义图像转化成城市和建筑景观图片，将卫星图像转化成谷歌地图，将白天景观转化成夜晚景观，将黑白图片转化成彩色图片，将素描转化成彩色图片……手机里不少带有各式各样滤镜的修图软件都是在 GANs 的帮助下诞生的。

此外，生成式对抗网络还可以运用于图像补充、文字-图片转换、声音-图片转换、3D 打印等方面。

第六节　神经网络的发展 3：深度强化学习

随着技术的进步，人工神经网络模型有了更为广泛的应用和发展。仅在 2019 年，就有超过 25 篇运用了强化学习相关方法的量化金融类文章进行了提交或更新。由于它在金融机器学习领域中越来越受欢迎，因此，我们专门用一章来介绍强化学习及它的神经网络的交叉算法——深度强化学习。

一、强化学习

（一）简介

强化学习（Reinforcement Learning，RL），也叫"增强学习"，是指一类从（与环境）

交互中不断学习的问题以及解决这类问题的方法。强化学习也是机器学习中的一个重要分支，但它不需要给出"正确"策略作为标准（或称"监督信息"），只需要给出策略的（延迟）回报，并通过调整策略来取得最大化的期望回报。

在之前的章节中，我们主要关注监督学习（Supervised Learning，SL）。而监督学习一般需要一定数量的带标签的数据，但强化学习则不用。举个简单的例子来说明两者的区别，现在我们有两种方式来训练一个可以自动下围棋的模型：监督学习和强化学习。如果采用监督学习方式，我们就需要将当前棋盘的状态作为输入数据，其对应的最佳落子位置（动作）作为标签。或者我们可以采用强化学习的方式，通过大量的模拟数据和最后的结果（奖励）来倒推每一步棋的好坏，从而学习出"最佳"的下棋策略。由此可见，和监督学习相比，强化学习有降低获取数据成本、可实践性高的优点。

（二）基本框架

在强化学习中，我们通常假设有两个可以进行交互的对象：智能体和环境。智能体可以感知外界环境的状态和反馈的奖励，做出不同的动作进行决策，或是根据外界环境的奖励来调整策略进行学习。环境是指智能体外部的所有事物，其受智能体动作的影响而改变其状态，并反馈给智能体相应的奖励。此外，强化学习的基本要素还包括：①对环境进行描述的状态 s；②对智能体行为进行描述的动作 a；③智能体根据环境状态 s 来决定下一步动作 a 的过程的描述函数策略 $\pi(a \mid s)$；④智能体根据当前状态 s 做出一个动作 a 之后，环境在下一个时刻转变为状态 s' 的概率 $p(s' \mid s, a)$；⑤智能体根据当前状态 s 做出动作 a 之后，环境反馈给智能体的一个奖励 $r(s, a, s')$。一个简单的智能体与环境的交互过程如图 10-15 所示。

图 10-15　智能体与环境的交互过程示意图

（三）核心概念

在介绍完 RL 算法的基本框架后，我们来进一步学习其动态的交互过程。其中涉及的核心概念包括：①马尔可夫过程；②目标函数；③值函数。

（1）马尔可夫过程（Markov Processes，MP）：以"马尔可夫"命名的相关概念我们在金融衍生工具的学习中已有接触，即"股价变动的过程是个马尔可夫过程"。马尔可夫过程描述的是一组具有马尔可夫性质的随机变量序列 $s_0, s_1, \cdots, s_t \in S$，其中下一时刻的状态 s_{t+1} 只取决于当前的状态 s_t，数学表达式为

$$p(s_{t+1} \mid s_t, \cdots, s_0) = p(s_{t+1} \mid s_t) \tag{10.24}$$

式中，$p(s_{t+1} \mid s_t)$ 称为状态转移概率，表示下一时刻的状态 s_{t+1} 只取决于当前的状态 s_t。

马尔可夫决策过程（Markov Decision Process，MDP）是在马尔可夫过程基础上加入了一个额外的变量动作 a，即下一时刻的状态 s_{t+1} 不但取决于当前的状态 s_t，而且和动作 a_t 有关，即

$$p(s_{t+1} \mid s_t, \cdots, s_0) = p(s_{t+1} \mid s_t, a_t) \tag{10.25}$$

这里，状态转移概率变成了 $p(s_{t+1} \mid s_t, a_t)$。式（10.25）正体现了"交互"的含义，其简单的示意图如图 10-16 所示：

（2）目标函数（Target Function）：给定一个策略，智能体和环境的一次交互过程就会收到一个反馈的奖励，而在全部过程中收到的累积奖励便是总回报，其数学表达式为

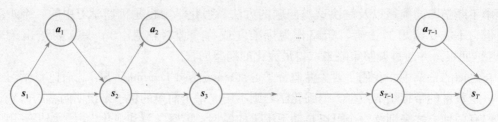

图 10-16　马尔可夫决策过程示意图

$$G(\tau) = \sum_{t=0}^{T-1} r_{t+1} \qquad (10.26)$$

式中，T 表示时间状态，r 表示回报。

　　假设环境中有一个或多个特殊的终止状态，当到达终止状态时，智能体和环境的交互过程就结束了。这一轮交互的过程称为一个"回合"或"试验"，一般的强化学习任务，比如下棋等都属于这种回合式任务。

　　如果环境中没有终止状态，比如终身学习的机器人，即 $T=\infty$，则称为持续式任务，其总回报可能是无穷大——但这几乎不可能实现。为了解决这个问题，我们可以引入一个折扣率来降低远期回报的权重。经过折扣率调整的折扣回报定义为

$$G(\tau) = \sum_{t=0}^{T-1} \gamma^t r_{t+1} \qquad (10.27)$$

式中，$\gamma^t \in [0,1]$，为折扣率。当 γ^t 接近于 0 时，智能体更在意短期回报；当 γ^t 接近于 1 时，长期回报变得更重要。这一思想和公司金融中计算现金流的贴现值时的贴现率类似。

　　不过，由于策略和状态转移都有一定的随机性，收获的总回报也会不一样，所以强化学习的优化目标一般设定为学习到一个策略以实现最大化期望回报，因此目标函数可以定义为

$$\varphi(\theta) = E[G(t)] \qquad (10.28)$$

式中，θ 为策略函数的参数。

　　（3）值函数（Value Function）：为了评估策略函数的期望回报，也即上述的目标函数，我们引入值函数的概念。在这里，我们定义两个值函数：状态值函数和状态-动作值函数。状态值函数是在状态 s 下获得的期望回报，即

$$V^\pi(s) = E[G(t) \mid s_t = s] \qquad (10.29)$$

而状态-动作值函数则是在状态 s 下执行动作 a 后获得的期望回报，即

$$Q^\pi(s,a) = E[G(t) \mid s_t = s, a_t = a] \qquad (10.30)$$

　　根据马尔可夫特性，状态值函数 $V^\pi(s)$ 是状态-动作值 $Q^\pi(s,a)$ 关于动作 a 的期望。这也意味着我们希望通过模型的训练，采取动作 a 获得的回报能和预期回报一致。

　　由于值函数可以看作对策略的评估，因此我们可以根据值函数来优化策略：假设在状态 s，有一个动作 a^* 使得 $Q^\pi(s,a) > V^\pi(s)$，这就说明执行动作 a^* 获得的回报比当前的策略要高，我们就可以通过调整参数，使得策略中动作 a^* 的发生概率增加。

二、深度强化学习

　　如前文所言，在强化学习中我们一般需要对策略函数和值函数进行建模。但早期的强化学习算法主要关注状态和动作都离散且有限的问题。但在很多实际问题中，状态和动作的数

量非常多。为了解决这些问题，我们可以设计更优的策略函数——深度强化学习应运而生。

深度强化学习（Deep Reinforcement Learning，DRL）将强化学习和深度学习结合在一起，用强化学习来定义问题和优化目标，用深度学习来解决策略和值函数的建模问题，然后使用误差逆向传播算法来优化目标函数。将深度神经网络应用到强化学习建模中，使得智能体可以灵活应对复杂的环境，学习更优的策略，并具有更好的泛化能力。

深度强化学习的算法非常丰富。参考目前最常见的分类，从"能否对环境建模"，即"能否学习一个可以预测状态转移和收益的函数"这一分类标准出发，可以分为 Model-Free 和 Model-Based 两类：Model 指的是在一个环境中各个状态之间转换的概率分布描述；-Free 和-Based 指是否要基于具有这种概率分布描述进行建模。很明显，Model-Based 类的算法建模较为困难，而且学习成本也非常大；而 Model-Free 类的算法实现起来更容易，被应用得更广泛，常见的方法有基于策略函数学习的策略优化算法和基于值函数学习的 Q 学习算法两种。由于篇幅原因，这里我们将对更常用于金融市场实际情况研究的 Q 学习算法进行介绍，对其余算法感兴趣的同学可以自行查阅学习。

Q 学习（Q-Learning）算法是一种异策略的时序差分学习方法，即模拟或经历一个环境，每行动一步或多步后，根据新状态的价值，来估计采取动作前的状态价值。在 Q 学习中，Q 函数的估计方法为

$$Q(s,a) \leftarrow Q(s,a) + \alpha(r + \gamma \max_{a'} Q(s',a') - Q(s,a)) \tag{10.31}$$

即直接用 $Q(s,a)$ 去估计最优状态值函数 $Q^*(s,a)$。

接下来我们将离散的情形进行推广：为了在连续的状态和动作空间中计算值函数 $Q^\pi(s,a)$，我们可以用一个函数 $Q_\varphi(s,a)$ 来表示近似计算，称为值函数近似，即

$$Q_\varphi(s,a) \approx Q^\pi(s,a) \tag{10.32}$$

式中，s,a 分别是状态和动作的向量表示；函数 $Q_\varphi(s,a)$ 通常是参数为 φ 的函数。

我们需要学习一个参数 φ 使得函数 $Q_\varphi(s,a)$ 逼近值函数 $Q^\pi(s,a)$。在采用 Q 学习的框架并采用随机梯度下降法的情况下，我们的目标函数可以定义为

$$L(s,a,s' \mid \varphi) = (r + \gamma \max_{a'} Q_\varphi(s',a') - Q^\pi(s,a))^2 \tag{10.33}$$

式中，s',a' 表示下一时刻的状态和动作。

然而，这个目标函数存在两个问题：①目标不稳定，参数学习的目标依赖于参数本身；②样本之间有很强的相关性。为了解决这两个问题，文献 Mnih et al（2015）提出了一种深度 Q 网络算法。深度 Q 网络采取两个措施：一是目标网络冻结，即在一个时间段内固定目标中的参数，来稳定学习目标；二是经验回放，即构建一个由智能体最近的经历组成的数据集的经验池来去除数据相关性。训练时，随机从经验池中抽取样本来代替当前的样本用来训练。这样，就打破了和相邻训练样本的相似性，避免模型陷入局部最优的问题。

三、在金融中的应用

近年来深度强化学习在金融与财务领域中的应用越来越广泛，熊若轩（Xiong Ruoxuan）等（2016）和蒂博·泰特（Thibaut Théate）等（2020）等将 RL 算法运用到了股票交易的研究中；魏浩然（Haoran Wei）等（2019）和塔·A·费雷拉（Tadeu A. Ferreira）（2020）对市场微观结构的研究中运用了 RL 算法；佐藤好春（Yoshiharu Sato）（2019）和张子豪（Zhang

Zihao）等（2020），以及基于 RL 算法进行了投资组合的构建和研究等。

　　虽然目前我国国内运用 RL 算法进行的金融学术研究还在起步阶段，但现实的金融世界恰好为其提供了应用场景：面对复杂的股票市场时，投资者需要在市场中不断学习，不断总结，不断优化自己的投资策略。而深度强化学习模型的理念让投资者能够在与市场的持续交互中不断地学习，不断地调整自己的策略，从而应对变化多端的市场情况。

　　图 10-17 为投资者与股票市场的交互过程示意图。

图 10-17　投资者与股票市场的交互过程示意图

专栏 10-4　FinRL：基于深度强化学习的量化交易框架

　　目前，深度强化学习（DRL）技术在游戏等领域已经取得了巨大的成功，同时在量化投资中的也取得了突破性进展。很多研究机构和高校正在研究强化学习技术解决量化交易问题，其中比较知名的有"FinRL"。"FinRL"是一个解决量化交易的开放源代码库，可为从业人员提供流水线式的策略开发的统一框架。

　　一方面，FinRL 库可帮助初学者了解量化金融并制定自己的股票交易策略。其允许用户简化自己的开发并轻松地与现有方案进行比较。在 FinRL 中，虚拟环境配置有股票市场数据集，智能体利用神经网络进行训练，并通过股票回测验证算法性能。此外，它包含了重要的市场摩擦，例如交易成本，市场流动性和投资者的风险规避程度。

　　FinRL 在量化交易中的建模如图 10-18 所示。

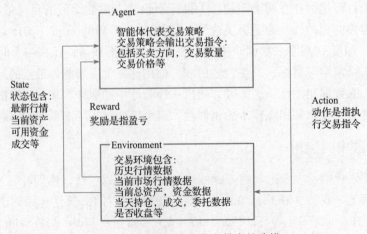

图 10-18　FinRL 在量化交易中的建模

　　另一方面，FinRL 具有完整性，易上手性和可重复性等特点，适合初学者：FindRL 在多个时间级别上模拟了各个股票市场的交易环境，包括 NASDAQ-100，S&P 500，HSI，SSE 50，和 CSI 300；FinRL 采用模块化结构的分层架构，提供了自己开发的轻量级的 DRL 算法库 ElegantRL，包含各类强化学习算法，并支持用户自定义算法，具有高度可扩展性。

　　由相关论文和开源框架的作者对 FinRL 进行解读的视频可在网络搜到，感兴趣的读者可自行搜索。

第七节　金融应用与 Python 实现

　　在本节的 Python 应用中，除了用神经网络模型对中国市场上的公司财务数据进行股票收益预测以外，还加入了该模型的美国市场公司财务数据对股票收益的预测情况。其中美国市场的数据参考 GHZ 计算公司特征指标，样本期选取 2010 年 1 月到 2019 年 12 月。

一、实验 10-1　神经网络模型预测中国股票市场收益

　　本实验采用神经网络模型对公司股票的收益率进行预测。

　　首先定义 NN 函数。函数的输入值有：训练集的输入变量（in_X_train）、训练集的目标值（in_y_train）、测试集的输入变量（in_X_test）、测试集的目标值（in_y_test）、样本外数据的输入变量（in_X_oos）、测试集（in_test_data）以及样本外测试集（in_oos_data）。在该函数中，神经网络模型将使用不同的层数进行训练和预测。最终的输出结果如下：每个参数的样本外预测结果（pd. concat（ret_oos））、在测试集中表现最好的参数下的样本外预测结果（data_nn）以及每个参数的模型权重值（coef_ser）。代码如下：

```
def NN(in_X_train, in_y_train, in_X_test, in_y_test, in_X_oos, in_test_data, in
_oos_data):
    reduce_lr = ReduceLROnPlateau(monitor='val_loss', factor=0.01, pa-
                                  tience=2,
                                  min_lr=0.000000001,
                                  min_delta=0.000000,
                                  verbose=-1)

    early_stopping = EarlyStopping(monitor='val_loss', patience=20,
    verbose=-1)
    callbacks = [early_stopping]

    ret_oos = []
    for l in range(1, 4):
        model1 = create_model(input_size=in_X_train.shape[1], layer=l)
        train_history = model1.fit(x=in_X_train,
                                   y=in_y_train, validation_data=(in_X_test,
                                   in_y_test),
                                   epochs=50,
```

```
                                batch_size=200,
                                verbose=0,
                                callbacks=callbacks)
    nn_pred = model1.predict(in_X_oos)
    inner_oos_data = in_oos_data.copy()
    inner_oos_data['rethat'] = nn_pred
    data_nn = inner_oos_data[['Dates', 'stkcd', 'y', 'rethat']]
    data_nn.columns = ['Dates', 'stkcd', 'y', 'yhat']
    data_nn['model'] = 'NN'
    data_nn['layers'] = 1


    ret_oos.append(data_nn)
    return pd.concat(ret_oos)
```

在这一步中，使用循环生成神经网络模型所需要的输入数据，并将数据传入神经网络模型，得到神经网络模型的输出结果。代码如下：

```
nn_op = []
all_month_list
train_month_n + test_month_n + oos_month_n

for i in range(len(all_month_list)):
    if i < train_month_n + test_month_n + oos_month_n - 1:
        continue
    else:

        train_monthes = all_month_list[i-test_month_n-train_month_n:i-test_
        month_n]
        test_monthes = all_month_list[i-test_month_n:i]
        oos_month = all_month_list[i]
        print(oos_month)

        train_data = whole_data[whole_data['Dates'].apply(lambda x: True if x
        in train_monthes else False)]
        test_data = whole_data[whole_data['Dates'].apply(lambda x: True if x
        in test_monthes else False)]
        oos_data = whole_data[whole_data['Dates'] == oos_month]

        X_train = train_data.drop(columns = Xtodrop)
        y_train = train_data['y']

        X_test = test_data.drop(columns = Xtodrop)
        y_test = test_data['y']
```

```
        X_oos = oos_data.drop(columns = Xtodrop)
        y_oos = oos_data['y']

        to_Norm = pd.concat([train_data,test_data,oos_data])
        normed_data = Norm(to_Norm,Xtodrop)
        train_data_normed = normed_data[normed_data['Dates'].apply(lambda x:
        True if x in train_monthes else False)]
        test_data_normed = normed_data[normed_data['Dates'].apply(lambda x:
        True if x in test_monthes else False)]
        oos_data_normed = normed_data[normed_data['Dates'] == oos_month]

        X_train_normed = train_data_normed.drop(columns = Xtodrop)
        y_train = train_data['y']

        X_test_normed = test_data_normed.drop(columns = Xtodrop)
        y_test = test_data['y']

        X_oos_normed = oos_data_normed.drop(columns = Xtodrop)
        y_oos = oos_data['y']

        nn_result = model_plot.NN(X_train_normed,y_train,X_test_normed,y_
        test,X_oos_normed, test_data_normed, oos_data_normed)
        nn_op.append(nn_result)
```

计算总体的均方预测误差，代码如下：

```
alpha_pred = all_pred.loc[l]
pred_toplot = alpha_pred.copy()
msfe = np.sum((alpha_pred['yhat']-alpha_pred['y'])**2) / len(alpha_pred)
print('MSFE: ', msfe)
```

选取一个月，展示此月所有股票的预测值与真实值，观察预测值与真实值的差距。代码
如下：

```
m_pred = pred_toplot[pred_toplot['Dates'] == m]
m_pred = m_pred.sort_values('yhat')
m_pred['y'].reset_index(drop = True).plot()
m_pred['yhat'].reset_index(drop = True).plot(title = 'Pred vs Real')
plt.legend()
plt.show()
abs(m_pred['y'] -m_pred['yhat']).reset_index(drop = True).plot(title = 'abs
error')
plt.show()
```

首先我们展示横截面上预测的相关结果。输出某个月中市场所有股票的预测值与真实

值，观察预测值与真实值的差距。首先，输出 2014 年 4 月 NN1 模型（神经网络模型压缩的层数为 1 层）的结果，如图 10-19 所示。

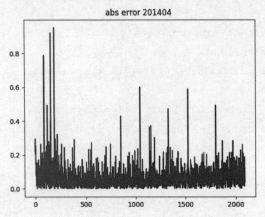
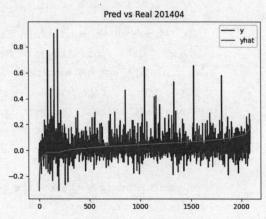

图 10-19　NN1 模型的结果

在 2013 年 1 月时，展示 NN2 和 NN3 模型的结果，即压缩层数为 2 层和 3 层。
NN2 模型的结果如图 10-20 所示。

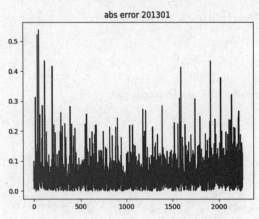
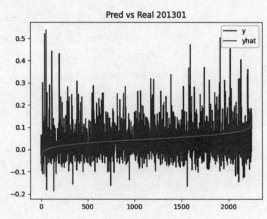

图 10-20　NN2 模型的结果

NN3 模型的结果如图 10-21 所示。

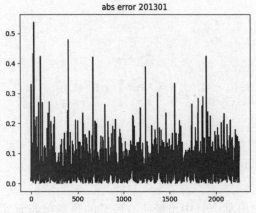
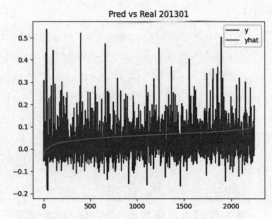

图 10-21　NN3 模型的结果

不同层数下神经网络模型的样本外 MSFE 结果见表 10-1。

表 10-1 不同层数下神经网络模型的样本外 MSFE 结果

模型	NN1	NN2	NN3
MSFE	0.1042	0.0304	0.0284

从上述结果可知，整体而言，神经网络模型下样本外拟合值与真实值之间有一定的预测误差，NN1 模型下样本外均方预测误差最大，随着压缩层数的增加误差减小。

二、实验 10-2 神经网络模型预测美国股票市场收益

首先，我们对美国市场的 89 个公司特征的描述性统计进行展示。代码如下：

```
import pandas as pd
data = pd.read_csv('US_sample_data.csv')
data.describe().T
```

结果见表 10-2

表 10-2 美国市场的 89 个公司特征的描述性统计结果

公司特征	count	mean	std	min	25%	50%	75%	max
absacc	388583	0.08	0.08	0.00	0.02	0.05	0.10	0.55
acc	388599	-0.06	0.09	-0.50	-0.09	-0.05	-0.01	0.20
aeavol	397366	0.88	1.34	-0.85	0.03	0.55	1.31	8.45
age	403091	18.67	12.03	1.00	8.00	17.00	27.00	43.00
agr	388688	0.09	0.27	-0.47	-0.04	0.04	0.14	1.77
baspread	398336	0.04	0.02	0.01	0.02	0.03	0.05	0.12
beta	396677	1.15	0.56	0.02	0.75	1.10	1.48	2.88
betasq	396677	1.62	1.48	0.00	0.57	1.22	2.19	8.30
bm	398337	0.62	0.52	-0.61	0.26	0.51	0.84	3.16
bm_ia	398346	-0.65	21.14	-210.84	-0.29	0.12	0.89	86.39
cash	397299	0.19	0.22	0.00	0.04	0.10	0.26	0.94
cashdebt	391030	-0.04	0.78	-6.11	0.00	0.09	0.22	1.58
cashpr	395607	-1.15	23.52	-135.96	-5.34	0.34	4.87	132.34
cfp	398292	0.07	0.18	-0.84	0.03	0.08	0.13	0.84
cfp_ia	398293	-0.17	1.75	-10.42	-0.09	0.03	0.16	11.85
chatoia	376430	0.00	0.17	-0.69	-0.06	0.00	0.06	0.72
chcsho	388647	0.04	0.17	-0.73	0.00	0.01	0.03	1.08
chempia	388135	-0.12	0.41	-2.82	-0.17	-0.06	0.02	1.05

363

（续）

公司特征	count	mean	std	min	25%	50%	75%	max
chfeps	323272	0.01	0.20	−1.13	−0.01	0.00	0.01	1.48
chinv	383629	0.00	0.02	−0.10	0.00	0.00	0.01	0.12
chmom	385742	−0.02	0.40	−1.44	−0.23	−0.01	0.20	1.29
chnanalyst	397869	−0.02	1.34	−6.00	0.00	0.00	0.00	5.00
chpmia	379003	0.45	8.59	−35.07	−0.82	−0.01	0.65	43.65
chtx	395573	0.00	0.01	−0.04	0.00	0.00	0.00	0.04
cinvest	389205	0.01	0.55	−4.47	−0.02	0.00	0.02	5.43
currat	393614	3.26	4.38	0.43	1.15	1.92	3.35	39.74
depr	387448	0.36	0.45	0.03	0.12	0.21	0.40	3.63
disp	286490	0.12	0.26	0.00	0.02	0.04	0.10	2.36
dolvol	397812	13.37	2.73	6.93	11.37	13.65	15.51	18.54
ear	397447	0.00	0.08	−0.24	−0.04	0.00	0.04	0.24
egr	388717	0.07	0.47	−2.31	−0.07	0.05	0.16	3.33
ep	398414	−0.04	0.25	−1.81	−0.04	0.04	0.06	0.27
fgr5yr	195136	13.61	8.76	−13.58	8.50	12.17	17.33	53.13
gma	388731	0.28	0.28	−0.66	0.07	0.25	0.44	1.29
grcapx	368424	0.52	1.77	−0.98	−0.35	0.07	0.66	14.71
grltnoa	322360	0.07	0.13	−0.33	0.01	0.04	0.10	0.70
herf	401742	0.06	0.06	0.02	0.03	0.04	0.07	0.39
hire	387998	0.05	0.20	−0.49	−0.03	0.02	0.10	1.20
idiovol	396677	0.06	0.03	0.02	0.03	0.05	0.07	0.18
indmom	398536	0.14	0.21	−0.32	−0.01	0.12	0.26	1.05
invest	379112	0.03	0.08	−0.26	0.00	0.01	0.05	0.48
lev	397303	2.06	3.75	0.02	0.22	0.58	1.75	28.99
lgr	387284	0.13	0.43	−0.58	−0.06	0.04	0.18	3.24
maxret	398347	0.06	0.04	0.01	0.03	0.04	0.07	0.30
mom12m	385753	0.12	0.41	−0.78	−0.13	0.09	0.31	1.97
mom1m	398336	0.01	0.11	−0.32	−0.05	0.01	0.06	0.41
mom36m	353401	0.20	0.66	−0.90	−0.25	0.13	0.51	3.29
mom6m	393443	0.04	0.25	−0.62	−0.11	0.03	0.17	1.00
ms	400077	4.08	1.59	1.00	3.00	4.00	5.00	7.00
mve	398350	13.33	2.05	8.77	11.78	13.34	14.80	18.24

（续）

公司特征	count	mean	std	min	25%	50%	75%	max
nanalyst	402851	6.70	7.12	0.00	1.00	4.00	10.00	32.00
operprof	388794	0.65	0.99	−4.03	0.25	0.50	0.89	6.84
orgcap	296693	0.01	0.01	0.00	0.00	0.00	0.01	0.03
pchcapx_ia	380390	4.12	30.99	−11.38	−1.12	−0.41	0.38	634.69
pchcurrat	383546	0.04	0.38	−0.73	−0.13	−0.01	0.13	2.53
pchdepr	377575	0.06	0.33	−0.68	−0.08	0.02	0.14	2.23
pchgm_pchsale	380522	−0.03	0.51	−4.84	−0.05	0.00	0.06	2.10
pchquick	379878	0.05	0.42	−0.74	−0.15	−0.01	0.15	2.79
pchsale_pchinvt	285781	−0.05	0.51	−3.67	−0.14	0.00	0.15	1.24
pchsale_pchrect	373371	−0.04	0.37	−2.75	−0.12	−0.01	0.10	1.39
pchsale_pchxsga	325196	0.00	0.18	−0.64	−0.07	0.00	0.06	0.99
pchsaleinv	282692	0.08	0.50	−0.83	−0.12	0.00	0.15	3.87
pctacc	388613	−1.80	4.04	−39.27	−1.79	−0.76	−0.22	4.30
pricedelay	396729	0.07	0.36	−1.77	−0.04	0.02	0.12	2.06
ps	395524	4.77	1.62	1.00	4.00	5.00	6.00	8.00
quick	390465	2.70	3.86	0.26	0.96	1.44	2.68	33.33
rd_sale	202938	0.75	3.76	0.00	0.01	0.05	0.17	54.27
realestate	220142	0.26	0.18	0.00	0.12	0.24	0.38	0.74
retvol	398333	0.03	0.02	0.01	0.01	0.02	0.03	0.10
roaq	397304	−0.01	0.05	−0.31	−0.01	0.00	0.02	0.08
roavol	376504	0.03	0.05	0.00	0.01	0.01	0.03	0.39
roeq	397266	−0.01	0.13	−0.88	−0.01	0.02	0.04	0.60
roic	397152	−0.18	1.14	−10.53	0.00	0.05	0.12	0.75
rsup	397065	0.00	0.07	−0.44	−0.01	0.01	0.02	0.30
salecash	401416	21.93	58.89	0.00	1.51	4.51	14.64	613.25
saleinv	292844	27.03	52.55	0.43	5.30	9.04	20.52	444.30
salerec	384940	10.67	18.42	0.04	3.64	6.09	9.30	155.44
secured	242031	0.52	0.45	0.00	0.00	0.52	1.00	1.33
sfe	324095	−0.20	1.58	−23.82	0.01	0.05	0.07	0.52
sgr	380365	0.08	0.31	−0.72	−0.04	0.05	0.15	2.42
sp	402257	1.22	1.62	0.00	0.31	0.65	1.41	11.41
std_dolvol	398304	0.60	0.34	0.22	0.37	0.49	0.69	2.06
std_turn	398333	5.03	6.89	0.20	1.48	2.77	5.45	53.81

（续）

公司特征	count	mean	std	min	25%	50%	75%	max
stdacc	301212	7.50	39.01	0.02	0.08	0.13	0.26	402.26
stdcf	301231	18.08	90.31	0.03	0.09	0.16	0.36	880.65
sue	397250	0.00	0.06	-0.44	0.00	0.00	0.00	0.41
tang	388615	0.51	0.18	0.10	0.39	0.51	0.61	0.96
tb	353513	-0.09	1.11	-3.81	-0.69	-0.10	0.34	5.86
turn	397133	1.69	1.60	0.05	0.62	1.25	2.17	10.37

接下来，查看不同时间截点上的公司数量。代码如下：

```
plt.figure(figsize=(20,10))
axes = plt.subplot(111)
axes.bar([str(idx.year*100 + idx.month) for idx in stock_num_us.index],list
(stock_num_us.values))

ct=0
for l in axes.get_xticklabels():
    if ct % 12 ! = 0:
        l.set_visible(False)
    ct+=1
plt.xticks(rotation=70)
    plt.show()
```

总体来看，美国公司月度数量随时间的递增呈现减少趋势，由 2010 年 1 月的 3883 家公司增加到 2019 年 12 月的 2746 家，结果如图 10-22 所示。

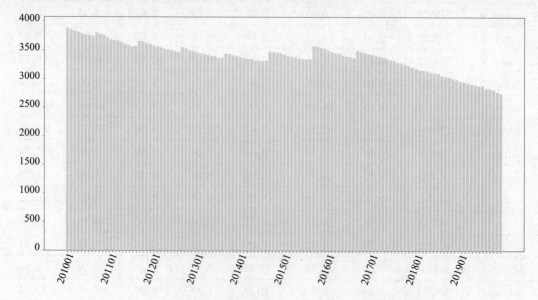

图 10-22 2010 年 1 月—2019 年 12 月美国公司的月度数量

同样的，我们将神经网络模型下对美国股票收益预测的结果展示出来。选取 2014 年 3 月作为观测节点，NN1 模型的结果如图 10-23 所示。

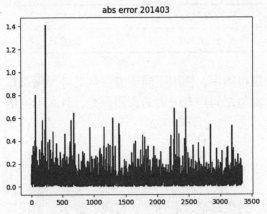 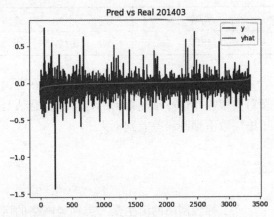

图 10-23　NN1 模型的结果

接着我们展示 2014 年 4 月 NN2 模型和 NN3 模型的预测结果。

NN2 模型的结果如图 10-24 所示。

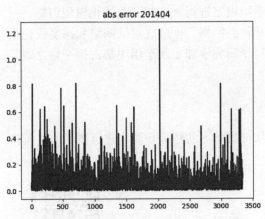 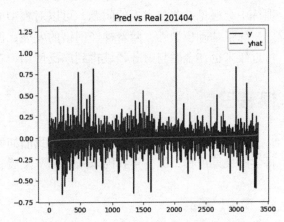

图 10-24　NN2 模型的结果

NN3 模型的结果如图 10-25 所示。

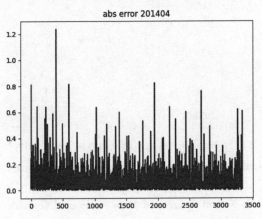 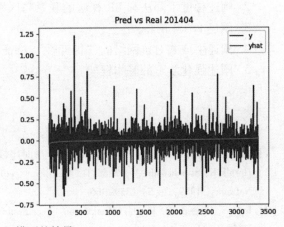

图 10-25　NN3 模型的结果

不同层数下神经网络模型的样本外 MSFE 结果见表 10-3。

表 10-3　不同层数下神经网络模型的样本外 MSFE 结果

模型	NN1	NN2	NN3
MSFE	0.0245	0.0246	0.0245

从样本外均方预测误差表中可知，在美国股票市场中，使用不同压缩层数的神经网络模型对股票收益进行预测得到的样本外拟合值与真实值之间均有一定的预测误差，且在不同的压缩层数下预测误差差别不大。

本章小结

人工神经网络的诞生受人类神经网络的启发，为生理学、心理学、物理、数学、工程等的交叉领域。神经网络通过其基本单元神经元的连接与信号传输实现其功能，最基础的神经网络模型是多层感知器。

通过基于 BP 算法的梯度下降法可以对神经进行模型训练，提高模型的使用性能。模型训练中会遇见一些技术上的问题，可以对模型的参数设定进行一定的调整优化模型训练。

除了基础模型外，随着神经网络的发展，循环神经网络、生成式对抗网络和深度强化学习近年来也在金融与财务领域得到广泛使用，在科学研究中和实践运用中都占据一席之地。

课程思政

神经网络算法类似人脑决策过程，我们如何从机器学习的精确预测中进行再学习，模拟科学的决策过程，服务于我国未来的经济发展？

复习思考题

1. 阐述神经网络模型非线性特征的来源。
2. 阐述梯度下降法和 BP 算法的联系与区别。
3. 阐述 LSTM 的特点。
4. 阐述生成式对抗网络的"博弈性"特征。
5. 阐述强化学习的基本框架。

参考答案

参考文献

[1] 曾志平，萧海东，张新鹏. 基于 DBN 的金融时序数据建模与决策 [J]. 计算机技术与发展 (4)，2017.

[2] Hornik K, Stinchcombe M, White H. Multilayer feedforward networks are universal approximators [J]. Neural Networks, 1989, 2 (5)：359-366.

[3] Ioffe S, Szegedy C. Batch Normalization：Accelerating Deep Network Training by Reducing Internal Covariate Shift[C]. International Conference on International Conference on Machine Learning, 2015.

［4］ Feng G, He J, Polson NG, Xu J. Deep learning in characteristics-sorted factor models. Journal of Financial and Quantitative Analysis, 2018: 1-36.

［5］ Messmer, M. Deep learning and the cross-section of expected returns ［R］. SSRN Working Paper, 2017.

［6］ Aldridge I, Avellaneda M. Neural networks in finance: Design and performance ［J］. The Journal of Financial Data Science, 2019, 1 (4): 39-62.

［7］ Chen L, Pelger M, Zhu J. Deep learning in asset pricing ［J］. Management Science, 2024, 70 (2): 714-50.

［8］ Babiak, Mykola, and Jozef Barunik. Deep Learning, Predictability, and Optimal Portfolio Returns ［J］. ArXiv Preprint, 2009.

［9］ Gu S, Kelly B, Xiu D. Empirical asset pricing via machine learning ［J］. The Review of Financial Studies, 2020, 33 (5): 2223-2273.

［10］ Fischer T, Krauss C. Deep learning with long short-term memory networks for financial market predictions ［J］. European Journal of Operational Research, 2018, 270 (2): 654-669.

［11］ Rumelhart D E, Hinton G E, Williams R J. Learning Internal Representation by Back-Propagation Errors ［J］. Nature, 1986, 323: 533-536.

［12］ Wang, Wuyu, Weizi Li, Ning Zhang, and Kecheng Liu. Portfolio Formation with Preselection Using Deep Learning from Long-Term Financial Data ［J］. Expert Systems with Applications, 2020.

［13］ Xiong R, Nichols E P, Shen Y. Deep Learning Stock Volatility with Google Domestic Trends ［J］. Papers, 2016.

［14］ Xiong, Zhuoran, Xiao-Yang Liu, Shan Zhong, Hongyang Yang, and Anwar Walid. Practical Deep Reinforcement Learning Approach for Stock Trading ［J］. ArXiv Preprint, 2018.

［15］ Théate, Thibaut, and Damien Ernst. An Application of Deep Reinforcement Learning to Algorithmic Trading ［J］. ArXiv Preprint. 2020.

［16］ Wei, Haoran, Yuanbo Wang, Lidia Mangu, and Keith Decker. Model-Based Reinforcement Learning for Predictions and Control for Limit Order Books ［J］. ArXiv Preprint. 2019.

［17］ Ferreira, Tadeu A. Reinforced Deep Markov Models with Applications in Automatic Trading ［J］. ArXiv Preprint. 2020.

［18］ Sato, Yoshiharu. Model-Free Reinforcement Learning for Financial Portfolios: A Brief Survey ［J］. ArXiv Preprint. 2019.

［19］ Zhang Z, Zohren S, Roberts S. Deep reinforcement learning for trading ［J］. The Journal of Financial Data Science, 2020, 2 (2): 25-40.

［20］ Green J, Hand J R M, Zhang X F. The characteristics that provide independent information about average US monthly stock returns ［J］. The Review of Financial Studies, 2017, 30 (12): 4389-4436.

第十一章　模型评估、训练与可解释性

章前导读

　　本书的第七章至第十章已经介绍了各类机器学习模型。那为什么需要学习这么多看似纷繁的机器学习模型，有没有一种最优的机器学习模型？事实上，在机器学习中没有"常胜将军"，没有任何一种模型能在各种数据集里完胜其他所有的模型。在某个数据集中，某一类模型也许表现出类拔萃，但仅仅换一个不同的数据集，其他的模型就可能脱颖而出。因此，针对每个数据集，均需要判断哪类模型能产生更出色的效果。一个好的机器学习模型需要对这些因素通盘考虑，结合任务需求和数据特性，选择最合适的模型和算法。在具体实践中，"两利相权取其重"，选择机器学习模型本身就是一种"权衡（Trade-Off）艺术"。如何去评估模型、训练模型以及选择模型就是本章所关注的重点。

学习目标

　　如何评估、训练并选择模型是机器学习应用到金融与财务领域所关注的重要问题。通过本章的学习，首先可以掌握机器学习模型评估标准、熟悉模型评估指标的分类与特征，其次可以掌握模型训练、验证、测试的经典算法，了解机器学习模型如何提升在金融与财务领域的预测性能，最后从精准度、可解释性等角度深入理解择选模型的背后原理和相关机制。

关键词

偏差-方差　评估指标　模型训练　超参数设定　模型可解释性

第一节　模型评估的相关概念

一、偏差-方差

　　机器学习中的偏差概念（Bias）主要指模型期望输出与真实值之间的差别，刻画了模型本身的拟合能力。举一个例子，在射击比赛中，把模型比喻成一支猎枪，把训练集比喻成子弹，预测的目标是靶心，假设射手状态稳定且视力正常，那么这支枪（模型）的能力（拟合能力）就可以用偏离靶心的距离来衡量，这是由于枪（模型）缺乏稳定性，造成了实际结果与模型期望之间的差距。

　　方差（Variance）则度量了训练集的变动所导致的学习性能的变化，体现了在不同训练集上模型输出值的变异性，刻画了模型输出结果由于训练集的不同造成的波动。接着上一个例子，不同子弹（训练集）可能会出现子弹形状、重量等方面的变化，导致瞄准靶心射击时，多次射击（使用多颗子弹：即不同训练集）在射击靶上会出现不同射击点，不同射击点的集散程度则代表了子弹所带来的波动变化。

期望误差能分解成 $\hat{f}(x)$ 偏差的平方和、$\hat{f}(x)$ 的方差以及误差项 ε 的方差，公式表述如下

$$E\left[(y-\hat{f}(x))^2\right] = \left[\mathrm{Bias}(\hat{f}(x))\right]^2 + \mathrm{Var}\left[\hat{f}(x)\right] + \mathrm{Var}[\varepsilon] \qquad (11.1)$$

式（11.1）中的 $\left[\mathrm{Bias}(\hat{f}(x))\right]^2$ 代表了偏差的平方和，反映的是一个模型的精确度；$\mathrm{Var}[\hat{f}(x)]$ 则代表了模型的方差，反映了经过训练后的模型在新样本集下的有效性；$\mathrm{Var}[\varepsilon]$ 则反映了由数据集本身所自带的不确定性，即噪声。偏差、方差和噪声共同组成了模型的期望误差。

在机器学习中，通常会考虑奥卡姆（Occam）剃刀定律，这个原理称为"如无必要，勿增实体"，即"简单有效原理"。在所有可能选择的模型中，具有很好的表达能力，并且模型复杂度尽可能简单的才是最好的模型，也就是最优选择的模型。理想情况下学者们希望机器学习模型不仅在训练集合上表现优异，同时在样本外也具有良好的预测能力，但在实际中两者很难同时实现，这就涉及模型偏差和方差的权衡问题，通常称之为"偏差-方差窘境"（Bias-Variance Dilemma）。

"偏差-方差窘境"主要指在机器学习训练过程中没有办法同时降低偏差和方差，只能在两者之间取得均衡。在模型拟合中，若想降低偏差，便可增加模型的复杂度，这却伴随着模型过拟合的发生，导致方差增大；但如果想降低方差，又会带来欠拟合问题，使得偏差增大。所以常见的机器学习训练过程主要会经历以下变化：

（1）开始训练阶段，模型的拟合能力较差，训练数据的扰动不足以使模型产生显著变化，此时偏差主导了泛化误差。

（2）随着训练程度的加深，模型的拟合能力逐渐增强，训练数据发生的扰动逐渐被模型学习到，方差逐渐主导了泛化误差。

（3）若继续训练，模型的拟合能力将会变得非常强，训练数据发生的轻微扰动都会导致模型发生显著变化，此时方差完全主导了泛化误差。

图 11-1 为偏差-方差权衡示意图。

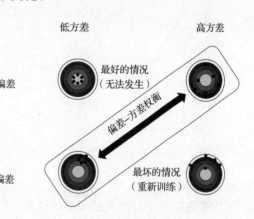

图 11-1 偏差-方差权衡示意图

二、泛化误差

为什么要关注泛化误差？因为评判一种机器学习模型好坏的方法是衡量其泛化能力，泛化能力（Generalization Ability）是指机器学习模型对新鲜样本的适应能力，而泛化误差恰恰就反映了一个模型的泛化能力。

那么究竟什么是泛化误差呢？通常，学者们把机器学习模型的实际预测输出与样本的真实输出之间的差异称为误差，模型在训练集上的误差称为训练误差（Training Error），而泛化误差（Generalization Error）即是模型在全新样本上的误差。第六章中所提到的衡量样本

外预测能力，也就是一种特殊的泛化误差。

训练误差和泛化误差首先可以通过公式来加以区分，训练误差的公式为

$$E_T(w) = \sum_{i=1}^{n}(\hat{f}(x_i \mid w) - y_i)^2 = \sum_{x \in D}(\hat{f}(x \mid w) - f(x))^2 \tag{11.2}$$

其中，$\hat{f}(x \mid w)$ 是模型预测值，$f(x)$ 是目标值，而 $\boldsymbol{D} = \{(x_i, y_i = f(x_i))\}_{i=1}^{N}$，集合 $\boldsymbol{D}$ 是表示一个全集 $\boldsymbol{\chi}$ 的样本量为 N 的子集。

泛化误差的公式为

$$E_G(w) = \sum_{x \in \chi}p(x)(\hat{f}(x \mid w) - f(x))^2 \tag{11.3}$$

式中，$p(x)$ 表示在全集 χ 中 x 出现的概率（x 可以是一个数据点，也可以是一个数据集）。

对比式（11.2）和式（11.3），可以发现训练误差、泛化误差的差别。训练误差，只计算了训练集的误差，可以说只是计算了一部分的误差，而泛化误差则是计算全集的误差。举例说明，假定在整个模型中，所有的样本有 150 个，如图 11-2 所示。

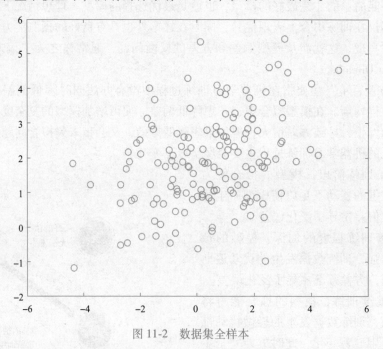

图 11-2　数据集全样本

在实践中，不可能找够所有的样本，因此假定能够观测到其中一部分的样本。并且，因为实验条件的不同，每次实验都有可能取到其中不同的样本。图 11-3、图 11-4 为假设实验次数为 2，且每次只能找到 50 个数据的结果。

根据训练误差公式：$E_i = \sum_{x \in D_i}(\hat{f}(x \mid w) - f(x))^2$，求得第 1 次实验的训练误差，$E_1 = \sum_{x \in D_1}(\hat{f}(x \mid w) - f(x))^2$。

同理，第 2 次实验的训练误差为：$E_2 = \sum_{x \in D_2}(\hat{f}(x \mid w) - f(x))^2$。那么泛化误差也可以求得：$E_G = \dfrac{50}{100}E_1 + \dfrac{50}{100}E_2$，这里需要计算概率的时候没有取全样本 150 个数据，因为计算概率都是针对可观测量，不可观测量是无法计算的。

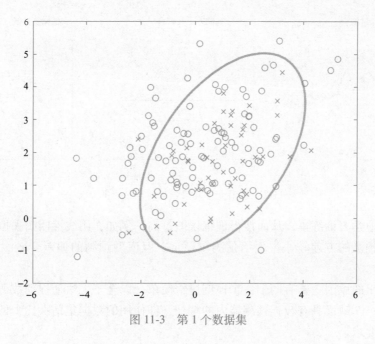

图 11-3 第 1 个数据集

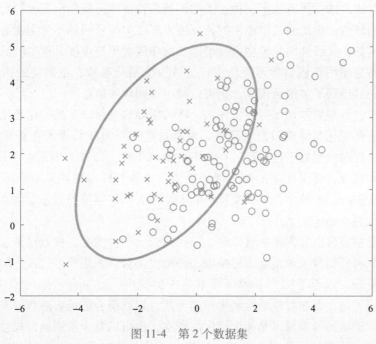

图 11-4 第 2 个数据集

三、过拟合和欠拟合

模型的偏差与方差可以反映为模型的欠拟合与过拟合问题。通过图 11-5 可以直观体会过拟合、欠拟合与适当拟合的差异。

在模型训练初期，模型参数尚未足够优化，训练集和测试集上的性能均表现不佳，该现象即是模型的欠拟合（Under-Fitting）。高偏差对应于模型的欠拟合：模型过于简单，以

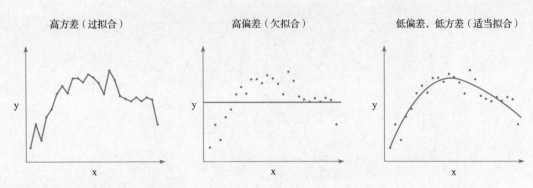

图 11-5　过拟合、欠拟合与适当拟合的差异

至于未能很好地学习训练集，从而使得训练误差过高。例如，用线性回归去拟合非线性数据集。此时模型预测的方差较小，表示预测较稳定。但模型预测的偏差会较大，模型预测不准确。

欠拟合产生的原因主要有两个：①模型过于简单，以至于无法捕捉到数据特征，无法很好地拟合数据；②缺乏具有较强预测能力的特征，即使用的数据集信噪比太低以至于无法达到最低的预测要求。

欠拟合的解决方法主要有如下三种：①增添新的特征项，模型出现欠拟合的现象可能是特征项太少所造成的，因此通过增添新的特征项来解决欠拟合问题不失为明智之举；②增添多项式特征，例如，将线性回归模型通过增添二次项或者更高项提升模型的泛化能力，该种解决方法已经普遍使用在机器学习算法中；③减少正则化参数，正则化的初衷是防止过拟合，但是模型一旦出现了欠拟合现象，则可以减少正则化参数。

一旦模型对训练集数据训练得过于仔细，将可能导致细枝末节的变化乃至噪声都被模型所学习。由于这些变化与噪声没有规律性，对其过度学习将使得模型在新样本集上的性能表现显著降低，此时模型处于过拟合（Over-Fitting）状态。高方差则对应于模型的过拟合：模型过于复杂和精准，将训练集的细节都捕捉到，导致新样本集误差与训练集误差相距甚远。此时模型预测的偏差较小，但模型预测的方差较大，数据集的微小变化会导致预测结果的大幅变动，预测不稳定。

过拟合状态主要可以分为参数过拟合、结构过拟合两种情况。参数过拟合主要体现在模型训练过程中，将模型参数调整得太过精细，使得模型对训练集学习过度；结构过拟合则是模型本身过于复杂，以至于拟合了训练样本集中的噪声。过拟合产生的原因主要有三个：①模型有效学习不足，意味着模型受到噪声的干扰，导致拟合的函数形状与实际总体的数据分布相差甚远。这里的噪声可以是标记错误的样本，也可以是少量明显偏离总体分布的样本（异常点）；②训练数据过少，导致训练的数据集无法代表整体；③模型复杂度过高，导致模型对训练数据学习过度，记住了过于细节的特征。

对于存在过拟合的训练模型，可以通过以下策略进行缓解：①数据清理，提高整体数据集的信噪比来避免由于噪声数据导致的模型问题；②增加更多的训练数据；③正则化。在模型的优化目标函数里加入正则项对模型参数增加约束，降低模型复杂度，提高泛化能力；④针对不同机器学习模型采用不同的方法，比如随机失活（Dropout）法、早停法（Early Stopping）等。

374

目前各类机器学习模型均有抑制过拟合问题的处理方法，如对于决策树模型，可以通过剪枝来有效地防止过拟合。预剪枝通过在训练过程中控制树深、叶子节点数、叶子节点中样本的个数等来控制树的复杂度。后剪枝则是在训练好树形模型之后，采用交叉验证的方式进行剪枝以找到最优的树形模型。又如在神经网络中，可以增加 Dropout 层，让一部分神经元在每次训练中以一定概率不工作来整体降低神经元的过度训练程度。此外还可以通过早停法（Early Stopping）来避免过拟合，即同时考虑模型在训练集和验证集的拟合情况，当训练集拟合损失下降而验证集不再下降时停止训练。

图 11-6 为使用早停法缓解过拟合示意图。

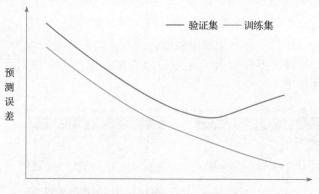

图 11-6　使用早停法缓解过拟合

第二节　模型评估指标

机器学习模型的好坏主要体现在对未知数据的预测能力上。对模型性能的评估，可以通过样本上的期望误差来估计，对于不同的算法模型可以划分不同的误差评估标准，本节将重点解读回归模型和分类模型中的评估指标。

一、回归模型评估指标

预测模型的常见评估指标主要基于预测误差的测度，常见的有平均绝对值误差（MAE）和均方误差（MSE），对于真实收益 y 和预测收益 $\hat{y}$，MAE 可表示为两者差值的绝对值之和，MSE 则为两者差值的平方和。

$$\mathrm{MAE}(y, \hat{y}) = \frac{1}{N} \sum_{i=1}^{N} | y_i - \hat{y}_i | \qquad (11.4)$$

$$\mathrm{MSE}(y, \hat{y}) = \frac{1}{N} \sum_{i=1}^{N} (y_i - \hat{y}_i)^2 \qquad (11.5)$$

MSE 相比 MAE 具备更好的可导性，因此在基于梯度下降的算法中得到更广泛的使用，但其受异常点扰动影响较大，稳健性上不如 MAE。

如果还没有理解 MSE 与 MAE 该如何选择？下面给出代码对 MAE 和 MSE 进行比较，相信初学者也能通过编写代码，加深对这两个指标的理解。

代码如下：

```
# true: Array of true target variable
# pred: Array of predictions
def mse(true, pred):
    return np.sum((true - pred)**2)/len(true)
def mae(true, pred):
    return np.sum(np.abs(true - pred))/len(true)
# also available in sklearn
# from sklearn.metrics import mean_squared_errorfrom
# sklearn.metrics import mean_absolute_error
```

图 11-7 是 MAE 和 RMSE（即 MSE 的平方根，与 MAE 同一量级）在两个例子中的计算结果。第一个例子中，预测值和真实值很接近，而且误差的方差也较小。第二个例子中，因为存在一个异常点，导致误差非常大。此外类似的指标包括平均绝对百分比误差 MAPE 和均方百分比误差 MSPE 等。

MAE vs. RMSE for cases with slight variance in data

ID	Error	|Error|	Error^2
1	0	0	0
2	1	1	1
3	-2	2	4
4	-0.5	0.5	0.25
5	1.5	1.5	2.25

MAE: 1　　RMSE: 1.22

MAE vs. RMSE for cases with outliers in data

ID	Error	|Error|	Error^2
1	0	0	0
2	1	1	1
3	1	1	1
4	-2	2	4
5	15	15	225

outlier

MAE: 3.8　　RMSE: 6.79

图 11-7　计算结果

在样本外的预测分析中，可以参照 MSE 指标使用均方预测误差（Mean Squared Forecasting Error，MSFE）来比较不同方法的预测结果，公式为

$$\mathrm{MSFE}=\frac{1}{t_2}\cdot\sum_{t=1}^{t_2}(y_{t_1+t}-\hat{y}_{t_1+t})^2 \tag{11.6}$$

式中，$\hat{y}_{t_1+t}$ 表示预测指标 x_i 在 t_1+t 期的预测值，y_{t_1+t} 表示 t_1+t 期的真实收益值。

MSFE 测度了在所有的样本外预测期 t_2 内的预测误差平方和的平均值。

不同机器学习方法时间序列的 MSFE 如图 11-8 所示。

此外顾诗颢、修大成等（2020）在其文章中使用了 R^2 指标比较各机器学习算法的预测能力，公式为

$$R^2=1-\frac{\sum_{t=1}^{T}\sum_{i=1}^{N_t}(r_{i,t}-\hat{r}_{i,t})^2}{\sum_{t=1}^{T}\sum_{i=1}^{N_t}r_{i,t}^{\ 2}} \tag{11.7}$$

将公式进行拆解，其中分子部分为 $\sum_{t=1}^{T}\sum_{i=1}^{N_t}(r_{i,t}-\hat{r}_{i,t})^2$，即样本期内每只股票每个月的实际收益 $r_{i,t}$ 和预测收益 $\hat{r}_{i,t}$ 的差方和，R^2 指标的比较基准是“0 值预测”，即假设每期的预测收益为固定值 0，此时 $R^2=0$。假设模型完全预测了股票收益即 $r_{i,t}-\hat{r}_{i,t}=0$，分子变为 0，公式结果为 1 即 100%，而若预测结果较差，分子则可能趋向于无穷，那么公式结果为$-\infty$。

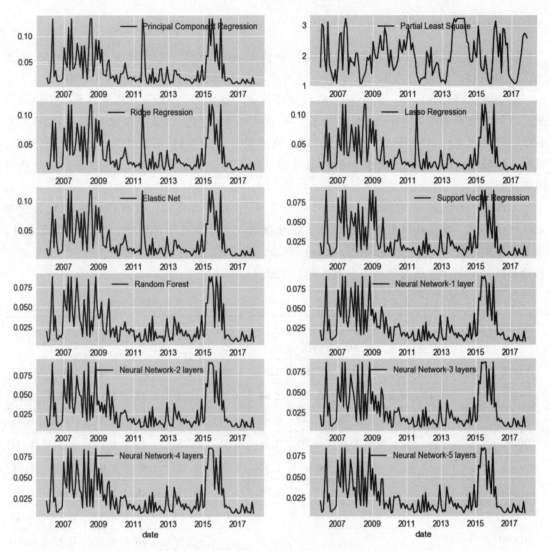

图 11-8 不同机器学习方法时间序列的 MSFE

在面临多个模型之间的比较时，除了计算上述指标，也可以使用 DM（Diebold-Mariano）方法检验相互间的预测差异。公式为

$$d_{12,t} = \frac{1}{n_3} \sum_{i=1}^{n_3} ((\hat{e}_{i,t}^{(1)})^2 - (\hat{e}_{i,t}^{(2)})^2) \qquad (11.8)$$

式中，$\hat{e}_{i,t}^{(1)}$ 和 $\hat{e}_{i,t}^{(2)}$ 表示两类比较模型 1 和 2 在 t 期对于股票 i 的预测误差，n_3 为当期的个股数。

定义 $\mathrm{DM}_{12} = \dfrac{\bar{d}_{12}}{\hat{\sigma}_{\bar{d}_{12}}}$，$\bar{d}_{12}$ 和 $\hat{\sigma}_{\bar{d}_{12}}$ 分别为 $d_{12,t}$ 的均值和标准差，DM_{12} 的值越大，表明两类模型之间的预测差异越大，而当 DM_{12} 为正值时，说明模型 2 的整体误差小于模型 1，可以认为模型 2 优于模型 1。

专栏 11-1　机器学习模型评估在实证资产定价中的应用

顾诗颢、布莱恩·凯利（Bryan Kely）和修大成（2020）用美国股票市场 1957 年至 2016 年的数据，对共计 13 种模型的预测能力进行了评估和对比，特征总计为 920 个。

其中线性模型有六种：包括含全部特征的最小二乘回归（OLS），只考虑 Size（公司市值）、BM（账面市值比）和 MOM（动量）的最小二乘回归，偏最小二乘回归（PLS），主成分回归（PCR），弹性网络（ENet），广义线性回归（GLM）。另外还包括两种树形模型：随机森林模型（RF），渐进梯度回归树形模型（GBRT）。最后还检验了 1—5 层的五种神经网络模型。

顾诗颢、修大成等（2020）先使用样本外 R^2 作为评估指标，发现带约束的线性模型表现优于 OLS，非线性模型整体表现优于线性模型。此外非线性模型中，NN3 的表现最佳。接着，他们又使用 DM（Diebold-Mariano）方法，将 DM_{12} 作为评估指标，对 13 种模型进行两两配对，以期比较模型预测的相对表现。见表 11-1。

表 11-1　使用 DM（Diebold-Mariano）检验的每月样本外预测表现比较

	OLS-3 +H	PLS	PCR	ENet +H	GLM +H	RF	GBRT +H	NN1	NN2	NN3	NN4	NN5
OLS+H	**3.26***	**3.29***	**3.35***	**3.29***	**3.28***	**3.29***	**3.26***	**3.34***	**3.40***	**3.38***	**3.37***	**3.38***
OLS-3+H		1.42	**1.87**	-0.27	0.62	**1.64**	1.28	1.25	**2.13**	**2.13**	**2.36**	**2.11**
PLS			-0.19	-1.18	-1.47	0.87	0.67	0.63	1.32	1.37	1.66	1.08
PCR				-1.10	-1.37	0.85	0.75	0.58	1.17	1.19	1.34	1.00
ENet+H					0.64	**1.90**	1.40	**1.73**	**1.97**	**2.07**	**1.98**	**1.85**
GLM+H						**1.76**	1.22	1.29	**2.28**	**2.17**	**2.68***	**2.37**
RF							0.07	-0.03	0.31	0.37	0.34	0.00
GBRT+H								-0.06	0.16	0.21	0.17	-0.04
NN1									0.56	0.59	0.45	0.04
NN2										0.32	-0.03	-0.88
NN3											-0.32	-0.92
NN4												-1.04

由结果可知，普通 OLS 模型表现都不及其他模型。树形模型以及神经网络模型相较于线性模型均表现优异，但两者相互之间的预测表现差异并不明显。月度预测表现见表 11-2。

表 11-2　月度预测表现（基于样本外 R^2，%）

	OLS +H	OLS-3 +H	PLS	LASSO +H	Enet +H	GBRT +H	RF	VASA	NN1	NN2	NN3	NN4	NN5
All	0.81	0.77	1.28	1.43	1.42	2.71	2.44	1.37	2.07	2.04	2.28	2.49	2.58
Top 70%	-0.89	0.23	0.56	0.55	0.36	-0.38	-0.04	0.34	0.41	0.51	0.74	0.47	0.72

（续）

	OLS +H	OLS-3 +H	PLS	LASSO +H	Enet +H	GBRT +H	RF	VASA	NN1	NN2	NN3	NN4	NN5
Bottom 30%	1.33	1.57	2.35	2.74	3.00	7.27	6.10	2.90	4.52	4.32	4.57	5.50	5.33
A. M. C. P. S. Top 70%	0.47	1.31	0.55	1.36	1.53	1.39	1.69	1.41	1.72	1.67	2.01	1.96	2.03
A. M. C. P. S. Bottom 30%	1.49	-0.31	7.08	1.12	1.22	1.48	3.93	1.29	2.78	2.79	2.84	3.56	3.67
SOE	-0.06	0.52	0.68	0.85	0.79	0.01	0.80	0.75	1.10	1.18	1.28	1.30	1.68
Non-SOE	1.12	0.87	1.50	1.64	1.65	3.67	3.02	1.60	2.41	2.35	2.64	2.92	2.90

那么肯定会有人关心中国A股市场上表现最好的模型是什么，近些年来中国学界和业界也有不少研究人员进行了相关研究，也有类似的发现。比如莱波尔德等（2021）在针对中国市场的研究中，增加了套索回归（LASSO）以及可变抽样集合模型（VASA）。

总体而言，树形模型和神经网络模型在中国市场上的表现也较其他模型更为优越，证明了机器学习方法可以（甚至更加）成功地应用于与美国市场特征完全不同的市场。

二、分类模型评估指标

当我们得到数据模型后，该如何评估模型的优劣呢？相比回归模型，分类模型的评估指标较为直观。评价和比较分类模型时，关注的是其泛化能力，不能仅关注模型在某个验证集上的表现。因此，一般的做法是借助统计学的方法，评估模型在某个验证集分类表现的显著性。针对二元分类问题，应该如何正确评估一份预测结果的效果呢？在股票收益预测中，可以将股票下期的正收益定义为"真"或1值，负收益定义为"假"或0值，则分类模型的预测结果可归纳为以下四种，见表11-3。

表11-3 股票收益分类模型预测结果

真实收益	预测收益	
	"真"（1）	"假"（0）
"真"（1）	TP	FN
"假"（0）	FP	TN

$$TP = \frac{1}{N} \sum_{i=1}^{N} 1_{\{y_i = \hat{y}_i = 1\}} \tag{11.9}$$

$$TN = \frac{1}{N} \sum_{i=1}^{N} 1_{\{y_i = \hat{y}_i = 0\}} \tag{11.10}$$

$$FP = \frac{1}{N} \sum_{i=1}^{N} 1_{\{y_i = 0, \hat{y}_i = 1\}} \tag{11.11}$$

$$FN = \frac{1}{N} \sum_{i=1}^{N} 1_{\{y_i = 1, \hat{y}_i = 0\}} \tag{11.12}$$

前两类TP和TN指标分别对应着预测正收益和负收益正确的概率，而后两类FP和FN

指标为预测错误的概率，四类概率和为1。在这其中，FP 又被称为第一类型错误（Type I），FN 称为第二类型错误（Type II）。基于上述预测概率可以定义二元分类器指标公式，见表 11-4。

表 11-4 二元分类器指标公式

	公式	意义
准确率	$Accuracy = \dfrac{TP+TN}{TP+TN+FP+FN}$	预测正确的样本在所有样本中占的比例
错误率	$Error\ Rate = \dfrac{FP+FN}{TP+TN+FP+FN}$	被预测错误的样本在所有样本中所占比例
精确率	$Precision = \dfrac{TP}{TP+FP}$	所有被预测为正收益的样本中，多少比例是真的正收益
召回率	$Recall = \dfrac{TP}{TP+FN}$	所有真的正收益中，多少比例被模型成功预测

精确率和召回率是一对矛盾的度量。一般来说精确率高时召回率往往偏低，而召回率高时精确率往往偏低。不同的问题中，有的侧重精确率，有的侧重召回率。在收益预测研究中更关注精确率，因为如果将原本下跌的股票预测为正收益会引发投资组合的回撤，造成较大的投资损失。

对输出项为预测概率的二类分类问题，可以使用 ROC 曲线和 AUC 指标来度量模型性能。第二次世界大战中的电子工程师和雷达工程师发明了 ROC 曲线，最初是为了探测战争中的敌军坦克、飞机、军舰，这也就是信号检测理论。后来 ROC 曲线在心理学研究中大放异彩，被广泛用于信号的直觉检测。几十年来，ROC 分析被用于无线电、犯罪心理学、医学、生物学等领域中，而且近年来随着机器学习的普遍推广应用，ROC 在金融机器学习领域也得到了较好的发展。

具体来说，ROC（Receiver Operating Characteristic）曲线指受试者工作特征曲线/接收器操作特性，是反映灵敏性和特效性连续变量的综合指标，是用构图法揭示敏感性和特异性的相互关系，它通过将连续变量设定出多个不同的临界值，从而计算出一系列敏感性和特异性。

为了研究 ROC，首先定义真正例率为：TPR = TP/（TP + FN），假正例率为：FPR = FP/（TN+FP）。其次 ROC 曲线是根据一系列不同的二分类方式（分界值），以真正例率为纵坐标，假正例率为横坐标绘制的曲线。最后 AUC（Area Under the ROC Curve）值就是 ROC 曲线下的面积大小。每一条 ROC 曲线对应一个 AUC 值，且 AUC 的取值在 0 与 1之间，如图 11-9 所示。

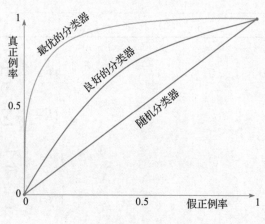

图 11-9　ROC 曲线

第三节　模型训练与测试

机器学习模型训练首先需要划分数据集，包括训练集、验证集和测试集。模型在训练集中开展训练或完成参数选择；验证集则用来做模型选择，考察其过拟合情况或调参，即做模型的最终优化及确定；而最终在测试集上的表现代表了模型样本外的预测能力，测试已经训练好的模型的准确度。

初学者看到这里可能会有很多疑问。训练集本身就是用来训练参数的，而传统的测试集简单来说就是测试当前模型的准确率。由于训练集和测试集不存在交集，因此这个准确率是可以信赖的。那为什么还需要划分一个验证集呢？训练集、验证集与测试集的划分如图 11-10 所示。

图 11-10　训练集、验证集与测试集的划分

对于一个模型来说，其参数可以分为普通参数和超参数。

（1）在不引入强化学习的前提下，普通参数是可以被梯度下降所更新的，也就是训练集所更新的参数。

（2）超参数，比如网络层数、网络节点数、迭代次数、学习率等，这些参数不在梯度下降的更新范围内。虽然现在已经有一些算法可以用来搜索模型的超参数，但多数简单模型情况下还是人工根据验证集来调参。

测试集并不能保证模型的正确性，它主要想表明用相似的数据，用训练出的模型会得出相似的结果。然而在实际应用中，通常只会将数据分为两类，即训练集和测试集，大多数并不涉及验证集。

金融分析中常见的训练集和验证集的构建方式主要有：①留出法（Hold-out）；②K 折交叉验证法（K-fold Cross Validation）；③留一交叉验证法（Leave-One-Out Cross-validation）；④自助法（Bootstrapping）；⑤时序交叉验证法（Time Series Cross Validation）。

一、留出法

留出法（Hold-out）是经典的评估模型泛化能力的方法。该方法也被称为验证集方法（Validation Set Approach），这是一种非常简单的方法。原理是将可获得的观测集 D 分为互斥的两种数据集，分别为训练集 D_1 和验证集 D_2，或者说保留集（Hold-out Set），模型会在训练集上进行拟合，然后用验证集来度量其误差，以此作为对泛化误差的一个估计。

以二分类任务举例说明，假设观测集 D 总共包含 1500 个观测值，其中划分训练集 D_1

包含 1000 个观测值，而验证集 D_2 包含 500 个观测值。接下来使用训练集 D_1 完成模型，假设模型在验证集 D_2 上有 200 个观测值分错类，则很容易得到错误率为 $\frac{200}{500} \times 100\% = 40\%$。

留出法中，训练集与验证集的常规划分方法如下：

（1）将观测集分为互不相交的训练集和验证集；

（2）采用类似分层抽样的方法，保持数据分布的一致性；

（3）划分训练集时，要注意数据的数量应占观测集的 2/3 到 4/5；

（4）将观测集多次随机划分为训练集和验证集，然后再对多次划分观测集的结果取平均，以确保随机性。

虽然留出法简单易理解，但是留出法的劣势也十分明显，首先留出法不是很稳定，由于数据是随机分割的，因此估计结果强烈地依赖于哪些样本点落入训练集，哪些样本点落入验证集；其次，留出法的准确度会降低，样本分割后用于拟合模型的数据量减少，从而会高估在整个数据集中拟合模型所得到的错误率，导致泛化误差估计的准确度降低。

那么留出法怎么应用到金融与财务领域呢？考虑到数据的时序特征，留出法在金融与财务数据中也最为常用，与传统留出法划分数据集不同的是时序验证（Time Series Validation，TSV）将样本集按照时间前后顺序排列，取最近 n 期数据作为验证集，前 $n-1$ 期作为训练集。这样划分的优势在于考虑到数据的序列特征，采用近期的数据来验证参数有利于提高样本外的预测精度，缺点在于划分方式有限，数据带来的扰动性不够。

代码如下：

```
from sklearn.model_selection import train_test_split
# 使用 train_test_split 划分训练集和测试集
train_X, test_X, train_Y,test_Y = train_test_split(
      X, Y, test_size=0.2,random_state=0)
'''
X 为原始数据的自变量,Y 为原始数据因变量；
train_X,test_X 是将 X 按照 8:2 划分所得；
train_Y,test_Y 是将 Y 按照 8:2 划分所得；
test_size 是划分比例；
random_state 设置是否使用随机数
'''
```

二、K 折交叉验证法

学者们已经发现每次重复使用相同数据集，既对其开展训练，又进行模型误差估计，会导致模型的保真性（Fidelity）降低。为了解决这个问题，交叉验证法横空出世。基本思想和留出法类似，即将数据分为两部分：一部分数据用来训练模型，称为训练集；另外一部分用于测试模型的误差，称为测试集。由于两部分数据不同，估计得到的泛化误差更接近真实的模型表现。当数据量足够的情况下，该种方法可以很好地估计真实的泛化误差。但实际中，可用的数据非常有限，因此需要对数据进行重复使用，从而对数据进行多次切分，得到较好估计。

K 折交叉验证法（K-fold Cross Validation）是将数据集随机划分为 K 个互不相交且大小相同的子集，然后利用 K-1 个子集数据训练模型，并利用余下的一个子集测试模型（一共有 K 种组合方式，训练得到 K 个模型）。对 K 种组合依次重复进行，获取测试误差的均值，将这个均值作为泛化误差的估计。由于是在 K 个独立的测试集上获得模型表现的平均情况，因此相比留出法的结果更有代表性。利用 K 折交叉验证法得到最优的参数组合后，一般在整个训练集上重新训练模型，得到最终模型。

K 折交叉验证法的优点是每个样本都会被用作训练和测试，因此产生的参数估计的方差会很小，但考虑到金融数据的时序和周期特性，交叉验证中过多"旧"数据的使用反而可能弱化预测结果。

训练集和测试集在 K 折交叉验证法的划分如下：

（1）把数据集随机分为互斥的 K 个子集，为确保随机性，进行 P 次随机划分取平均；

（2）将 K 个子集随机分为 K-1 个子集，与余下 1 个子集，总共有 K 种分法；

（3）在每一种分组结果中，训练 K-1 个子集数据，另外 1 个当作测试集，这样就产生了 K 次结果，对结果取平均；

（4）P 次 K 折交叉验证，通常令 K=5 或 K=10（K=N 的情况下文会进行分析）。

图 11-11 为五折交叉验证法示例。

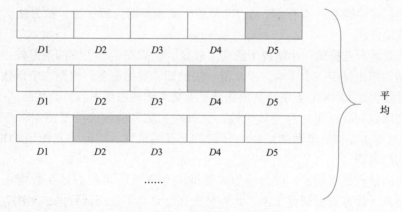

图 11-11　五折交叉验证法示例

如果样本类别不均衡，则常用分层 K 折交叉验证法。即在进行 K 折交叉验证时，对每个类别的子样本单独进行划分，使得每份数据中各个类别的分布与完整数据集一致，保证少数类在每份数据中的数据量也基本相同。每个子集尽可能都保持数据的一致性，即采用分层抽样得到。分层 K 折交叉验证还是属于交叉验证的类型，分层是指在每一折中都保持着原始数据集中各个类别的比例关系。

代码如下：

```
import pandas as pd
from sklearn.model_selection import KFold

data = pd.read_excel('') # 导入数据
kf = KFold(n_splits = 4,shuffle = False,random_state = None)
```

```
'''n_splits 表示将数据分成几份;shuffle 和 random_state 表示是否随机生成。
如果 shuffle = False,random_state = None,重复运行将产生同样的结果;
如果 shuffle = True,random_state = None,重复运行将产生不同的结果;
如果 shuffle = True,random_state = (一个数值),重复运行将产生相同的结果;
'''
for train, test in kf.split(data):
    print("% s % s" % (train, test))
'''
结果
[ 5  6  7  8  9 10 11 12 13 14 15 16 17 18] [0 1 2 3 4]
[ 0  1  2  3  4 10 11 12 13 14 15 16 17 18] [5 6 7 8 9]
[ 0  1  2  3  4  5  6  7  8  9 15 16 17 18] [10 11 12 13 14]
[ 0  1  2  3  4  5  6  7  8  9 10 11 12 13 14] [15 16 17 18]
'''
```

三、留一法

留一交叉验证法（Leave-One-Out Cross-Validation，LOOCV），简称留一法，是 K 折法的特例，假设数据集中存在 N 个样本，令 $K=N$ 的交叉验证即为留一法，该方法尝试去解决留出法遗留的缺陷问题。

留一法通常适合数据集很小情况下的交叉验证，优点在于：①它的偏差较小。由于训练集与初始数据集相比仅少一个样本，因此留一法的训练数据最多，模型与全量数据训练得到的模型最接近。因此 LOOCV 方法比留出法、K 折交叉验证法更不容易高估测试的泛化误差。②由于分割训练集和测试集时存在随机性，留出法和交叉验证法反复使用将产生不同的结果。而 LOOCV 方法在训练集和测试集的分割上没有随机性，因此重复使用 LOOCV 方法都会得到相同的结果。

但留一法的缺点也很明显，因为模型需要被拟合 N 次，可想而知在数据集比较大时训练计算精度过高，计算资源消耗太大，此外每次训练只有 1 条测试数据，无法有效帮助参数调优。而且在很多情况下，留一法的估计结果不一定优于其他方法，这是因为"强者恒强"的定理并不存在于模型评估方法中。

上文提到当 $K<N$ 时，留一法相较于 K 折交叉验证法在计算资源使用上没有任何优势，况且 K 折交叉验证法通常而言对测试泛化误差的估计会更加准确。那么很容易联想到本章第一节所提到的权衡偏差-方差的问题。因为留一法的训练集观测值显然比 K 折交叉验证法更多，所以从偏差权衡角度，留一法的偏差会更小。

然而在估计过程中，方差的考虑也不容缺失，事实上当 $K<N$ 时，K 折交叉验证法的方差小于留一法。为何会出现这种情况呢？这是因为在使用留一法时，每一个模型几乎全是在相同的训练集上开展训练，所以估计结果相互之间是密切相关的。而 K 折交叉验证法的每个模型之间的估计结果相关性比较小，由于相关性比较小的结果的均值会比相关性较大的结果的均值具有更低的波动性，所以 K 折交叉验证法的方差要比留一法所产生的泛化误差估计的方差更小。

综合上述因素，当 $K=5$ 或 $K=10$ 时，这些值使得测试泛化误差的估计不会有过大的偏差，也不会有过大的方差。

留出法、K折交叉验证法、留一法等这么多的方法纷繁复杂，究竟应该选择哪种方法呢？为了解答初学者的疑惑，可以采用以下方法进行模型评估方法选择：当数据量足够时，选择简单省时的留出法，在牺牲很小的准确度的情况下，换取计算的简便；当数据量较小时，选择交叉验证法，因为此时按留出法的思路划分样本集将会使训练数据过少，偏差过大；当数据量特别少时，应考虑留一法。

代码如下：

```
from sklearn.model_selection import LeaveOneOut
X = [1, 2, 3, 4]
loo = LeaveOneOut()
for train, test in loo.split(data):
    print("%s %s" % (train, test))
'''结果
[1 2 3] [0]
[0 2 3] [1]
[0 1 3] [2]
[0 1 2] [3]
'''
```

四、自助法

回顾留出法、K折交叉验证法，它们都会在原始数据集上进行分割，这样会导致原本想采用全样本数据集进行模型训练的初衷落空；而留一法虽然保证了全样本数据集都能进行训练，但是否采纳占用大量计算空间和资源的留一法仍然值得商榷。那"鱼与熊掌不可兼得"的问题能否得到缓解呢？自助法不失为一种两全方案。

举一个形象的例子来描述自助法：四川省都江堰市的龙溪-虹口国家级自然保护区有众多的珍稀保护动物，其中就有国宝大熊猫。那保护区内的大熊猫到底有多少只呢？保护区里的工作人员为了解答心中的疑问，绞尽脑汁想出了一个办法：第一天找到 10 只大熊猫，标记好后放归保护区。第二天，继续寻找大熊猫，每次找到一只，都记录是否是头一天标记过的大熊猫，然后将熊猫放归山野，换个地方再度寻找，一共找 20 只大熊猫，其中有标记的熊猫有 1 只。第三天再找 20 只大熊猫，其中有标记的有 5 只。如此重复，每天分别找到有标记的大熊猫依次为 3，6，4，1，3，7，5，10，1，3，7，4，6，…。各次找到的有标记的熊猫平均数为 4，那么，保护区里的熊猫估计有 20/(4/10)，为 50 只大熊猫。

从保护区统计熊猫的例子可知，自助法（Bootstrapping）是一种广泛应用且十分强大的模型评估方法。它的基本原理是从给定训练集中有放回（Replacement）地均匀抽样或重复采样（这是一种样本内抽样的方法，即将样本看作总体并从中进行抽样）。假设给定的数据集包含 n 个样本，从该数据集有放回地抽样 m 次，每次抽取 p 个样本的训练集，则最终得到 m 个训练集。这一过程中原数据样本中的某些样本很可能在该训练集中出现多次。

自助法中训练集与测试集的划分中，始终不被抽取到的样本的比例计算为

$$\lim_{m \to \infty}\left(1-\frac{1}{m}\right)^{m}=\frac{1}{e}\approx 0.368 \tag{11.13}$$

式（11.3）保证了训练集样本数占原始数据集的 2/3 左右。注意，划分数据集仅仅是为了选择一个较好的模型，当模型确定后，训练集仍是全样本数据集。

自助法通过重复抽样，避免了 K 折交叉验证法、留出法造成的样本减少的问题。其次，自助法也可以用于随机创造数据。比如，随机森林算法就是从原始训练数据中，用自助法的方法有放回地随机抽取 k 个新的自助样本集，并由此构建 k 棵分类回归树。但它的缺点是由于其训练集有重复数据，这会改变数据的分布，因而导致训练结果有估计偏差。因此，在数据量足够多时，K 折交叉验证法、留出法仍然比自助法更常见。需要注意的是，本书第九章所提到的 Bagging 和 Boosting 就是自助法的集成算法，欢迎致力于理解并掌握两种算法联系与区别的读者巩固第九章的相关内容，两种算法的具体步骤本章不再赘述。

代码如下：

```
# 自助法
import numpy as np
# 任意设置一个数据集
X = [1,4,3,23,4,6,7,8,9,45,67,89,34,54,76,98,43,52]

# 通过产生的随机数获得抽取样本的序号
bootstrapping = []
for i in range(len(X)):
    bootstrapping.append(np.floor(np.random.random()*len(X)))
# 通过序号获得原始数据集中的数据
D_1 = []
for i in range(len(X)):
    D_1.append(X[int(bootstrapping[i])])
'''结果
[45, 52, 34, 9, 6, 54, 34, 1, 4, 54, 6, 8, 67, 4, 43, 9, 4, 67]
'''
```

五、时序交叉验证法

传统的交叉验证方法成立的前提是样本服从独立同分布。独立是指样本之间不存在相关性，从一条样本无法推知另一条样本的取值；同分布是指包括训练集和验证集在内的全部样本需取自同一分布。当样本是时间序列时，数据随时间演进的过程，可能包含周期性、过去和未来数据间相互关系等信息，并不满足交叉验证中数据独立同分布的基本假设。此时如果依然采用传统交叉验证法，可能会将未来时刻的数据划入训练集，历史时刻的数据划入验证集，进而出现用未来规律预测历史结果的"作弊"行为。因此需要一种既能保证数据利用率，又能保留时序数据之间相互关系的交叉验证方法，这就是时序交叉验证法。

时序交叉验证法在时序数据上的表现优于传统交叉验证法，而时序特性是金融数据的典型特征，因此时序交叉验证法在投资领域的应用愈加广泛。金融数据时序交叉验证法的步骤，如图 11-12 所示。

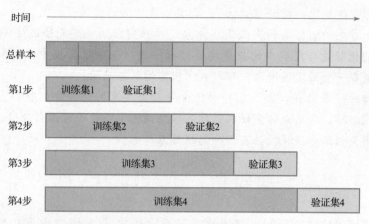

图 11-12 时序交叉验证法示例

本节以图 11-12 为例说明时序交叉验证法。假设股票样本时间跨度为 10 个月，采用五折时序交叉验证，那么首先将样本等分成五个部分。以股票第 1~2 月数据作为训练集，第 3~4 月作为验证集，进行第一次验证。再以股票第 1~4 月数据作为训练集，第 5~6 月为验证集，进行第二次验证。以此类推，第四次验证以第 1~8 月数据作为训练集，第 9~10 月作为验证集。再将总共四次验证的模型评估指标取平均数。时序交叉验证法避免了使用未来信息的可能，对于金融时序数据的机器学习而言是较为合理的选择。

专栏 11-2　基于"滑动窗口法"训练的机器学习模型

李斌、邵新月和李玥阳（2019）基于 1997 年 1 月至 2018 年 10 月 A 股市场的 96 项异象因子，采用预测组合算法、Lasso 回归、岭回归、弹性网络回归、偏最小二乘回归、支持向量机、梯度提升树、极端梯度提升树、集成神经网络、深度前馈网络、循环神经网络和长短期记忆网络等 12 种机器学习算法，构建股票收益预测模型及投资组合。实证结果显示，新的机器算法的确在某种程度上可以更好地挖掘因子与股票未来收益间的线性与非线性关系。

三位作者在模型训练与测试阶段，为了保证计算的有效性和可行性，采用了图 11-13 的"滑动窗口法"划分训练集与测试集。

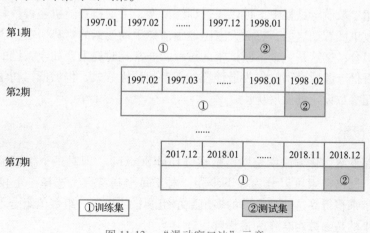

图 11-13　"滑动窗口法"示意

细心的读者可能发现"滑动窗口法"，其实就是特殊的时间序列交叉验证的一种具体实现方法。相较于常见的训练集和测试集划分方式（如留出法、交叉验证法等），"滑动窗口法"训练模型的优势是与现实中的投资决策过程一致，保留了数据中的时间序列特征。同时将训练集控制在一个固定区间内，可以减少模型的训练时间。

该文中提出的"滑动窗口法"充分考虑金融数据具有的时间序列特征，这也为学界与业界打开了研究思路：在未来的金融机器学习模型预测中，是否可以充分结合不同数据的特征提出更好的模型训练方法呢？让我们一起拭目以待吧！

第四节　超参数调优

初学者是否有过这样的疑问："机器学习不就是学习/求解参数吗，为什么还需要调参？"对这个问题的最直接回答是：调算法学习不到的参数。那么，模型调参到底是调哪些参数呢？答案是调节超参数（Hyperparameter），简称超参，调参的过程即为超参优化的过程。

一个性能优异的机器学习模型不仅需要细致的结构搭建，调参过程同样必不可少。"行百里者半九十"，机器学习模型设定中如何寻找一组最优的超参数一直是研究人员的关注点，因为超参数与机器学习模型的性能表现密切相关。超参数设定得越好，模型表现就越好，调优超参数通常是非常乏味和困难的，更像是一门艺术而不是科学。比如，在随机森林模型中，有决策树个数、决策树最大深度、最小分离样本数、最小叶子节点样本数、最大分离特征数以及是否进行随机抽样等六种超参数。假设每个参数只考虑最少两种设定值，这就已经有 $2^6 = 64$ 个模型需要进行选择。而现有的机器学习模型需要设定大量的参数，因此超参数设定的好坏会直接影响模型复杂程度或学习能力。

超参数设置不同，模型的性能往往有显著差别，而目前对于超参数的选取主要有四种常见的策略：手动搜索、网格搜索、随机搜索以及贝叶斯优化。手动搜索即建模人员直接设定超参数值，而网格搜索、随机搜索和贝叶斯优化则通过算法来进行设定。

一、手动搜索

在传统的超参数设定过程中，可以通过训练模型，手动检查随机超参数集，并挑选符合目标的最优参数集。看到这里，想必大家已经很清楚手动搜索的劣势所在：①没办法确保得到最佳的参数组合；②这是一个不断试错的过程，非常耗时耗力，如今大型的深度学习模型甚至已经有上百亿个参数。不过作为最传统的超参数调优方式，仍然值得初学者去回味，去理解机器学习超参数设定的发展历程。

二、网格搜索

最基本的超参数优化方法就是网格搜索（Grid Search），即对一个指定范围内的超参数集合进行搜索。网格搜索可以分为如下步骤：对于每个超参数，选择一个较小的有限值集合；通过笛卡尔乘积得到这些超参数的多组数值组合；使用每一组数值组合训练模型，挑选验证集误差最小的超参数组合作为最优解。

通常给出较大的搜索范围以及较小的变化步长，网格搜索必定能找到全局最大值或最小值。然而，"天底下没有免费的午餐"，网格搜索的劣势也在于当需要设定的超参数比较多时，它会特别占用计算资源。在实践中，需要调参的模型数量与对应的超参数一般都比较多，而此时包含的数据集样本量又比较大，因此网格搜索也躲不掉耗费时间的诟病。另外，由于给出的超参数组合很多，一般做法是固定大多数参数，分步对 1—2 个超参数进行调优，以此达到减少时间的目的，但也伴随着自动化难以进行的问题，并且由于目标参数通常是非凸（Non-Convex）的，因此容易陷入局部最小值。

代码如下：

```
from sklearn.model_selection import KFold, GridSearchCV ## 导入调参模块
## 以随机森林调参为例
## 设定各参数调参范围
n_estimators = [100,200]
max_features = [20,40]
max_depth = [2,4,8,16,32]
grid_param= {'n_estimators': n_estimators,
             'max_features': max_features,
             'max_depth': max_depth}
## 将样本平均分块,进行交叉验证
kf_10 = KFold(n_splits=5, shuffle=True, random_state=123) ## 5 折
rf = RandomForestRegressor()


## 调参
rf_random = GridSearchCV(estimator = rf,
                         param_grid =grid_param,
                         cv = kf_10,
                         verbose=0,
                         scoring = "neg_mean_squared_error",
                         n_jobs = -1,
                         refit = True)
best_model = rf_random.fit(X, Y)
## 按照调参后的最优参数值进行建模
best_params = rf_random.best_params_
rf = RandomForestRegressor(n_estimators=best_params['n_estimators'],
max_features=best_params['max_features'],
max_depth=best_params['max_depth'])
```

三、随机搜索

随机搜索（Random Search）首先为每个超参数定义一个边缘分布，然后假设超参数之间相互独立，从各分布中抽样出一组超参数。使用这组超参数训练模型，经过多次抽样和训练，挑选验证集误差最小的超参数作为最好的超参数。随机搜索不需要离散化超参数的值，也不需要限定超参数的取值范围。这允许算法在一个更大的集合上进行搜索。当某些超参数对于性能没有显著影响时，随机搜索相比于网格搜索表现更高效，它能更

快地减小验证集误差。

当超参数组合相对较少时，网格搜索的表现不俗。但当超参数的搜索空间很大时，随机搜索的优点便逐渐凸显：①如果设定随机搜索运行，比如10000次，它会搜索每个超参数的10000个不同的值（而不仅仅是像网格搜索那样，只搜索每个超参数的几个值）；②便捷地通过设定搜索次数，控制超参数搜索的计算量，优化计算资源，节省计算时间。"尺有所短，寸有所长"，随机搜索也不能保证得出一个最优的参数组合。

代码如下：

```
## 将上例中的网络搜索替换为随机搜索
from sklearn.model_selection import KFold, RandomizedSearchCV
## 设定各参数调参范围
n_estimators = [100,200]
max_features = ['sqrt']
max_depth = [2,4,8,16,32]
random_param = {'n_estimators': n_estimators,
                'max_features': max_features,
                'max_depth': max_depth}
rf_random = RandomizedSearchCV(estimator = rf,
                               param_grid = random_param,
                               cv = kf_10,
                               scoring = "neg_mean_squared_error",
                               n_jobs = -1)
```

四、贝叶斯优化

贝叶斯优化（Bayesian Optimization）与网格/随机搜索最大的不同，在于考虑了历史调参的信息，使得调参更有效率。但在高维参数空间下，贝叶斯优化复杂度较高，效果会近似随机搜索。贝叶斯优化相较于网格搜索的优势主要有以下三种：贝叶斯优化采用高斯过程，会考虑到之前的参数信息，不断地更新先验；贝叶斯优化迭代次数少，速度快；贝叶斯优化针对非凸问题依然稳健。

贝叶斯优化调参是一种基于贝叶斯定理的优化方法，它的核心思想是根据历史观测结果，通过建立参数与性能之间的概率模型，来预测下一个最有可能提高性能的参数组合，从而逐步收敛到最优的参数组合。具体归纳为两部分：高斯过程（GP），以历史的调参信息（Observation）去学习目标函数的后验分布（Target）的过程；采集函数（AC），由学习的目标函数进行采样评估，分为两种过程：①开采过程。在最可能出现全局最优解的参数区域进行采样评估。②勘探过程。兼顾不确定性大的参数区域的采样评估，避免陷入局部最优。

贝叶斯优化算法的具体过程：

（1）for循环n次迭代（$n=1,2,\cdots$）；

（2）采集函数依据学习的目标函数（或初始化）给出下个开采极值点x_{n+1}；

$$x_{n+1} = \mathop{\mathrm{argmax}}_x \alpha(x; \boldsymbol{D}_n) \tag{11.14}$$

（3）查询目标函数得到y_{n+1}；

（4）加入新的 x_{n+1}、y_{n+1} 数据样本，扩充数据 $D_{n+1} = \{D_n, (x_{n+1}, y_{n+1})\}$；

（5）更新高斯过程模型；

（6）结束循环。

代码如下：

```python
"""随机森林分类 Iris 使用贝叶斯优化调参"""
import numpy as np
from hyperopt import hp, tpe, Trials, STATUS_OK, Trials, anneal
from functools import partial
from hyperopt.fmin import fmin
from sklearn.metrics import f1_score
from sklearn.ensemble import RandomForestClassifier
def model_metrics(model, x, y):
    """ 评估指标 """
    yhat = model.predict(x)
    return f1_score(y, yhat, average='micro')
def bayes_fmin(train_x, test_x, train_y, test_y, eval_iters=50):
    """
    bayes 优化超参数
    eval_iters:迭代次数
    """
        def factory(params):
        """
        定义优化的目标函数
        """
        fit_params = {
            'max_depth':int(params['max_depth']),
            'n_estimators':int(params['n_estimators']),
            'max_leaf_nodes': int(params['max_leaf_nodes'])
            }
        # 选择模型
        model = RandomForestClassifier(**fit_params)
        model.fit(train_x, train_y)
        # 最小化测试集(- f1score)为目标
        train_metric = model_metrics(model, train_x, train_y)
        test_metric = model_metrics(model, test_x, test_y)
        loss = - test_metric
        return {"loss": loss, "status":STATUS_OK}
    # 参数空间
    space = {
        'max_depth': hp.quniform('max_depth', 1, 20, 1),
        'n_estimators': hp.quniform('n_estimators', 2, 50, 1),
```

```
        'max_leaf_nodes': hp.quniform('max_leaf_nodes', 2, 100, 1)
            }
    # bayes 优化搜索参数
    best_params = fmin(factory, space, algo=partial(anneal.suggest,), max_
    evals=eval_iters, trials=Trials(),return_argmin=True)
    # 参数转为整型
    best_params["max_depth"] = int(best_params["max_depth"])
    best_params["max_leaf_nodes"] = int(best_params["max_leaf_nodes"])
    best_params["n_estimators"] = int(best_params["n_estimators"])
    return best_params
# 搜索最优参数
best_params = bayes_fmin(train_x, test_x, train_y, test_y, 100)
print(best_params)
```

第五节　模型可解释性

21 世纪以来，人工智能（AI）技术、机器学习模型在金融与财务领域的应用愈加广泛与深入，促进金融业快速接轨大数据时代的同时，模型黑箱问题、安全问题、偏见问题等也随之浮现，并已然成为影响金融行业健康发展的潜在风险，探寻解决之道刻不容缓。2021年 3 月 26 日，中国人民银行制定发布了《人工智能算法金融应用评价规范》（以下简称《规范》），针对当前人工智能技术应用存在的模型黑箱、模型同质化、算法缺陷等潜在风险问题，建立了人工智能金融应用算法评价框架，从安全性、可解释性、精准性和性能等方面系统化地提出基本要求、评价方法和判定准则，为金融机构加强智能算法应用风险管理提供指引。

为什么中国人民银行也会关注机器学习模型的可解释性呢？为什么在某些金融行业，例如银行、保险等，金融学家通常会采用更传统更简单的机器学习模型（如线性模型或决策树），而不采用更强大的机器学习模型呢？这是因为模型的可解释性将影响企业决策。但是可解释性强通常意味着降低模型的性能表现，例如神经网络等非线性的复杂模型表现会更加优异。同样，在股票、基金投资领域，做技术分析或基本面分析的主动基金管理人明白投资组合构建的细节，但采用机器学习算法构建投资组合的被动基金管理人可能就会为下一步的决策所苦恼，因为模型黑箱的问题导致可解释性不强，最终无法对模型决策做出合理的解释。因此本节会重点描述模型可解释性的重要性以及必要性。

一、可解释性的含义

模型的可解释性是大多数机器学习模型必备的一种能力，即指人类能够理解模型在其决策过程中所做出的选择（如何决策，决策原因和决策了什么）。在对模型进行评估、选择时，除了模型的客观性能表现，如果一个模型的决策比另一个模型的决策更容易被人类理解，则表明该模型比另一个模型具有更好的可解释性。

为什么不直接选取性能表现优异的模型呢？掌握它背后原理的意义是什么呢？因为人类

的天性决定了在做决策时，更关注背后的逻辑和原理。举个例子就明白了，当一只量化基金遭遇大幅回撤时，大部分投资者并不会关注客观的模型评估指标（例如 ROC、召回率等），他们往往更会关注模型回撤的原因，如果基金管理人不关注量化模型的可解释性，投资者的信心就会大打折扣，引发信任危机导致大量赎回。所以关注模型可解释性的必要性和重要性就凸显出来了，可解释性会影响客户对模型的信任程度，这是决定机器学习模型能否在金融行业健康良好发展的关键因素之一。

二、黑箱 vs 白箱

机器学习模型的可解释性是如此的重要，因此通常在做模型选择（黑箱模型或白箱模型）时，要权衡模型准确性和可解释性的关系。

黑箱模型：模型预测具有高度的精准性，但其内部运算机制难以被人类理解，也无法衡量每个特征变量对于模型预测结果的重要性，更不能体现特征变量之间的相互作用。典型的黑箱模型包括神经网络模型、梯度增强模型以及集成模型等。

白箱模型：模型具有出色的可解释性，且内部的运算机制也容易被人们所接受，但该种模型预测能力会受限，且无法对数据集内在的复杂性进行建模（如特征交互）。典型的白箱模型包括线性回归模型、决策树模型等。

模型准确性与可解释性关系之间的权衡取决于一个重要的假设："可解释性是模型的一个固有属性"。模型可解释对于选择机器学习模型非常重要，基于正确的可解释性方法，任何机器学习模型内部运算机制都能够得以解释，但这需要牺牲部分复杂性和计算成本。

三、可解释性的分类

克里斯托夫·莫尔纳（Christoph Molnar）在 2019 年将机器学习的可解释性根据不同标准分为以下三类：

（1）从模型解释阶段的维度可以划分为内在可解释性和事后可解释性。内在可解释性是指机器学习模型由于其简单的结构而被认为是可解释的，例如较短的决策树或稀疏的线性模型；事后可解释性是指模型训练后应用可解释性方法。

（2）从模型相关性的维度可以划分为模型特有可解释性和模型无关可解释性。模型特有可解释性仅限于部分特定模型，所有"本质可解释模型"的解释方法总是特定于模型的（例如线性模型中回归权重的解释是特定于模型的解释）；模型无关可解释性可运用于任何机器学习模型，并通常在模型训练后应用该种模型解释方法。根据定义，无关的模型解释方法只能分析输入特征和预测结果，无法帮助理解任何模型内部的工作机制，比如权重或结构信息。

（3）从模型解释范围的维度可以划分为全局可解释性和局部可解释性。全局可解释性是指能够基于完整数据集上的依赖（响应）变量和独立（预测）特征之间的条件相互作用来解释和理解模型决策；局部可解释性则更加关注单个或一组样本。这种情况下可以将模型看作是一个黑箱，不再考虑模型的复杂情况。如果只观察单个样本，局部而言预测可能只依赖于某些特征的线性或单调性，因此局部解释可能比全局解释更准确。

四、可解释性的提升

在机器学习的众多算法中，有相当一部分的模型是具有内在可解释性的，除了线性回归和决策树，还包括 Logistic 回归、朴素贝叶斯（Naive Bayes Classifier）、KNN 近邻法等。而有的模型很难解释，例如深度神经网络。深度神经网络可以拟合高度复杂的数据，拥有海量的参数，但是如何解释非常困难。本节基于上述问题，提出增强模型无关可解释性的方法。

（一）特征重要度

机器学习通过训练得到一个模型之后，其中哪些特征对预测结果的影响最大？这就被称作特征重要度（Feature Importance）。而排列特征重要度（Permutation Feature Importance）正是目前被广泛采用的计算特征重要度的方式。

排列特征重要度的原理非常简单：通过排列特征后计算模型预测误差的增加来衡量特征的重要性。如果随机重排或打乱某个特征的值会增加模型的误差，那么该特征就是"重要的"，因为在这种情况下，模型依赖该特征进行预测。如果随机重排或打乱某个特征的值不会改变模型的错误，那么该特征就"不重要"，因为在这种情况下，模型忽略了该特征进行预测。

代码如下：

```python
# 导入相关库和包
import numpy as np
import matplotlib.pyplot as plt
from sklearn.ensemble import RandomForestClassifier
from sklearn import datasets
# 装载数据
iris = datasets.load_iris()
features = iris.data
target = iris.target
# 创建随机森林模型并计算特征重要度
randomforest = RandomForestClassifier(random_state=0, n_jobs=-1)
model = randomforest.fit(features, target)
importances = model.feature_importances_
indices = np.argsort(importances)[::-1]
names = [iris.feature_names[i] for i in indices]
# print(names)
# print(range(features.shape[1]), importances[indices])
# 画图
plt.figure()
from matplotlib.font_manager import FontProperties
# 设置支持中文字体
fp = FontProperties(fname="c:/windows/fonts/simsun.ttc", size=12)
plt.suptitle('特征重要性', fontproperties=fp)
plt.bar(range(features.shape[1]), importances[indices])
plt.xticks(range(features.shape[1]), names, rotation=90)
```

```
plt.show()
# 通过重要度的阈值筛选特征
# 定义重要度的阈值
selector = SelectFromModel(randomforest, threshold=0.3)
features_important = selector.fit_transform(features, target)
# 训练新的模型
model = randomforest.fit(features_important, target)
```

（二）特征交互

特征交互（Feature Interaction）也叫特征组合，通过将两个或多个特征相乘，来实现对样本空间的非线性变换，增加模型的非线性能力。从本质上讲，特征交叉是利用非线性映射函数将样本从原始空间映射到特征空间的过程。

如果一个机器学习模型基于两个特征进行预测，那么可以将预测分解为四个项：一个常数项；一个表示第一个特征的项；一个表示第二个特征的项；一个表示两个特征之间的交互项。利用 H-statistic 理论，可以计算特征交互。总交互项：表示一个特征与模型中的其他特征是否有相互作用，以及在什么程度上的相互作用；Two-way 交互度量：表示模型中的两个特征之间是否相互作用，以及在什么程度上相互作用。

特征交互方法的特点：①H-statistic 取值范围与维度无关，总是在 [0,1]；②能够识别出所有类型的交互（甚至是三阶，或者更高阶的交互作用强度）。特征交互方法同样也不存在"免费的午餐"：计算交互 H-statistic 需要消耗很多计算资源，计算时间较长；特征交互计算时，不使用全部数据而是抽样估计，所以估计也存在一定的偏差；只计算了交互强度，但并没有指出具体的交互关系；最后，与 PDP（行为风格测试的一项工具）一样，交互统计量的计算也是在特征独立的假设前提下进行的，如果特征之间存在很强的相关性，那么假设就被违背了。

（三）夏普利值

夏普利值（Shapley Values）是在 1951 年，由诺贝尔得主罗伊德·S. 夏普利（Lloyd S. Shapley）提出，用于公平地定量评估用户边际贡献度的常用指标，起源于合作博弈，并用于广泛的领域，包括使用 Shapley Values 作为机器学习模型特征的选择，对训练数据的重要性进行排序。

经过多年的发展，已经有多种基于 Shapley Values 估计的方法，其中 SHAP（Shapley Additive Explanation）较为常用，在合作博弈论的启发下 SHAP 构建一个加性的解释模型，所有的特征都视为"贡献者"。对于每个预测样本，模型都产生一个预测值，SHAP Values 就是该样本中每个特征所分配到的数值。

通常情况下，在准确性和可解释性之间取得正确的权衡可能是困难的，但 SHAP 值可以同时提供这两者。传统的特征重要度只表明了哪个特征更重要，然而尚不清楚该特征是如何影响预测结果的。SHAP Values 最大的优势是 SHAP 能反映每一个数据集中特征的影响力，更令人惊叹地表现出该种影响力的正负性。

（四）部分依赖图

以投资者购买基金为例，截至 2021 年 6 月末，中国市场公募基金共 8320 只，如此庞大的规模下，投资者应该怎样区分不同的基金。比如从基金规模、基金经理等方面进行分析，乍一看，这些特征如何影响基金未来收益率似乎很难被梳理清楚。但此时可以使用机器学习训练好的模型进行预测，并采用部分依赖图将基金规模或基金经理这些特征对基金未来收益率的影响单独分离出来，以此帮助投资者进行选择。那么什么是部分依赖图呢？

部分依赖图（Partial Dependence Plot，PDP）展示的是一个或者多个变量在全局角度上对模型输出结果的影响关系，可以用来展示一个特征是怎样影响模型预测的。

部分依赖图的优点在于：①PDP 非常直观，且容易理解，即便是初学者也能迅速理解 PDP 的原理。②如果特征之间是不相关的，那么 PDP 完美地代表了该特征如何影响平均预测，解释清晰明了。③部分依赖图在计算上易于实现。④部分依赖图的计算具有因果解释性：PDP 的计算过程会对一个特征进行干预，并衡量预测中的变化。因为明确地将结果作为特征函数来建模，所以这种关系是模型的因果关系，但其在现实世界中的关系却不一定如此！

部分依赖图的缺点也十分突出：①由于当前技术无法实现超过三维的图像，PDP 多用来观测单个特征，最多只能反应两个特征。②部分 PDP 图没有显示特征分布，忽略特征分布可能会产生误导，即在特征没有数据的情况下过度解释区域。（该问题可以通过绘制直方图等方法解决。）③PDP 假定每一个特征都是独立不相关的，如果假设不成立，PDP 可能会包含一些实际不可能存在的数据点，所以独立性假设也是 PDP 最大的问题。（可以通过 ALE 法解决。）④异质性可能被隐藏，因为 PDP 只显示平均边际效应。假设对于一个特征，一半的数据点与预测正相关，即特征值越大，预测就越大；而另一半数据点与预测负相关，即特征值越小，预测就越大。那么 PD 曲线可以是一条水平线，因为数据集两部分的影响可以相互抵消，于是得出结论，该特征对预测没有影响。（通过绘制 ICE 曲线而不是聚合曲线，从而揭示异质性。）

（五）个体条件期望图

个体条件期望图（Individual Conditional Expectation，ICE）计算方法与 PDP 类似，展示当一个特征值改变时，预测结果是如何变化的。ICE 图是通过选择一个特征，保持其他特征值不变，随机置换选定的特征变量的取值，放入黑箱模型输出预测结果，最后绘制出针对这个个体的单一特征变量与预测值之间的关系图。

ICE 图的优点在于易于理解，能够发现数据异质性关系。ICE 图的缺点在于只能反映单一特征变量与目标之间的关系，同样受制于特征独立假设的要求，同时往往随着样本数量的增大，ICE 图像会变得相当拥挤，无助于获取解释信息。

（六）累积局部效应图

累积局部效应图（Accumulated Local Effects，ALE），用于描述特征变量对预测目标的平均影响。ALE 表示从平均水平而言，特征如何影响机器学习模型的预测；ALE 基于特征的条件分布计算模型预测的差值。ALE 最大的特点是摆脱了变量独立性假设的约束，使其在实际环境中获得了更广泛的运用。ALE 的计算方法：首先将其中一个特征变量分为多个区间，其次对于区间内的数据点，分别用区间的上下限替换特征时，计算预测的差值。最后对这些差值累加求和，并中心化。

ALE 方法有三个优点：①由于 ALE 能够处理特征之间的相关关系，做出的图像不会受到具有强相关性的两个变量对目标的联合效应的影响，所以 ALE 方法做出的图是无偏的；②计算次数少于 PDP，因此速度上比 PDP 快；③解释清晰：ALE 的 y 轴的 0 表示预测值的均值。

ALE 方法同样存在一些问题：例如如何去确定区间，到底确定多少个区间比较合适以及特征变量强烈相关时不易解释等问题。

（七）全局或局部代理模型

全局代理模型（Global Surrogate Model，GSM）是一个可以解释的模型，它被训练来近似黑箱模型的预测。具体做法是使用更多的机器学习解决机器学习模型的可解释性，即通过解释代理模型得出关于黑箱模型的结论。

GSM 能够提供整个模型的可解释性，而不仅仅是针对某个或某些个特征的解释。一种简单的思路是，将原始数据集中的实际标签替换为黑箱模型的预测标签，生成新的训练集，在该训练集上，训练一个内在可解释的模型（通常是线性模型或决策树模型）。显然 GSM 能够直观地解释复杂模型的行为，但是由于代理模型直接学习的是关于整个黑箱模型的运行机制，而不是原始数据本身的知识，GSM 会不可避免地牺牲模型的预测性能。

局部代理（Local Interpretable Model-agnostic Explanations，LIME）。LIME 是另外一种可解释性技术，它的核心思想与 GSM 相同。然而，LIME 并不是通过构建整个数据集的全局代理模型，而只是构建部分区域预测解释的局部代理模型（线性模型）来解释模型的决策。此外，LIME 方法可以提供一种直观的方法来解释给定数据的模型预测结果。有关如何为复杂的黑箱模型构建 LIME 的步骤如下：

（1）首先训练一个黑箱模型；

（2）预测样本附近随机采样，这些数据点可以从数据集中筛选得到，也可以人工生成；

（3）对新生成的样本打标签；

（4）计算新生成的样本与想要解释的预测点的距离并得到权重；

（5）筛选用来解释的特征，拟合得到一个加权的、可解释的代理模型；

（6）解释这个局部代理模型。

此处总结增强可解释性的方法，所属分类见表 11-5。

表 11-5　增强可解释性的方法对比及分类

方法	解释阶段		解释相关性		模型解释范围	
	内在可解释性	事后可解释性	特有可解释性	无关可解释性	全局可解释性	局部可解释性
线性模型	√		√		√	
决策树	√		√		√	
Feature Importance		√		√	√	
Feature Interaction		√		√	√	
SHAP		√		√	√	√
PDP		√		√	√	√
ICE		√		√		√
ALE		√		√		√
Global Surrogate Mode		√		√	√	√
LIME		√		√		√

专栏 11-3　机器学习选股模型的可解释性分析

大卫·特金顿（David Turkington）等描述了可解释性在机器学习选股模型中的重要性。文章基于模型可解释性选择了一组简洁的预测特征，并采用一种全新方法，并将它命名为模型指纹（Model Fingerprint）来揭示影响模型预测效果的线性、非线性及交互的因素。

这篇文章首先基于 PDP 的理念，修改和扩展了部分依赖的概念，并从线性、非线性两个角度去分析各种机器学习模型的预测机制。另外，在交互效应的定义中，本文文章作者参考了 H-statistic 的理论。图 11-14 显示了二维空间中不相关特征交互作用效应。

Predictor2												Response
1.0	0.40%	0.40%	0.30%	-0.10%	0.10%	0.00%	-0.10%	-0.30%	-0.40%	-0.60%		0.40%
0.9	0.30%	0.30%	0.20%	0.10%	0.10%	0.00%	-0.10%	-0.20%	-0.30%	-0.40%		0.30%
0.8	0.20%	0.10%	0.10%	0.10%	0.10%	0.00%	0.00%	-0.10%	-0.20%	-0.30%		0.20%
0.7	0.00%	0.00%	0.00%	0.00%	0.00%	0.00%	0.00%	0.00%	-0.10%	-0.10%		0.10%
0.6	0.00%	0.00%	0.00%	0.00%	0.00%	0.00%	0.00%	0.00%	0.00%	0.00%		0.00%
0.4	-0.10%	-0.10%	-0.10%	0.00%	0.00%	0.00%	0.00%	0.10%	0.10%	0.20%		-0.10%
0.3	-0.20%	-0.20%	-0.10%	-0.10%	0.00%	0.00%	0.10%	0.20%	0.30%			-0.20%
0.2	-0.20%	-0.20%	-0.10%	-0.10%	-0.10%	0.00%	0.10%	0.20%	0.30%			-0.30%
0.1	-0.20%	-0.20%	-0.10%	-0.10%	-0.10%	0.00%	0.10%	0.20%	0.30%	0.40%		-0.40%
0	-0.30%	-0.20%	-0.10%	-0.10%	0.00%	0.00%	0.10%	0.20%	0.30%	0.40%		-0.60%
	-0.50%	-0.40%	-0.30%	-0.20%	-0.10%	0.00%	0.10%	0.20%	0.30%	0.40%		
					Predictor1							

图 11-14　二维空间中不相关特征交互作用效应

从图 11-14 中，不难看出当特征 1 极大（或极小）且特征 2 极小（或极大）时，机器学习模型的选股效果较佳。

这篇论文提供的增强选股模型可解释性的方法非常诱人。首先，它可以应用于任何一组预测模型，指纹结果具有可比性。其次，它以具有经济意义的普通单位（预测的响应变量单位）衡量线性、非线性和交互效应。再次，它将高度直观和熟悉的普通线性回归概念扩展到机器学习模型。最后，增强选股模型可解释性方法有助于揭开模型预测的驱动因素的神秘面纱，并有助于解释为什么模型会以这种方式运行。

本章小结

本章主要介绍模型的评估标准和训练过程。在模型评估标准中，首先介绍了偏差和方差的概念，并对训练中易出现的过拟合和欠拟合问题进行了说明；其次本章按照回归模型和分类模型分别对评估指标进行了归纳介绍，如均方预测误差和精确率等。

在模型训练过程中，本章首先介绍了几类典型的训练和优化算法，包括留出法、K 折交叉验证法、留一法、自助法等，并讨论了各类算法在不同环境下的优先性。将样本按照上述算法进行分组训练和验证后，不难发现机器学习模型将有效提升其预测性能。其次，本章对模型调参过程中涉及的几类超参数设定进行了说明。最后，本章关注了模型可解释性的必要性，并总结了增强可解释性的方法。

课程思政

模型之间没有绝对的优劣，政策之间没有绝对的好坏。面对复杂的国内、国外局势，你认为我国应采取何种措施维护金融安全、推动经济增长呢？

复习思考题

参考答案

1. 举例说明"偏差"和"方差"在金融学中的含义。
2. "训练误差"和"泛化误差"的区别是什么？
3. 训练集、验证集和测试集的区别与联系？
4. 回归模型中常见的评估指标有哪些？
5. 阐述分类模型中的评估指标。
6. 阐述 K 折交叉验证法的实施步骤。
7. 比较留出法、留一法、K 折交叉验证法的优势和劣势。
8. 什么是超参数设定？请阐述超参数设定的具体方法。
9. 阐述黑箱模型与白箱模型。
10. 增强模型可解释性的方法有哪些？

参考文献

［1］Friedman J H. Greedy function approximation：a gradient boosting machine［J］. Annals of Statistics, 2001：1189-1232.

［2］Friedman J H, Popescu B E. Predictive learning via rule ensembles［J］. The Annals of Applied Statistics, 2008, 2（3）：916-954.

［3］Gu S, Kelly B, Xiu D. Empirical asset pricing via machine learning［J］. The Review of Financial Studies, 2020, 33（5）：2223-2273.

［4］Gu S, Kelly B, Xiu D. Autoencoder asset pricing models［J］. Journal of Econometrics, 2021, 222（1）：429-450.

［5］Kelly B, Pruitt S, Su Y. Characteristics are covariances：A unified model of risk and return［J］. Journal of Financial Economics, 2019, 134（3）：501-524.

［6］Li Y, Turkington D, Yazdani A. Beyond the black box：an intuitive approach to investment prediction with machine learning［J］. The Journal of Financial Data Science, 2020, 2（1）：61-75.

［7］Leippold M, Wang Q, Zhou W. Machine learning in the Chinese stock market［J］. Journal of Financial Economics, 2021.

［8］Welch I, Goyal A. A comprehensive look at the empirical performance of equity premium prediction［J］. The Review of Financial Studies, 2008, 21（4）：1455-1508.

第十二章　文本分析

章前导读

　　得益于互联网的快速发展和计算机技术的进步，文本数据在经济学和金融学领域的应用方兴未艾。作为新数据源，文本数据为经典问题提供了新视角，也可用于研究新的问题。如何获取文本数据？如何准确、有效率地从文本数据中提取需要的信息？如何把文本分析技术应用在对金融市场的研究上？这些是本章要回答的问题。

学习目标

　　本章主要介绍文本分析技术及其在金融市场的应用。通过本章的学习，可以掌握文本数据的数据挖掘流程，熟悉文本数据的结构性表示，了解文本数据的信息提取，包括词典法、朴素贝叶斯、支持向量机和深度学习方法。此外，还可以了解到文本分析技术在金融学研究领域的应用现状。

关键词

　　金融文本大数据　主题模型　文本可读性　文本相似性　词典法　朴素贝叶斯　支持向量机　深度学习　关注度指数　新闻隐含波动率指数　投资者分歧

第一节　文本数据概述

　　通信技术的快速升级催生出的新商业模式正在改变人们的生产生活方式，也涌现出了一大批新形式新业态的另类数据（Alternative Data）。摩根大通将另类数据分为以下三类：第一类是个人在网络上的行为数据，如社交媒体的数据等；第二类是商业活动中产生的数据，如交易记录和信用记录等；第三类是由高科技监测获取的数据，如卫星图片数据等。这些数据往往不容易获取与处理，所以常常被忽视。不过，在过去的十年间它们越来越受到重视，逐渐成为主流。相较于传统财务数据，另类数据更具时效性，且视角更为多元，目前已经被应用到投资研究与实践中。例如，Orbital Insight 数据公司基于卫星监测，在杰西潘尼（JCPenny）关闭 130 家门店之前就根据停车场汽车数量的变化预测到它业绩下滑的前景，并提示对冲基金及时卖出股票。

　　文本数据在另类数据中占据了很大比例，加之文本分析技术的发展，文本数据的研究越来越受到学界和业界的青睐，其中不乏大量关于金融文本数据的实证研究。接下来，本节对文本数据及其数据挖掘流程进行详细地介绍。

一、文本数据简介

（一）文本数据的特征

与传统金融数据不同，文本数据具有两个独特的特征：首先，文本数据一般无固定结构，无法用传统二维表进行逻辑表达。这种非结构化的数据形式决定了文本变量的数据特征（即可读性、情绪和叙述方式等）与传统数值型金融变量数据特征（均值、方差等）存在巨大差异；其次，文本数据具有与生俱来的高维特性。例如，对于给定的文档样本，假设每一样本中包含 n 条词汇且这些词汇均收录在包含 p 条词汇的词典中，那么这份文档样本的维度为 n^p，即需要 n^p 维度的特征向量进行唯一表示。因此在文本分析中，降维是开展一系列分析研究的重要步骤。

（二）文本数据的分类

文本数据主要分为两大类型：披露性文本和互联网文本。披露性文本指与市场相关的主体按照制度性要求进行例行披露的文本数据，包括上市公司信息披露报告、公司财报会议以及分析师报告等。由于披露性文本涉及上市公司和分析师等金融市场主体，因此该类数据构成了市场信息的主体；另一种是互联网文本，来源于互联网平台，如新闻媒体、社交软件等媒介上的文本数据。互联网文本涉及信息传播媒介，是市场信息的重要补充。

（三）金融文本数据的获取方式

文本大数据主要通过三种方式获取：手工收集法、数据库获取法、网络抓取法。

（1）手工收集法。早期，由于数据提供商数量有限以及金融互联网化程度较低，大多通过人工手动收集与金融相关的文本数据。然而，人工手动收集需要消耗大量的时间和人力成本，数据体量不足而且很难保证数据的准确度，因此该阶段的文本研究涉及面较窄、深度有限。

（2）数据库获取法。近年来，数据提供商也开始关注网络上日益出现的文本内容，他们凭借成熟规范的技术对相关数据开展专业采集并形成特色文本数据库。例如第二章介绍的中国研究数据服务平台（CNRDS）就包括了中国上市公司财经新闻数据库（CFND）、上市公司业绩说明会数据库（ECCD）以及中国上市公司股吧评论数据库（GUBA）等相关子库。

（3）网络抓取法。互联网技术（特别是移动互联网技术）的快速发展催生出越来越多与人们日常生活相关的应用程序，并不断产生新形式新业态的数据。但传统数据商无法及时触及这些新数据。这种情况下需要采用计算机程序进行网络爬取，常用的有 Python 编程语言等。这种方法不仅能够及时获取文本信息，还可以通过编程语言对文本格式和内容等进行整理，以便进行下一步分析。

专栏 12-1　基于文本数据的选股因子构建

基于 Wind 金融新闻数据库，华泰证券金融工程研究团队从中获取了 2017 年 1 月至 2020 年 9 月的金融新闻数据，该数据包括了新闻发布时间、新闻标题、新闻内容、新闻来源、新闻对应公司的股票代码和情感分类标签等内容。对数据进行预处理和描述性分析后，通过以下步骤构建选股因子：

（1）在每个自然日 t，针对每只个股 i，取其当天有情感分类标签的全部新闻计算个股的情感得分 $S_{i,t}$，$S_{i,t}$ 的计算方式为

$$S_{i,t} = 正面新闻数量 - 负面新闻数量. \tag{12.1}$$

这里，直接采用了数据库中每条新闻的情感分类标签判断新闻是正面还是负面情感倾向，学习完本章关于文本分析技术的所有内容后，你也可以尝试自己给每条新闻进行情感打分，判断情感倾向。

（2）在每个交易日 T，针对每只个股 i，取过去 $T-30$ 个自然日的情感得分，按照时间先后对个股情感得分求线性衰减加权和，得到新闻舆情因子 $F_{i,T}$，即选股因子，计算公式为

$$F_{i,T} = \sum_{t=T-29}^{T} w_t S_{i,t} \tag{12.2}$$

其中，$w_t = \dfrac{30-(T-t)}{30}$，表示随时间线性衰减的权重。

利用分层回测法检测该选股因子的表现，将股票池内所有个股按处理后的因子值从大到小进行排序，等分为 N 层，每层内部的个股等权重配置。以交易日 20 天为例说明分层测试模型的构建方法：首先，在回测首个交易日 K_0 构建分层组合并完成建仓，然后分别在交易日 K_i，K_{i+20}，K_{i+40}，…按当日收盘信息重新构建分层组合并完成调仓，i 取值为 1~20 内的整数，则我们可以得到 20 个不同的回测轨道，在这 20 个回测结果中按不同评价指标（比如年化收益率、信息比率等）提取出最优情形、最差情形、平均情形等，以便对因子的分层测试结果形成更客观的认知。

表 12-1 和图 12-1 展示了新闻舆情因子分层测试下的年化收益率结果，其中分层测试中的基准组合为股票池内所有股票的等权组合。可知新闻舆情因子在沪深 300 成分股内表现最好，在中证 500 成分股内表现次之，在全 A 股内则表现最差。在沪深 300 成分股内因子多头（第一层）的表现也不太稳定，2018 年出现了持续回撤。

表 12-1 新闻舆情因子分层测试结果[一]

组合	沪深 300 成分股内	中证 500 成分股内	全 A 股
1	17.79%	8.10%	0.38%
2	5.64%	-2.65%	-1.21%
3	0.29%	-0.38%	1.16%
4	-1.14%	-4.44%	-3.72%
5	-1.30%	-4.01%	-5.10%
5-1	18.73%	12.35%	5.39%

[一] 表 12-1 和图 12-1 均来自华泰金 I 发布的华泰人工智能系列之三十七——舆情因子和 BERT 情感分类模型。

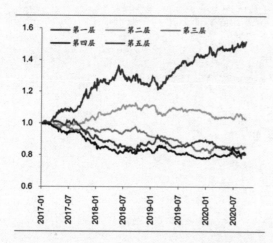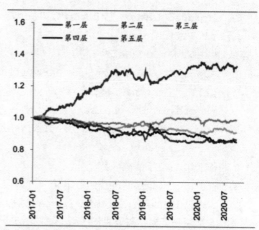

图 12-1 分层测试相对等权基准的累计超额收益
【沪深 300 成分股内（左）/中证 500 成分股内（右）】

二、文本数据的数据挖掘流程

文本数据的数据挖掘流程主要包括文档解析与定位、分词、数据清洗与文本数据信息提取四个步骤。

（一）文档解析与定位

绝大多数披露性文本数据需要通过解析文档获得。在信息披露监管制度下，企业需要以电子文档（PDF，Word，Html）的形式，定期或非定期地公开发布相关信息文档。这些披露性文档包含文本段落、表格、图表等多种形式，通常会组织为层次化的目录结构，呈现给市场参与者。不精确的解析可能会给后续文本分析带来严重影响，因此，需要慎重选择文档解析工具。

解析文档后一般需要进行文本定位。通过文本定位，学者可以在文档中明确找到自己所要研究的特定部分，如年报的管理层讨论与分析（Management Discussion and Analysis, MD&A）等。定位的关键是找到该研究部分在全部文本中的位置特征，即该部分的起始标记词（或字符）与终止词（或字符），随后采用正则表达式根据起止词定位，抽取起止词之间的文本作为研究内容。

代码如下：

```
import os   ## 导入模块
import re
# 准备工作 1:StopWords List
file = open("StopWords_GenericLong.txt", "r")
StopWords_List = file.readlines()
for i in range(len(StopWords_List)):
    StopWords_List[i] = StopWords_List[i].replace("\n","")

# 准备工作 2:剔除 SE
```

```
    SE_excluded_List = ["Books", "Letters to the Editor", "Correction", "Correc-
tions & Amplifications", "LEISURE & ARTS",
       "WEEKEND JOURNAL",
       "Sports", "Corrections &Amplifications", "LEISURE &ARTS", "Weekend Jour-
       nal", "Personal Journal",
       "Recreation", "Leisure & Arts"]
    SE_excluded_set = set(SE_excluded_List)


# 准备工作 1:文章清洗函数
# 准备工作 3:文章层面清洗函数定义
def ArticleClean(Article_Content):
    # 判断是否属于需要剔除 SE:
    Check_SE = 0    # 默认不剔除
    for SE_One in SE_excluded_List:
        SELocation = "SE   " + SE_One + "\n"
        if SELocation in Article_Content:    # 说明要剔除
            Check_SE = 1
        else:
            pass


# 这个时候就看 Check_SE 是不是等于 1 了
if Check_SE == 0:    # 说明不被剔除,继续下面检查
    # 判断字数是否大于 100:Exclude articles with less than 100 words.
    WCInformation = re.findall('WC  .*\n', Article_Content)[0]
    WCNumber = int(WCInformation.replace('WC  ', ''). replace('words\n', ''))
    if WCNumber < 100:
        LPANDTD3 = []    # LPANDTD3 是最终输出变量
    else:    # 说明大于 100 字,进行干净处理
        # 筛选 LP + TD:Lead Paragraph + Text following lead paragraphs
        PotentialStops = ['AN', 'BY', 'ART', 'CLM', 'CO', 'CT', 'CY', 'CX',
                          'CR', 'DJIC', 'DJID', 'ED','HD', 'IN', 'IPC', 'IPD',
                          'LA', 'PG', 'PD', 'ET', 'PUB', 'RF', 'RE', 'RBBCM',
                          'SE', 'SC', 'GC', 'NGC', 'SN', 'NS', 'VOL', 'WC']
        ArticleList = Article_Content.split('\n')    # 相当于逐行 read
        Starti = 0    # 生产一个判断变量。有一篇没有 LP 就以 0 开始
        for i in range(len(ArticleList)):
            RowContent = ArticleList[i]
            # print(i)
            if RowContent[0:3] == 'LP ':    # 说明找到开头了
                Starti = i
                break
            else:
                pass
```

```
    # 还有一种可能没有 LP,那就从 TD 开始
    if Starti == 0:    # 这个判断确定是否也缺失 LP
        for i in range(len(ArticleList)):
            RowContent = ArticleList[i]
            # print(i)
            if RowContent[0:3] == 'TD ':    # 说明找到开头了
                Starti = i
                break
            else:
                pass
# 如果这时候 Starti 还等于那就有点问题了
if Starti == 0:
    print(RowContent)


EndiList = [len(ArticleContent)]    # 如果没有 TD 那就从最后开始
for i in range(Starti, len(ArticleList)):
    RowContent = ArticleList[i]
    for PotentialStop in PotentialStops:
        if RowContent[0:len(PotentialStop)] == PotentialStop:
                                            # 说明找到结尾了
            EndiList.append(i)
Endi = min(EndiList)
LPANDTD = ''
for i in range(Starti, Endi):
    LPANDTD = LPANDTD + ArticleList[i]
LPANDTD = LPANDTD.replace('LP ', '')


# 1. 将所有非字母字符替换为空字符串,并将其余字符设置为小写
LPANDTD1 = LPANDTD.replace("License this article from Dow Jones Reprint
                            Service",
                           "")    # URL-based 很多文章最后有这么句话,剔除掉
LPANDTD1 = re.sub('[\n]', '', LPANDTD1)    # \n 替换成空格
LPANDTD1 = re.sub('[^a-zA-Z ]', '', LPANDTD1)    # 非字母替换成空格
LPANDTD1 = LPANDTD1.lower()


# 2. 将文章文本解析为以空格分隔的单词列表,并保留文章的单词顺序。排除单字母的单
词。【这里跟原文不一样,先不剔除 stopwords,词干提取之后再剔除】
LPANDTD2 = LPANDTD1.split('')
LPANDTD3 = []
for i in range(len(LPANDTD2)):
    if len(LPANDTD2[i]) == 0 or len(LPANDTD2[i]) == 1 or LPANDTD2[i] in
    StopWords_List:    # 说明只有一个字符或者 0 个字符
        pass
```

405

```
            else:
                    LPANDTD3. append(LPANDTD2[i])
        else:
            LPANDTD3 = []   #返回空集


        return LPANDTD3
    #----------------------------------------------------------------------
--------------------------------
    #1. 语料提取
    fileLocation = " 2011-08-12.txt"

    if os. path. isfile(fileLocation):   #说明存在该文件
        file = open(fileLocation, 'r', encoding='utf-8')
        DayContent = file. read()
        DayContent = DayContent. split('\n\n')

        Final = "   #一个 Final 就是一篇
        # Final 里面先添加一个 Date
        date = '2011-08-12'
        Final = Final + f"***Date: {date}***" + '\n'


        for ArticleContent in DayContent:   #逐篇清洁
            #清洗:排除除 A、B、C 或缺失之外的任何部分对应的页面引用标签的文章。    + SE 筛选
            if '\nPG  'not in ArticleContent:   #说明没有 PG 说明,则保留
                ArticleContent_cleaned = ArticleClean(ArticleContent)
            elif '\nPG  A'or '\nPG  B'or '\nPG  C'in ArticleContent:
                ArticleContent_cleaned = ArticleClean(ArticleContent)
            elif '\nPG  Page A'or '\nPG  Page B'or '\nPG  Page C'in ArticleContent:
                ArticleContent_cleaned = ArticleClean(ArticleContent)
            elif '\nPG  NO PAGE CITATION'or '\nPG  NO PAGE CITATION'in ArticleCon-
                tent:
                ArticleContent_cleaned = ArticleClean(ArticleContent)
            else:   #不要其他类型的文章
                ArticleContent_cleaned = []

            if ArticleContent_cleaned:   #不为空集
                for ArticleWord in ArticleContent_cleaned:
                    Final = Final + ArticleWord + ''
                Final = Final + '\n'
            else:
                pass
        Final = Final + '\n'
        #写入
```

```
file = open('replicate_Article_Words.txt', 'a+', encoding='utf-8')
file.write(Final)
file.close()
```

（二）分词

分词是文本数据挖掘中很基础和重要的一个步骤，分词的准确性极大程度上影响了后续的信息提取和进一步的分析。这是因为，文本是一种非结构化的数据，不可以被直接计算，如果将文本从大到小分解，可能得到篇、章、节、段、句子、词组、词和字。从形式上看，一个英文文本是由英文单词、空格和标点符号组成的一个字符串，单词被空格分隔开，因此可以根据空格符或标点符号直接进行分词。实证运用中也会将单个词语扩展成长度为 n 的词组，即 n 元词组（N-gram）。中文语境下，文本为汉字的连续排列，需要按照一定的规则将汉字排列切分成词或词组。根据分割原理，可以将现有的中文分词方法分为基于字符串匹配、基于理解和基于统计三类。字符串匹配法将待分析的文本与前叙词典词条进行匹配，若某个汉字组合可在词典中找到，则标记为一个词。基于理解的分词方法则在分词的同时进行句法、语义分析，以改进对歧义词的处理。基于统计的分词方法是指通过机器学习模型学习已经切分好的词语规律，进而实现对未知文本的切分，常用方法包括最大概率分词法和最大熵分词法等。研究中常用的中文分词工具见表 12-2。

表 12-2 研究中常用的中文分词工具

中文分词工具	获取途径
中科院计算所 NLPIR	http://ictclas.nlpir.org/nlpir/
ansj 分词器	https://github.com/NLPchina/ansj_seg
哈工大 LTP	https://github.com/HIT-SCIR/ltp
清华大学 THULAC	https://github.com/thunlp/THULAC
斯坦福大学 segmenter	https://nlp.stanford.edu/software/segmenter.shtmlHanlp
分词器	https://github.com/hankcs/HanLP
结巴分词	https://github.com/yanyiwu/cppjiebaKCWS
分词器（字嵌入+Bi-LSTM+CRF）	https://github.com/koth/kcws
ZPar	https://github.com/frcchang/zpar/releases
IKAnalyzer	https://github.com/wks/ik-analy

目前，中文分词通常会遇到的一个难题是歧义，即对同一个待切分文本存在多个分词结果。该类问题一般根据歧义类型分为三类，即组合型歧义、交集型歧义和真歧义三种类型。组合型歧义指某个词条中的一部分也可以切分为一个独立的词条，比如"中华人民共和国"，粗粒度的分词就是"中华人民共和国"，细粒度的分词可能是"中华/人民/共和国"。交集型歧义是指相邻词之间共用汉字的情况，因此在分词时会出现至少两种结果。真歧义是指文本本身的语法和语义都没有问题，即便采用人工切分也会产生同样的歧义，只有通过上下文的语义环境才能给出正确的切分结果。

代码如下：

```
import nltk
nltk.download()
# 对 demo_text 进行分词
from nltk.tokenize import word_tokenize
demo_text = " The fund manager wanted to wait for his stocks to bounce back. "
print(word_tokenize(demo_text))
```

（三）数据清洗

数据清洗是文本数据降维的一种途径，主要包括对非相关文本、停用词以及同根词的清洗：首先是非相关文本，即和研究主题无关的内容，例如广告、图片、标点符号以及页眉页脚和文档声明等固定样式的文本。其次是停用词（Stop Words），即对句子语法结构很重要但本身传达意义较少的字词。英文的停用词主要包括冠词（the、a）、连词（and、or）和动词（to、be）等；中文的停用词主要包括的、了、即使等为了句式完整的词以及标点符号等。研究中一般参考停用词表对停用词进行删除。英文停用词表一般直接从 Python 的 nltk 库导入，常用的中文停用词表包括中文停用词表、哈工大停用词表、百度停用词表以及四川大学机器智能实验室停用词库等。最后是同根词。可以通过词干提取（Stemming）等方法对这些词汇进行标准化，即同根词均调整为单一标准词进行调整，降低文本数据的维度。

代码如下：

```
# 导入 NLTK 英文停用词
from nltk.corpus import stopwords
stopwords.words('english')
# 使用 Porter 提取算法对单词 rising 进行词干提取
from nltk.stem import PorterStemmer
stemmer = PorterStemmer()
print(stemmer.stem('rising'))
```

（四）文本数据信息提取

文本数据信息提取主要分为两步：把原始文本库结构化转换到数据矩阵，以及数据矩阵的信息提取。这是数据清洗后运用文本进行分析前的关键一步。

首先，把原始文本库结构化转换到数据矩阵。具体来说，利用有关语言结构的先验信息将文本数据投射到可控维数的数据矩阵 C，C 的构成元素一般是诸如词汇、段落或预定义特征等词条（Token）的数目。这部分的具体内容将在本章第二节展开介绍。

其次，数据矩阵的信息提取，即利用结构化数据矩阵获取所需变量的估计值。该阶段需要用到高维统计方法完成分类或预测等任务。例如，情绪判断即属于分类的一种，基于上一步获得的数据矩阵 C，采取一定的技术方法得到 V（文本的真实情绪值）的估计值 $\hat{V}$，根据估计值 $\hat{V}$ 识别情绪类别。这部分的具体内容将在本章第三节展开介绍。

经过上述两步后，就可以基于文本挖掘出的信息 $\hat{V}$ 进行特定的金融研究。例如，可以将从社交媒体推文中挖掘到的投资者关注度信息用于对公司未来的股票收益率进行预测等。

第二节　文本数据的结构性表示

一、文本数据矩阵

(一) 词袋模型

词袋模型 (Bags of Words) 是不考虑语法、句法对文本的影响，并认为文本中每个词的出现相互独立的模型。它将文本看作是若干个词语的集合，并通过计算每个词语出现的次数将文本内容投射成一个列向量。词袋模型一般通过两种方式完成上述投射，即独热编码 (One-Hot Encoding) 和词频–逆文档频率法 (Term Frequency-Inverse Document Frequency, TF-IDF)。

独热编码操作简单，并且已广泛应用到了会计和金融领域的研究中。假设我们的文本语料库中含有三段内容分别为 "创业板逆转贵州茅台创新高" "白酒股跨年行情" 和 "白酒行情再起贵州茅台创新高"。首先对语料库分词并获取其中所有不同的词构建词列表：["创业板"，"逆转"，"贵州茅台"，"创新高"，"白酒"，"行情"，"跨年"，"股"，"再起"]，其次使用 one hot 对每段话提取特征向量，最后分别为：[1,1,1,1,1,0,0,0,0,0]，[0,0,0,0,1, 1,1,1,1,0] 和 [0,0,1,1,1,1,1,0,0,1]。

实际情况中，大多数文本只有极少数词被经常使用，而绝大多数词很少被使用，如果只是简单地计算某一类词汇在所有文本中出现的数量，势必使其受到总字数较多的文本影响。解决这个问题的简单办法是计算某一类词汇在文档中出现的比例而不是数量。一种方法是赋予文本词汇不同的权重，赋权方案涉及三个组成部分：①一个单词在文档中的重要性，通常是单词出现的次数或者出现频率的自然对数；②对文档长度进行某种形式的规范化；③一个单词在整个语料库中的重要性，通常通过反文档频率 (Inverse Document Frequency, IDF) 来衡量。通常把这种赋权方案统称为 TF-IDF 加权，TF (Term Frequency) 表示跟单词出现频率有关的部分，IDF (Inverse Document Frequency) 表示跟单词在整个语料库中的重要性程度有关的部分。其中最常见的一种 TF-IDF 赋权方案，单词 i 在第 j 篇文档中的权重为

$$w_{i,j} = \begin{cases} \dfrac{(1+\ln(tf_{i,j}))}{(1+\ln(a_j))}\ln\left(\dfrac{N}{df_i}\right) & \text{若} tf_{i,j} \geqslant 1 \\ 0 \end{cases} \tag{12.3}$$

式中，N 表示文档的数量，df_i 表示至少出现过一次单词 i 的文档数量，$tf_{i,j}$ 表示单词 i 在文档 j 中出现的次数，a_j 表示文档 j 中平均每个单词出现的次数。在式 (12.3) 中，TF 项通过对数变换 $(1+\ln(tf_{i,j}))/(1+\ln(a_j))$ 减弱高频词的影响，例如，词语 "损失" 在语料库中出现 179 万次，而单词 "加重" 出现 10 次。词汇 "损失" 的总体影响不太可能为单词 "加重" 的 17.9 万倍，因此需要合适的方法减弱高频词的影响。IDF 项 $\ln(N/df_i)$ 则根据单词 i 的共性程度来修正单词 i 的权重，比如，如果单词 i 在所有文档中都出现，则 $df_i = N$，共性最强，IDF 项的值为 0，即权重为 0；如果单词 i 在所有文档中只出现一次，则 IDF 项的值较大，会增加权重。相比简单地计算某一单词在文本中出现的比例，使用 TF-IDF 方法能更有效地提取文本信息。

词袋法在实际应用中也会面临较多缺点：首先，它假设词与词之间的顺序不影响文本信息，这显然与事实不符；其次，它假设词与词相互独立，但大多数情况下词与词之间是相互

影响的；最后，向量的维度取决于文档中词语的数量，当文档中词语数量过多时，很可能产生维度灾害。

代码如下：

```
from sklearn.feature_extraction.text import CountVectorizer
text_demo = ['wait the stock to bounce back', 'the stock has already bounced
back', 'the stock price still remains low']
vectorizer=CountVectorizer()
print(vectorizer.fit_transform(text_demo))
print(vectorizer.fit_transform(text_demo).toarray())
```

（二）Word2Vec

使用词袋模型构建词向量虽然方便快捷，但通常并不是一个好选择。为了弥补词袋模型不能准确表达不同词之间的相似度的缺点，人们发明了许多改进方法。其中最常见一种是词嵌入（Word Embedding）模型。词嵌入是指把一个维数为所有词数量的高维空间映射到一个维数低得多的连续向量空间中，每个单词或词组被映射为实数域上的向量。这种方法将每个词表示成一个定长的向量，并使得这些向量能较好地表达不同词之间的相似和类比关系。

词嵌入模型中最常用的一种方法是 Word2Vec（Word to Vector）方法，它可以将词语转化为相对低维的向量，且向量元素含有词语信息。Word2Vec 方法相对于传统的词语向量表示法的最大优点是可以根据 Word2Vec 向量计算词语相似度。Word2Vec 模型包含 CBOW（Continuous Bag-Of-Words）模型和 Skip-gram 模型。CBOW 模型根据文本上下文对目标词进行预测，而 Skip-gram 根据目标词对文本上下临近词语进行预测。跟 CBOW 模型相比，Skip-gram 模型估计准确率更高，且在低频词上表现更加明显，如图 12-2 所示。

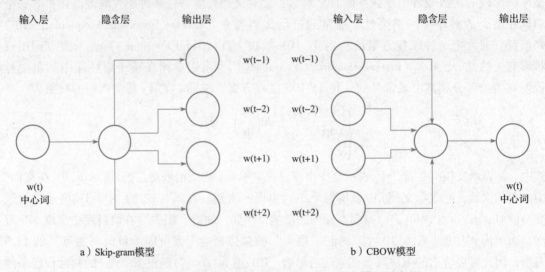

图 12-2　Word2Vec 算法中 Skip-gram 和 CBOW 模型示意图

代码如下：

```
from gensim.models import word2vec
import logging
```

```
demo = word2vec.Text8Corpus('text_demo ')  # text_demo 为语料库
model_demo= word2vec.Word2Vec(demo, sg=1, size=100,  window=5,  min_count=
5,  negative=3, sample=0.001, hs=1, workers=4)
model_demo.save('model_demo.model')
```

（三）N 元模型

词袋模型假设词的出现独立于上下文，为了弥补这一缺陷，人们发明了 N 元模型（N-gram）。具体来说，对于由 n 个词组成的句子 $S=(w_1,w_2,\cdots,w_n)$，如果假设每个单词 w_i 的出现与它之前的若干个词均有关，则句子 S 出现的概率为

$$p(s)=p(w_1,w_2,\cdots,w_n)=\prod p(w_i\mid w_{i-1}\cdots w_{i-N+1}) \tag{12.4}$$

如果一个词的出现仅依赖于它前面出现的一个词，即上式中的 N 取 2，那么我们就称之为 Bi-gram；如果一个词的出现仅依赖于它前面出现的两个词，那么就称之为 Tri-gram。由于 N 取值的增加会导致维度扩增，从而带来计算成本的提高，故实际应用时我们经常将 N-gram 模型限定为 Bi-gram 和 Tri-gram 两种形式。

我们一般采用极大似然法估计式（12.4）右侧的概率值，具体估计方法为

$$p(w_n\mid w_{n-1}w_{n-2})=\frac{C(w_{n-2}w_{n-1}w_n)}{C(w_{n-2}w_{n-1})} \tag{12.5}$$

式中，$C(w_{n-2}w_{n-1}w_n)$ 指的是词组 $w_{n-2}w_{n-1}w_n$ 出现的次数，$C(w_{n-2}w_{n-1})$ 指的是词组 $w_{n-2}w_{n-1}$ 出现的次数。

（四）主题模型

主题模型（Topic Model）是在经济金融与财务领域的一个应用需求，是指在没有事先标注集的情况下，对文本按主题做分类。由于一篇文本的主题可能有多个，这类分类问题不同于按照事先标注集、将一篇文本仅归入一类的应用。主题分类的代表模型是隐含狄利克雷分配（Latent Dirichlet Allocation，LDA）模型，它是一种概率主题模型。

LDA 模型假定全部文档 M 中存在 K 个主题，每个文档 m 包含 N_m 个词语，并且每个词都是由其中的一个主题生成。主题服从一个多项式分布 $\boldsymbol{\theta}_m$，而每个主题 k 与词汇表中的 V 个单词的一个多项式分布 $\boldsymbol{\varphi}_k$ 相对应，并且假定分布 $\boldsymbol{\theta}_m$ 和分布 $\boldsymbol{\varphi}_k$ 具有共轭的狄利克雷分布，该共轭的狄利克雷分布的超参数为 α 和 β。这样，通过预设文档中的主题个数，LDA 模型可以将每篇文档的主题以概率分布的形式给出，其中每个主题对应一类词语分布，根据词语分布可以挑选出一些关键词对该主题进行描述。

LDA 模型假定文档的生成过程如图 12-3 所示：①从狄利克雷分布 α 中抽样得到文档 m 的主题多项式分布 $\boldsymbol{\theta}_m$，从狄利克雷分布 β 抽样得到主题 k 的词语多项式分布 $\boldsymbol{\varphi}_k,k=1,\cdots,K$；②从主题多项式分布 $\boldsymbol{\theta}_m$ 中抽样得到文档 m 的第 n 个词的主题 $Z_{m,n}$；③从主题 $Z_{m,n}$ 对应的词语分布 $\boldsymbol{\varphi}_{Zm,n}$ 抽取词语 $W_{m,n}$；④重复上述步骤 N_m 次。因此，所有已知的和隐藏的变量的联合分布可以表示为

$$P(W_m,Z_m,\boldsymbol{\theta}_m,\boldsymbol{\Phi};\alpha,\beta)=\prod_{n=1}^{N_m}P(\boldsymbol{\theta}_m;\alpha)P(Z_{m,n}\mid\boldsymbol{\theta}_m)P(\boldsymbol{\Phi};\beta)P(W_{m,n}\mid\boldsymbol{\varphi}_{z_{m,n}}) \tag{12.6}$$

式中，$\boldsymbol{\Phi}=\{\boldsymbol{\varphi}_k\}_{k=1}^K$，模型中唯一可观测的变量是词语 $W_{m,n}$。实际应用中可以通过 Gibss 抽样方法来估计 LDA 模型的参数，从而得到每篇文档的主题分布 $\boldsymbol{\theta}_m$ 和每个主题对应的词语分布 $\boldsymbol{\varphi}_k$。

LDA 的一个局限性是需要人为给出主题数量，而主题数量的选择会影响主题的生成和

411

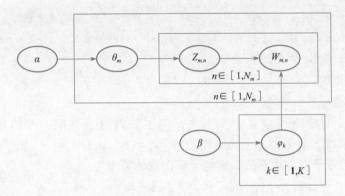

图 12-3　LDA 模型假定文档的生成过程

文档的归类。选择文档主题个数 K 的方法有：根据主题个数计算复杂度得分（perplexity score）；交叉验证法，预设一些初始值，再根据主题的解释能力来调整主题个数等；层次狄利克雷过程（Hierarchical Dirichlet Processes）是对 LDA 模型的拓展，该方法不需要事先设定 K，而是将主题个数作为未知的模型参数并结合贝叶斯非参技术来估计。

　　LDA 的另一个局限性是忽略了主题分布随时间可能存在的演进变化，相对应的拓展是动态主题模型（Dynamic Topic Models），对这些拓展的细节不复赘述。

　　近年来，主题分类模型在金融与财务领域逐渐得到广泛运用。例如，可以使用 LDA 模型从新闻数据中提取出主题并估计日度频率新闻的即时经济周期指数；或可以使用 LDA 模型和 HDP 模型从新闻中分离出金融科技主题用以构建金融科技情绪指数等。

　　代码如下：

```
from gensim.test.utils import common_texts
from gensim.corpora.dictionary import Dictionary
from gensim.models.ldamodel import LdaModel
# Create a corpus from a list of texts
common_dictionary = Dictionary(common_texts)
    # common_texts 是一个分好词的 list,一个元素表示一篇文章
common_corpus = [common_dictionary.doc2bow(text) for text in common_texts]
    # text 标示一篇文章,然后把 common_texts 表示成 doc2bow 格式
# Train the model on the corpus.
lda = LdaModel(common_corpus, num_topics=10)
```

（五）BERT 模型

　　近年来，预训练自然语言模型开创了自然语言处理研究的新范式。预训练自然语言模型（Pre-trained Models for Natural Language Processing）指的是先使用大量无监督语料进行语言模型预训练，再使用少量标注语料进行微调来完成具体自然语言处理任务（文本分类、序列标注、句间关系判断和机器阅读理解等）的模型。Google 的 BERT（Bidirectional Encoder Representation from Transformers）系列模型是预训练语言模型中最具代表性的模型之一，其被广泛应用于语言结构、语言相似度等实验，且具有很好的效果。BERT 采用双向 Transformer 模型进行预训练，可以得到富含上下文语义信息及句法的词向量，以上下文动态调整词向量的方式解决一词多义的问题。实验的结果表明，双向训练的语言模型对语境的理解会

比单向的语言模型更深刻、准确。因此，该模型不需要进行任何中文分词处理，不需要考虑分词的准确性、词与词之间的相关性及一词多义等问题。

BERT 模型的训练主要包含两步：

（1）预训练：通过多种预训练任务，从海量文本数据中学习字符级、词语级、语句级和语句间关系的特征。

（2）微调：在预训练完成的模型基础之上，为具体的下游任务（如文本情感分类，序列标注等）定制和添加一层输出层，并运用下游任务的数据对模型进行微调，从而为各种自然语言处理任务生成预测精度更高的模型。

BERT 模型整体架构如图 12-4 所示，其中 Trm 为 Transformer 模型的缩写。

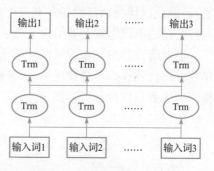

图 12-4　BERT 模型整体架构

代码如下：

```
# 首先在网站下载 bert 预训练模型 https://github.com/google-research/bert
pip install bert-serving-server # 安装相应的 Python 库
pip install bert-serving-client
bert-serving-start -model_dir D:\bert\model\-num_worker=1 # 启动服务
from bert_serving.client import BertClient
bert_demo = BertClient()
result = bert_demo.encode(['wait the stock to bounce back', 'the stock has al-
ready bounced back', 'the stock price still remains low'])
print(len(result[0]))
```

二、文本特征识别

（一）可读性衡量

文本的可读性（Readability）衡量了读者通过阅读获取文本真实信息的难易程度。对于文本信息的发布者，比如上市公司而言，当他们越不想让投资者了解公司目前存在的问题时，越倾向于发布晦涩难懂、可读性低的披露信息。当他们想尽快让更多的投资者了解自身的好消息以期待更高的股票回报时，所发布的信息言简意赅、可读性高。

对于文本可读性的衡量方法有很多种。在金融和会计领域运用得较为普遍的是迷雾指数（Fog Index）。它从句子长度和单词复杂度等方面衡量了阅读者读懂文本信息所需要的最低教育年限，即迷雾指数越高表示文本的可读性越低。迷雾指数（Fog Index）的公式为：Fog Index=0.4×（每句话的平均单词数+复杂词汇比例），复杂词汇是指超过两个音节以上的单词。迷雾指数也存在一些问题：首先，复杂单词的评判机制是有瑕疵的，因为在商业文件中最经常使用的单词都是超过两个音节的，而且这些单词对于投资者来说都是很容易理解的；其次，在像年度报告这样复杂的文件中，要正确计算每个句子的平均字数很困难；第三，在商业披露语料库中，10-K 文件大小（以兆字节为单位）的自然对数、专业术语词的数量以及文件中单词的总数等指标衡量可读性比迷雾指数表现要好。

在迷雾指数的基础上，有学者对其进行改进提出了沼泽指数（Bog index），由专门的软

413

件 StyleWriter 生成，试图衡量文档的写作质量，并在衡量文本可读性时考虑文档的复杂字数、句子长度、被动语态的使用、弱动词，甚至行话等因素。例如，StyleWriter 使用专门的加权方案而不是音节数量来定义复杂单词，他们的复杂词分类范围从 0（熟悉）到 4（抽象）。因此，像公司、财务和利息等熟悉的单词 Bog Word Score 为 0 分；而像运营，接近和取得这样的单词通常会被给出 2 分。

也有研究利用写作的风格来衡量文档可读性。例如，可以使用第一人称复数和第二人称单数人称代词作为对可读性的一种衡量，或可以使用 LIWC2015 software 判定文章使用的人称代词的数量以衡量可读性。

代码如下：

```
!pip3 install textstat                                    # 安装 Python 包
import textstat
demo_text = 'The fund manager wanted to wait for his stocks to bounce back.'
textstat.syllable_count(demo_text)                        # 音节统计
textstat.lexicon_count(demo_text, removepunct=True)       # 词汇统计
print(textstat.smog_index(demo_text))                     # 可读性衡量
```

（二）文本叙述方法

文本叙述方法也称为文本词组的排列方式，其对于准确理解文本所包含的情绪信息和倾向性有着至关重要的作用。例如，英文中作者总是习惯将希望引起读者注意的重要信息放在句子的开头，而将其他信息用连接词或指示代词放在句子的其他部分；中文叙述中先抑后扬的叙述手法透露出作者对于描述对象总体的肯定态度，而先扬后抑的手法则表示否定。随着计算机技术的发展，可以运用语法分析法（Syntactic Analysis）等计算机技术处理大量文本，从语法结构角度理解句子的含义。针对上市公司发布信息的叙述结构，有学者采用语气分散度指标（Tone Dispersion）衡量在上市公司经理人自愿披露的文本信息中，所包含的情绪在叙述时是较为集中还是比较分散。研究发现语气分散度能够反映公司经理人在发布信息时的潜在动机，同时较为集中的语气分散度将放大市场对于信息的反馈程度。

（三）文本相似性

学术界通常使用余弦距离公式来衡量文本间的相似程度，即文本相似性（Similarity）。假设文本 T_1 和 T_2 对应的向量分别为 $\boldsymbol{a} = (w_{a1}, w_{a2}, \cdots, w_{an})$，$\boldsymbol{b} = (w_{b1}, w_{b2}, \cdots, w_{bn})$，则文本 $\boldsymbol{a}$ 和 $\boldsymbol{b}$ 的余弦相似度计算公式如下

$$D(T_1, T_2) = \frac{\sum_{i=1}^{n} w_{ai} w_{bi}}{\sqrt{\sum_{i=1}^{n} w_{ai}^2} \sqrt{\sum_{i=1}^{n} w_{bi}^2}} \tag{12.7}$$

式中，n 为特征个数，w_{ai}，w_{bi} 为特征在两个文本中的权重。

$D(T_1, T_2)$ 取值在 0 和 1 之间，数值越大表明文档相似度越大。例如，可以使用文本相似性指标度量上市公司年报 MD&A 内容的相似度，发现公司年报 MD&A 信息相似度与公司股权资本成本有显著的正向关系。此外，公司当期与上期报告的文本相似性高或者本公司和其他公司同期报告的相似性高意味着公司信息披露不足，信息公开化、透明化程度有待加强。也有研究从文本相似度视角研究年报风险信息披露与审计费用的关系，发现年报风险信

息披露的余弦相似度与审计费用显著负相关,说明年报风险信息披露的余弦相似度降低了审计费用。进一步分析表明,这种负相关关系主要体现在信息质量较高组以及公司显性风险较小组,说明年报风险信息披露的余弦相似度较高是因为公司没有新增风险而并非公司隐藏了风险,余弦相似度较高的年报风险信息披露通过省去部分审计工作程序进而降低审计费用。

代码如下:

```
cosine_similarities=[]
for k in range(1,N):
    x=np.array(vectors[k-1])
    y=np.array(vectors[k])
    Length_x=np.sqrt(x.dot(x))
    Length_y=np.sqrt(y.dot(y))
    cos=x.dot(y)/(Length_x*Length_y)
    cosine_similarities.append(cos)
    print(cos)
```

第三节　文本数据的信息提取

一、词典法

词典法(Lexicon-Based Sentiment Analysis)是一种传统的文本大数据分析方法。该方法通过事先定义好的词汇字典,将文本中的文字根据其含义及属性的不同简化为不同的类别,最终达到提取文本信息的目标。目前在研究中使用的词汇分类字典很多,本节主要介绍哈佛大学通用调查词典、洛克伦与麦克唐纳词典以及中文金融情感词典。

哈佛大学通用调查词典(Harvard General Inquirer Word Lists, GI)是最早被研究者应用于会计和金融领域的词汇字典。但是,由于 GI 词汇字典最初并不是专门为金融文本分析创建的,其中的很多分类(如 IV-4 分类)将许多不带有情感色彩的金融类文本常用词汇(如税收和负债等)和行业专用词汇(如癌症和矿产等)错误地归类为消极词汇,因此其对金融信息提取的准确性往往受到质疑。

洛克伦与麦克唐纳词典(Loughran and McDonald Word Lists, LM)是目前在会计和金融领域最常用的文本分析词典之一。其根据 1994 年—2008 年美国上市公司年报的词汇使用情况构建了词汇分类字典,将词汇分为六个类别,包含 354 个积极词汇和 2329 个消极词汇。相对于其他词典,在会计和金融领域的文本分析中,LM 词典几乎没有遗漏常用的积极词汇或消极词汇,且分类方式更加严谨和准确。

上述介绍的两个词典是在英文语境下构建的,但中文和英文区别较大,如果直接把英文词典翻译成中文并用在中文语境下,效果并不会很好。所以,大多数中国学者选择在参考英文词典以及其他词库的基础上构建自己的中文词典,如中文金融情感词典、中国财经媒体领域的正负面词库、上市公司业绩说明会语调词汇表、社交网络文本情绪分析词典,以及适用于金融科技领域的情感词典等。其中,姜富伟、孟令超和唐国豪(2021)基于现有中文通用情感词典和英文金融词典(LM 词典),采用深度学习方法构建了适用于中文语境的金融情感词典。该词典先将 LM 词典进行了中文化,然后通过从通用情感词典中筛选以及

415

Word2Vec 扩充两种方式在中文语境下对 LM 词典进行了扩展与完善，包括 3338 个积极词汇和 5890 个消极词汇。

专栏 12-2　中文金融情感词典构建流程

结合现有的中文通用情感词典以及英文金融词典（LM 词典），姜富伟、孟令超和唐国豪（2021）构建了中文金融情感词典。首先，将英文 LM 金融词典转化为对应的中文版本（洋为中用）；第二，从中文通用情感词典中筛选出在金融语境下仍然适用的情感词汇（古为今用），为了避免不同通用情感词典之间特征差异的影响，同时也为了保证词语的完备性，将三个应用程度较为广泛的词典（知网（HowNet）情感词典、清华大军李军中文褒贬义词典以及台湾大学（NTUSD）简体中文情感极性词典）合并去重，以此作为所使用的通用情感词典；第三，为了避免金融情感词语的遗漏，利用 word2vec 算法（一种深度学习算法）从语料库中找到与前两部分词语高度相关并且具有合适情感倾向的词语以扩充词典。最后，将以上三步得到的词语合并去重，得到最终的中文金融情感词典。中文金融情感词典的构建思路如图 12-5 所示。

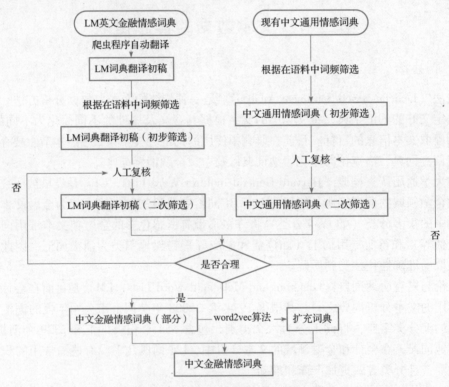

图 12-5　中文金融情感词典构建思路图

中文词典的诞生让文本分析在中文金融领域的使用更加准确。例如，在分析某股票论坛的四万条帖子时（随机抽取 2008 年—2018 年的数据），人工挑取正、负面词语构建的金融情绪词典与直接使用翻译的 LM 词典相比，该词典能将情绪分类准确率提高 30%。由于一些特定领域的文本包含一些对信息提取比较重要的专有词语（如上市公司名称、金融术语等），因此常常需要根据研究问题采集更多的金融语料库来拓展现有词典。

除了词典的确定外，用词典法分析文本情绪的另一个关键要素是如何确定词语的权重。选择合适的赋权方法有时比构建完备且精确的词典更重要。常用的赋权方法有等权重、词频-逆文档（TF-IDF）加权，以及对应变量加权三种。顾名思义，等权重法假定文本中每个词语的重要程度相同。TF-IDF加权法则同时考虑词语在文本中出现的次数（频率）和多少文档包含该词语这两个维度，对在文本中频繁出现但并没有实际含义的词语赋予较少的权重、而给予有重要含义但出现次数较少的词语较大权重。对应变量加权是指借用文本中词语与对应变量（市场收益率、波动率指数等）的关系来确定词语的权重。

上述赋权方法各有优劣：等权重法因简便易行而广为使用；在10-K文本下，TF-IDF加权法比等权重法更能降低词语的分类错误，可以实现更为有效的信息提取，在中文语境下也能得到更准确的情绪分类；而对应变量加权法能在一定程度上避免权重选择的主观性，其效果也不依赖词典是否完整，因此文本分析结果可能比人为主观设定权重更为准确。例如，有学者根据网络论坛StockTwits上带有不同标签（看涨和看跌）帖子出现的频率，为不同词语正负情感的强弱程度赋权。有学者发现，利用10-K文本数据和异常收益率计算出词语权重，然后计算IPO招股说明书的语调得分，能够解释IPO折价现象。文献笪治等（2015）构建的FEARS指数和阿萨夫·曼内拉（Asaf Manela）与艾伦·莫雷拉（Alan Moreira）（2017）构建的NVIX指数均采用了类似的思想。不过，对应权重加权选择对应变量时具有主观性，对一项研究恰当的词语权重法未必能适用于另一项研究。

总体而言，词典法从文本中提取信息的能力较强，且在短文和词语间逻辑关系较弱的语境下更具优势。同时，由于词典法对于有监督学习和无监督学习均有应用场景，常常可以作为文本大数据分析的一种基准方法。

二、机器学习方法

（一）朴素贝叶斯算法

朴素贝叶斯算法（Naive Bayesian algorithm）是一种基于贝叶斯理论的有监督学习算法。给定一个已知的训练数据集，朴素贝叶斯算法先使计算机学习该数据集中单词与不同类别的关系，然后依照这个关系对其他的文本信息进行最为相似的分类。它的实质是首先利用贝叶斯条件概率公式计算出已知文档属于不同文档类别的条件概率；然后根据最大后验假设将该文档归结为具有最大后验概率的那一类。最早在金融领域使用该方法进行文本分析的是从雅虎金融等网络媒体中分析道琼斯工业指数中所包含的公司的股票信息的一个研究，该研究发现股票的新闻数量与随后的交易量存在较强联系。此外，也有研究用该方法衡量了高科技股票董事会评论信息中的情绪，并指出情绪信息与股票交易量和波动率息息相关。

朴素贝叶斯算法有以下三个优点：①它是目前大数据文本分析中历史最悠久、发展最成熟的方法，它使得机器能够遵循一定的规则，替代人类处理和分析非常庞大的文本信息；②朴素贝叶斯算法基于条件"独立性假设"，因此适合于处理属性个数较多的分类任务，而文本分析正是多属性的分类任务；③一旦朴素贝叶斯分类器（分类规则）通过机器学习被定义完整后，在提取文本信息的过程中研究者的主观倾向性能够被很好地消除。例如，可以使用朴素贝叶斯算法分析美国上市公司年报和季报中MD&A板块的前瞻性声明（Forward-Looking Statement，FLS）：首先从FLS文本中随机选择3万个句子，将其人工分类为积极、中性、消极和不确定四类；其次将其作为训练集让计算机学习，并用计算机对剩余的句子进行分类从而分析公司管理层前瞻性声明中体现的语气或情绪能否预测公司未来的盈利。该项计算的训练误差低于 10%，这意味着朴素贝叶斯算法对文档分类的正确率高于 90%，充分体现了该方法在处理庞大文本信息时的优势。

尽管朴素贝叶斯算法有许多优势，但在使用这种方法的过程中，我们需要提供初始训练集指导机器学习分类。这个训练集往往是随机地选取并由人工定义，因此分类种类和方法也总是因人而异，不仅缺乏统一的规范和标准，而且时间及人力消耗多。对于那些没有在训练集中出现的单词，计算机会把它归为中性或不确定一类，这也降低了该方法提取文本信息的准确度。不过，对于还没有成熟的词汇字典的新文本问题，机器学习方法依然有很大的应用空间。

（二）支持向量机

支持向量机（Support Vector Machine，SVM）是一种基于统计理论与结构风险最小原理的有监督机器学习算法，可以用于分类和回归分析等。其基本原理是先将每个文本通过核函数投射为高维空间的一个点，然后根据训练集在特征空间中找到一个最优分类超平面将这些点按照其对应的标签（如正、负情绪等）进行分割，使得每个类别的点到这个超平面的最近距离最大化。支持向量机对文本进行分类主要有以下三个步骤：首先，采用独热表示法或者 Word2vec 等方法将文本转换为向量；其次，根据训练集学习文本向量与所属类别的关系，并对根据训练集得到的模型做交叉验证；最后，将训练出的最优模型用于预测所有文本的分类。

与朴素贝叶斯算法相比，支持向量机能够实现更好的样本外预测精度。这是因为朴素贝叶斯算法在学习中涵盖了所有文档，引入了较多噪音，而支持向量机只关注不同类型惩罚函数选择的支持向量，从而能够避免过度拟合的问题。此外，支持向量机利用核函数能够解决线性不可分问题。但该方法也存在一些弊端，如分类结果对核函数的选择比较敏感，难以针对具体问题选择出最佳的核函数和只能处理二分类问题等。另外，文本分析中支持向量机等分类器虽然可以处理一定的非线性，但作为线性分类器，这类方法往往只能将输入数据切分为非常简单的区域，也容易导致过拟合等问题。

（三）深度学习

作为机器学习最重要的一个分支，深度学习近年来发展迅猛，尤其在与文本相关的自然语言处理领域（NLP）取得了重大突破，受到广泛应用。传统的自然语言处理主要是利用语言学领域本身的知识结合一些统计学的方法来获取语言知识。伴随着机器学习浅层模型的发展（如支持向量机、逻辑回归等），自然语言处理领域的研究取得了一定的进展，但在语义消歧、语言理解等方面还是力不从心。近年来，深度学习相关技术取得了显著进展，尤其在自然语言处理方面展现出了明显的优势。

具体来说，深度学习是机器学习中的一种基于对数据进行表征学习的方法，其主要思路是将一组变量输入神经网络（Neural Networks，NNs）进行训练并最终获得预测结果。通常神经网络分为三层，即输入层，隐藏层和输出层。输入层的任务是接收输入数据并将输入传递给隐藏层。隐藏层针对输入进行数学运算。输出层返回的是输出数据，比如金融与财务领域的分类与预测等结果。各层通过神经元连接，每个神经元都有一个激活函数，其作用是将神经元的结果"标准化"。

深度学习的常用模型包括深度神经网络（Deep Neural Networks，DNN）、卷积神经网络（Convolutional Neural Networks，CNN）和循环神经网络（Recurrent Neural Network，RNN）等。DNN 可以通过减少每层网络节点数以及使用不同传输函数克服训练过程中的梯度消失等问题。针对 DNN 参数数量巨大，没有考虑数据的固有局部特征等缺陷，CNN 被提出。CNN 模型进行本文分类时，不仅限定了参数格式，还通过考虑词语在本文中的上下结构来挖掘文本内的局部结构。而 RNN 处理文本分类的思路是借用模型中的递归结构来捕捉上下文信息。这些深度神经网络模型的好处是可以提供非线性分类，但代价是模型参数较多，因此需要庞大的数据库和强大的计算能力。

目前在经济金融与财务领域使用深度神经网络模型提取文本信息的文献较少。采用 CNN 计算中国散户投资者情绪并和 SVM 等模型预测效果进行比较发现，在采用四万条训练数据集的情况下，训练出的 CNN 模型的预测准确性与 SVM 大致相当，但是在分类中 SVM 模型的分类更为果断。随着训练数据集的增大，CNN 的优势可能会进一步显现。

专栏 12-3 基于自然语言处理和深度学习技术的 ESG 投资策略构建⊖

ESG 投资策略是指投资者在投资决策时除了考虑企业的财务因素还考虑企业的可持续性、环境和社会影响等非财务因素，也被称为责任投资。由于 ESG 投资策略可以对冲"黑天鹅"事件的风险，近年来越来越受到全球投资机构的推崇。根据全球可持续发展投资联盟（GSIA）最新统计数据，2019 年全球有总额超过 18 万亿美元的资产管理在投资决策时考虑了 ESG 因素。传统的 ESG 投资策略主要依靠人工收集企业环境、社会及管治报告（ESG 报告）等信息，数据分析高度依赖交易员的投资经验和知识储备，因此存在数据获取的时滞性以及投资决策不精准的问题，ESG 投资策略的实际回报也差强人意。

文本大数据分析技术和机器学习技术的发展缓解了传统 ESG 投资策略的尴尬处境，不少华尔街对冲基金纷纷搭建基于自然语言处理和机器学习技术的 ESG 舆情监控平台。首先利用爬虫等文本大数据获取方法全方位搜集上市公司的各类公开信息，包括 ESG 报告、当地媒体报道、地方环保部门发布的新政以及当地环保部门近期是否频繁约谈能源类上市公司等；其次使用自然语言处理等文本分析技术对文本数据进行结构化处理得到数据矩阵，然后从结构化数据矩阵提取信息以构建 ESG 投资组合。此外，通过大数据分析技术还可以实时监控舆情，判断现有 ESG 投资组合的潜在风险并及时调整。

但国内不少私募基金负责人发现，把 ESG 舆情监控技术运用到国内市场时，由于英文语境下的自然语言处理技术在理解中文文本时存在不少偏差，会对消息进行误读，因此需要人工检查、纠正以避免投资失误。于是，深度学习技术就派上了用场。首先，使用 RNN（循环神经网络）技术从海量数据中筛选出跟上市公司环保等信息高度相关的数据，然后基于深度学习技术和情绪分析程序，使用国内本土化的参考指标对自然语言处理技术进行反复训练，从而提高自然语言处理技术对中文语境下文本情绪判断的准确性，进而增强 ESG 投资策略在中国的投资效率。

在文本分析领域，使用有监督学习方法对数据矩阵进行信息提取通常更受青睐。但是有监督学习方法需要具备两个要素：带有标签信息的训练集数据和合适的模型选择标准。由于训练集数据的标签质量会直接影响最终的信息提取效果，进行相关研究时应事先评估构建标注数据需要耗费的成本。在模型选择标准方面，理想模型不仅需要避免样本内过拟合，还需要具备较好的样本外表现。通常采用交叉验证的方法来评估模型，主要包括三个步骤：首

⊖ 陈植. 金融科技+ESG 投资策略潮起 引入华尔街投资模型因子水土不服探因［N］. 21 世纪经济，2020.

先，将标注数据集按照一定的比例随机分为训练集、验证集和测试集；其次，在训练集上训练模型，并根据模型在验证集上的表现调整模型参数；最后，将模型应用到测试集上，计算模型的预测精度以挑选最优模型。

第四节　文本数据在金融市场的应用

目前，金融市场中与文本分析相关的应用大致分为两类：一是对文本显示的投资者情绪正负、新闻或者文件语调正负进行分类的问题；二是对情绪、不确定性、恐慌程度、意见分歧程度的度量以及相应的回归问题。本节主要从度量关注度、隐含波动率、意见分歧，以及这三类指标与市场表现的关系等方面介绍文本分析技术在金融市场的应用。文本分析技术在度量情绪方面的应用将在本书第十六章进行详细介绍。

一、关注度指数

金融理论指出，"关注"是一种稀缺资源——信息需要先被投资者关注，才能通过投资者交易行为传递到资产价格中，因此关注是信息反应的前提。从研究对象不同角度，关注度可分为投资者关注度（散户投资者和机构投资者）、媒体关注度和分析师关注度。由于学界对分析师关注的研究较少，因此我们主要介绍文本分析技术在投资者关注度和媒体关注度方面的相关应用。

（一）投资者关注度

散户和机构投资者是金融市场的直接参与者，他们的关注行为会影响资产价格的变动。文献布拉德·M·巴博尔（Brad M. Barber）与特伦斯·奥丁（Terrance Odean）（2008）认为，由于购买股票时散户从他们关注的股票列表中做选择，但卖出股票时只能从持仓中选择，散户投资者关注度增加会导致暂时的价格上升。机构投资者持有更多股票、信息加工能力更强，因此通常不存在有限关注度约束。要检验文献布拉德·M·巴博尔（Brad M. Barber）与特伦斯·奥丁（Terrance Odean）（2008）的理论，关键是如何度量两类投资者的关注度。

传统的关注度度量方法选择市场变量等作为关注度的代理变量，如交易量、超额收益率、广告费用等。但与投资者关注无关的因素也可以引发这些变量的变动，于是，近年的研究开始直接使用文本大数据构建散户投资者关注度指标，主要有两类方法：一是利用网络搜索引擎统计对上市公司的搜索次数，二是网络论坛上股民对特定股票的发帖数量。文献笪治等（2011）最早提出并使用搜索次数度量投资者关注，他们根据谷歌趋势提供的搜索指数，使用 Russell 3000 成分股的代码作为关键字，构建了特定股票的投资者关注度。他们发现与文献布拉德·M·巴博尔（Brad M. Barber）与特伦斯·奥丁（Terrance Odean）（2008）的关注理论一致，高散户关注度预测了短期更高的收益率，但长期存在收益率反转。在使用论坛发帖数量度量投资者关注度方面，有学者使用雅虎财经网络论坛的帖子数量来近似关注度，发现关注度对收益率和市场波动率均有预测能力，但对收益率的预测并不具有经济上的显著性。也有学者使用雅虎财经日本板块上 654 家公司的帖子数据度量投资者关注度，发现投资者关注度可以解释日本上市公司的 IPO 抑价现象。

国内采用文本数据度量散户投资者关注度的研究与国外做法类似，也是使用搜索指数或者论坛发帖量。在使用搜索指数方面，有研究把中国 A 股中 825 家上市公司的名称作为关键词，从谷歌趋势上获取这些公司的每周搜索量数据，用周度异常搜索量度量投资者关注度，发现投资者关注度可解释中国市场的 IPO 异象。用百度搜索构建创业板 196 家公司的散户投资者关注度，发现中国创业板市场也存在投资者有限关注的现象。在使用网络论坛发帖量方面，当前研究主要聚焦在研究投资者关注度是否有本地偏好、与股票交易量、未来股票收益率和波动率的关系。

由于缺乏直接反应机构投资者关注度的文本数据，直接使用文本数据度量机构投资者关注度的研究较少。有研究发现，Bloomberg 的使用者主要是机构投资者，因此可以采用 Bloomberg 终端记录的用户对股票新闻的搜索和阅读频率数据来度量美国市场机构投资者关注度。研究发现与散户投资者关注相比，机构投资者关注对重大消息和事件反应更迅速，并且机构投资者关注领先于散户投资者关注。

（二）媒体关注度

媒体关注度（Media Coverage）反映的是媒体对于特定上市公司、行业或市场的关注程度，通常通过统计特定新闻媒体所发布的与金融市场、上市公司相关的新闻数量来构建。作为金融市场的信息制造和传播者，媒体的关注一方面可以影响市场参与者的关注，另一方面也影响市场信息的传播效率和模式。媒体关注对市场影响的研究，主要从它对资产价格、管理层行为和分析师行为的影响等角度展开。

媒体关注对资产价格影响方面，有学者根据 1993 年—2002 年纽约时报、今日美国、华尔街日报和华盛顿邮报上关于 NYSE 和 NASDAQ 上市公司的新闻报道数据，从横截面研究媒体关注与资产收益率的关系，发现媒体关注低的公司的股票未来收益比媒体关注高的公司更高，中国股票市场上媒体关注和公司未来股票收益率之间也存在类似关系。基于 1989 年—2010 年 45 家美国报纸约 220 万新闻数据研究媒体关注与股票市场动量效应的关系，发现关注度高的公司的收益率可预测性更强，故媒体关注会导致投资者偏差。

媒体关注对管理层行为影响方面，有学者使用俄罗斯 1999 年—2002 年公司治理违规数据研究媒体报道与公司违规行为的关系，发现金融时报和华尔街日报等国际媒体对违规事件的关注越高，公司纠正违规行为的概率越高。在中国市场上研究媒体监督与上市公司违规频率之间的关系，也发现媒体关注度的提高会延长公司的违规间隔、降低违规频率。分析师行为影响方面，媒体关注度会影响分析师关注度，从而提高其盈余预测的准确度。此外，也会降低分析师的预测乐观度和预测偏差。

二、新闻隐含波动率指数

除了用来度量媒体关注度和媒体语调外，新闻文本还被用来度量金融市场的不确定性。

基于华尔街日报 1890 年—2009 年的头版数据，使用支持向量机将新闻文本数据中出现的词语和市场上的波动率指数（VIX）相对应，构建新闻隐含波动率指数（News Implied Volatility，NVIX）。该指数的具体构建方法如下：

（1）从每个月的所有新闻文章中提取全部词语出现的频率，采用独热法构建向量 X_t，即 X_t 的长度为所有新闻中单词的个数，每个位置的值表示该词语在该月文章中出现的频率。

（2）将 X_t 与 VIX 指数 ϑ_t 构建映射如下所示

$$\vartheta_t = w_0 + w \cdot X_t + \varepsilon_t. \tag{12.8}$$

（3）将 VIX 数据样本拆分为训练集和测试集，在训练集上使用支持向量机拟合上述方程，得到系数的估计值。

（4）根据每个月构建的新闻向量 X_t，向前估计 NVIX 指数。

例如，有研究基于新闻数据构建了 NVIX 指数，该指数与历史上的重要事件（一战、二战、大萧条等）非常吻合，间接验证了该指数能很好地刻画市场的不确定性，NVIX 指数也可以正向预测市场 6~24 个月的收益率。进一步将新闻中的词语分为四类：股票市场、战争、政府、金融中介，可以发现 NVIX 预测收益率的能力主要受新闻中与战争、政府相关的词语的比例的影响。

NVIX 指数的构建思想还可以应用到其他文本数据上，通过选择不同的文本特征 X_t，结合不同的市场变量 v_t，包括超额收益率、交易量、波动率等，寻找这些文本特征跟市场变量之间的对应关系，提取更丰富的文本隐含信息。

三、投资者分歧

投资者分歧衡量了投资者的异质信念，传统金融理论指出，投资者分歧会产生交易（米尔顿·哈里斯（Milton Harris）与阿图尔·拉维夫（Artur Raviv），1993），因此分歧与交易量、价格之间的关系受到学术界关注。常用的度量投资者分歧的指标包括分析师预测分散程度、经济不确定性指数和对经济变量预测的分散程度等。近年来，学术界转向利用文本数据构建直接度量投资者分歧的指标。例如，有研究使用网络留言板的帖子数据计算出帖子的情绪得分，然后根据帖子情绪的标准差构建投资者分歧指数。发现投资者分歧与同期的交易量显著正相关，验证了投资者分歧产生交易的理论。在中国市场也有类似的发现，使用东方财富网股吧帖子数据构建了日度频率的投资者分歧，发现投资者分歧越大，未来两天的交易量也越大。投资者分歧对价格也会产生影响。米勒（Miller）（1977）指出当市场上的投资者观点不同时，乐观的交易者会推动价格上升，而悲观的交易者由于存在卖空约束的限制，并不能完全消除由乐观交易者导致的错误定价，导致资产价格被高估。因此当投资者的分歧很大时，资产价格会被高估、未来收益率会更低。使用 1989 年—2010 年美国主流媒体的新闻数据，先用词典法计算出每篇新闻的语调，再计算公司层面的媒体分歧程度（公司 i 在第 t 天的分歧程度为当天与该公司相关的全部新闻语调的标准差），最后将公司层面的媒体分歧程度加总并平均得到日度市场层面的媒体分歧程度指数。发现，媒体分歧程度与第二天的市场收益率显著负相关，并且这种关系在经济处于衰退时期更强。在公司层面，媒体分歧对于 Beta、分析师预测分散程度、换手率、特质性波动率更高的公司的影响更大。

本部分对文本大数据在金融与财务领域的运用做了简单的梳理，自然不能穷尽日渐涌现的各个子领域的新研究，而一些研究也不能简单分类到一个子领域。例如，有学者使用 2000 年—2013 年美国 34 个城市的地方房地产行业新闻数据，采用词典法构建了房地产情绪指数，发现媒体新闻所反映的房地产行业情绪能够预测未来的房价变化。这是媒体情绪相关文献在经济学领域的运用。另外，手机、摄像机等产生的数据也以文本形式被用于研究中，可以采用手机产生的数据研究消费者对餐厅的选择。

第五节　金融应用与 Python 实现

实验　从美国证券交易委员会官网（https://www.sec.gov/）爬取上市公司的年报文件

首先下载 master 文件，即公告索引，时间设置为 2010 年—2015 年。

代码如下：

```
import requests
import os
file_dir = 'directory/'
if not os.path.exists(file_dir):
    os.makedirs(file_dir)


hd = {
    'sec-ch-ua': '"Google Chrome";v="95", "Chromium";v="95", ";Not A
    Brand";v="99"',
    'sec-ch-ua-mobile': '?0',
    'sec-ch-ua-platform': "Windows",
    'Upgrade-Insecure-Requests': '1',
    'User-Agent': 'Mozilla/5.0 (Windows NT 10.0; Win64; x64) AppleWebKit/
    537.36 (KHTML, like Gecko) Chrome/95.0.4638.69 Safari/537.36'
}


for year in range(2010, 2015):
    # Go through each quarter and download the master file for that quarter
    for qtr in range(1,5):
        ftp_url = f'https://www.sec.gov/Archives/edgar/full-index/{year}/
        QTR{qtr}/master.gz'
        file_path = file_dir + f'{year}QTR{qtr}.dat.gz'
        res = requests.get(ftp_url,headers = hd)
        if res.status_code == 200:
            data = res.content
            with open(file_path, 'wb') as f:
                f.write(data)
            print(f'Done with year {year} and quarter {qtr}')
```

运行结果如下：

```
Done with year 2010 and quarter 1
Done with year 2010 and quarter 2
Done with year 2010 and quarter 3
Done with year 2010 and quarter 4
Done with year 2011 and quarter 1
Done with year 2011 and quarter 2
Done with year 2011 and quarter 3
Done with year 2011 and quarter 4
Done with year 2012 and quarter 1
Done with year 2012 and quarter 2
Done with year 2012 and quarter 3
Done with year 2012 and quarter 4
```

```
Done with year 2013 and quarter 1
Done with year 2013 and quarter 2
Done with year 2013 and quarter 3
Done with year 2013 and quarter 4
Done with year 2014 and quarter 1
Done with year 2014 and quarter 2
Done with year 2014 and quarter 3
Done with year 2014 and quarter 4
```

定义创建文件夹函数，代码如下：

```
import gzip
def mkdir(path):
    folder = os.path.exists(path)
    if not folder:
        os.makedirs(path)
```

定义分行函数，代码如下：

```
def split_line(line):
    t_line = line.split('|')
    doc_address = t_line[4]
    cik = t_line[0]
    fewcik = '{:07d}'.format(int(cik))[0:4]
    doctype = t_line[2]
return doc_address, cik, fewcik, doctype
```

根据索引对应到每一家公司的年报网页，将网页的内容爬取下来，代码如下：

```
index_f = open('indexfileEDGAR.csv', 'w')
for theme in range(2010, 2015):
    for qtr in range(1,5):
        file_path = f'directory/{theme}QTR{qtr}.dat.gz'
        print(file_path)
        with gzip.open(file_path, 'rt') as f:
            line = f.readline()
            while line:
                if line.endswith('.txt\n'):
                    doc_address, cik, fewcik, doctype = split_line(line)
                    ftp_url = f'https://www.sec.gov/Archives/{doc_address}'
                    if doctype == '10-K' or doctype == '10K':
                        t_doc_addr = doc_address.split('/')
                        doc_number = t_doc_addr[3]
                        filing_dir = f'EDGAR/{fewcik}/{cik}'
                        filing_url = f'{filing_dir}/{doc_number}'
```

```
                    print("Save filing into "+filing_url)
                    if not os.path.exists(filing_dir):
                        os.makedirs(filing_dir)
                    res = requests.get(ftp_url, headers = hd)
                    if res.status_code == 200:
                        data = res.content
                        with open(filing_url, 'wb') as doc_f:
                            doc_f.write(data)
                        lines = str(data, encoding = "utf-8").split('\n')
                        for t_line in lines:
                            if t_line.startswith('<ACCEPTANCE-DATETIME>'):
                                timestamp = t_line.split('>')[1]
                                break
index_f.write(f'{cik},{doc_number},{doctype},{timestamp},{filing_url}')
                    line = f.readline()
        index_f.close()
```

运行结果如下:

```
directory/2010QTR1.dat.gz
Save filing into EDGAR/1000/1000180/0001000180-10-000008.txt
Save filing into EDGAR/1000/1000209/0001193125-10-055581.txt
Save filing into EDGAR/1000/1000228/0001000228-10-000006.txt
Save filing into EDGAR/1000/1000229/0001000229-10-000004.txt
......
```

这样,数据就存储到 EDGAR 文件夹中,如图 12-6 所示。

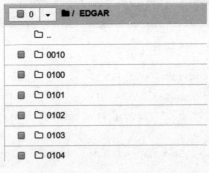

图 12-6　EDGAR 文件夹

读取年报文件,只获取一个年报文件分析,代码如下:

```
f = open('EDGAR/1000/1000180/0001000180-10-000008.txt', mode='r')
html_text = f.readlines()
html_text = ''.join(html_text)
f.close()
```

对年报的 html 文件进行解析，获取其中文字内容，代码如下：

```
soup = BeautifulSoup(html_text, 'html.parser')
doc_text = soup.get_text()
对文字内容进行分词
token = nltk.word_tokenize(doc_text)
page_text = ''.join(token)
```

画词云（WordCloud），更直观地查看词频，代码如下：

```
wordcloud = WordCloud(font_path="Deng.ttf", width=1000, height=860, ).generate(page_text)
plt.figure(figsize=(20, 10))
plt.imshow(wordcloud, interpolation='bilinear')
plt.axis("off")
plt.show()
```

去除停用词以及标点符号，代码如下：

```
stop_words = stopwords.words('english')
f = open('PuncList.txt', mode='r')
punc_list = [x.replace('\n', ") for x in f.readlines()]
f.close()
token_filtered = [x for x in token if x not in punc_list or x not in stop_words]
```

读取 Harvard IV-4 以及 Loughran and McDonald 金融情感词典，代码如下：

```
sentiment_dict_lm = pd.read_csv('LM.csv')
p_dict_lm = sentiment_dict_lm[sentiment_dict_lm['Positive'] ! = 0]['Word'].to_list()
n_dict_lm = sentiment_dict_lm[sentiment_dict_lm['Negative'] ! = 0]['Word'].to_list()
```

```
sentiment_dict_hiv = pd.read_csv('HIV-4.csv')
p_dict_hiv = sentiment_dict_hiv[~sentiment_dict_hiv['Positiv'].isnull()]
['Entry'].to_list()
n_dict_hiv = sentiment_dict_hiv[sentiment_dict_hiv['Negativ'].isnull()]['En-
try'].to_list()


def count_words(words_list, in_sentiment_words):
    result = np.zeros([len(in_sentiment_words)])
    for word in words_list:
        if word.upper() in in_sentiment_words:
            _index = in_sentiment_words.index(word.upper())
            result[_index] += 1
    return result


def get_words(words_list, in_sentiment_words):
    result = []
    for word in words_list:
        if word.upper() in in_sentiment_words:
            result.append(word.lower())
    return result
```

计算情感分值，代码如下：

```
p_res = count_words(token_filtered, p_dict_lm + p_dict_hiv)
n_res = count_words(token_filtered, n_dict_lm + n_dict_hiv)
p_words = get_words(token_filtered, p_dict_lm + p_dict_hiv)
n_words = get_words(token_filtered, n_dict_lm + n_dict_hiv)


positive_rate = p_res.sum() / len(token_filtered)
negative_rate = n_res.sum() / len(token_filtered)


page_sentiment = positive_rate-negative_rate
print('年报文本的情感分值:', page_sentiment)
```

画正面词汇词云（WordCloud），代码如下：

```
p_text = ''.join(p_words)
wordcloud = WordCloud(font_path="Deng.ttf", width=1000, height=860, ).gen-
erate(p_text)
plt.figure(figsize=(20, 10))
plt.imshow(wordcloud, interpolation='bilinear')
plt.axis("off")
plt.show()
```

427

画负面词汇词云（WordCloud），代码如下：

```
n_text = ''.join(n_words)
wordcloud = WordCloud(font_path="Deng.ttf", width=1000, height=860, ).gen-
erate(n_text)

plt.figure(figsize=(20, 10))
plt.imshow(wordcloud, interpolation='bilinear')
plt.axis("off")
plt.show()
```

本章小结

　　文本数据具有数据来源多样化、数据量增长快和时频高的特征，能够为金融学研究提供新的信息和独特的分析视角，但是处理文本数据存在许多挑战。本章梳理了文本数据的数据挖掘流程，介绍了文本数据的结构性表示，分为文本数据矩阵和文本特征识别两种。还介绍了文本数据的信息提取，包括词典法、朴素贝叶斯算法、支持向量机和深度学习方法。在金融学研究领域，文本数据主要用于对投资者和媒体关注度、不同市场参与主体的情绪、基于新闻的隐含波动率以及投资者的意见分歧等指标的测度上。

课程思政

互联网和计算机的发展为研究的经典问题提供了新视角——文本分析，文本数据下我们如何应用新的数据实时进行信息管理、维护金融稳定？

复习思考题

参考答案

1. 文本数据有哪些特点？
2. 文本数据可以通过哪些途径获得？
3. 将文本数据转化为数据矩阵的方法有哪些？
4. 文本特征识别方法有哪些？
5. 对文本数据进行信息提取的方法有哪些？
6. 文本分析技术在金融市场有哪些应用？
7. 根据研究主体不同，关注度可以分成哪三类？

参考文献

[1] 姜富伟, 胡逸驰, 黄楠. 央行货币政策报告文本信息、宏观经济与股票市场 [J]. 金融研究, 2021, (06): 95–113.

[2] 姜富伟, 李梦如, 孟令超. 金融稳定沟通与银行系统性风险 [J/OL]. 世界经济, 2024, (10): 93–123.

[3] 姜富伟, 李梦如, 孟令超. 调预期、防风险: 央行金融稳定沟通效果研究——基于文本分析的视角 [J]. 经济学 (季刊), 2024, 24 (06): 2025–2040.

[4] 沈艳, 陈赟, 黄卓. 文本大数据分析在经济学和金融学中的应用: 一个文献综述 [J]. 经济学 (季刊), 2019, 18 (04): 1153–1186.

[5] 唐国豪, 姜富伟, 张定胜. 金融市场文本情绪研究进展 [J]. 经济学动态, 2016 (11): 137–147.

[6] Barber B M, Odean T. All that glitters: The effect of attention and news on the buying behavior of individual and institutional investors [J]. The Review of Financial Studies, 2008, 21 (2): 785–818.

[7] Da Z, Engelberg J, Gao P. In search of attention [J]. The Journal of Finance, 2011, 66 (5): 1461–1499.

[8] Da Z, Engelberg J, Gao P. The sum of all FEARS investor sentiment and asset prices [J]. The Review of Financial Studies, 2015, 28 (1): 1–32.

[9] Harris M, Raviv A. Differences of opinion make a horse race [J]. The Review of Financial Studies, 1993, 6 (3): 473–506.

[10] Henry E. Are investors influenced by how earnings press releases are written? [J]. The Journal of Business Communication (1973), 2008, 45 (4): 363–407.

[11] Huang D, Jiang F, Tu J, et al. Investor sentiment aligned: A powerful predictor of stock returns [J]. The Review of Financial Studies, 2015, 28 (3): 791–837.

[12] Jiang F, Lee J, Martin X, et al. Manager sentiment and stock returns [J]. Journal of Financial Economics, 2019, 132 (1): 126–149.

[13] Loughran T, McDonald B. When is a liability not a liability? Textual analysis, dictionaries, and 10-Ks [J]. The Journal of Finance, 2011, 66 (1): 35–65.

［14］ Loughran T, McDonald B. Textual analysis in accounting and finance：A survey ［J］. Journal of Accounting Research, 2016, 54 (4)：1187-1230.

［15］ Loughran T, McDonald B. Textual analysis in finance ［J］. Annual Review of Financial Economics, 2020, 12：357-375.

［16］ Manela A, Moreira A. News implied volatility and disaster concerns ［J］. Journal of Financial Economics, 2017, 123 (1)：137-162.

［17］ Miller E M. Risk, uncertainty, and divergence of opinion ［J］. The Journal of Finance, 1977, 32 (4)：1151-1168.

［18］ Zhou G. Measuring investor sentiment ［J］. Annual Review of Financial Economics, 2018, 10：239-259.